普通高等教育"十四五"规划教材
经济与管理类专业系列

政府与非营利组织会计（第二版）

刘学华　冯宏图　边秀端　贾晓松／编著

立信会计出版社

图书在版编目(CIP)数据

政府与非营利组织会计 / 刘学华等编著. —2版.
—上海:立信会计出版社,2024.1
ISBN 978-7-5429-7518-8

Ⅰ.①政… Ⅱ.①刘… Ⅲ.①单位预算会计—高等学校—教材 Ⅳ.①F810.6

中国国家版本馆CIP数据核字(2024)第000325号

责任编辑　　王秀宇
美术编辑　　吴博闻

政府与非营利组织会计(第二版)
ZHENGFU YU FEIYINGLI ZUZHI KUAIJI

出版发行	立信会计出版社		
地　　址	上海市中山西路2230号	邮政编码	200235
电　　话	(021)64411389	传　　真	(021)64411325
网　　址	www.lixinaph.com	电子邮箱	lixinaph2019@126.com
网上书店	http://lixin.jd.com		http://lxkjcbs.tmall.com
经　　销	各地新华书店		
印　　刷	常熟市人民印刷有限公司		
开　　本	787毫米×1092毫米	1/16	
印　　张	28.25		
字　　数	723千字		
版　　次	2024年1月第2版		
印　　次	2024年1月第1次		
书　　号	ISBN 978-7-5429-7518-8/F		
定　　价	58.00元		

如有印订差错,请与本社联系调换

第二版前言

新修订的《中华人民共和国预算法》对各级政府提出按年度编制以权责发生制为基础的政府综合财务报告的要求。但是现行政府会计规范尤其是财政总预算会计一般采用收付实现制,主要以提供反映预算收支执行情况的决算报告为目的,无法准确、完整地反映政府资产负债"家底",以及政府的运行成本等情况,难以满足编制权责发生制政府综合财务报告的信息需求。为此,财政部按照《国务院关于批转财政部权责发生制政府综合财务报告制度改革方案的通知》要求,相继出台了《政府会计准则——基本准则》(以下简称《基本准则》)、政府会计准则第1号～第11号11项政府会计具体准则、《政府会计制度——行政事业单位会计科目和报表》(以下简称《政府会计制度》)、政府会计准则制度解释第1号～6号、《〈民间非营利组织会计制度〉若干问题的解释》,尤其是2022年12月财政部新实施的《财政总会计制度》,进一步规范了各级政府财政总会计核算,夯实、完善了以收付实现制为基础的财政总会计的预算会计功能,建立、健全了以权责发生制为基础的财政总会计的财务会计功能。这些准则和制度的出台,标志着我国政府会计准则体系和制度建设取得积极进展,初步建成了统一、科学、规范的政府会计核算标准体系,夯实了政府财务报告的编制基础。

为了认真贯彻执行我国政府会计核算标准体系改革的最新成果,满足高等院校政府与非营利组织会计的教学需要,根据《基本准则》、政府会计具体准则与相关应用指南、《财政总会计制度》、《政府会计制度》、政府会计准则制度解释以及民间非营利组织会计制度若干问题的解释等,我们对《政府与非营利组织会计》一书进行了再版修订。修订后的第二版,分为四篇,计十七章,分别为政府与非营利组织会计的基本理论、财政总会计、行政事业单位会计和民间非营利组织会计。在政府会计核算标准体系中,基本准则属于"概念框架",统驭政府会计具体准则和政府会计制度的制定;具体准则主要规定政府发生的经济业务或事项的会计处理原则,应用指南主要对具体准则的实际应用作出操作性规定;会计制度主要规定政府会计科目及其使用说明、报表格式及其编制说明等。会计准则和会计制度相互补充,共同规范政府会计主体的会计核算,保证会计信息质量。因此,本书第一篇依据《基本准则》内容和逻辑,主要界定了政府与非营利组织会计相关概念,第二篇、第三篇依据具体准则、应用指南、《政府会计制度》、《财政总会计制度》及相关准则制度解释,介绍了各级政府、行政事业单位会计中的具体业务核算,第四篇相对比较独立,主要依据《民间非营利组织会计制度》和《〈民间非营利组织会计制度〉若干问题的解释》，简要介绍了民间非营利组织特殊业务的账务处理。

第二版具有如下主要特点：①编写依据新。本书严格按照《基本准则》《财政总会计制度》《政府会计制度》的规定编写，充分体现了政府会计"双功能""双基础""双报告""平行记账"的核算要求。②结构安排合理。如前所述，本书共分为四篇，分别介绍了政府会计的基本理论、财政总预算会计、行政事业单位会计、民间非营利组织会计，覆盖了我国政府与非营利组织会计的各个领域和分支。③内容设计恰当。本书章节安排经过精心设计，内容叙述循序渐进，层次分明，尽量避免内容重复交叉。④示例实操性强。本书列示了大量贴近政府与非营利组织实际业务核算的例子，并结合实例对重点和难点问题进行了深入浅出的分析，给读者学习及实务操作提供了切实的指导和示范作用。

本书主要为高等学校会计学专业和其他财经类专业的本科与专科学生学习政府与非营利组织会计课程而编写。当然，因理论内容也足够充分，本书也可供高等学校会计学专业的硕士研究生使用。

本书由刘学华、冯宏图、边秀端、贾晓松修订编著。在本书编写过程中，我们参阅了大量的文献资料，在此对相关作者表示诚挚的感谢。同时，我们还要向中华女子学院、中国铁路北京局集团有限公司审计部、河北经贸大学会计学院、河北科技大学经管学院、中央财经大学、中国人民大学的相关专家对本书在结构、内容等方面提出的宝贵意见表示衷心感谢。最后，还要感谢立信会计出版社责任编辑王秀宇老师为本书出版付出的辛勤劳动。

由于作者的学识和水平限制，书中可能存在不足或疏漏，恳请读者提出批评和建议，以便更正！

编著者

2024 年 1 月

扫描下方二维码可获取有关本书政策更新内容：

补充资料

目 录

第一篇 政府与非营利组织会计的基本理论

第一章 总论 ······ 3
- 第一节 政府与非营利组织会计的概念、组成与目标 ······ 3
- 第二节 政府与非营利组织会计的基本前提与记账基础 ······ 4
- 第三节 政府与非营利组织会计信息质量要求 ······ 6
- 第四节 政府与非营利组织会计要素及其确认与计量 ······ 7
- 第五节 政府与非营利组织会计报告 ······ 10
- 复习思考题 ······ 11

第二篇 财政总会计

第二章 财政总会计概述 ······ 15
- 第一节 财政总会计的基本理论 ······ 15
- 第二节 财政总会计制度与会计科目表 ······ 18
- 复习思考题 ······ 24

第三章 财政总会计的资产 ······ 25
- 第一节 财政存款 ······ 25
- 第二节 国库现金管理资产 ······ 28
- 第三节 有价证券 ······ 29
- 第四节 应收非税收入 ······ 30
- 第五节 应收股利 ······ 31
- 第六节 应收及暂付款项 ······ 32
- 第七节 借出款项 ······ 35
- 第八节 预拨经费 ······ 36
- 第九节 在途款 ······ 37
- 第十节 应收转贷款 ······ 38
- 第十一节 股权投资 ······ 41
- 复习思考题 ······ 45

第四章 财政总会计的负债 … 46
  第一节 应付国库集中支付结余 … 46
  第二节 应付及暂收款项 … 47
  第三节 借入款项 … 50
  第四节 应付政府债券及应付利息 … 52
  第五节 应付转贷款 … 56
  第六节 应付代管资金与其他负债 … 60
  复习思考题 … 61

第五章 财政总会计的收入与预算收入 … 62
  第一节 收入 … 62
  第二节 预算收入 … 69
  复习思考题 … 92

第六章 财政总会计的费用与预算支出 … 93
  第一节 费用 … 93
  第二节 预算支出 … 101
  复习思考题 … 124

第七章 财政总会计的净资产与预算结余 … 125
  第一节 财政总会计的净资产 … 125
  第二节 财政总会计的预算结余 … 130
  复习思考题 … 141

第八章 财政总会计的会计报表 … 142
  第一节 财务会计报表 … 142
  第二节 预算会计报表 … 158
  复习思考题 … 167

第三篇 行政事业单位会计

第九章 行政事业单位会计概述 … 171
  第一节 行政事业单位及其会计概念与特点 … 171
  第二节 行政事业单位会计科目与会计报表 … 173
  复习思考题 … 178

第十章 行政事业单位的资产 … 179
  第一节 流动资产 … 179
  第二节 长期投资 … 209
  第三节 固定资产 … 217
  第四节 无形资产 … 229

第五节	公共基础设施	237
第六节	政府储备物资	241
第七节	文物资源	244
第八节	保障性住房	248
第九节	受托代理资产	250
第十节	长期待摊费用	251
第十一节	待处理财产损溢	252
复习思考题		257

第十一章 行政事业单位的负债 258
  第一节 流动负债 258
  第二节 非流动负债 276
  复习思考题 279

第十二章 行政事业单位的收入与预算收入 280
  第一节 财政拨款(预算)收入 280
  第二节 事业(预算)收入 285
  第三节 上级补助(预算)收入 289
  第四节 附属单位上缴(预算)收入 291
  第五节 经营(预算)收入 293
  第六节 非同级财政拨款(预算)收入 295
  第七节 投资(预算)收益 297
  第八节 债务预算收入 300
  第九节 捐赠收入、利息收入、租金收入、其他收入与其他预算收入 301
  复习思考题 307

第十三章 行政事业单位费用与支出 309
  第一节 行政单位的业务活动费用与行政支出 309
  第二节 事业单位的业务活动费用、单位管理费用与事业支出 322
  第三节 经营费用(支出) 329
  第四节 上缴上级费用(支出) 334
  第五节 对附属单位补助费用(支出) 335
  第六节 投资支出 337
  第七节 债务还本支出 339
  第八节 资产处置费用 340
  第九节 所得税费用 342
  第八节 其他费用(支出) 343
  复习思考题 347

第十四章 行政事业单位的净资产 349
  第一节 净资产的核算程序 349

第二节　本期盈余与本年盈余分配 ………………………………………… 350
　　第三节　专用基金 ………………………………………………………… 352
　　第四节　权益法调整、无偿调拨净资产与以前年度盈余调整 ……………… 355
　　第五节　累计盈余 ………………………………………………………… 360
　　复习思考题 ………………………………………………………………… 361

第十五章　行政事业单位的预算结余 ………………………………………… 362
　　第一节　预算结余年末结转程序概述 ……………………………………… 362
　　第二节　资金结存 ………………………………………………………… 364
　　第三节　财政拨款结转 ……………………………………………………… 364
　　第四节　财政拨款结余 ……………………………………………………… 369
　　第五节　非财政拨款结转 …………………………………………………… 372
　　第六节　非财政拨款结余 …………………………………………………… 376
　　第七节　专用结余、经营结余、其他结余与非财政拨款结余分配 ………… 378
　　复习思考题 ………………………………………………………………… 383

第十六章　行政事业单位会计报表 …………………………………………… 384
　　第一节　行政事业单位财务报表 …………………………………………… 384
　　第二节　行政事业单位预算会计报表 ……………………………………… 402
　　第三节　行政事业单位合并财务报表 ……………………………………… 409
　　复习思考题 ………………………………………………………………… 411

第四篇　民间非营利组织会计

第十七章　民间非营利组织会计 ……………………………………………… 415
　　第一节　民间非营利组织会计概述 ………………………………………… 415
　　第二节　民间非营利组织的资产 …………………………………………… 417
　　第三节　民间非营利组织的负债 …………………………………………… 419
　　第四节　民间非营利组织的收入 …………………………………………… 421
　　第五节　民间非营利组织的费用 …………………………………………… 430
　　第六节　民间非营利组织的净资产 ………………………………………… 433
　　第七节　民间非营利组织的会计报告 ……………………………………… 437
　　复习思考题 ………………………………………………………………… 441

第一篇

政府与非营利组织会计的基本理论

　　第一篇主要依据《政府会计准则——基本准则》,介绍了政府与非营利组织会计的概念与构成体系,核算的四项基本前提,政府会计信息的七项质量要求,权责发生制与收付实现制两项记账基础,政府会计八个会计要素的概念、确认与计量,政府与非营利组织会计的基本恒等式,以及政府与非营利组织会计报告。

第一章 总 论

第一节 政府与非营利组织会计的概念、组成与目标

一、政府与非营利组织会计的概念

政府与非营利组织会计是会计学的基本原理在政府与非营利组织中的应用,是以货币作为主要计量单位,对政府与非营利组织的经济活动或会计事项进行连续、完整、系统地核算和监督的一种专门的管理活动和信息系统,是与企业会计相并列的会计学两大分支之一。在这里,政府组织是指各级政府、各部门、各单位。其中,各部门、各单位是指与本级政府财政部门直接或者间接发生预算拨款关系的国家机关、军队、政党组织、社会团体、事业单位和其他单位。非营利组织是指民间非营利组织,即执行《民间非营利组织会计制度》的相关社会团体、基金会、民办非企业单位和寺院、宫观、清真寺、教堂等。

按照是否以营利为目的,社会组织可以分为营利性组织(如企业)和非营利性组织(如上述政府组织与民间非营利组织)两大类。前者向社会提供私人物品,运行的目的是盈利及其最大化;后者向社会提供公共物品或准公共物品,运行的目的是社会经济以及慈善事业的整体发展,而非盈利。将会计学的基本原理和基本方法,运用在企业中为其实现运行目的服务,即形成企业会计;运用在政府与非营利组织中为其实现运行目的服务,即形成政府与非营利组织会计。

相对于企业会计,政府与非营利组织会计的主要特征是会计核算方法和政府与非营利组织的预算管理要求密切结合。政府与非营利组织会计核算与监督,以经批准的政府与非营利组织预算为基础,以预算收支及其经济活动为主要核算内容。政府与非营利组织会计应当如实反映政府与非营利组织预算收支执行情况及其结果,以满足政府与非营利组织会计信息主要使用者对会计信息的需求。

二、政府与非营利组织会计的组成

政府与非营利组织会计由政府会计和非营利组织会计组成。其中,政府会计可以由财政总会计和行政事业单位会计构成,非营利组织会计通常指民间非营利组织会计。按独立法人单位区分,行政事业单位会计可以分为行政单位会计和事业单位会计。

按照我国《政府会计准则——基本准则》的规定,政府会计由政府财务会计和政府预算会计构成(即"双系统"或"双功能")。其中,政府财务会计是指以权责发生制为基础对政府会计主体发生的各项经济业务或者事项进行会计核算,主要反映和监督政府会计主体财务状况、运行情况和现金流量等的会计;政府预算会计是指以收付实现制为基础对政府会计主体预算执行过程中发生的全部收入和全部支出进行会计核算,主要反映和监督预算收支执行情况的会计。在我国,政府财务会计由财政总会计的财务会计和行政事业单位财务会计组成;政府预算

会计由财政总会计的预算会计和行政事业单位预算会计组成。这样,财政总会计还可以由财政总会计的财务会计和财政总会计的预算会计组成;行政事业单位会计还可以由行政事业单位财务会计和行政事业单位预算会计组成。

在政府会计的各组成部分中,财政总会计的预算会计和行政事业单位预算会计之间存在密切关系,前者具有主导地位,在业务上指导后者;同时,两者提供的会计信息也存在密切联系,前者向行政事业单位拨款,形成预算支出,后者形成预算收入,两者共同构成了政府预算会计信息系统。财政总会计的财务会计和行政事业单位财务会计相对独立,但各自与财政总会计的预算会计和行政事业单位预算会计又相互衔接,在信息反映上需要调节相符。

在我国,民间非营利组织会计相对比较独立,与政府会计联系较少。但是,若民间非营利组织接受政府补助,财政总会计信息也会与民间非营利组织会计信息存在相互联系。

三、政府与非营利组织会计的目标

会计目标是会计所要达到的目的,是进行会计活动的出发点和归宿。向谁提供信息、提供哪些信息、如何提供这些信息,这三个问题构成了会计目标的内容。

(一) 政府会计的目标

我国政府会计由政府预算会计和政府财务会计构成,即政府会计应当实现预算会计和财务会计的双重功能。政府会计主体应当编制政府决算报告和政府财务报告,以实现政府预算会计目标和政府财务会计目标。

政府决算报告的目标是向决算报告使用者提供与政府预算执行情况有关的信息,综合反映政府会计主体预算收支的年度执行结果,有助于决算报告使用者进行监督和管理,并为编制后续年度预算提供参考和依据。政府决算报告使用者包括各级人民代表大会及其常务委员会、各级政府及其有关部门、政府会计主体自身、社会公众和其他利益相关者。

政府财务报告的目标是向财务报告使用者提供与政府的财务状况、运行情况(含运行成本,下同)和现金流量等有关信息,反映政府会计主体公共受托责任履行情况,有助于财务报告使用者作出决策或者进行监督和管理。政府财务报告使用者包括各级人民代表大会常务委员会、债权人、各级政府及其有关部门、政府会计主体自身和其他利益相关者。

(二) 民间非营利组织会计的目标

民间非营利组织会计应当编制财务报告。其目标是向财务报告使用者如实反映民间非营利组织的经济资源、债务情况、收入、成本、费用和现金流量等情况的会计信息,反映民间非营利组织管理层的受托责任履行情况,提高民间非营利组织的透明度,增强其社会公信力,以便于财务报告使用者作出决策。民间非营利组织会计财务报告使用者包括捐赠人、会员、债权人、政府监管部门和民间非营利组织自身等。

第二节 政府与非营利组织会计的基本前提与记账基础

一、政府与非营利组织会计的基本前提

政府与非营利组织会计的基本前提是指组织政府与非营利组织会计核算工作必须具备的前提条件。其具体包括会计主体、持续运行、会计分期和货币计量。

(一) 会计主体

会计主体是指政府与非营利组织会计为之服务的特定单位或组织,即政府与非营利组织会计核算的边界范围。政府与非营利组织会计应当对其自身发生的经济业务或者事项进行会计核算。政府财政总会计的主体是各级政府,而不是各级政府的财政部门;行政事业单位会计的主体是各级各类行政事业单位;民间非营利组织会计的主体是相应的法人组织。

(二) 持续运行

持续运行是指政府与非营利组织会计主体的经济业务活动能够持续不断地进行下去。政府与非营利组织会计核算应当以政府与非营利组织会计主体持续运行为前提。也就是说,政府与非营利组织会计主体通常是以正常的经济活动作为前提条件去处理数据、加工并传递信息的。若没有持续运行的前提条件,一些公认的会计处理方法将失去存在的基础,政府与非营利组织会计主体也就不能按照正常的会计处理方法进行会计核算。

(三) 会计分期

会计分期是将政府与非营利组织会计主体持续运行的时间人为地划分为一定的期间,据以结算账目,编制会计报表。政府会计期间采用月度、季度、半年度和年度。我国政府会计期间采用历年制。为了及时向有关方面提供会计信息,政府会计还可以根据需要提供旬报。分期提供会计信息,有利于将各期的会计信息进行对比分析,提高信息的有用性。

会计期间的划分对政府与非营利组织会计核算有着重要的影响。由于有了会计期间,才产生本期与非本期的区别,从而产生了权责发生制和收付实现制,使得不同类型的政府与非营利组织会计主体有了记账的基础。

(四) 货币计量

货币计量是指会计主体的会计核算应该通过货币予以综合反映。它是现代会计最基本的前提条件。如果没有这个前提条件,会计也就失去了其基本特征——价值的核算。政府与非营利组织会计核算应当以人民币作为记账本位币,在发生外币业务时,应当将有关外币折算为人民币进行核算。业务收支以外币为主的政府与非营利组织会计主体,也可以选定某种外币作为记账本位币,但在编制会计报表时,应当按照编报日期的人民币外汇汇率折算为人民币反映。

二、政府与非营利组织会计的记账基础

会计的记账基础是指会计确认、计量和报告的基础,主要分为收付实现制和权责发生制两种。其中,收付实现制是指以现金的实际收付为标志来确定本期收入和支出的会计核算基础。凡在当期实际收到的现金收入和支出,均应作为当期的收入和支出;凡是不属于当期的现金收入和支出,均不应当作为当期的收入和支出。权责发生制是指以取得收取款项的权利或支付款项的义务为标志来确定本期收入和费用的会计核算基础。凡是当期已经实现的收入和已经发生的或应当负担的费用,不论款项是否收付,都应当作为当期的收入和费用;凡是不属于当期的收入和费用,即使款项已在当期收付,也不应当作为当期的收入和费用。

在我国,政府与非营利组织会计采用"双基础"。政府预算会计以如实反映预算执行情况作为主要会计目标,因此,政府预算会计采用收付实现制,即财政总会计的预算会计和行政事业单位预算会计采用收付实现制核算。政府财务会计以如实反映政府财务状况作为主要会计目标,因此,政府财务会计采用权责发生制,即财政总会计的财务会计和行政事业单位财务会计采用权责发生制进行账务处理。由此可以看出,财政总会计和行政事业单位会计同时采用

收付实现制和权责发生制。

民间非营利组织会计以如实反映财务状况为主要会计目标,因此,民间非营利组织会计实行权责发生制。

第三节 政府与非营利组织会计信息质量要求

一、政府会计信息质量要求

会计信息质量要求是指会计向信息使用者提供的会计信息应当达到的质量标准。政府会计信息质量的高低直接影响信息使用者能否作出合理、正确的经济和社会等方面的决策。政府会计信息质量要求通常包括可靠性、全面性、相关性、及时性、可比性、可理解性和实质重于形式等。

(一) 可靠性

政府会计应当以实际发生的经济业务或者事项为依据进行会计核算,如实反映各项会计要素的情况和结果,保证会计信息真实可靠。政府会计不能扭曲经济业务的内容,对相应的经济业务作出不真实、不客观的记录和反映;也不能以尚未发生或可能发生的经济业务为依据,根据人为的估计进行会计核算;更不能故意编造经济业务的内容,并以此为依据进行会计记录和反映。政府会计信息只有真实客观,才能帮助信息使用者作出正确的评价和决策。

(二) 全面性

政府会计应当将发生的各项经济业务或者事项统一纳入会计核算,确保会计信息能够全面反映政府预算执行情况和财务状况、运行情况、现金流量等。政府会计既涉及财政拨款资金的来源和使用,也涉及非财政拨款资金的来源和使用,如事业单位面向市场取得的事业收入的来源和使用;既涉及基本运行经费的来源和使用,也涉及项目经费的来源和使用;既需要反映预算执行情况,也需要反映财务状况和运行成本。故政府会计需要全面反映财政拨款资金收支、非财政拨款资金收支等情况,全面反映财务状况、运行成本等情况。

(三) 相关性

政府会计提供的会计信息,应当与反映政府会计主体公共受托责任履行情况以及财务报告使用者决策、监督、管理的需要相关,这有助于财务报告使用者对政府会计主体过去、现在或者未来的情况作出评价或者预测。近年来,我国政府预算管理方法取得了很大进步,预算管理水平不断提高,政府收支综合预算、基本支出预算和项目支出预算等预算内容和方法不断呈现和完善。在此过程中,政府会计也不断进行改革和发展,提供的信息基本满足了信息使用者评价和考核行政事业单位公共受托责任履行情况的需要,并为信息使用者作出相应的经济和社会决策提供了有力的信息支持。

(四) 及时性

政府会计对已经发生的经济业务或者事项,应当及时进行会计核算,不得提前或者延后。会计信息的价值在于帮助信息使用者作出相关决策,具有时效性。即使是可靠、相关的会计信息,若不及时提供,就失去了时效性,对于信息使用者的效用就大大降低,甚至不再具有实际意义。

(五) 可比性

政府会计主体提供的会计信息应当具有可比性。具体来讲,同一政府会计主体不同时期发生的相同或者相似的经济业务或者事项,应当采用一致的会计政策,不得随意变更。确需变更的,应当将变更的内容、理由及其影响在附注中予以说明。不同政府会计主体发生的相同或者相似的经济业务或者事项,应当采用一致的会计政策,确保政府会计信息口径一致,相互可比。具有可比性的政府会计信息将增加其评价和决策的有用性。

(六) 可理解性

可理解性是指政府会计提供的会计信息应当清晰明了,便于财务报告使用者理解和使用。政府会计信息只有易于为信息使用者理解,才能帮助信息使用者评价政府受托责任的履行情况,并作出相应的决策。可理解性除了要求政府会计信息本身通俗易懂、清晰明了,还假设信息使用者具有相应的政府会计专业知识。

(七) 实质重于形式

政府会计应当按照经济业务或者事项的经济实质进行会计核算,不限于以经济业务或者事项的法律形式为依据。

经济业务的经济实质和法律形式在大多数情况下是相互一致的,但有时也会存在不一致的情况。例如,政府融资租入固定资产的业务,尽管在法律形式上政府只拥有融资租入固定资产的使用权,不拥有融资租入固定资产的所有权,但政府实际控制融资租入的固定资产及其服务能力或经济利益,因此,在会计核算上将融资租入固定资产视同自有固定资产一样确认、计量和报告。按照实质重于形式的质量要求提供的政府会计信息,比纯粹按照法律形式提供的政府会计信息更加具有相关性,从而可以更好地帮助政府会计的信息使用者作出合理、正确的决策。

二、民间非营利组织会计信息质量要求

虽然民间非营利组织会计核算经济业务的具体内容、信息使用者及其信息需求与政府会计存在一些差异,但民间非营利组织会计信息质量要求与政府会计信息质量要求基本相同,也包括上述可靠性、全面性、相关性、及时性、可比性、可理解性和实质重于形式,故不再详述。

第四节 政府与非营利组织会计要素及其确认与计量

政府与非营利组织会计要素是对政府与非营利组织会计对象的具体分类,也是政府与非营利组织会计报表的构成组件。这里先介绍政府会计要素,民间非营利组织会计要素将在第四篇中介绍。政府会计由政府预算会计和政府财务会计构成,因此,政府会计要素也具体分为政府预算会计要素和政府财务会计要素两大类。

一、政府预算会计要素及其确认与计量原则

政府预算会计要素包括预算收入、预算支出与预算结余。

(一) 预算收入

预算收入是指政府会计主体在预算年度内依法取得并纳入预算管理的现金流入。预算收入一般在实际收到时予以确认,以实际收到的金额计量。

(二) 预算支出

预算支出是指政府会计主体在预算年度内依法发生并纳入预算管理的现金流出。预算支出一般在实际支付时予以确认,以实际支付的金额计量。

(三) 预算结余

预算结余是指政府会计主体预算年度内预算收入扣除预算支出后的资金余额,以及历年滚存的资金余额。预算结余包括结余资金和结转资金。其中,结余资金是指年度预算执行终了,预算收入实际完成数扣除预算支出和结转资金后剩余的资金;结转资金是指预算安排项目的支出年终尚未执行完毕或者因故未执行,且下年需要按原用途继续使用的资金。

(四) 政府预算会计要素之间的关系

政府预算会计要素之间的平衡关系为:

$$预算收入-预算支出=预算结余$$

符合预算收入、预算支出和预算结余定义及其确认条件的项目应当列入政府决算报表。

二、政府财务会计要素及其确认与计量属性

政府财务会计要素包括资产、负债、净资产、收入和费用。

(一) 资产

1. 资产的概念与分类

资产是指政府会计主体过去的经济业务或者事项形成的,由政府会计主体控制的,预期能够产生服务潜力或者带来经济利益流入的经济资源。其中,服务潜力是指政府会计主体利用资产提供公共产品和服务以履行政府职能的潜在能力;经济利益流入表现为现金及现金等价物的流入,或者现金及现金等价物流出的减少。

政府会计主体的资产按照流动性,分为流动资产和非流动资产。其中,流动资产是指预计在1年内(含1年)耗用或者可以变现的资产,包括货币资金、短期投资、应收及预付款项、存货等;非流动资产是指流动资产以外的资产,包括固定资产、在建工程、无形资产、长期投资、公共基础设施、政府储备资产、文物资源、保障性住房和自然资源资产等。

2. 资产的确认与计量

符合资产定义的经济资源,在同时满足以下条件时,确认为资产:一是与该经济资源相关的服务潜力很可能实现或者经济利益很可能流入政府会计主体;二是该经济资源的成本或者价值能够可靠地计量。

资产的计量属性主要包括历史成本、重置成本、现值、公允价值和名义金额。其中,在历史成本计量下,资产按照取得时支付的现金金额或者支付对价的公允价值计量;在重置成本计量下,资产按照现在购买相同或者相似资产所需支付的现金金额计量;在现值计量下,资产按照预计从其持续使用和最终处置中所产生的未来净现金流入量的折现金额计量;在公允价值计量下,资产按照市场参与者在计量日发生的有序交易中,出售资产所能收到的价格计量;无法采用上述计量属性的,采用名义金额(即人民币1元)计量。

政府会计主体在对资产进行计量时,一般应当采用历史成本;采用重置成本、现值、公允价值计量的,应当保证所确定的资产金额能够持续、可靠地计量。

(二) 负债

1. 负债的概念与分类

负债是指政府会计主体过去的经济业务或者事项形成的,预期会导致经济资源流出政府会计主体的现时义务。其中,现时义务是指政府会计主体在现行条件下已承担的义务。未来发生的经济业务或者事项形成的义务不属于现时义务,不应当确认为负债。现时义务包括法

定义务和推定义务。其中,法定义务是指因合同、法律法规或其他司法解释等产生的义务;推定义务是指根据政府会计主体以往的习惯做法、已公布的政策或者已公开的承诺或声明,政府会计主体向其他方表明其将承担并且其他方也合理预期政府会计主体将履行的相关义务。

政府会计主体的负债按照流动性,分为流动负债和非流动负债。其中,流动负债是指预计在1年内(含1年)偿还的负债,包括应付及预收款项、应付职工薪酬、应缴款项等;非流动负债是指流动负债以外的负债,包括长期应付款、应付政府债券和政府依法担保形成的债务等。

2. 负债的确认与计量

符合负债定义的现时义务,在同时满足以下条件时,确认为负债:一是履行该义务很可能导致含有服务潜力或者经济利益的经济资源流出政府会计主体;二是该义务的金额能够可靠地计量。

负债的计量属性主要包括历史成本、现值和公允价值。在历史成本计量下,负债按照因承担现时义务而实际收到的款项或者资产的金额,或者承担现时义务的合同金额,或者按照为偿还负债预期需要支付的现金计量;在现值计量下,负债按照预计期限内需要偿还的未来净现金流出量的折现金额计量;在公允价值计量下,负债按照市场参与者在计量日发生的有序交易中,转移负债所需支付的价格计量。

政府会计主体在对负债进行计量时,一般应当采用历史成本;采用现值、公允价值计量的,应当保证所确定的负债金额能够持续、可靠地计量。

(三) 净资产

净资产是指政府会计主体资产扣除负债后的净额。净资产金额取决于资产和负债的计量。

(四) 收入

1. 收入的概念

收入是指报告期内导致政府会计主体净资产增加的、含有服务潜力或者经济利益的经济资源的流入。

2. 收入的确认

收入的确认应当同时满足以下条件:一是与收入相关的含有服务潜力或者经济利益的经济资源很可能流入政府会计主体;二是含有服务潜力或者经济利益的经济资源流入会导致政府会计主体资产增加或者负债减少;三是流入金额能够可靠地计量。

(五) 费用

1. 费用的概念

费用是指报告期内导致政府会计主体净资产减少的、含有服务潜力或者经济利益的经济资源的流出。

2. 费用的确认

费用的确认应当同时满足以下条件:一是与费用相关的含有服务潜力或者经济利益的经济资源很可能流出政府会计主体;二是含有服务潜力或者经济利益的经济资源流出会导致政府会计主体资产减少或者负债增加;三是流出金额能够可靠地计量。

(六) 政府会计要素之间的关系

在政府财务会计要素中,资产、负债、收入和费用要素都有特定的内涵。净资产要素没有特定的内涵,它只是资产减负债后的差额。资产、负债和净资产之间的平衡关系为:

$$资产－负债＝净资产$$

政府会计主体在业务运作的过程中,会取得一定数额的收入,同时也会发生一定数额的费用。收入减去费用后的差额为盈余或亏损。盈余或亏损是净资产的组成部分。即:

$$收入－费用＝盈余或亏损(净资产的增加或减少)$$

符合资产、负债定义和确认条件的项目与净资产,应当列入资产负债表;符合收入、费用定义和确认条件的项目,应当列入收入费用表。

综上,政府会计要素共有八个,其中预算会计要素有三个,财务会计要素有五个。三个预算会计要素构成政府预算会计报表或政府决算报表,五个财务会计要素构成政府财务会计报表。

第五节 政府与非营利组织会计报告

政府与非营利组织会计报告,即政府与非营利组织财务报告,是政府与非营利组织会计工作的最终产品,是全面、系统地反映政府与非营利组织经济活动及其结果的报告性书面文件,是考核政府与非营利组织财务业绩的重要依据,也是政府与非营利组织解除财务受托责任的书面信息载体。

一、政府决算报告和政府财务报告

根据《政府会计准则——基本准则》的规定,政府会计主体应当编制政府决算报告和政府财务报告。

(一)政府决算报告

政府决算报告是综合反映政府会计主体年度预算收支执行结果的文件。政府决算报告应当包括政府决算报表和其他应当在决算报告中反映的相关信息和资料。政府决算报告的具体内容及编制要求等,由财政部另行规定。在实务中,政府决算报表分别由财政总会计的预算会计报表和行政事业单位预算会计报表组成。其中,前者反映一级政府层面财政预算执行情况,后者反映政府单位预算执行情况。并且,后者按政府部门汇总后,形成政府部门预算会计报表,反映政府部门预算执行情况。

财政预算会计报表主要包括预算收入支出表、一般公共预算执行情况表、政府性基金预算执行情况表、国有资本经营预算执行情况表、财政专户管理资金收支情况表、专用基金收支情况表等会计报表和附注。行政事业单位预算会计报表至少包括预算收入支出表、预算结转结余变动表和财政拨款预算收入支出表等会计报表和附注。

政府决算报告的编制主要以收付实现制为基础,以预算会计核算生成的数据为准。

(二)政府财务报告

政府财务报告是反映政府会计主体某一特定日期的财务状况和某一会计期间的运行情况和现金流量等信息的文件。政府财务报告应当包括财务报表和其他应当在财务报告中披露的相关信息和资料。

政府财务报告包括政府综合财务报告和政府部门财务报告。其中,政府综合财务报告是指由政府财政部门编制的,反映各级政府整体财务状况、运行情况和财政中长期可持续性的报告,即各级政府财政总预算会计编制的财务报告;政府部门财务报告是指政府各部门、各单位按规定编制的财务报告,即各级各类行政事业单位财务会计编制的财务报告。

在政府财务报告中,财务报表是对政府会计主体的财务状况、运行情况和现金流量等有关信息的结构性表述。财务报表由会计报表及其附注构成。财政总会计的财务报表包括资产负债表、收入费用表、现金流量表、本年预算结余与本期盈余调节表等会计报表和附注;行政事业单位财务报表一般包括资产负债表、收入费用表和净资产变动表等会计报表和附注。单位可根据实际情况自行选择编制现金流量表。

政府财务报告的编制主要以权责发生制为基础,以财务会计核算生成的数据为准。

二、民间非营利组织财务报告

民间非营利组织财务报告是反映民间非营利组织某一特定日期的财务状况和某一会计期间的运行情况和现金流量等信息的文件。民间非营利组织财务报告应当包括财务报表和其他应当在财务报告中披露的相关信息和资料。

民间非营利组织财务报表包括会计报表和附注。会计报表包括资产负债表、业务活动表或收入费用表、现金流量表三个种类。其中,资产负债表反映民间非营利组织在某一特定时日资产、负债和净资产的情况;业务活动表反映民间非营利组织在某一特定期间收入和费用的实际发生情况;现金流量表反映民间非营利组织在某一特定期间不同种类业务活动的现金流入和流出的情况。

复习思考题

1. 什么是政府与非营利组织会计?相对企业会计来说,政府与非营利组织会计的主要特征是什么?
2. 政府与非营利组织会计是如何构成的?
3. 政府与非营利组织会计核算的基本前提包括哪些?
4. 政府会计信息质量要求有哪些?
5. 政府与非营利组织会计记账基础是如何规定的?
6. 政府会计的会计要素有哪几个?会计要素之间的关系如何?
7. 什么是政府会计的财务报表和预算会计报表?它们具体各有哪些种类?

第一章课后练习题

第二篇

财政总会计

　　第二篇主要根据财政部目前实施的《财政总会计制度》和《政府收支分类科目》,严格按照"平行记账"的方法,对于纳入预算管理的财政资金收支业务,在采用预算会计核算的同时进行财务会计核算。具体讲,通过资产、负债、净资产、收入、费用五个要素进行财务会计核算,形成财务会计报告,通过预算收入、预算支出、预算结余三个要素进行预算会计核算,形成预算会计报告,以全面清晰反映政府财务信息和预算执行信息。本篇充分体现了财政总会计的财务会计与预算会计适度区分并相互衔接会计核算模式的特点,即"双功能""双基础""双报告"和"平行记账"。

第二章 财政总会计概述

第一节 财政总会计的基本理论

一、什么是财政总预算

财政总预算是以一级政府作为预算主体来编制的年度预算收入与支出计划。其中,预算主体可以是中央政府、省政府、市政府、县政府、乡政府等;预算收入有税务收入、非税收入、债务收入等种类;预算支出有一般公共服务支出、公共安全支出、教育支出、医疗卫生支出、国债还本支出等种类。

我国政府财政总预算按照"统一管理,分级管理,分级负责"的原则,实行一级政府、一级财政、一级财政总预算,即设立中央、省(自治区、直辖市)、市(自治州)、县(自治县)、乡五级财政总预算。其中,省、市、县、乡级财政总预算统称为地方财政总预算。这样,我国的政府财政总预算由中央预算和地方预算组成。各级政府的财政总预算相对独立完整,同时,各级政府的财政总预算又在全国组成一个财政总预算管理体系。例如,市本级财政总预算经过汇总所属县级财政总预算,形成市总预算;省本级财政总预算经过汇总所属市级财政总预算,形成省总预算;各级政府的财政总预算进过逐级汇总,最后至国家层面,形成整个国家的财政预算。

目前,我国各级政府的财政总预算分为四个种类:①一般公共预算。它是指政府凭借国家政治权力,以社会管理者身份筹集以税为主体的财政收入,用于维持国家行政职能正常运转、保障和改善民生、维护国家安全等方面的财政收支预算。这是最基本的一种预算,它涉及政府活动的各个领域,在政府财政资金总额占据最大的份额。②政府性基金预算。它是指政府通过向社会征收基金、收费,以及出让土地、发行彩票等方式取得收入,并专项用于支持特定基础设施建设和社会事业发展的财政收支预算。与一般公共预算相比,这种预算处于补充地位,是对一般公共预算资金不足的领域进行的必要补充,并且都具有专款专用的性质。③国有资本经营预算。它是指国家以所有者身份依法取得国有资本收益,并安排使用于国有企业改革、国有经济结构调整等方面的财政收支预算。它主要适用于国有资本经营领域,为国有资本能够实现保值增值和结构调整提供稳定的资金保障。④社会保险基金预算。它是指依据有关社会保险和预算管理法律法规建立的各项社会保险基金,其收入的收取和支出的使用的财政收支预算,具体可细分为养老保险基金预算、医疗保险基金预算、失业保险基金预算、工商保险基金预算等。与上述前三种预算不同,社会保险基金预算中的资金实际上是政府受托管的资金,其应归参加社会保险的公民所有,用于向参加社会保险的公民支付养老金、医疗费等社会保险领域。

财政总预算按预算内容来分,有收入预算和支出预算两种。其中,收入预算和支出预算的具体分类,是政府财政总预算编制、执行、决算以及会计核算、财政统计分析的基础。在我国现行实务中,政府财政总预算的收支分类,以财政部每年制定并印发的《政府收支分类科目》为依据,具体收支科目分别按一般公共预算、政府性基金预算、国有资本经营预算和社会保险基金预算制定。收入科目按照来源渠道设置,分设类、款、项、目四级,各级科目在内容上逐级细化、具体。支出科目同时按照功能和经济用途设置。支出的功能分类科目分设类、款、项三级,各级科目在内容上逐级细化、具体。支出的经济分类科目分设类、款二级,二级科目在内容上逐级细化、具体。有关收支科目设置的详细内容,见本书后面相关章节。

二、财政总会计的概念、特点与组成体系

(一)财政总会计的概念及其特点

财政总会计是各级政府财政核算、反映、监督一般公共预算资金、政府性基金预算资金、国有资本经营预算资金、社会保险基金预算资金以及财政专户管理资金、专用基金和代管资金等资金有关的经济活动或事项的专业会计,是政府会计的一个分支。

财政总会计的特点主要体现在以下几个方面:

(1)财政总会计核算的主体是一级政府,如中央政府、省政府、市政府、县政府、乡(镇)等。财政总会计反映的会计信息是以一级政府作为特定的空间范围的。各级政府的财政总预算是相对独立完整的,相应的财政总会计信息也是相对独立完整的。财政总会计的执行机构为各级政府的财政部门。

(2)财政总会计核算的主要依据是财政总预算的种类和收支分类。目前,我国的政府财政总预算分成一般公共预算、政府性基金预算、国有资本经营预算和社会保险基金预算四类,各种类的预算相对独立完整。为如实反映各种类预算的执行情况,财政总会计需要分别为相应种类的财政总预算核算其相对独立完整的收支内容。

财政总预算收支分类反映政府财政总预算收支的内容,具体表现为财政总预算收支科目。财政总预算收支科目是财政总会计设置会计核算科目的直接依据。在政府财政总预算与财政总会计的关系上,政府财政总预算的种类和内容总体上决定了财政总会计核算的形式和内容。在一定意义上,财政总会计附属于政府财政总预算,财政总预算的种类和内容发生变化,财政总会计随之发生相应的变化。

(3)财政总会计应当反映政府财政总预算执行情况的信息、政府运行情况和财务状况的信息。政府财政总预算由收入预算和支出预算两部分内容组成,故财政预算执行情况的信息包括收入预算执行情况的信息和支出预算执行情况的信息。财政预算收入减去财政预算支出后的余额为财政预算结余。预算收入与预算支出以收付实现制基础进行确认和计量。政府财政预算收入和预算支出执行情况由财政总会计中的预算会计予以记录和反映。也可以说,提供政府预算执行情况的信息,是财政总会计中预算会计的主要职责。

财政总会计除了应当全面提供政府预算执行情况的信息,还应当全面提供有关政府运行情况和财务状况的信息。政府的运行情况通常以收入、费用来衡量,收入减去费用为本期盈余。政府的财务状况通常以资产、负债和净资产来衡量,资产减去负债为净资产。收入、费用、资产、负债和净资产都以权责发生制为基础进行确认和计量。政府运行情况和财务状况由财政总会计中的财务会计予以记录和反映。也可以说,提供政府运行情况和财务状况的信息,是财政总会计中财务会计的主要职责。这里明确一点,财政总会计核算的资产与行政事业单位会计的资产种类有很大的不同。财政总会计核算的资产中没有诸如库存现金、库存材料、固定资产、专利权、土地使用权、保障性住房、政府储备物资、公共基础设施等实物资产和无形资产的核算内容。由财政总会计分配使用财政资金而形成的上述实物资产和无形资产,在相应的

行政事业单位会计中核算。

实际上,政府预算执行情况的信息与政府运行情况和财务状况的信息各有侧重点,可以实现各自的会计目标。其中,政府预算执行情况主要反映政府年度预算收支情况;政府运行情况和财务状况主要反映政府的运行效率和政府财政的中长期可持续性。

(4) 政府总会计采用财务会计和预算会计适度区分并相互衔接的会计核算模式。其中,"适度区分"是指适度区分财政总会计中的预算会计和财务会计功能、决算报告和财务报告功能,全面清晰反映政府财政财务信息和预算执行信息。其主要体现在以下几个方面:一是"双功能",即在同一核算系统中实现财务会计和预算会计双重功能,通过资产、负债、净资产、收入、费用五个要素进行财务会计核算,通过预算收入、预算支出和预算结余三个要素进行预算会计核算;二是"双基础",即财务会计采用权责发生制,预算会计采用收付实现制,国家法律法规等另有规定的,依照其规定;三是"双报告",即通过财务会计核算形成财务报告,通过预算会计核算形成决算报告。

"相互衔接"是指在同一会计核算系统中,预算会计要素和相关财务会计要素相互协调,决算报告和财务报告相互补充,共同反映政府预算执行信息和财务信息。主要体现在对纳入预算管理的财政资金收支进行"平行记账"。即对于纳入预算管理的财政资金收支业务,在采用预算会计核算的同时应当进行财务会计核算;对于不同预算类型资金间的调入调出、待发国债等业务,仅需进行预算会计核算;对于其他业务,仅需进行财务会计核算。

(二) 财政总会计的组成体系

财政总会计是我国政府财政总预算的重要组成部分,其组成体系与政府财政总预算组成体系一致。各级政府财政总预算设立相应的财政总会计,负责核算、反映和监督本级政府财政总预算的执行情况和财务状况,因此,财政总会计也相应划分为中央、省、市、县、乡五级。即中央财政部设立中央财政总会计;省、自治区、直辖市财政厅(局)设立省(自治区、直辖市)财政总会计;县、自治县、不设区的市、市辖区财政局设立县(市、区)财政总会计;乡、民族乡、镇财政所设立乡(镇)财政总会计。各级财政总会计在编制完成本级财政总预算执行情况和财务状况的信息后,不仅需要向本级政府和人民代表大会报告,而且还需要向上级财政总预算部门报告,供上级财政总会计汇总财政总预算执行情况和财务状况的信息,直至形成全国财政总预算执行情况和财务状况的信息。

三、财政总会计的职责

财政总会计的职责主要包括:

(1) 进行会计核算。办理政府财政各项预算收支、资产负债以及财政运行的会计核算工作,反映政府财政预算执行情况、财务状况、运行情况和现金流量等。

(2) 严格财政资金收付调度管理。组织办理财政资金的收付、调拨,在确保资金安全性、规范性、流动性前提下,合理调度管理资金,提高资金使用效益。

(3) 规范账户管理。加强对国库单一账户、财政专户、零余额账户和预算单位银行账户等的管理。

(4) 实行会计监督,参与预算管理和财务管理。通过会计核算和反映,进行预算执行情况、财务状况、运行情况和现金流量情况分析,并对财政、部门及其所属单位的预算执行和财务管理情况实行会计监督。

(5) 协调预算收入征收部门、国家金库、国库集中收付代理银行、财政专户开户银行和其他有关部门之间的业务关系。

（6）组织本地区财政总决算、部门决算、政府财务报告编审和汇总工作。

（7）组织和指导下级政府总会计工作。

第二节 财政总会计制度与会计科目表

一、财政总会计制度

财政部于 2022 年 11 月 18 日修订的《财政总会计制度》，共 8 章 66 条，分为总则、会计要素、会计科目、会计结账和结算、会计报表、信息化管理、会计监督和附则。该制度适用于中央，省、自治区、直辖市，设区的市、自治州、县、自治县、不设区的市、市辖区、乡、民族乡、镇等各级政府财政部门的总会计。社会保险基金预算资金会计核算不适用该制度，由财政部另行规定。《财政总会计制度》印发施行后（自 2023 年起实施），财政部于 2015 年制定的《财政总预算会计制度》不再执行。

二、财政总会计科目表

财政总会计科目是对财政总会计要素作进一步分类的一种方法。它是财政总会计设置账户、核算和归集经济业务的依据，也是汇总和检查财政总预算资金活动情况及其结果的依据。按照财政总会计要素的类别，财政总会计科目可分为财务会计科目和预算会计科目，其中，财务会计科目分为资产、负债、净资产、收入和费用五类，预算会计科目分为预算收入、预算支出和预算结余三类。各级财政总会计统一适用的会计科目表如表 2-1 所示。

表 2-1　　　　　　　　　财政总会计统一适用的会计科目

序号	科目编号	会计科目名称
一、财务会计科目		
（一）资产类		
1	1001	国库存款
2	1002	其他财政存款
3	1003	国库现金管理资产
	100301	商业银行定期存款
	100399	其他国库现金管理资产
4	1011	有价证券
5	1021	应收非税收入
6	1022	应收股利
7	1031	借出款项
8	1032	与下级往来
9	1033	预拨经费
10	1034	在途款

(续表)

序号	科目编号	会计科目名称
11	1035	其他应收款
12	1041	应收地方政府债券转贷款
	104101	应收本金
	104102	应收利息
13	1042	应收主权外债转贷款
	104201	应收本金
	104202	应收利息
14	1061	股权投资
	106101	国际金融组织股权投资
	106102	政府投资基金股权投资
	106103	企业股权投资
（二）负债类		
15	2001	应付短期政府债券
	200101	应付国债
	200102	应付地方政府一般债券
	200103	应付地方政府专项债券
16	2011	应付国库集中支付结余
17	2012	与上级往来
18	2013	其他应付款
19	2014	应付代管资金
20	2015	应付利息
	201501	应付国债利息
	201502	应付地方政府债券利息
	201503	应付地方政府主权外债利息
21	2021	应付长期政府债券
	202101	应付国债
	202102	应付地方政府一般债券
	202103	应付地方政府专项债券
22	2022	借入款项
23	2031	应付地方政府债券转贷款
	203101	应付本金
	203102	应付利息
24	2032	应付主权外债转贷款
	203201	应付本金

(续表)

序号	科目编号	会计科目名称
	203202	应付利息
25	2041	其他负债
(三) 净资产类		
26	3001	累计盈余
	300101	预算管理资金累计盈余
	300102	财政专户管理资金累计盈余
	300103	专用基金累计盈余
27	3011	本期盈余
	301101	预算管理资金本期盈余
	301102	财政专户管理资金本期盈余
	301103	专用基金本期盈余
28	3021	预算稳定调节基金
29	3022	预算周转金
30	3041	权益法调整
31	3051	以前年度盈余调整
	305101	预算管理资金以前年度盈余调整
	305102	财政专户管理资金以前年度盈余调整
	305103	专用基金以前年度盈余调整
(四) 收入类		
32	4001	税收收入
33	4002	非税收入
34	4011	投资收益
35	4021	补助收入
36	4022	上解收入
37	4023	地区间援助收入
38	4031	其他收入
39	4041	财政专户管理资金收入
40	4042	专用基金收入
(五) 费用类		
41	5001	政府机关商品和服务拨款费用
42	5002	政府机关工资福利拨款费用
43	5003	对事业单位补助拨款费用
44	5004	对企业补助拨款费用
45	5005	对个人和家庭补助拨款费用

(续表)

序号	科目编号	会计科目名称
46	5006	对社会保障基金补助拨款费用
47	5007	资本性拨款费用
48	5008	其他拨款费用
49	5011	财务费用
	501101	利息费用
	501102	债务发行兑付费用
	501103	汇兑损益
50	5021	补助费用
51	5022	上解费用
52	5023	地区间援助费用
53	5031	其他费用
54	5041	财政专户管理资金支出
55	5042	专用基金支出

二、预算会计科目

（一）预算收入类

序号	科目编号	会计科目名称
56	6001	一般公共预算收入
57	6002	政府性基金预算收入
58	6003	国有资本经营预算收入
59	6005	财政专户管理资金收入
60	6007	专用基金收入
61	6011	补助预算收入
	601101	一般公共预算补助收入
	601102	政府性基金预算补助收入
	601103	国有资本经营预算补助收入
	601111	上级调拨
62	6012	上解预算收入
	601201	一般公共预算上解收入
	601202	政府性基金预算上解收入
	601203	国有资本经营预算上解收入
63	6013	地区间援助预算收入
64	6021	调入预算资金
	602101	一般公共预算调入资金
	602102	政府性基金预算调入资金
65	6031	动用预算稳定调节基金

(续表)

序号	科目编号	会计科目名称
66	6041	债务预算收入
	604101	国债收入
	604102	一般债务收入
	604103	专项债务收入
67	6042	债务转贷预算收入
	604201	一般债务转贷收入
	604202	专项债务转贷收入
68	6051	待处理收入
	605101	库款资金待处理收入
	605102	专户资金待处理收入
（二）预算支出类		
69	7001	一般公共预算支出
70	7002	政府性基金预算支出
71	7003	国有资本经营预算支出
72	7005	财政专户管理资金支出
73	7007	专用基金支出
74	7011	补助预算支出
	701101	一般公共预算补助支出
	701102	政府性基金预算补助支出
	701103	国有资本经营预算补助支出
	701111	调拨下级
75	7012	上解预算支出
	701201	一般公共预算上解支出
	701202	政府性基金预算上解支出
	701203	国有资本经营预算上解支出
76	7013	地区间援助预算支出
77	7021	调出预算资金
	702101	一般公共预算调出资金
	702102	政府性基金预算调出资金
	702103	国有资本经营预算调出资金
78	7031	安排预算稳定调节基金
79	7041	债务还本预算支出
	704101	国债还本支出
	704102	一般债务还本支出

(续表)

序号	科目编号	会计科目名称
	704103	专项债务还本支出
80	7042	债务转贷预算支出
	704201	一般债务转贷支出
	704202	专项债务转贷支出
81	7051	待处理支出
(三)预算结余类		
82	8001	一般公共预算结转结余
83	8002	政府性基金预算结转结余
84	8003	国有资本经营预算结转结余
85	8005	财政专户管理资金结余
86	8007	专用基金结余
87	8031	预算稳定调节基金
88	8033	预算周转金
89	8041	资金结存
	804101	库款资金结存
	804102	专户资金结存
	804103	在途资金结存
	804104	集中支付结余结存
	804105	上下级调拨结存
	804106	待发国债结存
	804107	零余额账户结存
	804108	已结报支出
	804109	待处理结存

财政总会计应当按照下列规定运用会计科目：

(1) 财政总会计应当对有关法律、法规允许进行的经济活动,按照《财政总会计制度》的规定使用会计科目进行核算;不得以《财政总会计制度》规定的会计科目及使用说明作为进行有关经济活动的依据。

(2) 财政总会计应当按照《财政总会计制度》的规定设置和使用会计科目,不需使用的总账科目可以不使用;在不影响会计处理和编报会计报表的前提下,各级总会计可以根据实际情况在本套科目体系下自行增设下级明细科目。

(3) 财政总会计应当执行统一规定的会计科目编号,不得随意打乱重编,以便于填制会计凭证、登记账薄、查阅账目,实行会计信息化管理。

(4) 财政总会计在填制会计凭证、登记会计账簿时,应同时填列会计科目的名称及编号。

(5) 财政总会计设置明细科目或进行明细核算,除了应遵循《财政总会计制度》的规定,还应当满足政府财政预算管理和财务管理的需要。

复习思考题

1. 什么是财政总预算？其组成体系如何？
2. 什么是财政总会计？其构成如何？
3. 财政总会计有哪些特点？
4. 财政总会计的任务是什么？
5. 财政总会计科目分为哪几类？它们在使用时应当遵循哪些要求？

第二章课后练习题

第三章 财政总会计的资产

第一节 财政存款

财政总会计核算的资产,应当按照取得或发生时的实际金额进行计量。资产按照流动性,分为流动资产和非流动资产。流动资产是指预计在1年内(含1年)耗用或者可以变现的资产;非流动资产是指流动资产以外的资产,具体包括财政存款、国库现金管理资产、有价证券、应收非税收入、应收股利、应收及暂付款项、借出款项、预拨经费、在途款、应收转贷款、股权投资等。本节介绍财政存款。

一、财政存款及其账户管理制度

国库的财政存款是指政府财政部门代表政府管理的国库存款和其他财政存款等。财政存款的支配权属于同级政府财政部门,并由财政总会计负责管理,统一在国库或选定的银行开立存款账户,统一收付,不得透支,不得提取现金。

(一) 国库单一账户制度的含义

国库的财政存款实行国库单一账户制度。所谓国库单一账户制度,简单地说,是指将政府所有财政性资金集中在国库或国库指定的代理银行开设账户,所有财政收入直接缴入这一账户,所有财政支出直接通过这一账户进行拨付的财政资金管理制度。实行国库单一账户制度,从收入方面讲,意味着所有财政收入将直接缴入国库,而不通过有关部门或单位设置的收入过渡账户;从支出方面讲,意味着财政资金将在实际使用时从国库账户直接划入供货商或劳务提供者的账户,而不通过有关部门或单位设置的财政资金管理账户。实行国库单一账户制度,对于从根本上解决有关部门滥用过渡账户、随意截留和挪用财政资金,以及由于财政资金分散管理而形成的财政资金使用效率和效益不高、财政宏观调控能力不强等问题,都具有重要的现实意义。

(二) 国库单一账户体系

在国库单一账户制度下,为加强财政存款的管理,财政部门设置了一系列专门的银行账户,形成了一个完整的以国库存款账户为核心的国库单一账户体系。国库单一账户体系是由财政部门开设的银行账户、财政部门为预算单位开设的银行账户以及特设银行账户组成的。

1. 财政部门开设的银行账户

(1) 国库存款账户。它是指在中国人民银行开设的国库单一账户。该账户为国库存款账户,用于记录、核算和反映纳入预算管理的财政收入和支出活动,并用于与财政部门在商业银行开设的财政零余额账户以及财政部门为预算单位在商业银行开设的预算单位零余额账户进行清算,实现支付。

(2) 财政部门零余额账户。它是指在商业银行开设的财政零余额账户,用于财政直接支付以及与国库单一账户进行清算。该账户为过渡性质的账户。代理银行在根据财政部门开具的支付指令向有关货品或劳务供应商支付款项,并按日向国库单一账户申请清算后,该账户的余额即为零。因此,该账户又被称为财政零余额账户。

(3) 财政专户。该账户在商业银行开设,用于记录、核算和反映实行财政专户管理的资金收入和支出,并用于财政专户管理资金日常收支清算。

2. 财政部门为预算单位开设的银行账户

(1) 预算单位零余额账户。该账户主要是财政部门为预算单位在商业银行开设的零余额账户。该账户用于财政授权支付,以及与国库单一账户进行清算。该账户为过渡性质的账户,是预算单位的一个授权支付用款额度。代理银行在根据预算单位开具的支付指令向有关货品或劳务供应商支付款项,并按日向国库单一账户申请清算后,该账户的余额即为零。因此,该账户被称为预算单位的零余额账户。

(2) 财政汇缴零余额账户。该账户也可简称为财政汇缴专户,是财政部门为预算单位在商业银行开设的零余额账户。该账户用于反映预算单位作为执收单位收取的应当汇缴财政国库或财政专户的财政性资金收入。执收单位收取的相关收费等财政性资金收入应当在汇总缴入财政汇缴零余额账户后的当日即转入财政国库存款账户或财政专户,财政汇缴零余额账户每日汇缴后的余额为零,因此该账户被称为零余额账户。

3. 特设银行账户

该账户是指经国务院和省级人民政府批准或授权财政部门开设的特殊过渡性专户。该账户用于核算和反映预算单位的特殊专项支出活动,并用于与国库单一账户进行清算。一般情况下,该账户为实存资金账户。

在以上相关账户中,财政部门零余额账户和财政汇缴零余额账户的性质为专用存款账户。预算单位零余额账户的性质为基本存款账户或专用存款账户。预算单位未开立基本存款账户,或原基本存款账户在国库集中支付改革后已经按财政部门要求撤销的,经同级财政部门批准,预算单位零余额账户作为基本存款账户;除了上述情况,预算单位零余额账户作为专用存款账户。

根据相关规定,财政部门原则上只能为预算单位开立一个预算单位零余额账户,为执收单位开立一个财政汇缴零余额账户。财政部门在同一家代理银行原则上只能开立一个财政部门零余额账户。财政部门零余额账户和预算单位零余额账户的用款额度具有与人民币存款相同的支付结算功能。财政部门零余额账户可以办理转账等支付结算业务,但不得提取现金。预算单位零余额账户可以办理转账、汇兑、委托收款和提取现金等支付结算业务。

二、财政存款的核算

财政存款主要包括国库存款和其他财政存款。

(一) 国库存款

1. 国库存款的概念与核算科目的设置

国库存款是指政府财政存放在国库单一账户的款项。

为核算国库存款业务,财政总会计应设置"国库存款"总账科目。本科目期末借方余额,反映政府财政国库存款的结存数。

2. 国库存款的核算

(1) 国库存款增加。国库存款增加时,按照实际收到的金额,借记"国库存款"科目,贷记有关科目。即收到收入时,根据国库报来的当日收入日报表入账,借记"国库存款"科目,贷记"税收收入""非税收入""投资收益""地区间援助收入""其他收入"等科目。

国库存款增加的业务主要有财政总会计收到税收收入、非税收入、投资收益、地区间援助收入、其他收入等。

【例3-1】 某市财政收到中国人民银行国库报来的当日"收入日报表"等凭证,列明当日共收到收入220 000元。其中,税收收入150 000元,非税收入70 000元。财政总会计与中国人民银行报来的有关凭证核对无误。财政总会计应编制的会计分录为:

在财务会计中:

借:国库存款	220 000
贷:税收收入	150 000
非税收入	70 000

同时,在预算会计中:

借:资金结存——库款资金结存	220 000
贷:一般公共预算收入	220 000

(2) 国库存款减少。国库存款减少时,按照实际支付的金额,借记有关科目,贷记"国库存款"科目。财政总会计在办理库款拨付、地区间援助时,应当根据有关支付结算凭证入账,借记"政府机关商品和服务拨款费用""政府机关工资福利拨款费用""对事业单位补助拨款费用""对企业补助拨款费用""对个人和家庭补助拨款费用""对社会保障基金补助拨款费用""其他拨款费用""地区间援助费用"等科目,贷记"国库存款"科目。

国库存款减少的业务主要有财政总会计办理库款拨付、地区间援助等发生的费用。

【例3-2】 某市财政总会计收到财政国库支付执行机构报来的费用结算清单,采用国库集中支付的方式支付有关预算单位的属于政府机关商品和服务拨款费用的款项共计100 000元。财政总会计与中国人民银行报来的有关凭证核对无误。财政总会计应编制的会计分录为:

在财务会计中:

借:政府机关商品和服务拨款费用	100 000
贷:国库存款	100 000

同时,在预算会计中:

借:一般公共预算支出	100 000
贷:资金结存——库款资金结存	100 000

(二) 其他财政存款

1. 其他财政存款的概念与核算科目的设置

其他财政存款是政府财政未列入"国库存款""国库现金管理资产"科目反映的各项存款。

为核算其他财政存款业务,财政总会计应设置"其他财政存款"总账科目。本科目借方登记增加额,贷方登记减少额,期末借方余额,反映政府财政持有的其他财政存款。本科目应当按照存款资金的性质和存款银行等进行明细核算。

2. 其他财政存款的核算

(1) 财政专户收到款项时,按照实际收到的金额,借记"其他财政存款"科目,贷记有关科目。

(2) 其他财政存款产生的利息收入,除了规定作为专户资金收入的,其他利息收入都应缴入国库。

取得其他财政存款利息收入时,按照实际获得的利息金额,根据以下情况分别处理:①按规定作为专户资金收入的,借记"其他财政存款"科目,贷记"应付代管资金"或有关收入科目。②按规定应缴入国库的,借记"其他财政存款"科目,贷记"其他应付款"科目。将其他财政存款利息收入缴入国库时,借记"其他应付款"科目,贷记"其他财政存款"科目;同时,借记"国库存款"科目,贷记"非税收入"科目。

(3) 其他财政存款减少时,按照实际支付的金额,借记有关科目,贷记"其他财政存款"科目。

【例 3-3】 某省财政收到按规定实行财政专户管理的教育收费共计 150 000 元。财政总会计应编制的会计分录为:

在财务会计中:

借:其他财政存款　　　　　　　　　　　　　　　　　　150 000
　　贷:财政专户管理资金收入　　　　　　　　　　　　　　　　150 000

同时,在预算会计中:

借:资金结存——库款资金结存　　　　　　　　　　　　150 000
　　贷:财政专户管理资金收入　　　　　　　　　　　　　　　　150 000

目前,纳入财政专户管理的资金主要是教育收费。纳入财政专户管理的资金,一旦纳入财政预算管理,需要缴入财政国库,应当及时将相应资金从其他财政存款账户转入国库存款账户。

第二节　国库现金管理资产

一、国库现金管理资产的概念与核算科目的设置

国库现金管理资产是指政府财政在确保支付需要前提下,将暂时闲置的国库存款存放于商业银行或者投资于货币市场形成的资产,包括国库现金管理商业银行定期存款以及国库现金管理其他资产。

根据现行有关规定,国库现金管理操作工具为期限在 1 年以内的商业银行定期存款,其利率为操作当日同期限金融机构人民币存款基准利率。所谓商业银行定期存款是指将暂时闲置的国库现金按一定期限存放于商业银行,商业银行提供足额质押(质押物通常为可流通国债,质押的国债面值数额为存款金额的 120%)并向财政部门支付利息。之所以需要进行国库现金管理,其原因在于国库存款计付利息太低。按照现行相关规定,国库存款计付利息利率按现行中国人民银行规定的单位活期存款利率计付,远低于商业银行定期存款的利息。

为核算国库现金管理资产业务,财政总会计应设置"国库现金管理资产"总账科目。本科目核算政府财政将暂时闲置的国库存款存放于商业银行或者投资于货币市场形成的资产。本科目应按照业务种类设置"商业银行定期存款""其他国库现金管理资产"明细科目,并可根据管理需要进行明细核算。其他国库现金管理业务可根据管理条件和管理需要,参照商业银行定期存款的账务处理。本科目借方登记增加额,贷方登记减少额,期末借方余额,反映政府财政开展国库现金管理业务形成的资产。

二、国库现金管理资产的核算

(1) 根据国库现金管理有关规定开展商业银行定期存款时,将国库存款转存商业银行,按照存入商业银行的金额,借记"国库现金管理资产"科目,贷记"国库存款"科目。

(2) 商业银行定期存款收回国库时,按照实际收回的金额,借记"国库存款"科目,按照原存入商业银行的存款本金金额,贷记"国库现金管理资产"科目,按照其差额,贷记"非税收入"科目。

【例 3-4】 某省财政总会计根据国库现金管理的有关规定,将库款 10 000 000 元转存商业银行。转存期满后,国库现金管理存款收回国库,实际收到金额为 10 120 000 元。财政总会计应编制的会计分录为:

(1) 将库款转存商业银行时。

在财务会计中:

借:国库现金管理资产　　　　　　　　　　　　　　　　　　10 000 000
　　贷:国库存款　　　　　　　　　　　　　　　　　　　　　　10 000 000

在预算会计中不做账务处理。

(2) 国库现金管理存款收回国库时。

在财务会计中:

借:国库存款　　　　　　　　　　　　　　　　　　　　　　10 120 000
　　贷:国库现金管理资产　　　　　　　　　　　　　　　　　10 000 000
　　　　非税收入　　　　　　　　　　　　　　　　　　　　　　 120 000

同时,在预算会计中:

借:资金结存——库款资金结存　　　　　　　　　　　　　　 120 000
　　贷:一般公共预算收入　　　　　　　　　　　　　　　　　　 120 000

其他国库现金管理业务可根据管理条件和管理需要,参照商业银行定期存款的账务处理。

第三节　有价证券

一、有价证券的概念与核算科目的设置

有价证券是指政府财政按有关规定取得并持有的政府债券。政府财政可以采用发行政府债券的方式筹集财政资金,也可以通过购买债券的方式对财政资金进行管理。政府发行或取得有价证券是政府筹集国家建设资金、平衡预算、调节经济运行的一种手段。财政部门使用财政预算结余资金购买有价证券并获得相应的利息收入,是财政部门对国库现金进行管理的一种方法。

财政总会计管理有价证券的要求是:一是只能用各项财政结余(包括一般公共预算结余和政府性基金结余)购买国家指定的有价证券;二是购入有价证券时,支付的资金不能列入预算支出核算;三是当期取得有价证券的兑付利息及转让有价证券取得的收入与账面成本的差额,应按购入有价证券时的资金来源分别作为一般公共预算收入或政府性基金预算收入等入账;四是购入的有价证券应视同货币一样妥善保管。

为核算有价证券业务,财政总会计应设置"有价证券"总账科目。本科目应按照有价证券种类进行明细核算。本科目期末借方余额反映政府财政持有的有价证券金额。

二、有价证券的核算

(1) 购入有价证券时,按照实际支付的金额,借记"有价证券"科目,贷记"国库存款""其他财政存款"等科目。

(2) 转让或到期兑付有价证券时,按照实际收到的金额,借记"国库存款""其他财政存款"等科目,按照该有价证券的账面余额,贷记"有价证券"科目,按照其差额,贷记或借记有关收入或费用科目。

【例3-5】 某市财政总会计发生如下有价证券业务:

(1) 市财政按规定动用闲置的一般公共预算结余资金购买政府债券10 000 000元。财政总会计应编制的会计分录为:

在财务会计中:

借:有价证券 10 000 000
　　贷:国库存款 10 000 000

在预算会计中不做会计分录。

(2) 购买的有价证券到期兑付本息10 300 000元,其中:本金为10 000 000元,利息收入为300 000元。财政总会计应编制的会计分录为:

在财务会计中:

借:国库存款 10 300 000
　　贷:有价证券 10 000 000
　　　　非税收入——利息收入 300 000

同时,在预算会计中:

借:资金结存——库款资金结存 300 000
　　贷:一般公共预算收入 300 000

第四节　应收非税收入

一、应收非税收入的概念与核算科目的设置

应收非税收入是指政府财政应向缴款人收取但实际尚未缴入国库的非税收入款项。

为核算应收非税收入业务,财政总会计应设置"应收非税收入"总账科目。对于非税收入管理部门不能提供已开具非税收入缴款票据、尚未缴入本级国库的非税收入数据的地区,可暂不使用本科目核算。本科目应参照《政府收支分类科目》中"非税收入"科目进行明细核算,同时可根据管理需要,参照实际情况,按执收部门(单位)进行明细核算。本科目期末借方余额反映政府财政尚未入库的应收非税收入。

二、应收非税收入的核算

(1) 确认取得非税收入时,按照非税收入管理部门提供的已开具缴款票据、尚未缴入本级国库的非税收入金额,借记"应收非税收入"科目,贷记"非税收入"科目。

(2) 实际收到非税收入款项时,按照实际收到的非税收入金额,借记"国库存款"科目,已

列应收非税收入部分金额,贷记"应收非税收入"科目;未列入应收非税收入部分金额,贷记"非税收入"科目。

(3) 期末,非税收入管理部门应对未入库的应收非税收入进行全面核查,财政总会计根据核查结果对应收非税收入余额进行确认,确保应收非税收入核算准确。

【例 3-6】 某市财政按照非税收入管理部门提供的已开具缴款票据、尚未缴入本级国库的非税收入金额为 19 000 元。其中,"专项收入——教育费附加收入"科目 2 500 元,"专项收入——文化事业建设费收入"科目 5 000 元,"行政事业性收费收入——公安行政事业性收费收入"科目 5 500 元,"行政事业性收费收入——外交行政事业性收费收入"科目 2 500 元,"罚没收入——一般罚没收入"科目 3 500 元。财政总会计应编制的会计分录为:

在财务会计中:

借:应收非税收入　　　　　　　　　　　　　　　　　　　　　　　　19 000
　　贷:非税收入　　　　　　　　　　　　　　　　　　　　　　　　　　19 000

同时,在"应收非税收入"总账科目的借方登记明细账如下:

专项收入——教育费附加收入　　　　　　　　　　　　　　　　　　　2 500
专项收入——文化事业建设费收入　　　　　　　　　　　　　　　　　5 000
行政事业性收费收入——公安行政事业性收费收入　　　　　　　　　　5 500
行政事业性收费收入——外交行政事业性收费收入　　　　　　　　　　2 500
罚没收入——一般罚没收入　　　　　　　　　　　　　　　　　　　　3 500

第五节　应 收 股 利

一、应收股利的概念与核算科目的设置

应收股利是指政府因持有股权投资应当收取的现金股利或应当分得的利润。

为核算应收股利业务,财政总会计应设置"应收股利"科目。本科目应根据管理需要,按照被投资主体进行明细核算。本科目期末借方余额反映政府尚未收回的现金股利或利润。

二、应收股利的核算

(一) 采用权益法核算

(1) 持有股权投资期间,被投资主体宣告发放现金股利或利润的,根据股权管理部门提供的资料,按照应上缴政府财政的部分,借记"应收股利"科目,贷记"股权投资(损益调整)"科目。

(2) 收到现金股利或利润时,按照实际收到的金额,借记"国库存款"科目,贷记"应收股利"科目;按照实际收到金额中未宣告发放的现金股利或利润,借记"应收股利"科目,贷记"股权投资(损益调整)"科目。

(二) 采用成本法核算

(1) 持有股权投资期间,被投资主体宣告发放现金股利或利润时,根据股权管理部门提供的资料,按照应上缴政府财政的部分,借记"应收股利"科目,贷记"投资收益"科目。

(2) 收到现金股利或利润时,按照实际收到的金额,借记"国库存款"科目,贷记"应收股利"科目;按照实际收到金额中未宣告发放的现金股利或利润,借记"应收股利"科目,贷记"投

资收益"科目。

【例 3-7】 某市政府持有甲国有企业的股权。有关业务如下:

(1) 甲国有企业宣告发放现金股利 150 000 元,该市政府财政按持股比例应分得其中的 120 000 元。财政总会计应编制的会计分录为:

在财务会计中:

借:应收股利　　　　　　　　　　　　　　　　　　　　　　　　120 000
　　贷:股权投资——企业股权投资——损益调整　　　　　　　　　　120 000

在预算会计中不做会计分录。

(2) 数日后,甲国有企业支付现金股利 150 000 元,市政府财政同时收到相应的股利数额 120 000 元。财政总会计应编制会计分录为:

在财务会计中:

借:国库存款　　　　　　　　　　　　　　　　　　　　　　　　120 000
　　贷:应收股利　　　　　　　　　　　　　　　　　　　　　　　120 000

同时,在预算会计中:

借:资金结存——库款资金结存　　　　　　　　　　　　　　　　　120 000
　　贷:国有资本经营预算收入　　　　　　　　　　　　　　　　　120 000

第六节　应收及暂付款项

应收及暂付款项是指政府财政业务活动中形成的债权,包括与下级往来和其他应收款等。应收及暂付款项应当及时清理结算,不得长期挂账。

一、与下级往来

(一) 与下级往来的含义与核算科目的设置

与下级往来是指本级政府财政与下级政府财政的往来待结算款项。

在平时上下级财政之间,由于财政资金周转调度的需要,往往会发生下级财政向上级财政借款周转的业务;在年终财政体制结算中,也会发生下级财政向上级财政上解资金或上级财政向下级财政补助资金的业务。上述业务属于上下级财政间的待结算业务。对于上级财政来说,这类业务即属于与下级往来业务。

各级政府间的一般转移支付业务和专项转移支付业务,都会形成与下级往来和与上级往来的核算内容。与下级往来业务和与上级往来业务相对应。关于与上级往来的核算见后面章节内容。

为核算与下级往来业务,财政总会计应设置"与下级往来"科目。本科目应当按照下级政府财政进行明细核算。本科目是往来性质的科目,期末借方余额反映下级政府财政欠本级政府财政的款项;期末贷方余额反映本级政府财政欠下级政府财政的款项。如发生贷方余额,在编制"资产负债表"时应以负数反映。

(二) 与下级往来的核算

(1) 拨付下级政府财政款时,借记"与下级往来"科目,贷记"国库存款"科目。

(2) 有主权外债业务的财政部门,贷款资金由下级政府财政同级部门(单位)使用,且贷款的最终还款责任由本级政府财政承担的,本级政府财政部门支付贷款资金时,借记"与下级往来"科目或"补助费用"科目,贷记"国库存款""其他财政存款"等科目;外方将贷款资金直接支付给供应商或用款单位时,借记"与下级往来"科目或"补助费用"科目,贷记"借入款项"科目或"应付主权外债转贷款"科目。

(3) 两级财政年终结算时,确认应当由下级政府财政上交的收入数,借记"与下级往来"科目,贷记"上解收入"科目。

(4) 两级财政年终结算时,确认应补助下级政府财政的费用数,借记"补助费用"科目,贷记"与下级往来"科目。

(5) 收到下级政府财政缴入国库的往来待结算款项时,借记"国库存款"科目,贷记"与下级往来"科目。

(6) 扣缴下级政府财政资金时,借记"与下级往来"科目,贷记"其他应付款"等科目。

【例3-8】 甲省财政经研究同意所属乙市财政申请,拨付乙市政府财政款项150 000元。甲省财政总会计应编制的会计分录为:

在财务会计中:

借:与下级往来——乙市财政　　　　　　　　　　　　　　　　150 000
　　贷:国库存款　　　　　　　　　　　　　　　　　　　　　　　　150 000

同时,在预算会计中:

借:补助预算支出——调拨下级　　　　　　　　　　　　　　　150 000
　　贷:资金结存——库款资金结存　　　　　　　　　　　　　　　150 000

乙市财政总会计的账务处理请参见"与上级往来"与"补助预算收入"的账务处理。

【例3-9】 在财政体制结算中,甲省财政计算出所属乙市财政应上解本省财政款项500 000元。甲省财政总会计应编制的会计分录为:

(1) 计算确认所属乙市财政应上解本省财政款项时。

在财务会计中:

借:与下级往来——乙市财政　　　　　　　　　　　　　　　　500 000
　　贷:上解收入　　　　　　　　　　　　　　　　　　　　　　　　500 000

在预算会计中不做账务处理。

(2) 实际收到所属乙市财政上解本省财政款项时。

在财务会计中:

借:国库存款　　　　　　　　　　　　　　　　　　　　　　　　500 000
　　贷:与下级往来——乙市财政　　　　　　　　　　　　　　　　500 000

同时,在预算会计中:

借:资金结存——库款资金结存　　　　　　　　　　　　　　　500 000
　　贷:上解预算收入　　　　　　　　　　　　　　　　　　　　　　500 000

乙市财政总会计的账务处理请参见"与上级往来"与"上解预算支出"的账务处理。

二、其他应收款

(一)其他应收款的概念与核算科目的设置

其他应收款是指政府财政临时发生的其他应收、暂付、垫付款项。项目单位拖欠外国政府和国际金融组织贷款本息和有关费用导致相关政府财政履行担保责任,代偿的贷款本息费,也属于其他应收款核算的范畴。

为了核算其他应收款业务,财政总会计应设置"其他应收款"总账科目。本科目应当按照资金性质、债务单位等进行明细核算。该科目借方登记增加数,贷方登记减少数,本科目应及时清理结算。年终,本科目原则上应无余额。

(二) 其他应收款的核算

(1) 发生其他应收款项时,借记"其他应收款"科目,贷记"国库存款""其他财政存款"等科目。

(2) 收回其他应收款项时,借记"国库存款""其他财政存款"科目,贷记"其他应收款"科目。

(3) 其他应收款项转列费用时,借记有关费用科目,贷记"其他应收款"科目。

(4) 政府财政对使用外国政府和国际金融组织贷款资金的项目单位履行担保责任,代偿贷款本息费时,借记"其他应收款"科目,贷记"国库存款""其他财政存款"等科目。政府财政行使追索权,收回项目单位贷款本息费时,借记"国库存款""其他财政存款"等科目,贷记"其他应收款"科目。政府财政最终未收回项目单位贷款本息费,经核准转列费用时,借记有关费用科目,贷记"其他应收款"科目。

【例3-10】 甲省财政所属乙市财政未及时上缴代发地方政府债券本金,为其垫付到期地方政府债券本金500 000元。数日后,收回上述所属乙市财政缴来的垫付地方政府债券本金500 000元。甲省财政总会计应编制的会计分录为:

(1) 为乙市财政垫付代发的到期地方政府债券本金时。

在财务会计中:

借:其他应收款 500 000
　　贷:国库存款 500 000

同时,在预算会计中:

借:补助预算支出——调拨下级 500 000
　　贷:资金结存——国库资金结存 500 000

(2) 收回乙市财政缴来的垫付地方政府债券本金时。

在财务会计中:

借:国库存款 500 000
　　贷:其他应收款 500 000

同时,在预算会计中:

借:资金结存——国库资金结存 500 000
　　贷:补助预算支出——调拨下级 500 000

乙市财政总会计的的账务处理请参见"其他应付款"与"补助预算收入"的账务处理。

【例3-11】 某省财政为使用外国政府和国际金融组织贷款资金的某单位履行担保责任,代偿贷款本息费150 000元。政府财政最终未收回项目单位贷款本息费,经核准转列费用。该省财政总会计应编制的会计分录为:

(1) 为甲单位履行担保责任代偿贷款本息费时。

在财务会计中:

借：其他应收款　　　　　　　　　　　　　　　　　　　　　　　　150 000
　　贷：国库存款　　　　　　　　　　　　　　　　　　　　　　　　　　　150 000

同时，在预算会计中：

借：一般公共预算支出　　　　　　　　　　　　　　　　　　　　　　150 000
　　贷：资金结存——国库资金结存　　　　　　　　　　　　　　　　　　150 000

（2）最终未收回该单位贷款本息费，该省财政经核准转列费用时。

在财务会计中：

借：对企业补助拨款费用　　　　　　　　　　　　　　　　　　　　　150 000
　　贷：其他应收款　　　　　　　　　　　　　　　　　　　　　　　　　150 000

在预算会计中不做会计分录。

根据现行地方政府债券预算管理的相关规定，省、自治区、直辖市政府为政府债券的发行主体，具体发行工作由省级财政部门负责。市县级政府确需发行政府债券的，应纳入本省、自治区、直辖市政府债券规模内管理，由省级财政部门代办发行，并统一办理还本付息。由省政府代办发行市县级政府债券，可以提高市县级政府债券的信用等级。当市县级财政暂时无力偿付债券本息时，省财政先垫付资金代其偿付，之后再与市县财政进行结算。我国在之前试行了多年的中央政府财政代省级政府财政发行地方政府债券，效果良好。目前，省级政府财政可以在国务院确定的限额内，自行发行地方政府债券，并自行负责偿付地方政府债券本息。根据地方政府性债务管理的相关规定，地方政府对其举借的债务负有偿还责任，中央政府实行不救助原则。

第七节　借出款项

一、借出款项的概念与核算科目的设置

借出款项是指政府财政按照对外借款管理相关规定借给预算单位临时急需的，并需按期收回的款项。借出款项仅限于政府财政对纳入本级预算管理的一级预算单位（不含企业）安排借款，不得经预算单位再转借企业。借款资金仅限于临时性资金周转或应对社会影响较大突发事件的临时急需垫款，借款期限不得超过1年，借款时应明确还款来源。

借出款项属于债权，财政总会计要对借出款项及时办理清理、结算，不得长期挂账。

为了核算借出款项业务，财政总会计应设置"借出款项"总账科目。该科目应当按照借款单位等进行明细核算。该科目期末借方余额反映政府财政借给预算单位尚未收回的款项。

二、借出款项的核算

（1）将款项借出时，按照实际支付的金额，借记"借出款项"科目，贷记"国库存款"等科目。

（2）收回借款时，按照实际收到的金额，借记"国库存款"等科目，贷记"借出款项"科目。

【例3-12】　某市财政因所属某单位临时急需资金，该市财政紧急借给一笔200 000元款项，期限为10天。到期后，该市财政全额收回了该笔借出的款项。该市财政总会计应编制的

会计分录为：

(1) 借出款项时。

在财务会计中：

借：借出款项　　　　　　　　　　　　　　　　　　　　200 000
　　贷：国库存款　　　　　　　　　　　　　　　　　　　　　　200 000

在预算会计中不做会计分录。

(2) 到期收回借款时。

在财务会计中：

借：国库存款　　　　　　　　　　　　　　　　　　　　200 000
　　贷：借出款项　　　　　　　　　　　　　　　　　　　　　　200 000

在预算会计中不做会计分录。

第八节　预拨经费

一、预拨经费的概念与核算科目的设置

预拨经费是指政府财政在本级人民代表大会批准年度预算前，可以提前预拨已经列入年度预算的各部门基本支出、项目支出和对下级转移支付支出，以及法律规定必须履行支付义务的支出和用于自然灾害等突发事件处理的支出。除了上述支出事项及财政部另有规定，其他支出均不得提前预拨。预拨经费（不含预拨下年度预算资金）应在年终前转列费用或清理收回。

财政总会计应加强预拨经费的管理。第一，预拨经费应掌握个别、特殊的原则，并控制在计划规定的额度之内，不得任意预拨。第二，预拨经费应按照用款单位经费领报关系预拨，凡有上级主管部门的单位，不能直接与各级财政部门发生经费预拨关系。第三，预拨经费应在规定的列支期限内及时列作费用，不能长期挂账。

为核算预拨经费业务，财政总会计应设置"预拨经费"科目。本科目核算政府财政按照预拨经费管理有关规定预拨给预算单位尚未列为费用的款项。本科目应当按照预算单位进行明细核算。本科目期末借方余额反映政府财政年末尚未转列费用或尚待收回的预拨经费款项。

二、预拨经费的核算

(1) 拨出款项时，借记"预拨经费"科目，贷记"国库存款"等科目。

(2) 转列费用时，借记有关费用科目，贷记"预拨经费"科目。

(3) 收回预拨款项时，借记"国库存款"等科目，贷记"预拨经费"科目。

【例3-13】　某县财政尚未实行国库集中支付制度改革。该县财政1月按照经批准的预算采用实拨资金方式预拨给其所属甲单位2月的日常运行经费60 000元。2月，经审核将预拨给上述所属甲单位的日常运行经费60 000元转为对事业单位补助拨款费用。该县财政总会计应编制的会计分录为：

(1) 1月，预拨给其所属甲单位2月的日常运行经费时。

在财务会计中：

借：预拨经费——甲单位　　　　　　　　　　　　　　　　　　　　　　　　　60 000
　　贷：国库存款　　　　　　　　　　　　　　　　　　　　　　　　　　　　　　60 000

同时，在预算会计中：

借：待处理支出　　　　　　　　　　　　　　　　　　　　　　　　　　　　　60 000
　　贷：资金结存——库款资金结存　　　　　　　　　　　　　　　　　　　　　60 000

（2）2月，将预拨给上述所属甲单位的日常运行经费转为对事业单位补助拨款费用时。

在财务会计中：

借：对事业单位补助拨款费用　　　　　　　　　　　　　　　　　　　　　　　60 000
　　贷：预拨经费——甲单位　　　　　　　　　　　　　　　　　　　　　　　　60 000

同时，在预算会计中：

借：一般公共预算支出　　　　　　　　　　　　　　　　　　　　　　　　　　60 000
　　贷：待处理支出　　　　　　　　　　　　　　　　　　　　　　　　　　　　60 000

这里需要说明的是，随着我国财政国库集中支付制度的改革，上述预拨经费业务将不复存在。

第九节　在　途　款

一、在途款的概念与核算科目的设置

在途款是指报告清理期和库款报解整理期内发生的需要通过本科目过渡处理的属于上年度收入、费用等业务的款项。为清理和核实1年的财政收支，保证属于当年的财政收支能全部反映到当年的财政决算中，根据规定，年度终了后，国库应设置10天的库款报解整理期。在库款报解整理期和决算清理期内，财政总会计收到的属于上年度的收入应当记入上年度账，上年度已拨付的不属于上年度的支出应当予以收回。设置库款报解整理期的目的是正确反映各财政年度财政收支的数额。

为核算在途款业务，各级财政总会计应设置"在途款"科目。该科目只在报告清理期和库款报解整理期内使用，且一次处理完毕。该科目不需要设置明细账。该科目的期末借方余额，表示本年度政府财政持有的在途款。在记入新年度账上后，该科目无余额。

二、在途款的核算

报告清理期和库款报解整理期内收到属于上年度收入等款项时，在上年度账务中，借记"在途款"科目，贷记有关收入科目或"应收非税收入"科目；收回属于上年度费用等款项时，在上年度账务中，借记"在途款"科目，贷记"预拨经费"或有关费用科目。冲转在途款时，在本年度账务中，借记"国库存款"科目，贷记"在途款"科目。

【例3-14】　某市财政总会计在库款报解整理期内收到国库报来收入日报表及其附件，列示所属上年度的非税收入40 000元。该市财政总会计应编制的会计分录为：

（1）在上年度账上。

在财务会计中：

借：在途款　　　　　　　　　　　　　　　　　　　　　　　　　　　　　　　40 000
　　贷：非税收入　　　　　　　　　　　　　　　　　　　　　　　　　　　　　40 000

同时,在预算会计中:

借:资金结存——在途资金结存 40 000
  贷:政府性基金预算收入 40 000

(2) 在本年度账上。

在财务会计中:

借:国库存款 40 000
  贷:在途款 40 000

同时,在预算会计中:

借:资金结存——库款资金结存 40 000
  贷:资金结存——在途资金结存 40 000

【例3-15】 某市财政总会计在报告清理期内收到国库报来的收回上年度单位预拨款60 000元。该市财政总会计应编制会计分录为:

(1) 在上年度账上。

在财务会计中:

借:在途款 60 000
  贷:预拨经费 60 000

同时,在预算会计中:

借:资金结存——在途资金结存 60 000
  贷:待处理支出 60 000

(2) 在本年度账上。

在财务会计中:

借:国库存款 60 000
  贷:在途款 60 000

同时,在预算会计中:

借:资金结存——库款资金结存 60 000
  贷:资金结存——在途资金结存 60 000

第十节 应收转贷款

应收转贷款是指政府财政将借入的资金转贷给下级政府财政的款项,包括应收地方政府债券转贷款、应收主权外债转贷款等。

一、应收地方政府债券转贷款

(一) 应收地方政府债券转贷款的概念与核算科目的设置

应收地方政府债券转贷款是指本级政府财政转贷给下级政府财政的地方政府债券资金的本金及利息。

为了核算应收地方政府债券转贷款业务,财政总会计应设置"应收地方政府债券转贷款"总账科目。本科目应设置"应收本金""应收利息"明细科目,并按照转贷对象进行明细核算,其下应根据管理规定设置"一般债券""专项债券"等明细科目。其中,"应收利息"科目通常应根据债务管理部门计算并提供的政府债券转贷款的应收利息情况,按期进行核算。该科目借方登记增加数,贷方登记减少数,期末借方余额反映政府财政应收未收的地方政府债券转贷款本金和利息。

(二) 应收地方政府债券转贷款的核算

(1) 向下级政府财政转贷地方政府债券资金时,按照转贷的本金,借记"应收地方政府债券转贷款"科目,按照实际拨付的金额或债务管理部门确认的转贷金额,贷记"国库存款"科目或"与下级往来"等科目,按照其差额,借记或贷记有关费用科目。

(2) 按期确认地方政府债券转贷款的应收利息时,根据债务管理部门计算确认的转贷款本期应收未收利息金额,借记"应收地方政府债券转贷款"科目,贷记"财务费用——利息费用"等有关科目。

(3) 收到下级政府财政偿还的地方政府债券转贷款本息时,按照收到的金额,借记"国库存款""其他财政存款"等科目,贷记"应收地方政府债券转贷款"科目。

(4) 扣缴下级政府财政应偿还的地方政府债券转贷款本息时,按照扣缴的金额,借记"与下级往来"等科目,贷记"应收地方政府债券转贷款"科目。

(5) 豁免下级政府财政应偿还的地方政府债券转贷款本息时,根据债务管理部门转来的有关资料及有关预算文件,按照豁免金额,借记"补助费用""与下级往来"等科目,贷记"应收地方政府债券转贷款"科目。

【例3-16】 某省财政发生如下业务:

(1) 向所属某市财政转贷地方政府债券资金 990 000 元,到期应收回的转贷本金金额为 1 000 000 元。该省财政总会计应编制的会计分录为:

在财务会计中:

借:应收地方政府债券转贷款——应收本金(一般债券)	1 000 000	
贷:国库存款		990 000
财务费用		10 000

同时,在预算会计中:

借:债务转贷预算支出——地方政府一般债务转贷支出——某市财政	990 000	
贷:资金结存——库款资金结存		990 000

(2) 期末确认地方政府债券转贷款的应收利息时,根据债务管理部门计算出的转贷款本期应收未收利息金额 2 000 元。该省财政总会应编制会计分录为:

在财务会计中:

借:应收地方政府债券转贷款——应收利息(一般债券)	2 000	
贷:财务费用——利息费用		2 000

在预算会计中不做账务处理。

(3) 收回下级政府财政偿还的转贷款本息 1 024 000 元。该省财政总会计应编制会计分录为:

在财务会计中:

借:国库存款	1 024 000	
贷:应收地方政府债券转贷款——应收本金(一般债券)		1 000 000
——应收利息(一般债券)		24 000

同时,在预算会计中:

借:资金结存——库款资金结存　　　　　　　　　　　　　　1 024 000
　　贷:一般公共预算收入　　　　　　　　　　　　　　　　　　　　1 024 000

二、应收主权外债转贷款

(一) 应收主权外债转贷款的概念与核算科目的设置

应收主权外债转贷款是本级政府财政转贷给下级政府财政的外国政府、国际金融组织贷款等主权外债资金的本金及利息。在各国际金融组织中,世界银行、亚洲开发银行是向我国提供贷款较多的组织。此外,亚洲基础设施投资银行、金砖开发银行等也是与我国关系密切的国际金融组织。利用国际金融组织贷款是我国对外开放的重要组成部分,对我国经济的发展具有积极的推动作用。充分利用国际金融组织的资源和平台,可以建设更加开放的市场经济。

为了核算应收主权外债转贷款,财政总会计应设置"应收主权外债转贷款"总账科目。本科目下应当设置"应收本金"和"应收利息"两个明细科目,并按照转贷对象进行明细核算。其中,"应收利息"科目通常应根据债务管理部门计算并提供的主权外债转贷款的应收利息情况,按期进行核算。"应收主权外债转贷款"科目借方登记增加数,贷方登记减少数,期末借方余额反映政府财政应收未收的主权外债转贷款本金和利息。

(二) 应收主权外债转贷款的核算

(1) 向下级政府财政转贷主权外债资金,且主权外债最终还款责任由下级政府财政承担的,应当分别按照以下情况处理:①本级政府财政支付转贷资金时,借记"应收主权外债转贷款"科目,贷记"国库存款""其他财政存款"等科目。②外方或上级政府财政将贷款资金直接拨付给用款单位或供应商时,根据债务管理部门转来的有关资料,按照实际拨付的金额,借记"应收主权外债转贷款"科目,贷记"借入款项"科目或"应付主权外债转贷款"科目。

(2) 按期确认主权外债转贷款的应收利息时,根据债务管理部门计算确认的转贷款本期应收未收利息金额,借记"应收主权外债转贷款"科目,贷记"财务费用——利息费用"等科目。

(3) 收回下级政府财政偿还的主权外债转贷款本息时,按照收回的金额,借记"国库存款""其他财政存款"等科目,贷记"应收主权外债转贷款"科目。

(4) 扣缴下级政府财政应偿还的主权外债转贷款本息时,按照扣缴的金额,借记"与下级往来"等科目,贷记"应收主权外债转贷款"科目。

(5) 债权人豁免下级政府财政应偿还的主权外债转贷款本息时,根据债务管理部门转来的有关资料及有关预算文件,按照豁免转贷款的金额,借记"应付主权外债转贷款""借入款项""应付利息"等科目,贷记"应收主权外债转贷款"科目。

(6) 本级政府财政豁免下级政府财政应偿还的主权外债转贷款本息时,根据债务管理部门转来的有关资料及有关预算文件,按照豁免金额,借记"补助费用""与下级往来"等科目,贷记"应收主权外债转贷款"科目。

(7) 年末,根据债务管理部门提供的应收主权外债转贷款因汇率变动产生的期末人民币余额与账面余额之间的差额资料,借记或贷记"财务费用——汇兑损益"科目,贷记或借记"应收主权外债转贷款"科目。

此外,本级政府财政首次确认以前年度转贷给下级政府财政的主权外债时,根据债务管理部门提供的有关资料,按照转贷主权外债本息余额,借记"应收主权外债转贷款"科目,贷记"以前年度盈余调整"科目。

【例 3-17】 某省政府财政发生如下业务：

(1) 将向某国际金融组织贷款的一部分资金计 500 000 元转贷给所属某市政府财政，用以具体落实在该市范围内的相应建设项目。该省财政总会计应编制的会计分录为：

在财务会计中：

借：应收主权外债转贷款——应收本金　　　　　　　　　　　　500 000
　　贷：国库存款　　　　　　　　　　　　　　　　　　　　　　　　500 000

同时，在预算会计中：

借：债务转贷预算支出　　　　　　　　　　　　　　　　　　　500 000
　　贷：资金结存——库款资金结存　　　　　　　　　　　　　　　　500 000

(2) 根据贷款约定，该省政府财政每年应向市政府收取主权外债转贷款的利息为 6 000 元。省财政总会计应编制的会计分录为：

在财务会计中：

借：应收主权外债转贷款——应收利息　　　　　　　　　　　　6 000
　　贷：财务费用——利息费用　　　　　　　　　　　　　　　　　　6 000

在预算会计中不做账务处理。

(3) 该省财政按时收到下级市政府财政支付的省政府主权外债转贷款利息 6 000 元。该省财政总会计应编制的会计分录为：

在财务会计中：

借：国库存款　　　　　　　　　　　　　　　　　　　　　　　6 000
　　贷：应收主权外债转贷款——应收利息　　　　　　　　　　　　　6 000

同时，在预算会计中：

借：资金结存——库款资金结存　　　　　　　　　　　　　　　6 000
　　贷：一般公共预算收入　　　　　　　　　　　　　　　　　　　　6 000

(4) 该省政府主权外债转贷款到期，所属市政府财政未按时偿还贷款本金。该省政府财政予以扣缴时，该省财政总会计应编制的会计分录为：

在财务会计中：

借：与下级往来　　　　　　　　　　　　　　　　　　　　　　500 000
　　贷：应收主权外债转贷款——应收本金　　　　　　　　　　　　　500 000

在预算会计中不做账务处理。

第十一节　股权投资

一、股权投资的概念与核算科目的设置

股权投资是指政府持有的各类股权投资。它包括国际金融组织股权投资、政府投资基金股权投资和企业股权投资等。

股权投资在持有期间，通常采用权益法进行核算。政府无权决定被投资主体的财务和经营政策或无权参与被投资主体的财务和经营政策决策的，应当采用成本法进行核算。

为核算股权投资业务,财政总会计应设置"股权投资"科目。本科目应当按照"国际金融组织股权投资""政府投资基金股权投资""企业股权投资"科目设置一级明细科目,在一级明细科目下,分别设置"投资成本""损益调整""其他权益变动"明细科目,同时应根据管理需要,按照被投资主体进行明细核算。本科目期末借方余额反映政府持有的各种股权投资的价值。

二、股权投资的核算

(一) 采用权益法核算

(1) 政府财政以现金取得股权投资时,按照实际支付的金额,借记"股权投资"科目(投资成本),贷记"国库存款"科目。实际支付的金额中包含的已宣告但尚未发放的现金股利,应当单独确认为应收股利。

(2) 政府财政以现金以外其他资产置换取得股权投资时,按照股权管理部门确认的金额,借记"股权投资"科目(投资成本),贷记相关资产类科目。

(3) 通过清查发现以前年度取得、尚未纳入财政总会计核算的股权投资时,根据股权管理部门提供的资料,按照股权投资的投资成本,借记"股权投资"科目(投资成本),按照以前年度实现的损益中应享有的份额,借记"股权投资"科目(损益调整),按照两者合计金额贷记"以前年度盈余调整"科目;按照确定的其他权益变动金额,借记"股权投资"科目(其他权益变动),贷记"权益法调整"科目。已宣告但尚未发放的现金股利,应当单独确认为应收股利。

(4) 无偿划入股权投资时,根据股权管理部门提供的资料,按照股权投资的投资成本,借记"股权投资"科目(投资成本),按照以前年度实现的损益中应享有的份额,借记"股权投资"科目(损益调整),按照两者合计金额贷记"其他收入"科目;按照确定的其他权益变动金额,借记"股权投资"科目(其他权益变动),贷记"权益法调整"科目。

(5) 被投资主体实现净利润的,根据股权管理部门提供的资料,按照应享有的份额,借记"股权投资"科目(损益调整),贷记"投资收益"科目。被投资主体发生净亏损的,根据股权管理部门提供的资料,按照应分担的份额,借记"投资收益"科目,贷记"股权投资"科目(损益调整),但以"股权投资"的账面余额减记至零为限。发生亏损的被投资主体以后年度又实现净利润的,按照收益分享额弥补未确认的亏损分担额等后的金额,借记"股权投资"科目(损益调整),贷记"投资收益"科目。

(6) 被投资主体宣告发放现金股利或利润的,根据股权管理部门提供的资料,按照应上缴政府财政的部分,借记"应收股利"科目,贷记"股权投资"科目(损益调整)。

(7) 收到现金股利或利润时,按照实际收到的金额,借记"国库存款"科目,贷记"应收股利"科目;按照实际收到金额中未宣告发放的现金股利或利润,借记"应收股利"科目,贷记"股权投资"科目(损益调整)。

(8) 被投资主体发生净损益和利润分配以外的所有者权益变动的,根据股权管理部门提供的资料,按照应享有或应分担的份额,借记或贷记"股权投资"科目(其他权益变动),贷记或借记"权益法调整"科目。

(9) 股权投资持有期间,被投资主体以收益转增投资的,根据股权管理部门提供的资料,按照收益转增投资的金额,借记"股权投资"科目(投资成本),贷记"股权投资"科目(损益调整)。

(10) 处置股权投资时,根据股权管理部门提供的资料,按照被处置股权投资对应的"权益法调整"科目账面余额,借记或贷记"权益法调整"科目,贷记或借记"股权投资"科目(其他权益变动);按照处置收回的金额,借记"国库存款"科目,按照已宣告尚未领取的现金股利或利润,贷记"应收股利"科目,按照被处置股权投资的账面余额,贷记"股权投资"科目(投资成本、损益调整),按照其差额,贷记或借记"投资收益"科目。

(11) 无偿划出股权投资时,根据股权管理部门提供的资料,按照被划出股权投资对应的"权益法调整"科目账面余额,借记或贷记"权益法调整"科目,贷记或借记"股权投资"科目(其他权益变动);按照被划出股权投资的账面余额,借记"其他费用"科目,贷记"股权投资"科目(投资成本、损益调整)。

(12) 企业破产清算时,根据股权管理部门提供的资料,按照破产清算企业股权投资对应的"权益法调整"科目账面余额,借记或贷记"权益法调整"科目,贷记或借记"股权投资"科目(其他权益变动);按照缴入国库清算收入的金额,借记"国库存款"科目,按照破产清算股权投资的账面余额,贷记"股权投资"科目(投资成本、损益调整),按照其差额,借记或贷记"投资收益"科目。

(二) 采用成本法核算

(1) 政府财政以现金取得股权投资时,按照实际支付的金额,借记"股权投资"科目(投资成本),贷记"国库存款"科目。实际支付的金额中包含的已宣告但尚未发放的现金股利,应当单独确认为应收股利。

(2) 政府财政以现金以外其他资产置换取得股权投资时,按照股权管理部门确认的金额,借记"股权投资"科目(投资成本),贷记相关资产类科目。

(3) 通过清查发现以前年度取得、尚未纳入财政总会计核算的股权投资时,根据股权管理部门提供的资料,按照其确定的投资成本,借记"股权投资"科目(投资成本),贷记"以前年度盈余调整"科目。已宣告但尚未发放的现金股利,应当单独确认为应收股利。

(4) 无偿划入股权投资时,根据股权管理部门提供的资料,按照其确定的投资成本,借记"股权投资"科目(投资成本),贷记"其他收入"科目。

(5) 处置股权投资时,按照收回的金额,借记"国库存款"科目,按照已宣告尚未领取的现金股利或利润,贷记"应收股利"科目,按照被处置股权投资账面余额,贷记"股权投资"科目(投资成本),按照其差额,贷记或借记"投资收益"科目。

(6) 无偿划出股权投资时,按照被划出股权投资的账面余额,借记"其他费用"科目,贷记"股权投资"科目(投资成本)。

(7) 企业破产清算时,根据股权管理部门提供的资料,按照缴入国库清算收入的金额,借记"国库存款"科目,按照破产清算股权投资的账面余额,贷记"股权投资"科目(投资成本),按照其差额,借记或贷记"投资收益"科目。

(三) 成本法与权益法的转换

(1) 对股权投资的核算从成本法改为权益法的,应按照成本法下"股权投资"科目(投资成本)账面余额与追加投资成本的合计金额,借记"股权投资"科目(投资成本),按照成本法下"股权投资"科目(投资成本)账面余额,贷记"股权投资"科目(投资成本),按照追加投资的金额,贷记"国库存款"科目。

(2) 对股权投资的核算从权益法改为成本法的,按照"权益法调整"科目账面余额,借记或贷记"权益法调整"科目,贷记或借记"股权投资"科目(其他权益变动);按照权益法下"股权投资"科目(投资成本、损益调整)账面余额作为成本法下投资成本账面余额,借记"股权投资"科目(投资成本),贷记"股权投资"科目(投资成本、损益调整)。其后,被投资单位宣告分派现金股利或利润时,属于已记入投资成本账面余额的部分,按照应分得的现金股利或利润份额,借记"应收股利"科目,贷记"股权投资"科目(投资成本)。

【例3-18】 中央财政代表中国政府向亚洲基础设施投资银行投入股本金折合人民币65 000 000 000元,股权投资在持有期间,通常采用权益法进行核算。中央财政总会计应编制的会计分录为:

在财务会计中:

借:股权投资——国际金融组织股权投资——投资成本　　65 000 000 000
　　贷:国库存款　　65 000 000 000

同时,在预算会计中:

借:一般公共预算支出　　65 000 000 000
　　贷:资金结存——库款资金结存　　65 000 000 000

【例3-19】 某市政府为支持本市创新创业活动,决定出资设立创新创业投资引导基金。市财政发生如下经济业务:

(1) 根据当年资金安排,向由某投资管理公司负责日常投资运作的市创新创业投资引导基金拨付款项5 000 000元,作为对该引导基金的投资,并采用权益法核算。该市财政总会计应编制的会计分录为:

在财务会计中:

借:股权投资——政府投资基金股权投资——投资成本　　5 000 000
　　贷:国库存款　　5 000 000

同时,在预算会计中:

借:国有资本经营预算支出　　5 000 000
　　贷:资金结存——库款资金结存　　5 000 000

(2) 年末,该创新创业投资引导基金向市财政报告当年共实现投资收益200 000元。该市财政总会计应编制的会计分录为:

在财务会计中:

借:股权投资——政府投资基金股权投资——损益调整　　200 000
　　贷:投资收益　　200 000

在预算会计中不做账务处理。

(3) 经相关决策机构研究决定,将一部分投资收益计100 000元留作基金滚动使用。该市财政总会计应编制的会计分录为:

在财务会计中:

借:股权投资——政府投资基金股权投资　　100 000
　　贷:股权投资——损益调整　　100 000

在预算会计中不做账务处理。

政府投资基金是指由各级政府通过预算安排,以单独出资或与社会资本共同出资设立,采用股权投资等市场化方式,引导社会各类资本投资经济社会发展的重点领域和薄弱环节,支持相关产业和领域发展的基金。政府投资基金是政策性基金,不是商业性基金,它不以盈利为目的,但也不是通过非市场化方式无偿转让。投资基金各出资方应当按照"利益共享,风险共担"的原则,明确约定收益处理和亏损负担方式。投资基金的亏损应由出资方共同承担,政府应以出资额为限承担有限责任。为更好地发挥政府出资的引导作用,政府可适当让利,但不得向其他出资人承诺投资本金不受损失,不得承诺最低收益。设立政府投资基金,可采用公司制、有限合伙制和契约制等不同组织形式。政府投资基金一般应当在存续期满后终止。

目前,我国国家层面设立了国家新兴产业创业投资引导基金,主要投资地方政府出资的新兴产业创业投资基金、行业龙头企业发起设立并出资的新兴产业创业投资基金等基金(统称参股基金)。根据有关要求,参股基金应由专业管理团队管理,发挥市场的决定性作用,通过股权投资方式,主要投资战略性新兴产业和高技术产业领域处于初创期、早中期且具有原始创新、集成创新或消化吸收再创新属性的创新型企业发展。根据要求,由地方政府出资的参股基金,社会出资不低于基金总规模的一定比例(60%)。

【例3-20】 某市政府财政为支持甲国有企业战略性重组和产业结构调整,推动国有资本投向重点行业和关键领域,根据经批准的预算,向某国有企业拨付款项5 000 000元,作为对该国有企业注入的资本金,该市政府使用权益法核算该投资。该市财政总会计应编制的会计分录为:

在财务会计中:

借:股权投资——企业股权投资——投资成本　　　　　　　　　　　5 000 000
　　贷:国库存款　　　　　　　　　　　　　　　　　　　　　　　　　　　5 000 000

同时,在预算会计中:

借:国有资本经营预算支出　　　　　　　　　　　　　　　　　　　5 000 000
　　贷:资金结存——库款资金结存　　　　　　　　　　　　　　　　　　5 000 000

复习思考题

1. 什么是财政总会计的资产?它包括哪些内容?
2. 什么是财政性存款?财政性存款的管理原则是什么?
3. 什么是国库单一存款制度?国库单一账户体系由哪些账户组成?各账户的用途分别是什么?
4. 什么是财政存款?它主要包括哪些内容?它应当如何核算?
5. 什么是借出款项?它应当如何核算?
6. 什么是有价证券?其管理和核算的要求是什么?
7. 什么是暂付及应收款项?它应当如何核算?
8. 什么是在途款?它应当如何核算?
9. 什么是预拨经费?其管理的基本要求是什么?
10. 什么是应收转贷款?它应当如何核算?
11. 什么是股权投资和应收股利?它应当如何核算?

第三章课后练习题

第四章 财政总会计的负债

第一节 应付国库集中支付结余

财政总会计的负债是指政府财政承担的能以货币计量、需以资产偿付的债务,应当按照承担的有关义务金额或实际发生金额进行计量。财政总会计核算的负债按照流动性,分为流动负债和非流动负债。流动负债是指预计在1年内(含1年)偿还的负债;非流动负债是指流动负债以外的负债。财政总会计的负债具体包括应付国库集中支付结余、应付及暂收款项、借入款项、应付政府债券、应付转贷款、应付代管资金、应付利息、其他负债等。本节先介绍应付国库集中支付结余。

一、应付国库集中支付结余的概念与核算科目的设置

应付国库集中支付结余是指省级以上(含省级)政府财政国库集中支付中应列为当年费用,但年末未支付需结转下一年度支付的款项。

国库集中支付结余是预算单位国库集中支付预算指标数与实际支出数的差额,是预算单位尚未使用的预算资金额度。如果预算单位经批准的可使用预算资金额度由于政策性因素或用款进度等原因在当年未支用,但需要结转下一年度支付使用,此时,财政总会计需要采用权责发生制基础确认一项费用,同时,确认一项应付国库集中支付结余负债。预算单位按经批准的预算在第二年度实际支付使用上一年度末结转下来的国库集中支付结余资金时,财政总会计转销应付国库集中支付结余负债。

为了核算应付国库集中支付结余业务,财政总会计应设置"应付国库集中支付结余"总账科目。本科目应按照预算单位进行明细核算;同时可根据管理需要,参照《政府收支分类科目》中支出经济分类科目进行明细核算。本科目期末贷方余额反映政府财政尚未支付的国库集中支付结余。

二、应付国库集中支付结余的核算

(1)年末,对当年发生的应付国库集中支付结余,借记有关费用科目,贷记"应付国库集中支付结余"科目。

(2)实际支付应付国库集中支付结余资金时,借记"应付国库集中支付结余"科目,贷记"国库存款"科目。

(3)收回尚未支付的应付国库集中支付结余时,借记"应付国库集中支付结余"科目,贷记"以前年度盈余调整"等科目。

【例4-1】 年末,某省审计行政管理部门的信息系统建设专项任务尚未完成,在该专项任务上存在尚未使用的国库集中支付结余资金250 000元。该笔专项结余资金由该省审计行政

管理部门在次年继续用于信息系统建设专项任务。次年1月,该省审计行政管理部门按照经批准的单位预算,通过财政国库集中支付方式将该笔专项结余资金全部用于该专项任务。该省财政总会计应编制的会计分录为:

(1)年末,对当年形成的国库集中支付结余采用权责发生制列支时。

在财务会计中:

借:资本性拨款费用 250 000
　　贷:应付国库集中支付结余 250 000

同时,在预算会计中:

借:一般公共预算支出 250 000
　　贷:资金结存——集中支付结余结存 250 000

(2)次年,实际支付国库集中支付结余资金时。

在财务会计中:

借:应付国库集中支付结余 250 000
　　贷:国库存款 250 000

同时,在预算会计中:

借:资金结存——集中支付结余结存 250 000
　　贷:资金结存——库款资金结存 250 000

年终,省级以上(含省级)政府财政总会计通过采用权责发生制,在财务会计中确认增加一项费用同时确认增加一项负债(应付国库集中支付结余);在预算会计中确认增加一项预算支出的同时确认减少一项库款资金结存。这样相应减少当年末财政资金的结转结余数额,从而使下一年度可用来安排预算的财政资金数额得以如实反映。

次年,预算单位使用上年结余资金时,财政总会计拨付财政预算资金,在财务会计中冲减上年记录的应付国库集中支付结余的数额,在预算会计中冲减相应的资金结余结存,而不确认预算支出。

根据国务院关于推进财政资金统筹使用的相关要求,各级财政部门应当积极推进结转结余资金的统筹使用。

第二节　应付及暂收款项

应付及暂收款项是指政府财政业务活动中形成的支付义务,包括与上级往来和其他应付款等。应付及暂收款项应当及时清理结算。

一、与上级往来

(一)与上级往来的概念与核算科目的设置

与上级往来是指本级政府财政与上级政府财政的往来待结算款项。与上级往来业务和与下级往来业务相对应。

为核算与上级往来业务,财政总会计应设置"与上级往来"总账科目。本科目可根据管理需要,按照往来款项的类别和项目等进行明细核算。本科目期末贷方余额反映本级政府财政欠上级政府财政的款项;借方余额反映上级政府财政欠本级政府财政的款项。本科目应及时清理结算,年终未能结清的余额,结转下年。本科目是往来性质的科目,如发生借方余额,在编制"资产负债表"时,应以负数反映。

(二) 与上级往来的核算

(1) 收到上级政府财政拨付的款项时,借记"国库存款""其他财政存款"等科目,贷记"与上级往来"科目。

(2) 有主权外债业务的财政部门,贷款资金由本级政府财政同级部门使用,且贷款的最终还款责任由上级政府财政承担的,本级政府财政收到贷款资金时,借记"国库存款""其他财政存款"等科目,贷记"与上级往来"科目或"补助收入"科目;外方或上级政府财政将贷款资金直接支付给供应商或用款单位时,借记有关费用科目,贷记"与上级往来"科目或"补助收入"科目。

(3) 两级财政年终结算中确认的应当上交上级政府财政的款项,借记"上解费用"科目,贷记"与上级往来"科目。

(4) 两级财政年终结算中确认的应当由上级政府财政补助的款项,借记"与上级往来"科目,贷记"补助收入"科目。

(5) 上级政府财政扣缴有关款项时,借记有关科目,贷记"与上级往来"科目。

(6) 归还上级政府财政的往来性款项时,按照实际归还的金额,借记"与上级往来"科目,贷记"国库存款""其他财政存款"等科目。

【例 4-2】 承[例 3-8],即甲省财政同意所属乙市财政申请,拨付乙市政府财政款项 150 000 元。乙市财政总会计应编制的会计分录为:

在财务会计中:

借:国库存款　　　　　　　　　　　　　　　　　　　　　　　　150 000
　　贷:与上级往来——甲省财政　　　　　　　　　　　　　　　　　　150 000

同时,在预算会计中:

借:资金结存——库款资金结存　　　　　　　　　　　　　　　　　150 000
　　贷:补助预算收入——上级调拨　　　　　　　　　　　　　　　　　150 000

乙市财政总会计缴回甲省财政拨款时编制与上述相反的会计分录。

【例 4-3】 承[例 3-9],即在财政体制结算中,甲省财政计算出所属乙市财政应上解本省财政款项 500 000 元。乙市财政总会计应编制的会计分录为:

(1) 乙市财政计算确认应上解甲省财政款项时。

在财务会计中:

借:上解费用　　　　　　　　　　　　　　　　　　　　　　　　500 000
　　贷:与上级往来——甲省财政　　　　　　　　　　　　　　　　　　500 000

在预算会计中不做账务处理。

(2) 乙市财政实际上解甲省财政款项时。

在财务会计中:

借:与上级往来——甲省财政　　　　　　　　　　　　　　　　　　500 000
　　贷:国库存款　　　　　　　　　　　　　　　　　　　　　　　　500 000

同时,在预算会计中:

借：上解预算支出 500 000
　　贷：资金结存——库款资金结存 500 000

二、其他应付款

(一) 其他应付款的概念与核算科目的设置

其他应付款是指政府财政临时发生的暂收、应付、收到的不明性质款项和收回的结转结余资金等。税务机关代征入库的社会保险费，也通过本科目核算。

为核算其他应付款业务，财政总会计应设置"其他应付款"科目。本科目应当按照债权单位或资金来源等进行明细核算。本科目应当及时清理结算，期末贷方余额反映政府财政尚未结清的其他应付款项。

(二) 其他应付款的核算

(1) 收到不明性质款项及收回结转结余资金时，借记"国库存款""其他财政存款"等科目，贷记"其他应付款"科目。

(2) 将有关款项清理退还、划转、转作收入时，借记"其他应付款"科目，贷记"国库存款""其他财政存款"或有关收入科目。

(3) 社会保险费代征入库时，借记"国库存款"科目，贷记"其他应付款"科目。入库的社会保险费划转社保基金专户时，借记"其他应付款"科目，贷记"国库存款"科目。

(4) 收回的结转结余资金，财政部门按原预算科目使用的，实际安排支出时，借记"其他应付款"科目，贷记"国库存款""其他财政存款"等科目。收回的结转结余资金，财政部门调整预算科目使用的，实际安排支出时，借记"其他应付款"科目，贷记"以前年度盈余调整——预算管理资金以前年度盈余调整"等科目；同时，借记有关费用科目，贷记"国库存款"等科目。

(5) 有关款项确认冲减当年费用时，借记"其他应付款"科目，贷记有关费用科目；有关款项确认冲减以前年度有关费用事项的，借记"其他应付款"科目，贷记"以前年度盈余调整——预算管理资金以前年度盈余调整"等科目。

【例 4-4】 承[例 3-10]，即甲省财政所属乙市财政未及时上缴代发地方政府债券本金，为其垫付到期地方政府债券本金 500 000 元。乙市财政总会计应编制的会计分录为：

(1) 未及时上缴甲省财政代发地方政府债券本金时。

在财务会计中：

借：应付短期政府债券——应付本金 500 000
　　贷：其他应付款 500 000

在预算会计中不做账务处理。

(2) 实际上缴省财政垫付代发的地方政府债券本金时。

在财务会计中：

借：其他应付款 500 000
　　贷：国库存款 500 000

同时，在预算会计中：

借：债务还本预算支出——一般债务还本支出 500 000
　　贷：资金结存—库款资金结存 500 000

【例 4-5】 某省财政政府性基金预算存款账户收到甲单位性质不明的缴款 20 000 元。经查明,上述性质不明的款项中,有 5 000 元属于误入,予以退回。其余转作政府性基金预算收入。该省财政总会计应编制的会计分录为:

(1) 收到甲单位性质不明的缴款时。

在财务会计中:

借:国库存款　　　　　　　　　　　　　　　　　　　　　　20 000
　　贷:其他应付款——甲单位　　　　　　　　　　　　　　　　20 000

在预算会计中不做账务处理。

(2) 处理上述性质不明的款项时。

在财务会计中:

借:其他应付款——某单位　　　　　　　　　　　　　　　　20 000
　　贷:非税收入　　　　　　　　　　　　　　　　　　　　　15 000
　　　　国库存款　　　　　　　　　　　　　　　　　　　　　5 000

同时,在预算会计中:

借:资金结存——库款资金结存　　　　　　　　　　　　　　15 000
　　贷:政府性基金预算收入　　　　　　　　　　　　　　　　15 000

第三节　借入款项

一、借入款项的概念与核算科目的设置

借入款项是指政府财政以政府名义向外国政府和国际金融组织等借入的款项,以及经国务院批准的其他方式借入的款项。

我国现行《预算法》规定,中央一般公共预算中必需的部分资金,可以通过举借国内和国外债务等方式筹措,举借债务应当控制适当的规模,保持合理的结构。国务院财政部门具体负责对中央政府债务的统一管理。经国务院批准的省、自治区、直辖市的预算中必需的建设投资的部分资金,可以在国务院确定的限额内,通过发行地方政府债券举借债务的方式筹措(本章第四节介绍)。举借的债务应当有偿还计划和稳定的偿还资金来源,只能用于公益性资本支出,不得用于经常性支出。国务院财政部门对地方政府债务实施监督。

为了核算借入款项业务,财政总会计应设置"借入款项"科目。本科目应按照债权人进行明细核算。债务管理部门应设置辅助明细账,主要包括借入款项对应的项目、期限、借入日期、实际偿还及付息情况等内容,并按期计算借款存续期应负担的利息金额。本科目期末贷方余额反映本级政府财政尚未偿还的借入款项本金。

二、借入款项的核算

下面以借入主权外债说明借入款项的主要账务处理,其他借入款项账务处理参照借入主权外债业务的账务处理进行。

(一) 借入主权外债的主要账务处理

(1) 本级政府财政收到借入的主权外债资金时,按照实际收到的金额借记"国库存款""其

他财政存款"等科目,按照实际承担的债务金额贷记"借入款项"科目,按照实际收到的金额与承担的债务之间的差额,借记或贷记有关费用科目。

(2) 本级政府财政借入主权外债,且由外方或上级政府财政将贷款资金直接支付给用款单位或供应商时,应根据以下情况分别处理:①本级政府财政承担还款责任,贷款资金由本级政府财政同级部门使用的,根据债务管理部门转来的有关资料,按照实际承担的债务金额,借记有关费用科目,贷记"借入款项"科目。②本级政府财政承担还款责任,贷款资金由下级政府财政同级部门使用的,根据债务管理部门转来的有关资料及有关预算文件,借记"补助费用"科目或"与下级往来"科目,贷记"借入款项"科目。③下级政府财政承担还款责任,贷款资金由下级政府财政同级部门使用的,根据债务管理部门转来的有关资料,借记"应收主权外债转贷款"科目,贷记"借入款项"科目。

(3) 偿还主权外债本金时,按照实际支付的金额,借记"借入款项"科目,贷记"国库存款""其他财政存款"等科目。

(4) 债权人豁免本级政府财政承担偿还责任的借入主权外债本金时,根据债务管理部门转来的有关资料,按照被豁免的本金,借记"借入款项"科目,贷记"其他收入"等科目。

(5) 债权人豁免下级政府财政承担偿还责任的借入主权外债本金时,根据债务管理部门转来的有关资料,按照被豁免的本金,借记"借入款项"科目,贷记"应收主权外债转贷款"科目。

(6) 年末,根据债务管理部门提供借入款项因汇率变动产生的期末人民币余额与账面余额之间的差额资料,借记或贷记"财务费用——汇兑损益"科目,贷记或借记"借入款项"科目。

此外,本级政府财政首次确认以前年度借入的主权外债时,根据债务管理部门提供的有关资料,按照借入主权外债的余额,借记"以前年度盈余调整"科目,贷记"借入款项"科目。

【例4-6】 某省财政发生如下业务:

(1) 收到向某国际金融组织借入的一笔三年期的主权外债款项1 200 000元,借款用途为该省范围内的生态环境保护。该省财政总会计应编制的会计分录为:

在财务会计中:

借:其他财政存款   1 200 000
  贷:借入款项——某国际金融组织   1 200 000

同时,在预算会计中:

借:资金结存——专户资金结存   1 200 000
  贷:债务预算收入   1 200 000

(2) 由于该生态环境保护项目实施效果良好,该国际金融组织经评估豁免了由该省政府财政承担偿还责任的最后一年借款利息12 000元。该省财政总会计应编制的会计分录为:

在财务会计中:

借:借入款项——应付利息   12 000
  贷:其他收入   12 000

在预算会计中不做会计分录。

(3) 借款到期,省财政向该国际金融组织偿还借入主权外债本金1 200 000元。该省财政总会计应编制的会计分录为:

在财务会计中：

借：借入款项——某国际金融组织 1 200 000
　　贷：国库存款 1 200 000

同时，在预算会计中：

借：债务还本预算支出 1 200 000
　　贷：资金结存——库款资金结存 1 200 000

省政府财政也可以将借入的一部分主权外债款项转贷给所属市政府财政，由市政府财政分担相应生态环境保护项目的资金数额。这样，就会产生应付地方政府债券转贷款、应付主权外债转贷款等相应业务，具体详见本章第五节。

第四节　应付政府债券及应付利息

一、政府债券的概念与种类

应付政府债券是指政府财政以政府名义发行的国债和地方政府债券的应付本金，包括应付短期政府债券和应付长期政府债券。

（一）国债

国债是指由中央政府发行和偿还的政府债券。目前我国国债有储蓄国债和记账式国债两大品种。两者的相同之处在于均为财政部发行并还本付息的国债；两者的不同之处如表 4-1 所示。

表 4-1　储蓄国债和记账式国债的不同之处

项目	储蓄国债	记账式国债
发行对象	个人投资者	全社会发行（个人投资者仅可购买部分期次）
利率确定方式	比照储蓄存款基准利率	通过记账式国债承销团成员招投标确定
流通属性	不可上市流通	可上市流通
变现方式	通过提前兑取、质押贷款等方式变现	通过上市交易、回购等方式变现
到期前终止投资的收益预知程度	通过提前兑取方式提前终止投资。提前兑取条件在发行时就已明确规定，收益是可以预知的，投资者不承担市场利率变动带来的价格风险	通过二级市场卖出方式提前终止投资，二级市场交易价格跟随金融市场变化而波动，于到期前卖出，收益是不能预知的，投资者要承担市场利率变动带来的价格风险

储蓄国债可进一步分为电子式储蓄国债和凭证式储蓄国债。其中，电子式储蓄国债以电子记账方式记录投资者购买国债的情况，为无纸化国债。凭证式储蓄国债以开立国债收款凭证方式记录投资者购买国债的情况，为纸质凭证国债。

记账式国债可进一步分为记账式贴现国债和记账式附息国债。其中，记账式贴现国债是指财政部以低于面值的价格贴现发行、到期按面值还本、期限为 1 年（不含 1 年）以下的记账式国债。记账式附息国债是指财政部发行的定期支付利息、到期还本付息、期限为 1 年（含 1 年）以上的记账式国债。

(二) 地方政府债券

地方政府债券是指由省、自治区、直辖市等地方政府发行和偿还的政府债券。地方政府债券按照预算管理方式,分为一般债券和专项债券两大品种。

地方政府一般债券是指省、自治区、直辖市政府为没有收益的公益性项目发行的、约定一定期限内主要以一般公共预算收入还本付息的政府债券。

地方政府专项债券是指省、自治区、直辖市政府为有一定收益的公益性项目发行的、约定一定期限内以公益性项目对应的政府性基金或专项收入还本付息的政府债券。目前,地方政府一般债券和专项债券都采用记账式固定利率附息形式。

政府债券按照偿还期限,可分为短期政府债券和长期政府债券。其中,短期政府债券是指偿还期限为1年或者不超过1年的政府债券。长期政府债券是指偿还期限超过1年的政府债券。

地方政府一般债券纳入地方政府的一般公共预算管理,地方政府专项债券纳入地方政府的政府性基金预算管理。地方政府债券实行限额管理。省、自治区、直辖市政府发行的一般债券或专项债券,不得超过国务院确定的本地区一般债券或专项债券的限额。

二、应付短期政府债券

(一) 应付短期政府债券的概念与核算科目的设置

应付短期政府债券是指政府财政以政府名义发行的期限不超过1年(含1年)的国债和地方政府债券的应付本金,其中,国债包括中央政府财政发行的国内政府债券和境外发行的主权债券等。

为了核算应付短期政府债券业务,财政总会计应设置"应付短期政府债券"科目。本科目应设置"应付国债""应付地方政府一般债券""应付地方政府专项债券"明细科目。债务管理部门应当设置辅助明细账,主要包括政府债券金额、种类、期限、发行日、到期日、票面利率、偿还本金及付息情况等内容,并按期计算债券存续期应付利息情况。本科目期末贷方余额,反映政府财政尚未偿还的短期政府债券本金。

(二) 应付短期政府债券的核算

应付短期政府债券的主要账务处理如下:

(1) 实际收到短期政府债券发行收入时,按照实际收到的金额,借记"国库存款"科目,按照短期政府债券实际发行额,贷记"应付短期政府债券"科目,按照发行收入和发行额的差额,借记或贷记有关费用科目。

(2) 中央财政发生国债随卖业务时,按照实际收到的金额,借记"国库存款"等科目;根据国债随卖确认文件等相关债券管理资料,按照国债随卖面值,贷记"应付短期政府债券"科目或"应付长期政府债券"科目;按照其差额,借记或贷记"财务费用——利息费用"科目。

(3) 中央财政发生国债随买业务时,根据国债随买确认文件等相关债券管理资料,按照国债随买面值,借记"应付短期政府债券"科目或"应付长期政府债券"科目;按照实际支付的金额,贷记"国库存款"等科目;按照其差额,借记或贷记"财务费用——利息费用"科目。

(4) 实际偿还本级政府财政承担的短期政府债券本金时,借记"应付短期政府债券"科目,贷记"国库存款"等科目。

【例4-7】 中央政府财政发生如下业务:

(1) 在国内发行一批1年期国债,面值为10 000 000 000元,按面值承销,利率为1.2%,按承销债券面值的0.05%支付债券发行手续费共计500 000 000元,实际收到短期政府债券发行收入为99 500 000 000元。中央财政总会计应编制的会计分录为:

在财务会计中:

借:国库存款　　　　　　　　　　　　　　　　　　　　　　　　99 500 000 000
　　财务费用——债务发行兑付费用　　　　　　　　　　　　　　　　500 000 000
　　贷:应付短期政府债券——应付国债——应付本金　　　　　　　10 000 000 000

同时,在预算会计中:

借:资金结存——库款资金结存　　　　　　　　　　　　　　　　99 500 000 000
　　一般公共预算支出　　　　　　　　　　　　　　　　　　　　　　500 000 000
　　贷:债务预算收入　　　　　　　　　　　　　　　　　　　　　10 000 000 000

(2) 年末,偿还一年期国债本金100亿元时。中央财政总会计应编制的会计分录为:

在财务会计中:

借:应付短期政府债券——应付国债——应付本金　　　　　　　　10 000 000 000
　　贷:国库存款　　　　　　　　　　　　　　　　　　　　　　　10 000 000 000

同时,在预算会计中:

借:债务还本预算支出　　　　　　　　　　　　　　　　　　　　10 000 000 000
　　贷:资金结存——库款资金结存　　　　　　　　　　　　　　　10 000 000 000

三、应付长期政府债券

(一) 应付长期政府债券的概念与核算科目的设置

应付长期政府债券是指政府财政以政府名义发行的期限超过1年的国债和地方政府债券的应付本金。其中,国债包括中央政府财政发行的国内政府债券和境外发行的主权债券等。

为了核算应付长期政府债券业务,财政总会计应设置"应付长期政府债券"科目。本科目应设置"应付国债""应付地方政府一般债券""应付地方政府专项债券"明细科目。债务管理部门应设置辅助明细账,主要包括政府债券金额、种类、期限、发行日、到期日、票面利率、实际偿还本金及付息情况等内容,并按期计算债券存续期应负担的利息金额。本科目期末贷方余额反映政府财政尚未偿还的长期政府债券本金。

(二) 应付长期政府债券的核算

(1) 实际收到长期政府债券发行收入时,按照实际收到的金额,借记"国库存款""其他财政存款"等科目,按照长期政府债券实际发行额,贷记"应付长期政府债券"科目,按照其差额,借记或贷记有关费用科目。

(2) 中央财政发生国债随卖业务时,其账务处理参照"应付短期政府债券"科目使用说明中国债随卖业务的账务处理。

(3) 中央财政发生国债随买业务时,其账务处理参照"应付短期政府债券"科目使用说明中国债随买业务的账务处理。

(4) 政府财政以定向承销方式发行长期政府债券时,根据债务管理部门转来的债券发行文件等有关资料,借记"以前年度盈余调整""应收地方政府债券转贷款"等科目,按照长期政府债券实际发行额,贷记"应付长期政府债券"科目,按照发行收入和发行额的差额,借记或贷记有关费用科目。

(5) 实际偿还长期政府债券本金时,借记"应付长期政府债券"科目,贷记"国库存款""其他财政存款"等科目。

【例 4-8】 中央财政发生如下业务:

(1) 发行一批 5 年期电子式储蓄国债,票面年利率为 4.0%,实际发行债券面值金额为 50 000 000 元,实际收到债券发行收入 49 950 000 元,实际债券发行额为 50 000 000 元,经确认的到期应付债券本金金额为 50 000 000 元,中央财政向相关债券承销团成员按承销债券面值的 0.1% 支付债券发行手续费共计 50 000 元。该期债券每年支付一次利息,到期偿还本金并支付最后一年利息。中央财政总会计应编制的会计分录为:

在财务会计中:

借:国库存款　　　　　　　　　　　　　　　　　　　　　　　49 950 000
　　财务费用——债务发行兑付费用　　　　　　　　　　　　　　50 000
　　贷:应付长期政府债券——应付国债——应付本金　　　　　　50 000 000

同时,在预算会计中:

借:资金结存——库款资金结存　　　　　　　　　　　　　　　　49 950 000
　　一般公共预算支出　　　　　　　　　　　　　　　　　　　　50 000
　　贷:债务预算收入——中央政府债务收入　　　　　　　　　　50 000 000

(2) 5 年后,实际偿付长期政府债券本金 50 000 000 元时。中央财政总会计应编制的会计分录为:

在财务会计中:

借:应付长期政府债券——应付国债——应付本金　　　　　　　　50 000 000
　　贷:国库存款　　　　　　　　　　　　　　　　　　　　　　50 000 000

同时,在预算会计中:

借:债务还本预算支出　　　　　　　　　　　　　　　　　　　　50 000 000
　　贷:资金结存——库款资金结存　　　　　　　　　　　　　　50 000 000

四、应付利息

(一) 应付利息的概念与核算科目的设置

应付利息是政府财政以政府名义发行的政府债券应支付的利息,以及以政府名义借入款项本期应承担的利息等。

为了核算应付利息业务,财政总会计应设置"应付利息"科目。本科目应根据管理需要设置"应付国债利息""应付地方政府债券利息""应付地方政府主权外债利息"明细科目。本科目应根据债务管理部门计算并提供的政府债券及借入款项的应付利息情况,按期进行核算。本科目期末贷方余额反映政府财政应付未付的利息金额。

(二) 应付利息的核算

(1) 根据债务管理部门计算确定的本期应付未付利息金额,借记"财务费用——利息费用"科目,贷记"应付利息"科目。

(2) 实际支付利息时,支付金额中已计提的部分,借记"应付利息"科目,未计提的部分,借记"财务费用——利息费用"科目,贷记"国库存款""其他财政存款"等科目。

(3) 提前赎回已发行的政府债券、豁免政府财政承担的主权外债应付利息时,按照减少的当年已计提应付利息金额,借记"应付利息"科目,贷记"财务费用——利息费用"等科目。减少以前年度已计提但尚未支付的利息金额,借记"应付利息"科目,贷记"以前年度盈余调整"科目。

(4) 期末,政府发行的以外币计价的政府债券及借入款项由于汇率变化产生的应付利息折算差额,借记或贷记"财务费用——汇兑损益"科目,贷记或借记"应付利息"科目。

【例4-9】 中央政府财政在国内发行一批1年期国债,面值为10 000 000 000元,按面值承销,利率为1.2%,每月末确认短期政府债券的应付利息为10 000 000元(10 000 000 000×1.2%÷12)。中央财政总会计应编制的会计分录为:

(1) 每月确认短期政府债券的应付利息时。

在财务会计中:

借:财务费用——利息费用　　　　　　　　　　　　　　　　　　10 000 000
　　贷:应付利息　　　　　　　　　　　　　　　　　　　　　　　　10 000 000

在预算会计中不做会计分录。

(2) 支付1年的国债利息时。

在财务会计中:

借:应付利息　　　　　　　　　　　　　　　　　　　　　　　　120 000 000
　　贷:国库存款　　　　　　　　　　　　　　　　　　　　　　　　120 000 000

同时,在预算会计中:

借:一般公共预算支出　　　　　　　　　　　　　　　　　　　　120 000 000
　　贷:资金结存——库款资金结存　　　　　　　　　　　　　　　　120 000 000

第五节　应付转贷款

应付转贷款是指政府财政从上级政府财政借入的债务转贷款的本金和利息,包括应付地方政府债券转贷款和应付主权外债转贷款等。

一、应付地方政府债券转贷款

(一) 应付地方政府债券转贷款的概念与核算科目的设置

应付地方政府债券转贷款是指地方政府财政从上级政府财政借入地方政府债券转贷款的本金和利息。在业务内容上,应付地方政府债券转贷款与应收地方政府债券转贷款相对应。即地方政府财政从上级政府财政借入地方政府债券转贷资金时,上级政府财政形成应收地方政府债券转贷款,本级政府财政形成应付地方政府债券转贷款。

为了核算应付地方政府债券转贷款业务,财政总会计应设置"应付地方政府债券转贷款"科目。本科目应设置"应付本金""应付利息"明细科目,其下可根据管理规定设置"地方政府一般债券""地方政府专项债券"等明细科目。其中,"应付利息"科目通常应根据债务管理部门计算并提供的政府债券转贷款的应付利息情况,按期进行核算。本科目期末贷方余额反映本级政府财政尚未偿还的地方政府债券转贷款的本金和利息。

(二) 应付地方政府债券转贷款的核算

(1) 上级政府财政转贷地方政府债券资金时,按照实际收到的金额或债务管理部门转来的相关资料,借记"国库存款"科目或"与上级往来"等科目,按照转贷本金金额,贷记"应付地方政府债券转贷款"科目,按照其差额,借记或贷记有关费用科目。

(2) 按期确认地方政府债券转贷款的应付利息时,根据债务管理部门计算确定的本期应付未付利息金额,借记"财务费用——利息费用"科目,贷记"应付地方政府债券转贷款"科目。

(3) 偿还本级政府财政承担的地方政府债券转贷款本息时,借记"应付地方政府债券转贷款"科目,贷记"国库存款"等科目。

(4) 上级政府财政扣缴地方政府债券转贷款本息时,借记"应付地方政府债券转贷款"科目,贷记"与上级往来"等科目。

(5) 上级政府财政豁免转贷款本息时,根据债务管理部门转来的有关资料及有关预算文件,按照豁免金额,借记"应付地方政府债券转贷款"科目,贷记"补助收入"科目或"与上级往来"等科目。

【例4-10】 某市财政发生如下业务:

(1) 收到省财政发行一批地方政府一般债券的转贷款项500 000元,转贷期为3年,用以支持该市政府的一项公共设施建设。收到省政府财政转贷的地方政债券资金时,该市财政总会计应编制的会计分录为:

在财务会计中:

借:国库存款 500 000
  贷:应付地方政府债券转贷款——应付本金——地方政府一般债券 500 000

同时,在预算会计中:

借:资金结存——库款资金结存 500 000
  贷:债务转贷预算收入——地方政府一般债务转贷收入 500 000

(2) 该转贷款项每年利息费用为8 000元。每年确认省政府债券转贷款的应付利息时,该市财政总会计应编制的会计分录为:

在财务会计中:

借:财务费用——利息费用 8 000
  贷:应付地方政府债券转贷款——应付利息——地方政府一般债券 8 000

在预算会计中不做会计分录。

(3) 该转贷款项每年支付一次利息。按时支付由市政府财政承担的省政府债券转贷款利息时,该市财政总会计应编制的会计分录为:

在财务会计中:

借:应付地方政府债券转贷款——应付利息——地方政府一般债券 8 000
  贷:国库存款 8 000

同时,在预算会计中:

借:一般预算公共支出 8 000
  贷:资金结存——库款资金结存 8 000

(4) 按时偿还由市政府财政承担的省政府债券转贷款本金时,该市财政总会计应编制的会计分录为:

在财务会计中:

借:应付地方政府债券转贷款——应付本金——地方政府一般债券　　500 000
　　贷:国库存款　　　　　　　　　　　　　　　　　　　　　　　　500 000

同时,在预算会计中:

借:债务转贷支出——地方政府一般债务转贷支出——市财政　　　　500 000
　　贷:资金结存——库款资金结存　　　　　　　　　　　　　　　　500 000

市政府财政从上级省政府财政借入的地方政府债券转贷款资金,如果再转贷给所属县政府财政或区政府财政,相应的县政府财政或区政府财政应当按时向上级市政府财政偿还由其承担的地方政府债券转贷款本息。市政府财政按时收到的所属县政府财政或区政府财政偿还的地方政府债券转贷款本息资金,应当作为其他应付款记录,到时向上级省政府偿还。如果市政府财政未按时收到由所属县政府财政或区政府财政偿还的地方政府债券转贷款本息资金,市政府财政应当先代所属县政府财政或区政府财政向省政府财政偿还到期地方政府债券转贷款本息,之后再与县政府财政或区政府财政进行结算。

二、应付主权外债转贷款

(一) 应付主权外债转贷款的概念与核算科目的设置

应付主权外债转贷款是指本级政府财政从上级政府财政借入的主权外债转贷款的本金和利息。

为了核算应付主权外债转贷款业务,财政总会计应设置"应付主权外债转贷款"科目。本科目下应当设置"应付本金"和"应付利息"两个明细科目,分别对应付本金和利息进行明细核算。债务管理部门应当设置辅助明细账,主要包括应付主权外债对应的项目、期限、借入日期、实际偿还及付息情况等内容,并按期计算外债存续期应负担的利息金额。本科目期末贷方余额反映本级政府财政尚未偿还的主权外债转贷款本金和利息。

(二) 应付主权外债转贷款的核算

(1) 收到上级政府财政转贷的主权外债资金时,按照实际收到的金额借记"国库存款""其他财政存款"科目,按照实际承担的债务金额贷记"应付主权外债转贷款"科目,按照实际收到的金额和承担的债务金额之间的差额,借记或贷记有关费用科目。

(2) 从上级政府财政借入主权外债转贷款,且由外方或上级政府财政将贷款资金直接支付给用款单位或供应商时,应根据以下情况分别处理:①本级政府财政承担还款责任,贷款资金由本级政府财政同级部门使用的,根据债务管理部门转来的有关资料,借记有关费用科目,贷记"应付主权外债转贷款"科目。②本级政府财政承担还款责任,贷款资金由下级政府财政同级部门使用的,根据债务管理部门转来的有关资料及有关预算文件,借记"补助费用"科目或"与下级往来"等科目,贷记"应付主权外债转贷款"科目。③下级政府财政承担还款责任,贷款资金由下级政府财政同级部门使用的,根据债务管理部门转来的有关资料,借记"应收主权外债转贷款"科目,贷记"应付主权外债转贷款"科目。

(3) 按期确认主权外债转贷款的应付利息时,根据债务管理部门计算确认的转贷款本期应付未付利息金额,借记"财务费用——利息费用"科目,贷记"应付主权外债转贷款"科目。

(4) 偿还主权外债转贷款的本息时,借记"应付主权外债转贷款"科目,贷记"国库存款""其他财政存款"等科目。

(5) 上级政府财政扣缴借入主权外债转贷款的本息时,借记"应付主权外债转贷款"科目,贷记"与上级往来"科目。

(6) 上级政府财政豁免主权外债转贷款本息时,根据以下情况分别处理:①豁免本级政府财政承担偿还责任的主权外债转贷款本息时,根据债务管理部门转来的有关资料及有关预算文件,按照豁免转贷款的金额,借记"应付主权外债转贷款"科目,贷记"补助收入"科目或"与上级往来"等科目。②豁免下级政府财政承担偿还责任的主权外债转贷款本息时,根据债务管理部门转来的有关资料及有关预算文件,按照豁免转贷款的金额,借记"应付主权外债转贷款"科目,贷记"应收主权外债转贷款"科目,同时借记"补助费用"科目或"与下级往来"等科目,贷记"补助收入"科目或"与上级往来"科目。

(7) 年末,根据债务管理部门提供的应付主权外债转贷款因汇率变动产生的期末人民币余额与账面余额之间的差额资料,借记或贷记"财务费用——汇兑损益"科目,贷记或借记"应付主权外债转贷款"科目。

此外,本级政府财政首次确认以前年度转贷的主权外债时,根据债务管理部门提供的有关资料,按照转贷主权外债本息余额,借记"以前年度盈余调整"科目,贷记"应付主权外债转贷款"科目。

【例4-11】 某省政府向某国际金融组织贷款5 000 000元,用于该省范围内的公共基础设施建设。该省政府将相应贷款的一部分资金计2 000 000元转贷给所属某市政府,用以具体落实在该市范围内的相应建设项目。根据约定,相应贷款的期限为5年,每年的贷款利息为22 000元,该市政府应按期向省政府偿付贷款本息。该市财政总会计应编制的会计分录为:

(1) 收到上级省政府财政转贷的主权外债资金时。

在财务会计中:

借:其他财政存款 2 000 000
　　贷:应付主权外债转贷款——应付本金 2 000 000

同时,在预算会计中:

借:资金结存——专户资金结存 2 000 000
　　贷:债务转贷预算收入——专项债务转贷收入 2 000 000

(2) 每年确认市政府主权外债转贷款的应付利息时。

在财务会计中:

借:财务费用——利息费用 22 000
　　贷:应付主权外债转贷款——应付利息 22 000

在预算会计中不做会计分录。

(3) 按时向上级省政府财政支付主权外债转贷款利息时。

在财务会计中:

借:应付主权外债转贷款——应付利息 22 000
　　贷:其他财政存款 22 000

同时,在预算会计中:

借：一般预算公共支出　　　　　　　　　　　　　　　　　　　　　　　22 000
　　贷：资金结存——专户资金结存　　　　　　　　　　　　　　　　　　　22 000

（4）上级省政府主权外债转贷款到期，市政府财政未按时偿还贷款本金，被省政府财政扣缴时。

在财务会计中：

借：应付主权外债转贷款——应付本金　　　　　　　　　　　　　　2 000 000
　　贷：与上级往来　　　　　　　　　　　　　　　　　　　　　　　　　　2 000 000

在预算会计中不做账务处理。

被上级省政府财政扣缴后，市政府财政可以从上级省政府财政获得的其他财政补助资金数额相应减少。

第六节　应付代管资金与其他负债

一、应付代管资金

（一）应付代管资金的概念与核算科目的设置

应付代管资金是指政府财政代为管理的、使用权属于被代管主体的资金。

政府财政为了对预算单位的有关非财政拨款收入进行财政代管，需在商业银行统一开设一个代管银行存款账户，并在该代管银行存款账户之下为每个预算单位开设一个分账户。与此同时，取消相关预算单位各自在商业银行开设的用于存放非财政拨款资金的银行存款账户。行政事业单位等预算单位取得的相关事业收入、上级补助收入、附属单位缴款收入、经营收入和其他收入等，统一存入政府财政开设的代管银行存款账户。财政代管后，预算单位的相应非财政拨款资金，其所有权和使用权仍然归相应的预算单位，政府财政对相应资金的使用负有监督责任。政府财政在商业银行开设的财政代管银行存款账户，采用财政一体化管理信息系统，相关收支信息在政府财政、预算单位和代理银行之间实时共享。预算单位按经批准的单位预算使用财政代管账户中的存款资金。

为了核算应付代管资金业务，财政总会计应设置"应付代管资金"科目。本科目应当根据管理需要进行相关明细核算。本科目期末贷方余额反映政府财政尚未支付的代管资金。本科目期末贷方余额反映政府财政尚未支付的代管资金。

（二）应付代管资金的核算

（1）收到代管资金时，借记"其他财政存款"等科目，贷记"应付代管资金"科目。

（2）支付代管资金时，借记"应付代管资金"科目，贷记"其他财政存款"等科目。

（3）代管资金产生的利息收入按照相关规定仍属于代管资金的，借记"其他财政存款"等科目，贷记"应付代管资金"科目。

【例4-12】　某市财政对市级行政事业单位等预算单位的有关非财政拨款收入进行财政代管。有关业务的账务处理如下：

（1）某日，财政代管银行存款账户收到预算单位缴入的代管资金6 500元。该市财政总会计应编制的会计分录为：

在财务会计中：

借：其他财政存款　　　　　　　　　　　　　　　　　　　　　　6 500
　　贷：应付代管资金　　　　　　　　　　　　　　　　　　　　　　　　6 500

在预算会计中不做账务处理。

（2）次日，有关预算单位使用财政代管资金，财政部门通过财政代管银行存款账户为其支付代管资金2 500元。该市财政总会计应编制的会计分录为：

在财务会计中：

借：应付代管资金　　　　　　　　　　　　　　　　　　　　　　2 500
　　贷：其他财政存款　　　　　　　　　　　　　　　　　　　　　　　　2 500

在预算会计中不做账务处理。

对于财政代管银行存款账户中的资金，行政事业单位等预算单位可以通过在其"银行存款"会计科目下设置"财政代管资金"明细科目进行明细核算。财政部门也可以对财政代管银行存款账户中的代管资金采用财政专户集中支付方式，由财政部门直接向预算单位的货品或服务供应商进行支付。

二、其他负债

（一）其他负债的概念与核算科目的设置

其他负债是指政府财政因有关政策明确要求其承担支出责任的事项而形成的支付义务。

为了核算其他负债业务，财政总会计应设置"其他负债"科目。本科目贷方余额反映政府财政承担的尚未支付的其他负债余额。本科目可根据管理需要，按照项目等进行明细核算。

（二）其他负债的核算

（1）政策明确由政府财政承担支出责任的其他负债，按照确定应承担的负债金额，借记"其他费用"科目，贷记"其他负债"科目。

（2）期末，根据债务管理部门转来的其他负债期末余额与账面余额的差额，借记或贷记"其他负债"科目，贷记或借记"其他费用"科目。

复习思考题

1. 什么是财政总会计的负债？财政总会计中的负债包括哪些内容？
2. 什么是应付国库集中支付结余？它应当如何核算？
3. 什么是上级往来和其他应付款？它应当如何核算？
4. 什么是借入款项？它应当如何核算？
5. 什么是应付政府债券？它应当如何核算？
6. 什么是应付转贷款？它应当如何核算
7. 什么是应付代管资金和其他负债？它应当如何核算？

第四章课后练习题

第五章 财政总会计的收入与预算收入

第一节 收　　入

在财政总会计中,收入属于财务会计要素,以权责发生制为基础。财政总会计的收入是指政府财政为实现政府职能,根据法律法规等所筹集的资金。财政总会计核算的收入应当按照开具票据金额或实际取得金额进行计量。按照不同的来源渠道和资金性质,财政总会计的收入包括税收收入、非税收入、投资收益、转移性收入、其他收入、财政专户管理资金收入和专用基金收入等。

一、税收收入

(一) 税收收入的概念、分类与核算科目的设置

税收收入是政府财政从开征的各种税收中取得的纳入本级财政管理的税收收入,是财政收入的最主要的来源。

税收收入类级科目分设如下款级科目:

(1) 增值税。它是指反映按《中华人民共和国增值税暂行条例》征收的国内增值税、进口货物增值税和经审批退库的出口货物增值税。

(2) 消费税。它是指反映按《中华人民共和国消费税暂行条例》征收的国内消费税、进口消费品消费税和经审批退库的出口消费品消费税。

(3) 企业所得税。它是指反映按《中华人民共和国企业所得税法》征收的企业所得税。该科目分设国有冶金工业所得税、国有有色金属工业所得税、国有煤炭工业所得税、国有电力工业所得税、集体企业所得税、股份制企业所得税、私营企业所得税等项级科目。

(4) 企业所得税退税。它是指反映财政部门按"先征后退"政策审批退库的企业所得税。其口径与"企业所得税"相同。

(5) 个人所得税。它是指反映按《中华人民共和国个人所得税法》等法律法规征收的个人所得税。该科目分设个人所得税、个人所得税综合所得汇算清缴退税、个人所得税代扣代缴手续费退库以及个人所得税税款滞纳金、罚款、加收利息收入等项级科目。

(6) 资源税。它是指反映按《中华人民共和国资源税法》征收的资源税。该科目分设海洋石油资源税、水资源税、其他资源税、资源税税款滞纳金以及罚款收入税等项级科目。

(7) 城市维护建设税。它是指反映按《中华人民共和国城市维护建设税法》征收的城市维护建设税。该科目分设国有企业城市维护建设税、集体企业城市维护建设税、股份制企业城市维护建设税等项级科目。

(8) 房产税。它是指反映按《中华人民共和国房产税暂行条例》征收的房产税。该科目分设国有企业房产税、集体企业房产税、股份制企业房产税等项级科目。

(9) 印花税。它是指反映按《中华人民共和国印花税法》征收的印花税。该科目分设证券交易印花税、其他印花税以及印花税税款滞纳金罚款收入等项级科目。

(10) 城镇土地使用税。它是指反映按《中华人民共和国城镇土地使用税暂行条例》征收的城镇土地使用税。该科目分设国有企业城镇土地使用税、集体企业城镇土地使用税、股份制企业城镇土地使用税等项级科目。

(11) 土地增值税。它是指反映按《中华人民共和国土地增值税暂行条例》征收的土地增值税。该科目分设国有企业土地增值税、集体企业土地增值税、股份制企业土地增值税等项级科目。

(12) 车船税。它是指反映按《中华人民共和国车船税法》征收的车船税。该科目分设车船税以及车船税税款滞纳金、罚款收入等项级科目。

(13) 船舶吨税。它是指反映按《中华人民共和国船舶吨税暂行条例》征收的船舶吨税。该科目分设船舶吨税以及船舶吨税税款滞纳金、罚款收入等项级科目。

(14) 车辆购置税。它是指反映按《中华人民共和国车辆购置税法》征收的车辆购置税。该科目分设车辆购置税以及车辆购置税税款滞纳金、罚款收入等项级科目。

(15) 关税。它是指反映按《中华人民共和国进出口关税条例》征收的关税。该科目分设进口关税、出口关税、进境物品进口税等项级科目。

(16) 耕地占用税。它是指反映按《中华人民共和国耕地占用税法》征收的耕地占用税。该科目分设耕地占用税以及耕地占用税税款滞纳金、罚款收入等项级科目。

(17) 契税。它是指反映按《中华人民共和国契税法》征收的契税。该科目分设契税以及契税税款滞纳金、罚款收入等项级科目。

(18) 烟叶税。它是指反映按《中华人民共和国烟叶税法》征收的烟叶税。该科目分设烟叶税以及烟叶税税款滞纳金、罚款收入等项级科目。

(19) 环境保护税。它是指反映按《中华人民共和国环境保护税法》征收的环境保护税。该科目分设环境保护税以及环境保护税税款滞纳金、罚款收入等项级科目。

(20) 其他税收收入。它是指中央与地方共用的一个收入科目,反映上述项目以外其他税收收入,包括有关已停征税种的尾欠等。

税收收入类级科目按税种设置款级科目,以便反映一级政府在各税种上取得的财政收入信息。在增值税、消费税、企业所得税、城市维护建设税、房产税、城镇土地使用税、土地增值税等税种下按国有企业、集体企业、股份制企业、联营企业、港澳台和外商企业、私营企业等企业所有者性质设置若干项级或目级科目。这有利于反映各种税收收入的来源结构,或各种所有制企业对一级政府财政收入的贡献。其他税种按照各自的特点设置项级和目级科目。

为核算税收收入业务,财政总会计应设置"税收收入"总账科目。本科目平时贷方余额反映本级政府财政税收收入的累计数。期末结转后,本科目应无余额。本科目应根据《政府收支分类科目》设置相应的明细科目。一般公共预算收入科目依次分为类、款、项、目四级,四级科目,逐级递进,内容也逐级细化。一般而言,《政府收支分类科目》每年都会根据经济社会发展的情况修改,以适应预算管理的需要。

(二) 税收收入业务的核算

(1) 收到款项时,根据当日收入日报表所列本级税收收入数,借记"国库存款"科目,贷记"税收收入"科目。

(2) 年终转账时,将"税收收入"科目的贷方余额转入本期盈余,即借记"税收收入"科目,贷记"本期盈余——预算管理资金本期盈余"科目。

【例 5-1】 某市财政收到中国人民银行国库报来的当日收入日报表以及所附收入凭证，列示当日税收收入 780 000 元。其中，"增值税——国内增值税"科目 450 000 元，"企业所得税——国有保险企业所得税"科目 150 000 元，"个人所得税——个人所得税"科目 150 000 元，"房产税——私营企业房产税"科目 30 000 元。该市财政总会计应编制的会计分录为：

在财务会计中：

借：国库存款　　　　　　　　　　　　　　　　　　　　　　　780 000
　　贷：税收收入　　　　　　　　　　　　　　　　　　　　　　　　780 000

在"税收收入"总账科目的贷方登记明细账：

增值税——国内增值税　　　　　　　　　　　　　　　　　　　450 000
企业所得税——国有保险企业所得税　　　　　　　　　　　　　150 000
个人所得税——个人所得税　　　　　　　　　　　　　　　　　150 000
房产税——私营企业房产税　　　　　　　　　　　　　　　　　 30 000

同时，在预算会计中：

借：资金结存——库款资金结存　　　　　　　　　　　　　　　780 000
　　贷：一般公共预算收入　　　　　　　　　　　　　　　　　　　 780 000

年终，该市财政总会计的财务会计应将"税收收入"科目贷方余额全数转入"本期盈余——预算管理资金本期盈余"科目。

二、非税收入

(一) 非税收入的概念、分类与核算科目的设置

非税收入是各级政府及其所属部门依法利用行政权力、政府信誉、国家资源、国有资产或提供特定公共服务征收、收取、提取、募集的在税收和政府债务收入以外的财政收入。

非税收入类级科目分设如下款级科目：

(1) 专项收入。它是指反映纳入一般公共预算管理的有专项用途的非税收入。该科目分设教育费附加收入、铀产品出售收入、三峡库区移民专项收入、场外核应急准备收入、地方教育附加收入、文化事业建设费收入、残疾人就业保障金收入、教育资金收入、农田水利建设资金收入、森林植被恢复费、水利建设专项收入、油价调控风险准备金收入、专项收益上缴收入、其他专项收入等项级科目。

(2) 行政事业性收费收入。它是指反映依据法律、行政法规、国务院有关规定、国务院财政部门会同价格主管部门共同发布的规章或者规定以及省、自治区、直辖市的地方性法规、政府规章或者规定，省、自治区、直辖市人民政府财政部门会同价格主管部门共同发布的规定所收取的各项收费收入。目前行政事业性收费没有设置科目的，地方在增设科目时可从科目编码 98 开始从大至小，逐一列目级科目反映，不宜列目级科目的，统一在各部门行政事业性收费项级科目下的 50 目"其他缴入国库的××行政事业性收费"反映。该科目分设公安行政事业性收费收入、法院行政事业性收费收入、司法行政事业性收费收入、外交行政事业性收费收入、商贸行政事业性收费收入、财政行政事业性收费收入、海关行政事业性收费收入、审计行政事业性收费收入、国管局行政事业性收费收入、科技行政事业性收费收入、保密行政事业性收费收入、市场监管行政事业性收费收入、广播电视行政事业性收费收入、应急管理行政事业性收费收入、档案行政事业性收费收入、港澳办行政事业性收费收入、贸促会行政事业性收费收入、人防办行政事业性收费收入、中直管理局行政事业性收费收入、文化和旅游行政事业性收费收入、教育行政事业性收费收入、体育行政事业性收费收入、发展与改革（物价）行政事业性收费统计行政事业性收费收入、统计行政事业性收费收入、自然资源行政事业性收费收入、建设行政事业性收费收入、知识产权行政事业性收费、生态环境行政事业性收费收入、铁路行政事业性收费收入、交通运输行政事业性收费收入、工业和信息产业行政事业性收费收入、农业农村行政事业性收费收入、林业草原行政事业性收费收入、水利行政事业性收费收入、卫生健康行政事业性收费收入、药品监管行政事业性收费收入等项级科目。

（3）罚没收入。它是指反映执法机关依法收缴的罚款（罚金）、没收款、赃款、没收物资、赃物的变价款收入。该科目分设一般罚没收入、缉私罚没收入、缉毒罚没收入、罚没收入退库等项级科目。

（4）国有资本经营收入。它是指反映各级人民政府及其部门、机构履行出资人职责的企业（即一级企业）上缴的国有资本收益。该科目分设利润收入、股利股息收入、产权转让收入、清算收入、国有资本经营收入退库、国有企业计划亏损补贴、国有资源（资产）有偿使用收入等项级科目。

（5）国有资源（资产）有偿使用收入。它是指反映有偿转让国有资源（资产）使用费而取得的收入。各科目分设海域使用金收入、场地和矿区使用费收入、特种矿产品出售收入、专项储备物资销售收入、利息收入、非经营性国有资产收入、出租车经营权有偿出让和转让收入等项级科目。

（6）捐赠收入。它是指反映按《财政部关于加强非税收入管理的通知》（财综〔2004〕53号）规定以政府名义接受的捐赠收入。该科目分设国外捐赠收入、国内捐赠收入等项级科目。

（7）政府住房基金收入。它是指反映按《住房公积金管理条例》等规定收取的政府住房基金收入。该科目分设上缴管理费用、计提公共租赁住房资金、公共租赁住房租金收入、配建商业设施租售收入、其他政府住房基金收入等项级科目。

（8）其他收入。它是指反映上述项目以外的其他非税收入，如主管部门集中收入、免税商品特许经营费收入等。

非税收入类级科目按收入来源渠道设置上述8个款级科目。其中，专项收入款级科目再按其种类设置项级和目级科目，以便专款专用。行政事业性收费收入款级科目按公安、法院、财政、税务、教育、卫生等设置项级科目；项级科目下按收费性质设置目级科目。这有利于反映收费部门和收费项目，便于监督和管理。罚没收入款级科目按一般、缉私和缉毒设置项级科目，按罚没主体设置目级科目，如一般罚没收入项级科目下设置公安、法院、证监会等目级科目。这样，罚没收入科目，既可以反映罚没的种类，也可以反映执法的主体，有利于监督和管理。其他几项类级科目都按收入的来源渠道设置项级和目级科目，以便反映一级政府从相应渠道获得的财政收入。

政府非税收入是政府的财政收入，不是各执收单位的自有收入。因此，政府非税收入应当纳入政府财政管理，实行收支脱钩的管理办法，即收支两条线的管理办法。按照收支两条线的管理办法，非税收入各执收单位应当将按规定收取的非税收入及时足额地上缴财政；财政将收到的非税收入统一纳入政府预算。各执收单位在开展业务活动中需要使用的财政资金，应当纳入单位预算。财政部门依据经批准的单位预算，向相关单位拨付财政资金。在收支两条线的管理方法下，非税收入各执收单位实际执收的非税收入数额，与其实际可以使用的财政资金数额没有关系。

为核算非税收入业务,财政总会计应设置"非税收入"总账科目,核算政府财政筹集的纳入本级财政管理的非税收入。本科目应参照《政府收支分类科目》中"非税收入"科目进行明细核算。本科目平时余额在贷方,反映本级政府财政非税收入的累计数。期末结转后,本科目应无余额。

(二) 非税收收入业务的核算

(1) 按照实际收到的非税收入金额,借记"国库存款"科目,贷记"非税收入"科目。

(2) 全部实行非税收入电子化管理,非税收入管理部门具备条件提供已开具缴款票据、尚未缴入本级国库的非税收入数据的地区,按照本级应收的非税收入金额,借记"应收非税收入"科目,贷记"非税收入"科目;期末,非税收入管理部门应提供已列应收非税收入中确认不能缴库的金额,借记"非税收入"科目,贷记"应收非税收入"科目。

(3) 年终转账时,将"非税收入"科目的贷方余额转入本期盈余,即借记"非税收入"科目,贷记"本期盈余——预算管理资金本期盈余"科目。

【例5-2】 某市财政收到中国人民银行国库报来的当日收入日报表以及所附收入凭证,列示当日非税收入190 000元。其中,"专项收入——教育费附加收入"科目25 000元,"专项收入——文化事业建设费收入"科目50 000元,"行政事业性收费收入——公安行政事业性收费收入"科目55 000元,"行政事业性收费收入——外交行政事业性收费收入"科目25 000元,"罚没收入——一般罚没收入"科目35 000元。该市财政总会计应编制的会计分录为:

在财务会计中:

借:国库存款	190 000
贷:非税收入	190 000

在"非税收入"总账科目的贷方登记明细账如下:

专项收入——教育费附加收入	25 000
专项收入——文化事业建设费收入	50 000
行政事业性收费收入——公安行政事业性收费收入	55 000
行政事业性收费收入——外交行政事业性收费收入	25 000
罚没收入——一般罚没收入	35 000

同时,在预算会计中:

借:资金结存——库款资金结存	190 000
贷:一般公共预算收入	190 000

年终,该市财政总会计的财务会计应将"非税收入"科目贷方余额全数转入"本期盈余——预算管理资金本期盈余"科目。

三、投资收益

(一) 投资收益的概念与核算设置的科目

投资收益是政府持有股权投资所实现的收益或发生的损失。其确认依据为权责发生制。

为了核算投资收益业务,财政总会计应设置"投资收益"总账科目。本科目可根据管理需要,按照被投资主体进行明细核算。年终转账时,本科目余额转入本期盈余,借记或贷记"投资收益"科目,贷记或借记"本期盈余——预算管理资金本期盈余"科目。期末结转后,本科目应无余额。

(二) 投资收益的核算

1. 采用权益法核算

(1) 股权投资持有期间,被投资主体实现净损益的,根据股权管理部门提供的资料,按照应享有或应分担的被投资主体实现净损益的份额,借记或贷记"股权投资(损益调整)"科目,贷记或借记"投资收益"科目。

(2) 处置股权投资时,根据股权管理部门提供的资料,按照处置收回的金额,借记"国库存款"科目,按照已宣告尚未领取的现金股利或利润,贷记"应收股利"科目,按照被处置股权投资的账面余额,贷记"股权投资(投资成本、损益调整)"科目,按照借贷方差额,贷记或借记"投资收益"科目;同时,按照被处置股权投资对应的"权益法调整"科目账面余额,借记或贷记"权益法调整"科目,贷记或借记"股权投资(其他权益变动)"科目。

(3) 企业破产清算时,按照缴入国库清算收入的金额,借记"国库存款"科目,按照破产清算股权投资的账面余额,贷记"股权投资(投资成本、损益调整)"科目,按照其差额,借记或贷记"投资收益"科目;同时,按照破产清算企业股权投资对应的"权益法调整"科目账面余额,借记或贷记"权益法调整"科目,贷记或借记"股权投资(其他权益变动)"科目。

2. 采用成本法核算

(1) 股权投资持有期间,被投资主体宣告发放现金股利或利润的,根据股权管理部门提供的资料,按照应上缴政府财政的部分,借记"应收股利"科目,贷记"投资收益"科目。

(2) 收到现金股利或利润时,按照实际收到的金额,借记"国库存款"科目,贷记"应收股利"科目;按照实际收到金额中未宣告发放的现金股利或利润,借记"应收股利"科目,贷记"投资收益"科目。

(3) 处置股权投资时,按照收回的金额,借记"国库存款"科目,按照已宣告尚未领取的现金股利或利润,贷记"应收股利"科目,按照股权投资账面余额,贷记"股权投资(投资成本)"科目,按照借贷方差额,贷记或借记"投资收益"科目。

(4) 企业破产清算时,根据股权管理部门提供的资料,按照缴入国库清算收入的金额,借记"国库存款"科目,按照破产清算股权投资的账面余额,贷记"股权投资(投资成本)"科目,按照其差额,借记或贷记"投资收益"科目。

【例 5-3】 某市财政总会计持有一项长期股权投资,采用成本法核算。按照被投资单位宣告分派的利润中属于财政应享有的份额确认投资收益 8 600 元。数日后,收到被投资单位分派的利润 8 600 元,款项已存入开户银行。该市财政总会计应编制的会计分录为:

(1) 被投资单位宣告分派的利润时。

在财务会计中:

借:应收股利　　　　　　　　　　　　　　　　　　　　　　　　8 600
　　贷:投资收益　　　　　　　　　　　　　　　　　　　　　　　　　8 600

在预算会计中不做账务处理。

(2) 收到被投资单位分派的利润时。

在财务会计中:

借:银行存款　　　　　　　　　　　　　　　　　　　　　　　　8 600
　　贷:应收股利　　　　　　　　　　　　　　　　　　　　　　　　　8 600

同时,在预算会计中:

借:资金结存——库款资金结存　　　　　　　　　　　　　　　　　　　　8 600
　　贷:国有资本经营预算收入　　　　　　　　　　　　　　　　　　　　　　8 600

年终,该市财政总会计的财务会计应将"投资收益"科目贷方余额全数转入"本期盈余——预算管理资金本期盈余"科目。

四、其他收入

(一) 其他收入的概念与核算设置的科目

其他收入是指政府财政从其他渠道调入资金、豁免主权外债偿还责任,以及无偿取得股权投资等产生的收入。

为了核算其他收入业务,财政总会计应设置"其他收入"总账科目。"其他收入"科目用于核算政府财政税收收入、非税收入、投资收益、补助收入、上解收入、地区间援助收入、财政专户管理资金收入、专用基金收入以外的各项收入,包括从其他渠道调入资金、豁免主权外债偿还责任以及无偿取得股权投资等产生的收入。本科目可根据管理需要,按照其他收入类别等进行明细核算。本科目平时贷方余额反映本级政府财政其他收入的累计数。期末结转后,本科目应无余额。

(二) 其他收入的核算

(1) 从其他渠道调入资金时,按照调入的金额,借记"国库存款"科目,贷记"其他收入"科目。

(2) 债权人豁免政府财政承担的主权外债时,政府财政按照减少的债务金额,借记"借入款项"等科目,贷记"其他收入"科目。

(3) 无偿划入股权投资时,账务处理参照"股权投资"科目使用说明中权益法和成本法下对应业务的账务处理。

(4) 年终转账时,"其他收入"科目贷方余额转入本期盈余。借记"其他收入"科目,贷记"本期盈余——预算管理资金本期盈余"科目。

【例5-4】 某市财政总会计根据管理部门转来的相关资料,债权人豁免本级政府财政承担的主权外债50 000元。该市财政总会计应编制的会计分录为:

在财务会计中:

借:借入款项　　　　　　　　　　　　　　　　　　　　　　　　　　　50 000
　　贷:其他收入　　　　　　　　　　　　　　　　　　　　　　　　　　　50 000

同时,在预算会计中:

借:资金结存——上下级调拨结存　　　　　　　　　　　　　　　　　　50 000
　　贷:补助预算收入——上级调拨　　　　　　　　　　　　　　　　　　　50 000

年终,该市财政总会计的财务会计应将"其他收入"科目贷方余额全数转入"本期盈余——预算管理资金本期盈余"科目。

这里需要指出的是,由于"财政专户管理资金收入"与"专用基金收入"在财政总会计的财务会计和预算会计中都分别设置相同的会计科目进行核算,为了便于比较和避免重复,现将两者在财务会计中的账务处理移至下一节,与预算会计的账务处理一并介绍。同样,为了便于比较和避免重复,将转移性收入的核算也移至下一节,与转移性预算收入的核算一并介绍。

第二节 预算收入

财政总会计的预算收入是各级政府财政在预算年度内依法取得的并纳入预算管理的现金流入,一般在实际取得时予以确认,以实际取得的金额计量。总会计核算的预算收入包括一般公共预算收入、政府性基金预算收入、国有资本经营预算收入、财政专户管理资金收入、专用基金收入、转移性预算收入、动用预算稳定调节基金、债务预算收入、债务转贷预算收入和待处理收入等。

一、一般公共预算收入

(一)一般公共预算收入的概念与核算科目的设置

一般公共预算收入是指政府财政筹集纳入本级一般公共预算管理的税收收入和非税收入。一般公共预算收入是各级政府最主要的财力来源。

财政总会计核算的一般公共预算收入,应当按《政府收支分类科目》中的一般公共预算收入科目进行分类,并且仅包括一般公共预算收入科目中的税收收入和非税收入科目。

一般公共预算收入科目层级示例如表 5-1 所示。

表 5-1　　　　　　　　一般公共预算收入科目层级示例

科目代码				科目名称	说明
类	款	项	目		
101				税收收入	
	01			增值税	
		01		国内增值税	反映税务部门征收的国内增值税和财政部、财政部驻各地财政监察专员办事机构、税务部门审批退库的国内增值税
			01	国有企业增值税	中央与地方共用收入科目,反映对国有企业征收的国内增值税
			02	集体企业增值税	中央与地方共用收入科目,反映对集体企业作企业(含股份合作企业)征收的国内增值税
			03	股份制企业增值税	中央与地方共用收入科目,反映对有限责任公司、股份有限公司征收的国内增值税
				……	
103				非税收入	
	02			专项收入	
		03		教育费附加收入	中央与地方共用收入科目,反映税务部门按规定征收的教育费附加收入
			01	教育费附加收入	中央与地方共用收入科目,反映对国有企业征收的国内增值税

(续表)

科目代码				科目名称	说明
类	款	项	目		
			02	成品油价格和税费改革教育费附加收入划出	地方收入科目,反映地方国库按财政部给定参数和省以下财政体制分享参数,根据101020107目"成品油消费税"、101020121目"成品油消费税退税"计算出的成品油价格和税费改革教育费附加划出收入
			03	成油价格和税费改革教育费附加划出收入	中央收入科目,反映从地方国库划转至中央国库的成品油价格和税费改革教育费附加收入
			......		

为核算一般公共预算收入业务,财政总会计应设置"一般公共预算收入"科目。本科目核算政府财政筹集的纳入本级一般公共预算管理的税收收入和非税收入。本科目应根据《政府收支分类科目》中"一般公共预算收入"科目进行明细核算。本科目平时贷方余额反映本级一般公共预算收入的累计数。期末结转后,本科目应无余额。

(二) 一般公共预算收入的核算

(1) 收到款项时,根据当日预算收入日报表所列一般公共预算本级收入数,借记"资金结存——库款资金结存"科目,贷记"一般公共预算收入"科目。

(2) 年终转账时,"一般公共预算收入"科目贷方余额转入一般公共预算结转结余,即借记"一般公共预算收入"科目,贷记"一般公共预算结转结余"科目。

【例5-5】 某市财政收到中国人民银行国库报来的当日预算收入日报表所列一般公共预算本级收入数为970 000,列示当日税收收入780 000元,其中,"增值税——国内增值税"科目450 000元,"企业所得税——国有保险企业所得税"科目150 000元,"个人所得税——个人所得税"科目150 000元,"房产税——私营企业房产税"科目30 000元;列示当日非税收入190 000元,其中,"专项收入——教育费附加收入"科目25 000元,"专项收入——文化事业建设费收入"科目50 000元,"行政事业性收费收入——公安行政事业性收费收入"科目55 000元,"行政事业性收费收入——外交行政事业性收费收入"科目25 000元,"罚没收入——一般罚没收入"科目35 000元。该市财政总会计应编制的会计分录为:

在财务会计中:

借:国库存款　　　　　　　　　　　　　　　　　　　　　　　　　970 000
　　贷:税收收入　　　　　　　　　　　　　　　　　　　　　　　　780 000
　　　　非税收入　　　　　　　　　　　　　　　　　　　　　　　　190 000

同时,在预算会计中:

借:资金结存——库款资金结存　　　　　　　　　　　　　　　　　970 000
　　贷:一般公共预算收入　　　　　　　　　　　　　　　　　　　　970 000

在"一般公共预算本级收入"总账科目的贷方登记明细账如下:

税收收入——增值税——国内增值税　　　　　　　　　　　　　　 450 000
税收收入——企业所得税——国有保险企业所得税　　　　　　　　 150 000
税收收入——个人所得税——个人所得税　　　　　　　　　　　　 150 000

税收收入——房产税——私营企业房产税	30 000
非税收入——专项收入——教育费附加收入	25 000
非税收入——专项收入——文化事业建设费收入	50 000
非税收入——行政事业性收费收入——公安行政事业性收费收入	55 000
非税收入——行政事业性收费收入——外交行政事业性收费收入	25 000
非税收入——罚没收入——一般罚没收入	35 000

年终,该市财政总会计的预算会计应将"一般公共预算收入"科目贷方余额全数转入"一般公共预算结转结余"科目,同时结清所有"一般公共预算收入"科目的明细账。

二、政府性基金预算收入

(一) 政府性基金预算收入的概念、分类与核算科目的设置

政府性基金预算收入是指政府财政筹集纳入本级政府性基金预算管理的非税收入。

财政总会计核算的政府性基金预算收入,应当按照《政府收支分类科目》中的政府性基金预算收入科目进行分类,并且仅包括政府性基金预算收入科目中的非税收入科目,不包括债务收入和转移性收入科目。政府性基金预算收入科目分设类、款、项、目四级,各级科目逐级递进,内容也逐级细化。非税收入类级科目下设政府性基金收入、专项债券对应项目专项收入两个款级科目。其中,政府性基金预算收入款级科目下按政府性基金的种类或项目名称设项级科目,项级科目下再分设目级科目。现行政府性基金预算收入的项级科目包括30多个,如:

(1) 农网还贷资金收入。它是指反映按《农网还贷资金征收使用管理办法》征收的农网还贷资金收入。

(2) 铁路建设基金收入。它是一种中央收入科目,反映铁路运输部门按《铁路建设基金管理办法》征收的铁路建设基金收入。

(3) 民航发展基金收入。它是一种中央收入科目,反映按《民航发展基金征收使用管理暂行办法》征收的民航发展基金收入。

(4) 海南省高等级公路车辆通行附加费收入。它是一种地方收入科目,反映海南省征收的高等级公路车辆通行附加费收入。

(5) 旅游发展基金收入。它是一种中央收入科目,反映按《旅游发展基金管理暂行办法》征收的旅游发展基金收入。

(6) 国家电影事业发展专项资金收入。它是一种中央与地方共用收入科目,反映广电部门按《国家电影事业发展专项资金征收使用管理办法》从电影票房收入中收取的国家电影事业发展专项资金。

(7) 国有土地收益基金收入。它是一种中央与地方共用收入科目,反映新疆生产建设兵团和地方从招标、拍卖、挂牌和协议方式出让国有土地使用权所确定的总成交价中按照规定比例计提的国有土地收益基金收入。

(8) 农业土地开发资金收入。它是一种中央与地方共用收入科目,反映新疆生产建设兵团和地方从招标、拍卖、挂牌和协议方式出让国有土地使用权所确定的总成交价中按照规定比例计提的农业土地开发资金收入。

(9) 国有土地使用权出让收入。它是指反映不含计提和划转部分的国有土地使用权出让收入。

(10) 大中型水库移民后期扶持基金收入。它是一种中央收入科目,反映按《大中型水库

移民后期扶持基金征收使用管理暂行办法》（财综〔2006〕29号）规定征收的大中型水库移民后期扶持基金收入。

（11）大中型水库库区基金收入。它是指反映按《大中型水库库区基金征收使用管理暂行办法》征收的大中型水库库区基金收入。

（12）彩票公益金收入。它是指反映按《彩票公益金管理办法》征收的彩票公益金收入。

（13）城市基础设施配套费收入。它是一种中央与地方共用收入科目，反映新疆生产建设兵团和地方政府按《财政部关于城市基础设施配套费性质的批复》的规定，经财政部批准征收的城市基础设施配套费。

（14）车辆通行费。它是一种地方收入科目，反映交通部门收到的用于偿还公路等建设债务的车辆通行费。

（15）污水处理费收入。它是一种中央与地方共用收入科目，反映住房城乡建设部门收取的污水处理费。

（16）彩票发行机构和彩票销售机构的业务费用。它是指反映彩票发行机构和彩票销售机构上缴财政的业务费用。

（17）其他政府性基金专项债务对应项目专项收入。它是指反映地方政府以其他政府性基金为偿还资金来源举借的专项债务对应项目形成的，其他政府性基金以外的可用于偿还专项债务的收入。

在以上政府性基金收入的有关项级科目下，可以再分设若干目级科目。例如，在农网还贷资金收入项级科目下，再分设中央农网还贷资金收入和地方农网还贷资金收入两个目级科目，分别反映缴入中央国库和缴入地方国库的农网还贷资金收入；在彩票公益金收入项级科目下，再分设福利彩票公益金收入、体育彩票公益金收入两个目级科目，分别反映彩票公益金收入的来源或种类。

如同一般公共预算收入科目，《政府收支分类科目》中作为政府性基金预算收入科目分类的债务收入和转移性收入类别，在财政总会计中不作为政府性基金预算收入进行分类和核算，而是单独作为债务收入、补助收入、上解收入等类别进行分类和核算。

为核算政府性基金预算收入业务，财政总会计应设置"政府性基金预算收入"科目。本科目核算政府财政筹集的纳入本级政府性基金预算管理的非税收入。本科目应根据《政府收支分类科目》中"政府性基金预算收入"科目进行明细核算。本科目平时贷方余额反映本级政府性基金预算收入的累计数。期末结转后，本科目应无余额。

（二）政府性基金预算收入的核算

（1）收到款项时，根据当日预算收入日报表所列政府性基金预算本级收入数，借记"资金结存——库款资金结存"科目，贷记"政府性基金预算收入"科目。

（2）年终转账时，本科目贷方余额转入政府性基金预算结转结余，借记"政府性基金预算收入"科目，贷记"政府性基金预算结转结余"科目。

【例5-6】 2023年，某市财政总会计收到中国人民银行国库报来的"预算收入日报表"以及所附收入凭证，列示当日政府性基金预算收入为1 100 000元。其中，"非税收入——政府性基金收入——农网还贷资金收入——地方农网还贷资金收入"科目150 000元，"非税收入——政府性基金收入——国有土地使用权出让收入——土地出让价款收入"科目500 000元，"非税收入——政府性基金收入——抗疫特别国债财务基金收入"科目400 000元，"非税收入——政府性基金收入——车辆通行费"科目50 000元。该市财政总会计应编制的预算会计

分录为:

在财务会计中:

借: 国库存款   1 100 000
    贷: 非税收入   1 100 000

同时,在预算会计中:

借: 资金结存——库款资金结存   1 100 000
    贷: 政府性基金预算收入   1 100 000

在"政府性基金预算收入"总账科目的贷方登记明细账如下:

农网还贷资金收入——地方农网还贷资金收入	150 000
国有土地使用权出让收入——土地出让价款收入	500 000
抗疫特别国债财务基金收入	400 000
车辆通行费	50 000

年终,该市财政总会计的预算会计应将"政府性基金预算收入"科目贷方余额全数转入"政府性基金预算结转结余"科目,同时结清所有政府性基金预算收入明细账的余额。

政府性基金预算收入属于政府的非税收入,应当按照政府非税收入的基本管理要求进行管理。例如,政府性基金收入应当依法征收,征收的款项应当及时足额缴入国库,全额纳入财政预算,实行收支两条线管理等。政府性基金实行中央一级审批制度,遵循统一领导、分级管理的原则。各级财政部门是政府性基金管理的职能部门。政府性基金预算编制遵循"以收定支、专款专用、收支平衡、结余结转下年安排使用"的原则。

三、国有资本经营预算收入

(一) 国有资本经营预算收入的概念、分类与核算科目的设置

国有资本经营预算收入是指政府财政筹集纳入本级国有资本经营预算管理的非税收入。它反映各级人民政府及其部门、机构履行出资人职责的企业(即一级企业)上缴的国有资本收益。

财政总会计核算的国有资本经营预算收入,应当按照《政府收支分类科目》中的国有资本经营预算收入科目进行分类。国有资本经营预算收入科目分设类、款、项、目四级,各级科目逐级递进,内容也逐级细化。国有资本经营预算收入科目的类级科目为非税收入,款级科目为国有资本经营收入。款级科目下按国有资本经营收入的来源渠道设置项级科目和目级科目。国有资本经营预算收入科目下没有转移性收入科目。现行国有资本经营预算收入设置的项级科目包括以下内容:

(1) 利润收入。它是指反映中国人民银行、国有独资企业等按规定上缴国家的利润。该科目下再设烟草企业利润收入、石油石化企业利润收入、电力企业利润收入、电信企业利润收入、煤炭企业利润收入、有色冶金采掘企业利润收入、钢铁企业利润收入、化工企业利润收入、运输企业利润收入、建筑施工企业利润收入、房地产企业利润收入、医药企业利润收入等目级科目,分别反映不同渠道的利润收入来源。

(2) 股利、股息收入。它是指反映国有控股、参股企业国有股权(股份)上缴的股利、股息收入。该科目下再设国有控股公司股利股息收入、国有参股公司股利股息收入、金融企业股利股息收入(国资预算)等目级科目,分别反映不同渠道的股利股息收入来源。

(3) 产权转让收入。它是指反映各级人民政府及其部门、机构出售或转让其持有的国有资产(股权)所取得的收入。该科目下再设国有股减持收入、国有股权股份转让收入、国有独资企业产权转让收入等目级科目,分别反映不同渠道的产权转让收入来源。

(4) 清算收入。它是指反映国有独资企业清算收入(扣除清算费用),以及国有控股、参股企业国有股权股份分享的公司清算收入(扣除清算费用)。该科目下再设国有股权股份清算收入、国有独资企业清算收入等目级科目,分别反映不同渠道的清算收入来源。

(5) 其他国有资本经营预算收入。它是一种中央与地方共用收入科目,反映其他国有资本经营预算收入。

在现行《政府收支分类科目》中,国有资本经营预算收入科目和一般公共预算收入科目中都设置有国有资本经营收入科目。即国有资本收益中的一部分上缴一般公共预算,主要用于社会保障等公共财政预算目的;另一部分上缴国有资本经营预算,主要用于国有经济结构调整、产业升级与发展等国有资本经营预算目的。

为核算国有资本经营预算收入业务,财政总会计应设置"国有资本经营预算收入"科目。本科目核算政府财政筹集的纳入本级国有资本经营预算管理的非税收入。本科目应根据《政府收支分类科目》中"国有资本经营预算收入"科目进行明细核算。本科目平时贷方余额反映本级国有资本经营预算收入的累计数。期末结转后,本科目应无余额。

(二) 国有资本经营预算收入的核算

(1) 收到款项时,根据当日预算收入日报表所列国有资本经营预算本级收入数,借记"资金结存——库款资金结存"科目,贷记"国有资本经营预算收入"科目。

(2) 年终转账时,本科目贷方余额转入国有资本经营预算结转结余,借记"国有资本经营预算收入"科目,贷记"国有资本经营预算结转结余"科目。

【例5-7】 某市财政总会计收到中国人民银行国库报来的预算收入日报表。其中,国有资本经营收入合计1 250 000元,具体为:"非税收入——国有资本经营收入——利润收入——电力企业利润收入"科目250 000元,"非税收入——国有资本经营收入——股利股息收入——国有控股公司股利股息收入"科目500 000元,"非税收入——国有资本经营收入——产权转让收入——国有股权股份转让收入"科目500 000元。该市财政总会计应编制的会计分录为:

在财务会计中:

借:国库存款 1 250 000
  贷:非税收入 1 250 000

同时,在预算会计中:

借:资金结存——库款资金结存 1 250 000
  贷:国有资本经营预算收入 1 250 000

在"国有资本经营预算收入"总账科目的贷方登记明细账如下:

利润收入——电力企业利润收入 250 000
股利股息收入——国有控股公司股利股息收入 500 000
产权转让收入——国有股权股份转让收入 500 000

年终,该市财政总会计的预算会计应将"国有资本经营预算收入"科目贷方余额全数转入"国有资本经营预算结转结余"科目,同时结清所有国有资本经营预算收入科目的明细账。

根据国务院关于推进财政资金统筹使用的相关要求,各级政府应当积极推进国有资本经营预算与一般公共预算的统筹协调,加大国有资本经营预算调入一般公共预算的力度。除了调入一般公共预算,国有资本经营预算支出范围限定用于解决国有企业历史遗留问题及相关改革成本支出、对国有企业的资本金注入及国有企业政策性补贴等方面。一般公共预算安排用于这方面的资金将逐步退出。

四、财政专户管理资金收入

(一) 财政专户管理资金收入的概念与核算科目的设置

财政专户管理资金收入是指政府财政纳入财政专户管理的教育收费等资金收入,目前主要是各种教育收费收入。

按照《政府收支分类科目》,目前反映教育部门教育收费的科目主要有教师资格考试费、普通话水平测试费、其他缴入国库的教育行政事业性收费、公办幼儿园保教费、公办幼儿园住宿费、普通高中学费、普通高中住宿费、中等职业学校学费、中等职业学校住宿费、高等学校学费、高等学校住宿费、高等学校委托培养费、函大电大夜大及短训班培训费、考试考务费、中央广播电视大学中专学费等。教育部门收取的各种教育收费属于教育行政事业性收费收入,相应款项缴入财政专户,实行财政专户管理。财政部门通过财政专户返还给教育部门的教育收费,教育部门作为事业收入处理。

其他相关部门的教育收费,分别在相应的行政事业性收费收入科目下开设教育收费明细科目,如公安行政事业性收费收入、法院行政事业性收费收入、司法行政事业性收费收入、外交行政事业性收费收入、商贸行政事业性收费收入、财政行政事业性收费收入、审计行政事业性收费收入、税务行政事业性收费收入、海关行政事业性收费收入、国管局行政事业性收费收入、体育行政事业性收费收入、卫生健康行政事业性收费收入等科目下分别开设教育收费明细科目,反映相应部门收取的缴入财政专户、实行专项管理的教育收费。

党校行政事业性收费收入科目下开设了函授学院办学收费、委托培养在职研究生学费、短期培训进修费、教材费、高等学校学费等教育收费明细科目,分别反映各项纳入财政专户管理的资金收入。其中,"高等学校学费"科目反映各级党校收取的全日制学术学位硕士、博士研究生学费和全日制专业学位硕士研究生学费的收入。

缴入财政专户的教育收费也属于政府的非税收入,但相应款项缴入财政部门在商业银行开设的财政专户中,而不是缴入财政部门在中国人民银行开设的国库中。尽管如此,教育收费的收缴管理仍然比照纳入政府预算的非税收入收缴管理制度执行。教育收费应当严格按照国家规定的范围和标准进行收取,不能随意扩大收费范围、提高收费标准。各级财政部门和执收单位应当加强对教育收费的管理。

为核算财政专户管理资金收入业务,财政总会计的财务会计和预算会计都设置"财政专户管理资金收入"科目。本科目核算政府财政纳入财政专户管理的教育收费等资金收入。本科目应根据《政府收支分类科目》中收入分类科目进行明细核算。同时,根据管理需要,按预算单位等进行明细核算。本科目平时贷方余额反映财政专户管理资金收入的累计数。期末结转后,本科目应无余额。

(二) 财政专户管理资金收入的核算

1. 在财务会计中的核算

(1) 收到财政专户管理资金时,借记"其他财政存款"科目,贷记"财政专户管理资金收入"

科目。

(2) 年终转账时,本科目贷方余额转入本期盈余,借记"财政专户管理资金收入"科目,贷记"本期盈余——预算管理资金本期盈余"科目。

2. 在预算会计中的核算

(1) 收到财政专户管理资金收入时,借记"资金结存——专户资金结存"科目,贷记"财政专户管理资金收入"科目。

(2) 年终转账时,本科目贷方余额转入财政专户管理资金结余,借记"财政专户管理资金收入"科目,贷记"财政专户管理资金结余"科目。

【例5-8】 某市财政发生如下业务:

(1) 收到财政专户管理的资金收入共计345 000元。其中,"教育行政事业性收费收入——高等学校学费"科目215 000元,"教育行政事业性收费收入——高等学校住宿费"科目85 000元,"卫生行政事业性收费收入——教育收费"科目25 000元,"党校行政事业性收费收入——短期培训进修费"科目20 000元。年终,"财政专户管理资金收入"总账科目贷方余额为345 000元,在财务会计中将其转入"本期盈余——预算管理资结转金本期盈余"科目,在预算会计中将其全数转入"财政专户管理资金结余"科目。该市财政总会计应编制的会计分录为:

(1) 收到财政专户管理的资金收入时。

在财务会计中:

借:其他财政存款	345 000
贷:财政专户管理资金收入	345 000

同时,在预算会计中:

借:资金结存——专户资金结存	345 000
贷:财政专户管理资金收入	345 000

在"财政专户管理资金收入"总账科目的贷方登记明细账如下:

教育行政事业性收费收入——高等学校学费	215 000
教育行政事业性收费收入——高等学校住宿费	85 000
卫生行政事业性收费收入——教育收费	25 000
党校行政事业性收费收入——短期培训进修费	20 000

教育部门收取的教育收费,如隶属于教育部门的各类学校收取的学费、住宿费等,公安部门收取的教育收费如隶属于公安部门的公安学校收取的学费、住宿费等,卫生部门收取的教育收费如隶属于卫生部门的卫生学校收取的学费、住宿费等。

(2) 年终,结转"财政专户管理资金收入"总账科目贷方余额。

在财务会计中:

借:财政专户管理资金收入	345 000
贷:本期盈余——预算管理资金本期盈余	345 000

同时,在预算会计中:

借:财政专户管理资金收入	345 000
贷:财政专户管理资金结余	345 000

该市财政总会计应结清所有财政专户管理资金收入明细账的余额。

五、专用基金收入

(一)专用基金收入的概念与核算科目的设置

专用基金收入是指政府财政根据法律法规等规定设立各项专用基金(包括粮食风险基金等)取得的资金收入。

为了稳定粮食市场,防止粮食价格大幅波动,根据国家有关规定,中央和地方政府应当建立粮食风险基金。粮食风险基金统一通过中国农业发展银行的粮食风险基金专户专户拨付。粮食风险基金收入主要来源于上级政府的专项拨款以及本级政府的预算安排,中央政府对地方粮食风险基金进行补助,地方财政应相应配套粮食风险基金。此外,粮食风险基金银行存款的利息收入应当增加粮食风险基金的本金,不能挪作他用。粮食风险基金主要用于对种粮农民进行直接补贴等方面。

专用基金收入必须专款专用,不能随意改变用途,且都必须做到先收后支,量入为支。专用基金收入是财政部门按规定设置或取得的资金收入,一般需要通过开设银行存款专户进行储存,单独管理。

专用基金收入应当按照实际收到的金额入账。

为核算专用基金收入业务,财政总会计的财务会计和预算会计都应设置"专用基金收入"科目。本科目核算政府财政按照法律法规和国务院、财政部规定设置或取得的粮食风险基金等专用基金收入。本科目可根据管理需要,按照专用基金的种类进行明细核算。平时本科目为贷方余额,本科目平时贷方余额反映本级政府财政专用基金收入的累计数。期末结转后,本科目应无余额。

(二)专用基金收入的核算

1. 在财务会计中的核算

(1)取得专用基金收入转入财政专户时,借记"其他财政存款"科目,贷记"专用基金收入"科目。退回取得的专用基金收入时,借记"专用基金收入"科目或"以前年度盈余调整——专用基金以前年度盈余调整"科目,贷记"其他财政存款"科目。

(2)通过费用安排取得专用基金收入仍留存国库的,借记有关费用科目,贷记"专用基金收入"科目。

(3)年终转账时,将"专用基金收入"科目贷方余额转入本期盈余,借记"专用基金收入"科目,贷记"本期盈余——专用基金本期盈余"科目。

2. 在预算会计中的核算

(1)通过预算支出安排取得专用基金收入并将资金转入财政专户的,借记"资金结存——专户资金结存"科目,贷记"专用基金收入"科目;同时,借记"一般公共预算支出"等科目,贷记"资金结存——库款资金结存"等科目。退回专用基金收入时,做相反的会计分录。

(2)通过预算支出安排取得专用基金收入,资金仍留存国库的,借记"一般公共预算支出"等科目,贷记"专用基金收入"科目。

(3)年终转账时,本科目贷方余额转入专用基金结余,借记"专用基金收入"科目,贷记"专用基金结余"科目。

【例5-9】 某省财政发生如下专用基金收入业务:

(1)从中央财政取得粮食风险基金500 000元,相应款项已存入粮食风险基金财政专户。

省财政总会计应编制的会计分录为:

在财务会计中:

借:其他财政存款 500 000
    贷:专用基金收入——粮食风险基金——中央财政拨入 500 000

同时,在预算会计中:

借:资金结存——专户资金结存 500 000
    贷:专用基金收入——粮食风险基金 500 000

(2) 从本级一般公共预算支出中安排专用基金200 000元,以增加粮食风险基金的数额,相应款项已从财政国库转入粮食风险基金财政专户。省财政总会计应编制的会计分录为:

在财务会计中:

借:对个人和家庭补助拨款费用 200 000
    贷:国库存款 200 000

同时,在预算会计中:

借:资金结存——专户资金结存 200 000
    贷:专用基金收入 200 000

借:一般公共预算支出 200 000
    贷:资金结存——库款资金结存 200 000

(3) 年终,结转"专用基金收入"科目贷方余额700 000元,在财务会计中将其全数转入"本期盈余——专用基金本期盈余"科目,在预算会计中将其全数转入"专用基金结余"科目。省财政总会计应编制的会计分录为:

在财务会计中:

借:专用基金收入 700 000
    贷:本期盈余——专用基金本期盈余 700 000

同时,在预算会计中:

借:专用基金收入 700 000
    贷:专用基金结余 700 000

六、转移性(预算)收入

(一) 转移性(预算)收入的概念与分类

转移性收入是指在各级政府财政之间进行资金调拨所形成的收入,包括补助收入、上解收入和地区间援助收入等。

转移性预算收入是指在各级政府财政之间进行资金调拨以及在本级政府财政不同类型资金之间调剂所形成的收入,包括补助预算收入、上解预算收入、地区间援助预算收入和调入预算资金等。

按照《政府收支分类科目》,转移性收入是与税收收入、非税收入、债务收入相并列的一个收入种类,属于类级科目。按照政府财政总预算的种类,转移性收入还可以分别有属于一般公共预算的转移性收入、属于政府性基金预算的转移性收入、属于国有资本经营预算的转移性收入。

1. 一般公共预算中的转移性收入的分类

根据现行《政府收支分类科目》，一般公共预算中的转移性收入类级科目应设置如下款级科目：

（1）返还性收入。它是指反映下级政府收到上级政府的返还性收入。该科目分设增值税和消费税税收返还收入、所得税基数返还收入等项级科目，分别反映不同来源渠道的返还性收入。

（2）一般性转移支付收入。它是指反映政府间一般性转移支付收入。该科目分设体制补助收入、均衡性转移支付收入、革命老区及民族和边境地区转移支付收入、调整工资转移支付补助收入、农村税费改革补助收入、县级基本财力保障机制奖补资金收入、结算补助收入、体制上解收入、出口退税专项上解收入、化解债务补助收入、资源枯竭型城市转移支付补助收入、企业事业单位划转补助收入、基层公检法司转移支付收入、义务教育等转移支付收入、基本养老金保险和低保等转移支付收入、重点生态功能区转移支付收入等项级科目，分别反映下级政府收到上级政府相应原因的一般性转移支付补助收入，或者上级政府收到下级政府相应原因的一般性转移支付上解收入。

（3）专项转移支付收入。它是指反映政府间专项转移支付收入。该科目分设一般公共服务、外交、国防、公共安全、教育、科学技术、文化体育与传媒、社会保障和就业、医疗卫生、节能环保、城乡社区、农林水、金融、国土海洋气象等、住房保障、粮油物资储备、灾害防治及应急管理、其他收入等项级科目。

（4）上解收入。它是指反映上级政府收到下级政府的上解收入。该科目分设体制上解收入、专项上解收入两个项级科目。

（5）调入资金。它是指反映不同性质资金之间的调入收入。该科目设公共财政预算调入资金项级科目。

（6）债务转贷收入。它是指反映下级政府收到的上级政府转贷的一般债券收入。设置地方政府一般债务转贷收入项级科目。

（7）动用预算稳定调节基金。它是指反映用于弥补收支缺口的预算稳定调节基金。

（8）地区间转移性收入。它是指反映省及省以下政府间的转移性收入。设置接受其他地区援助收入、生态保护补偿转移性收入、土地指标调剂转移性收入、其他转移性收入项级科目。

2. 政府性基金预算中的转移性收入分类

根据现行《政府收支分类科目》，政府性基金预算中的转移性收入类级科目设置如下款级科目：

（1）政府性基金转移支付收入。它是指反映政府间政府性基金转移支付收入，该科目分设科学技术、文化旅游体育与传媒、社会保障和就业、节能环保、城乡社区、农林水、交通运输、资源勘探工业信息等项级科目。

（2）上解收入。它是指反映上级政府收到下级政府的上解收入。该科目分设政府性基金上解收入项级科目。

（3）调入资金。它是指反映不同性质资金之间的调入收入。该科目设调入政府性基金预算资金科目。

（4）债务转贷收入。它是指反映下级政府收到的上级政府转贷的债务收入。设置地方政府专项债务转贷收入项级科目。

3. 国有资本经营预算中的转移性收入分类

根据现行《政府收支分类科目》，国有资本经营预算中的转移性收入类级科目设置如下款级科目：

(1) 国有资本经营预算转移支付收入。它是指反映下级政府收到上级政府的国有资本经营预算转移支付收入。该科目分设国有资本经营预算转移支付收入项级科目。

(2) 上解收入。它是指反映上级政府收到下级政府的上解收入。该科目分设国有资本经营预算上解收入项级科目。

国有资本经营预算转移性收入科目中，没有调入资金科目。即国有资本经营预算不会从一般公共预算和政府性基金预算中调入资金。

现行《政府收支分类科目》将债务转贷收入、动用预算稳定调节基金列入转移性收入类别，但现行《财政总会计制度》没有将债务转贷收入、动用预算稳定调节基金列入转移性收入类别，而是将债务转贷收入、动用预算稳定调节基金列入与转移性收入并列的收入类别。

(二) 补助(预算)收入

1. 补助(预算)收入的概念与核算科目的设置

(1) 补助收入是指上级政府财政按照财政体制规定或专项需要补助给本级政府财政的款项。补助收入为上级财政对本级财政的财力转移。补助收入会减少上级财政的财力，增加本级财政的财力，但不会增加或减少上级和本级财政的财力总和。

为了核算补助收入业务，财政总会计的财务会计应设置"补助收入"科目，用来核算上级政府财政按照财政体制规定或专项需要补助给本级政府财政的款项，包括税收返还、转移支付等。本科目平时贷方余额反映本级政府财政取得补助收入的累计数。期末结转后，本科目应无余额。

(2) 补助预算收入是指上级政府财政按照财政体制规定或专项需要补助给本级政府财政的款项，包括返还性收入、一般性转移支付收入和专项转移支付收入等。

为核算补助预算收入业务，财政总会计的预算会计应设置"补助预算收入"科目。本科目核算上级政府财政按照财政体制规定或专项需要补助给本级政府财政的款项，包括税收返还、一般性转移支付和专项转移支付等。本科目下应设置"一般公共预算补助收入""政府性基金预算补助收入""国有资本经营预算补助收入""上级调拨"明细科目，可根据《政府收支分类科目》规定进行明细核算。其中，"一般公共预算补助收入"科目核算本级政府财政收到上级政府财政的一般公共预算转移支付收入；"政府性基金预算补助收入"科目核算本级政府财政收到上级政府财政的政府性基金转移支付收入；"国有资本经营预算补助收入"科目核算本级政府财政收到上级政府财政的国有资本经营预算转移支付收入；"上级调拨"科目核算年度执行中，本级政府财政收到暂不能明确资金类别的上级政府财政调拨资金或按年终结算应确认事项金额。本科目平时贷方余额反映本级政府财政收到上级政府财政调拨资金的累计数。期末结转后，本科目应无余额。

2. 补助收入的核算

(1) 年终与上级政府财政结算时，按照结算确认的应当由上级政府补助的收入数，借记"与上级往来"科目，贷记"补助收入"科目。退还或核减补助收入时，借记"补助收入"科目，贷记"与上级往来"科目。

(2) 年终转账时，本科目贷方余额转入本期盈余，借记"补助收入"科目，贷记"本期盈余——预算管理资金本期盈余"科目。

3. 补助预算收入的核算

(1) 年度执行中，收到上级政府财政调拨的资金时，按照实际收到的金额，借记"资金结存——库款资金结存"科目,贷记"补助预算收入——上级调拨"等科目。

（2）专项转移支付资金实行特设专户管理的,收到资金时按照实际收到的金额,借记"资金结存——专户资金结存"科目,贷记"补助预算收入——上级调拨"科目。

（3）有主权外债业务的财政部门,贷款资金由本级政府财政同级预算单位使用,且贷款的最终还款责任由上级政府财政承担的,本级政府财政部门收到贷款资金时,借记"资金结存——专户资金结存"科目,贷记"补助预算收入——上级调拨"科目;外方或上级政府财政将贷款资金直接支付给供应商或用款单位时,借记"一般公共预算支出"科目,贷记"补助预算收入——上级调拨"等科目;上级政府财政豁免本级政府财政主权外债,根据债务管理部门提供的有关资料和有关预算文件,借记"资金结存——上下级调拨结存"科目,贷记"补助预算收入——上级调拨"科目。

（4）根据预算管理需要,本级政府财政向上级政府财政归还资金时,按照实际转出的金额,借记"补助预算收入——上级调拨"科目,贷记"资金结存——库款资金结存"科目。

（5）年终两级财政办理结算以后,根据预算管理部门提供的结算单确认上级补助预算收入,借记"补助预算收入——上级调拨"科目,贷记"补助预算收入——一般公共预算补助收入""补助预算收入——政府性基金预算补助收入""补助预算收入——国有资本经营预算补助收入"等科目;两级财政年终结算中发生应上交上级政府财政款项时,借记"上解预算支出"等科目,贷记"补助预算收入——上级调拨"等科目。

（6）完成上述结转以后,将本科目下各明细科目余额分别结转至相应的预算结余类科目,借记"补助预算收入"科目,贷记"一般公共预算结转结余""政府性基金预算结转结余""国有资本经营预算结转结余""资金结存——上下级调拨结存"等科目。

【例5-10】 年终,某市财政总会计按照财政体制规定与上级省财政进行结算,根据预算文件应由上级政府财政补助给本级政府财政的补助款项500 000元。市财政总会计应编制的会计分录为:

（1）年终与上级政府财政结算时。

在财务会计中：

借：与上级往来　　　　　　　　　　　　　　　　　　　　　　　　　　　500 000
　　贷：补助收入　　　　　　　　　　　　　　　　　　　　　　　　　　　　500 000

在预算会计中不做账务处理。

（2）收到省财政补助的调拨资金时。

在财务会计中：

借：国库存款　　　　　　　　　　　　　　　　　　　　　　　　　　　　500 000
　　贷：与上级往来　　　　　　　　　　　　　　　　　　　　　　　　　　　500 000

同时,在预算会计中：

借：资金结存——库款资金结存　　　　　　　　　　　　　　　　　　　　500 000
　　贷：补助预算收入——上级调拨　　　　　　　　　　　　　　　　　　　　500 000

根据市财政收到中国人民银行国库报来的预算收入日报表,当日收到省财政补助收入调拨的资金500 000元。具体情况为:"一般性转移支付收入"科目400 000元,"政府性基金补助收入"科目100 000元。

(3) 年终两级财政办理结算以后,根据预算管理部门提供的结算单确认上级补助预算收入时。

在预算会计中:

借:补助预算收入——上级调拨　　　　　　　　　　　　　　　　　500 000
　　贷:补助预算收入——一般公共预算补助收入　　　　　　　　　　400 000
　　　　　　　　　　——政府性基金预算补助收入　　　　　　　　　100 000

在财务会计中不做账务处理。

(4) 年终,结转"补助收入"科目贷方余额时。

在财务会计中:

借:补助收入　　　　　　　　　　　　　　　　　　　　　　　　　500 000
　　贷:本期盈余——预算管理资金本期盈余　　　　　　　　　　　　500 000

在预算会计中不做账务处理。

(5) 年终,结转"补助预算收入"科目贷方余额时。

在预算会计中:

借:补助预算收入——一般公共预算补助收入　　　　　　　　　　　400 000
　　贷:一般公共预算结转结余　　　　　　　　　　　　　　　　　　400 000

借:补助预算收入——政府性基金预算补助收入　　　　　　　　　　100 000
　　贷:政府性基金预算结转结余　　　　　　　　　　　　　　　　　100 000

同时,市财政总会计应结清所有补助预算收入明细科目。

(三) 上解(预算)收入

1. 上解(预算)收入的概念与核算科目的设置

上解(预算)收入是指按照财政体制规定或专项需要由下级政府财政上交给本级政府财政的款项。上解(预算)收入反映上级政府收到下级政府的上解(预算)收入。上解(预算)收入会减少下级财政的财力,增加本级财政的财力,但不会增加或减少上级和本级财政的财力总和。

为了核算上解(预算)收入业务,财政总会计的财务会计应设置"上解收入"科目,预算会计设置"上解预算收入"科目,用来核算按照财政体制规定或专项需要由下级政府财政上交给本级政府财政的款项。"上解收入"科目可根据管理需要,按照上解地区进行明细核算。"上解预算收入"科目应按照不同资金性质设置"一般公共预算上解收入""政府性基金预算上解收入""国有资本经营预算上解收入"明细科目,并按照上解地区进行明细核算。两科目平时贷方余额反映上解(预算)收入的累计数。期末结转后,两科目均应无余额。

2. 上解收入的核算

(1) 年终与下级政府财政结算时,按照结算确认的应上解金额,借记"与下级往来"科目,贷记"上解收入"科目。退还或核减上解收入时,借记"上解收入"科目,贷记"与下级往来"科目。

(2) 年终转账时,"上解收入"科目贷方余额转入本期盈余,借记"上解收入"科目,贷记"本期盈余——预算管理资金本期盈余"科目。

3. 上解预算收入的核算

(1) 年终与下级政府财政结算时,根据预算管理部门提供的有关资料,按照尚未收到的上解款金额,借记"补助预算支出——调拨下级"科目,贷记"上解预算收入"科目。

(2) 年终转账时,"上解预算收入"科目贷方余额应根据不同资金性质分别转入相应的结转结余科目,借记"上解预算收入"科目,贷记"一般公共预算结转结余""政府性基金预算结转结余""国有资本经营预算结转结余"等科目。

【例 5-11】 某省财政总会计年终与下级政府财政结算时,确认下级某市财政的应上解收入为 120 000 元,其中,"体制上解收入"科目 100 000 元,"政府性基金上解收入"科目 20 000 元。年终,将"上解预算收入"科目贷方余额 120 000 元按资金性质分别转入"一般公共预算结转结余"科目和"政府性基金预算结转结余"科目。该省总会计应编制的会计分录为:

(1) 确认下级某市财政的应上解收入时。

在财务会计中:

借:与下级往来　　　　　　　　　　　　　　　　　　　　　　　　120 000
　　贷:上解收入　　　　　　　　　　　　　　　　　　　　　　　　　　　120 000

同时,在预算会计中:

借:补助预算支出——调拨下级　　　　　　　　　　　　　　　　　120 000
　　贷:上解预算收入——一般公共预算上解收入　　　　　　　　　　　　100 000
　　　　　　　　　——政府性基金预算上解收入　　　　　　　　　　　　 20 000

(2) 年终,结转"上解收入"科目贷方余额时。

在财务会计中:

借:上解收入　　　　　　　　　　　　　　　　　　　　　　　　　120 000
　　贷:本期盈余——预算管理资金本期盈余　　　　　　　　　　　　　　120 000

(3) 年终,结转"上解预算收入"科目贷方余额时。

在预算会计中:

借:上解预算收入　　　　　　　　　　　　　　　　　　　　　　　100 000
　　贷:一般公共预算结转结余　　　　　　　　　　　　　　　　　　　　100 000

借:上解预算收入　　　　　　　　　　　　　　　　　　　　　　　 20 000
　　贷:政府性基金预算结转结余　　　　　　　　　　　　　　　　　　　 20 000

同时,财政总会计应结清所有上解预算收入科目的明细科目。

大多数转移性收入为上级政府对下级政府的补助,但转移性收入具有双向性的特征,即转移性收入既包括上级政府对下级政府的资金补助,也包括下级政府对上级政府的资金上解。上级政府财政确认的补助支出应当与下级政府财政确认的补助收入在数额上相等。上级政府财政确认的上解收入应当与下级政府财政确认的上解支出在数额上相等。

(四) 地区间援助(预算)收入

1. 地区间援助(预算)收入的概念与核算科目的设置

地区间援助(预算)收入是指受援方政府财政收到援助方政府财政转来的可统筹使用的各类援助、捐赠等资金收入。地区间援助(预算)收入的使用主体为各级财政部门,其他部门不能使用。受援方政府接受援助方政府提供地区间援助资金的原因,可能是受援方政府发生了特殊的财政困难,如因为发生了较大的自然灾害从而导致财政困难等。地区间援助资金应当纳入预算管理。

为了核算地区间援助(预算)收入业务,财政总会计的财务会计应设置"地区间援助收入"科目,预算会计设置"地区间援助预算收入"科目,用来核算受援方政府财政收到援助方政府财政转来的可统筹使用的各类援助、捐赠等资金收入。援助方政府在财务会计中已列"地区间援助费用"科目、在预算会计中已列"地区间援助预算支出"科目的援助、捐赠等资金,受援方分别在财务会计中通过"地区间援助收入"科目、在预算会计中通过"地区间援助预算收入"科目核算。两个科目应根据管理需要,按照援助地区等进行明细核算。两个科目平时贷方余额反映地区间援助(预算)收入的累计数。期末结转后,两个科目应无余额。

2. 地区间援助收入的核算

(1) 收到援助方政府财政转来的资金时,借记"国库存款"科目,贷记"地区间援助收入"科目。

(2) 年终转账时,"地区间援助收入"科目贷方余额转入本期盈余,借记"地区间援助收入"科目,贷记"本期盈余——预算管理资金本期盈余"科目。

3. 地区间援助预算收入的核算

(1) 收到援助方政府财政转来的资金时,借记"资金结存——库款资金结存"科目,贷记"地区间援助预算收入"科目。

(2) 年终转账时,本科目贷方余额转入一般公共预算结转结余,借记"地区间援助预算收入"科目,贷记"一般公共预算结转结余"科目。

【例5-12】 甲市财政收到乙市财政转来的可统筹使用的一笔地区援助收入250 000元。甲市财政总会计应编制的会计分录为:

在财务会计中:

借:国库存款	250 000
贷:地区间援助收入	250 000

同时,在预算会计中:

借:资金结存——库款资金结存	250 000
贷:地区间援助预算收入——接受其他地区援助收入——乙市财政	250 000

年终,将"地区间援助预算收入"总账科目贷方余额250 000元转入"一般公共预算结转结余"科目。

只有一般公共预算本级收入中有地区间援助收入,政府性基金预算本级收入和国有资本经营预算本级收入中,没有地区间援助收入。

(五) 调入预算资金

1. 调入预算资金的概念与核算科目的设置

调入预算资金是指政府财政为平衡某类预算收支,从其他类型预算资金及其他渠道调入的资金。调入资金可以发生在一般公共预算中,也可以发生在政府性基金预算中。调入资金的目的是平衡一般公共预算或政府性基金预算。如果一般公共预算发生缺口,为平衡一般公共预算,可以考虑从政府性基金预算结余调入一部分资金,形成一般公共预算调入资金。政府性基金的情况也是如此。

一般公共预算与政府性基金预算是两个相对独立的政府财政总预算种类。财政资金在两种不同性质资金之间调剂使用时,一方记录的调入资金与另一方记录的调出资金应当在数量上相等,一级政府的可用财政资金总额没有发生变化。也就是说,调入资金不影响一级财政的总体财力,但会影响一级财政不同性质财政资金的数额。

为核算调入预算资金业务,财政总会计的预算会计应设置"调入预算资金"科目。本科目核算政府财政为平衡某类预算收支、从其他类型预算资金及其他渠道调入的资金。本科目下应按照不同资金性质设置"一般公共预算调入资金""政府性基金预算调入资金"明细科目。本科目平时贷方余额反映调入预算资金的累计数。期末结转后,本科目无余额。

2. 调入预算资金的核算

(1) 从其他类型预算资金及其他渠道调入一般公共预算时,按照调入或实际收到的金额,借记"调出预算资金——政府性基金预算调出资金""调出预算资金——国有资本经营预算调出资金""资金结存——库款资金结存"等科目,贷记"调入预算资金——一般公共预算调入资金"科目。

(2) 从其他类型预算资金及其他渠道调入政府性基金预算时,按照调入或实际收到的资金金额,借记"资金结存——库款资金结存"等科目,贷记"调入预算资金——政府性基金预算调入资金"科目。

(3) 年终转账时,本科目贷方余额按明细科目分别转入相应的结转结余科目,借记"调入预算资金"科目,贷记"一般公共预算结转结余""政府性基金预算结转结余"等科目。

【例 5-13】 某市财政总会计发生如下业务:

(1) 为平衡一般预算,经批准从政府性基金预算结余中调入资金 150 000 元。财政总会计应编制的会计分录为:

在预算会计中:

借:调出预算资金——政府性基金预算调出资金	150 000
贷:调入预算资金——一般公共预算调入资金	150 000

在财务会计中不做账务处理。

(2) 为弥补车辆通行费收入不足从公益性项目单位调入用于偿付专项债务本金的资金 50 000 元,款项已存入财政国库。财政总会计应编制的会计分录为:

在财务会计中:

借:国库存款	50 000
贷:其他收入	50 000

同时,在预算会计中:

借:资金结存——库款资金结存	50 000
贷:调入预算资金——政府性基金预算调入资金	50 000

(3) 年终,将"调入资金"科目贷方余额 200 000 元,分别转入"一般公共预算结转结余""政府性基金预算结转结余"总账科目。财政总会计应编制的会计分录为:

在预算会计中:

借:调入预算资金	200 000
贷:一般公共预算结转结余	150 000
政府性基金预算结转结余	50 000

同时,财政总会计应结清所有调入资金明细分类科目。

七、动用预算稳定调节基金

(一) 动用预算稳定调节基金的概念与核算科目的设置

动用预算稳定调节基金是指政府财政为弥补一般公共预算收支缺口动用的预算稳定调节

基金。为核算动用预算稳定调节基金业务,财政总会计的预算会计应设置"动用预算稳定调节基金"科目。本科目核算政府财政为弥补本年度预算资金不足,动用的预算稳定调节基金。本科目平时贷方余额反映动用预算稳定调节基金的累计数。期末结转后,本科目应无余额。

(二) 动用预算稳定调节基金的核算

(1) 动用预算稳定调节基金时,借记"预算稳定调节基金"科目,贷记"动用预算稳定调节基金"科目。

(2) 年终转账时,本科目贷方余额转入一般公共预算结转结余,借记"动用预算稳定调节基金"科目,贷记"一般公共预算结转结余"科目。

【例 5-14】 某省财政年终发生财政短收,即财政收入小于财政支出,决定调用预算稳定调节基金 35 000 元。省财政总会计应编制的会计分录为:

在预算会计中:

借:预算稳定调节基金　　　　　　　　　　　　　　　　　　35 000
　　贷:动用预算稳定调节基金　　　　　　　　　　　　　　　　　35 000

"动用预算稳定调节基金"科目属于收入类科目,但它不会带来国库存款的增加。通过动用预算稳定调节基金,以前年度累积的预算稳定调节基金减少,当年的财政总收入增加,当年的财政收支缺口减少。

八、债务预算收入

(一) 债务预算收入的概念、分类与核算科目的设置

债务预算收入是指政府财政根据法律法规等规定,通过发行债券、向外国政府和国际金融组织借款等方式筹集的纳入预算管理的资金收入。

债务收入形成政府可以安排使用的公共资金,与此同时,债务收入又列入政府公共财政预算,因此,债务收入与税收收入、非税收入等并列为政府一般公共预算收入、政府性基金预算收入的资金来源或收入种类。目前,中央政府的一般公共预算可以编制赤字预算,即一般公共预算收不抵支的差额,可以通过发行政府债券弥补。地方各级政府的预算按照量入为出、收支平衡的原则编制,不列赤字。经过批准,省、自治区、直辖市政府可以在国务院确定的限额内,通过发行地方政府债券举借债务。举借的债务列入本级预算调整方案,报本级人民代表大会常务委员会批准。债务收入还形成政府需要偿还的债务,因此,债务收入也需要作为政府的负债予以记录。

财政总会计核算的债务收入,应当按照《政府收支分类科目》中一般公共预算收入和政府性基金预算收入科目下的债务收入科目进行分类。按照现行《政府收支分类科目》的规定,债务收入类级科目下的科目设置情况如下。

1. 一般公共预算收入中的债务收入科目

(1) 中央政府债务收入。它是指反映中央政府取得的债务收入。该款级科目下设中央政府国内债务收入、中央政府国外债务收入两个项级科目,分别反映中央政府从国内、国外或境外取得的收入。

(2) 地方政府债务收入。它是指反映地方政府取得的债务收入。该款级科目下设一般债务收入项级科目,该项级科目下再分设地方政府一般债券收入、地方政府向外国政府借款收入、地方政府向国际组织借款收入等目级科目,分别反映地方政府一般债务收入的资金来源。

2. 政府性基金预算收入中的债务收入科目

财政总会计应设置地方政府债务收入款级科目,该款级科目下再设置专项债务收入项级科目。该项级科目下再分设海南省高等级公路车辆通行附加费债务收入、港口建设费债务收入、国家电影事业发展专项资金债务收入、国有土地使用权出让金债务收入、农业土地开发资金债务收入大中型水库库区基金债务收入、城市基础设施配套费债务收入、小型水库移民扶助基金债务收入、国家重大水利工程建设基金债务收入、车辆通行费债务收入、污水处理费债务收入、土地储备专项债券收入、政府收费公路专项债券收入、棚户区改造专项债券收入、其他地方自行试点项目收益专项债券收入、其他政府性基金债务收入等目级科目,分别反映以相应政府性基金收入为偿债来源举借的专项债务收入。

为核算债务预算收入业务,财政总会计应设置"债务预算收入"科目。本科目核算政府财政根据法律法规等规定,通过发行债券、向外国政府和国际金融组织借款等方式筹集的纳入预算管理的债务收入。本科目应设置"国债收入""一般债务收入""专项债务收入"明细科目,并根据《政府收支分类科目》中"债务收入"科目进行明细核算。本科目平时贷方余额反映债务预算收入的累计数。期末结转后,本科目应无余额。

(二) 债务预算收入的核算

(1) 省级以上(含省级)政府财政收到政府债券发行收入时,按照实际收到的金额,借记"资金结存——库款资金结存"科目,按照政府债券实际发行额,贷记"债务预算收入"科目,按照其差额,借记或贷记有关支出科目。

(2) 中央财政发生国债随卖业务时,按照实际收到的金额,借记"资金结存——库款资金结存"科目;根据国债随卖确认文件等相关债券管理资料,按照国债随卖面值,贷记"债务预算收入"科目,按照实际收到金额与面值的差额,借记或贷记"一般公共预算支出"科目。

(3) 按定向承销方式发行的政府债券,根据债务管理部门转来的债券发行文件等有关资料进行确认,由本级政府财政承担还款责任,贷款资金由本级政府财政同级部门使用的,借记"债务还本预算支出"科目,贷记"债务预算收入"科目;转贷下级政府财政的,借记"债务转贷预算支出"科目,贷记"债务预算收入"科目。

(4) 政府财政向外国政府、国际金融组织等机构借款时,按照实际提款的外币金额和即期汇率折算的人民币金额,借记"资金结存——库款资金结存""资金结存——专户资金结存"等科目,贷记"债务预算收入"科目。

(5) 本级政府财政借入主权外债,且由外方或上级政府财政将贷款资金直接支付给用款单位或供应商时,应根据以下情况分别处理:①本级政府财政承担还款责任,贷款资金由本级政府财政同级部门使用的,本级政府财政根据贷款资金支付有关资料,借记"一般公共预算支出"科目,贷记"债务预算收入"科目。②本级政府财政承担还款责任,贷款资金由下级政府财政同级部门使用的,本级政府财政根据贷款资金支付有关资料及预算文件,借记"补助预算支出——调拨下级"等科目,贷记"债务预算收入"科目。③下级政府财政承担还款责任,贷款资金由下级政府财政同级部门使用的,本级政府财政根据贷款资金支付有关资料,借记"债务转贷预算支出"科目,贷记"债务预算收入"科目。

(6) 年终转账时,本科目下"国债收入""一般债务收入"明细科目的贷方余额转入一般公共预算结转结余,借记"债务预算收入——国债收入""债务预算收入——一般债务收入"科目,贷记"一般公共预算结转结余"科目;本科目下"专项债务收入"明细科目的贷方余额转入政府性基金预算结转结余,借记"债务预算收入——专项债务收入"科目,贷记"政府性基金预算结转结余"科目,可根据预算管理需要,按照专项债务对应的政府性基金预算收入科目分别转入"政府性基金预算结转结余"相应明细科目。

【例 5-15】 中央政府财政发行 1 年期国债,面值为 50 000 000 000 元,按面值承销,承销费用为面值的 0.01‰。财政总会计收到中国人民银行国库报来的一般公共预算收入日报表,具体情况为:"债务收入——中央政府债务收入——中央政府国内债务收入"科目 50 000 000 000 元,当日共收到国债发行收入 4 995 000 000 元。财政总会计应编制的会计分录:

在财务会计中:

借:国库存款	49 995 000 000
财务费用——债务发行兑付费用	5 000 000
贷:应付短期政府债券——应付国债——应付本金	50 000 000 000

同时,在预算会计中:

借:资金结存——库款资金结存	49 995 000 000
一般公共预算支出	5 000 000
贷:债务预算收入——国债收入	50 000 000 000

同时,财政总会计应结清所有债务预算收入明细账的余额。

【例 5-16】 某省财政发行一批 3 年期记账式固定利率附息地方政府专项债券,计划发行面值为 1 000 000 元,每年支付一次利息,到期偿还本金并支付最后一年利息。该债券采用定向承销方式发行,根据债务管理部门转来的债券发行文件等有关资料进行确认,由本级政府财政承担还款责任,贷款资金由本级政府财政同级部门使用。债券票面利率为 2.25%,实际发行债券面值金额为 1 000 000 元,实际收到债券发行收入 1 000 000 元,经确认的到期应付债券本金金额为 1 000 000 元,债券实际发行额为 1 000 000 元。该期债券发行后上市交易。财政总会计应编制的会计分录:

在财务会计中:

借:国库存款	1 000 000
贷:应付长期政府债券——应付地方政府专项债券——应付本金	1 000 000

同时,在预算会计中:

借:资金结存——库款资金结存	1 000 000
贷:债务预算收入——专项债务收入	1 000 000

【例 5-17】 某省财政年终"债务预算收入"总账科目贷方余额为 1 180 000 元,其中,"地方政府债务收入——一般债务收入"科目 560 000 元,"地方政府债务收入——专项债务收入"科目 620 000 元。财政总会计分别将其转入"一般公共预算结转结余""政府性基金预算结转结余"总账科目。财政总会计应编制会计分录为:

在预算会计中:

借:债务预算收入	1 180 000
贷:一般公共预算结转结余	560 000
政府性基金预算结转结余	620 000

同时,财政总会计应结清所有债务预算收入明细账的余额。

九、债务转贷预算收入

(一) 债务转贷预算收入的概念、分类与核算科目的设置

债务转贷预算收入是指本级政府财政收到上级政府财政转贷的债务收入。按照地方政府债券预算管理的相关办法，地方政府债券收入可以用于省级直接支出，也可以转贷市、县级政府使用。市、县级政府使用省级政府债券收入的，由省级财政转贷，纳入市、县级财政预算，实行预算管理。

债务转贷预算收入与债务预算收入并不完全相同。债务转贷预算收入反映债务收入的资金在上下级政府之间的转移，因此，它属于政府间的转移性收入。债务预算收入是政府面向社会取得的资金收入，它不是资金在上下级政府之间的转移，因此，它不属于政府间的转移性收入。债务转贷预算收入与债务预算收入的共同点是：它们都是政府可供使用的财政资金流入，同时，取得资金的政府都需要在未来偿还取得的资金数额，并支付相应的利息费用。在现行《政府收支分类科目》中，债务收入科目与税收收入、非税收入和转移性收入科目相并列，债务转贷收入科目属于转移性收入科目类别。

财政总会计核算的债务转贷预算收入，应当按照《政府收支分类科目》中一般公共预算收入和政府性基金预算收入科目下的债务转贷收入科目进行分类。按照现行《政府收支分类科目》，债务转贷收入属于转移性收入类级科目下的款级科目，其明细科目的设置情况如下。

1. 一般公共预算收入中的债务转贷收入科目

财政总会计应设置地方政府一般债务转贷收入项级科目，反映下级政府收到的上级政府转贷的一般债务收入。该项级科目下再分设地方政府一般债务转贷收入、地方政府向外国政府借款转贷收入、地方政府向国际组织借款转贷收入、地方政府其他一般债务转贷收入等目级科目，分别反映地方政府一般债务转贷收入的资金来源。

2. 政府性基金预算收入中的债务转贷收入科目

财政总会计应设置地方政府专项债务转贷收入项级科目，反映下级政府收到的上级政府转贷的专项债务收入。该项级科目下再分设海南省高等级公路车辆通行附加费债务转贷收入、国家电影事业发展专项资金债务转贷收入、国有土地使用权出让金债务转贷收入、农业土地开发资金债务转贷收入、大中型水库库区基金债券转贷收入、城市基础设施配套费债券转贷收入、小型水库移民扶助基金债券转贷收入、国家重大水利工程建设基金债券转贷收入、车辆通行费债券转贷收入、污水处理费债券转贷收入、土地储备专项债券转贷收入、政府收费公路专项债券转贷收入、棚户区改造专项债券转贷收入、其他地方自行试点项目收益专项债券转贷收入、其他政府性基金债务转贷收入等目级科目，分别反映下级政府收到的上级政府转贷的相应政府性基金专项债务收入。

为核算债务转贷预算收入业务，财政总会计应设置"债务转贷预算收入"科目。本科目核算省级以下(不含省级)政府财政收到上级政府财政转贷的债务收入。本科目应设置"一般债务转贷收入""专项债务转贷收入"明细科目，并根据《政府收支分类科目》中"债务转贷收入"科目进行明细核算。本科目平时贷方余额反映债务转贷预算收入的累计数。期末结转后，本科目应无余额。

(二) 债务转贷预算收入的核算

(1) 省级以下(不含省级)政府财政收到地方政府债券转贷收入时，按照实际收到的金额或债务管理部门确认的金额，借记"资金结存——库款资金结存""补助预算收入——上级调

拨"等科目,贷记"债务转贷预算收入"科目;实际收到的金额与债务管理部门确认的到期应偿还转贷款本金之间的差额,借记或贷记有关支出科目。

(2) 实行定向承销方式转贷的地方政府债券,省级以下(不含省级)政府财政根据债务管理部门提供的有关资料进行确认,借记"债务还本预算支出"科目,贷记"债务转贷预算收入"科目。

(3) 省级以下(不含省级)政府财政收到主权外债转贷收入的具体账务处理如下:

第一,本级财政收到主权外债转贷资金时,借记"资金结存——库款资金结存""资金结存——专户资金结存"科目,贷记"债务转贷预算收入"科目。

第二,从上级政府财政借入主权外债转贷款,且由外方或上级政府财政将贷款资金直接支付给用款单位或供应商时,应根据以下情况分别处理:①本级政府财政承担还款责任,贷款资金由本级政府财政同级部门使用的,本级政府财政根据贷款资金支付有关资料,借记"一般公共预算支出"科目,贷记"债务转贷预算收入"科目。②本级政府财政承担还款责任,贷款资金由下级政府财政同级部门使用的,本级政府财政根据贷款资金支付有关资料及预算文件,借记"补助预算支出——调拨下级"等科目,贷记"债务转贷预算收入"科目。③下级政府财政承担还款责任,贷款资金由下级政府财政同级部门使用的,本级政府财政根据转贷资金支付有关资料,借记"债务转贷预算支出"科目,贷记"债务转贷预算收入"科目;下级政府财政根据贷款资金支付有关资料,借记"一般公共预算支出"科目,贷记"债务转贷预算收入"科目。

(4) 年终转账时,本科目下"一般债务转贷收入"明细科目的贷方余额转入一般公共预算结转结余,借记"债务转贷预算收入"科目,贷记"一般公共预算结转结余"科目;本科目下"专项债务转贷收入"明细科目的贷方余额转入政府性基金预算结转结余,借记"债务转贷预算收入"科目,贷记"政府性基金预算结转结余"科目,可根据预算管理需要,按照专项债务对应的政府性基金预算收入科目分别转入"政府性基金预算结转结余"相应明细科目。

【例5-18】 某市财政实际收到来自上级省财政的债务转贷预算收入1 500 000元。年终,将"债务转贷预算收入——一般债务转贷收入"科目的贷方余额1 500 000元转入"一般公共预算结转结余"科目。财政总会计应编制的会计分录为:

(1) 收到来自上级省财政的债务转贷预算收入时。

在财务会计中:

借:国库存款　　　　　　　　　　　　　　　　　　　　　　　　　1 500 000
　　贷:应付地方政府债券转贷款　　　　　　　　　　　　　　　　　　1 500 000

同时,在预算会计中:

借:资金结存——库款资金结存　　　　　　　　　　　　　　　　　1 500 000
　　贷:债务转贷预算收入——一般债务转贷收入　　　　　　　　　　1 500 000

(2) 年终,结转"债务转贷预算收入——一般债务转贷收入"科目的贷方余额时。

在预算会计中:

借:债务转贷预算收入——一般债务转贷收入　　　　　　　　　　1 500 000
　　贷:一般公共预算结转结余　　　　　　　　　　　　　　　　　　1 500 000

同时,财政总会计应结清所有债务转贷预算收入明细账的余额。

十、待处理收入

(一) 待处理收入的概念与核算科目的设置

待处理收入是指本级政府财政收回的部门预算结转结余资金和转移支付结转资金。

为核算待处理收入业务,财政总会计应设置"待处理收入"科目。本科目核算本级政府财政收回的结转结余资金。本科目下应设置"库款资金待处理收入""专户资金待处理收入"明细科目。本科目平时贷方余额反映待处理收入的累计数。期末结转后,本科目应无余额。

(二) 待处理收入的核算

(1) 收到收回的结转结余资金时,借记"资金结存——库款资金结存"等科目,贷记"待处理收入"科目。

(2) 收回的结转结余资金,财政部门按原预算科目使用的,实际安排支出时,借记"待处理收入"科目或"资金结存——待处理结存"科目,贷记"资金结存——库款资金结存"科目。

(3) 收回的结转结余资金,财政部门调整预算科目使用的,实际安排支出时,借记"待处理收入"科目或"资金结存——待处理结存"科目,按原结转预算科目,贷记"一般公共预算支出"等科目;同时,按实际支出预算科目,借记"一般公共预算支出"等科目,贷记"资金结存——库款资金结存"等科目。

(4) 年终,本科目贷方余额转入资金结存,借记"待处理收入"科目,贷记"资金结存——待处理结存"科目。

【例 5-19】 某市财政年终收到收回的结转结余资金 1 500 000 元。年终,将"待处理收入"科目的贷方余额 500 000 元转入"资金结存——待处理结存"科目。市财政总会计应编制的会计分录为:

(1) 收到收回的结转结余资金时。

在财务会计中:

借:国库存款　　　　　　　　　　　　　　　　　　　　　　　　1 500 000
　　贷:其他收入　　　　　　　　　　　　　　　　　　　　　　　　1 500 000

同时,在预算会计中:

借:资金结存——库款资金结存　　　　　　　　　　　　　　　　　1 500 000
　　贷:待处理收入　　　　　　　　　　　　　　　　　　　　　　　1 500 000

(2) 年终,结转"待处理收入"科目的贷方余额时。

在预算会计中:

借:待处理收入　　　　　　　　　　　　　　　　　　　　　　　　1 500 000
　　贷:资金结存——待处理结存　　　　　　　　　　　　　　　　　1 500 000

一般公共预算收入、政府性基金预算收入、国有资本经营预算收入、财政专户管理资金收入和专用基金收入应当按照实际收到的金额入账。中央政府财政年末可按有关规定对部分收入事项采用权责发生制核算。转移性预算收入应当按照财政体制的规定和预算管理需要,按实际发生的金额入账。债务预算收入应当按照实际发行额或借入的金额入账,债务转贷预算收入应当按照实际收到的转贷金额入账。待处理收入应当按照实际收到的金额入账。

已建乡(镇)国库的地区,乡(镇)财政的本级收入以乡(镇)国库收到数为准。县(含县本级)以上各级财政的各项预算收入(含固定收入与共享收入)以缴入基层国库数额为准。未建乡(镇)国库的地区,乡(镇)财政的本级收入以乡(镇)总会计收到县级财政返回数额为准。

财政总会计应当加强各项预算收入的管理,严格会计核算手续。对于各项预算收入的账务处理必须以审核无误的国库入账凭证、预算收入日报表、专户资金入账凭证和其他合法凭证为依据。发现错误,应当按照有关规定及时通知有关单位共同更正。对于已缴入国库和财政专户的预算收入退库(付),要严格把关,强化监督。凡不属于国家规定的退库(付)项目,一律不得办理退库(付)及冲退预算收入。属于国家规定的退库(付)事项,具体退库(付)程序按财政部的有关规定办理。

复习思考题

1. 什么是财政总会计的收入,它具体包括哪些种类?什么是财政总会计的预算收入,它具体包括哪些种类?
2. 什么是一般公共预算收入?一般公共预算收入是如何分类的?按照现行《政府收支分类科目》,一般公共预算收入科目共分设几级?
3. 什么是政府性基金预算收入?按照现行《政府收支分类科目》,政府性基金预算收入可分成哪些主要类别?政府性基金预算收入管理的基本要求有哪些?
4. 什么是国有资本经营预算收入?按照现行《政府收支分类科目》,国有资本经营预算收入可分成哪些主要类别?国有资本经营预算收入管理的基本要求有哪些?
5. 什么是专用基金收入?收入类的专用基金收入与预算收入类的专用基金收入在会计核算上有什么不同?
6. 什么是转移性(预算)收入?按照现行《政府收支分类科目》,一般公共预算收入科目下设置了哪几个转移性收入的款级科目?它主要包括哪几项内容,如何进行核算?
7. 什么是债务预算收入?什么是债务转贷预算收入?两者有什么相同和不同的地方?

第五章课后练习题

第六章 财政总会计的费用与预算支出

第一节 费 用

在财政总会计中,费用属于财务会计要素,预算支出属于预算会计要素。前者应当按照权责发生制基础进行确认和计量,即在费用发生时予以确认,并按照承担支付义务金额或实际发生金额进行计量;后者应当按照收付实现制基础进行确认和计量,即在预算支出实际支付时予以确认,并按实际支付金额计量。在实务中,预算支出与费用确认不一致的情形分为两类:第一类为确认预算支出但不同时确认费用;第二类为确认费用但不同时确认预算支出。

财政总会计核算的费用是指政府在实现政府职能过程中耗费的经济资源。它包括政府机关商品和服务拨款费用、政府机关工资福利拨款费用、对事业单位补助拨款费用、对企业补助拨款费用、对个人和家庭补助拨款费用、对社会保障基金补助拨款费用、资本性拨款费用、其他拨款费用、财务费用、转移性费用、其他费用、财政专户管理资金支出、专用基金支出等。

一、政府机关商品和服务拨款费用

(一) 政府机关商品和服务拨款费用的概念与核算科目的设置

政府机关商品和服务拨款费用是指本级政府财政拨付给机关和参照公务员法管理的事业单位(以下简称参公事业单位)购买商品和服务的各类费用,不包括用于购置固定资产、战略性和应急性物资储备等资本性拨款费用。政府机关商品和服务拨款费用可根据管理需要,参照《政府收支分类科目》中支出经济分类科目,按照预算单位和项目等进行明细核算。政府预算支出经济分类科目中,机关商品和服务支出类级科目分设如下相关款级科目:办公经费、会议费、培训费、专用材料购置费、委托业务费、公务接待费、因公出国(境)费用、公务用车运行维护费、维修(护)费、其他商品和服务支出等。

为核算政府机关商品和服务拨款费用业务,财政总会计应设置"政府机关商品和服务拨款费用"总账科目。本科目平时借方余额反映本级政府机关商品和服务拨款费用的累计数。期末结转后,本科目应无余额。

(二) 政府机关商品和服务拨款费用的核算

(1) 实际发生政府机关商品和服务拨款费用时,借记"政府机关商品和服务拨款费用"科目,贷记"国库存款"科目。

(2) 当年政府机关商品和服务拨款费用发生退回时,按照实际收到的退回金额,借记"国库存款"科目,贷记"政府机关商品和服务拨款费用"科目。

(3) 年终转账时,本科目借方余额转入本期盈余,借记"本期盈余——预算管理资金本期盈余"科目,贷记"政府机关商品和服务拨款费用"科目。

【例6-1】 某市财政总会计实际支付政府机关购买商品和服务拨款费用120 000元,由国库统一支付。按照预算管理要求分类,该项支出属于一般公共预算支出。具体支付情况为:"一般公共服务支出——审计事务——行政运行"科目60 000元,"医疗卫生支出——公立医院——综合医院"科目60 000元。财政总会计经与中国人民银行财政直接支付划款凭证核对无误后,列报一般公共预算支出。市财政总会计应编制的会计分录为:

在财务会计中:

借:政府机关商品和服务拨款费用　　　　　　　　　　　　　　　　　120 000
　　贷:国库存款　　　　　　　　　　　　　　　　　　　　　　　　　　120 000

同时,在预算会计中:

借:一般公共预算支出　　　　　　　　　　　　　　　　　　　　　　　120 000
　　贷:资金结存——库款资金结存　　　　　　　　　　　　　　　　　　120 000

同时,在"一般公共预算支出"总账科目的借方登记明细账如下:

一般公共服务支出——人大事务——行政运行　　　　　　　　　　　　　60 000
医疗卫生支出——公立医院——综合医院　　　　　　　　　　　　　　　60 000

年末,市财政总会计的财务会计应将"政府机关商品和服务拨款费用"科目的本年借方余额转入"本期盈余——预算管理资金本期盈余"科目。

二、政府机关工资福利拨款费用

(一)政府机关工资福利拨款费用的概念与核算科目的设置

政府机关工资福利拨款费用是指本级政府财政拨付给机关和参公事业单位在职职工和编制外长期聘用人员的各类劳动报酬及为上述人员缴纳的各项社会保险费等费用。政府机关工资福利拨款费用可根据管理需要,参照《政府收支分类科目》中支出经济分类科目,按照预算单位和项目等进行明细核算。政府预算支出经济分类科目中,机关工资福利支出类级科目分设如下相关款级科目:工资奖金津补贴、社会保障缴费、住房公积金其他工资福利支出。

为核算对政府机关工资福利拨款费用业务,财政总会计应设置"政府机关工资福利拨款费用"总账科目。本科目平时借方余额反映本级政府机关工资福利拨款费用的累计数。期末结转后,本科目应无余额。

(二)政府机关工资福利拨款费用的核算

(1)实际发生政府机关工资福利拨款费用时,借记"政府机关工资福利拨款费用"科目,贷记"国库存款"科目。

(2)当年政府机关工资福利拨款费用发生退回时,按照实际收到的退回金额,借记"国库存款"科目,贷记"政府机关工资福利拨款费用"科目。

(3)年终转账时,本科目借方余额转入本期盈余,借记"本期盈余——预算管理资金本期盈余"科目,贷记"政府机关工资福利拨款费用"科目。

【例6-2】 某市财政通过财政国库为税务部门开展税收事务活动支付日常运行资金56 300元,资金性质为一般公共预算资金,经济用途为工资奖金和补贴。市财政总会计应编制的会计分录为:

在财务会计中:

借：政府机关工资福利拨款费用	56 300	
贷：国库存款		56 300

同时，在预算会计中：

借：一般公共预算支出	56 300	
贷：资金结存——库款资金结存		56 300

年末，市财政总会计的财务会计应将"政府机关商品和服务拨款费用"科目的本年借方余额转入"本期盈余——预算管理资金本期盈余"科目。

三、对事业单位补助拨款费用

(一) 对事业单位补助拨款费用的概念与核算科目的设置

对事业单位补助拨款费用是指本级政府财政拨付的对事业单位（不含参公事业单位）的经常性补助费用，不包括对事业单位的资本性拨款费用。对事业单位补助拨款费用可根据管理需要，参照《政府收支分类科目》中支出经济分类科目，按照预算单位和项目等进行明细核算。政府预算支出经济分类科目中，对事业单位经常性补助类级科目可以分设工资福利支出、商品和服务支出、其他对事业单位补助等款级科目。

为核算对事业单位补助拨款费用，财政总会计应设置"对事业单位补助拨款费用"总账科目。本科目平时借方余额反映本级政府财政对事业单位补助拨款费用的累计数。期末结转后，本科目应无余额。

(二) 对事业单位补助拨款费用的核算

(1) 实际发生对事业单位补助拨款费用时，借记"对事业单位补助拨款费用"科目，贷记"国库存款"科目。

(2) 当年对事业单位补助拨款费用发生退回时，按照实际收到的退回金额，借记"国库存款"科目，贷记"对事业单位补助拨款费用"科目。

(3) 年终转账时，本科目借方余额转入本期盈余，借记"本期盈余——预算管理资金本期盈余"科目，贷记"对事业单位补助拨款费用"科目。

【例 6-3】 某市财政总会计通过财政国库为教育管理部门所属普通高校职工缴纳基本养老保险 36 000 元，资金性质为一般公共预算资金，经济用途为工资福利支出。市财政总会计应编制的会计分录为：

在财务会计中：

借：对事业单位补助拨款费用	36 000	
贷：国库存款		36 000

同时，在预算会计中：

借：一般公共预算支出	36 000	
贷：资金结存——库款资金结存		36 000

年终，市财政总会计的财务会计应将"对事业单位补助拨款费用"科目的本年借方余额转入"本期盈余——预算管理资金本期盈余"科目。

四、对企业补助拨款费用

(一) 对企业补助拨款费用的概念与核算科目的设置

对企业补助拨款费用是指本级政府财政拨付的对各类企业的补助费用，不包括对企业的资本金注入和资本性拨款费用。可根据管理需要,参照《政府收支分类科目》中支出经济分类科目,按照预算单位和项目等进行明细核算。政府预算支出经济分类科目中,对企业补助类级科目可以分设费用补贴、利息补贴、其他对企业补助等款级科目。

为核算对企业补助拨款费用业务,财政总会计应设置"对企业补助拨款费用"总账科目。本科目平时借方余额反映本级政府财政对企业补助拨款费用的累计数。期末结转后,本科目应无余额。

(二) 对企业补助拨款费用的核算

(1) 实际发生对企业补助拨款费用时,借记"对企业补助拨款费用"科目,贷记"国库存款"科目。

(2) 当年对企业补助拨款费用发生退回时,按照实际收到的退回金额,借记"国库存款"科目,贷记"对企业补助拨款费用"科目。

(3) 年终转账时,本科目借方余额转入本期盈余,借记"本期盈余——预算管理资金本期盈余"科目,贷记"对企业补助拨款费用"科目。

【例6-4】 某市财政总会计实际发生一笔国有资本经营预算支出2 000 000元,具体为给国有企业的补助拨款,属于"对企业补助拨款费用"。按照预算管理要求分类,该项支出属于国有资本经营预算支出,具体属于"国有企业政策性补贴"。市财政总会计应编制的会计分录为:

在财务会计中:

借:对企业补助拨款费用　　　　　　　　　　　　　　　　　　2 000 000
　　贷:国库存款　　　　　　　　　　　　　　　　　　　　　　2 000 000

同时,在预算会计中:

借:国有资本经营预算支出　　　　　　　　　　　　　　　　　2 000 000
　　贷:资金结存——库款资金结存　　　　　　　　　　　　　2 000 000

年终,市财政总会计的财务会计应将"对企业补助拨款费用"科目的本年借方余额转入"本期盈余——预算管理资金本期盈余"科目。

五、对个人和家庭补助拨款费用

(一) 对个人和家庭补助拨款费用的概念与核算科目的设置

对个人和家庭补助拨款费用是指本级政府财政拨付的对个人和家庭的补助费用。根据管理需要,参照《政府收支分类科目》中支出经济分类科目,按照预算单位和项目等进行明细核算。政府预算支出经济分类科目中,对个人和家庭的补助可分设社会福利和救助、助学金、个人农业生产补贴、离退休费、其他对个人和家庭补助款级科目。

为核算对个人和家庭补助拨款费用业务,财政总会计应设置"对个人和家庭补助拨款费用"总账科目。本科目平时借方余额反映本级政府财政对个人和家庭补助拨款费用的累计数。期末结转后,本科目应无余额。

(二) 对个人和家庭补助拨款费用的核算

(1) 实际发生对个人和家庭补助拨款费用时,借记"对个人和家庭补助拨款费用"科目,贷记"国库存款"科目。

(2) 当年对个人和家庭补助拨款费用发生退回时,按照实际收到的金额,借记"国库存款"

科目,贷记"对个人和家庭补助拨款费用"科目。

(3) 年终转账时,本科目借方余额转入本期盈余,借记"本期盈余——预算管理资金本期盈余"科目,贷记"对个人和家庭补助拨款费用"科目。

【例6-5】 某市财政总会计实际支付个人和家庭补助款项100 000元,该款项为大中型水库移民后期扶持基金安排的直接发放给大中型水库农村移民的补助支出,作为"对个人和家庭补助拨款费用",由国库统一支付。按照预算管理要求分类,该项支出属于政府性基金预算支出,具体属于"社会保障和就业支出——大中型水库移民后期扶持基金支出——移民补助"。财政总会计经与中国人民银行财政直接支付划款凭证核对无误后,列报政府性基金预算支出。市财政总会计应编制的会计分录为:

在财务会计中:

借:对个人和家庭补助拨款费用　　　　　　　　　　　　　　　　　100 000
　　贷:国库存款　　　　　　　　　　　　　　　　　　　　　　　　　100 000

同时,在预算会计中:

借:政府性基金预算支出　　　　　　　　　　　　　　　　　　　　100 000
　　贷:资金结存——库款资金结存　　　　　　　　　　　　　　　　100 000

同时,在"一般公共预算支出"总账科目的借方登记明细账如下:

社会保障和就业支出——大中型水库移民后期扶持基金支出——移民补助　　100 000

年终,市财政总会计的财务会计应将"对个人和家庭补助拨款费用"科目的本年借方余额转入"本期盈余——预算管理资金本期盈余"科目。

六、对社会保障基金补助拨款费用

(一) 对社会保障基金补助拨款费用的概念与核算科目的设置

对社会保障基金补助拨款费用是指本级政府财政拨付的对社会保险基金的补助,以及补充全国社会保障基金的费用。可根据管理需要,参照《政府收支分类科目》中支出经济分类科目,按照预算单位和项目等进行明细核算。政府预算支出经济分类科目中,对社会保障基金补助类级科目可分设对社会保险基金补助、补充全国社会保障基金、对机关事业单位职业年金的补助等款级科目。

为核算对社会保障基金补助拨款费用业务,财政总会计应设置"对社会保障基金补助拨款费用"总账科目。本科目平时借方余额反映本级政府财政对社会保障基金补助拨款费用的累计数。期末结转后,本科目应无余额。

(二) 对社会保障基金补助拨款费用的核算

(1) 实际发生对社会保障基金补助拨款费用时,借记"对社会保障基金补助拨款费用"科目,贷记"国库存款"科目。

(2) 当年对社会保障基金补助拨款费用发生退回时,按照实际收到的金额,借记"国库存款"科目,贷记"对社会保障基金补助拨款费用"科目。

(3) 年终转账时,本科目借方余额转入本期盈余,借记"本期盈余——预算管理资金本期盈余"科目,贷记"对社会保障基金补助拨款费用"科目。

【例6-6】 某市财政总会计按照经批准的预算,通过财政国库向基本养老社会保险基金财政专户支付补助 155 000 元,资金性质为一般公共预算资金,经济用途为对社会保险基金补助。市财政总会计应编制的会计分录为:

在财务会计中:

借:对社会保障基金补助拨款费用　　　　　　　　　　　　　　155 000
　　贷:国库存款　　　　　　　　　　　　　　　　　　　　　　　　155 000

同时,在预算会计中:

借:一般公共预算支出　　　　　　　　　　　　　　　　　　　　155 000
　　贷:资金结存——库款资金结存　　　　　　　　　　　　　　　　155 000

年末,市财政总会计的财务会计应将"对社会保障基金补助拨款费用"科目的本年借方余额转入"本期盈余——预算管理资金本期盈余"科目。

七、资本性拨款费用

(一) 资本性拨款费用的概念与核算科目的设置

资本性拨款费用是指本级政府财政拨付给行政事业单位和企业的资本性费用,不包括对企业的资本金注入。可根据管理需要,参照《政府收支分类科目》中支出经济分类科目,按照预算单位和项目等进行明细核算。政府预算支出经济分类科目中,机关资本性支出(一)类级科目可分设房屋建筑物、购建基础设施建设、公务用车购置、土地征迁补偿和安置支出、设备购置、大型修缮、其他资本性支出等款级科目。机关资本性支出(二)类级科目可分设房屋建筑物购建、基础设施建设、公务用车购置、设备购置、大型修缮、其他资本性支出等款级科目。

为核算资本性拨款费用业务,财政总会计应设置"资本性拨款费用"总账科目。本科目平时借方余额反映本级政府财政资本性拨款费用的累计数。期末结转后,本科目应无余额。

(二) 资本性拨款费用的核算

(1) 实际发生资本性拨款费用时,借记"资本性拨款费用"科目,贷记"国库存款"科目。

(2) 当年资本性拨款费用发生退回时,按照实际退回的金额,借记"国库存款"科目,贷记"资本性拨款费用"科目。

(3) 年终转账时,本科目借方余额转入本期盈余,借记"本期盈余——预算管理资金本期盈余"科目,贷记"资本性拨款费用"科目。

【例6-7】　某市财政总会计通过财政国库为住房和城乡建设部门开展城乡公共设施建设转向业务活动支付专项资金 278 000 元,资金性质一般公共预算资金,经济用途为基础设施建设。市财政总会计应编制的会计分录为:

在财务会计中:

借:资本性拨款费用　　　　　　　　　　　　　　　　　　　　　278 000
　　贷:国库存款　　　　　　　　　　　　　　　　　　　　　　　　278 000

同时,在预算会计中:

借:一般公共预算支出　　　　　　　　　　　　　　　　　　　　278 000
　　贷:资金结存——库款资金结存　　　　　　　　　　　　　　　　278 000

年末,财政总会计的财务会计应将"资本性拨款费用"科目的本年借方余额转入"本期盈余——预算管理资金本期盈余"科目。

八、其他拨款费用

(一) 其他拨款费用的概念与核算科目的设置

其他拨款费用是指本级政府财政拨付的经常性赠与、国家赔偿费用、对民间非营利组织和群众性自治组织补贴等费用。可根据管理需要,参照《政府收支分类科目》中支出经济分类科目,按照预算单位和项目等进行明细核算。政府预算支出经济分类科目中,其他支出类级科目可分设国家赔偿费用支出、对民间非营利组织和群众性自治组织补贴、经常性赠与、资本性赠与、其他支出等款级项目。

为核算其他拨款费用业务,财政总会计应设置"其他拨款费用"总账科目。本科目平时借方余额反映本级政府财政其他拨款费用的累计数。期末结转后,本科目应无余额。

(二) 其他拨款费用的核算

(1) 实际发生其他拨款费用时,借记"其他拨款费用"科目,贷记"国库存款"科目。

(2) 当年其他拨款费用发生退回时,按照实际收到的退回金额,借记"国库存款"科目,贷记"其他拨款费用"科目。

(3) 年终转账时,本科目借方余额转入本期盈余,借记"本期盈余——预算管理资金本期盈余"科目,贷记"其他拨款费用"科目。

【例 6-8】 某市财政总会计通过财政国库为民办普通初级中学开展教育教学业务活动支付日常运行资金 8 000 元,资金性质为一般公共预算资金,经济用途为对民间非营利组织和群众性自治组织补贴。市财政总会计应编制如下会计分录:

在财务会计中:

借:其他拨款费用　　　　　　　　　　　　　　　　　　　　　　　　8 000
　　贷:国库存款　　　　　　　　　　　　　　　　　　　　　　　　　　8 000

同时,在预算会计中:

借:一般公共预算支出　　　　　　　　　　　　　　　　　　　　　　　8 000
　　贷:资金结存——库款资金结存　　　　　　　　　　　　　　　　　　8 000

年终,市财政总会计的财务会计应将"其他拨款费用"科目的本年借方余额转入"本期盈余——预算管理资金本期盈余"科目。

九、财务费用

(一) 财务费用的概念与核算科目的设置

财务费用是指本级政府财政用于偿还政府债务的利息费用,政府债务发行、兑付、登记费用,以外币计算的政府资产及债务由于汇率变化产生的汇兑损益等。

为核算财务费用业务,财政总会计应设置"财务费用"总账科目。本科目应设置"利息费用""债务发行兑付费用""汇兑损益"明细科目。本科目平时借方余额反映本级政府财政财务费用的累计数。期末结转后,本科目应无余额。

(二) 财务费用的核算

1. 利息费用

(1) 按期计提利息费用时,根据债务管理部门计算确定的本期应支付利息金额,借记"财务费用"科目,贷记"应付利息""应付地方政府债券转贷款——应付利息""应付主权外债转贷款——应付利息"等科目。

(2) 中央财政发生国债随卖业务时,账务处理参照"应付短期政府债券"科目使用说明中国债随卖业务的账务处理。

(3) 中央财政发生国债随买业务时,账务处理参照"应付短期政府债券"科目使用说明中国债随买业务的账务处理。

(4) 提前赎回已发行的政府债券、债权人豁免政府财政承担的主权外债应付利息时,按照减少的当年已计提应付利息金额,借记"应付利息""应付地方政府债券转贷款——应付利息""应付主权外债转贷款——应付利息"等科目,贷记"财务费用"科目。

2. 债务发行兑付费用

(1) 支付政府债务发行、兑付、登记款项时,按照实际支付的金额,借记"财务费用"科目,贷记"国库存款"科目。

(2) 收到或扣缴下级政府财政应承担的政府债务发行、兑付、登记款项时,按照实际收到或扣缴的金额,借记"国库存款""其他财政存款""与下级往来"等科目,贷记"财务费用"科目。

3. 汇兑损益

(1) 期末,将所有以外币计算的政府资产按期末汇率折算为人民币金额,折算后的金额小于账面余额时,按照折算差额,借记"财务费用"科目,贷记"其他财政存款""应收主权外债转贷款"等科目;折算后的金额大于账面余额时,按照折算差额,借记"其他财政存款""应收主权外债转贷款"科目,贷记"财务费用"科目。

(2) 期末,将所有以外币计算的借入款项、政府债券、主权外债转贷款、应付利息等政府负债按期末汇率折算为人民币金额,折算后的金额小于账面余额时,按照折算差额,借记"借入款项""应付长期政府债券""应付主权外债转贷款""应付利息"等科目,贷记"财务费用"科目;折算后的金额大于账面余额时,按照折算差额,借记"财务费用"科目,贷记"借入款项""应付长期政府债券""应付主权外债转贷款""应付利息"等科目。

4. 年终转账

年终转账时,将"财务费用"科目借方或贷方余额转入本期盈余,借记或贷记"本期盈余——预算管理资金本期盈余"科目,贷记或借记"财务费用"科目。

【例 6-9】 中央政府财政在国内发行一批 1 年期国债,面值为 10 000 000 000 元,按面值承销,利率为 1.2%,按承销债券面值的 0.05% 支付债券发行手续费共计 50 000 000 元,实际收到短期政府债券发行收入为 99 500 000 000 元。每月末确认短期政府债券的应付利息 10 000 000 元(10 000 000 000×1.2%÷12)。中央财政总会计应编制的会计分录为:

(1) 实际收到短期政府债券发行收入时。

在财务会计中:

借:国库存款	99 500 000 000
财务费用——债务发行兑付费用	5 000 000
贷:应付短期政府债券——应付国债——应付本金	10 000 000 000

同时,在预算会计中:

借:资金结存——库款资金结存	99 500 000 000
贷:债务预算收入	99 500 000 000

(2) 每月末确认短期政府债券的应付利息时。

在财务会计中：

借：财务费用　　　　　　　　　　　　　　　　　　　　　　　　　　　　10 000 000
　　贷：应付利息　　　　　　　　　　　　　　　　　　　　　　　　　　　10 000 000

在预算会计中不做账务处理。

年终，市财政总会计的财务会计应将"财务费用"科目借方或贷方余额转入"本期盈余——预算管理资金本期盈余"科目。

十、其他费用

(一) 其他费用的概念与核算科目的设置

其他费用是指政府财政无偿划出股权投资以及确认其他负债等产生的费用。

为核算其他费用业务，财政总会计应设置"其他费用"总账科目。本科目核算本级政府财政无偿划出股权投资时产生的投资损失、政府财政承担支出责任的其他负债等。本科目可根据管理需要，按照类别进行明细核算。本科目平时借方余额反映本级政府财政其他费用的累计数。期末结转后，本科目应无余额。

(二) 其他费用的核算

(1) 政府财政无偿划出股权投资时，根据股权管理部门提供的资料，按照被划出股权投资对应的"权益法调整"科目账面余额，借记或贷记"权益法调整"科目，贷记或借记"股权投资(其他权益变动)"科目；按照被划出股权投资的账面余额，借记"其他费用"科目，贷记"股权投资(投资成本、损益调整)"科目。

(2) 政府财政承担支出责任的其他负债，按照确定应承担的负债金额，借记"其他费用"科目，贷记"其他负债"科目。

(3) 无偿划出股权投资时，账务处理参照"股权投资"科目使用说明中权益法和成本法下对应业务的账务处理。

(4) 年终转账时，本科目借方余额转入本期盈余，借记"本期盈余——预算管理资金本期盈余"科目，贷记"其他费用"科目。

这里需要指出的是，由于"财政专户管理资金支出"与"专用基金支出"在财政总会计的财务会计和预算会计中都分别设置相同的会计科目进行核算，为了便于比较和避免重复，现将两者在财务会计中的核算移至下一节，与预算会计的核算一并介绍。同样的理由，也将转移性费用的核算下移至预算支出一节，与转移性预算支出的核算一并介绍。

第二节　预算支出

财政总会计的预算支出是指各级政府为实现政府职能，实际发生的纳入预算管理的现金流出，一般在实际发生时予以确认，以实际发生的金额计量。财政总会计核算的预算支出包括一般公共预算支出、政府性基金预算支出、国有资本经营预算支出、财政专户管理资金支出、专用基金支出、转移性预算支出、安排预算稳定调节基金、债务还本预算支出、债务转贷预算支出和待处理支出等。

一般公共预算支出、政府性基金预算支出、国有资本经营预算支出一般应当按照实际支付的金额入账。省级以上(含省级)政府财政年末可按规定采用权责发生制将国库集中支付结余列支入账。中央政府财政年末可按有关规定对部分支出事项采用权责发生制核算。从本级预算支出中安排提取的专用基金,按照实际提取金额列支入账。财政专户管理资金支出、专用基金支出应当按照实际支付的金额入账。转移性预算支出应当根据财政体制的规定和预算管理需要,按实际发生的金额入账。债务转贷预算支出应当按照实际转贷的金额入账。债务还本预算支出应当按照实际偿还的金额入账。待处理支出应当按照实际支付的金额入账。对于收回当年已列支出的款项,应冲销当年预算支出。对于收回以前年度已列支出的款项,通常冲销当年预算支出。

一、一般公共预算支出

(一) 一般公共预算支出的概念、分类与核算科目的设置

一般公共预算支出是指政府财政管理的由本级政府安排使用的列入一般公共预算的支出,是政府对集中的一般公共预算收入有计划地进行分配和使用而发生的支出。其中,一般公共预算收入包括税收收入、非税收入、债务收入和转移性收入等种类。同时,一般公共预算支出是由本级政府使用的支出,而不是转移给上级政府或下级政府的支出,也不是向其他地区援助的支出。一般公共预算支出纳入政府的一般公共预算管理,它是各级政府最主要的财政资金支出。

财政总会计核算的一般公共预算支出,应当按照《政府收支分类科目》中的一般公共预算中支出功能分类科目和支出经济分类科目进行明细核算。同时,可根据预算管理需要,按照预算单位和项目等进行明细核算。按照支出功能分类科目进行分类时,仅包括其中的一般公共服务支出、外交支出、国防支出、公共安全支出、教育支出、科学技术支出、文化旅游体育与传媒支出、社会保障和就业支出等反映财政资金由本级政府使用的相关科目,不包括其中的转移性支出和债务还本支出等相关科目。按照《政府收支分类科目》中的政府预算支出经济分类科目进行分类,仅包括其中的机关工资福利支出、机关商品和服务支出、机关资本性支出、对事业单位经常性补助、对事业单位资本性补助等反映财政资金由本级政府使用的相关科目,不包括其中的转移性支出和债务还本支出等相关科目。

1. 一般公共预算支出的功能分类

按照现行《政府收支分类科目》,一般公共预算支出功能分类科目分设类、款、项三级,各级科目逐级递进,内容也逐级细化。其中类级、款级科目的设置情况如下:

(1) 一般公共服务支出。它是指反映政府提供一般公共服务的支出。本科目一般下设26个款级科目,即人大事务、政协事务、政府办公厅(室)及相关机构事务、发展与改革事务、统计信息事务、财政事务、税收事务、审计事务、海关事务、纪检监察事务、商贸事务、知识产权事务、民族事务、港澳台事务、档案事务、民主党派及工商联事务、群众团体事务、党委办公厅(室)及相关机构事务、宣传事务、组织事务、统战事务、对外联络事务、其他共产党事务支出、网信事务、市场监督管理事务、其他一般公共服务支出。

(2) 外交支出类。它是指反映政府外交事务支出。人大、政协、政府及所属各部门(除国家领导人、外交部门)的出国费、招待费列相关功能科目,不在本科目反映。本科目一般下设9个款级科目,即外交管理事务、驻外机构、对外援助、国际组织、对外合作与交流、对外宣传、边界勘界联检、国际发展合作、其他外交支出。

(3) 国防支出类。它是指反映政府用于国防方面的支出。本科目一般下设5个款级科

目,即军费、国防科研事业、专项工程、国防动员、其他国防支出。

(4) 公共安全支出类。它是指反映政府维护社会公共安全方面的支出。本科目一般下设 11 个款级科目,即武装警察部队、公安、国家安全、检察、法院、司法、监狱、强制隔离戒毒、国家保密、缉私警察、其他公共安全支出。

(5) 教育支出类。它是指反映政府教育事务支出。本科目一般下设 9 个款级科目,即教育管理事务、普通教育、职业教育、成人教育、广播电视教育、留学教育、特殊教育、进修及培训、教育附加安排的支出、其他教育支出。

(6) 科学技术支出类。它是指反映用于科学技术方面的支出。本科目一般下设 10 个款级科目,即科学技术管理事务、基础研究、应用研究、技术研究与开发、科技条件与服务、社会科学、科学技术普及、科技交流与合作、科技重大专项、其他科学技术支出。

(7) 文化旅游体育与传媒支出类。它是指反映政府在文化和旅游、文物、体育、广播电视、电影、新闻出版等方面的支出。本科目一般下设 6 个款级科目,即文化、文物、体育、新闻出版电影、广播电视、其他文化体育与传媒支出。

(8) 社会保障和就业支出类。它是指反映政府在社会保障和就业方面的支出。本科目一般下设 21 个款级科目,即人力资源和社会保障管理事务、民政管理事务、补充全国社会保障基金、行政事业单位养老支出、企业改革补助、就业补助、抚恤、退役安置、社会福利、残疾人事业、红十字事业、最低生活保障、临时救助、特困人员救助供养、补充道路交通事故社会救助基金、其他生活救助、财政对基本养老保险基金的补助、财政对其他社会保险基金的补助、退役军人管理事务、财政代缴社会保险费支出、其他社会保障和就业支出。

(9) 卫生健康支出类。它是指反映政府医疗卫生健康方面的支出。本科目一般下设 13 个款级科目,即卫生健康管理事务、公立医院、基层医疗卫生机构、公共卫生、中医药、计划生育事务、行政事业单位医疗、财政对基本医疗保险基金的补助、医疗救助、优抚对象医疗、医疗保障管理事务、老龄卫生健康事务、其他医疗健康支出。

(10) 节能环保支出类。它是指反映政府环境保护管理事务支出。本科目一般下设 15 个款级科目,即环境保护管理事务、环境监测与监察、污染防治、自然生态保护、天然林保护、退耕还林还草、风沙荒漠治理、退牧还草、已垦草原退耕还草、能源节约利用、污染减排、可再生能源、循环经济、能源管理事务、其他环境保护支出。

(11) 城乡社区支出类。它是指反映政府城乡社区事务支出。本科目一般下设 6 个款级科目,即城乡社区管理事务、城乡社区规划与管理、城乡社区公共设施、城乡社区环境卫生、建设市场管理与监督、其他城乡社区支出。

(12) 农林水支出类。它是指反映政府农林水事务支出。本科目一般下设 8 个款级科目,即农业农村、林业和草原、水利、巩固脱贫攻坚成果衔接乡村振兴、农村综合改革、普惠金融发展支出、目标价格补贴、其他农林水支出。

(13) 交通运输支出类。它是指反映政府交通运输和邮政业方面的支出。本科目一般下设 6 个款级科目,即公路水路运输、铁路运输、民用航空运输、邮政业支出、车辆购置税支出、其他交通运输支出。

(14) 资源勘探工业信息等支出类。它是指反映用于资源勘探、制造业、建筑业、工业信息等方面支出。本科目一般下设 7 个款级科目,即资源勘探开发、制造业、建筑业、工业和信息产业监管、国有资产监管、支持中小企业发展和管理支出、其他资源勘探工业信息等支出。

(15) 商业服务业等支出类。它是指反映商业服务业等方面的支出。本科目一般下设

3个款级科目,即商业流通事务、涉外发展服务支出、其他商业服务业等支出。

(16) 金融支出类。它是指反映金融方面的支出。本科目一般下设5个款级科目,即金融部门行政支出、金融部门监管支出、金融发展支出、金融调控支出、其他金融支出。

(17) 援助其他地区支出类。它是指反映援助方政府安排并管理的对其他地区各类援助、捐赠等资金支出。本科目一般下设9个款级科目,即一般公共服务、教育、文化旅游体育与传媒、卫生健康、节能环保、农业农村、交通运输、住房保障、其他支出。

(18) 自然资源海洋气象等支出。它是指反映政府用于自然资源、海洋、测验、地震、气象等公益服务方面的支出。本科目一般下设3个款级科目,即自然资源事务、气象事务、其他自然资源海洋气象等支出。

(19) 住房保障支出类。它是指集中反映政府用于住房方面的支出。本科目一般下设3个款级科目,即保障性安居工程支出、住房改革支出、城乡社区住宅。

(20) 粮油物资储备支出类。它是指反映政府用于粮油物资储备方面的支出。本科目一般下设4个款级科目,即粮油物资事务、能源储备、粮油储备、重要商品储备。

(21) 灾害防治及应急管理支出。它是指反映政府用于自然灾害防治、安全生产监管及应急管理等方面的支出。本科目一般下设6个款级科目,即应急管理事务、消防救援事务、矿山安全、地震事务、自然灾害防治、其他灾害防治即应急管理支出。

(22) 预备费类。它是指反映预算中安排的预备费。

(23) 其他支出类。它是指反映不能划分到上述功能科目的其他政府支出。本科目一般下设2个款级科目,即年初预留、其他支出。

(24) 转移性支出类。它是指反映政府间和不同性质预算间的财政资金转移所发生的支出。本科目一般下设10个款级科目,即返还性支出、一般转移支付、专项转移支付、上解支出、调出资金、年终结余、债务转贷支出、安排预算稳定调节基金、补充预算周转金、区域间转移性支出。

(25) 债务还本支出。它是指反映用于归还债务本金所发生的支出。本科目一般下设3个款级科目,即中央政府国内债务还本支出、中央政府国外债务还本支出、地方政府一般债务还本支出。

(26) 债务付息支出类。它是指反映用于归还债务利息所发生的支出。本科目一般下设3个款级科目,即中央政府国内债务付息支出、中央政府国外债务付息支出、地方政府一般债务付息支出。

(27) 债务发行费用支出类。它是指反映用于债务发行兑付费用的支出。本科目一般下设3个款级科目,即中央政府国内债务发行费用支出、中央政府国外债务发行费用支出、地方政府一般债务发行费用支出。

上述一般公共预算支出的分类方法,被称为按职能或功能分类的方法,所形成的一般公共预算支出科目也相应被称为一般公共预算支出功能分类科目,它们着重反映政府在做什么。在以上各支出科目中,"债务付息支出"科目和"债务发行费用支出"科目通常难以划分至具体的政府功能,从而区别于其他有关功能分类科目。

功能分类不同于部门分类。部门分类是机构分类,着重明确支出的责任主体;功能分类是职能分类,着重说明政府在做什么。例如,高等学校归入教育职能,高等学校所属的医院归入医疗卫生职能,高等学校所属的出版社归入文化体育与传媒职能;铁道部门归入交通运输职能,铁道部门所属的公安部门归入公共安全职能;公安部门归入公共安全职能,公安部门所属的公安学校归入教育职能,等等。

2. 一般公共预算支出的经济分类

财政总会计核算的一般公共预算支出,还应当按照《政府收支分类科目》中的政府预算支出经济分类科目进行分类,并且也仅包括其中的机关工资福利支出、机关商品和服务支出、机关资本性支出、对事业单位经常性补助、对事业单位资本性补助等反映财政资金由本级政府使用的相关科目,不包括其中的转移性支出和债务还本支出相关科目。

政府预算支出经济分类按照预算法的要求设置类、款两级科目,其中,"类"级科目15个,款级科目66个。具体科目设置情况如下:

(1) 机关工资福利支出类。它是指反映机关和参照公务员法管理的事业单位(以下简称参公事业单位)在职职工和编制外长期聘用人员的各类劳动报酬,以及为上述人员缴纳的各项社会保险费等。本科目一般下设4个款级科目,即工资奖金津补贴、社会保障缴费、住房公积金、其他工资福利支出。

(2) 机关商品和服务支出类。它是指反映机关和参公事业单位购买商品和服务的各类支出,不包括用于购置固定资产、战略性和应急性物资储备等资本性支出。本科目一般下设10个款级科目,即办公经费、会议费、培训费、专用材料购置费、委托业务费、公务接待费、因公出国(境)费用、公务用车运行维护费、维修(护)费、其他商品和服务支出。

(3) 机关资本性支出(一)类。它是指反映机关和参公事业单位资本性支出。本科目一般下设7个款级科目,即房屋建筑物购建、基础设施建设、公务用车购置、土地征迁补偿和安置支出、设备购置、大型修缮、其他资本性支出。切块由发展改革部门安排的基本建设支出中机关和参公事业单位资本性支出不在此科目反映。

(4) 机关资本性支出(二)类。它是指反映切块由发展改革部门安排的基本建设支出中机关和参公事业单位资本性支出。本科目一般下设6个款级科目,即房屋建筑物购建、基础设施建设、公务用车购置、设备购置、大型修缮、其他资本性支出。

(5) 对事业单位经常性补助类。它是指反映对事业单位(不含参公事业单位)的经常性补助支出。本科目一般下设3个款级科目,即工资福利支出、商品和服务支出、其他对事业单位补助。

(6) 对事业单位资本性补助类。它是指反映对事业单位(不含参公事业单位)的资本性补助支出。本科目一般下设2个款级科目,即资本性支出(一)、资本性支出(二)。

(7) 对企业补助类。它是指反映政府对各类企业的补助支出,对企业资本性支出不在此科目反映。本科目一般下设3个款级科目,即费用补贴、利息补贴、其他对企业补助。

(8) 对企业资本性支出类。它是指反映政府对各类企业的资本性支出。本科目一般下设4个款级科目,即资本金注入(一)、资本金注入(二)、政府投资基金股权投资、其他对企业资本性支出。

(9) 对个人和家庭的补助类。它是指反映政府用于对个人和家庭的补助支出。本科目一般下设5个款级科目,即社会福利和救助、助学金、个人农业生产补贴、离退休费、其他对个人和家庭补助。

(10) 对社会保障基金补助类。它是指反映政府对社会保险基金的补助以及补充全国社会保障基金的支出。本科目一般下设3个款级科目,即对社会保险基金补助、补充全国社会保障基金、对机关事业单位职业年金的补助。

(11) 债务利息及费用支出类。它是指反映政府债务利息及费用支出。本科目一般下设4个款级科目,即国内债务付息、国外债务付息、国内债务发行费用、国外债务发行费用。

(12) 债务还本支出类。它是指反映政府债务还本支出。本科目一般下设2个款级科目,即国内债务还本、国外债务还本。

(13) 转移性支出类。它是指反映政府间和不同性质预算间的转移性支出。本科目一般下设6个款级科目,即上下级政府间转移性支出、债务转贷、调出资金、安排预算稳定调节基金、补充预算周转金、区域间转移性支出。

(14) 预备费及预留类。它是指反映预备费及预留。本科目一般下设2个款级科目,即预备费、预留。

(15) 其他支出类。它是指反映不能划分到上述经济科目的其他支出。本科目一般下设5个款级科目,即国家赔偿费用支出、对民间非营利组织和群众性自治组织补贴、经常性赠与、资本性赠与其他支出。

在现行《政府收支分类科目》中,"支出功能分类科目"与"支出经济分类科目"是两套相互并列的政府支出科目体系。它们分别从不同的角度对政府的支出进行了全面系统的分类,并且还可以相互配合,同时对有关的支出进行反映。例如,某公安部门购买了一批办公用品,用作日常行政运行。该购买办公用品的支出可以同时在"一般公共预算支出——公共安全——公安——行政运行"科目和"机关商品和服务拨款费用——办公费"科目中反映。前者反映为政府的功能支出或职能支出,后者反映为政府的经济支出或用途支出。

这里需要强调的是,政府支出的分类不是一成不变的,随着人们对政府向社会提供的公共物品种类认识的深化,以及政府在不同时期、不同经济环境下财政支出重点的变化,政府支出的分类也会随之发生变化。

为核算一般公共预算支出业务,财政总会计应设置"一般公共预算支出"总账科目。本科目平时借方余额反映一般公共预算支出的累计数。期末结转后,本科目应无余额。

(二) 一般公共预算支出的核算

(1) 实际发生一般公共预算支出时,借记"一般公共预算支出"科目,贷记"资金结存——库款资金结存"等科目。

(2) 已支出事项发生退回时,借记"资金结存——库款资金结存"等科目,贷记"一般公共预算支出"科目。

(3) 年终转账时,本科目借方余额转入一般公共预算结转结余,借记"一般公共预算结转结余"科目,贷记"一般公共预算支出"科目。

【例6-10】某市财政总会计实际支付政府机关购买商品和服务拨款费用120 000元,由国库统一支付。按照预算管理要求分类,该项支出属于一般公共预算支出。具体支付情况为:"一般公共服务支出——审计事务——行政运行"科目60 000元,"医疗卫生支出——公立医院——综合医院"科目60 000元。财政总会计经与中国人民银行财政直接支付划款凭证核对无误后,列报一般公共预算支出。市财政总会计应编制的会计分录为:

在财务会计中:

借:政府机关商品和服务拨款费用　　　　　　　　　　　　　　　　　　　　120 000
　　贷:国库存款　　　　　　　　　　　　　　　　　　　　　　　　　　　　　120 000

同时,在预算会计中:

借:一般公共预算支出　　　　　　　　　　　　　　　　　　　　　　　　　　120 000
　　贷:资金结存——库款资金结存　　　　　　　　　　　　　　　　　　　　　120 000

同时,在"一般公共预算支出"总账科目的借方登记明细账如下:

一般公共服务支出——人大事务——行政运行 60 000
医疗卫生支出——公立医院——综合医院 60 000

年终,市财政总会计的预算会计应将"一般公共预算支出"科目的本年借方余额转入"一般公共预算结转结余"科目。

二、政府性基金预算支出

(一) 政府性基金预算支出的概念、分类与核算科目的设置

政府性基金预算支出是指政府财政管理的由本级政府安排使用的列入政府性基金预算的支出。与一般公共预算本级支出相比,政府性基金预算支出具有专款专用的特征,并纳入政府预算管理。

财政总会计核算的政府性基金预算支出,应当同时按照《政府收支分类科目》中的政府性基金预算支出功能分类科目和政府预算支出经济分类科目进行分类。同时,可根据预算管理需要,按照预算单位和项目等进行明细核算。

1. 政府性基金预算支出功能分类

按照《政府收支分类科目》,政府性基金预算支出功能分类科目分设类、款、项三级,各级科目逐级递进,内容也逐级细化。现行政府性基金预算支出的功能分类的各级科目如下:

(1) 科学技术支出。它是指反映科学技术方面的支出。本科目一般下设 1 个款级科目,即核电站乏燃料处理处置基金支出,包括乏燃料运输、乏燃料离堆贮存、乏燃料后处理、高放废物的处理处置、乏燃料后处理厂的建设/运行/改造和退役、其他乏燃料处理处置基金支出等项级科目。

(2) 文化旅游体育与传媒支出。它是指反映政府在文化、旅游、文物、体育、广播电视、电影、新闻出版等方面的支出。本科目一般下设 3 个款级科目,即国家电影事业发展专项资金安排的支出、旅游发展基金支出、国家电影事业发展专项资金对应专项债务收入安排的支出。

(3) 社会保障和就业支出。它是指反映政府在社会保障和就业方面的支出。本科目一般下设 2 个款级科目,即大中型水库移民后期扶持基金支出、小型水库移民扶助基金支出。

(4) 节能环保支出。它是指反映政府节能环保支出。本科目一般下设 2 个款级科目,即可再生能源电价附加收入安排的支出、废弃电器电子产品处理基金支出。

(5) 城乡社区支出。它是指反映政府城乡社区事务支出。本科目一般下设 10 个款级科目,即国有土地使用权出让收入安排的支出、国有土地收益基金支出、农业土地开发资金安排的支出、城市基础设施配套费安排的支出、污水处理费安排的支出、土地储备专项债券收入安排的支出、棚户区改造专项债券收入安排的支出、城市基础设施配套费对应专项债务收入安排的支出、污水处理费对应专项债务收入安排的支出、国有土地使用权出让收入对应专项债务收入安排的支出。

(6) 农林水支出。它是指反映政府农林水事务支出。本科目一般下设 5 个款级科目,即大中型水库库区基金支出、三峡水库库区基金支出、国家重大水利工程建设基金支出、大中型水库库区基金对应专项债务收入安排的支出、国家重大水利工程建设基金对应专项债务收入安排的支出。

(7) 交通运输支出。它是指反映交通运输和邮政业方面的支出。本科目一般下设 7 个款

级科目,即海南省高等级公路车辆通行附加费安排的支出、车辆通行费安排的支出、铁路建设基金支出、船舶油污损害赔偿基金支出、民航发展基金支出、海南省高等级公路车辆通行附加费对应专项债务收入安排的支出、政府收费公路专项债券收入安排的支出。

(8) 资源勘探工业信息等支出。它是指反映资源勘探、制造业、建筑业、工业信息等方面的支出。本科目一般下设1个款级科目,即农网还贷资金支出。

(9) 金融支出。它是指反映金融方面的支出。本科目一般下设1个款级科目,即金融调控支出。

(10) 其他支出。它是指反映不能划分到上述功能科目的其他政府支出。本科目一般下设4个款级科目,即其他政府性基金及对应专项债务收入安排的支出、彩票发行销售机构业务费安排的支出、抗疫特别国债财务基金支出、彩票公益金安排的支出。

(11) 转移性性支出。它是指反映政府间和不同性质预算间的转移性支出。本科目一般下设5个款级科目,即政府性基金转移支出、上解支出、调出资金、年终结余、债务转贷支出。

(12) 债务还本支出。它是指反映用于归还债务本金所发生的支出。本科目一般下设2个款级科目,即地方政府专项债务还本支出、抗议特别国债还本支出。

(13) 债务付息支出。它是指反映用于归还债务利息所发生的支出。本科目一般下设1个款级科目,即地方政府专项债务付息支出。

(14) 债务发行费用支出。它是指反映用于归还债务发行兑付费用的支出。本科目一般下设1个款级科目,即地方政府专项债务发行费用支出。

(15) 抗疫特别国债安排的支出。它是指反映抗疫特别国债资金安排的支出。本科目一般下设2个款级科目,即基础设施建设、抗疫相关支出。

在以上有关政府性基金支出的款级科目下,可以再分设若干项级科目。例如,在农网还贷资金支出款级科目下,再分设中央农网还贷资金支出、地方农网还贷资金支出等项级科目,分别反映中央农网还贷资金安排用于农村电网改造贷款还本付息的支出和地方农网还贷资金安排用于农村电网改造贷款还本付息的支出;在国有土地使用权出让收入安排的支出款级科目下,再分设廉租住房支出、公共租赁住房支出、保障性住房租金补贴等项级科目,分别反映用国有土地使用权出让收入安排的具体支出用途。

从上述内容可以看出,政府性基金预算支出与一般公共预算支出在分类时所使用的政府职能或功能的大类名称即类级科目名称是一样的。按照我国现行预算管理方法,一般公共预算支出与政府性基金预算支出是分别运行的。但在汇总政府职能支出或功能支出时,它们可以汇总在同一大类职能或功能下。这样,政府的职能支出或功能支出在大类方面可以得到全面完整的反映。

2. 政府性基金预算支出的经济分类

政府性基金预算支出经济分类科目的设置情况如同一般公共预算支出经济分类科目的设置情况。

为核算政府性基金预算支出业务,财政总会计应设置"政府性基金预算支出"总账科目。本科目平时借方余额反映政府性基金预算支出的累计数。期末结转后,本科目应无余额。

(二) 政府性基金预算支出的核算

(1) 实际发生政府性基金预算支出时,借记"政府性基金预算支出"科目,贷记"资金结存——库款资金结存"等科目。

(2) 已支出事项发生退回时,借记"资金结存——库款资金结存"等科目,贷记"政府性基金预算支出"科目。

(3) 年终转账时,本科目借方余额转入政府性基金预算结转结余,借记"政府性基金预算结转结余"科目,贷记"政府性基金预算支出"科目。

【例 6-11】 某市财政总会计实际支付给个人和家庭补助款项 100 000 元,该款项为大中型水库移民后期扶持基金安排的直接发放给大中型水库农村移民的补助支出,作为"对个人和家庭补助拨款费用",由国库统一支付。按照预算管理要求分类,该项支出属于政府性基金预算支出,具体为"社会保障和就业支出——大中型水库移民后期扶持基金支出——移民补助"。财政总会计经与中国人民银行财政直接支付划款凭证核对无误后,列报政府性基金预算支出。市财政总会计应编制的会计分录为:

在财务会计中:

借:对个人和家庭补助拨款费用 100 000
　　贷:国库存款 100 000

同时,在预算会计中:

借:政府性基金预算支出 100 000
　　贷:资金结存——库款资金结存 100 000

同时,在"政府性基金预算支出"总账科目的借方登记明细账如下:

社会保障和就业支出——大中型水库移民后期扶持基金支出——移民补助 100 000

年终,财政总会计的预算会计应将"政府性基金预算支出"科目的本年借方余额转入"一般公共预算结转结余"科目。

财政总会计在管理政府性基金预算支出时,除了需要遵循一般公共预算支出管理的基本要求,还应遵循如下基本要求:

(1) 先收后支,自求平衡。财政总会计应当在已有政府性基金预算收入数额的范围内办理政府性基金预算支出。政府性基金预算收入与政府性基金预算支出应当做到自求平衡。

(2) 专款专用,分类核算。财政总会计应当按政府收支分类科目中设置的政府性基金预算收支科目设置相应的明细账,分类分项核算各种政府性基金预算的收入、支出和结余情况,不能相互混淆。同时,财政总会计还应当强化预算执行,确保政府性基金专款专用。

三、国有资本经营预算支出

(一) 国有资本经营预算支出的概念、分类与核算科目的设置

国有资本经营预算支出是指政府财政管理的由本级政府安排使用的列入国有资本经营预算的支出。按支出性质,国有资本经营预算支出可分为资本性支出、费用性支出和其他支出等。其中,资本性支出是指根据产业发展规划、国有经济布局和结构调整、国有企业发展要求以及国家战略、安全等需要安排的支出;费用性支出是指用于弥补国有企业改革成本等方面的支出。国有资本经营预算单独编制,预算支出按照当年预算收入规模安排,不列赤字。

财政总会计核算的国有资本经营预算支出,应当同时按照《政府收支分类科目》中的国有资本经营预算支出功能分类科目和国有资本经营支出经济分类科目进行分类。相关具体分类要求与一般公共预算支出和政府性基金预算支出的分类相同。

1. 国有资本经营预算支出的功能分类

按照现行《政府收支分类科目》,国有资本经营预算支出功能分类科目分设类、款、项三级,各级科目逐渐递进,内容也逐渐细化。

(1) 社会保障和就业支出。它是指反映政府在社会保障和就业方面的支出。该类级科目下设补充全国社会保障基金款级科目。

(2) 国有资本经营预算支出。它是指反映用国有资本经营预算收入安排的支出。该类级科目下设4个款级科目:解决历史遗留问题及改革成本支出、国有企业资本金注入、国有企业政策补贴、其他国有资本经营预算支出。

(3) 转移性支出。它是指反映政府间和不同性质预算间的转移性支出。该类级科目下设4个款级科目:国有资本经营转移性支出、上解支出、调出资金、年终结余。

在以上有关国有资本经营预算支出的款级科目下,可再分设若干项级科目。例如,在国有企业资本金注入款下,再分设若干项,如国有经济结构调整支出、公益性设施投资支出、前瞻性战略性产业发展支出、生态环境保护支出、支持科技进步支出、保障国家经济安全支出等,分别反映用国有资本经营预算收入安排的国有企业资本金注入支出的具体用途。

2. 国有资本经营预算支出的经济分类

国有资本经营预算支出经济分类科目的设置情况与一般公共预算支出、政府性基金预算支出经济分类科目的设置情况相同。

为核算国有资本经营预算支出,财政总会计应设置"国有资本经营预算支出"总账科目。本科目平时借方余额反映国有资本经营预算支出的累计数。期末结转后,本科目应无余额。

(二) 国有资本经营预算支出的核算

(1) 实际发生国有资本经营预算支出时,借记"国有资本经营预算支出"科目,贷记"资金结存——库款资金结存"等科目。

(2) 已支出事项发生退回时,借记"资金结存——库款资金结存"等科目,贷记"国有资本经营预算支出"科目。

(3) 年终转账时,本科目借方余额转入国有资本经营预算结转结余,借记"国有资本经营预算结转结余"科目,贷记"国有资本经营预算支出"科目。

【例6-12】 某市财政总会计实际发生一笔国有资本经营预算支出2 000 000元,具体为给国有企业的补助拨款,属于"对企业补助拨款费用"。按照预算管理要求分类,该项支出属于国有资本经营预算支出,具体属于"国有企业政策性补贴"。市财政总会计应编制的会计分录为:

在财务会计中:

借:对企业补助拨款费用　　　　　　　　　　　　　　　　　　　2 000 000
　　贷:国库存款　　　　　　　　　　　　　　　　　　　　　　　　2 000 000

同时,在预算会计中:

借:国有资本经营预算支出　　　　　　　　　　　　　　　　　　2 000 000
　　贷:资金结存——库款资金结存　　　　　　　　　　　　　　　　2 000 000

年末,市财政总会计的预算会计应将"国有资本经营预算支出"科目的本年借方余额转入"国有资本经营预算结转结余"科目。

四、财政专户管理资金支出

(一) 财政专户管理资金支出的概念与核算科目的设置

财政专户管理资金支出是指政府财政用纳入财政专户管理的教育收费等资金安排的

支出。

各种教育收费由各教育单位按规定标准收取,并按规定缴入财政专户,实行收支两条线管理。教育收费的内容请参见财政专户管理资金收入的相关内容。各种教育收费应当纳入教育单位的部门预算,实行预算管理。各种教育收费应当按预算规定的用途使用。财政部门通常采用返还教育收费的方式向有关教育单位拨付财政专户资金,并监督其按部门预算的规定用途使用。

尽管教育收费的收入科目按照收费单位所属预算部门,可以有教育、公安、法院、财政、审计等行政事业性收费收入,但用教育收费安排的支出均属于教育支出,如属于普通教育、职业教育、成人教育等的支出,它们不属于公安、法院、财政和审计事务等支出。

为核算财政专户管理资金支出业务,财政总会计的财务会计和预算会计都应设置"财政专户管理资金支出"总账科目。本科目应根据《政府收支分类科目》中支出功能分类科目和支出经济分类科目进行明细核算。同时,可根据管理需要,按照预算单位和项目等进行明细核算。本科目平时借方余额反映财政专户管理资金支出的累计数。期末结转后,本科目应无余额。

(二) 财政专户管理资金支出的核算

1. 在财务会计中的核算

(1) 发生财政专户管理资金支出时,借记"财政专户管理资金支出"科目,贷记"其他财政存款"等科目。

(2) 当年记入的财政专户管理资金支出发生退回时,按照实际退回的金额,借记"其他财政存款"科目,贷记"财政专户管理资金支出"科目。

(3) 以前年度财政专户管理资金支出发生退回时,按照实际退回的金额,借记"其他财政存款"科目,贷记"以前年度盈余调整——财政专户管理资金以前年度盈余调整"科目。

(4) 年终转账时,本科目借方余额转入本期盈余,借记"本期盈余——财政专户管理资金本期盈余"科目,贷记"财政专户管理资金支出"科目。

2. 在预算会计中的核算

(1) 发生财政专户管理资金支出时,借记"财政专户管理资金支出"科目,贷记"资金结存——专户资金结存"等科目。

(2) 已支出事项发生退回时,借记"资金结存——专户资金结存"等科目,贷记"财政专户管理资金支出"科目。

(3) 年终转账时,本科目借方余额转入财政专户管理资金结余,借记"财政专户管理资金结余"科目,贷记"财政专户管理资金支出"科目。

【例6-13】 某市财政总会计发生如下业务:

(1) 通过财政专户向有关教育单位拨付教育收费共计275 000元。按照预算管理要求分类,该项支出属于财政专户管理资金支出,具体支付情况为"教育支出——普通教育——高等教育——某高等学校"科目275 000元。财政总会计应编制的会计分录为:

在财务会计中:

借:财政专户管理资金支出　　　　　　　　　　　　　　　　　　　　275 000
　　贷:其他财政存款　　　　　　　　　　　　　　　　　　　　　　　　　　275 000

同时,在预算会计中:

借:财政专户管理资金支出　　　　　　　　　　　　　　　　　　　　275 000
　　贷:资金结存——专户资金结存　　　　　　　　　　　　　　　　　　　　275 000

(2) 年末,将"财政专户管理资金支出"科目的本年借方余额 2 000 000 元转入"财政专户管理资金结余"科目。该财政总会计应编制的会计分录为:

在财务会计中:

借:本期盈余——财政专户管理资金本期盈余　　　　　　　　　　　275 000
　　贷:财政专户管理资金支出　　　　　　　　　　　　　　　　　　　　　275 000

同时,在预算会计中:

借:财政专户管理资金结余　　　　　　　　　　　　　　　　　　　275 000
　　贷:财政专户管理资金支出　　　　　　　　　　　　　　　　　　　　　275 000

五、专用基金支出

(一) 专用基金支出的概念与核算科目的设置

专用基金支出是指政府财政用专用基金收入安排的支出。财政总会计在安排各项专用基金支出时,应按规定的用途拨付,并做到先收后支,量入为出。同时,财政总会计应当在开设的相应财政专户中拨付使用专用基金。

粮食风险基金的使用范围主要是:对种粮农民的直接补贴(通常占到50%);省级储备粮油的利息费用补贴;政策性挂账的利息补贴,包括陈化粮挂账利息支出、改革前按保护价购进的库存粮食销售发生的差价亏损等。

为核算专用基金支出业务,财政总会计应设置"专用基金支出"总账科目。本科目应根据专用基金的种类设置明细科目。同时,根据预算管理需要,按预算单位等进行明细核算。本科目平时借方余额反映专用基金支出的累计数。期末结转后,本科目应无余额。

(二) 专用基金支出的核算

1. 在财务会计中的核算

(1) 发生专用基金支出时,借记"专用基金支出"科目,贷记"其他财政存款"等科目。

(2) 当年专用基金支出发生退回时,按照实际退回的金额,借记"其他财政存款"等科目,贷记"专用基金支出"科目。

(3) 以前年度专用基金支出发生退回时,按照实际退回的金额,借记"其他财政存款"等科目,贷记"以前年度盈余调整——专用基金以前年度盈余调整"科目。

(4) 年终转账时,本科目借方余额转入本期盈余,借记"本期盈余——专用基金本期盈余"科目,贷记"专用基金支出"科目。

2. 在预算会计中的核算

(1) 发生专用基金支出时,借记"专用基金支出"科目,贷记"资金结存——库款资金结存""资金结存——专户资金结存"等科目。

(2) 已支出事项发生退回时,借记"资金结存——库款资金结存""资金结存——专户资金结存"等科目,贷记"专用基金支出"科目。

(3) 年终转账时,本科目借方余额转入专用基金结余,借记"专用基金结余"科目,贷记"专用基金支出"科目。

【例6-14】 某乡财政发生如下业务:

(1) 从粮食风险基金财政专户拨付资金 600 000 元,对种粮农民进行直接补贴。财政总会计应编制的会计分录为:

在财务会计中：

借：专用基金支出——粮食风险基金——对种粮农民的直接补贴　　　　　600 000
　　贷：其他财政存款　　　　　　　　　　　　　　　　　　　　　　　　　600 000

同时，在预算会计中：

借：专用基金支出——粮食风险基金——对种粮农民的直接补贴　　　　　600 000
　　贷：资金结存——专户资金结存　　　　　　　　　　　　　　　　　　　600 000

（2）年终，将"专用基金支出"科目借方余额 1 000 000 元分别转入"本期盈余——专用基金本期盈余""专用基金结余"科目。财政总会计应编制的会计分录为：

在财务会计中：

借：本期盈余——专用基金本期盈余　　　　　　　　　　　　　　　　　1 000 000
　　贷：专用基金支出　　　　　　　　　　　　　　　　　　　　　　　　　1 000 000

同时，在预算会计中：

借：专用基金结余　　　　　　　　　　　　　　　　　　　　　　　　　　1 000 000
　　贷：专用基金支出　　　　　　　　　　　　　　　　　　　　　　　　　1 000 000

同时，财政总会计应结清所有专用基金支出明细账。

六、转移性费用（预算支出）

转移性费用是指在各级政府财政之间进行资金调拨形成的费用，包括补助费用、上解费用、地区间援助费用等。转移性预算支出是指各级政府财政之间进行资金调拨以及在本级政府财政不同类型资金之间调剂所形成的支出，包括补助预算支出、上解预算支出、地区间援助预算支出和调出预算资金等。

（一）补助费用（预算支出）

1. 补助费用（预算支出）的概念与核算科目的设置

（1）补助费用是指本级政府财政按照财政体制规定或专项需要补助给下级政府财政的费用。

为核算补助费用业务，财政总会计的财务会计应设置"补助费用"总账科目。本科目核算本级政府财政按财政体制规定或专项需要补助给下级政府财政的款项，包括对下级的税收返还、一般性转移支付和专项转移支付等。本科目可根据管理需要，按照补助地区进行明细核算。本科目平时借方余额反映本级政府财政对下级补助费用的累计数。期末结转后，本科目应无余额。

（2）补助预算支出是指本级政府财政按财政体制规定或专项需要补助给下级政府财政的款项，包括对下级的税收返还、一般性转移支付和专项转移支付等。补助预算支出会减少本级财政的财力，增加下级财政的财力，但不会增加或减少下级和本级财政的财力总和。补助预算支出与补助预算收入相对应。

为核算补助预算支出业务，财政总会计的预算会计应设置"补助预算支出"总账科目。本科目应按照不同资金性质设置"一般公共预算补助支出""政府性基金预算补助支出""国有资本经营预算补助支出""调拨下级"明细科目。同时，可根据管理需要，按照补助地区和《政府收支分类科目》中支出功能分类科目进行明细核算。其中，"一般公共预算补助支出"科目核算本级政府财政对下级政府财政的一般性转移支付支出;"政府性基金预算补助支出"科目核算本级政府财政对下级政府财政的政府性基金预算转移支付支出;"国有资本经营预算补助支出"科目核算本级政府财政对下级政府财政的国有资本经营预算转移支付支出;"调拨下级"科目核算年度执行中,本级政府财政调拨下级政府财政的尚未指定资金性质的资金或结算应确认事项金额。本科目平时借方余额反映补助预算支出的累计数。期末结转后,本科目应无余额。

2. 补助费用的核算

(1) 年终与下级政府财政结算时,按照结算确认的应当补助下级政府的费用数,借记"补助费用"科目,贷记"与下级往来"科目。退还或核减补助费用时,借记"与下级往来"科目,贷记"补助费用"科目。

(2) 专项转移支付资金实行特设专户管理的,根据有关支出管理部门下达的预算文件和拨款依据确认费用,借记"补助费用"科目或"与下级往来"科目;资金由本级政府财政拨付给下级的,贷记"其他财政存款"等科目;资金由上级政府财政直接拨给下级的,贷记"与上级往来"科目或"补助收入"科目。

(3) 年终转账时,本科目借方余额转入本期盈余,借记"本期盈余——预算管理资金本期盈余"科目,贷记"补助费用"科目。

3. 补助预算支出的核算

(1) 年度执行中,调拨资金给下级政府财政,根据实际调拨的金额借记"补助预算支出——调拨下级"等科目,贷记"资金结存——库款资金结存""资金结存——专户资金结存"科目。

(2) 两级财政年终结算中应当由下级政府财政上交的款项,借记"补助预算支出——调拨下级"等科目,贷记"上解预算收入"科目。

(3) 专项转移支付资金实行特设专户管理的,根据有关支出管理部门下达的预算文件和拨款依据确认支出,借记"补助预算支出——调拨下级"等科目;资金由本级政府财政拨付给下级的,贷记"资金结存——专户资金结存"等科目;资金由上级政府财政直接拨给下级的,贷记"补助预算收入——上级调拨"科目。

(4) 本级政府财政借入或收到转贷的主权外债,贷款资金由下级政府财政同级部门使用,且贷款最终还款责任由本级政府财政承担的,根据债务管理部门提供的有关资料,借记"补助预算支出——调拨下级"等科目,贷记"资金结存——库款资金结存""资金结存——专户资金结存"科目;外方或上级政府财政将贷款资金直接支付给用款单位或供应商时,借记"补助预算支出——调拨下级"等科目,贷记"债务预算收入""债务转贷预算收入"等科目;本级政府财政豁免下级政府财政主权外债,根据债务管理部门提供的有关资料和有关预算文件,借记"补助预算支出——调拨下级"等科目,贷记"资金结存——上下级调拨结存"科目。

(5) 根据预算管理需要,收回已调拨下级政府财政资金时,按照实际收到的金额,借记"资金结存——库款资金结存""资金结存——专户资金结存"等科目,贷记"补助预算支出——调拨下级"等科目。

(6) 发生上解多交应当退回的,按照应当退回的金额,借记"上解预算收入"科目,贷记"补助预算支出——调拨下级"等科目。

(7) 年终两级财政办理结算以后,根据预算管理部门提供的结算单确认补助下级预算支出,借记"补助预算支出——一般公共预算补助支出""补助预算支出——政府性基金预算补助支出""补助预算支出——国有资本经营预算补助支出"等科目,贷记"补助预算支出——调拨下级"科目。

（8）完成上述结转以后，将本科目下各明细科目余额分别结转至相应的预算结余类科目。借记"资金结存——上下级调拨结存""一般公共预算结转结余""政府性基金预算结转结余""国有资本经营预算结转结余"等科目，贷记"补助预算支出"科目。

【例6-15】 某省财政总会计与其所属某市财政年终进行财政体制结算，经计算，确认省财政应给予所属市财政补助款项500 000元。按照预算管理求分类，该项支出具体为："转移性支出——一般性转移支付——体制补助支出"科目400 000元，"转移性支出——专项转移支付——卫生健康"科目100 000元，后者为专户支付。通过财政集中支付的方式，为所属某市财政支付一笔一般公共预算资金500 000元。年终，两级财政办理结算以后，根据预算管理部门提供的结算单确认补助下级预算支出；年终，财务会计将"补助费用"总账科目借方余额500 000元转入"本期盈余——预算管理资金本期盈余"科目，预算会计将"补助预算支出"总账科目借方余额500 000元转入"一般公共预算结转结余"科目。省财政总会计应编制的会计分录为：

（1）年终与下级政府财政结算，计算确认省财政应给予所属市财政补助款项时。

在财务会计中：

借：补助费用　　　　　　　　　　　　　　　　　　　　　　　　500 000
　　贷：与下级往来　　　　　　　　　　　　　　　　　　　　　　　　500 000

在预算会计中不做账务处理。

（2）通过财政集中支付调拨资金给下级政府财政时。

在财务会计中：

借：与下级往来　　　　　　　　　　　　　　　　　　　　　　　　500 000
　　贷：国库存款　　　　　　　　　　　　　　　　　　　　　　　　400 000
　　　　其他财政存款　　　　　　　　　　　　　　　　　　　　　　100 000

同时，在预算会计中：

借：补助预算支出——调拨下级　　　　　　　　　　　　　　　　　500 000
　　贷：资金结存——库款资金结存　　　　　　　　　　　　　　　　400 000
　　　　　　　——专户资金结存　　　　　　　　　　　　　　　　　100 000

（3）年终，两级财政办理结算以后，根据预算管理部门提供的结算单确认补助下级预算支出时。

在预算会计中：

借：补助预算支出——一般公共预算补助支出　　　　　　　　　　　400 000
　　　　　　　——政府性基金预算补助支出　　　　　　　　　　　　100 000
　　贷：补助预算支出——调拨下级　　　　　　　　　　　　　　　　500 000

在财务会计中不做账务处理。

（4）年终，结转"补助费用"总账科目借方余额时。

在财务会计中：

借：本期盈余——预算管理资金本期盈余　　　　　　　　　　　　　500 000
　　贷：补助费用　　　　　　　　　　　　　　　　　　　　　　　　500 000

(5) 年终,结转"补助预算支出"科目的"一般公共预算补助支出"明细科目和"政府性基金预算补助支出"明细科目的借方余额时。

在预算会计中:

借:一般公共预算结转结余	400 000
政府性基金预算结转结余	100 000
贷:补助预算支出——一般公共预算补助支出	400 000
——政府性基金预算补助支出	100 000

(二) 上解费用(预算支出)

1. 上解费用(预算支出)的概念与核算科目的设置

(1) 上解费用是指本级政府财政按照财政体制规定或专项需要上交给上级政府财政的费用。

为核算上解费用业务,财政总会计的财务会计应设置"上解费用"总账科目。本科目核算本级政府财政按照财政体制规定或专项需要上解给上级政府财政的款项。本科目可根据管理需要按照项目等进行明细核算。本科目平时借方余额反映本级政府财政上解费用的累计数。期末结转后,本科目应无余额。

(2) 上解预算支出是指按照财政体制规定或专项需要由本级政府财政上交给上级政府财政的款项。上解支出会减少本级财政的财力,增加上级财政的财力,但不会增加或减少本级和上级财政的财力总和。上解预算支出与上解预算收入相对应。

为核算上解预算支出业务,财政总会计的预算会计应设置"上解预算支出"总账科目。本科目应按照不同资金性质设置"一般公共预算上解支出""政府性基金预算上解支出""国有资本经营预算上解支出"明细科目。本科目平时借方余额反映上解支出的累计数。期末结转后,本科目应无余额。

2. 上解费用的核算

(1) 年终与上级政府财政结算时,按照结算确认的应当上解费用数,借记"上解费用"科目,贷记"与上级往来"科目。退还或核减上解费用时,借记"与上级往来"等科目,贷记"上解费用"科目。

(2) 年终转账时,本科目借方余额转入本期盈余,借记"本期盈余——预算管理资金本期盈余"科目,贷记"上解费用"科目。

3. 上解预算支出的核算

(1) 发生上解预算支出时,借记"上解预算支出"科目,贷记"资金结存——库款资金结存""补助预算收入——上级调拨"等科目。

(2) 年终与上级政府财政结算时,按照尚未支付的上解金额,借记"上解预算支出"科目,贷记"补助预算收入——上级调拨"等科目。退还或核减上解支出时,借记"资金结存——库款资金结存""补助预算收入——上级调拨"等科目,贷记"上解预算支出"科目。

(3) 年终转账时,本科目借方余额应根据不同资金性质分别转入相应的结转结余科目,借记"一般公共预算结转结余""政府性基金预算结转结余"等科目,贷记"上解预算支出"科目。

【例6-16】 年终,某市财政总会计按财政管理体制规定应向上级省财政上解款项120 000元,其中,体制上解款项为100 000元,按照预算管理要求分类,该项支出属于"转移性支出——上解支出——体制上解支出"预算科目;属于专项上解款项20 000元,按照预算管理要求分类,该项支出属于"转移性支出——上解支出——专项上解支出"预算科目。市财政总会计应编制的会计分录为：

(1) 年终与上级政府财政结算确认的应当上解费用时。

在财务会计中：

借：上解费用　　　　　　　　　　　　　　　　　　　　　　　　120 000
　　贷：与上级往来　　　　　　　　　　　　　　　　　　　　　　　120 000

在预算会计中不做账务处理。

(2) 通过财政集中支付上解费用时。

在财务会计中：

借：与上级往来　　　　　　　　　　　　　　　　　　　　　　　　120 000
　　贷：国库存款　　　　　　　　　　　　　　　　　　　　　　　　120 000

同时，在预算会计中：

借：上解预算支出　　　　　　　　　　　　　　　　　　　　　　　120 000
　　贷：资金结存——库款资金结存　　　　　　　　　　　　　　　　120 000

同时，在"上解预算支出"总账科目的借方登记明细账如下：

一般公共预算上解支出——体制上解支出　　　　　　　　　　　　　100 000
政府性基金预算上解支出——专项上解支出　　　　　　　　　　　　 20 000

(3) 年终，结转"上解费用"科目借方余额时。

在财务会计中：

借：本期盈余——预算管理资金本期盈余　　　　　　　　　　　　　120 000
　　贷：上解费用　　　　　　　　　　　　　　　　　　　　　　　　120 000

在预算会计中不做账务处理。

(4) 年终，"上解预算支出"科目借方余额为 120 000 元。其中，属于"一般公共预算上解支出——体制上解支出"明细科目的借方余额为 100 000 元，属于"政府性基金预算上解支出——专项上解支出"明细科目的借方余额为 20 000 元，分别转入"一般公共预算结转结余"科目和"政府性基金预算结转结余"科目。

在预算会计中：

借：一般公共预算结转结余　　　　　　　　　　　　　　　　　　　100 000
　　政府性基金预算结转结余　　　　　　　　　　　　　　　　　　　 20 000
　　贷：上解预算支出　　　　　　　　　　　　　　　　　　　　　　120 000

同时，财政总会计应结清所有上解预算支出明细账。

(三) 地区间援助费用(预算支出)

1. 地区间援助费用(预算支出)的概念与核算科目的设置

(1) 地区间援助费用是指援助方政府财政安排用于受援方政府财政统筹使用的各类援助、补偿、捐赠等费用。

为核算地区间援助费用业务，财政总会计的财务会计应设置"地区间援助费用"总账科目。本科目可根据管理需要，按照受援地区等进行明细核算。本科目平时借方余额反映地区间援助费用的累计数。期末结转后，本科目应无余额。

(2) 地区间援助预算支出是指援助方政府财政安排用于受援方政府财政统筹使用的各类援助、捐赠等资金支出。

为核算地区间援助预算支出业务,财政总会计的预算会计应设置"地区间援助预算支出"总账科目。本科目应按照受援地区等进行相应明细核算。本科目平时借方余额反映地区间援助支出的累计数。期末结转后,本科目应无余额。

2. 地区间援助费用的核算

(1) 发生地区间援助费用时,借记"地区间援助费用"科目,贷记"国库存款"科目。

(2) 年终转账时,本科目借方余额转入本期盈余,借记"本期盈余——预算管理资金本期盈余"科目,贷记"地区间援助费用"科目。

3. 地区间援助预算支出

(1) 发生地区间援助预算支出时,借记"地区间援助预算支出"科目,贷记"资金结存——库款资金结存"科目。

(2) 年终转账时,本科目借方余额转入一般公共预算结转结余,借记"一般公共预算结转结余"科目,贷记"地区间援助预算支出"科目。

【例 6-17】 省财政通过财政国库向乙省财政拨付地区间援助资金 2 500 000 元,供乙省财政统筹安排使用,以缓解其临时财政困难。按照预算管理要求分类,该项支出属于"转移性支出——区域间转移性支出(援助其他地区支出)"预算科目。甲省财政总会计应编制的会计分录为:

在财务会计中:

借:地区间援助费用	2 500 000
贷:国库存款	2 500 000

同时,在预算会计中:

借:地区间援助预算支出——区域间转移性支出——乙省财政	2 500 000
贷:资金结存——库款资金结存	2 500 000

年终转账时,将"地区间援助预算支出"总账科目借方余额全数转入"一般公共预算结转结余"科目。同时结清所有地区间援助预算支出明细账的余额。

(四) 调出预算资金

1. 调出预算资金的概念与核算科目的设置

调出预算资金是指政府财政为平衡预算收支,在不同类型预算资金之间的调出支出。调出资金的目的是平衡一般公共预算或政府性基金预算。若一般公共预算发生缺口,为平衡一般预算,可以考虑从政府性基金预算结余调出一部分资金至一般公共预算。调出预算资金不影响上下级财政的财力,也不影响本级财政的财力总量,但会影响本级财政不同性质财政性质资金的数额。调出预算资金业务与调入预算资金业务是对应的。

为核算调出预算资金业务,财政总会计应设置"调出预算资金"总账科目。本科目应设置"一般公共预算调出资金""政府性基金预算调出资金""国有资本经营预算调出资金"明细科目。本科目平时借方余额反映调出预算资金的累计数。期末结转后,本科目应无余额。

2. 调出预算资金的核算

(1) 从一般公共预算调出资金时,按照调出的金额,借记"调出预算资金——一般公共预算调出资金"科目,贷记"调入预算资金"有关明细科目。

(2) 从政府性基金预算调出资金时,按照调出的金额,借记"调出预算资金——政府性基金预算调出资金"科目,贷记"调入预算资金"有关明细科目。

(3) 从国有资本经营预算调出资金时,按照调出的金额,借记"调出预算资金——国有资本经营预算调出资金"科目,贷记"调入预算资金"有关明细科目。

(4) 年终转账时,本科目借方余额分别转入相应的结转结余科目,借记"一般公共预算结转结余""政府性基金预算结转结余""国有资本经营预算结转结余"等科目,贷记"调出预算资金"科目。

【例6-18】 某省财政为平衡一般公共预算,从政府性基金预算结余中调出一笔资金600 000元至一般公共预算,适用的预算科目为"转移性支出——调出资金"。财政总会计应编制的会计分录为:

在预算会计中:

借:调出预算资金——政府性基金预算调出资金　　　　　　　　　　　600 000
　　贷:调入预算资金——一般公共预算调入资金　　　　　　　　　　　　　　600 000

在财务会计中不做会计分录。

年终,将"调出资金——政府性基金预算调出资金"科目借方余额600 000元转入"政府性基金预算结转结余"科目。同时结清所有调出资金明细账的余额。

七、安排预算稳定调节基金

1. 安排预算稳定调节基金的概念与核算科目的设置

安排预算稳定调节基金是指政府财政安排用于弥补以后年度预算资金不足的储备性资金。

为核算安排预算稳定调节基金业务,财政总会计应设置"安排预算稳定调节基金"总账科目。"安排预算稳定调节基金"科目平时借方余额反映安排预算稳定调节基金的累计数。期末结转后,本科目应无余额。

2. 安排预算稳定调节基金的核算

(1) 安排预算稳定调节基金时,借记"安排预算稳定调节基金"科目,贷记"预算稳定调节基金"科目。

(2) 年终转账时,本科目借方余额转入一般公共预算结转结余,借记"一般公共预算结转结余"科目,贷记"安排预算稳定调节基金"科目。

【例6-19】 某市财政年终发生财政超收,即财政收入大于财政支出,决定安排预算稳定调节基金60 000元,适用的预算科目为"转移性支出——安排预算稳定调节基金"。财政总会计应编制的会计分录为:

在财务会计中:

借:本期盈余——预算管理资金本期盈余　　　　　　　　　　　　　　60 000
　　贷:预算稳定调节基金　　　　　　　　　　　　　　　　　　　　　　　　60 000

在预算会计中:

借:安排预算稳定调节基金　　　　　　　　　　　　　　　　　　　　60 000
　　贷:预算稳定调节基金　　　　　　　　　　　　　　　　　　　　　　　　60 000

年终转账时,将"安排预算稳定调节基金"总账科目借方余额60 000元全数转入"一般公共预算结转结余"科目。

"安排预算稳定调节基金"科目为支出类科目,但它不会带来国库存款的减少。它会使当年的财政总预算支出增加,当年的财政收支结余减少,累计的预算稳定调节基金增加。

八、债务还本预算支出

(一) 债务还本预算支出的概念、分类与核算科目的设置

债务还本预算支出是指政府财政偿还本级政府承担的债务本金支出。政府债务收入存在不同的来源渠道,如国内借款、国外借款、中央政府发行债券、地方政府发行债券等,因此,偿还债务本金的具体内容也有所不同。

财政总会计核算的债务还本预算支出,应当按照《政府收支分类科目》中一般公共预算支出和政府性基金预算支出科目下的债务还本支出科目进行分类。也应当同时按照支出功能科目和支出经济分类科目进行分类。

按照现行《政府收支分类科目》,债务还本支出类级科目下设款级、项级科目,各级科目逐级递进,内容也逐级细化。

1. 债务还本支出的功能分类

(1) 一般公共预算支出科目中的债务还本支出科目。一般公共预算支出科目中的债务还本支出类级科目下设置的款级科目有:①中央政府国内债务还本支出。该科目反映中央政府用于归还国内债务本金所发生的支出。②中央政府国外债务还本支出。该科目反映中央政府用于归还国外债务本金所发生的支出。③地方政府一般债务还本支出。该科目反映地方政府用于归还一般债务本金所发生的支出。该款级科目分设地方政府一般债券还本支出、地方政府向国外政府借款还本支出、地方政府向国际组织借款还本支出等项级科目,分别反映地方政府用于归还相应种类一般债务本金所发生的支出。

(2) 政府性基金预算支出科目的债务还本支出科目。政府性基金预算支出科目的债务还本支出类级科目下设置的款级科目包括地方政府专项债务还本支出,用于反映地方政府用于归还专项债务本金所发生的支出。该款级科目按照政府性基金的种类,分设海南省高等级公路车辆通行附加费债务还本支出、国家电影事业发展专项资金债务还本支出、国有土地使用权出让金债务还本支出等项级科目,分别反映地方政府用归还相应政府性基金债务本金所发生的支出。

债务付息支出和债务发行费用支出等款级科目,作为"一般公共预算支出"和"政府性基金预算支出"会计科目的核算内容,不作为债务还本支出的核算内容。

2. 债务还本支出的经济分类

按照现行《政府收支分类科目》,政府预算支出经济分类中分设债务还本支出类级科目,该类级科目下分设国内债务还本、国外债务还本两个款级科目。

为核算债务还本预算支出业务,财政总会计应设置"债务还本预算支出"总账科目。本科目应设置"国债还本支出""一般债务还本支出""专项债务还本支出"明细科目,并根据《政府收支分类科目》中"债务还本支出"科目进行明细核算。本科目平时借方余额反映本级政府财政债务还本预算支出的累计数。期末结转后,本科目应无余额。

(二) 债务还本预算支出的核算

(1) 偿还本级政府财政承担的政府债券、主权外债等纳入预算管理的债务本金时,借记

"债务还本预算支出"科目,贷记"资金结存——库款资金结存""资金结存——专户资金结存""补助预算收入——上级调拨"等科目。

(2) 中央财政发生国债随买业务时,根据国债随买确认文件等相关债券管理资料,按照国债随买面值,借记"债务还本预算支出"科目,按照实际支付的金额,贷记"资金结存——库款资金结存"科目;按照其差额,借记或贷记"一般公共预算支出"科目。

(3) 年终转账时,"债务还本预算支出"科目下"国债还本支出""一般债务还本支出"的借方余额转入一般公共预算结转结余,借记"一般公共预算结转结余"科目,贷记"债务还本预算支出——国债还本支出""债务还本预算支出——一般债务还本支出"科目;本科目下"专项债务还本支出"的借方余额转入政府性基金预算结转结余,借记"政府性基金预算结转结余"科目,贷记"债务还本预算支出——专项债务还本支出"科目,可根据预算管理需要,按照专项债务对应的政府性基金预算支出科目分别转入"政府性基金预算结转结余"相应明细科目。

【例 6-20】 某市财政通过财政国库偿还本级政府财政承担的 1 年期省级政府债券转贷还本资金共计 850 000 元。年终,"债务还本预算支出"总账科目借方余额为 1 200 000 元,其中,一般债务还本预算支出 850 000 元,专项债务还本支出 350 000 元。财政总会计将其分别转入"一般公共预算结转结余"科目和"政府性基金预算结转结余"科目。市财政总预算应编制的会计分录为:

(1) 偿还本级政府财政承担的 1 年期省级政府债券转贷还本资金时。

在财务会计中:

借:应付短期政府债券　　　　　　　　　　　　　　　　　　　850 000
　　贷:国库存款　　　　　　　　　　　　　　　　　　　　　　　　　850 000

同时,在预算会计中:

借:债务还本预算支出　　　　　　　　　　　　　　　　　　　850 000
　　贷:资金结存——库款资金结存　　　　　　　　　　　　　　　　　850 000

同时,在"债务还本预算支出"总账科目的借方登记明细账如下:

地方政府一般债务还本支出——地方政府一般债券还本支出　　850 000

(2) 年终,结转"债务还本预算支出"总账科目借方余额时。

在预算会计中:

借:一般公共预算结转结余　　　　　　　　　　　　　　　　　850 000
　　政府性基金预算结转结余　　　　　　　　　　　　　　　　　350 000
　　贷:债务还本预算支出　　　　　　　　　　　　　　　　　　　1 200 000

同时,财政总会计应结清所有债务还本支出明细账的余额。

九、债务转贷预算支出

(一) 债务转贷预算支出的概念、分类与核算科目的设置

债务转贷预算支出是指本级政府财政向下级政府财政转贷的债务支出。按照地方政府债务预算管理的相关办法,省级政府通过举债取得的债务收入可以用于省级直接支出,也可以转贷给市、县级政府使用。债务转贷支出属于财政资金在上下级政府之间的转移。与补助支出相比,债务转贷支出的特点是取得转贷资金的下级政府需要在未来偿还取得的贷款资金,并支

付相应的贷款利息。债务转贷支出与债务转贷收入相互对应。

财政总会计核算的债务转贷预算支出,应当按照《政府收支分类科目》中一般公共预算支出和政府性基金预算支出科目下的债务转贷支出科目进行分类,也应当同时按照支出功能科目和转贷地区进行明细核算。

1. 债务转贷支出的功能分类

(1) 一般公共预算支出中的债务转贷支出科目。按照现行《政府收支分类科目》,一般公共预算支出中的债务转贷支出属于转移性支出类级科目下的款级科目,该款级科目下设置地方政府一般债务转贷支出、地方政府向外国政府借款转贷支出、地方政府向国际组织借款转贷支出、地方政府其他一般债务转贷支出等项级科目,分别反映本级政府财政向下级政府财政转贷的相关债务支出。

(2) 政府性基金预算支出中的债务转贷支出科目。按照现行《政府收支分类科目》,政府性基金预算支出中的债务转贷支出属于转移性支出类级科目下的款级科目,该款级科目下再按政府性基金的种类设置海南省高等级公路车辆通行附加费债务转贷支出、国家电影事业发展专项资金债务转贷支出、国有土地使用权出让金债务转贷支出、农业土地开发资金债务转贷支出、大中型水库库区基金债务转贷支出、城市基础设施配套费债务转贷支出等项级科目,分别反映本级政府向下级政府转贷的相应政府性基金专项债务支出。

2. 债务转贷支出的经济分类

按照现行《政府收支分类科目》,政府预算支出经济分类科目中的转移性支出类级科目下分设债务转贷支出款级科目,反应上下级政府之间的债务转贷支出。

为核算债务转贷预算支出业务,财政总会计应设置"债务转贷预算支出"总账科目。本科目应设置"一般债务转贷支出""专项债务转贷支出"明细科目,并根据《政府收支分类科目》中"债务转贷支出"科目和转贷地区进行明细核算。本科目平时借方余额反映债务转贷支出的累计数。期末结转后,本科目应无余额。

(二)债务转贷预算支出的核算

(1) 本级政府财政向下级政府财政转贷地方政府债券资金时,借记"债务转贷预算支出"科目,贷记"资金结存——库款资金结存""补助预算支出——调拨下级"等科目。

(2) 本级政府财政向下级政府财政转贷主权外债资金,且主权外债最终还款责任由下级政府财政承担的具体账务处理如下:①支付转贷资金时,根据外债管理部门提交的转贷业务有关资料,借记"债务转贷预算支出"科目,贷记"资金结存——库款资金结存""资金结存——专户资金结存"科目。②外方或上级政府财政将贷款资金直接支付给用款单位或供应商时,根据外债管理部门提交的转贷业务有关资料,借记"债务转贷预算支出"科目,贷记"债务预算收入""债务转贷预算收入"科目。

(3) 年终转账时,"债务转贷预算支出"科目下"一般债务转贷支出"明细科目的借方余额转入一般公共预算结转结余,借记"一般公共预算结转结余"科目,贷记"债务转贷预算支出——一般债务转贷支出"科目;"债务转贷预算支出"科目下"专项债务转贷支出"明细科目的借方余额转入政府性基金预算结转结余,借记"政府性基金预算结转结余"科目,贷记"债务转贷预算支出——专项债务转贷支出"科目,可根据预算管理需要,按照专项债务对应的政府性基金预算支出科目分别转入"政府性基金预算结转结余"相应明细科目。

【例6-21】 某省财政通过财政国库向所属某市财政拨付地方政府一般债券转贷资金90 000元,用于支持在该市的一项公益性建设项目。省财政总会计应编制的会计分录为:

在财务会计中：

借：应收地方政府债券转贷款	90 000	
贷：国库存款		90 000

同时，在预算会计中：

借：债务转贷支出——地方政府一般债务转贷支出——某市财政	90 000	
贷：资金结存——库款资金结存		90 000

年终，将"债务转贷预算支出"科目借方余额 350 000 元全数转入"一般公共预算结转结余"科目。同时，财政总会计应结清所有债务转贷支出明细账的余额。

十、待处理支出

（一）待处理支出的概念与核算科目的设置

待处理支出是指政府财政按照预拨经费管理有关规定预拨给预算单位尚未列为预算支出的款项。待处理支出（不含预拨下年度预算资金）应在年终前转列支出或清理收回。

为核算待处理支出业务，财政总会计应设置"待处理支出"总账科目。本科目应当按照预算单位进行明细核算。"待处理支出"科目平时借方余额反映政府财政尚未转列支出或尚待收回的待处理支出数。期末结转后，本科目应无余额。

（二）待处理支出的核算

（1）拨出款项时，借记"待处理支出"科目，贷记"资金结存——库款资金结存"等科目。

（2）转列预算支出时，借记"一般公共预算支出""政府性基金预算支出""国有资本经营预算支出"等科目，贷记"待处理支出"科目。

（3）收回预拨款项时，借记"资金结存——库款资金结存"等科目，贷记"待处理支出"科目。

（4）年终，本科目借方余额转入资金结存，借记"资金结存——待处理结存"科目，贷记"待处理支出"科目。

【例 6-22】 某县财政尚未实行国库集中支付制度改革。该县财政于 12 月 15 日按照经批准的预算采用实拨资金方式预拨给其所属甲单位次年 1 月的日常运行经费 60 000 元。当年年终，将"待处理支出"科目借方余额转入资金结存。该县财政总会计应编制的会计分录为：

（1）12 月 15 日，预拨给其所属甲单位次年 1 月的日常运行经费时。

在财务会计中：

借：预拨经费——甲单位	60 000	
贷：国库存款		60 000

同时，在预算会计中：

借：待处理支出	60 000	
贷：资金结存——库款资金结存		60 000

（2）年终，结转"待处理支出"科目借方余额时。

在预算会计中：

借：资金结存——待处理结存	60 000	
贷：待处理支出		60 000

在财务会计中不做账务处理。

财政总会计应当加强预算支出管理,科学预测和调度资金,严格按照批准的年度预算办理支出,严格审核拨付申请,严格按照预算管理规定和实际拨付金额列报支出,不得办理无预算、超预算的支出,不得任意调整预算支出科目。对于各项支出的账务处理必须以审核无误的国库划款清算凭证、资金支付凭证和其他合法凭证为依据。

复习思考题

1. 什么是财政总会计的费用?财政总会计核算的费用包括哪些内容?
2. 什么是政府机关商品和服务拨款费用?它应如何进行核算?
3. 什么是资本性拨款费用?按照现行《政府收支分类科目》的支出经济分类科目,资本性拨款费用可分成哪些主要类别?
4. 什么是转移性费用?它可分成哪些主要类别?它应该如何核算?
5. 什么是财政总会计的支出?财政总会计核算的支出包括哪些内容?
6. 什么是一般公共预算支出?按照现行《政府收支分类科目》,一般公共预算本级支出可分成哪些主要类别?
7. 什么是政府性基金预算支出?按照现行《政府收支分类科目》,政府性基金预算本级支出可分成哪些主要类别?
8. 什么是国有资本经营预算支出?按照现行《政府收支分类科目》,国有资本经营预算本级支出可分成哪些主要类别?
9. 什么是转移性预算支出?按照现行《政府收支分类科目》,转移性预算支出可分成哪些主要类别?
10. 什么是财政专户管理资金支出?什么是专用基金支出?
11. 什么是债务还本支出?什么是债务转贷支出?两者有什么相同和不同的地方?
12. 什么是安排预算稳定调节基金?它应该如何核算?

第六章课后练习题

第七章 财政总会计的净资产与预算结余

第一节 财政总会计的净资产

财政总会计核算的净资产是指本级政府财政总会计核算的资产扣除负债后的净额。它主要包括累计盈余、本期盈余、预算稳定调节基金、预算周转金、权益法调整、以前年度盈余调整等。

一、累计盈余

(一) 累计盈余的概念与核算科目的设置

累计盈余是指政府财政一般公共预算资金、政府性基金预算资金、国有资本经营预算资金、财政专户管理资金、专用基金历年实现的盈余滚存的金额。

为核算累计盈余业务,财政总会计应当设置"累计盈余"总账科目。本科目应设置"预算管理资金累计盈余""财政专户管理资金累计盈余""专用基金累计盈余"明细科目。本科目期末余额反映累计盈余的累计数。

(二) 累计盈余的核算

1. 预算管理资金累计盈余

(1) 年终转账时,将"本期盈余——预算管理资金本期盈余"科目余额转入本科目,在财务会计中,借记或贷记"本期盈余——预算管理资金本期盈余"科目,贷记或借记"累计盈余——预算管理资金累计盈余"科目。

(2) 年终转账时,将"以前年度盈余调整——预算管理资金以前年度盈余调整"科目余额转入本科目,借记或贷记"以前年度盈余调整——预算管理资金以前年度盈余调整"科目,贷记或借记"累计盈余——预算管理资金累计盈余"科目。

2. 财政专户管理资金累计盈余

(1) 年终转账时,将"本期盈余——财政专户管理资金本期盈余"科目余额转入本科目,借记或贷记"累计盈余——财政专户管理资金本期盈余"科目,贷记或借记"累计盈余——财政专户管理资金累计盈余"科目。

(2) 年终转账时,将"以前年度盈余调整——财政专户管理资金以前年度盈余调整"科目余额转入本科目,借记或贷记"以前年度盈余调整——财政专户管理资金以前年度盈余调整"科目,贷记或借记"累计盈余——财政专户管理资金本期盈余"科目。

3. 专用基金累计盈余

(1) 年终转账时,将"本期盈余——专用基金本期盈余"科目的余额转入本科目,借记或贷记"专用基金本期盈余"科目,贷记或借记"累计盈余——专用基金累计盈余"科目。

(2) 年终转账时,将"以前年度盈余调整——专用基金以前年度盈余调整"科目的余额转入本科目,借记或贷记"以前年度盈余调整——专用基金以前年度盈余调整"科目,贷记或借记"累计盈余——专用基金累计盈余"科目。

【例 7-1】 年终,某省财政转账时,"本期盈余——预算管理资金本期盈余"科目贷方余额为 13 500 元,"以前年度盈余调整——预算管理资金以前年度盈余调整"科目的借方余额为 4 800 元,将其分别转入"累计盈余——预算管理资金累计盈余"科目。该省财政总会计应编制会计分录为:

(1) 结转"本期盈余——预算管理资金本期盈余"科目贷方余额时。

在财务会计中:

借:本期盈余——预算管理资金本期盈余　　　　　　　　　　　　　13 500
　　贷:累计盈余——预算管理资金累计盈余　　　　　　　　　　　　　　13 500

在预算会计中不做账务处理。

(2) 结转"以前年度盈余调整——预算管理资金以前年度盈余调整"科目借方余额时。

在财务会计中:

借:累计盈余——预算管理资金累计盈余　　　　　　　　　　　　　　4 800
　　贷:以前年度盈余调整——预算管理资金以前年度盈余调整　　　　　　4 800

在预算会计中不做账务处理。

二、本期盈余

(一) 本期盈余的概念与核算科目的设置

本期盈余是指政府财政一般公共预算资金、政府性基金预算资金、国有资本经营预算资金、财政专户管理资金、专用基金本期各项收入、费用分别相抵后的余额。

为核算本期盈余业务,财政总会计应当设置"本期盈余"总账科目。设置补充和动用预算稳定调节基金,设置补充预算周转金产生的盈余变动事项,也通过本科目核算。本科目应设置"预算管理资金本期盈余""财政专户管理资金本期盈余""专用基金本期盈余"明细科目。期末结转后,本科目应无余额。

(二) 本期盈余的核算

1. 预算管理资金本期盈余

(1) 年终转账时,将纳入一般公共预算、政府性基金预算、国有资本经营预算管理的各类收入科目本年发生额转入本科目的贷方,借记"税收收入""非税收入""投资收益""补助收入""上解收入""地区间援助收入""其他收入"科目,贷记"本期盈余——预算管理资金本期盈余"科目;将纳入一般公共预算、政府性基金预算、国有资本经营预算管理的各类费用科目本年发生额转入本科目的借方,借记"本期盈余——预算管理资金本期盈余"科目,贷记"政府机关商品和服务拨款费用""政府机关工资福利拨款费用""对事业单位补助拨款费用""对企业补助拨款费用""对个人和家庭补助拨款费用""对社会保障基金补助拨款费用""资本性拨款费用""其他拨款费用""财务费用""补助费用""上解费用""地区间援助费用""其他费用"科目。

(2) 设置或补充预算稳定调节基金时,借记"本期盈余——预算管理资金本期盈余"科目,贷记"预算稳定调节基金"科目;动用预算稳定调节基金时,借记"预算稳定调节基金"科目,贷记"本期盈余——预算管理资金本期盈余"科目。

(3) 设置或补充预算周转金时,借记"本期盈余——预算管理资金本期盈余"科目,贷记

"预算周转金"科目。

(4) 完成上述结转后,将本科目余额转入累计盈余。如为借方余额,借记"累计盈余——预算管理资金累计盈余"科目,贷记"本期盈余——预算管理资金本期盈余"科目;如为贷方余额,借记"本期盈余——预算管理资金本期盈余"科目,贷记"累计盈余——预算管理资金累计盈余"科目。

2. 财政专户管理资金本期盈余

(1) 年终转账时,将财政专户管理资金收入的本年发生额转入本科目的贷方,借记"财政专户管理资金收入"科目,贷记"本期盈余——财政专户管理资金本期盈余"科目;将财政专户管理资金支出的本年发生额转入本科目的借方,借记"本期盈余——财政专户管理资金本期盈余"科目,贷记"财政专户管理资金支出"科目。

(2) 完成上述结转后,将本科目余额转入累计盈余。借记或贷记"本期盈余——财政专户管理资金本期盈余"科目,贷记或借记"累计盈余——财政专户管理资金累计盈余"科目。

3. 专用基金本期盈余

(1) 年终转账时,将专用基金收入的本年发生额转入本科目的贷方,借记"专用基金收入"科目,贷记"本期盈余——专用基金本期盈余"科目;将专用基金支出的本年发生额转入本科目的借方,借记"本期盈余——专用基金本期盈余"科目,贷记"专用基金支出"科目。

(2) 完成上述结转后,将本科目余额转入累计盈余。借记或贷记"本期盈余——专用基金本期盈余"科目,贷记或借记"累计盈余——专用基金累计盈余"科目。

【例 7-2】 年末,某省财政各类收入和费用科目的本年发生额如表 7-1 所示。

表 7-1　　　　　　　收入和费用科目本年发生额表　　　　　　　单位:元

收入和费用科目	本年贷方发生额	本年借方发生额
税收收入	356 000	
非税收入	289 000	
投资收益	15 300	
补助收入	3 600	
上解收入	55 000	
地区间援助收入	23 000	
其他收入	78 000	
专用基金收入	9 500	
财政专户管理资金收入	6 100	
政府机关商品和服务拨款费用		668 000
政府机关工资福利拨款费用		145 000
对事业单位补助拨款费用		2 400
地区间援助费用		200
其他费用		8 800
财政专户管理资金支出		2 000
专用基金支出		3 300
合　计	835 500	829 700

年末,在完成各类收入和费用科目的本年发生额结转后,该省财政"本期盈余——预算管理资金本期盈余"科目的借方余额为4 500元(819 900－824 400);"本期盈余——财政专户管理资金本期盈余"科目的贷方余额为4 100元(6 100－2 000);"本期盈余——专用基金本期盈余"科目的贷方余额为6 200元(9 500－3 300)。该省财政总会计应编制的会计分录为:

(1) 结转预算管理资金本期盈余。

在财务会计中:

① 结转纳入一般公共预算、政府性基金预算、国有资本经营预算管理的各类收入科目本年发生额时。

借:税收收入	356 000
非税收入	289 000
投资收益	15 300
补助收入	3 600
上解收入	55 000
地区间援助收入	23 000
其他收入	78 000
贷:本期盈余——预算管理资金本期盈余	819 900

② 结转纳入一般公共预算、政府性基金预算、国有资本经营预算管理的各类费用科目本年发生额时。

借:本期盈余——预算管理资金本期盈余	824 400
贷:政府机关商品和服务拨款费用	668 000
政府机关工资福利拨款费用	145 000
对事业单位补助拨款费用	2 400
地区间援助费用	200
其他费用	8 800

③ 将"本期盈余——预算管理资金本期盈余"科目余额转入"累计盈余"科目时。

借:累计盈余——预算管理资金累计盈余	4 500
贷:本期盈余——预算管理资金本期盈余	4 500

在预算会计中不做账务处理。

(2) 结转财政专户管理资金本期盈余。

在财务会计中:

① 结转财政专户管理资金收入的本年发生额时。

借:财政专户管理资金收入	6 100
贷:本期盈余——财政专户管理资金本期盈余	6 100

② 结转财政专户管理资金支出科目本年发生额时。

借:本期盈余——财政专户管理资金本期盈余	2 000
贷:财政专户管理资金支出	2 000

③ 将"本期盈余——财政专户管理资金本期盈余"科目余额转入"累计盈余——财政专户管理资金累计盈余"科目时。

借：本期盈余——财政专户管理资金本期盈余　　　　　　　　　　　　　4 100
　　　贷：累计盈余——财政专户管理资金累计盈余　　　　　　　　　　　　4 100

年终，结转财政专户管理资金收支时，在预算会计中也要进行账务处理。

（3）结转专用基金本期盈余。

在财务会计中：

①结转专用基金收入科目的本年发生额时。

借：专用基金收入　　　　　　　　　　　　　　　　　　　　　　　　　9 500
　　　贷：本期盈余——专用基金本期盈余　　　　　　　　　　　　　　　　9 500

②结转专用基金支出科目的本年发生额时。

借：本期盈余——专用基金本期盈余　　　　　　　　　　　　　　　　　3 300
　　　贷：专用基金支出　　　　　　　　　　　　　　　　　　　　　　　　3 300

③将"本期盈余——专用基金本期盈余"科目余额转入"累计盈余——专用基金累计盈余"科目时。

借：本期盈余——专用基金本期盈余　　　　　　　　　　　　　　　　　6 200
　　　贷：累计盈余——专用基金累计盈余　　　　　　　　　　　　　　　　6 200

年终，结转专用基金收支时，在预算会计中也要进行账务处理。

三、权益法调整

(一) 权益法调整的概念与核算科目的设置

权益法调整是指政府财政按照持股比例计算应享有的被投资主体在净损益和利润分配以外的所有者权益变动的份额。

为核算权益法调整业务，财政总会计应当设置"权益法调整"总账科目。本科目应根据管理需要，按照被投资主体进行明细核算。本科目期末余额反映政府财政在被投资主体在净损益和利润分配以外的所有者权益变动中累计享有（或分担）的份额。

(二) 权益法调整的核算

（1）被投资主体发生在净损益和利润分配以外的其他权益变动时，按照政府财政持股比例计算应享有的部分，借记或贷记"股权投资（其他权益变动）"科目，贷记或借记"权益法调整"科目。

（2）处置股权投资或因企业破产清算导致股权投资减少时，按照相应的"权益法调整"账面余额，借记或贷记"权益法调整"科目，贷记或借记"股权投资（其他权益变动）"科目。

（3）无偿划出股权投资时，根据股权管理部门提供的资料，按照被划出股权投资对应的"权益法调整"科目账面余额，借记或贷记"权益法调整"科目，贷记或借记"股权投资（其他权益变动）"科目；按照被划出股权投资的账面余额，借记"其他费用"科目，贷记"股权投资（投资成本、损益调整）"科目。

（4）由于管理需要，股权投资的核算由权益法改为成本法的，按照"权益法调整"科目账面余额，借记或贷记"权益法调整"科目，贷记或借记"股权投资（其他权益变动）"科目；按照权益法下"股权投资（投资成本、损益调整）"科目账面余额作为成本法下"股权投资（投资成本）"账面余额，借记"股权投资（投资成本）"科目，贷记"股权投资（投资成本、损益调整）"科目。

【例 7-3】 某市财政持有 A 公司 80% 的股份,有权决定 A 公司的财务和经营政策,相应的股权投资采用权益法核算。年末,A 公司发生在净利润和利润分配以外的所有者权益变动增加数为 20 000 元,该市财政应享有的相应份额为 16 000 元(20 000×80%)。市财政总会计应编制的会计分录为:

在财务会计中

借:股权投资——其他权益变动　　　　　　　　　　　　　　　　　　　16 000
　　贷:权益法调整　　　　　　　　　　　　　　　　　　　　　　　　　　　16 000

在预算会计中不做会计分录。

作为比较,在权益法下,被投资单位实现净利润的,政府财政按照应享有的份额,借记"股权投资——损益调整"科目,贷记"投资收益"科目。"投资收益"科目本期发生额期末转入"本期盈余"科目。"本期盈余"科目余额最终转入"累计盈余"科目。累计盈余、权益法调整都是净资产的组成部分或具体种类。

四、以前年度盈余调整

(一) 以前年度盈余调整的概念与核算科目的设置

以前年度盈余调整是指政府财政调整以前年度盈余的事项。以前年度盈余调整的业务包括调整增加或减少以前年度的收入、调整增加或减少以前年度的费用、初次确认政府以前年度取得的资产或承担的负债等。

为核算以前年度盈余调整业务,财政总会计应当设置"以前年度盈余调整"总账科目。本科目应设置"预算管理资金以前年度盈余调整""财政专户管理资金以前年度盈余调整""专用基金以前年度盈余调整"明细科目。期末结转后,本科目应无余额。

(二) 以前年度盈余调整的核算

(1) 调整增加以前年度收入时,按照调整增加的金额,借记有关科目,贷记"以前年度盈余调整"科目;调整减少的,做相反会计分录。

(2) 调整增加以前年度费用时,按照调整增加的金额,借记"以前年度盈余调整"科目,贷记有关科目;调整减少的,做相反会计分录。

(3) 对于政府以前年度取得的资产或承担的负债,在本年初次确认时,借记有关资产科目或贷记有关负债科目,贷记或借记"以前年度盈余调整"科目。

(4) 年终转账时,将本科目余额转入累计盈余,借记或贷记"累计盈余"科目,贷记或借记"以前年度盈余调整"科目。

这里需要指出的是,由于预算稳定调节基金和预算周转金在财政总会计的财务会计和预算会计两套账中都以相同的科目进行核算,为了避免内容重复,现将两者在财务会计中的账务处理下移至第二节与预算会计中的账务处理一并介绍。

第二节　财政总会计的预算结余

财政总会计的预算结余是指预算年度内政府预算收入扣除预算支出后的余额,以及历年滚存的库款和专户资金余额。财政总会计核算的预算结余包括一般公共预算结转结余、政府性基金预算结转结余、国有资本经营预算结转结余、财政专户管理资金结余、专用基金结余、预算稳定调节基金、预算周转金和资金结存等。

一、结转结余

结转结余是政府各种性质的财政资金收支执行的结果,在数量上等于各种性质财政资金的预算收入减去预算支出的差额。它是各级财政下年度可以结转使用或重新安排使用的资金。

财政总会计核算的结转结余包括一般公共预算结转结余、政府性基金预算结转结余、国有资本经营预算结转结余、财政专户管理资金结余和专用基金结余。按照现行财政预算管理体制和财政预算资金管理方式,各种性质的财政资金实行分别管理,各自平衡的管理方式。因此,各种性质的财政资金结转结余相对独立,不得混淆。财政总会计核算的各项结转结余应每年结算一次,平时不结转。

(一) 一般公共预算结转结余

1. 一般公共预算结转结余的概念与核算科目的设置

一般公共预算结转结余是指本级政府财政一般公共预算收支的执行结果,在数量上等于一般公共预算类收入与一般公共预算类支出相抵后的差额。其中,一般公共预算类收入包括一般公共预算收入、补助预算收入中一般公共预算补助收入、上解预算收入的一般公共预算上解收入、调入预算资金的一般公共预算调入资金、一般债务收入、国债收入、一般债务转贷收入、地区间援助预算收入和动用预算稳定调节基金等;一般公共预算类支出包括一般公共预算支出、补助预算支出中一般公共预算补助支出、上解预算支出的一般公共预算上解支出、调出预算资金一般公共预算调出资金、一般债务还本支出、一般债务转贷支出、地区间援助预算支出和安排预算稳定调节基金等。一般公共预算结转结余每年年终结算一次,平时不结算。

为核算一般公共预算结转结余业务,财政总会计应设置"一般公共预算结转结余"总账科目。本科目年终贷方余额反映一般公共预算收支相抵后的滚存结转结余。

2. 一般公共预算结转结余的核算

(1) 年终转账时,将一般公共预算的有关收入科目贷方余额转入本科目的贷方,借记"一般公共预算收入""补助预算收入——一般公共预算补助收入""上解预算收入——一般公共预算上解收入""地区间援助预算收入""调入预算资金——一般公共预算调入资金""债务预算收入——国债收入""债务预算收入——一般债务收入""债务转贷预算收入——地方政府一般债务转贷收入""动用预算稳定调节基金"等科目,贷记"一般公共预算结转结余"科目;将一般公共预算的有关支出科目借方余额转入本科目的借方,借记"一般公共预算结转结余"科目,贷记"一般公共预算支出""上解预算支出——一般公共预算上解支出""补助预算支出——一般公共预算补助支出""地区间援助预算支出""调出预算资金——一般公共预算调出资金""安排预算稳定调节基金""债务还本支出——国债还本支出""债务还本预算支出——一般债务还本支出""债务转贷预算支出——一般债务转贷支出"科目。

(2) 设置或补充预算周转金时,借记"一般公共预算结转结余"科目,贷记"预算周转金"科目。

【例 7-4】 某省财政年终结账时,有关一般公共预算类收支科目的余额如下:"一般公共预算收入"科目 914 000 元,"补助预算收入(一般公共预算补助收入)"科目 260 000 元,"上解预算收入(一般公共预算上解收入)"科目 13 000 元,"地区间援助预算收入"科目 4 000 元,"调入预算资金(一般公共预算调入资金)"科目 11 000 元,"债务预算收入(地方政府一般债务收入)"科目 120 000 元,"动用预算稳定调节基金"类科目 9 000 元,一般公共预算收入合计

1 331 000 元;"一般公共预算支出"科目 920 000 元,"上解预算支出(一般公共预算上解支出)"科目 80 000 元,"补助预算支出(一般公共预算补助支出)"科目 230 000 元,"债务转贷预算支出(地方政府一般债务转贷支出)"科目 40 000 元,"债务还本预算支出(一般债务还本支出)"科目 60 000 元,一般公共预算类支出合计 1 330 000 元。将上述一般公共预算类收支科目的余额转入"一般公共预算结转结余"科目。省财政总会计应编制的会计分录为:

在预算会计中:

借:一般公共预算本级收入	914 000
补助预算收入——一般公共预算补助收入	260 000
上解预算收入——一般公共预算上解收入	13 000
调入预算资金——一般公共预算调入资金	11 000
债务预算收入——地方政府一般债务收入	120 000
动用预算稳定调节基金	9 000
地区间援助预算收入	4 000
贷:一般公共预算结转结余	1 331 000

同时,结清所有一般公共预算类收入科目的明细账。

借:一般公共预算结转结余	1 330 000
贷:一般公共预算支出	920 000
补助预算支出——一般公共预算补助支出	230 000
上解预算支出——一般公共预算上解支出	80 000
债务转贷预算支出——地方政府一般债务转贷支出	40 000
债务还本预算支出——地方政府一般债务还本支出	60 000

同时,结清所有一般公共预算类支出科目的明细账。

该省财政一般公共预算类收入减去一般公共预算类支出后的差额为 1 000 元(1 331 000－1 330 000)。该 1 000 元为一般公共预算收入总计减去一般公共预算支出总计后的余额,其中包含了债务预算收入、债务还本预算支出、转移性预算收支等内容。

为如实反映本级财政收支差额,该省财政通常还可以单独计算一般公共预算收入减去一般公共预算支出后的差额为－6 000 元(914 000－920 000)。该－6 000 元为一般公共预算收入合计减去一般公共预算支出合计后的余额,其中不包含债务预算收入、债务还本预算支出、转移性预算收支等内容。在财政总会计中,一般公共预算收入总计与一般公共预算收入合计是两个不同的概念,它们包含的内容不一样。一般公共预算支出总计与一般公共预算支出合计的情况也是如此。

在财政总会计中,结转资金和结余资金是两个不完全一样的概念,须正确区分收支结余资金和收支结转资金。按照规定,预算单位的基本经费收支余额应当全部结转下年继续使用,即应当作为年终收支结转处理。预算单位的项目经费收支余额,需要区分情况处理:对于目标已经完成的项目经费收支余额,可以根据需要安排次年的财政预算,即应当作为年终收支结余处理;对于目标尚未完成、需要在次年继续使用的项目经费收支结余,应当结转次年继续用于相应的项目,即应当作为年终收支结转处理。

对于财政结转资金,财政总会计需要同时对"一般公共预算支出"和"应付国库集中支付结余"两个总账科目进行分析,从而计算得出年终财政收支结转资金的数额。具体可参见"应付国库集中支付结余"的核算和各类费用的核算。

一般公共预算结转结余的组成情况如下：

一般公共预算结转结余＝一般公共预算结转＋一般公共预算结余
　　　　　　　　　　＝一般公共预算基本支出结转＋一般公共预算项目支出结转
　　　　　　　　　　　＋一般公共预算项目支出结余

根据我国现行《预算法》的规定，各级政府上一年度预算的结转结余，应当在下一年用于结转项目的支出；连续两年未用完的结转资金，应当作为结余资金管理。

（二）政府性基金预算结转结余

1. 政府性基金预算结转结余的概念与核算科目的设置

政府性基金预算结转结余是指本级政府财政政府性基金预算收支的执行结果，在数量上等于政府性基金预算类收入与政府性基金预算类支出相抵后的差额。政府性基金预算类收入包括政府性基金预算收入、专项债务收入、专项债务转贷收入和属于政府性基金预算的补助预算收入、上解预算收入、调入预算资金等，政府性基金预算类支出包括政府性基金预算支出、专项债务还本支出、专项债务转贷支出和属于政府性基金预算的补助预算支出、上解预算支出、调出预算资金等。政府性基金预算结转结余每年年终结算一次，平时不结转。

为了核算政府性基金预算结转结余业务，财政总会计应设置"政府性基金预算结转结余"总账科目。本科目应当根据管理需要，按照政府性基金的项目进行明细核算。本科目年终贷方余额反映政府性基金预算收支相抵后的滚存结转结余。

2. 政府性基金预算结转结余的核算

年终转账时，将政府性基金预算的有关收入科目贷方余额转入本科目的贷方，按照政府性基金项目分别转入本科目的贷方，借记"政府性基金预算收入""补助预算收入——政府性基金预算补助收入""上解预算收入——政府性基金预算上解收入""调入预算资金——政府性基金预算调入资金""债务预算收入——专项债务收入""债务转贷预算收入——专项债务转贷收入"科目，贷记"政府性基金预算结转结余"科目；将政府性基金预算的有关支出科目借方余额转入本科目的借方，借记"政府性基金预算结转结余"科目，贷记"政府性基金预算支出""补助预算支出——政府性基金预算补助支出""上解预算支出——政府性基金预算上解支出""调出预算资金——政府性基金预算调出资金""债务还本预算支出——专项债务还本支出""债务转贷预算支出——专项债务转贷支出"科目。

【例7-5】 某市财政年终结算时有关政府性基金预算类收支科目的余额如下：政府性基金预算收入525 600元，补助预算收入（政府性基金补助收入）81 400元，上解预算收入（政府性基金上解收入）1 200元，政府性基金预算收入合计608 200元；政府性基金预算支出576 300元，补助预算支出（政府性基金补助支出）2 100元，上解预算支出（政府性基金上解支出）2 500元，调出预算资金（政府性基金调出资金）23 000元，政府性基金预算类支出合计603 900元。将上述政府性基金预算收支科目的余额转入"政府性基金预算结转结余"科目。

市财政总会计应编制的会计分录为：

在预算会计中：

借：政府性基金预算收入　　　　　　　　　　　　　　　　　525 600
　　补助预算收入——政府性基金补助收入　　　　　　　　　 81 400
　　上解预算收入——政府性基金上解收入　　　　　　　　　　1 200
　　贷：政府性基金预算结转结余　　　　　　　　　　　　　608 200

同时,结清所有政府性基金预算类收入科目的明细账。

借:政府性基金预算结转结余　　　　　　　　　　　　　　　　603 900
　　贷:政府性基金预算支出　　　　　　　　　　　　　　　　　576 300
　　　　补助预算支出——政府性基金补助支出　　　　　　　　　2 100
　　　　上解预算支出——政府性基金上解支出　　　　　　　　　2 500
　　　　调出预算资金——政府性基金调出资金　　　　　　　　 23 000

同时,结清所有政府性基金预算类支出科目的明细账。

该市财政政府性基金预算类收入减去政府性基金预算类支出后的差额为 4 300 元 (608 200－603 900)。

与一般公共预算结转结余是收支综合结余不同,政府性基金预算结转结余是各个种类的政府性基金收支结余,如农网还贷资金结余、民航发展基金结余、水利建设基金结余、政府住房基金结余等。有多少个种类的政府性基金,就会有多少个种类的政府性基金预算结转结余。各种类政府性基金预算结转结余之和即为政府性基金预算结转结余总数。

与一般公共预算一样,政府性基金预算也存在年终收支结余和收支结转的情况。

(三) 国有资本经营预算结转结余

1. 国有资本经营预算结转结余的概念与核算科目的设置

国有资本经营预算结转结余是指本级政府财政国有资本经营预算收支的执行结果,在数量上等于国有资本经营预算类收入减去国有资本经营预算类支出后的差额。其中,国有资本经营预算类收入即为国有资本经营预算收入、属于国有资本经营预算的补助预算收入、上解预算收入等。国有资本经营预算类支出包括国有资本经营预算支出、属于国有资本经营预算的补助预算支出、上解预算支出和国有资本经营预算调出资金。国有资本经营预算结转结余是本级政府财政执行国有资本经营预算的结果。国有资本经营预算结转结余每年年终结算一次,平时不结算。

为核算国有资本经营预算结转结余,财政总会计应设置"国有资本经营预算结转结余"总账科目。本科目年终贷方余额反映国有资本经营预算收支相抵后的滚存结转结余。

2. 国有资本经营预算结转结余的核算

年终转账时,将国有资本经营预算的有关收入科目贷方余额转入本科目的贷方,借记"国有资本经营预算收入""补助预算收入——国有资本经营预算补助收入""上解预算收入——国有资本经营预算上解收入"科目,贷记"国有资本经营预算结转结余"科目;将国有资本经营预算的有关支出科目借方余额转入本科目的借方,借记"国有资本经营预算结转结余"科目,贷记"国有资本经营预算支出""补助预算支出——国有资本经营预算补助支出""上解预算支出——国有资本经营预算上解支出""调出预算资金——国有资本经营预算调出资金"科目。

【例7-6】 某市财政年终结账时,有关国有资本经营预算收支科目余额具体为:国有资本经营预算收入科目的贷方余额为 152 000 元,国有资本经营类预算支出科目的借方余额为 149 000 元。将上述国有资本经营预算类收支科目余额转入"国有资本经营预算结转结余"科目。市财政总会计应编制的会计分录为:

在预算会计中:

借:国有资本经营预算收入　　　　　　　　　　　　　　　　152 000
　　贷:国有资本经营预算结转结余　　　　　　　　　　　　　152 000

同时,结清所有国有资本经营预算收入科目的明细账。

借:国有资本经营预算结转结余   149 000
  贷:国有资本经营预算支出   149 000

同时,结清所有国有资本经营预算本级支出科目的明细账。

该市财政国有资本经营预算类收入减去国有资本经营预算类支出后的差额为3 000元(152 000－149 000)。

与政府性基金预算存在多种基金、每种基金都有一个单独的结转结余数额不同,国有资本经营预算是一个各种收入综合安排使用的预算,因此,其结余也是一个综合结余。

(四) 专用基金结余

1. 专用基金结余的概念与核算科目的设置

专用基金结余是指本级政府财政专用基金收支的执行结果,在数量上等于专用基金收入与专用基金支出相抵后的差额。专用基金结余每年年终结算一次,平时不结算。

为核算专用基金结余业务,财政总会计应设置"专用基金结余"总账科目。本科目应当根据专用基金的种类进行明细核算。本科目期末贷方余额反映政府财政管理的专用基金收支相抵后的滚存结余。

2. 专用基金结余业务的核算

年终转账时,将专用基金的有关收入科目贷方余额转入本科目的贷方,借记"专用基金收入"科目,贷记"专用基金结余"科目;将专用基金的有关支出科目借方余额转入本科目的借方,借记"专用基金结余"科目,贷记"专用基金支出"科目。

【例7-7】 年终,某省财政结账时,"专用基金收入——粮食风险基金"科目的贷方余额为50 000元,"专用基金支出——粮食风险基金"科目的借方余额为49 500元。将专用基金收入和专用基金支出科目余额全数转入专用基金结余。财政总会计应编制的会计分录为:

在预算会计中:

借:专用基金收入——粮食风险基金   50 000
  贷:专用基金结余——粮食风险基金   50 000

同时,

借:专用基金结余——粮食风险基金   49 500
  贷:专用基金支出——粮食风险基金   49 500

该省财政粮食风险专用基金收入减去粮食风险专用基金支出后的差额为500元(50 000－49 500),即粮食风险专用基金结余为500元。

(五) 财政专户管理资金结余

1. 财政专户管理资金结余的概念与核算科目的设置

财政专户管理资金结余是指本级政府财政纳入财政专户管理的教育收费等资金收支的执行结果,在数量上等于财政专户管理资金收入减去财政专户管理资金支出后的差额。财政专户管理资金结余每年年终结算一次,平时不结算。

为了核算财政专户管理资金结余业务,财政总会计应设置"财政专户管理资金结余"总账科目。本科目应当根据管理需要,按照部门(单位)等进行明细核算。本科目年终贷方余额反映政府财政纳入财政专户管理的资金收支相抵后的滚存结余。

2. 财政专户管理资金结余的核算

年终转账时,将财政专户管理资金的有关收入科目贷方余额转入本科目贷方,借记"财政专户管理资金收入"等科目,贷记"财政专户管理资金结余"科目;将财政专户管理资金的有关支出科目借方余额转入本科目借方,借记"财政专户管理资金结余"科目,贷记"财政专户管理资金支出"等科目。

【例 7-8】 年终,某市财政结账时,"财政专户管理资金收入"科目的贷方余额为 38 000 元,其中,甲单位 20 000 元,乙单位 18 000 元;"财政专户管理资金支出"科目的借方余额为 37 700 元,其中,甲单位 19 800 元,乙单位 17 900 元。财政总会计应编制的会计分录为:

在预算会计中:

借:财政专户管理资金收入——甲单位　　　　　　　　　　　　　　　20 000
　　　　　　　　　　　　——乙单位　　　　　　　　　　　　　　　18 000
　　贷:财政专户管理资金结余——甲单位　　　　　　　　　　　　　20 000
　　　　　　　　　　　　　——乙单位　　　　　　　　　　　　　18 000

同时,财政总会计应结清所有财政专户管理资金收入明细账的余额。

借:财政专户管理资金结余——甲单位　　　　　　　　　　　　　　　19 800
　　　　　　　　　　　　——乙单位　　　　　　　　　　　　　　　17 900
　　贷:财政专户管理资金支出——甲单位　　　　　　　　　　　　　19 800
　　　　　　　　　　　　　——乙单位　　　　　　　　　　　　　17 900

同时,财政总会计应结清所有财政专户管理资金支出明细账的余额。

财政专户管理资金通常需要返还给缴款单位,因此,财政总会计通常需要为每个缴款单位结算出财政专户管理资金年终结余数额。该市财政专户管理资金收入减去财政专户管理资金支出后的差额为 300 元(38 000-37 700),即财政专户管理资金结余为 300 元,其中:甲单位结余 200 元(20 000-19 800),乙单位结余 100 元(18 000-17 900)。

二、预算周转金

(一) 预算周转金的概念与核算科目的设置

预算周转金是指政府财政设置的用于调剂预算年度内季节性收支差额周转使用的资金。

设置必要的预算周转金,是各级财政灵活调度预算资金的重要保证。虽然各级财政的预算收支在预算年度内通常可以做到全年预算总额上收支基本平衡,但月份之间、季度之间总是不平衡的,不是收大于支,就是支大于收。因此,各级财政为了平衡季节性预算收支,保证按计划及时供应预算资金,需要按规定设置相应的预算周转金。

预算周转金的来源渠道一般有两个:一是从本级财政的年度一般公共预算结转结余中提取设置、补充;二是上级财政部门拨入。一般来说,新成立的一级财政,需要上级财政在财力许可的范围内拨入相应数额的预算周转金。预算周转金仅供平衡预算收支的临时周转使用,因此不能用来安排支出,也不能随意减少。预算周转金存入国库存款账户,不另设其他存款账户。动用预算周转金时,作为国库存款减少,不作为预算周转金的减少。若国库存款的余额小于预算周转金数额,表明预算周转金已经被动用。

为核算预算周转金业务,财政总会计的财务会计和预算会计都应设置"预算周转金"总账科目。本科目贷方余额反映预算周转金的累计规模。预算周转金应根据我国《预算法》要求设置。

(二) 预算周转金的核算

1. 在财务会计中的核算

(1) 设置或补充预算周转金时,借记"本期盈余——预算管理资金本期盈余"科目,贷记"预算周转金"科目。

(2) 将预算周转金调入预算稳定调节基金时,借记"预算周转金"科目,贷记"预算稳定调节基金"科目。

2. 在预算会计中的核算

(1) 设置和补充预算周转金时,借记"一般公共预算结转结余"科目,贷记"预算周转金"科目。

(2) 将预算周转金调入预算稳定调节基金时,借记"预算周转金"科目,贷记"预算稳定调节基金"科目。

【例7-9】 某市财政从本市政府财政一般公共预算结转结余中补充预算周转金500 000元。同时,将预算周转金400 000元调入预算稳定调节基金。市财政总会计应编制的会计分录为:

(1) 从本市政府财政一般公共预算结转结余中补充预算周转金时。

在财务会计中:

借:本期盈余——预算管理资金本期盈余　　　　　　　　　　　　　500 000
　　贷:预算周转金　　　　　　　　　　　　　　　　　　　　　　　　500 000

同时,在预算会计中:

借:一般公共预算结转结余　　　　　　　　　　　　　　　　　　　500 000
　　贷:预算周转金　　　　　　　　　　　　　　　　　　　　　　　　500 000

年终用一般公共预算结转结余补充预算周转金,在增加预算周转金数额的同时,会减少一般公共预算结转结余的数额。若各级财政在临时缺少预算周转金时,可能需要向上级财政临时借入预算周转金,相应业务通过"与上级往来"科目核算。

(2) 将预算周转金调入预算稳定调节基金时。

在财务会计中:

借:预算周转金　　　　　　　　　　　　　　　　　　　　　　　　400 000
　　贷:预算稳定调节基金　　　　　　　　　　　　　　　　　　　　　400 000

同时,在预算会计中:

借:预算周转金　　　　　　　　　　　　　　　　　　　　　　　　400 000
　　贷:预算稳定调节基金　　　　　　　　　　　　　　　　　　　　　400 000

三、预算稳定调节基金

(一) 预算稳定调节基金的概念与核算科目的设置

预算稳定调节基金是指本级政府财政为保持年度间预算的衔接和稳定,在一般公共预算中设置的储备性资金。

在数额上,预算稳定调节基金等于安排预算稳定调节基金加上从预算周转金中调入的预算稳定调节基金减去动用预算稳定调节基金后的数额。安排了预算稳定调节基金,该部分数额就不再可以安排次年的预算,只能用于次年发生短收情况下弥补收支缺口。

政府的财政收入必须依法征收。当经济不景气、税收收入减少时,政府不能为满足支出预算的需求而强行征税。此时,调入预算稳定调节基金,可以保证支出预算的需求仍然得到满足,预算收支得到跨年平衡。

设置预算周转金和预算稳定调节基金的目的,都是为了满足预算资金收支平衡的需要。财政部门应当加强对财政资金的管理,既不能出现不能及时供应财政资金的情况,也不能留有太多的财政资金储备。根据国务院关于推进财政资金统筹使用的相关规定,各级财政应当积极推进预算稳定调节基金的统筹使用,根据实际需要将闲置不用的预算周转金调入预算稳定调节基金。同时,应当合理控制预算稳定调节基金规模,根据《中华人民共和国预算法实施条例》的规定,经本级政府批准,各级政府财政部门可以设置预算周转金,额度不得超过本级一般公共预算支出总额的1%。年度终了时,各级政府财政部门可以将预算周转金收回并用于补充预算稳定调节基金。

为核算预算稳定调节基金业务,财政总会计的财务会计和预算会计都应设置"预算稳定调节基金"总账科目。本科目期末贷方余额,反映预算稳定调节基金的累计规模。

(二) 预算稳定调节基金的核算

1. 在财务会计中的核算

(1) 设置或补充预算稳定调节基金时,借记"本期盈余——预算管理资金本期盈余"科目,贷记"预算稳定调节基金"科目。

(2) 将预算周转金调入预算稳定调节基金时,借记"预算周转金"科目,贷记"预算稳定调节基金"科目。

(3) 动用预算稳定调节基金时,借记"预算稳定调节基金"科目,贷记"本期盈余——预算管理资金本期盈余"科目。

2. 在预算会计中的核算

(1) 使用超收收入或一般公共预算结余设置或补充预算稳定调节基金时,借记"安排预算稳定调节基金"科目,贷记"预算稳定调节基金"科目。

(2) 将预算周转金调入预算稳定调节基金时,借记"预算周转金"科目,贷记"预算稳定调节基金"科目。

(3) 调用预算稳定调节基金时,借记"预算稳定调节基金"科目,贷记"动用预算稳定调节基金"科目。

在现行《政府收支分类科目》的一般公共预算收支科目中,使用"调出预算资金"预算科目反映从一般公共预算调出用于补充预算稳定调节基金的业务,使用"调入预算资金"预算科目反映从预算稳定调节基金调入一般公共预算用于补充的业务。

【例7-10】 某市财政年终发生财政超收,即财政收入大于财政支出,决定将一部分超收安排预算稳定调节基金,安排金额为135 000元。市财政总会计应编制的会计分录为:

在财务会计中:

借:本期盈余——预算管理资金本期盈余　　　　　　　　　　　　　135 000
　　贷:预算稳定调节基金　　　　　　　　　　　　　　　　　　　　　135 000

同时,在预算会计中:

```
借：安排预算稳定调节基金                                                    135 000
    贷：预算稳定调节基金                                                         135 000
```

【例 7-11】 某市财政年终发生财政短收,即财政收入小于财政支出,决定调用以前年度从财政超收中安排的一部分预算稳定调节基金,调用金额为 24 500 元。市财政总会计应编制的会计分录为：

在财务会计中：

```
借：预算稳定调节基金                                                          24 500
    贷：本期盈余——预算管理资金本期盈余                                             24 500
```

同时,在预算会计中：

```
借：预算稳定调节基金                                                          24 500
    贷：动用预算稳定调节基金                                                      24 500
```

四、资金结存

(一) 资金结存的概念与核算科目的设置

资金结存是指政府财政纳入预算管理资金的流入、流出、调整和滚存的结果。

为核算资金结存业务,财政总会计应设置"资金结存"总账科目。本科目应设置"库款资金结存""专户资金结存""在途资金结存""集中支付结余结存""上下级调拨结存""待发国债结存""零余额账户结存""已结报支出""待处理结存"明细科目。其中：

(1) "库款资金结存"科目。它用于核算政府财政以国库存款形态存在的资金。本科目期末应为借方余额。

(2) "专户资金结存"科目。它用于核算政府财政以财政专户存款形态存在的资金。本科目期末应为借方余额。

(3) "在途资金结存"科目。它用于核算报告清理期和库款报解整理期内发生的需要通过本科目过渡处理的属于上年度收入、支出等业务的款项。本科目期末余额反映政府财政持有的在途款金额。

(4) "集中支付结余结存"科目。它用于核算省级以上(含省级)政府财政国库集中支付中,应列为当年支出,但年末尚未支付需结转下一年度支付的款项。本科目期末应为贷方余额,反映政府财政尚未支付的国库集中支付结余。

(5) "上下级调拨结存"科目。它用于核算上下级政府财政之间资金调拨和资金结算等事项。本科目期末余额反映政府财政上下级往来款项的净额。

(6) "待发国债结存"科目。它用于核算为弥补中央财政预算收支差额,中央财政预计发行国债与实际发行国债之间的差额。本科目期末应为借方余额,反映中央财政尚未使用的国债发行额度。

(7) "零余额账户结存"科目。它用于核算政府财政国库支付执行机构在代理银行开设的财政零余额账户发生的支付和清算业务。财政国库支付执行机构未单设的地区不使用本科目。本科目年末应无余额。

(8) "已结报支出"科目。它用于核算政府财政国库支付执行机构已清算的国库集中支付支出数额。财政国库支付执行机构未单设的地区不使用本科目。本科目年末应无余额。

(9) "待处理结存"科目。它用于核算结转下年度的待处理收入和待处理支出等。本科目期末余额反映尚未清理的以前年度待处理收支的金额。

(二) 资金结存科目的核算

1. 库款资金结存

(1) 收到预算收入时,根据当日预算收入日报表所列预算收入数,借记"资金结存——库款资金结存"科目,贷记有关预算收入科目。已入库款项发生退库(付)的,资金划出时,借记有关预算收入科目,贷记"资金结存——库款资金结存"科目。

(2) 发生预算支出时,按照实际支付的金额,借记有关预算支出科目,贷记"资金结存——库款资金结存"科目。预算支出发生退回的,资金划出时,借记"资金结存——库款资金结存"科目,贷记有关预算支出科目。

2. 专户资金结存

(1) 收到预算收入时,按照有关收入凭证,借记"资金结存——专户资金结存"科目,贷记有关预算收入科目。已收到款项发生退付的,资金划出时,借记有关预算收入科目,贷记"资金结存——专户资金结存"科目。

(2) 发生预算支出时,按照实际支付的金额,借记有关预算支出科目,贷记"资金结存——专户资金结存"科目。预算支出发生退回的,资金划出时,借记"资金结存——专户资金结存"科目,贷记有关预算支出科目。

3. 在途资金结存

(1) 报告清理期和库款报解整理期内收到属于上年度收入时,在上年度账务中,借记"资金结存——在途资金结存"科目,贷记有关收入科目;收回属于上年度支出时,在上年度账务中,借记"资金结存——在途资金结存"科目,贷记"预拨经费"或有关支出科目。

(2) 冲转在途款时,在本年度账务中,借记"资金结存——库款资金结存"科目,贷记"资金结存——在途资金结存"科目。

4. 集中支付结余结存

(1) 年末,对当年发生的应付国库集中支付结余,借记有关支出科目,贷记"资金结存——集中支付结余结存"科目。

(2) 实际支付应付国库集中支付结余资金时,借记"资金结存——集中支付结余结存"科目,贷记"资金结存——库款资金结存"科目。

(3) 收回尚未支付的应付国库集中支付结余时,借记"资金结存——集中支付结余结存"科目,贷记有关支出科目。

5. 上下级调拨结存

(1) 年终转账时,将"补助预算收入——上级调拨"科目贷方余额转入资金结存,借记"补助预算收入——上级调拨"科目,贷记"资金结存——上下级调拨结存"科目。

(2) 年终转账时,将"补助预算支出——调拨下级"科目借方余额转入资金结存,借记"资金结存——上下级调拨结存"科目,贷记"补助预算支出——调拨下级"科目。

6. 待发国债结存

年度终了,实际发行国债收入用于债务还本支出后,小于为弥补中央财政预算收支差额中央财政预计发行国债时,按照其差额,借记"资金结存——待发国债结存"科目,贷记"债务预算收入"科目;实际发行国债收入用于债务还本支出后,大于为弥补中央财政预算收支差额中央财政预计发行国债时,按照其差额,借记"债务预算收入"科目,贷记"资金结存——待发国债结存"科目。

7. 零余额账户结存

(1) 财政国库支付执行机构通过财政零余额账户支付款项时,借记有关预算支出科目,贷记"资金结存——零余额账户结存"科目。

(2) 根据每日清算的金额,借记"资金结存——零余额账户结存"科目,贷记"资金结存——已结报支出"科目。

8. 已结报支出

(1) 财政国库集中支付执行机构根据每日清算的金额,借记"资金结存——零余额账户结存"科目,贷记"资金结存——已结报支出"科目。

(2) 财政国库集中支付执行机构按照国库集中支付制度有关规定办理资金支付时,借记相关预算支出科目,贷记"资金结存——已结报支出"科目。

(3) 年终财政国库集中支付执行机构按照累计结清的预算支出金额,与有关方面核对一致后转账,借记"资金结存——已结报支出"科目,贷记有关预算支出科目。

9. 待处理结存

(1) 年终转账时,将"待处理收入"科目贷方余额转入资金结存,借记"待处理收入"科目,贷记"资金结存——待处理结存"科目;将"待处理支出"科目借方余额转入资金结存,借记"资金结存——待处理结存"科目,贷记"待处理支出"科目。

(2) 将以前年度结转的待处理收入转列预算收入或退回时,借记"资金结存——待处理结存"科目,贷记有关预算收入科目、"资金结存——库款资金结存"科目;将以前年度结转的待处理支出转列预算支出或收回时,借记有关预算支出科目、"资金结存——库款资金结存"等科目,贷记"资金结存——待处理结存"科目。

资金结存的核算举例几乎贯穿全书,可重点参阅本书第五章预算收入、第六章预算支出的有关例题。

复习思考题

1. 什么是财政总会计的净资产,它具体包括哪些内容?
2. 什么是财政总会计的累计盈余,它应当如何核算?
3. 什么是财政总会计的本期盈余,它应当如何核算?
4. 什么是权益法调整,它应当如何核算?
5. 什么是以前年度盈余调整,它应当如何核算?
6. 什么是财政总会计的预算结余,它具体包括哪些内容?
7. 什么是财政总会计的结转结余?财政总会计的结转结余包括哪些种类?
8. 什么是一般公共预算结转结余,它应当如何核算?
9. 什么是政府性基金预算结转结余,它应当如何核算?政府性基金预算结转结余与一般公共预算结转结余在核算时有什么不同?
10. 什么是国有资本经营预算结转结余,它应当如何核算?
11. 什么是专用基金结余,它应如何核算?
12. 什么是预算周转金?预算周转金的来源渠道有哪些?它应当如何核算?
13. 什么是预算稳定调节基金?各级财政为什么要设置预算稳定调节基金?

第七章课后练习题

第八章 财政总会计的会计报表

第一节 财务会计报表

政府财政总会计的会计报表是反映政府财政财务状况、运行情况以及预算执行情况等信息的书面文件,是各级政府、上级财政部门、各级人民代表大会和社会公众了解情况、掌握政策、指导和监督预算执行工作的重要资料,也是编制下年度政府财政预算的基础。它由财务会计报表和预算会计报表构成。各级政府财政应当根据《财政总会计制度》和《政府会计准则第9号——财务报表编制和列报》的规定编制并提供真实、完整的会计报表,不得违反规定,随意改变会计报表的格式、编制依据和方法,不得随意改变会计报表有关数据的会计口径。编制会计报表时应切实做到账表一致,不得估列代编,弄虚作假;要严格按照统一规定的种类、格式、内容、计算方法和编制口径填制会计报表,以保证全国统一汇总和分析。汇总报表的单位,要把所属单位的报表汇集齐全,防止漏报。本节先介绍财务会计报表。

政府财政总会计的财务会计报表包括资产负债表、收入费用表、现金流量表、本年预算结余与本期盈余调节表等会计报表和附注。收入费用表应当按月度和年度编制,资产负债表、现金流量表、本年预算结余与本期盈余调节表和附注应当至少按年度编制。

一、资产负债表

(一) 资产负债表的概念和格式

财政总会计的资产负债表是反映政府财政在某一特定日期财务状况的报表。按照编报的时间,资产负债表可分为月报和年报两种,分别反映月末和年末一级政府财政的实际财力状况。资产负债表应当按照资产、负债和净资产分类、分项列示,采用"资产=负债+净资产"的平衡等式。资产负债表中的金额,应当根据有关资产、负债与净资产账户的期末余额计算填列。各级政府财政编制的资产负债表的格式如表 8-1 所示。表 8-1 中数字作为示例,均为假设。其他会计报表的情况也是如此。

表 8-1　　　　　　　　　　　　　资产负债表　　　　　　　　　　　　总会财 01 表
编制单位:某省财政厅　　　　　　20×3 年 12 月 31 日　　　　　　　单位:万元

资产	年初余额	期末余额	负债和净资产	年初余额	期末余额
流动资产:			**流动负债:**		
国库存款		532	应付短期政府债券		
其他财政存款		50	应付国库集中支付结余		29
国库现金管理资产		25	与上级往来		123

(续表)

资产	年初余额	期末余额	负债和净资产	年初余额	期末余额
有价证券		10	其他应付款		16
应收非税收入			应付代管资金		
应收股利		23	应付利息		15
借出款项		13	一年内到期的非流动负债		86
与下级往来		116	**流动负债合计**		269
预拨经费		22	**非流动负债：**		
在途款		15	应付长期政府债券		
其他应收款		31	借入款项		
应收利息			应付地方政府债券转贷款		215
一年内到期的非流动资产			应付主权外债转贷款		
流动资产合计		837	其他负债		
非流动资产：			**非流动负债合计**		215
应收地方政府债券转贷款			**负债合计**		484
应收主权外债转贷款			**净资产：**		
股权投资		188	累计盈余		291
非流动资产合计		188	预算稳定调节基金		82
			预算周转金		68
			权益法调整		100
			净资产合计		541
资产总计		1 025	**负债和净资产总计**		1 025

(二) 资产负债表的编制方法

资产负债表"年初余额"栏内各项数字,应当根据上年末资产负债表"期末余额"栏内数字填列。如果本年度资产负债表规定的各个项目的名称和内容同上年度不相一致,应对上年年末资产负债表各项目的名称和数字按照本年度的规定进行调整,填入本表"年初余额"栏内。

资产负债表"期末余额"栏各项目的内容和填列方法如下。

1. 资产类项目

(1) "国库存款"项目,反映政府财政期末存放在国库单一账户的款项金额。本项目应当根据"国库存款"科目的期末余额填列。

(2) "国库现金管理资产"项目,反映政府财政期末实行国库现金管理业务持有的资产金额。本项目应当根据"国库现金管理资产"科目的期末余额填列。

(3) "其他财政存款"项目,反映政府财政期末持有的其他财政存款金额。本项目应当根据"其他财政存款"科目的期末余额填列。

(4) "有价证券"项目,反映政府财政期末持有的有价证券金额。本项目应当根据"有价证券"科目的期末余额填列。

(5) "应收非税收入"项目,反映政府财政期末向缴款人收取但尚未缴入国库的非税收入。本项目应当根据"应收非税收入"科目的期末余额填列。

(6)"应收股利"项目,反映政府财政期末尚未收回的现金股利或利润金额。本项目应当根据"应收股利"科目的期末余额填列。

(7)"借出款项"项目,反映政府财政期末借给预算单位尚未收回的款项金额。本项目应当根据"借出款项"科目的期末余额填列。

(8)"与下级往来"项目,正数反映下级政府财政欠本级政府财政的款项金额;负数反映本级政府财政欠下级政府财政的款项金额。本项目应当根据"与下级往来"科目的期末余额填列,期末余额如为借方则以正数填列,如为贷方则以负数填列。

(9)"预拨经费"项目,反映政府财政期末尚未转列支出或尚待收回的预拨经费金额。本项目应当根据"预拨经费"科目的期末余额填列。

(10)"在途款"项目,反映政府财政期末持有的在途款金额。本项目应当根据"在途款"科目的期末余额填列。

(11)"其他应收款"项目,反映政府财政期末尚未收回的其他应收款的金额。本项目应当根据"其他应收款"科目的期末余额填列。

(12)"应收利息"项目,反映政府财政期末应收未收的转贷款利息金额。本项目应当根据"应收地方政府债券转贷款""应收主权外债转贷款"科目下的"应收利息"明细科目期末余额填列。

(13)"一年内到期的非流动资产"项目,反映政府财政期末非流动资产项目中距离偿还本金日期1年以内(含1年)的转贷款本金。本项目应当根据"应收地方政府债券转贷款""应收主权外债转贷款"科目下的"应收本金"明细科目期末余额及债务管理部门提供的资料分析填列。

(14)"流动资产合计"项目,反映政府财政期末流动资产的合计数。本项目应当根据本表中"国库存款""其他财政存款""国库现金管理资产""有价证券""应收非税收入""应收股利""借出款项""与下级往来""预拨经费""在途款""其他应收款""应收利息""一年内到期的非流动资产"项目金额的合计数填列。

(15)"应收地方政府债券转贷款"项目,反映政府财政期末尚未收回的距离偿还本金日期超过1年的地方政府债券转贷款的本金金额。本项目应当根据"应收地方政府债券转贷款"科目下的"应收本金"明细科目期末余额及债务管理部门提供的资料分析填列。

(16)"应收主权外债转贷款"项目,反映政府财政期末尚未收回的距离偿还本金日期超过1年的主权外债转贷款的本金金额。本项目应当根据"应收主权外债转贷款"科目下的"应收本金"明细科目期末余额及债务管理部门提供的资料分析填列。

(17)"股权投资"项目,反映政府期末持有股权投资的金额。本项目应当根据"股权投资"科目的期末余额填列。

(18)"非流动资产合计"项目,反映政府财政期末非流动资产的合计数。本项目应当根据本表中"应收地方政府债券转贷款""应收主权外债转贷款""股权投资"项目金额的合计数填列。

(19)"资产总计"项目,反映政府财政期末资产的合计数。本项目应当根据本表中"流动资产合计""非流动资产合计"项目金额的合计数填列。

2. 负债类项目

(1)"应付短期政府债券"项目,反映政府财政期末尚未偿还的发行期不超过1年(含1年)的国债和地方政府债券本金金额。本项目应当根据"应付短期政府债券"科目的期末余额填列。

(2)"应付国库集中支付结余"项目,反映政府财政期末尚未支付的国库集中支付结余金额。本项目应当根据"应付国库集中支付结余"科目的期末余额填列。

(3)"与上级往来"项目,正数反映本级政府财政期末欠上级政府财政的款项金额;负数反映上级政府财政欠本级政府财政的款项金额。本项目应当根据"与上级往来"科目的期末余额填列,期末余额如为贷方则以正数填列,如为借方则以负数填列。

(4)"其他应付款"项目,反映政府财政期末尚未支付的其他应付款的金额。本项目应当根据"其他应付款"科目的期末余额填列。

(5)"应付代管资金"项目,反映政府财政期末尚未支付的代管资金金额。本项目应当根据"应付代管资金"科目的期末余额填列。

(6)"应付利息"项目,反映政府财政期末尚未支付的利息金额。省级以上(含省级)政府财政应当根据"应付利息"科目期末余额填列;市县政府财政应当根据"应付地方政府债券转贷款""应付主权外债转贷款"科目下的"应付利息"明细科目期末余额填列。

(7)"一年内到期的非流动负债"项目,反映政府财政期末承担的距离偿还本金日期1年以内(含1年)的非流动负债。省级以上(含省级)政府财政应当根据"应付长期政府债券""借入款项"科目余额,市县政府财政应当根据"应付地方政府债券转贷款""应付主权外债转贷款"科目下的"应付本金"明细科目期末余额及债务管理部门提供的资料分析填列。

(8)"流动负债合计"项目,反映政府财政期末流动负债合计数。本项目应当根据本表"应付短期政府债券""应付国库集中支付结余""与上级往来""其他应付款""应付代管资金""应付利息""一年内到期的非流动负债"项目金额的合计数填列。

(9)"应付长期政府债券"项目,反映政府财政期末承担的距离偿还本金日期超过1年的国债和地方政府债券本金金额。本项目应当根据"应付长期政府债券"科目期末余额及债务管理部门提供的资料分析填列。

(10)"借入款项"项目,反映政府财政期末承担的距离偿还本金日期超过1年的借入款项的本金金额。省级以上(含省级)政府财政应当根据"借入款项"科目的期末余额及债务管理部门提供的资料分析填列。

(11)"应付地方政府债券转贷款"项目,反映政府财政期末承担的距离偿还本金日期超过1年的地方政府债券转贷款的本金金额。本项目应当根据"应付地方政府债券转贷款"科目下的"应付本金"明细科目期末余额及债务管理部门提供的资料分析填列。

(12)"应付主权外债转贷款"项目,反映政府财政期末承担的距离偿还本金日期超过1年的主权外债转贷款的本金金额。本项目应当根据"应付主权外债转贷款"科目下的"应付本金"明细科目期末余额及债务管理部门提供的资料分析填列。

(13)"其他负债"项目,反映中央政府财政期末承担的其他负债金额。本项目应当根据"其他负债"科目的期末余额填列。

(14)"非流动负债合计"项目,反映政府财政期末非流动负债合计数。本项目应当根据本表中"应付长期政府债券""借入款项""应付地方政府债券转贷款""应付主权外债转贷款""其他负债"项目金额的合计数填列。

(15)"负债合计"项目,反映政府财政期末负债的合计数。本项目应当根据本表中"流动负债合计""非流动负债合计"项目金额的合计数填列。

3. 净资产类项目

(1)"累计盈余"项目,反映政府财政纳入一般公共预算、政府性基金预算、国有资本经营预算管理的预算资金,财政专户管理资金、专用基金历年实现的盈余滚存的金额。本项目应当根据"预算管理资金累计盈余""财政专户管理资金累计盈余""专用基金累计盈余"科目的期末余额填列。

(2)"预算稳定调节基金"项目,反映政府财政期末预算稳定调节基金的余额。本项目应当根据"预算稳定调节基金"科目的期末余额填列。

(3)"预算周转金"项目,反映政府财政期末预算周转金的余额。本项目应当根据"预算周转金"科目的期末余额填列。

(4)"权益法调整"项目,反映政府财政按照持股比例计算应享有的被投资主体净损益和利润分配以外的其他权益变动的份额。本项目根据"权益法调整"科目的期末余额填列。

(5)"净资产合计"项目,反映政府财政期末净资产合计数。本项目应当根据本表中"累计盈余""预算稳定调节基金""预算周转金""权益法调整"项目金额的合计数填列。

(6)"负债和净资产总计"项目,应当根据本表中"负债合计""净资产合计"项目金额的合计数填列。

【例8-1】 某省财政20×3年年终转账后有关总账账户的余额如下:

(1)资产类账户的借方余额共计1025万元。其中,国库存款532万元,国库现金管理资产25万元,其他财政存款50万元,有价证券10万元,与下级往来116万元,借出款项13万元,应收股利23万元,其他应收款31万元,在途款15万元,预拨经费22万元,股权投资188万元。

(2)负债类账户的贷方余额共计269万元。其中,应付利息15万元,应付国库集中支付结余29万元,其他应付款16万元,与上级往来123万元,应付地方债券转贷款301万元(其中,1年内到期的部分为86万元)。

(3)净资产类账户的贷方余额共计541万元。其中,累计盈余215万元,预算稳定调节基金82万元,预算周转金68万元,权益法调整100万元。

根据以上资料编制该省财政20×3年12月31日资产负债表如表8-1所示。

二、收入费用表

(一)收入费用表的概念和格式

收入费用表是反映政府财政在一定会计期间运行情况的报表。收入支出表根据资金性质按照收入、费用、结转结余的构成分类、分项列示。收入支出表按月度和年度编制。

收入费用表的一般格式如表8-2所示。

表8-2　　　　　　　　　　收入费用表　　　　　　　　　总会财02表
编制单位:　　　　　　　　　___年__月　　　　　　　　　单位:元

项　目	预算管理资金		财政专户管理资金		专用基金	
	本月数	本年累计数	本月数	本年累计数	本月数	本年累计数
收入合计						
税收收入			—	—	—	—
非税收入					—	—
投资收益						

(续表)

项 目	预算管理资金		财政专户管理资金		专用基金	
	本月数	本年累计数	本月数	本年累计数	本月数	本年累计数
补助收入			—	—	—	—
上解收入			—	—	—	—
地区间援助收入			—	—	—	—
其他收入			—	—	—	—
财政专户管理资金收入	—	—			—	—
专用基金收入	—	—	—	—		
费用合计						
政府机关商品和服务拨款费用			—	—	—	—
政府机关工资福利拨款费用			—	—	—	—
对事业单位补助拨款费用			—	—	—	—
对企业补助拨款费用			—	—	—	—
对个人和家庭补助拨款费用			—	—	—	—
对社会保障基金补助拨款费用			—	—	—	—
资本性拨款费用			—	—	—	—
其他拨款费用			—	—	—	—
财务费用						
补助费用			—	—	—	—
上解费用			—	—	—	—
地区间援助费用			—	—	—	—
其他费用			—	—	—	—
财政专户管理资金支出	—	—			—	—
专用基金支出	—	—	—	—		
本期盈余(本年收入与费用的差额)						

注：表 8-2 中有"—"的部分不必填列。

（二）收入费用表的编制方法

收入费用表中"本月数"栏反映各项目的本月实际发生数。在编制年度收入费用表时，应将本栏改为"上年数"栏，反映上年度各项目的实际发生数；如果本年度收入费用表规定的各个项目的名称和内容同上年度不一致，应对上年度收入费用表各项目的名称和数字按照本年度的规定进行调整，填入本年度收入费用表的"上年数"栏。

收入费用表"本年累计数"栏反映各项目自年初起至报告期末止的累计实际发生数。编制年度收入费用表时，应当将本栏改为"本年数"。收入支出表表"本年累计数"栏反映各项目自年初起至报告期末止的累计实际发生数。编制年度收入支出表时,应当将本栏改为"本年数"。

收入费用表"本月数"栏各项目的内容和填列方法如下。

(1)"收入合计"项目,反映政府财政本期取得的各项收入合计金额。其中,预算管理资金的"收入合计"应当根据属于预算管理资金的"税收收入""非税收入""投资收益""补助收入""上解收入""地区间援助收入""其他收入"项目金额的合计填列;财政专户管理资金的"收入合计"应当根据"财政专户管理资金收入"项目的金额填列;专用基金的"收入合计"应当根据"专用基金收入"项目的金额填列。

(2)"税收收入"项目,反映政府财政本期取得的税收收入金额。本项目根据"税收收入"科目本期发生额填列。

(3)"非税收入"项目,反映政府财政本期取得的各项非税收入金额。本项目根据"非税收入"科目本期发生额填列。

(4)"投资收益"项目,反映政府财政本期取得的各项投资收益金额。本项目根据"投资收益"科目本期发生额填列。

(5)"补助收入"项目,反映政府财政本期取得的各类资金的补助收入金额。本项目根据"补助收入"科目本期发生额填列。

(6)"上解收入"项目,反映政府财政本期取得的各类资金的上解收入金额。本项目根据"上解收入"科目本期发生额填列。

(7)"地区间援助收入"项目,反映政府财政本期取得的地区间援助收入金额。本项目应当根据"地区间援助收入"科目的本期发生额填列。

(8)"其他收入"项目,反映政府财政本期取得的除"税收收入""非税收入""投资收益""补助收入""上解收入""地区间援助收入""财政专户管理资金收入""专用基金收入"以外的收入金额。本项目应当根据"其他收入"科目本期发生额填列。

(9)"财政专户管理资金收入"项目,反映政府财政本期取得的教育收费等资金收入金额。本项目根据"财政专户管理资金收入"科目本期发生额填列。

(10)"专用基金收入"项目,反映政府财政本期取得的粮食风险基金等资金收入金额。本项目根据"专用基金收入"科目本期发生额填列。

(11)"费用合计"项目,反映政府财政本期发生的各类费用合计金额。其中,预算管理资金的"费用合计"应当根据属于预算管理资金的"政府机关商品和服务拨款费用""政府机关工资福利拨款费用""对事业单位补助拨款费用""对企业补助拨款费用""对个人和家庭补助拨款费用""对社会保障基金补助拨款费用""资本性拨款费用""其他拨款费用""财务费用""补助费用""上解费用""地区间援助费用""其他费用"项目金额的合计填列;财政专户管理资金的"费用合计"应当根据"财政专户管理资金支出"项目的金额填列;专用基金的"费用合计"应当根据"专用基金支出"项目的金额填列。

(12)"政府机关商品和服务拨款费用"项目,反映政府财政本期发生的购买商品和服务的各类费用金额。本项目根据"政府机关商品和服务拨款费用"科目本期发生额填列。

(13)"政府机关工资福利拨款费用"项目,反映政府财政本期发生的支付给职工和长期聘用人员的各类劳动报酬及为上述人员缴纳的各项社会保险费等费用。本项目根据"政府机关工资福利拨款费用"科目本期发生额填列。

(14)"对事业单位补助拨款费用"项目,反映政府财政本期发生的对事业单位的经常性补助费用金额。本项目根据"对事业单位补助拨款费用"科目本期发生额填列。

(15)"对企业补助拨款费用"项目,反映政府财政本期发生的对企业补助拨款费用金额。本项目根据"对企业补助拨款费用"科目本期发生额填列。

(16)"对个人和家庭补助拨款费用"项目,反映政府财政本期发生的对个人和家庭补助拨款费用金额。本项目根据"对个人和家庭补助拨款费用"科目本期发生额填列。

(17)"对社会保障基金补助拨款费用"项目,反映政府财政本期发生的对社会保险基金的补助拨款以及补充全国社会保障基金费用的拨款金额。本项目根据"对社会保障基金补助拨款费用"科目本期发生额填列。

(18)"资本性拨款费用"项目,反映政府财政本期发生的对行政事业单位的房屋建筑物购建、基础设施建设、公务用车购置、设备购置、物资储备等方面资本性拨款费用金额。本项目根据"资本性拨款费用"科目本期发生额填列。

(19)"其他拨款费用"项目,反映政府财政未列入以上拨款费用项目的财政拨款费用金额。本项目根据"其他拨款费用"科目本期发生额填列。

(20)"财务费用"项目,反映政府财政本期发生的偿还政府债务利息及支付政府债务发行、兑付、登记相关费用及汇兑损益金额。本项目根据"财务费用"科目本期发生额填列。

(21)"补助费用"项目,反映政府财政本期发生的各类资金的补助费用金额。本项目根据"补助费用"科目本期发生额填列。

(22)"上解费用"项目,反映政府财政本期发生的上缴上级各类资金产生的费用金额。本项目根据"上解费用"科目本期发生额填列。

(23)"地区间援助费用"项目,反映政府财政本期发生的地区间援助费用金额。本项目根据"地区间援助费用"科目的本期发生额填列。

(24)"其他费用"项目,反映政府财政本期股权划出、其他负债变动形成的费用金额。本项目根据"其他费用"科目的本期发生额填列。

(25)"财政专户管理资金支出"项目,反映政府财政本期使用纳入财政专户管理的教育收费等资金产生的费用金额。本项目根据"财政专户管理资金支出"科目本期发生额填列。

(26)"专用基金支出"项目,反映政府财政本期使用专用基金产生的费用金额。本项目根据"专用基金支出"科目本期发生额填列。

(27)"本期盈余"项目,反映政府财政本年年末收入减去费用的金额。本项目根据本表"收入合计"减去"费用合计"的差额填列。

三、现金流量表

(一)现金流量表的概念和格式

现金流量表是反映政府财政在一定会计期间现金流入和流出情况的报表。现金流量表中的现金,是指政府财政的国库存款、其他财政存款及国库现金管理资产中的商业银行定期存款。现金流量,是指现金的流入和流出。现金流量表应当按照日常活动、投资活动、筹资活动的现金流量分别反映。

现金流量表的作用主要表现在以下几个方面:

(1)可以提供某一会计期间内日常活动产生的现金流量的信息。例如.可以提供某一会计期间内财政基本收入等收到的现金、购买商品或接受劳务支付的现金等信息。

(2)可以提供某一会计期间内投资活动产生的现金流量的信息。例如.可以提供某一会计期间内收回投资收到的现金、取得股权投资等支付的现金等信息。

（3）可以提供某一会计期间内筹资活动产生的现金流量的信息。例如，可以提供某一会计期间内财政发行债券收到的现金、支付债务本金利息支付的现金等信息。

财政总会计的现金流量表至少应当按年度编制。现金流量表的一般格式如表 8-3 所示。

表 8-3　　　　　　　　　　　　现金流量表　　　　　　　　　　总会财 03 表
编制单位：　　　　　　　　　　　　___年__月　　　　　　　　　　　　单位：元

项　目	本年金额	上年金额
一、日常活动产生的现金流量		
组织税收收入收到的现金		
组织非税收入收到的现金		
组织财政专户管理资金收入收到的现金		
组织专用基金收入收到的现金		
上下级政府财政资金往来收到的现金		
收回暂付性款项相关的现金		
其他日常活动所收到的现金		
现金流入小计		
政府机关商品和服务拨款所支付的现金		
政府机关工资福利拨款所支付的现金		
对事业单位补助拨款所支付的现金		
对企业补助拨款所支付的现金		
对个人和家庭补助拨款所支付的现金		
对社会保障基金补助拨款所支付的现金		
财政专户管理资金支出所支付的现金		
专用基金支出所支付的现金		
上下级政府财政资金往来所支付的现金		
资本性拨款所支付的现金		
暂付性款项所支付的现金		
其他日常活动所支付的现金		
现金流出小计		
日常活动产生的现金流量净额		
二、投资活动产生的现金流量		
收回股权投资所收到的现金		
取得股权投资收益收到的现金		
收到其他与投资活动有关的现金		
现金流入小计		

(续表)

项 目	本年金额	上年金额
取得股权投资所支出的现金		
支付其他与投资活动有关的现金		
现金流出小计		
投资活动产生的现金流量净额		
三、筹资活动产生的现金流量		
发行政府债券收到的现金		
借入款项收到的现金		
取得政府债券转贷款收到的现金		
取得主权外债转贷款收到的现金		
收回转贷款本金收到的现金		
收到下级上缴转贷款利息相关的现金		
其他筹资活动收到的现金		
现金流入小计		
转贷地方政府债券所支付的现金		
转贷主权外债所支付的现金		
支付债务本金相关的现金		
支付债务利息相关的现金		
其他筹资活动支付的现金		
现金流出小计		
筹资活动产生的现金流量净额		
四、汇率变动对现金的影响额		
五、现金净增加额		

(二) 现金流量表的编制方法

现金流量表"本年金额"栏反映各项目的本年实际发生数;"上年金额"栏反映各项目的上年实际发生数,应当根据上年现金流量表中"本年金额"栏内所列数字填列。

现金流量表"本年金额"栏各项目的填列方法如下。

1. 日常活动产生的现金流量

1) 现金流入项目

(1) "组织税收收入收到的现金"项目,反映政府财政本年取得税收收入收到的现金。本项目应当根据会计账簿中"税收收入""在途款"科目发生额分析填列。

(2) "组织非税收入收到的现金"项目,反映政府财政本年取得非税收入收到的现金。本项目应当根据会计账簿中"非税收入""应收非税收入""在途款"科目发生额分析填列。

(3) "组织财政专户管理资金收入收到的现金"项目,反映政府财政本年取得财政专户管理资金收入收到的现金。本项目根据会计账簿中"财政专户管理资金收入"科目发生额分析填列。"组织专用基金收入收到的现金"项目,反映政府财政本年取得专用基金收入收到的现金。本项目根据会计账簿中"专用基金收入"科目发生额分析填列。

(4)"上下级政府财政资金往来收到的现金"项目,反映政府财政本年收到上下级政府财政转移支付、清算欠款、临时调度款等相关的现金。本项目根据会计账簿中"补助收入""上解收入""与下级往来""与上级往来"科目贷方发生额分析填列。

(5)"收回暂付性款项相关的现金"项目,反映政府财政本年收回暂付性款项相关的现金。本项目根据会计账簿中"预拨经费""借出款项""其他应收款"科目贷方发生额分析填列。

(6)"其他日常活动所收到的现金"项目,反映政府财政收到的除以上项目外与日常活动相关的现金。本项目根据会计账簿中"地区间援助收入""其他收入""其他应付款""应付代管资金""在途款""以前年度盈余调整"等科目贷方发生额分析填列。

2) 现金流出项目

(1)"政府机关商品和服务拨款所支付的现金"项目,反映政府财政本年在日常活动中用于购买商品、接受劳务支付的现金。本项目根据会计账簿中"政府机关商品和服务拨款费用"科目和"应付国库集中支付结余"科目借方发生额分析填列。

(2)"政府机关工资福利拨款所支付的现金"项目,反映政府财政本年承担职工劳务报酬及社会保险费等支付的现金。本项目根据会计账簿中"政府机关工资福利拨款费用"科目和"应付国库集中支付结余"科目借方发生额分析填列。

(3)"对事业单位补助拨款所支付的现金"项目,反映政府财政本年对事业单位经常性补助所支付的现金。本项目根据会计账簿中"对事业单位补助拨款费用"科目和"应付国库集中支付结余"科目借方发生额分析填列。

(4)"对企业补助拨款所支付的现金"项目,反映政府财政本年对企业资本性投资外的其他补助所支付的现金。本项目根据会计账簿中"对企业补助拨款费用"科目和"应付国库集中支付结余"科目借方发生额分析填列。

(5)"对个人和家庭补助拨款所支付的现金"项目,反映政府财政本年对个人和家庭的补助所支付的现金。本项目根据会计账簿中"对个人和家庭补助拨款费用"科目和"应付国库集中支付结余"科目借方发生额分析填列。

(6)"对社会保障基金补助拨款所支付的现金"项目,反映政府财政本年对社会保险基金的补助,以及补充全国社会保障基金所支付的现金。本项目根据会计账簿中"对社会保障基金补助拨款费用"科目和"应付国库集中支付结余"科目借方发生额分析填列。

(7)"财政专户管理资金支出所支付的现金"项目,反映政府财政本年从财政专户管理资金中安排各项支出所支付的现金。本项目根据会计账簿中"财政专户管理资金支出"科目借方发生额分析填列。

(8)"专用基金支出所支付的现金"项目,反映政府财政用专用基金收入安排的支出所支付的现金。本项目根据会计账簿中"专用基金支出"科目借方发生额分析填列。

(9)"上下级政府财政资金往来所支付的现金"项目,反映政府财政本年支付上下级政府财政转移支付、清算欠款、临时调度款等相关的现金。本项目根据会计账簿中"补助费用""上解费用""与下级往来""与上级往来"科目借方发生额分析填列。

(10)"资本性拨款所支付的现金"项目,反映政府财政本年支付行政事业单位和企业用于房屋建筑物构建、基础设施建设、公务用车购置、设备购置、物资储备等相关的现金。本项目根据会计账簿中"资本性拨款费用"科目和"应付国库集中支付结余"科目借方发生额分析填列。

(11)"暂付性款项所支付的现金"项目,反映政府财政本年安排暂付性款项所支付的现金。本项目根据会计账簿中"预拨经费""借出款项""其他应收款"科目借方发生额分析填列。

(12)"其他日常活动所支付的现金"项目,反映政府财政本年支付除以上项目外与日常活动相关的现金。本项目根据会计账簿中"其他拨款费用""地区间援助费用""其他应付款""应付代管资金""应付国库集中支付结余""在途款""以前年度盈余调整"等科目借方发生额分析填列。

3)日常活动产生的现金流量净额

本项目根据现金流入项目合计数减去现金流出项目合计数差额填列,差额小于零则以负数填列。

2. 投资活动产生的现金流量

1)现金流入项目

(1)"收回股权投资所收到的现金"项目,反映政府财政本年出售、转让、处置股权等收回投资而收到的现金。本项目根据会计账簿中"股权投资"科目下"投资成本""损益调整"明细科目贷方发生额分析填列。

(2)"取得股权投资收益收到的现金"项目,反映政府财政本年因被投资单位分配股利、利润或处置股权、企业破产清算等产生收益而收到的现金。本项目根据会计账簿中"应收股利""投资收益"科目贷方发生额分析填列。

(3)"收到的其他与投资活动有关的现金"项目,反映政府财政本年收到除以上项目外与投资活动相关的现金。本项目根据会计账簿中"有价证券""应收股利"等科目贷方发生额分析填列。

2)现金流出项目

(1)"取得股权投资所支出的现金"项目,反映政府财政本年为取得股权投资而支付的现金。本项目根据会计账簿中"股权投资"科目借方发生额分析填列。

(2)"支付其他与投资活动有关的现金"项目,反映政府财政本年支付除以上项目外与投资活动相关的现金。本项目根据会计账簿中"有价证券"等科目借方发生额分析填列。

3)投资活动产生的现金流量净额

本项目根据现金流入项目合计数减去现金流出项目合计数差额填列,差额小于零则以负数填列。

3. 筹资活动产生的现金流量

1)现金流入项目

(1)"发行政府债券收到的现金"项目,反映政府财政本年发行国债和地方政府债券收到的现金。本项目根据会计账簿中"应付短期政府债券""应付长期政府债券"科目贷方发生额分析填列。

(2)"借入款项收到的现金"项目,反映政府财政本年借入款项收到的现金。本项目根据会计账簿中"借入款项"科目贷方发生额分析填列。

(3)"取得政府债券转贷款收到的现金"项目,反映政府财政本年取得政府债券转贷款收到的现金。本项目根据会计账簿中"应付地方政府债券转贷款"科目下"应付本金"明细科目贷方发生额分析填列。

(4)"取得主权外债转贷款收到的现金"项目,反映政府财政本年取得主权外债转贷款收到的现金。本项目根据会计账簿中"应付主权外债转贷款"科目下"应付本金"明细科目贷方发生额分析填列。

(5)"收回转贷款本金收到的现金"项目,反映政府财政本年收到下级政府财政归还政府债券转贷款及主权外债转贷款本金相关的现金。本项目根据会计账簿中"应收地方政府债券转贷款""应收主权外债转贷款"科目下"应收本金"明细科目贷方发生额分析填列。

（6）"收到下级上缴转贷款利息相关的现金"项目，反映政府财政本年收到下级政府财政上缴政府债券转贷款及主权外债转贷款利息相关的现金。本项目根据会计账簿中"应收地方政府债券转贷款""应收主权外债转贷款"科目下"应收利息"明细科目贷方发生额分析填列。

（7）"其他筹资活动收到的现金"项目，反映政府财政本年收到的其他与筹资活动相关的现金。本项目根据会计账簿中"其他应付款""其他应收款"等科目贷方发生额分析填列。

2）现金流出项目

（1）"转贷地方政府债券所支付的现金"项目，反映政府财政本年对下级政府财政转贷地方政府债券所支付的现金。本项目根据会计账簿中"应收地方政府债券转贷款"科目下"应收本金"明细科目借方发生额分析填列。

（2）"转贷主权外债所支付的现金"项目，反映政府财政本年对下级政府财政转贷主权外债所支付的现金。本项目根据会计账簿中"应收主权外债转贷款"科目下"应收本金"明细科目借方发生额分析填列。

（3）"支付债务本金相关的现金"项目，反映政府财政本年偿还政府债务本金所支付的现金。省级以上（含省级）政府财政根据会计账簿中"应付短期政府债券""应付长期政府债券""借入款项"科目借方发生额分析填列；市县政府财政根据会计账簿中"应付地方政府债券转贷款""应付主权外债转贷款"科目下"应付本金"明细科目借方发生额分析填列。

（4）"支付债务利息相关的现金"项目，反映政府财政本年支付政府债务利息相关的现金。省级以上（含省级）政府财政根据会计账簿中"应付利息"科目借方发生额分析填列；市县政府财政根据会计账簿中"应付地方政府债券转贷款""应付主权外债转贷款"科目下"应付利息"明细科目、"财务费用"科目借方发生额分析填列。

（5）"其他筹资活动支付的现金"项目，反映政府财政本年支付的政府债券发行、兑付、登记费用等其他与筹资活动相关的现金。本项目根据会计账簿中"财务费用""其他应付款""其他应收款"等科目借方发生额分析填列。

3）筹资活动产生的现金流量净额

本项目根据现金流入项目合计数减去现金流出项目合计数差额填列，差额小于零则以负数填列。

4. 汇率变动对现金的影响额

本项目反映政府财政外币现金流量折算为人民币时，所采用的即期汇率折算的人民币金额与期末汇率折算的人民币金额之间的差额。本项目根据"财务费用"科目下的"汇兑损益"明细科目发生额分析填列。

5. 现金净增加额

本项目反映政府财政本年现金变动的净额，根据本表中"日常活动产生的现金流量净额""投资活动产生的现金流量净额""筹资活动产生的现金流量净额""汇率变动对现金的影响额"项目金额的合计数填列，金额小于零则以负数填列。

四、本年预算结余与本期盈余调节表

（一）本年预算结余与本期盈余调节表的概念和格式

本年预算结余与本期盈余调节表是反映政府财政在某一会计年度内预算结余与本期盈余

差异调整情况的报表。财政总会计的本年预算结余与本期盈余调节表至少应当按年度编制。

本年预算结余与本期盈余调节表的一般格式如表8-4所示。

表 8-4　　　　　　　　　本年预算结余与本期盈余调节表　　　　　　　总会财04表

编制单位：　　　　　　　　　　　　　_____年　　　　　　　　　　　　单位：元

项　目	金额
本年预算结余(本年预算收入与支出差额)：	
日常活动产生的差异：	
加：1. 当期确认为收入但没有确认为预算收入	
当期应收未缴库非税收入	
减：2. 当期确认为预算收入但没有确认为收入	
当期收到上期应收未缴库非税收入	
3. 当期确认为预算支出收回但没有确认为费用收回	
（1）当期收到退回以前年度已列支资金	
（2）当期将以前年度国库集中支付结余收回预算	
投资活动产生的差异：	
加：1. 当期确认为收入但没有确认为预算收入	
（1）当期投资收益或损失	
（2）当期无偿划入股权投资	
2. 当期确认为预算支出但没有确认为费用	
（1）当期股权投资增支	
（2）当期股权投资减支	
减：3. 当期确认为预算收入但没有确认为收入	
（1）当期收到利润收入和股利股息收入	
（2）当期收到清算、处置股权投资的收入	
4. 当期确认为费用但没有确认为预算支出	
当期无偿划出股权投资费用	
筹资活动产生的差异：	
加：1. 当期确认为预算支出但没有确认为费用	
（1）当期转贷款支出	
（2）当期债务还本支出	
（3）拨付上年计提债务利息	

(续表)

项　　目	金额
减：2. 当期确认为预算收入但没有确认为收入	
（1）当期债务收入	
（2）当期转贷款收入	
3. 当期确认为费用但没有确认为预算支出	
当期计提未拨付债务利息	
其他差异事项	
当期汇兑损益净额	
本期盈余（本年收入与费用的差额）	

（二）本年预算结余与本期盈余调节表的编制方法

1. 本年预算结余

本项目根据本年预算收入与预算支出的差额填列。

2. 日常活动产生的差异

1）"当期确认为收入但没有确认为预算收入"项目

本项目主要为"当期应收未缴库非税收入"项目。本项目反映政府财政本年已确认非税收入但缴款人尚未缴入国库的各项非税款项。一般根据会计账簿中"应收非税收入"以及"非税收入"科目发生额分析填列。

2）"当期确认为预算收入但没有确认为收入"项目

本项目主要为"当期收到上期应收未缴库非税收入"项目。本项目反映政府财政本年收到的上年应收非税收入。一般根据会计账簿中"应收非税收入"科目贷方发生额以及"国库存款"科目借方发生额分析填列，不含以前年度盈余调整事项和新增确认的非税收入。

3）"当期确认为预算支出收回但没有确认为费用收回"项目

（1）"当期收到退回以前年度已列支资金"项目。本项目反映政府财政收到退回的以前年度已列支资金而冲减预算支出的事项。一般根据会计账簿中"国库存款""其他财政存款"科目借方发生额以及"以前年度盈余调整"科目贷方发生额分析填列。

（2）"当期将以前年度国库集中支付结余收回预算"项目。本项目反映政府财政将以前年度应付国库集中支付结余资金收回预算而冲减预算支出的事项。一般根据会计账簿中"应付国库集中支付结余"科目借方发生额以及"以前年度盈余调整"科目贷方发生额分析填列。

3. 投资活动产生的差异

1）"当期确认为收入但没有确认为预算收入"项目

（1）"当期投资收益或损失"项目。本项目反映政府财政本年确认的股权投资收益。一般根据会计账簿中"投资收益"科目发生额分析填列。其中，投资损失以负数填列；不含清算、处置股权投资增加的收益。

（2）"当期无偿划入股权投资"项目。本项目反映政府财政本年接受无偿划入的股权投资。一般根据会计账簿中"股权投资"科目下"投资成本"明细科目借方发生额、"其他收入"科目贷方发生额分析填列。

2)"当期确认为预算支出但没有确认为费用"项目

(1)"当期股权投资增支"项目。本项目反映政府财政本年新增股权投资增加的支出。一般根据会计账簿中"股权投资"科目下"投资成本"明细科目借方发生额以及"国库存款"科目贷方发生额分析填列,不含无偿划入或权益法调整增加的股权投资以及补记以前年度股权投资。

(2)"当期股权投资减支"项目。本项目反映政府财政本年退出、清算、处置股权投资减少的支出。一般根据会计账簿中"股权投资"科目下"投资成本"明细科目贷方发生额以及"国库存款"科目借方发生额分析,以负数填列,不含无偿划出或权益法调整减少的股权投资额。

3)"当期确认为预算收入但没有确认为收入"项目

(1)"当期收到利润收入和股利股息收入"项目。本项目反映政府财政本年收到被投资主体上缴以前年度利润和股利股息。一般根据会计账簿中"资金结存——库款资金结存"科目借方发生额以及"一般公共预算收入——利润收入、股利股息收入""国有资本经营预算收入——利润收入、股利股息收入"贷方发生额分析填列,不含清算、处置股权投资增加的收益。

(2)"当期收到清算、处置股权投资的收入"项目。本项目反映政府财政本年清算、处置股权投资发生的收入,需根据"投资收益""国库存款"科目借方发生额、"股权投资"等科目贷方发生额分析填列。

4)"当期确认为费用但没有确认为预算支出"项目

本项目主要为"当期无偿划出股权投资费用"项目。本项目反映政府财政本年无偿划出的股权投资。一般根据会计账簿中"股权投资"科目下"投资成本"明细科目贷方发生额、"其他费用"科目借方发生额分析填列。

4. 筹资活动产生的差异

1)"当期确认为预算支出但没有确认为费用"项目

(1)"当期转贷款支出"项目。本项目反映政府财政本年转贷下级政府财政的政府债券、主权外债资金。一般根据会计账簿中"债务转贷预算支出"科目借方发生额分析填列。

(2)"当期债务还本支出"项目。本项目反映本级政府财政本年偿还的债务本金。一般根据会计账簿中"债务还本预算支出"科目借方发生额分析填列。

(3)"拨付上年计提债务利息"项目。本项目反映政府财政本年偿还上年已计提的债务利息。一般根据会计账簿中"应付利息"科目年初贷方余额填列;市县政府财政根据会计账簿中"应付地方政府债券转贷款"科目和"应付主权外债转贷款"科目下"应付利息"明细科目年初贷方余额填列。

2)"当期确认为预算收入但没有确认为收入"项目

(1)"当期债务收入"项目。本项目反映省级以上(含省级)政府财政本年发行政府债券、借入主权外债的收入。一般根据会计账簿中"债务预算收入"科目贷方发生额分析填列。

(2)"当期转贷款收入"项目。本项目反映市县政府财政本年收到的地方政府债券、主权外债转贷款收入。一般根据会计账簿中"债务转贷预算收入"贷方发生额分析填列。

3)"当期确认为费用但没有确认为预算支出"项目

本项目主要为"当期计提未拨付债务利息"项目。本项目反映政府财政本年已计提需在下一年度支付的利息。省级以上(含省级)政府财政根据会计账簿中"应付利息"科目年末贷方余额填列；市县政府财政根据会计账簿中"应付地方政府债券转贷款——应付利息"科目以及"应付主权外债转贷款——应付利息"科目年末贷方余额填列。

5. 其他差异事项

本项目反映政府财政其他活动事项产生的差异。其中，减少预算结余和增加本期盈余事项以正数反映，增加预算结余和减少本期盈余事项以负数反映。中央财政计提其他负债产生的费用也在本项目反映。

6. 当期汇兑损益净额

本项目根据"财务费用——汇兑损益"科目发生额分析填列，汇兑损失以负数反映，汇兑收益以正数反映。

7. 本期盈余（本年收入与费用的差额）

本项目根据本年预算结余与本期盈余调节表"当期预算结余""投资活动产生的差异""日常活动产生的差异""筹资活动产生的差异""其他差异事项""当期汇兑损益净额"金额汇总填列。本项目与"收入费用表"本期盈余合计数一致。

五、会计报表附注

会计报表附注是指对在会计报表中列示项目的文字描述或明细资料，以及对未能在会计报表中列示项目的说明。

总会计财务会计报表附注应当至少披露下列内容：

(1) 遵循《财政总会计制度》的声明。
(2) 本级政府财政财务状况的说明。
(3) 会计报表中列示的重要项目的进一步说明，包括其主要构成、增减变动情况等。
(4) 政府财政承担担保责任负债情况的说明。
(5) 有助于理解和分析会计报表的其他需要说明的事项。

第二节 预算会计报表

预算会计报表包括预算收入支出表、一般公共预算执行情况表、政府性基金预算执行情况表、国有资本经营预算执行情况表、财政专户管理资金收支情况表、专用基金收支情况表等会计报表和附注。财政总会计应当根据本制度编制并提供真实、完整的会计报表，切实做到账表一致，不得估列代编，弄虚作假；要严格按照统一规定的种类、格式、内容、计算方法和编制口径填制会计报表，以保证全国统一汇总和分析。汇总报表的单位，要把所属单位的报表汇集齐全，防止漏报。

一、预算收入支出表

（一）预算收入支出表的概念与格式

预算收入支出表是反映政府财政在某一会计期间各类财政资金收支余情况的报表。预算收入支出表根据资金性质按照收入、支出、结转结余的构成分类、分项列示。预算收入支出表应当按月度和年度编制。

预算收入支出表的一般格式如表8-5所示。

表 8-5　　　　　　　　　　　　预算收入支出表　　　　　　　　　总会预 01 表
编制单位：　　　　　　　　　　　___年___月　　　　　　　　　　　单位：元

项目	一般公共预算		政府性基金预算		国有资本经营预算		财政专户管理资金		专用基金	
	本月数	本年累计数	本月数	本年累计数	本月数	本年累计数	本月数	本年累计数	本月数	本年累计数
年初结转结余										
收入合计										
本级收入										
其中：来自预算安排的收入	—	—	—	—	—	—	—	—		
补助预算收入										
上解预算收入										
地区间援助预算收入			—	—	—	—	—	—	—	—
债务预算收入					—	—	—	—	—	—
债务转贷预算收入					—	—	—	—	—	—
动用预算稳定调节基金			—	—	—	—	—	—	—	—
调入预算资金							—	—	—	—
支出合计										
本级支出										
其中：权责发生制列支										
预算安排专用基金的支出			—	—	—	—	—	—	—	—
补助预算支出										
上解预算支出							—	—	—	—
地区间援助预算支出			—	—	—	—	—	—	—	—
债务还本预算支出					—	—	—	—	—	—
债务转贷预算支出					—	—	—	—	—	—
安排预算稳定调节基金			—	—	—	—	—	—	—	—
调出预算资金							—	—	—	—
结余转出										
其中：增设预算周转金			—	—	—	—	—	—	—	—
年末结转结余										

注：表中有"—"的部分不必填列。

（二）预算收入支出表的编制方法

1. 本表的基本编制方法

本表"本月数"栏反映各项目的本月实际发生数。在编制年度预算收入支出表时，应将本栏改为"上年数"栏,反映上年度各项目的实际发生数;如果本年度预算收入支出表规定的各个项目的名称和内容同上年度不一致,应对上年度预算收入支出表各项目的名称和数字按照本年度的规定进行调整,填入本年度预算收入支出表的"上年数"栏。

本表"本年累计数"栏反映各项目自年初起至报告期末止的累计实际发生数。编制年度预算收入支出表时,应当将本栏改为"本年数"。

2. 本表"本月数"栏各项目的内容和填列方法

（1）"年初结转结余"项目,反映政府财政本年初各类资金结转结余金额。其中,一般公共预算的"年初结转结余"应当根据"一般公共预算结转结余"科目的年初余额填列;政府性基金预算的"年初结转结余"应当根据"政府性基金预算结转结余"科目的年初余额填列;国有资本经营预算的"年初结转结余"应当根据"国有资本经营预算结转结余"科目的年初余额填列;财政专户管理资金的"年初结转结余"应当根据"财政专户管理资金结余"科目的年初余额填列;专用基金的"年初结转结余"应当根据"专用基金结余"科目的年初余额填列。

（2）"收入合计"项目,反映政府财政本期取得的各类资金的收入合计金额。其中,一般公共预算的"收入合计"应当根据属于一般公共预算的"本级收入""补助预算收入""上解预算收入""地区间援助预算收入""债务预算收入""债务转贷预算收入""动用预算稳定调节基金"和"调入预算资金"各行项目金额的合计填列;政府性基金预算的"收入合计"应当根据属于政府性基金预算的"本级收入""补助预算收入""上解预算收入""债务预算收入""债务转贷预算收入"和"调入预算资金"各行项目金额的合计填列;国有资本经营预算的"收入合计"应当根据属于国有资本经营预算的"本级收入""补助预算收入""上解预算收入"项目的金额填列;财政专户管理资金的"收入合计"应当根据属于财政专户管理资金的"本级收入"项目的金额填列;专用基金的"收入合计"应当根据属于专用基金的"本级收入"项目的金额填列。

（3）"本级收入"项目,反映政府财政本期取得的各类资金的本级收入金额。其中,一般公共预算的"本级收入"应当根据"一般公共预算收入"科目的本期发生额填列;政府性基金预算的"本级收入"应当根据"政府性基金预算收入"科目的本期发生额填列;国有资本经营预算的"本级收入"应当根据"国有资本经营预算收入"科目的本期发生额填列;财政专户管理资金的"本级收入"应当根据"财政专户管理资金收入"科目的本期发生额填列;专用基金的"本级收入"应当根据"专用基金收入"科目的本期发生额填列。

（4）"来自预算安排的收入"项目,反映政府财政本期通过预算安排取得专用基金收入的金额。本项目应当根据"专用基金收入"科目的本期发生额分析填列。

（5）"补助预算收入"项目,反映政府财政本期取得的各类资金的补助收入金额。其中,一般公共预算的"补助预算收入"应当根据"补助预算收入"科目下的"一般公共预算补助预算收入"明细科目的本期发生额填列;政府性基金预算的"补助预算收入"应当根据"补助预算收入"科目下的"政府性基金预算补助收入"明细科目的本期发生额填列;国有资本经营预算的"补助预算收入"应当根据"补助预算收入"科目下的"国有资本经营预算补助收入"明细科目的本期发生额填列。

（6）"上解预算收入"项目,反映政府财政本期取得的各类资金的上解预算收入金额。其中,一般公共预算的"上解预算收入"应当根据"上解预算收入"科目下的"一般公共预算上解收入"明细科目的本期发生额填列;政府性基金预算的"上解预算收入"应当根据"上解收入"科目下的"政府性基金预算上解收入"明细科目的本期发生额填列;国有资本经营预算的"上解收入"应当根据"上解预算收入"科目下的"国有资本经营预算上解收入"明细科目的本期发生额填列。

(7)"地区间援助预算收入"项目,反映政府财政本期取得的地区间援助预算收入金额。本项目应当根据"地区间援助预算收入"科目的本期发生额填列。

(8)"债务预算收入"项目,反映政府财政本期取得的债务预算收入金额。其中,一般公共预算的"债务预算收入"应当根据"债务预算收入"科目下"专项债务收入"以外的其他明细科目的本期发生额填列;政府性基金预算的"债务预算收入"应当根据"债务预算收入"科目下的"专项债务收入"明细科目的本期发生额填列。

(9)"债务转贷预算收入"项目,反映政府财政本期取得的债务转贷预算收入金额。其中,一般公共预算的"债务转贷预算收入"应当根据"债务转贷预算收入"科目下"一般债务转贷收入"明细科目的本期发生额填列;政府性基金预算的"债务转贷预算收入"应当根据"债务转贷预算收入"科目下的"专项债务转贷收入"明细科目的本期发生额填列。

(10)"动用预算稳定调节基金"项目,反映政府财政本期动用的预算稳定调节基金金额。本项目应当根据"动用预算稳定调节基金"科目的本期发生额填列。

(11)"调入预算资金"项目,反映政府财政本期取得的调入预算资金金额。其中,一般公共预算的"调入预算资金"应当根据"调入预算资金"科目下"一般公共预算调入资金"明细科目的本期发生额填列;政府性基金预算的"调入预算资金"应当根据"调入预算资金"科目下"政府性基金预算调入资金"明细科目的本期发生额填列。

(12)"支出合计"项目,反映政府财政本期发生的各类资金的支出合计金额。其中,一般公共预算的"支出合计"应当根据属于一般公共预算的"本级支出""补助预算支出""上解预算支出""地区间援助预算支出""债务还本预算支出""债务转贷预算支出""安排预算稳定调节基金"和"调出预算资金"各行项目金额的合计填列;政府性基金预算的"支出合计"应当根据属于政府性基金预算的"本级支出""补助预算支出""上解预算支出""债务还本预算支出""债务转贷预算支出"和"调出预算资金"各行项目金额的合计填列;国有资本经营预算的"支出合计"应当根据属于国有资本经营预算的"本级支出""补助预算支出""上解预算支出"和"调出预算资金"各行项目金额的合计填列;财政专户管理资金的"支出合计"应当根据属于财政专户管理资金的"本级支出"项目的金额填列;专用基金的"支出合计"应当根据属于专用基金的"本级支出"项目的金额填列。

(13)"本级支出"项目,反映政府财政本期发生的各类资金的本级支出金额。其中,一般公共预算的"本级支出"应当根据"一般公共预算支出"科目的本期发生额填列;政府性基金预算的"本级支出"应当根据"政府性基金预算支出"科目的本期发生额填列;国有资本经营预算的"本级支出"应当根据"国有资本经营预算支出"科目的本期发生额填列;财政专户管理资金的"本级支出"应当根据"财政专户管理资金支出"科目的本期发生额填列;专用基金的"本级支出"应当根据"专用基金支出"科目的本期发生额填列。

(14)"权责发生制列支"项目,反映省级以上(含省级)政府财政国库集中支付中,应列为当年费用,但年末尚未支付需结转下一年度支付的款项。其中,一般公共预算的"权责发生制列支项目"应当根据"一般公共预算支出"科目的本期发生额分析填列;政府性基金预算的"权责发生制列支项目"应当根据"政府性基金预算支出"科目的本期发生额分析填列;国有资本经营预算的"权责发生制列支项目"应当根据"国有资本经营预算支出"科目的本期发生额分析填列。

(15)"预算安排专用基金的支出"项目,反映政府财政本期通过预算安排取得专用基金收入的金额。本项目应当根据"一般公共预算支出"科目的本期发生额分析填列。

(16)"补助预算支出"项目,反映政府财政本期发生的各类资金的补助预算支出金额。其中,一般公共预算的"补助预算支出"应当根据"补助预算支出"科目下的"一般公共预算补助支出"明细科目的本期发生额填列;政府性基金预算的"补助预算支出"应当根据"补助预算支出"科目下的"政府性基金预算补助支出"明细科目的本期发生额填列;国有资本经营预算的"补助预算支出"应当根据"补助预算支出"科目下的"国有资本经营预算补助支出"明细科目的本期发生额填列。

(17)"上解预算支出"项目,反映政府财政本期发生的各类资金的上解预算支出金额。其中,一般公共预算的"上解预算支出"应当根据"上解预算支出"科目下的"一般公共预算上解支出"明细科目的本期发生额填列;政府性基金预算的"上解预算支出"应当根据"上解预算支出"科目下的"政府性基金预算上解支出"明细科目的本期发生额填列;国有资本经营预算的"上解预算支出"应当根据"上解预算支出"科目下的"国有资本经营预算上解支出"明细科目的本期发生额填列。

(18)"地区间援助预算支出"项目,反映政府财政本期发生的地区间援助预算支出金额。本项目应当根据"地区间援助预算支出"科目的本期发生额填列。

(19)"债务还本预算支出"项目,反映政府财政本期发生的债务还本预算支出金额。其中,一般公共预算的"债务还本预算支出"应当根据"债务还本预算支出"科目下"专项债务还本支出"以外的其他明细科目的本期发生额填列;政府性基金预算的"债务还本预算支出"应当根据"债务还本预算支出"科目下的"专项债务还本支出"明细科目的本期发生额填列。

(20)"债务转贷预算支出"项目,反映政府财政本期发生的债务转贷预算支出金额。其中,一般公共预算的"债务转贷预算支出"应当根据"债务转贷预算支出"科目下"一般债务转贷支出"明细科目的本期发生额填列;政府性基金预算的"债务转贷支出"应当根据"债务转贷支出"科目下的"专项债务转贷支出"明细科目的本期发生额填列。

(21)"安排预算稳定调节基金"项目,反映政府财政本期安排的预算稳定调节基金金额。本项目根据"安排预算稳定调节基金"科目的本期发生额填列。

(22)"调出预算资金"项目,反映政府财政本期发生的各类资金的调出资金金额。其中,一般公共预算的"调出预算资金"应当根据"调出预算资金"科目下"一般公共预算调出资金"明细科目的本期发生额填列;政府性基金预算的"调出预算资金"应当根据"调出预算资金"科目下"政府性基金预算调出资金"明细科目的本期发生额填列;国有资本经营预算的"调出预算资金"应当根据"调出预算资金"科目下"国有资本经营预算调出资金"明细科目的本期发生额填列。

(23)"增设预算周转金"项目,反映政府财政本期设置或补充预算周转金的金额。本项目应当根据"预算周转金"科目的本期贷方发生额填列。

(24)"年末结转结余"项目,反映政府财政本年年末的各类资金的结转结余金额。其中,一般公共预算的"年末结转结余"应当根据"一般公共预算结转结余"科目的年末余额填列;政府性基金预算的"年末结转结余"应当根据"政府性基金预算结转结余"科目的年末余额填列;国有资本经营预算的"年末结转结余"应当根据"国有资本经营预算结转结余"科目的年末余额填列;财政专户管理资金的"年末结转结余"应当根据"财政专户管理资金结余"科目的年末余额填列;专用基金的"年末结转结余"应当根据"专用基金结余"科目的年末余额填列。

二、一般公共预算执行情况表

(一) 一般公共预算执行情况表的概念与格式

一般公共预算执行情况表是反映政府财政在某一会计期间一般公共预算收支执行结果的报表,按照《政府收支分类科目》中一般公共预算收支科目列示。一般公共预算执行情况表应当按旬、月度和年度编制。旬报、月报的报送期限及编报内容应当根据上级政府财政具体要求和本行政区域预算管理的需要办理。

一般公共预算执行情况表的参考格式如表8-6所示。

表8-6　　　　　　　　　一般公共预算执行情况表　　　　　　总会预02-1表
编制单位：　　　　　　　　　　__年__月__日　　　　　　　　　单位：元

项　目	本月(旬)数	本年(月)累计数
一般公共预算收入		
101　税收收入		
10101 增值税		
1010101 国内增值税		
……		
一般公共预算支出		
201　一般公共服务支出		
20101 人大事务		
2010101 行政运行		
……		

(二) 一般公共预算执行情况表的编制说明

(1) "一般公共预算收入"项目及所属各明细项目,应当根据"一般公共预算收入"科目及所属各明细科目的本期发生额填列。在一般公共预算执行表中,预算科目一般需要填列到"一般公共预算本级收入"科目的"项"级科目,对于诸如"增值税"等科目还需要填列到"目"级科目。

(2) "一般公共预算支出"项目及所属各明细项目,应当根据"一般公共预算支出"科目及所属各明细科目的本期发生额填列。

三、政府性基金预算执行情况表

(一) 政府性基金预算执行情况表的概念与格式

政府性基金预算执行情况表是反映政府财政在某一会计期间政府性基金预算收支执行结果的报表,按照《政府收支分类科目》中政府性基金预算收支科目列示。政府性基金预算执行情况表应当按旬、月度和年度编制。旬报、月报的报送期限及编报内容应当根据上级政府财政具体要求和本行政区域预算管理的需要办理。

政府性基金预算执行情况表的一般格式如表8-7所示。

表 8-7　　　　　　　　　　政府性基金预算执行情况表　　　　　　　总会预 02-2 表
编制单位：　　　　　　　　　　___年_月_旬　　　　　　　　　　　　　单位：元

项　目	本月（旬）数	本年（月）累计数
政府性基金预算收入		
10301 政府性基金收入		
1030102 农网还贷资金收入		
103010201 中央农网还贷资金收入		
……		
政府性基金预算支出		
206 科学技术支出		
20610 核电站乏燃料处理处置基金支出		
2061001 乏燃料运输		
……		

（二）政府性基金预算执行情况表的编制说明

（1）"政府性基金预算收入"项目及所属各明细项目，应当根据"政府性基金预算收入"科目及所属各明细科目的本期发生额填列。

（2）"政府性基金预算支出"项目及所属各明细项目，应当根据"政府性基金预算支出"科目及所属各明细科目的本期发生额填列。

四、国有资本经营预算执行情况表

（一）国有资本经营预算执行情况表的概念与格式

国有资本经营预算执行情况表是反映政府财政在某一会计期间国有资本经营预算收支执行结果的报表，按照《政府收支分类科目》中国有资本经营预算收支科目列示。国有资本经营预算执行情况表应当按旬、月度和年度编制。旬报、月报的报送期限及编报内容应当根据上级政府财政具体要求和本行政区域预算管理的需要办理。

国有资本经营预算执行情况表的一般格式如表 8-8 所示。

表 8-8　　　　　　　　　　国有资本经营预算执行情况表　　　　　　　总会预 02-3 表
编制单位：　　　　　　　　　　___年_月_旬　　　　　　　　　　　　　单位：元

项　目	本月（旬）数	本年（月）累计数
国有资本经营预算收入		
10306 国有资本经营收入		
1030601 利润收入		
103060103 烟草企业利润收入		
……		
国有资本经营预算支出		
208 社会保障和就业支出		

(续表)

项　目	本月(旬)数	本年(月)累计数
20804 补充全国社会保障基金		
2080451 国有资本经营预算补充社保基金支出		
……		

(二) 国有资本经营预算执行情况表的编制说明

(1) "国有资本经营预算收入"项目及所属各明细项目,应当根据"国有资本经营预算收入"科目及所属各明细科目的本期发生额填列。

(2) "国有资本经营预算支出"项目及所属各明细项目,应当根据"国有资本经营预算支出"科目及所属各明细科目的本期发生额填列。

五、财政专户管理资金收支情况表

(一) 财政专户管理资金收支情况表的概念与格式

财政专户管理资金收支情况表是反映政府财政在某一会计期间纳入财政专户管理的资金收支情况的报表,按照相关政府收支分类科目列示。财政专户管理资金收支情况表应当按月度和年度编制。

财政专户管理资金收支情况表的一般格式如表 8-9 所示。

表 8-9　　　　　　　　　　财政专户管理资金收支情况表　　　　　　　总会预 03 表
编制单位:　　　　　　　　　　　　　　____年　　　　　　　　　　　　　　单位:元

项目	本月数	本年累计数
财政专户管理资金收入		
教育行政事业收费收入		
——公办幼儿园保育费		
——公办幼儿园住宿费		
——普通高中学费		
——普通高中住宿费		
——中等职业学校学费		
——中等职业学校住宿费		
——高等学校学费		
——高等学校住宿费		
公安行政事业性收费收入——教育收费		
财政专户管理资金支出		
普通教育		
——学前教育		
——高中教育		

项目	本月数	本年累计数
——高等教育		
职业教育		7 000
——初等职业教育		500
——职业高中教与		4 000
——高等职业教育		2 500

（二）财政专户管理资金收支情况表的编制说明

（1）"财政专户管理资金收入"项目及所属各明细项目，应当根据"财政专户管理资金收入"科目及所属各明细科目的本期发生额填列。

（2）"财政专户管理资金支出"项目及所属各明细项目，应当根据"财政专户管理资金支出"科目及所属各明细科目的本期发生额填列。

六、专用基金收支情况表

（一）专用基金收支情况表的概念与格式

专用基金收支情况表是反映政府财政在某一会计期间专用基金收支情况的报表，按照专用基金类型分别列示。专用基金收支情况表应当按月度和年度编制。

专用基金收支情况表的一般格式如表8-10所示。

表 8-10　　　　　　　　　　专用基金收支情况表　　　　　　　总会预03表
编制单位：　　　　　　　　　　　　___年__月　　　　　　　　　　　单位：元

项目	本月数	本年累计数
专用基金收入		
粮食风险基金		
……		
专用基金支出		
粮食风险基金		
……		

（二）专用基金收支情况表的编制说明

（1）"专用基金收入"项目及所属各明细项目，应当根据"专用基金收入"科目及所属各明细科目的本期发生额填列。

（2）"专用基金支出"项目及所属各明细项目，应当根据"专用基金支出"科目及所属各明细科目的本期发生额填列。

七、会计报表附注

会计报表附注是指对在会计报表中列示项目的文字描述或明细资料，以及对未能在会计报表中列示项目的说明。附注应当至少按年度编制。

财政总会计报表附注应当至少披露下列内容：
(1) 遵循《财政总会计制度》的声明。
(2) 本级政府财政预算执行情况的说明。
(3) 会计报表中列示的重要项目的进一步说明，包括其主要构成、增减变动情况等。
(4) 或有负债情况的说明。
(5) 有助于理解和分析会计报表的其他需要说明的事项。

复习思考题

1. 什么是财政总会计报表？财政总会计报表主要包括哪些种类？
2. 什么是财政总会计的资产负债表？
3. 什么是一般公共预算执行情况表？如何编制一般公共预算执行情况表？
4. 什么是政府性基金预算执行情况表？如何编制政府性基金预算执行情况表？
5. 什么是国有资本经营预算执行情况表？如何编制国有资本经营预算执行情况表？
6. 什么是财政专户管理资金收支情况表？如何编制财政专户管理资金收支情况表？
7. 什么是专用基金收支情况表？如何编制专用基金收支情况表？

第八章课后练习题

第三篇

行政事业单位会计

第三篇依据《政府会计制度》，对行政事业单位的资产、负债、收入、费用、净资产，以及预算收入、预算支出、预算结余等业务的会计核算进行了全新的解读。《政府会计制度》的颁布和实施，是建立政府会计核算标准体系的重要成果。《政府会计制度》依据《基本准则》的要求，构建了行政事业单位"财务会计和预算会计适度分离并相互衔接"的会计核算模式。所谓"适度分离"，是指适度分离政府预算会计和财务会计功能，决算报告和财务报告功能，全面反映政府会计主体的预算执行信息和财务信息。其主要体现在："双功能"，即在同一会计核算系统中实现财务会计和预算会计双重功能，通过资产、负债、净资产、收入、费用五个要素进行财务会计核算，通过预算收入、预算支出和预算结余三个要素进行预算会计核算；"双基础"，即财务会计采用权责发生制，预算会计采用收付实现制，国务院另有规定的，依照其规定；"双报告"，即通过财务会计核算形成财务报告，通过预算会计核算形成决算报告。所谓"相互衔接"，是指在同一会计核算系统中政府预算会计要素和相关财务会计要素相互协调，决算报告和财务报告相互补充，共同反映政府会计主体的预算执行信息和财务信息。其主要体现在单位财务会计与预算会计的"平行记账"，即对于纳入部门预算管理的现金收支业务，在进行财务会计核算的同时也应当进行预算会计核算。对于其他业务，仅需要进行财务会计核算。这种会计核算模式既兼顾了现行部门决算报告制度的需要，也满足了部门编制权责发生制财务报告的要求，对于规范政府会计行为，夯实政府会计主体预算和财务管理基础，强化政府绩效管理具有深远的影响。

第九章 行政事业单位会计概述

第一节 行政事业单位及其会计概念与特点

一、行政事业单位及其种类

(一) 行政单位及其种类

在行政单位会计中,行政单位是进行国家行政管理、组织经济建设和文化建设、维护社会公共秩序的单位,主要包括:①国家立法机关,如各级人民代表大会及其常务委员会机关。②国家行政(执法)机关,如各级人民政府及其所属工作机构。③国家政治协商机关,如中国人民政治协商会议各级委员会机关。④国家司法机关,如最高人民法院、地方各级法院等审判机关。⑤国家法律监督机关,如最高人民检察院、地方各级人民检察院等检察机关。⑥列为行政编制并接受财政拨款的政党组织和社会团体,其中,政党组织如中国共产党各级机关及各民主党派和工商联的各级机关,社会团体如共青团各级机关、妇联各级机关等。

总体来说,行政单位承担着经济调节、市场监管、社会管理、公共服务等各种职能,尽管名称不尽相同,但它们有一个共同的特点,就是它们都属于社会非物质生产部门,不能在市场上通过货物或服务的交换获得足够的资金,它们开展业务活动所需的资金主要由财政预算安排。行政单位的支出是典型地、纯粹地为了满足社会公共需要。为此,对行政单位来说,执行单位预算,按照预算取得和使用财政资金,使财政资金发挥其应有的社会效益,是它们组织会计核算时必须遵循的基本要求。

(二) 事业单位及其种类

在事业单位会计中,事业单位泛指由政府举办的各级各类向社会提供公益服务的组织。按照不同的行业,常见的事业单位主要包括以下种类:①教育事业单位,如中小学、高等学校等。②医疗卫生事业单位,如各级各类公立医院,包括综合医院、中医院、专科医院、政府举办的城市社区卫生服务中心、乡镇卫生院等。③文化事业单位,如各类公共图书馆、文化馆、纪念馆、剧场、剧团等。④文物事业单位,如各级各类公共博物馆、博物院等。⑤科学事业单位,如各级各类科学院、研究院、研究所等。⑥广播电视事业单位,如各级政府举办的广播台、电视台等。⑦体育事业单位,如各级政府举办的体育馆、体育场等。

事业单位是经济社会发展中提供公益服务的主要载体。根据职责任务、服务对象和资源配置方式等情况,从事公益服务的事业单位可细分为两类:承担义务教育、基础性研究、公共文化、公共卫生及基层的基本医疗服务等基本公益服务,不能或不宜由市场配置资源的,划分为公益一类;承担高等教育、非营利医疗等公益服务,可部分由市场配置资源的,划分为公益二类。

事业单位的主要特点是具有公益属性:事业单位不具有行政职能,不从事社会管理工作,从而区别于行政单位;事业单位不以营利为目的,不从事生产经营活动,从而区别于营利性企业;事业单位以成本或者低于成本的价格向社会公众提供公益性服务,所需资金部分来源于财政补助,部分来源于公益性服务收费。此外,事业单位一般都由政府举办,其开展业务活动所需资金纳入政府预算,由此,事业单位也区别于民间非营利组织或社会组织。与民间非营利组织相对比,事业单位有时也称公立非营利组织。

在实务中,大多数事业单位有其主管行政单位,或者是相应主管行政单位的附属单位。例如,教育事业单位的主管行政单位通常是教育行政单位,文化事业单位的主管行政单位通常是文化行政单位,等等。尽管如此,事业单位具有独立的法人资格,对所从事的事业活动独立地承担法律责任。政府通过举办事业单位,可以更好地向社会公众提供公益服务。事业单位从事的社会公益活动是政府职能的延伸。从这一意义上讲,事业单位也是广义的政府组织。

二、行政事业单位会计及其特点

行政事业单位会计(有时也称单位会计)是适用于单位财务活动的一门专业会计,是政府会计的一个分支。单位会计核算应当具备财务会计与预算会计双重功能,实现财务会计与预算会计适度分离并相互衔接,全面、清晰地反映单位财务信息和预算执行信息。单位财务会计核算实行权责发生制;单位预算会计核算实行收付实现制,国务院另有规定的,依照其规定。单位会计核算的目标是向信息使用者提供与单位财务状况、事业成果、预算执行情况等有关的会计信息,反映单位受托责任的履行情况,有助于信息使用者进行管理、监督和决策。单位信息使用者包括人民代表大会、政府及其有关部门、举办单位或上级单位、债权人、单位自身和其他信息使用者。据此,单位会计具有如下主要特点。

1. 单位会计的主体:各级各类单位

单位应当对其自身发生的经济业务或者事项进行会计核算。单位自身发生的经济业务或事项与同级财政总预算发生的经济业务或事项之间,既有重叠的地方,也有相互独立的地方。例如,同级政府财政为单位支付日常人员经费,同级政府财政总预算会计应确认支出,单位会计也确认支出。但如果同级财政为单位支付购办公设备的款项,同级政府财政总预算会计应记录支出,单位会计在记录支出的同时,还应记录固定资产。单位对设备计提折旧,同级政府财政总预算会计没有相应的经济业务或事项,但单位需要记录相应的经济业务或事项。再如,事业单位利用取得的事业收入支付日常办公经费,事业单位会计形成支出,但财政总预算会计不形成支出。事业单位取得的非财政资金收入和发生的非财政资金支出,事业单位会计应确认相应的收入和支出,但对财政总预算会计来说,既没有收入,也没有支出。

2. 单位预算会计:反映单位预算执行情况

单位预算会计在反映单位预算执行情况时,采用的会计核算方法需要与相应的预算编制方法一致,只有这样,预算数与会计核算的决算数才具有可比性,会计核算的结果才能反映预算执行情况。单位预算区分基本支出预算和项目支出预算,基本支出预算又区分人员经费预算和日常公用经费预算,各种预算又分别安排财政拨款收入和其他等相关收入,因此,单位预算会计需要按照预算管理的相应要求,分别为各种预算组织会计核算,以分别反映各种预算的执行情况。单位预算会计核算单位预算执行情况,若没有相应的预算,也就没有相应的单位预算会计核算。

3. 单位财务会计：反映单位财务状况

单位财务会计中的资产、负债和净资产三个会计要素构筑了单位财务状况。单位的资产不仅包括库存现金、银行存款、零余额账户用款额、应收账款等货币性资产，还包括存货、固定资产、在建工程、无形资产等非货币性资产。有些行政单位的资产还包括政府储备物资、公共基础设施等特殊种类的资产。有些事业单位的资产还包括短期投资、长期投资等种类。单位的负债包括应缴财政款、应付职工薪酬、应交增值税、其他未交税金、应付及暂存款项、预提费用等。有些事业单位还包括短期借款、长期借款等。单位的净资产不仅包括累计盈余、无偿调拨净资产，事业单位还包括专用基金、权益法调整等。这与财政总预算会计的资产、负债和净资产的种类有很大的不同。单位财务会计如实反映单位的财务状况，有利于加强对单位资产、负债和净资产的管理。

4. 会计核算模式：财务会计和预算会计适度分离并相互衔接

所谓"适度分离"，是指适度分离行政事业单位预算会计和财务会计功能，决算报告和财务报告功能，全面反映行政事业单位的预算执行信息和财务信息。其主要体现在"双功能""双基础""双报告"。其中，"双功能"是指在同一会计核算系统中实现财务会计和预算会计双重功能，通过资产、负债、净资产、收入、费用五个要素进行财务会计核算，通过预算收入、预算支出和预算结余三个要素进行预算会计核算；"双基础"是指财务会计采用权责发生制，预算会计采用收付实现制，国务院另有规定的，依照其规定；"双报告"是指通过财务会计核算形成财务报告，通过预算会计核算形成决算报告。

所谓"相互衔接"，是指在同一会计核算系统中，行政事业单位预算会计要素和相关财务会计要素相互协调，决算报告和财务报告相互补充，共同反映行政事业单位的预算执行信息和财务信息。其主要体现在"平行记账"方法。"平行记账"方法是指单位对于纳入部门预算管理的现金收支业务，在采用财务会计核算的同时应当进行预算会计核算；对于其他业务，仅需进行财务会计核算。例如，某行政单位以财政直接支付方式购入一项固定资产，在财务会计中，借记"固定资产"科目，贷记"财政拨款收入"科目；同时，在预算会计中，借记"行政支出"科目，贷记"财政拨款预算收入"科目。而对于不涉及预算执行情况的其他业务或事项，单位仅需要在财务会计中记录。例如，单位计提固定资产折旧时，在财务会计中，借记"业务活动费用"科目，贷记"固定资产累计折旧"科目，因不涉及预算执行情况，在预算会计中不记录。

"平行记账"方法针对的是纳入部门预算管理的现金收支业务。据此，实务中的经济业务或事项是否需要采用"平行记账"，可以按照以下两点判断：一是业务是否是现金收支业务；二是业务是否纳入部门预算管理。只有同时满足以上两点，才需要采用"平行记账"。在实务中，典型的不纳入部门预算管理的现金收支业务，如受托代理的款项、应当上缴国库或财政专户的款项、应当转拨其他单位的款项、暂收款业务等，这些款项收支时不需要"平行记账"，仅在财务会计中记录即可。

第二节 行政事业单位会计科目与会计报表

一、行政事业单位会计科目

（一）行政事业单位会计科目表

行政事业单位会计科目是对行政事业单位会计要素所作的进一步分类。它是行政事业单位会计设置账户、核算和归集经济业务的依据,也是汇总和检查单位资金活动情况及其结果的依据。

为了规范单位会计核算,提高会计信息质量,2017年10月24日,财政部正式发布了《政府会计制度》,对单位会计科目进行了规范和说明。单位会计科目包括财务会计科目和预算会计科目。财务会计科目包括资产类、负债类、净资产类、收入类和费用类科目;预算会计科目包括预算收入类科目、预算支出类科目和预算结余类科目。目前行政事业单位统一适用的财务会计和预算会计科目表如表9-1和表9-2所示。

表9-1　　　　　　　　　　　　财务会计科目表

序号	科目编号	科目名称	序号	科目编号	科目名称
		一、资产类	26	1703	研发支出
1	1001	库存现金	27	1801	公共基础设施
2	1002	银行存款	28	1802	公共基础设施累计折旧(摊销)
3	1011	零余额账户用款额度	29	1811	政府储备物资
4	1021	其他货币资金	30	1821	文物资源
5	1101	短期投资	31	1831	保障性住房
6	1201	财政应返还额度	32	1832	保障性住房累计折旧
7	1211	应收票据	33	1891	受托代理资产
8	1212	应收账款	34	1901	长期待摊费用
9	1214	预付账款	35	1902	待处理财产损溢
10	1215	应收股利			二、负债类
11	1216	应收利息	36	2001	短期借款
12	1218	其他应收款	37	2101	应交增值税
13	1219	坏账准备	38	2102	其他应交税费
14	1301	在途物品	39	2103	应缴财政款
15	1302	库存物品	40	2201	应付职工薪酬
16	1303	加工物品	41	2301	应付票据
17	1401	待摊费用	42	2302	应付账款
18	1501	长期股权投资	43	2303	应付政府补贴款
19	1502	长期债券投资	44	2304	应付利息
20	1601	固定资产	45	2305	预收账款
21	1602	固定资产累计折旧	46	2307	其他应付款
22	1611	工程物资	47	2401	预提费用
23	1613	在建工程	48	2501	长期借款
24	1701	无形资产	49	2502	长期应付款
25	1702	无形资产累计摊销	50	2601	预计负债

(续表)

序号	科目编号	科目名称	序号	科目编号	科目名称
51	2901	受托代理负债	64	4601	非同级财政拨款收入
		三、净资产类	65	4602	投资收益
52	3001	累计盈余	66	4603	捐赠收入
53	3101	专用基金	67	4604	利息收入
54	3201	权益法调整	68	4605	租金收入
55	3301	本期盈余	69	4609	其他收入
56	3302	本年盈余分配			五、费用类
57	3401	无偿调拨净资产	70	5001	业务活动费用
58	3501	以前年度盈余调整	71	5101	单位管理费用
		四、收入类	72	5201	经营费用
59	4001	财政拨款收入	73	5301	资产处置费用
60	4101	事业收入	74	5401	上缴上级费用
61	4201	上级补助收入	75	5501	对附属单位补助费用
62	4301	附属单位上缴收入	76	5801	所得税费用
63	4401	经营收入	77	5901	其他费用

表 9-2　　　　　　　　　　　　预算会计科目表

序号	科目编号	科目名称	序号	科目编号	科目名称
		一、预算收入类	14	7501	对附属单位补助支出
1	6001	财政拨款预算收入	15	7601	投资支出
2	6101	事业预算收入	16	7701	债务还本支出
3	6201	上级补助预算收入	17	7901	其他支出
4	6301	附属单位上缴预算收入			三、预算结余类
5	6401	经营预算收入	18	8001	资金结存
6	6501	债务预算收入	19	8101	财政拨款结转
7	6601	非同级财政拨款预算收入	20	8102	财政拨款结余
8	6602	投资预算收益	21	8201	非财政拨款结转
9	6609	其他预算收入	22	8202	非财政拨款结余
		二、预算支出类	23	8301	专用结余
10	7101	行政支出	24	8401	经营结余
11	7201	事业支出	25	8501	其他结余
12	7301	经营支出	26	8701	非财政拨款结余分配
13	7401	上缴上级支出			

（二）单位财务会计与预算会计"平行记账"之会计科目的对应关系

1. 货币资金类科目与资金结存类科目的对应关系

单位财务会计货币资金类科目与预算会计资金结存类科目的对应关系如表9-3所示。

表9-3　　　　　　　　货币资金类科目与资金结存类科目的对应关系

序号	财务会计科目	预算会计科目	说　　明
1	库存现金 银行存款 其他货币资金	资金结存 ——货币资金	财务会计设置了五个货币资金类会计科目，预算会计在核算相关预算收支时，设置了"资金结存"这一会计科目来应对，并分别设置三个明细科目。预算会计这样设置资金结存类会计科目，既与预算会计预算资金管理的做法一致，也与财务会计相关货币资金类科目相呼应
2	零余额账户用款额度	资金结存 ——零余额账户用款额度	
3	财政应返还额度	资金结存 ——财政应返还额度	

2. 收入类与预算收入类科目的对应关系

单位财务会计收入（包括借款）类科目与预算会计预算收入类科目的对应关系如表9-4所示。

表9-4　　　　　　　　收入类科目与预算收入类科目的对应关系

序号	财务会计科目	预算会计科目	说　　明
1	财政拨款收入 事业收入 上级补助收入 附属单位上缴收入 经营收入 非同级财政拨款收入 投资收益	财政拨款预算收入 事业预算收入 上级补助预算收入 附属单位上缴预算收入 经营预算收入 非同级财政拨款预算收入 投资预算收益	①预算会计收入类科目的名称只是在财务会计收入类科目名称上添加了"预算"二字。②财务会计将"捐赠收入""利息收入""租金收入""其他收入"分别设置为总账科目，而预算会计将上述四项内容的预算收入都归集在"其他预算收入"一个总账科目内核算。③财务会计将单位借款确认为负债类要素，这符合财务会计惯例；而预算会计将单位借款确认为"债务预算收入"，这与政府预算编制与管理相吻合
2	捐赠收入、利息收入 租金收入、其他收入	其他预算收入	
3	短期借款、长期借款	债务预算收入	

3. 费用类与预算支出类科目的对应关系

单位财务会计费用（包括投资和归还借款）类科目与预算会计预算支出类科目的对应关系如表9-5所示。

表 9-5　　　　　　　　　　费用类科目和预算支出类科目的对应关系

序号	财务会计科目	预算会计科目	说明
1	业务活动费用	行政支出、事业支出	①支出类科目的名称只是将费用类科目名称的"费用"调整为"支出"("所得税费用"科目除外),这与政府会计要素分类相吻合。②"所得税费用"未调整为"所得税支出",这与预算会计对事业单位实际缴纳单位所得税直接冲减"非财政拨款结余(累计结余)"的会计处理相一致。③预算会计将事业单位因发生投资所流出的货币资金以"投资支出"来予以确认,是收付实现制原则的体现。④预算会计将事业单位因归还借款而流出的货币资金确认为"债务还本支出",则与因借款而流入的货币资金确认为"债务预算收入"相对应
	单位管理费用	事业支出	
	经营费用	经营支出	
	上缴上级费用	上缴上级支出	
	对附属单位补助费用	对附属单位补助支出	
	其他费用	其他支出	
2	所得税费用	非财政拨款结余(累计盈余)	
3	短期投资、长期股权投资、长期债权投资	投资支出	
4	短期借款、长期借款	债务还本支出	

综上所述,根据行政事业单位会计采用的"平行记账"方法,财务会计科目和预算会计科目在财务会计和预算会计中的对应关系可概括如下。

第一,取得纳入预算管理的现金收入时,在财务会计中,借记货币资金类科目,贷记相关收入、相关应收项目及有关负债科目;同时,在预算会计中,借记资金结存类科目,贷记相关预算收入科目。

第二,发生纳入预算管理的现金支出时,在财务会计中,借记相关费用类科目、相关非现金资产类科目及相关负债类科目,贷记货币资金类科目;同时,在预算会计中,借记相关预算支出类科目,贷记资金结存类科目。

第三,对于其他业务,仅需进行财务会计核算。其主要包括:

(1) 赊购资产类业务。单位赊购资产时,在财务会计中,借记有关资产科目,贷记有关负债科目。此类业务,因不涉及纳入预算管理的现金收支,在预算会计中不做账务处理。

(2) 计提归集费用类业务。单位计提归集相关费用时,在财务会计中,借记有关费用类科目,贷记有关资产、负债、累计折旧(摊销)等有关科目。单位在为履职人员计提薪酬、为履职领用存货、为使用的固定资产或无形资产计提折旧或摊销、计提利息、计提坏账、摊销或预提相关费用、计算相关税费、预计可能发生的损失时,因不涉及现金收支,在预算会计中不做账务处理。

(3) 受托代理款项类业务。单位收到受托代理代管款项,其所有权、控制权仍归属原单位,不属于单位纳入部门预算管理的现金收支,仅在财务会计中确认为受托代理资产和受托代理负债,在预算会计中不做账务处理。

(4) 应缴财政款项业务。单位应缴财政款项,确认时,在财务会计中,借记"银行存款"等科目,贷记"应缴财政款"科目;上缴时,在财务会计中,借记"应缴财政款"科目,贷记"银行存款"科目。应缴财政款应上缴财政国库,其所有权不归属于单位,不纳入单位的预算收支管理,故预算会计不做账务处理。

(5) 无偿调入调出各类非现金资产业务。调入时,在财务会计中,借记相关非现金资产类科目,贷记"无偿调拨净资产"科目;调出时,在财务会计中,借记"无偿调拨净资产"["无偿调入固定资产、无形资产、公共基础设施、保障性住房的还应借记"××累计折旧(摊销)"]科目,贷记相关资产科目。在预算会计不做账务处理。

(6) 盘盈、盘亏或者毁损、报废各类非现金资产业务。将盘盈的各类非现金资产转入待处理财产时,在财务会计中,借记相关非现金资产类科目,贷记"待处理财产损溢"科目。在预算会计中不做账务处理。

将盘亏或者毁损、报废的各类非现金资产转入待处理财产时,在财务会计中,借记"待处理财产损溢"科目[盘亏、毁损、报废固定资产、无形资产、公共基础设施、保障性住房的还应借记"××累计折旧(摊销)"]科目;贷记相关资产类科目。在预算会计中不做账务处理。

行政事业单位会计采用"平行记账"方法,在财务会计中,只涉及资产、负债、净资产、收入和费用六类科目,不涉及预算会计要素类科目;在预算会计中,只涉及预算收入、预算支出和预算结余三类科目,不涉及财务会计类科目。

二、行政事业单位会计报表

行政事业单位会计报表是反映行政事业财务状况、运行情况以及预算执行情况等信息的书面文件,由单位财务报表和预算会计报表构成。行政事业单位应当至少按照年度编制财务报表和预算会计报表。其中,财务报表由会计报表及其附注构成。会计报表一般包括资产负债表、收入费用表和净资产变动表。单位可根据实际情况自行选择编制现金流量表。预算会计报表至少包括预算收入支出表、预算结转结余变动表和财政拨款预算收入支出表。

财务报表的编制主要以权责发生制为基础,以单位财务会计核算生成的数据为准;预算会计报表的编制主要以收付实现制为基础,以单位预算会计核算生成的数据为准。

行政事业单位编制会计报表应遵循如下要求:

(1) 单位应当根据制度规定编制真实、完整的财务报表和预算会计报表,不得违反制度规定随意改变财务报表和预算会计报表的编制基础、编制依据、编制原则和方法,不得随意改变制度规定的财务报表和预算会计报表有关数据的会计口径。

(2) 财务报表和预算会计报表应当根据登记完整、核对无误的账簿记录和其他有关资料编制,做到数字真实、计算准确、内容完整、编报及时。

(3) 财务报表和预算会计报表应当由单位负责人和主管会计工作的负责人、会计机构负责人(会计主管人员)签名并盖章。

复习思考题

1. 什么是行政单位? 它具体包括哪些组织?
2. 什么是事业单位? 它具体包括哪些组织?
3. 什么是单位会计? 它有哪些主要特点?
4. 行政事业单位会计科目分为哪几类? 它具体包括哪些内容? 使用这些会计科目时应当遵循哪些要求?
5. 行政事业单位财务会计与预算会计"平行记账"方法之会计科目的对应关系如何?
6. 行政事业单位应编制哪些会计报表? 编制会计报表应遵循哪些要求?

第九章课后练习题

第十章 行政事业单位的资产

第一节 流动资产

一、货币资金

在企业财务会计中,货币资金通常包括库存现金、银行存款和其他货币资金三种形态。但在行政事业单位财务会计中,货币资金除了包含上述三者,还包括两个视同货币资金的形态,即零余额账户用款额度和财政应返还额度,这与我国预算资金的支付方式相关。第九章已述及,为了反映单位纳入部门预算管理资金的流入、流出、调整和滚存情况,单位预算会计设置"资金结存"总账科目,并在总账科目下设置"货币资金""零余额账户用款额度""财政应返还额度"三个明细科目,以体现不同形态的预算资金,并与财务会计中货币资金存在形态相呼应。

(一)库存现金

库存现金是指单位存放在财务部门的货币资金,简称现金。单位应当严格按照国家有关现金管理的规定收支现金,并按规定核算现金的各项收支业务。随着公务卡的普遍推行与使用,单位的库存现金业务相应减少。

为核算现金业务,单位财务会计应设置"库存现金"总账科目。本科目设置"受托代理资产"明细科目,用来核算单位受托代理、代管的现金。本科目期末借方余额,反映单位实际持有的库存现金。

为了核算资金结存业务,单位预算会计应设置"资金结存"总账科目。本科目设置"货币资金"明细科目,用来核算单位纳入预算管理的以库存现金、银行存款、其他货币资金形态存在的资金。本明细科目年末借方余额,反映单位尚未使用的货币资金。

1. 收到库存现金

单位从银行等金融机构提取现金,按照实际提取的金额,借记"库存现金"科目,贷记"银行存款"科目;将现金存入银行等金融机构,按照实际存入金额,借记"银行存款"科目,贷记"库存现金"科目。根据规定从单位零余额账户提取现金,按照实际提取的金额,在财务会计中,借记"库存现金"科目,贷记"零余额账户用款额度"科目;同时,在预算会计中,借记"资金结存——货币资金"科目,贷记"资金结存——零余额账户用款额度"科目。

单位因提供服务、物品或者其他事项收到现金时,按照实际收到的金额,在财务会计中,借记"库存现金"科目,贷记"事业收入""应收账款"等相关科目;同时,在预算会计中,借记"资金结存——货币资金"科目,贷记"事业预算收入"科目。涉及增值税业务的,相关账务处理参见"应交增值税"科目的账务处理。

【例10-1】 某行政单位从单位零余额账户中提取现金1 200元,以备日常零星使用。该行政单位会计应编制的会计分录如下:

在财务会计中：

借：库存现金   1 200
    贷：零余额账户用款额度   1 200

同时，在预算会计中：

借：资金结存——货币资金   1 200
    贷：资金结存——零余额账户用款额度   1 200

在该项业务中，资金结存相关明细科目的余额发生了变化，但资金结存总额没变。

2. 支付库存现金

因单位内部职工出差等原因借出的现金，按照实际借出的现金金额，借记"其他应收款"科目，贷记"库存现金"科目。出差人员报销差旅费时，按照实际报销的金额，在财务会计中，借记"业务活动费用""单位管理费用"等科目，按照实际借出的现金金额，贷记"其他应收款"科目；按照其差额，借记或贷记"库存现金"科目。同时，在预算会计中，借记"行政支出""事业支出"等科目，贷记"资金结存——货币资金"科目。

单位因购买服务、物品或者其他事项支付现金时，按照实际支付的金额，在财务会计中，借记"业务活动费用""单位管理费用""库存物品"等相关科目，贷记"库存现金"科目。同时，在预算会计中，借记"行政支出""事业支出""经营支出"等科目，贷记"资金结存——货币资金"科目。涉及增值税业务的，相关账务处理参见"应交增值税"科目的账务处理。

单位以库存现金对外捐赠，按照实际捐出的金额，在财务会计中，借记"其他费用"科目，贷记"库存现金"科目；同时，在预算会计中，借记"其他支出"科目，贷记"资金结存——货币资金"科目。

【例10-2】 某行政单位以库存现金支付一笔日常履职活动发生的费用50元。该行政单位应编制的会计分录为：

在财务会计中：

借：业务活动费用   50
    贷：库存现金   50

同时，在预算会计中：

借：行政支出   50
    贷：资金结存——货币资金   50

3. 受托代理、代管的现金

单位收到受托代理、代管的现金，按照实际收到的金额，借记"库存现金"科目（受托代理资产），贷记"受托代理负债"科目；支付受托代理、代管的现金，按照实际支付的金额，借记"受托代理负债"科目，贷记"库存现金"科目（受托代理资产）。

【例10-3】 某事业单位收到受托代理的一笔现金50 000元。根据委托人要求，该笔现金应当转赠给有关的受赠人。之后，该事业单位按照委托人的要求，将受托代理的现金支付给了有关的受赠人。该事业单位应编制的会计分录为：

在财务会计中：

（1）收到受托代理的现金时。

借：库存现金——受托代理资产   50 000
    贷：受托代理负债   50 000

(2) 支付受托代理的现金时。

借：受托代理负债　　　　　　　　　　　　　　　　　　　　　　　　　　　50 000
　　贷：库存现金——受托代理资产　　　　　　　　　　　　　　　　　　　　　　50 000

在预算会计中不做账务处理。

在实务中，行政事业单位现金收支业务大部分都纳入预算管理，需要在预算会计中核算。典型的不纳入预算管理的现金收支业务包括：受托代理代管的款项业务、应缴财政款项业务以及暂收暂付款项业务等。

4. 收取差旅伙食费和市内交通费

根据《政府会计准则制度解释第2号》的规定，接待单位按规定收取出差人员差旅伙食费和市内交通费并出具相关票据的，应当按照以下规定进行账务处理：

(1) 单位不承担支出责任的，应当按照收到的款项金额，在财务会计中，借记"库存现金"等科目，贷记"其他应付款"科目或"其他应收款"科目（前期已垫付资金的）；向其他会计主体转付款时，借记"其他应付款"科目，贷记"库存现金"等科目。在预算会计中不做账务处理。

收取差旅伙食费的案例

(2) 单位承担支出责任的，应当按照收到的款项金额，在财务会计中，借记"库存现金"等科目，贷记相关费用科目；同时，在预算会计中，借记"资金结存"科目，贷记相关支出科目。

单位如因开具税务发票承担增值税等纳税义务的，按照《政府会计制度》相关规定处理。

5. 库存现金清查

每日终了结算现金收支，核对库存现金时若发现有待查明原因的现金短缺或溢余，应通过"待处理财产损溢"科目核算。属于现金溢余的，应当按照实际溢余的金额，借记"库存现金"科目，贷记"待处理财产损溢"科目；属于现金短缺的，应当按照实际短缺的金额，借记"待处理财产损溢"科目，贷记"库存现金"科目。待查明原因后及时进行账务处理，相关业务内容请参阅本章第八节"待处理财产损溢"。

单位应当设置"现金日记账"，由出纳人员根据收付款凭证，按照业务发生顺序逐笔登记。每日终了，应当计算当日的现金收入合计数、现金支出合计数和结余数，并将结余数与实际库存数核对，做到账款相符。

（二）银行存款

银行存款是单位存放在开户银行或其他金融机构的各种存款。单位应当严格按照国家有关支付结算办法的规定办理银行存款收支业务，并按单位会计制度的规定核算银行存款的各项收支业务。

为核算银行存款业务，单位应设置"银行存款"科目。本科目应当设置"受托代理资产"明细科目，核算单位受托代理、代管的银行存款。本科目期末借方余额，反映单位实际存放在银行或其他金融机构的款项。

1. 收到银行存款

单位将款项存入银行或者其他金融机构时，按照实际存入的金额，在财务会计中，借记"银行存款"科目，贷记"库存现金""应收账款""事业收入""经营收入""其他收入"等相关科目；同时，在预算会计中，借记"资金结存——货币资金"科目，贷记"事业预算收入""经营预算收入""其他预算收入"科目。涉及增值税业务的，相关账务处理参见"应交增值税"科目的账务处理。

单位收到银行存款利息，按照实际收到的金额，在财务会计中，借记"银行存款"科目，贷记

"利息收入"科目;同时,在预算会计中,借记"资金结存——货币资金"科目,贷记"其他预算收入"科目。

【例10-4】 某事业单位银行存款账户收到一笔款项1 500元,具体内容为完成委托专业业务过程中取得的一项事业收入。该事业单位应编制的会计分录为:

在财务会计中:

借:银行存款　　　　　　　　　　　　　　　　　　　　　　　　1 500
　　贷:事业收入　　　　　　　　　　　　　　　　　　　　　　　　　1 500

同时,在预算会计中:

借:资金结存——货币资金　　　　　　　　　　　　　　　　　　1 500
　　贷:事业预算收入　　　　　　　　　　　　　　　　　　　　　　　1 500

2. 支付银行存款

以银行存款支付相关费用,按照实际支付的金额,在财务会计中,借记"业务活动费用""单位管理费用""其他费用"等相关科目,贷记"银行存款"科目;同时,在预算会计中,借记"行政支出""事业支出""其他支出"等科目,贷记"资金结存——货币资金"科目。涉及增值税业务的,相关账务处理参见"应交增值税"科目的账务处理。

以银行存款对外捐赠时,按照实际捐出的金额,在财务会计中,借记"其他费用"科目,贷记"银行存款"科目;同时,在预算会计中,借记"其他支出"科目,贷记"资金结存——货币资金"科目。

【例10-5】 某事业单位通过银行存款账户支付一笔款项800元,具体内容为完成委托专业业务过程中发生的一笔办公费。该事业单位应编制的会计分录为:

在财务会计中:

借:业务活动费用　　　　　　　　　　　　　　　　　　　　　　　800
　　贷:银行存款　　　　　　　　　　　　　　　　　　　　　　　　　800

同时,在预算会计中:

借:事业支出　　　　　　　　　　　　　　　　　　　　　　　　　800
　　贷:资金结存——货币资金　　　　　　　　　　　　　　　　　　　800

3. 受托代理、代管的银行存款

单位收到受托代理、代管的银行存款时,按照实际收到的金额,借记"银行存款"科目(受托代理资产),贷记"受托代理负债"科目;支付受托代理、代管的银行存款时,按照实际支付的金额,借记"受托代理负债"科目,贷记"银行存款"科目(受托代理资产)。具体核算举例请参阅[例10-3]。

4. 从本单位零余额账户向本单位实有资金账户划转资金

单位在某些特定情况下按规定从本单位零余额账户向本单位实有资金账户划转资金用于后续相关支出的,可在"银行存款"科目或"资金结存——货币资金"科目下设置"财政拨款资金"明细科目,或采用辅助核算等形式,核算反映按规定从本单位零余额账户转入实有资金账户的资金金额,并应当按照以下规定进行账务处理:

(1)从本单位零余额账户向实有资金账户划转资金时,按照划转的资金金额,借记"银行存款"科目,贷记"零余额账户用款额度"科目;同时,在预算会计中借记"资金结存——货币资金"科目,贷记"资金结存——零余额账户用款额度"科目。

(2) 将本单位实有资金账户中从零余额账户划转的资金用于相关支出时,按照实际支付的金额,在财务会计中,借记"应付职工薪酬""其他应交税费"等科目,贷记"银行存款"科目;同时,在预算会计中,借记"行政支出""事业支出"等支出科目下的"财政拨款支出"明细科目,贷记"资金结存——货币资金"科目。

【例10-6】 某事业单位将本月养老保险单位部分15 000元转存到基本存款账户或社保专户工商银行,并通过第三方协议缴纳本月养老保险22 500元(其中,单位部分15 000元,个人部分7 500元)。该事业单位应编制的会计分录为:

(1) 转养老保险单位部分到基本户时。

在财务会计中:

借:银行存款——财政拨款资金　　　　　　　　　　　　　　　　　15 000
　　贷:零余额账户用款额度　　　　　　　　　　　　　　　　　　　　15 000

同时,在预算会计中:

借:资金结存——货币资金——财政拨款资金　　　　　　　　　　　15 000
　　贷:资金结存——零余额账户用款额度　　　　　　　　　　　　　15 000

(2) 缴纳养老保险单位部分和个人部分时。

在财务会计中:

借:应付职工薪酬——社会保险费——养老保险　　　　　　　　　　22 500
　　贷:银行存款——财政拨款资金　　　　　　　　　　　　　　　　15 000
　　　　　　——其他资金　　　　　　　　　　　　　　　　　　　　　7 500

同时,在预算会计中:

借:事业支出——财政拨款支出　　　　　　　　　　　　　　　　　 15 000
　　　　　——其他支出　　　　　　　　　　　　　　　　　　　　　　7 500
　　贷:资金结存——货币资金——财政拨款资金　　　　　　　　　　15 000
　　　　　　　　　　　　　——其他资金　　　　　　　　　　　　　　7 500

5. 归垫资金的账务处理

行政事业单位(以下简称单位)按规定报经财政部门审核批准,在财政授权支付用款额度或财政直接支付用款计划下达之前,用本单位实有资金账户资金垫付相关支出,再通过财政授权支付方式或财政直接支付方式将资金归还原垫付资金账户的,应当按照以下规定进行账务处理:

(1) 用本单位实有资金账户资金垫付相关支出时,按照垫付的资金金额,借记"其他应收款"科目,贷记"银行存款"科目;预算会计不做处理。

(2) 通过财政直接支付方式或授权支付方式将资金归还原垫付资金账户时,按照归垫的资金金额,借记"银行存款"科目,贷记"财政拨款收入"科目,并按照相同的金额,借记"业务活动费用"等科目,贷记"其他应收款"科目;同时,在预算会计中,按照相同的金额,借记"行政支出""事业支出"等科目,贷记"财政拨款预算收入"科目。

6. 银行存款的核对

单位应当按照开户银行或其他金融机构、存款种类及币种等,分别设置"银行存款日记账",由出纳人员根据收付款凭证,按照业务的发生顺序逐笔登记,每日终了应结出余额。"银行存款日记账"应定期与"银行对账单"核对,至少每月核对一次。月度终了时,单位银行存款日记账账面余额与银行对账单余额之间如有差额,应当逐笔查明原因并进行处理,按月编制"银行存款余额调节表",调节相符。

随着财政国库集中收付制度的推行,单位财政资金的收付业务都直接通过财政国库单一账户体系办理,单位银行存款的业务越来越少。

(三) 零余额账户用款额度

零余额账户用款额度是指实行财政国库集中支付的行政事业单位根据财政部门批复的用款计划收到和支用的零余额账户用款额度。

为了核算零余额账户用款额度业务,行政事业单位财务会计应设置"零余额账户用款额度"总账科目。本科目期末借方余额,反映单位尚未支用的零余额账户用款额度。年度终了时,注销单位零余额账户用款额度后,本科目应无余额。

1. 收到额度

单位收到"财政授权支付到账通知书"时,根据通知书所列金额,在财务会计中,借记"零余额账户用款额度"科目,贷记"财政拨款收入"科目;同时,在预算会计中,借记"资金结存——零余额账户用款额度"科目,贷记"财政拨款预算收入"科目。

【例 10-7】 某行政单位收到单位零余额账户代理银行转来的"财政授权支付额度到账通知书",获得财政授权支付额度 55 000 元。该行政单位应编制的会计分录为:

在财务会计中:

借:零余额账户用款额度　　　　　　　　　　　　　　　　　　　　55 000
　　贷:财政拨款收入　　　　　　　　　　　　　　　　　　　　　　　　55 000

同时,在预算会计中:

借:资金结存——零余额账户用款额度　　　　　　　　　　　　　　55 000
　　贷:财政拨款预算收入　　　　　　　　　　　　　　　　　　　　　　55 000

为了核算资金结存业务,单位预算会计在"资金结存"总账科目下设置"零余额账户用款额度"明细科目,用来核算实行国库集中支付的单位根据财政部门批复的用款计划收到和支用的零余额账户用款额度。年末结账后,本明细科目应无余额。

2. 支用额度

单位支付日常活动费用时,按照支付的金额,在财务会计中,借记"业务活动费用""单位管理费用"等科目,贷记"零余额账户用款额度"科目;同时,在预算会计中,借记"行政支出""事业支出"等科目,贷记"资金结存——零余额账户用款额度"科目。

购买库存物品或购建固定资产,在财务会计中,按照实际发生的成本,借记"库存物品""固定资产""在建工程"等科目,按照实际支付或应付的金额,贷记"零余额账户用款额度""应付账款"等科目;同时,在预算会计中,按照实际支付的金额,借记"行政支出""事业支出"科目,贷记"资金结存——零余额账户用款额度"科目。涉及增值税业务的,相关账务处理参见"应交增值税"科目的账务处理。

【例 10-8】 某行政单位通过财政授权支付一笔账款 800 元,具体内容为支付日常活动费用。该行政单位应编制的会计分录为:

在财务会计中:

借:业务活动费用　　　　　　　　　　　　　　　　　　　　　　　　800
　　贷:零余额账户用款额度　　　　　　　　　　　　　　　　　　　　　800

同时，在预算会计中：

借：行政支出　　　　　　　　　　　　　　　　　　　　　　　　　　　　　　800
　　贷：资金结存——零余额账户用款额度　　　　　　　　　　　　　　　　　　　　800

3. 退回额度

因购货退回等发生财政授权支付额度退回的，按照退回的金额，在财务会计中，借记"零余额账户用款额度"科目，贷记"库存物品"等科目；同时，在预算会计中，借记"资金结存——零余额账户用款额度"科目，贷记"行政支出""事业支出""其他支出"等科目。

【例 10-9】 某行政单位收回一笔当年通过财政授权支付方式支付的款项 30 500 元，原因为购买的检验检疫专用材料在试用期内出现质量问题而予以退货。该行政单位应编制的会计分录为：

在财务会计中：

借：零余额账户用款额度　　　　　　　　　　　　　　　　　　　　　　　　30 500
　　贷：库存物品　　　　　　　　　　　　　　　　　　　　　　　　　　　　　　30 500

同时，在预算会计中：

借：资金结存——零余额账户用款额度　　　　　　　　　　　　　　　　　　30 500
　　贷：行政支出　　　　　　　　　　　　　　　　　　　　　　　　　　　　　30 500

4. 年末注销额度

年末，根据代理银行提供的对账单作注销额度的相关账务处理，在财务会计中，借记"财政应返还额度——财政授权支付"科目，贷记"零余额账户用款额度"科目；同时，在预算会计中，借记"资金结存——财政应返还额度"科目，贷记"资金结存——零余额账户用款额度"科目。下年初，单位根据代理银行提供的上年度注销额度恢复到账通知书做恢复额度的相关账务处理，在财务会计中，借记"零余额账户用款额度"科目，贷记"财政应返还额度——财政授权支付"科目；同时，在预算会计中，借记"资金结存——零余额账户用款额度"科目，贷记"资金结存——财政应返还额度"科目。

年末，单位本年度财政授权支付预算指标数大于零余额账户用款额度下达数的，根据未下达的用款额度，在财务会计中，借记"财政应返还额度——财政授权支付"科目，贷记"财政拨款收入"科目；同时，在预算会计中，借记"资金结存——财政应返还额度"科目，贷记"财政拨款预算收入"科目。下年初，单位收到财政部门批复的上年未下达零余额账户用款额度，在财务会计中，借记"零余额账户用款额度"科目，贷记"财政应返还额度——财政授权支付"科目；同时，在预算会计中，借记"资金结存——零余额账户用款额度"科目，贷记"资金结存——财政应返还额度"科目。

【例 10-10】 年终，某行政单位本年度财政授权支付实际支出数为 755 000 元，单位零余额账户代理银行收到零余额账户用款额度 776 000 元，则行政单位存在尚未使用的财政授权支付预算额度 21 000 元(776 000－755 000)。该行政单位应编制的会计分录为：

（1）年末，注销尚未使用的零余额账户用款额度时。

在财务会计中：

借：财政应返还额度——财政授权支付　　　　　　　　　　　　　　　　　21 000
　　贷：零余额账户用款额度　　　　　　　　　　　　　　　　　　　　　　　　21 000

同时，在预算会计中：

借：资金结存——财政应返还额度　　　　　　　　　　　　　　　21 000
　　贷：资金结存——零余额账户用款额度　　　　　　　　　　　　　　　21 000

（2）下年年初，恢复财政授权支付额度时。

在财务会计中：

借：零余额账户用款额度　　　　　　　　　　　　　　　　　　　21 000
　　贷：财政应返还额度——财政授权支付　　　　　　　　　　　　　　　21 000

同时，在预算会计中：

借：资金结存——零余额账户用款额度　　　　　　　　　　　　　21 000
　　贷：资金结存——财政应返还额度　　　　　　　　　　　　　　　　　21 000

为了核算资金结存业务，单位预算会计在"资金结存"总账科目下设置"财政应返还额度"明细科目，并在该明细科目下可设置"财政直接支付""财政授权支付"两个明细科目，用来核算实行国库集中支付的单位可以使用的以前年度财政直接支付资金额度和财政应返还的财政授权支付资金额度。本明细科目年末借方余额，反映单位应收财政返还的资金额度。

政府会计准则
制度解释第5号

（四）其他货币资金

其他货币资金是指单位的外埠存款、银行本票存款、银行汇票存款、信用卡存款等各种形式的货币资金。单位应当加强对其他货币资金的管理，及时办理结算，对于逾期尚未办理结算的银行汇票、银行本票等，应当按照规定及时转回，并按照规定进行相应账务处理。

为了核算其他货币资金业务，单位应设置"其他货币资金"总账科目。本科目应当设置"外埠存款""银行本票存款""银行汇票存款""信用卡存款"等明细科目，进行明细核算。本科目期末借方余额，反映单位实际持有的其他货币资金。

单位按照有关规定需要在异地开立银行账户，将款项委托本地银行汇往异地开立账户时，借记"其他货币资金"科目，贷记"银行存款"科目。收到采购员交来供应单位发票账单等报销凭证时，借记"库存物品"等科目，贷记"其他货币资金"科目。将多余的外埠存款转回本地银行时，根据银行的收账通知，借记"银行存款"科目，贷记"其他货币资金"科目。

单位将款项交存银行取得银行本票、银行汇票，按照取得的银行本票、银行汇票金额，借记"其他货币资金"科目，贷记"银行存款"科目。使用银行本票、银行汇票购买库存物品等资产时，按照实际支付金额，借记"库存物品"等科目，贷记"其他货币资金"科目。如有余款或因本票、汇票超过付款期等原因而退回款项，按照退款金额，借记"银行存款"科目，贷记"其他货币资金"科目。

单位将款项交存银行取得信用卡，按照交存金额，借记"其他货币资金"科目，贷记"银行存款"科目。用信用卡购物或支付有关费用，按照实际支付金额，借记"单位管理费用""库存物品"等科目，贷记"其他货币资金"科目。单位信用卡在使用过程中，需向其账户续存资金的，按照续存金额，借记"其他货币资金"科目，贷记"银行存款"科目。

【例10-11】　某事业单位为取得相应数额的银行汇票将款项20 000元存入银行。数日后，该事业单位以该银行汇票购买一批库存物品20 000元。该事业单位应编制的会计分录为：

（1）取得银行汇票时。

在财务会计中：

借：其他货币资金——银行汇票 20 000
　　贷：银行存款 20 000

在预算会计中不做账务处理。

(2) 使用银行汇票购买库存物品时。

在财务会计中：

借：库存物品 20 000
　　贷：其他货币资金——银行汇票 20 000

同时，在预算会计中：

借：事业支出 20 000
　　贷：资金结存——货币资金 20 000

根据《政府会计准则制度解释第1号》的规定，单位通过支付宝、微信等方式取得相关收入的，对于尚未转入银行存款的支付宝、微信收付款等第三方支付平台账户的余额，应当通过"其他货币资金"科目核算。

【例10-12】 东方医院在门诊和住院部采用微信、支付宝结算方式。20×3年7月1日，医院当天实现门急诊收入1 200 000元，其中，病人通过微信支付800 000元，通过支付宝支付400 000元。同年7月2日，微信、支付宝通过合作银行将以上款项转入医院账户。该医院应编制的会计分录为：

(1) 7月1日，病人通过微信、支付宝完成支付时。

在财务会计中：

借：其他货币资金——在途资金——微信 800 000
　　　　　　　　　　　　　　——支付宝 400 000
　　贷：事业收入——医疗收入——门急诊收入 1 200 000

在预算会计中不做账务处理。

(2) 7月2日，医院账户实际收到款项时。

在财务会计中：

借：银行存款 1 200 000
　　贷：其他货币资金——在途资金——微信 800 000
　　　　　　　　　　　　　　　——支付宝 400 000

同时，在预算会计中：

借：资金结存——货币资金 1 200 000
　　贷：事业预算收入——医疗预算收入——门急诊收入 1 200 000

单位在开展行政事业活动收取相关款项时，若支付方通过银行卡、微信、支付宝等第三方机构支付方式进行支付，第三方支付机构作为代收方，将代收的资金放到专门的资金池，再按照事先约定，遵守T+1或T+N的规则，将一天或一段时间内代收的资金一次性转入单位账户。这样，这部分资金在支付方支付后与单位实际收到前即以在途资金的形式形成单位货币资金，应在"其他货币资金"科目下设置"在途资金"明细科目进行专门核算，并根据业务类别、第三方支付机构等进行进一步的明细核算,其科目期末借方余额,反映单位尚未收到的在途资金。

二、短期投资

短期投资是指事业单位按照规定取得的,持有时间不超过1年(含1年)的投资。事业单位应当严格遵守国家法律、行政法规以及财政部门、主管部门关于对外投资的有关规定。短期投资对象主要是国债。行政单位没有短期投资业务。

为了核算短期投资业务,事业单位财务会计应设置"短期投资"总账科目。本科目应当按照投资的种类等进行明细核算。本科目期末借方余额,反映事业单位持有短期投资的成本。

1. 取得短期投资

事业单位取得短期投资时,按照确定的投资成本,在财务会计中,借记"短期投资"科目,贷记"银行存款"等科目;同时,在预算会计中,借记"投资支出"科目,贷记"资金结存——货币资金"科目。收到取得投资时实际支付价款中包含的已到付息期但尚未领取的利息,按照实际收到的金额,在财务会计中,借记"银行存款"科目,贷记"短期投资"科目;同时,在预算会计中,借记"资金结存——货币资金"科目,贷记"投资支出"科目。

【例10-13】 某事业单位利用非财政资金购入一批国债,面值为100 000元,实际支付购入价格101 800元,其中含有已到付息期但尚未领取的利息1 800元。数日后,收到含有已到期但尚未领取的利息1 800元。该事业单位应编制的会计分录为:

(1) 购入短期投资时。

在财务会计中:

借:短期投资——债券投资　　　　　　　　　　　　　　　　101 800
　　贷:银行存款　　　　　　　　　　　　　　　　　　　　　　101 800

同时,在预算会计中:

借:投资支出　　　　　　　　　　　　　　　　　　　　　　　101 800
　　贷:资金结存——货币资金　　　　　　　　　　　　　　　　101 800

(2) 收到购入时含有的已到付息期但尚未领取的利息时。

在财务会计中:

借:银行存款　　　　　　　　　　　　　　　　　　　　　　　1 800
　　贷:短期投资——债券投资　　　　　　　　　　　　　　　　1 800

同时,在预算会计中:

借:资金结存——货币资金　　　　　　　　　　　　　　　　　1 800
　　贷:投资支出　　　　　　　　　　　　　　　　　　　　　　1 800

收到短期投资实际支付价款中包含的已到付息期但尚未领取的利息时,在财务会计中,冲减短期投资成本,在预算会计中冲减投资成本。

2. 短期投资持有期间收到利息

事业单位收到短期投资持有期间的利息时,按照实际收到的金额,在财务会计中,借记"银行存款"科目,贷记"投资收益"科目;同时,在预算会计中,借记"资金结存"科目,贷记"投资预算收益"科目。

【例10-14】 承[例10-13]，该事业单位持有该短期投资半年，收到持有期间的半年利息1 800元。该事业单位应编制的会计分录为：

在财务会计中：

借：银行存款　　　　　　　　　　　　　　　　　　　　　　　1 800
　　贷：投资收益　　　　　　　　　　　　　　　　　　　　　　　　1 800

同时，在预算会计中：

借：资金结存——货币资金　　　　　　　　　　　　　　　　　1 800
　　贷：投资预算收益　　　　　　　　　　　　　　　　　　　　　　1 800

3. 出售短期投资或到期收回短期投资本息

事业单位出售短期投资或到期收回短期投资本息，在财务会计中，按照实际收到的金额，借记"银行存款"科目，按照出售或收回短期投资的账面余额，贷记"短期投资"科目，按照其差额，借记或贷记"投资收益"科目；同时，在预算会计中，按照实际收到的金额，借记"资金结存"科目，按照出售或收回短期投资的账面余额，贷记"投资支出"科目或"其他结余"科目，按照其差额，借记或贷记"投资预算收益"科目。

【例10-15】 承[例10-13]和[例10-14]，数日后，该事业单位将该项债券投资出售，取得价款100 850元，差额850元(100 850－100 000)。此处暂不考虑增值税。该事业单位应编制的会计分录为：

在财务会计中：

借：银行存款　　　　　　　　　　　　　　　　　　　　　　　100 850
　　贷：短期投资——债券投资　　　　　　　　　　　　　　　　100 000
　　　　投资收益　　　　　　　　　　　　　　　　　　　　　　　　850

同时，在预算会计中：

借：资金结存——货币资金　　　　　　　　　　　　　　　　　100 850
　　贷：其他结余　　　　　　　　　　　　　　　　　　　　　　　100 050
　　　　投资预算收益　　　　　　　　　　　　　　　　　　　　　　800

在该项业务中，由于"投资成本"科目在取得投资当年已经结转"其他结余"科目，第二年出售投资时，应当贷记"其他结余"科目，而不是贷记"投资支出"科目，即冲销已转入至其他结余的投资支出，恢复其他结余的原有余额。

三、财政应返还额度

财政应返还额度是指实行国库集中支付的单位应收财政返还的资金额度，包括单位可以使用的以前年度财政直接支付资金额度和财政应返还的财政授权支付资金额度。

为核算财政应返还额度的业务，单位应设置"财政应返还额度"总账科目，并设置"财政直接支付""财政授权支付"两个明细科目进行明细核算。本科目期末借方余额，反映单位应收财政返还的资金额度。

财政直接支付方式下，年末，单位根据本年度财政直接支付预算指标数与当年财政直接支付实际支出数的差额，在财务会计中，借记"财政应返还额度——财政直接支付"科目，贷记"财政拨款收入"科目；同时，在预算会计中，借记"资金结存——财政应返还额度"科目，贷记"财政拨款预算收入"科目。次年度,单位实际使用以前年度财政直接支付额度发生支出时,在财务会计中,借记"业务活动费用""单位管理费用""库存物品"等科目,贷记"财政应返还额度——财政直接支付"科目;同时,在预算会计中,借记"行政支出""事业支出"科目,贷记"资金结存——财政应返还额度"科目。

【例10-16】 某行政单位本年度财政直接支付预算指标数为898 000元,财政直接支付实际支出数885 000元,两者差额为13 000元。经批准使用以前年度财政直接额度支付日常公用经费2 000元。该行政单位应编制的会计分录为:

(1)年末,确认本年度未使用的财政直接支付预算指标时。

在财务会计中:

借:财政应返还额度——财政直接支付　　　　　　　　　　　　13 000
　　贷:财政拨款收入　　　　　　　　　　　　　　　　　　　　　　13 000

同时,在预算会计中:

借:资金结存——财政应返还额度　　　　　　　　　　　　　　13 000
　　贷:财政拨款预算收入　　　　　　　　　　　　　　　　　　　　13 000

(2)次年,经批准使用以前年度财政直接额度时。

在财务会计中:

借:业务活动费用　　　　　　　　　　　　　　　　　　　　　　2 000
　　贷:财政应返还额度——财政直接支付　　　　　　　　　　　　　2 000

同时,在预算会计中:

借:行政支出　　　　　　　　　　　　　　　　　　　　　　　　2 000
　　贷:资金结存——财政应返还额度　　　　　　　　　　　　　　　2 000

财政授权支付方式下,财政应返还额度的核算程序与举例请参阅上述"零余额账户用款额度"科目的核算。

四、应收及预付款项

应收及预付款项是指行政事业单位在开展业务活动中形成的各项债权,包括应收票据、应收账款、预付账款、应收股利、应收利息、其他应收款、坏账准备等。

(一)应收票据

应收票据是指事业单位因开展经营活动销售产品、提供有偿服务等收到的商业汇票,包括商业承兑汇票和银行承兑汇票。行政单位没有应收票据业务。

商业汇票按其承兑人不同,分为商业承兑汇票和银行承兑汇票。商业承兑汇票是由付款人承兑的汇票,它可以由收款人签发,也可以由付款人签发,但必须由付款人承兑;银行承兑汇票是由收款人或承兑申请人签发,并由承兑申请人向银行申请,银行审查同意承兑的票据。

为了核算应收票据业务,事业单位财务会计应设置"应收票据"总账科目。本科目应按开出、承兑商业汇票的单位等进行明细核算。本科目期末余额在借方,反映事业单位持有的商业汇票票面金额。

1. 收到应收票据

因销售产品、提供服务等收到商业汇票,按照商业汇票的票面金额,借记"应收票据"科目,按照确认的收入金额,贷记"经营收入"等科目。涉及增值税业务的,相关账务处理参见"应交增值税"科目的账务处理。

【例10-17】 某事业单位是小规模纳税人,所属非独立核算部门开展一项经营活动,内容为对外销售一批日常体育用品给乙公司,产品已发出,发票上注明的价款为2 000元,应交增值税额为60元。收到乙公司交来的一张银行承兑汇票,期限3个月,面值为2 060元。该事业单位应编制的会计分录为:

在财务会计中:

借:应收票据——乙公司	2 060	
贷:经营收入		2 000
应交增值税		60

在预算会计中不做账务处理。

2. 应收票据贴现

事业单位持有的应收票据,在到期前可以用背书形式转让给银行。银行同意接受时,要预扣自贴现日至到期日的利息,将其余额即贴现净值支付给企业。这种利用票据向银行融资的做法,被称为应收票据贴现。

在贴现业务中,银行所预扣的利息,称贴现利息。银行计算贴现利息使用的利率,又称贴现率。贴现单位从银行获得的票据到期额中扣除贴现利息后的货币资金被称为贴现所得净额。贴现所得净额的计算公式如下:

$$贴现期=票据期限-票据已持有期限$$
$$贴现息=票据到期价值\times 银行贴现率\times 贴现期$$
$$贴现所得净额=票据到期价值-贴现利息$$

事业单位持有的未到期的商业汇票向银行贴现,在财务会计中,按照实际收到的金额(即票据到期值减去贴现利息后的净额),借记"银行存款(实际收到金额)"科目,按照贴现息,借记"经营费用(贴现息)"等科目,按照商业汇票的票面金额,贷记"应收票据(票面金额)"科目(无追索权)或"短期借款"科目(有追索权);附追索权的商业汇票到期未发生追索事项的,按照商业汇票的票面金额,借记"短期借款"科目,贷记"应收票据"科目;同时,在预算会计中,按照实际收到的金额,借记"资金结存"科目,贷记"经营预算收入"科目。

【例10-18】 承[例10-17],假定该事业单位持有该票据1个月后到银行贴现,贴现率为6%,则贴现息为20.6元(2 060×6%×2÷12),贴现所得净额为2 039.4元(2 060-20.6)。该事业单位应编制的会计分录为:

在财务会计中:

借:银行存款	2 039.4	
经营费用——贴现利息支出	20.6	
贷:应收票据——乙公司		2 060.0

同时,在预算会计中:

借:资金结存——货币资金	2 039.4	
贷:经营预算收入		2 039.4

3. 应收票据转让

事业单位可以将自己持有的商业汇票背书转让,将汇票的权利转让给他人。背书是指在商业汇票背面或者在粘单上记载有关事项并签章的票据行为。背书人背书转让汇票后,即承担保证其后手所持汇票承兑和付款的责任。

将持有的商业汇票背书转让以取得所需物资时,在财务会计中,按照取得物资的成本,借记"库存物品"等科目,按照商业汇票的票面金额,贷记"应收票据"科目,如有差额,借记或贷记"银行存款"等科目;同时,在预算会计中,按支付的差额,借记"经营支出"科目,贷记"资金结存"科目。涉及增值税业务的,相关账务处理参见"应交增值税"科目的账务处理。

【例 10-19】承[例 10-17],假定该事业单位于 20×3 年 3 月 1 日将持有的乙公司票据(到期日为 20×3 年 7 月 1 日)背书转让给丙公司以取得所需材料,该批材料的价款为 2 060 元,以现金支付材料运杂费 40 元。假定不考虑相关税费。该事业单位应编制的会计分录为:

在财务会计中:

借:库存物品　　　　　　　　　　　　　　　　　　　　　　　　2 100
　　贷:应收票据——乙公司　　　　　　　　　　　　　　　　　　　　2 060
　　　　库存现金　　　　　　　　　　　　　　　　　　　　　　　　　40

同时,在预算会计中:

借:经营支出　　　　　　　　　　　　　　　　　　　　　　　　　40
　　贷:资金结存——货币资金　　　　　　　　　　　　　　　　　　　40

4. 应收票据到期

商业汇票到期时,应当分别以下情况处理:①收回票款时,在财务会计中,按照实际收到的商业汇票票面金额,借记"银行存款"科目,贷记"应收票据"科目;同时,在预算会计中,借记"资金结存"科目,贷记"经营预算收入"科目。②因付款人无力支付票款,收到银行退回的商业承兑汇票、委托收款凭证、未付票款通知书或拒付款证明等,按照商业汇票的票面金额,在财务会计中,借记"应收账款"科目,贷记"应收票据"科目。

【例 10-20】承[例 10-17],假定 3 个月后票据到期,收回票款 2 060 元,款项存入开户银行。该事业单位应编制的会计分录为:

在财务会计中:

借:银行存款　　　　　　　　　　　　　　　　　　　　　　　　2 060
　　贷:应收票据　　　　　　　　　　　　　　　　　　　　　　　　2 060

同时,在预算会计中:

借:资金结存——货币资金　　　　　　　　　　　　　　　　　　　2 060
　　贷:经营预算收入　　　　　　　　　　　　　　　　　　　　　　2 060

事业单位应当设置"应收票据备查簿",逐笔登记每一应收票据的种类、号数、出票日期、到期日、票面金额、交易合同号和付款人、承兑人、背书人姓名或单位名称、背书转让日、贴现日期、贴现率和贴现净额、收款日期、收回金额和退票情况等。应收票据到期结清票款或退票后,应当在备查簿内逐笔注销。

(二) 应收账款

应收账款是指事业单位提供服务、销售产品等应收取的款项,以及单位因出租资产、出售物资等应收取的款项。单位应视应收账款收回后是否需要上缴财政进行不同的会计处理。

为了核算应收账款业务,单位应设置"应收账款"总账科目。本科目应当按照债务单位(或个人)进行明细核算。本科目期末借方余额,反映单位尚未收回的应收账款。

1. 收回后不需上缴财政的应收账款

应收账款收回后不需要上缴财政的情况下,单位发生应收账款时,按照应收未收金额,借记"应收账款"科目,贷记"事业收入""经营收入""租金收入""其他收入"等科目。涉及增值税业务的,相关账务处理参见"应交增值税"科目的账务处理。收回应收账款时,按照实际收到的金额,在财务会计中,借记"银行存款"等科目,贷记"应收账款"科目;同时,在预算会计中,借记"资金结存——货币资金"科目,贷记"事业预算收入""经营预算收入""其他预算收入"等科目。

【例10-21】 某事业单位开展一项非独立核算的经营活动,期末按规定计算应取得款项10 000元,内容为对外提供有偿服务,款项尚未收到。数日后,收到该笔款项。该事业单位应编制的会计分录为:

(1)期末按规定计算应取得的款项时。

在财务会计中:

借:应收账款 10 000
  贷:经营收入 10 000

在预算会计中不做账务处理。

(2)数日后收到该笔款项时。

在财务会计中:

借:银行存款 10 000
  贷:应收账款 10 000

同时,在预算会计中:

借:资金结存——货币资金 10 000
  贷:经营预算收入 10 000

2. 收回后需上缴财政的应收账款

应收账款收回后需要上缴财政的情况下,单位出租资产发生应收未收租金款项时,按照应收未收金额,借记"应收账款"科目,贷记"应缴财政款"科目;收回应收账款时,按照实际收到的金额,借记"银行存款"等科目,贷记"应收账款"科目。单位出售物资发生应收未收的款项时,按照应收未收金额,借记"应收账款"科目,贷记"应缴财政款"科目;收回应收账款时,按照实际收到的金额,借记"银行存款"等科目,贷记"应收账款"科目。涉及增值税业务的,相关账务处理参见"应交增值税"科目的账务处理。

【例10-22】 某行政单位经批准将暂时闲置的某一房屋出租,租期为3年,每年租金为120 000元,年末收取。计算确认第一年的租金120 000元,款项尚未收到。款项收到后按规定应上缴财政。该行政单位应编制的会计分录为:

在财务会计中:

(1)确认第一年租金时。

借:应收账款 120 000
  贷:应缴财政款 120 000

(2)收到应收租金时。

```
借：银行存款                                              120 000
    贷：应收账款                                                   120 000
```

在预算会计中不做账务处理。

由于应收账款收回后需要上缴财政，收回资金不纳入部门预算管理，故在预算会计中不进行账务处理。

3. 事业单位对收回后不需上缴财政的应收账款年末计价

事业单位应当于每年年末，对收回后不需上缴财政的应收账款进行全面检查，如发生不能收回的迹象，应当计提坏账准备。对于账龄超过规定年限、确认无法收回的应收账款，按照规定报经批准后予以核销。按照核销金额，借记"坏账准备"科目，贷记"应收账款"科目。核销的应收账款应在备查簿中保留登记。已核销的应收账款在以后期间又收回的，按照实际收回金额，在财务会计中，借记"应收账款"科目，贷记"坏账准备"科目，同时，借记"银行存款"等科目，贷记"应收账款"科目；在预算会计中，借记"资金结存——货币资金"科目，贷记"非财政拨款结余"科目。具体举例请参见本节坏账准备的核算。

4. 单位对收回后应当上缴财政的应收账款年末计价

单位应当于每年年末，对收回后应当上缴财政的应收账款进行全面检查。具体来讲，对于账龄超过规定年限、确认无法收回的应收账款，按照规定报经批准后予以核销，按照核销金额，借记"应缴财政款"科目，贷记"应收账款"科目，并将核销的应收账款在备查簿中保留登记。已核销的应收账款在以后期间又收回的，按照实际收回金额，借记"银行存款"等科目，贷记"应缴财政款"科目。

【例10-23】 承[例10-22]，出租第二年，该行政单位没有收到租金，并且由于各种原因，租赁合同取消，租金难以收回，并将出租资产收回。按规定报经批准后，第二年的应收租金120 000元予以核销。该行政单位应编制的会计分录为：

在财务会计中：

（1）第二年年末确认应收未收租金时。

```
借：应收账款                                              120 000
    贷：应缴财政款                                                 120 000
```

（2）报经批准核销第二年的应收账款时。

```
借：应缴财政款                                            120 000
    贷：应收账款                                                   120 000
```

在预算会计中不做账务处理。

(三) 预付账款

预付账款是单位按照购货、服务合同或协议规定预付给供应单位（或个人）的款项，以及按照合同规定向承包工程的施工企业预付的备料款和工程款。单位依据合同规定支付的定金，也属于预付账款的内容范围。单位支付可以收回的订金，不属于预付账款的内容范围，而属于其他应收款的内容范围。

为了核算预付账款业务，单位财务会计应设置"预付账款"总账科目。本科目应当按照供应单位（或个人）及具体项目进行明细核算；对于基本建设项目发生的预付账款，还应当在本科目所属基本建设项目明细科目下设置"预付备料款""预付工程款""其他预付款"等明细科目，进行明细核算。本科目期末借方余额，反映单位实际预付但尚未结算的款项。

1. 日常核算

单位根据购货、服务合同或协议规定预付款项时,按照预付金额,在财务会计中,借记"预付账款"科目,贷记"财政拨款收入""零余额账户用款额度""银行存款"等科目;同时,在预算会计中,借记"行政支出""事业支出"等科目,贷记"财政拨款预算收入""资金结存"科目。收到所购资产或服务时,在财务会计中,按照购入资产或服务的成本,借记"库存物品""固定资产""无形资产""业务活动费用"等相关科目,按照相关预付账款的账面余额,贷记"预付账款"科目,按照实际补付的金额,贷记"财政拨款收入""零余额账户用款额度""银行存款"等科目;同时,在预算会计中,按照实际补付的金额,借记"行政支出""事业支出"等科目,贷记"财政拨款预算收入""资金结存"科目。涉及增值税业务的,相关账务处理参见"应交增值税"科目的账务处理。

根据工程进度结算工程价款及备料款时,在财务会计中,按照结算金额,借记"在建工程"科目,按照相关预付账款的账面余额,贷记"预付账款"科目,按照实际补付的金额,贷记"财政拨款收入""零余额账户用款额度""银行存款"等科目;同时,在预算会计中,按照实际补付的金额,借记"行政支出""事业支出"等科目,贷记"财政拨款预算收入""资金结存"科目。

发生预付账款退回的,按照实际退回金额,在财务会计中,借记"财政拨款收入"(本年直接支付)、"财政应返还额度"(以前年度直接支付)、"零余额账户用款额度""银行存款"等科目,贷记"预付账款"科目;同时,在预算会计中,借记"财政拨款预算收入""资金结存"等科目,贷记"行政支出""事业支出"等科目。

【例10-24】 某行政单位通过财政授权支付方式支付一笔款项10 000元,具体内容是向甲公司预付购入专用物资的款项。该行政单位应编制的会计分录为:

在财务会计中:

借:预付账款——甲公司　　　　　　　　　　　　　　　　　　　　　　　　10 000
　　贷:零余额账户用款额度　　　　　　　　　　　　　　　　　　　　　　　　10 000

同时,在预算会计中:

借:行政支出　　　　　　　　　　　　　　　　　　　　　　　　　　　　　10 000
　　贷:资金结存——零余额账户用款额度　　　　　　　　　　　　　　　　　10 000

【例10-25】 承[例10-24],若行政单位已收到专用物资,其成本为8 000元。该行政单位通过单位零余额账户收到退回的当年发生的预付账款2 000元。该行政单位应编制的会计分录为:

(1)专用物资验收入库时。

在财务会计中:

借:库存物品　　　　　　　　　　　　　　　　　　　　　　　　　　　　　8 000
　　贷:预付账款——甲公司　　　　　　　　　　　　　　　　　　　　　　　8 000

在预算会计中不做账务处理

(2)单位零余额账户收到退回的当年支付的预付账款时。

在财务会计中:

借:零余额账户用款额度　　　　　　　　　　　　　　　　　　　　　　　　2 000
　　贷:预付账款——甲公司　　　　　　　　　　　　　　　　　　　　　　　2 000

同时,在预算会计中:

借：资金结存——零余额账户用款额度 2 000
  贷：行政支出 2 000

2. 年末计价

单位应当于每年年末，对预付账款进行全面检查。如果有确凿证据表明预付账款不再符合预付款项性质，或者因供应单位破产、撤销等原因可能无法收到所购货物、服务的，应当先将其转入其他应收款，再按照规定进行处理。

(四) 应收股利

应收股利是指事业单位因持有长期股权投资应当收取的现金股利或应当分得的利润。

为核算应收股利业务，事业单位应设置"应收股利"总账科目。本科目应当按照被投资单位等进行明细核算。本科目期末借方余额，反映事业单位应当收取但尚未收到的现金股利或利润。

事业单位取得长期股权投资，在财务会计中，按照支付的价款中所包含的已宣告但尚未发放的现金股利，借记"应收股利"科目，按照确定的长期股权投资成本，借记"长期股权投资"科目，按照实际支付的金额，贷记"银行存款"等科目；同时，在预算会计中，按照实际支付的金额，借记"投资支出"科目，贷记"资金结存"科目。收到取得投资时实际支付价款中所包含的已宣告但尚未发放的现金股利时，按照收到的金额，在财务会计中，借记"银行存款"科目，贷记"应收股利"科目；同时，在预算会计中，借记"资金结存"科目，贷记"投资支出"科目。

长期股权投资持有期间，被投资单位宣告发放现金股利或利润的，按照应享有的份额，借记"应收股利"科目，贷记"投资收益"（成本法下）科目或"长期股权投资"（权益法下）科目。实际收到现金股利或利润时，按照收到的金额，在财务会计中，借记"银行存款"等科目，贷记"应收股利"科目；同时，在预算会计中，借记"资金结存"科目，贷记"投资预算收益"科目。

【例10-26】 某事业单位以货币资金对甲公司进行投资，拥有甲公司60%的股权，有权决定甲公司的财务和经营政策，相应的长期股权投资采用权益法核算。20×3年9月20日，甲公司宣告发放现金股利500 000元，该事业单位应享有的份额为300 000元(500 000×60%)。次月，该事业单位收到甲公司发放的现金股利300 000元，款项已存入开户银行。该事业单位应编制的会计分录为：

(1) 甲公司宣告发放现金股利时。

在财务会计中：

借：应收股利 300 000
  贷：长期股权投资 300 000

在预算会计中不做账务处理。

(2) 收到甲公司发放的现金股利时。

在财务会计中：

借：银行存款 300 000
  贷：应收股利 300 000

同时，在预算会计中：

借：资金结存——货币资金 300 000
  贷：投资预算收益 300 000

(五) 应收利息

应收利息是指事业单位长期债券投资应当收取的利息。

为核算应收利息业务,事业单位应设置"应收利息"总账科目。事业单位购入的到期一次还本付息的长期债券投资持有期间的利息,应当通过"长期债券投资——应计利息"科目核算,不通过本科目核算。本科目应当按照被投资单位等进行明细核算。本科目期末借方余额,反映事业单位应收未收的长期债券投资利息。

事业单位取得长期债券投资,按照确定的投资成本,在财务会计中,借记"长期债券投资"科目,按照支付的价款中包含的已到付息期但尚未领取的利息,借记"应收利息"科目,按照实际支付的金额,贷记"银行存款"等科目;同时,在预算会计中,按照实际支付的金额,借记"投资支出"科目,贷记"资金结存"科目。收到取得投资时实际支付价款中所包含的已到付息期但尚未领取的利息时,按照收到的金额,在财务会计中,借记"银行存款"等科目,贷记"应收利息"科目;同时,在预算会计中,借记"资金结存"科目,贷记"投资支出"科目。

按期计算确认长期债券投资利息收入时,对于分期付息、一次还本的长期债券投资,按照以票面金额和票面利率计算确定的应收未收利息金额,在财务会计中,借记"应收利息"科目,贷记"投资收益"科目。实际收到应收利息时,按照收到的金额,在财务会计中,借记"银行存款"等科目,贷记"应收利息"科目;同时,在预算会计中,借记"资金结存"科目,贷记"投资预算收益"科目。

【例10-27】 某事业单位持有一项长期债券投资。某月末,该事业单位按照债券票面金额和票面利率计算确定的应收未收利息金额为8 500元。次月初,该事业单位收到相应债券的利息收入8 500元,款项存入开户银行。该债券为分期付息、一次还本的债券。该事业单位应编制的会计分录为:

(1) 计算确定应收未收利息金额时。

在财务会计中:

借:应收利息　　　　　　　　　　　　　　　　　　　　　　　　　8 500
　　贷:投资收益　　　　　　　　　　　　　　　　　　　　　　　　8 500

在预算会计中不做账务处理。

(2) 收到债券利息收入时。

在财务会计中:

借:银行存款　　　　　　　　　　　　　　　　　　　　　　　　　8 500
　　贷:应收利息　　　　　　　　　　　　　　　　　　　　　　　　8 500

同时,在预算会计中:

借:资金结存——货币资金　　　　　　　　　　　　　　　　　　　8 500
　　贷:投资预算收益　　　　　　　　　　　　　　　　　　　　　　8 500

(六) 其他应收款

其他应收款是指单位在财政应返还额度、应收票据、应收账款、预付账款、应收股利、应收利息以外的其他各项应收及暂付款项,如职工预借的差旅费、已经偿还银行尚未报销的本单位公务卡欠款、拨付给内部有关部门的备用金、应向职工收取的各种垫付款项、支付的可以收回的订金或押金、应收的上级补助和附属单位上缴款项等。

为核算其他应收款业务,单位应设置"其他应收款"科目。本科目应当按照其他应收款的类别以及债务单位(或个人)进行明细核算。本科目期末借方余额,反映单位尚未收回的其他应收款。

1. 备用金

单位内部实行备用金制度的,有关部门使用备用金以后应当及时到财务部门报销并补足备用金。财务部门核定并发放备用金时,在财务会计中,按照实际发放金额,借记"其他应收款"科目,贷记"库存现金"等科目。根据报销金额用现金补足备用金定额时,在财务会计中,借记"业务活动费用""单位管理费用"等科目,贷记"库存现金"等科目;同时,在预算会计中,借记"行政支出""事业支出"等科目,贷记"资金结存"等科目。

【例10-28】 某行政单位内部实行备用金制度,财务部门向单位内部相关业务和管理部门核定并发放备用金。年初,财务部门核定办公室定额备用金1 000元,款项以库存现金支付。某日,办公室到财务部门报销950元,财务部门以现金补足定额备用金。该行政单位应编制会计分录为:

(1)财务部门核定办公室定额备用金时。

在财务会计中:

借:其他应收款——备用金　　　　　　　　　　　　　　　　　　　1 000
　　贷:库存现金　　　　　　　　　　　　　　　　　　　　　　　　　　1 000

在预算会计中不做账务处理。

(2)办公室到财务部门报销,财务部门以现金补足备用金时。

在财务会计中:

借:业务活动费用　　　　　　　　　　　　　　　　　　　　　　　　950
　　贷:库存现金　　　　　　　　　　　　　　　　　　　　　　　　　　　950

同时,在预算会计中:

借:行政支出　　　　　　　　　　　　　　　　　　　　　　　　　　　950
　　贷:资金结存——货币资金　　　　　　　　　　　　　　　　　　　　950

根据《政府会计准则解释第1号》的规定,对于纳入本年度部门预算管理的暂付款项,如职工预借的差旅费、拨付给内部有关部门的备用金等,按照《政府会计制度》的规定,单位在支付款项时可不做预算会计处理,待结算或报销时,按照结算或报销的金额,借记相关预算支出科目,贷记"资金结存"科目。但是,在年末结账前,对于尚未结算或报销的暂付款项,单位应当按照暂付的金额,借记相关预算支出科目,贷记"资金结存"科目。以后年度,实际结算或报销金额与已计入预算支出的金额不一致的,单位应当通过相关预算结转结余科目"年初余额调整"明细科目进行处理。

对于应当纳入下一年度部门预算管理的暂付款项,单位在付出款项时,在财务会计中,借记"其他应收款"科目,贷记"银行存款"等科目,本年度不做预算会计处理。待下一年实际结算或报销时,单位应当按照实际结算或报销的金额,借记有关费用科目,按照之前暂付的款项金额,贷记"其他应收款"科目,按照退回或补付的金额,借记或贷记"银行存款"等科目。同时,在预算会计中,按照实际结算或报销的金额,借记有关支出科目,贷记"资金结存"科目。下一年度内尚未结算或报销的,按照前述规定处理。

2. 单位公务卡报销

偿还尚未报销的本单位公务卡欠款时,按照偿还的款项,在财务会计中,借记"其他应收款"科目,贷记"零余额账户用款额度""银行存款"等科目,在预算会计中不做账务处理。持卡人报销时,按照报销金额,在财务会计中,借记"业务活动费用""单位管理费用"等科目,贷记"其他应收款"科目;同时,在预算会计中,借记"行政支出""事业支出"等科目,贷记"资金结存"等科目。

【例10-29】 某行政单位通过财政授权方式支付一笔款项13 500元,具体内容是为尚未报销的单位公务卡偿还款项。数日后,持卡人报销有关款项。该行政单位应编制的会计分录为:

(1) 通过财政授权方式为尚未报销的公务卡偿还款项时。

在财务会计中:

借:其他应收款　　　　　　　　　　　　　　　　　　　　　　　　13 500
　　贷:零余额账户用款额度　　　　　　　　　　　　　　　　　　　　13 500

在预算会计中不做账务处理。

(2) 持卡人报销时。

在财务会计中:

借:业务活动费用　　　　　　　　　　　　　　　　　　　　　　　　13 500
　　贷:其他应收款　　　　　　　　　　　　　　　　　　　　　　　　13 500

同时,在预算会计中:

借:行政支出　　　　　　　　　　　　　　　　　　　　　　　　　　13 500
　　贷:资金结存——零余额账户用款额度　　　　　　　　　　　　　　13 500

3. 其他各种应收及暂付款项

单位发生其他各种应收及暂付款项时,按照实际发生金额,在财务会计中,借记"其他应收款"科目,贷记"零余额账户用款额度""银行存款""库存现金""上级补助收入""附属单位上缴收入"等科目。涉及增值税业务的,相关账务处理参见"应交增值税"科目的账务处理。收回其他各种应收及暂付款项时,按照收回的金额,在财务会计中,借记"库存现金""银行存款"等科目,贷记"其他应收款"科目;同时,在预算会计中,借记"资金结存"科目,贷记"上级补助预算收入""附属单位上缴预算收入""其他预算收入"等科目。

4. 其他应收款的年末计价

事业单位应当于每年年末,对其他应收款进行全面检查,如发生不能收回的迹象,应当计提坏账准备。对于账龄超过规定年限、确认无法收回的其他应收款,按照规定报经批准后予以核销。按照核销金额,借记"坏账准备"科目,贷记"其他应收款"科目。核销的其他应收款应当在备查簿中保留登记。已核销的其他应收款在以后期间又收回的,在财务会计中,按照实际收回金额,借记"其他应收款"科目,贷记"坏账准备"科目,同时,借记"银行存款"等科目,贷记"其他应收款"科目;在预算会计中,借记"资金结存"科目,贷记"其他预算收入"科目。

行政单位应当于每年年末,对其他应收款进行全面检查。对于超过规定年限、确认无法收回的其他应收款,应当按照有关规定报经批准后予以核销。核销的其他应收款应在备查簿中保留登记。具体来讲,经批准核销其他应收款时,按照核销金额,借记"资产处置费用"科目,贷记"其他应收款"科目。已核销的其他应收款在以后期间又收回的,按照收回金额,在财务会计中,借记"银行存款"等科目,贷记"其他收入"科目;同时,在预算会计中,借记"资金结存"科目,贷记"其他预算收入"科目。

此外,将预付账款账面余额转入其他应收款时,其相关账务处理参见"预付账款"科目的账务处理。

(七) 坏账准备

坏账是指事业单位无法收回或收回的可能性极小的应收款项。由于坏账带来的损失被称为坏账损失,它是费用的一个种类。根据《政府会计制度》的规定,事业单位对收回后不需要上缴财政的应收账款和其他应收款应当提取坏账准备,即坏账准备是指事业单位对收回后不需上缴财政的应收账款和其他应收款预计产生坏账损失而提取的准备金。行政单位不提取坏账准备。

为了核算坏账准备业务,事业单位应设置"坏账准备"总账科目。本科目应当分应收账款和其他应收款进行明细核算。本科目期末贷方余额,反映事业单位提取的坏账准备金额。

事业单位应当于每年年末,对收回后不需上缴财政的应收账款和其他应收款进行全面检查,分析其可收回性,对预计可能产生的坏账损失计提坏账准备、确认坏账损失。事业单位可以采用应收款项余额百分比法、账龄分析法、个别认定法等方法计提坏账准备。坏账准备计提方法一经确定,不得随意变更。如需变更,应当按照规定报经批准,并在财务报表附注中予以说明。

当期应补提或冲减的坏账准备金额的计算公式如下:

$$\text{当期应补提或冲减的坏账准备} = \text{按照期末应收账款和其他应收款计算应计提的坏账准备金额} - \text{本科目期末贷方余额} \left(\text{或} + \text{本科目期末借方余额}\right)$$

1. 应收账款余额百分比法

它是根据会计期末应收款项的余额和估计的坏账比率,估计坏账损失,计提坏账准备的方法。这一方法是基于坏账的发生与应收账款余额之间存在相对稳定的比例关系,根据这个比例关系和当前应收账款的期末余额,估计本期可能发生的坏账损失,并据此提取坏账准备。

1) 计提坏账准备

事业单位提取坏账准备时,借记"其他费用"科目,贷记"坏账准备"科目;冲减坏账准备时,借记"坏账准备"科目,贷记"其他费用"科目。

【例10-30】 某事业单位对收回后不需上缴财政的应收账款按其期末余额的1%提取坏账准备。20×2年年末,收回后不需上缴财政的应收账款的余额为100 000元。假定20×2年年末开始计提坏账准备,则20×2年12月31日,该事业单位应计提坏账准备1 000元(100 000×1%)。该事业单位应编制的会计分录为:

在财务会计中:

借:其他费用——计提的坏账准备　　　　　　　　　　　　　　1 000
　　贷:坏账准备　　　　　　　　　　　　　　　　　　　　　　　1 000

在预算会计中不做账务处理。

2) 核销坏账

对于账龄超过规定年限、确认无法收回的应收账款,按照规定报经批准后予以核销。按照核销金额,借记"坏账准备"科目,贷记"应收账款"科目。

【例10-31】 承[例10-30] 20×3年2月5日,甲单位应收账款发生了坏账损失1 500元,20×3年年末的应收账款为120 000元。该事业单位应编制的会计分录为:

在财务会计中:

(1) 20×3年2月5日,核销坏账时。

借:坏账准备   1 500
    贷:应收账款——甲单位   1 500

(2) 20×3年年末,计提坏账准备1 700元(120 000×1‰+500)。

借:其他费用——计提的坏账准备   1 700
    贷:坏账准备   1 700

在预算会计中不做账务处理。

3) 已核销的坏账又重新收回

已核销的应收账款在以后期间又收回的,按照实际收回金额,在财务会计中,借记"应收账款"科目,贷记"坏账准备"科目,同时,借记"银行存款"等科目,贷记"应收账款"科目;在预算会计中,借记"资金结存"科目,贷记"非财政拨款结余"科目。

【例10-32】 承[例10-30]20×4年5月8日,已核销的上年应收账款1 500元又收回,20×4年年末的应收账款为130 000元。该事业单位应编制的会计分录为:

(1) 20×4年5月8日,收回上年已核销的应收账款时。

在财务会计中:

借:应收账款——甲单位   1 500
    贷:坏账准备   1 500

借:银行存款   1 500
    贷:应收账款——甲单位   1 500

同时,在预算会计中:

借:资金结存——货币资金   1 500
    贷:非财政拨款结余   1 500

(2) 20×4年12月31日,冲减坏账准备1 400元(130 000×1‰-2 700)。

在财务会计中:

借:坏账准备   1 400
    贷:其他费用——计提的坏账准备   1 400

在预算会计中不做账务处理。

2. 账龄分析法

它是根据应收账款入账时间的长短来估计坏账损失的方法。虽然应收账款能否收回以及能收回多少,不一定完全取决于时间的长短,但一般来说,账款拖欠的时间越长,发生坏账的可能性就越大。

【例10-33】 假定某事业单位于20×2年12月31日收回后不需上缴财政的应收账款账龄及估计坏账损失如表10-1所示。

表10-1　　　　　收回后不需上缴财政的应收账款账龄及估计坏账损失表

应收账款账龄	应收账款金额(元)	估计损失	估计损失金额(元)
6个月以内(含6个月)	90 000	5‰	4 500
6个月~1年(含1年)	60 000	10‰	6 000
1~2年(含2年)	45 000	20‰	9 000

(续表)

应收账款账龄	应收账款金额(元)	估计损失	估计损失金额(元)
2~3年(含3年)	30 000	30%	9 000
3年以上	15 000	50%	7 500
合计	240 000		36 000

如表10-1所示,该事业单位于20×2年12月31日"坏账准备"账户的账面金额应为36 000元,该事业单位应根据前期"坏账准备"账户的账面余额,计算本期应计提的坏账准备。该事业单位应编制的会计分录为:

在财务会计中:

(1) 假设调整前"坏账准备"账户的账面余额为贷方11 000元,则本期应计提的坏账准备金额为25 000元(36 000-11 000)。

  借:其他费用——计提的坏账准备   25 000
    贷:坏账准备   25 000

(2) 假设调整前"坏账准备"账户的账面余额为借方11 000元,则本期应计提的坏账准备金额为47 000元(36 000+11 000)。

  借:其他费用——计提的坏账准备   47 000
    贷:坏账准备   47 000

在预算会计中不做账务处理。

3. 个别认定法

它是根据每一项应收款项的情况来估计坏账损失的方法。在采用应收账款余额百分比法、账龄分析法等方法的同时,如果某项应收款项的可收回性与其他各项应收款项存在明显的差别,导致该项应收款项如果按照与其他应收款项同样的方法计提坏账准备将无法真实地反映其可收回金额的,可对该项应收款项采用个别认定法计提坏账准备。在某一会计期末运用个别认定法的应收款项,应从用其他方法计提坏账准备的应收款项中剔除。

五、存货

存货是指单位在开展业务活动及其他活动中为耗用或出售而储存的资产,如材料、产品、包装物和低值易耗品等,以及未达到固定资产标准的用具、装具、动植物等。

按照《政府会计准则第1号——存货》的规定,存货同时满足下列条件的,应当予以确认:①与该存货相关的服务潜力很可能实现或者经济利益很可能流入政府会计主体;②该存货的成本或者价值能够可靠地计量。存货在取得时,应当按照其实际成本初始计量。存货发出时,应当根据实际情况采用先进先出法、加权平均法或者个别计价法确定发出存货的实际成本。计价方法一经确定,不得随意变更。

行政事业单位的存货按照经济内容或经济用途可分为在途物品、库存物品和加工物品等种类。

(一) 在途物品

在途物品是指单位采购材料等物资时货款已付或已开出商业汇票但尚未验收入库的物品。

为了核算在途物品的采购成本,单位应设置"在途物品"总账科目。本科目可按照供应单位和物品种类进行明细核算。本科目期末借方余额,反映单位在途物品的采购成本。

单位购入材料等物品,在财务会计中,按照确定的物品采购成本的金额,借记"在途物品"科目,按照实际支付的金额,贷记"财政拨款收入""零余额账户用款额度""银行存款"等科目;同时,在预算会计中,按实际支付的金额,借记"行政支出""事业支出"等科目,贷记"财政拨款预算收入""资金结存"等科目。涉及增值税业务的,相关账务处理参见"应交增值税"科目的账务处理。所购材料等物品到达验收入库,在财务会计中,按照确定的库存物品成本金额,借记"库存物品"科目,按照物品采购成本金额,贷记"在途物品"科目,按照使得入库物品达到目前场所和状态所发生的其他支出,贷记"银行存款"等科目;同时,在预算会计中,按照上述实际支付的其他支出,借记"其他支出"科目,贷记"资金结存"科目。

【例10-34】 某事业单位为开展专业业务活动采购一批物品,款项3 500元通过银行存款账户支付,物品仍在途中。数日后,该批材料到达并验收入库,确定的库存物品成本为采购成本3 500元。该事业单位应编制的会计分录为:

(1)购入材料时。

在财务会计中:

借:在途物品　　　　　　　　　　　　　　　　　　　　　　　3 500
　　贷:银行存款　　　　　　　　　　　　　　　　　　　　　　　3 500

同时,在预算会计中:

借:事业支出　　　　　　　　　　　　　　　　　　　　　　　3 500
　　贷:资金结存——货币资金　　　　　　　　　　　　　　　　3 500

(2)材料到达并验收入库时。

在财务会计中:

借:库存物品　　　　　　　　　　　　　　　　　　　　　　　3 500
　　贷:在途物品　　　　　　　　　　　　　　　　　　　　　　　3 500

在预算会计中不做账务处理。

(二)库存物品

库存物品是指单位在开展业务活动及其他活动中为耗用或出售而储存的各种材料、产品、包装物、低值易耗品,以及达不到固定资产标准的用具、装具、动植物等。

为了核算库存物品业务,行政事业单位应设置"库存物品"总账科目。本科目应当按照库存物品的种类、规格、保管地点等进行明细核算。单位储存的低值易耗品、包装物较多的,可以在本科目(低值易耗品、包装物)下按照"在库""在用"和"摊销"等进行明细核算。单位随买随用的零星办公用品,可以在购进时直接列作费用,不通过本科目核算。

1. 库存物品的取得

(1)外购的库存物品。外购的库存物品已验收入库,在财务会计中,应按照确定的成本,借记"库存物品"科目,贷记"财政拨款收入""零余额账户用款额度""银行存款""应付账款"等科目;同时,在预算会计中,按实际支付的金额,借记"行政支出""事业支出""经营支出"科目,贷记"财政拨款预算收入""资金结存"科目。涉及增值税业务的,相关账务处理参见"应交增值税"科目的账务处理。

购入的存货,其成本包括购买价款、相关税费、运输费、装卸费、保险费以及其他使得存货达到目前场所和状态所发生的支出。

【例10-35】 某行政单位购入一批库存物品,其成本为7 020元,款项通过财政授权支付方式支付,库存物品已验收入库。该行政单位应编制的会计分录为:

在财务会计中:

借:库存物品　　　　　　　　　　　　　　　　　　　　　　　　　7 020
　　贷:零余额账户用款额度　　　　　　　　　　　　　　　　　　　　　7 020

同时,在预算会计中:

借:行政支出　　　　　　　　　　　　　　　　　　　　　　　　　7 020
　　贷:资金结存——零余额账户用款额度　　　　　　　　　　　　　　　7 020

(2) 自制的库存物品。自制的库存物品加工完成并验收入库,按照确定的成本,借记"库存物品"科目,贷记"加工物品——自制物品"科目。委托外单位加工收回的库存物品验收入库,按照确定的成本,借记"库存物品"科目,贷记"加工物品——委托加工物品"等科目。

自行加工的存货,其成本包括耗用的直接材料费用、发生的直接人工费用和按照一定方法分配的与存货加工有关的间接费用。

(3) 接受捐赠的库存物品。接受捐赠的库存物品验收入库,在财务会计中,按照确定的成本,借记"库存物品"科目,按照发生的相关税费、运输费等,贷记"银行存款"等科目,按照其差额,贷记"捐赠收入"科目;同时,在预算会计中,按照发生的相关税费、运输费等,借记"其他支出"科目,贷记"资金结存"科目。

接受捐赠的库存物品按照名义金额入账的,在财务会计中,按照名义金额,借记"库存物品"科目,贷记"捐赠收入"科目,按照发生的相关税费、运输费等,借记"其他费用"科目,贷记"银行存款"等科目;同时,在预算会计中,按照上述发生的相关税费、运输费等,借记"其他支出"科目,贷记"资金结存"科目。

接受捐赠的存货,其成本按照有关凭据注明的金额加上相关税费、运输费等确定;没有相关凭据可供取得,但按规定经过资产评估的,其成本按照评估价值加上相关税费、运输费等确定;没有相关凭据可供取得、也未经资产评估的,其成本比照同类或类似资产的市场价格加上相关税费、运输费等确定;没有相关凭据且未经资产评估、同类或类似资产的市场价格也无法可靠取得的,按照名义金额入账,相关税费、运输费等计入当期费用。

上述所称"凭据",包括发票、报关单、有关协议等。有确凿证据表明凭据上注明的金额高于受赠资产同类或类似资产的市场价格30%或达不到其70%的,则应当以同类或类似资产的市场价格确定成本。

上述所称"同类或类似资产的市场价格",一般指取得资产当日捐赠方自产物资的出厂价、所销售物资的销售价、非自产或销售物资在知名大型电商平台同类或类似商品价格等。如果存在政府指导价或政府定价的,应符合其规定。

这里关于"凭据"和"同类或类似资产的市场价格"的规定说明同样适用固定资产、无形资产、公共基础设施和政府储备物资的捐赠情况。

(4) 无偿调入的库存物品。无偿调入的库存物品验收入库,在财务会计中,按照确定的成本,借记"库存物品"科目,按照发生的相关税费、运输费等,贷记"银行存款"等科目,按照其差额,贷记"无偿调拨净资产"科目;同时,在预算会计中,按照上述发生的相关税费、运输费等借记"其他支出"科目,贷记"资金结存"科目。

无偿调入的存货,其成本按照调出方账面价值加上相关税费、运输费等确定。

【例 10-36】 某行政单位收到无偿调入救灾物资一批,相关发票单据注明材料买价 2 000 000 元,增值税 340 000 元。另通过银行存款支付运输费 20 000 元。则库存物品的成本为 2 360 000 元(2 000 000+340 000+20 000)。该行政单位应编制的会计分录为:

在财务会计中:

借:库存物品 2 360 000
 贷:银行存款 20 000
  无偿调拨净资产 2 340 000

同时,在预算会计中:

借:其他支出 20 000
 贷:资金结存——货币资金 20 000

(5) 置换换入的库存物品。置换换入的库存物品验收入库,在财务会计中,按照确定的成本,借记"库存物品"科目,按照换出资产的账面余额,贷记相关资产科目(换出资产为固定资产、无形资产的,还应当借记"固定资产累计折旧""无形资产累计摊销"科目),按照置换过程中发生的其他相关支出,贷记"银行存款"等科目,按照借贷方差额,借记"资产处置费用"科目或贷记"其他收入"科目;同时,在预算会计中,按照上述发生的其他相关支出,借记"其他支出"科目,贷记"资金结存"科目。涉及补价的,分以下情况处理:①支付补价。支付补价的,在财务会计中,按照确定的成本,借记"库存物品"科目,按照换出资产的账面余额,贷记相关资产科目(换出资产为固定资产、无形资产的,还应当借记"固定资产累计折旧""无形资产累计摊销"科目),按照支付的补价和置换过程中发生的其他相关支出,贷记"银行存款"等科目,按照借贷方差额,借记"资产处置费用"科目或贷记"其他收入"科目;同时,在预算会计中,按照上述支付的补价和置换过程中发生的其他相关支出,借记"其他支出"科目,贷记"资金结存"科目。②收到补价。收到补价的,在财务会计中,按照确定的成本,借记"库存物品"科目,按照收到的补价,借记"银行存款"等科目,按照换出资产的账面余额,贷记相关资产科目(换出资产为固定资产、无形资产的,还应当借记"固定资产累计折旧""无形资产累计摊销"科目),按照置换过程中发生的其他相关支出,贷记"银行存款"等科目,按照补价扣减其他相关支出后的净收入,贷记"应缴财政款"科目,按照借贷方差额,借记"资产处置费用"科目或贷记"其他收入"科目。若置换过程中发生的其他相关支出大于收到的补价,在预算会计中,按照两者的差额,借记"其他支出"科目,贷记"资金结存"科目。

置换换入的存货,其成本按照换出资产的评估价值,加上支付的补价或减去收到的补价,加上为换入存货支付的其他支出(运输费等)确定。

【例 10-37】 甲事业单位经批准以某项专用设备与乙事业单位交换一批库存物品。换出固定资产账面原值 1 000 000 元,已计提折旧 100 000 元。该固定资产资产评估确认的价值为 800 000 元,收到乙单位的补价 50 000 元,为换入库存物品发生的相关费用为 10 000 元,则换入库存物品的成本为 760 000 元(800 000+10 000-50 000),应缴财政款为 40 000 元(50 000-10 000)。借方差额为 140 000 元(1 050 000-910 000),即为资产处置费用。甲事业单位应编制的会计分录为:

在财务会计中：

借：库存物品	760 000	
银行存款	50 000	
固定资产累计折旧	100 000	
资产处置费用	140 000	
贷：固定资产		1 000 000
银行存款		10 000
应缴财政款		40 000

在预算会计中不做账务处理。

这里需要说明的是，单位收到资金的时候即能确认此笔资金应上缴财政，这笔资金就不归属于单位，也就不能纳入单位预算收入核算与管理。上述甲事业单位资产置换取得应上缴财政的资金净流入就是如此，即甲事业单位收到的补价大于用货币资金支付的相关费用，资金净流入需上缴财政，单位预算会计无需反映；若收到的补价小于用货币资金支付的相关费用，就意味着甲事业单位用预算资金支付了部分相关费用，这时，该单位预算会计应予以反映，按收到的补价与用货币资金支付的相关费用两者的差额确认其他支出。

2. 库存物品的发出

（1）开展业务活动领用、自主出售发出或加工发出的库存物品。单位开展业务活动等领用、按照规定自主出售发出或加工发出库存物品，按照领用、出售等发出物品的实际成本，借记"业务活动费用""单位管理费用""经营费用""加工物品"等科目，贷记"库存物品"科目。

采用一次转销法摊销低值易耗品、包装物的，在首次领用时将其账面余额一次性摊销计入有关成本费用，借记有关科目，贷记"库存物品"科目。采用五五摊销法摊销低值易耗品、包装物的，首次领用时，将其账面余额的50%摊销计入有关成本费用，借记有关科目，贷记"库存物品"科目；使用完时，将剩余的账面余额转销计入有关成本费用，借记有关科目，贷记"库存物品"科目。

【例10-38】 某事业单位的后勤管理部门从存货仓库领用一批低值易耗品，用于日常后勤管理活动，该批低值易耗品的实际成本为2 000元，采用五五摊销法摊销其成本。后勤管理部门领用低值易耗品摊销其成本的50%时，该事业单位应编制的会计分录为：

在财务会计中：

借：单位管理费用	1 000	
贷：库存物品——低值易耗品		1 000

该批低值易耗品报废时，再摊销其成本的50%，其在财务会计中编制的会计分录同上。

在预算会计中不做账务处理。

（2）经批准对外出售（不含可自主出售）的库存物品。经批准对外出售的库存物品（不含可自主出售的库存物品）发出时，在财务会计中，按照库存物品的账面余额，借记"资产处置费用"科目，贷记"库存物品"科目，按照收到的价款，借记"银行存款"等科目，按照处置过程中发生的相关费用，贷记"银行存款"等科目，按照其差额，贷记"应缴财政款"科目；同时，在预算会计中，按照上述处置过程中发生的相关费用，借记"其他支出"科目，贷记"资金结存"科目。

（3）对外捐赠发出的库存物品。经批准对外捐赠的库存物品发出时，在财务会计中，按照库存物品的账面余额和对外捐赠过程中发生的归属于捐出方的相关费用合计数，借记"资产处置费用"科目,按照库存物品账面余额,贷记"库存物品"科目,按照对外捐赠过程中发生的归属于捐出方的相关费用,贷记"银行存款"等科目;同时,在预算会计中,按照上述发生的归属于捐出方的相关费用,借记"其他支出"科目,贷记"资金结存"科目。

(4) 无偿调出发出的库存物品。经批准无偿调出的库存物品发出时,在财务会计中,按照库存物品的账面余额,借记"无偿调拨净资产"科目,贷记"库存物品"科目;按照无偿调出过程中发生的归属于调出方的相关费用,借记"资产处置费用"科目,贷记"银行存款"等科目;同时,在预算会计中,按照上述发生的归属于调出方的相关费用,借记"其他支出"科目,贷记"资金结存"科目。

此外,经批准置换换出的库存物品,参照"库存物品"科目有关置换换入库存物品的规定进行账务处理。

3. 库存物品的清查盘点

单位应当定期对库存物品进行清查盘点,每年至少盘点一次。对于发生的库存物品盘盈、盘亏或者报废、毁损,应当先记入"待处理财产损溢"科目,按照规定报经批准后及时进行后续账务处理。

盘盈的库存物品,其成本按照有关凭据注明的金额确定;没有相关凭据、但按照规定经过资产评估的,其成本按照评估价值确定;没有相关凭据、也未经过评估的,其成本按照重置成本确定。如无法采用上述方法确定盘盈的库存物品成本的,按照名义金额入账。盘盈的库存物品,按照确定的入账成本,借记"库存物品"科目,贷记"待处理财产损溢"科目。具体举例请详见本章"待处理财产损溢"有关内容。

盘亏或者毁损、报废的库存物品,按照待处理库存物品的账面余额,借记"待处理财产损溢"科目,贷记"库存物品"科目。属于增值税一般纳税人的单位,若因非正常原因导致的库存物品盘亏或毁损,还应当将与该库存物品相关的增值税进项税额转出,按照其增值税进项税额,借记"待处理财产损溢"科目,贷记"应交增值税——应交税金(进项税额转出)"科目。具体举例请详见本章第八节"待处理财产损溢"。

(三) 加工物品

加工物品是指行政事业单位自制或委托外单位加工的各种物品。

为了核算加工物品的实际成本,单位应设置"加工物品"总账科目。本科目应当设置"自制物品""委托加工物品"两个一级明细科目,并按照物品类别、品种、项目等设置明细账,进行明细核算。本科目"自制物品"一级明细科目下应当设置"直接材料""直接人工""其他直接费用"等二级明细科目归集自制物品发生的直接材料、直接人工(专门从事物品制造人员的人工费)等直接费用;对于自制物品发生的间接费用,应当在本科目"自制物品"一级明细科目下单独设置"间接费用"二级明细科目予以归集,期末,再按照一定的分配标准和方法,分配计入有关物品的成本。本科目借方余额,反映单位自制或委托外单位加工但尚未完工的各种物品的实际成本。

1. 自制物品

(1) 为自制物品领用材料等,按照材料成本,借记"加工物品"科目(自制物品——直接材料),贷记"库存物品"科目。

(2) 专门从事物品制造的人员发生的直接人工费用,按照实际发生的金额,借记"加工物品"科目(自制物品——直接人工),贷记"应付职工薪酬"科目。

(3) 为自制物品发生的其他直接费用,在财务会计中,按照实际发生的金额,借记"加工物品"科目(自制物品——其他直接费用),贷记"零余额账户用款额度""银行存款"等科目;同时,在预算会计中,按实际支付的金额,借记"事业支出""经营支出"科目,贷记"资金结存"科目。

(4) 为自制物品发生的间接费用,在财务会计中,按照实际发生的金额,借记"加工物品"科目(自制物品——间接费用),贷记"零余额账户用款额度""银行存款""应付职工薪酬""固定资产累计折旧""无形资产累计摊销"等科目;同时,在预算会计中,按实际支付的金额,借记"事业支出""经营支出"科目,贷记"资金结存"科目。间接费用一般按照生产人员工资、生产人员工时、机器工时、耗用材料的数量或成本、直接费用(直接材料和直接人工)或产品产量等进行分配。单位可根据具体情况自行选择间接费用的分配方法。分配方法一经确定,不得随意变更。

(5) 已经制造完成并验收入库的物品,按照所发生的实际成本(包括耗用的直接材料费用、直接人工费用、其他直接费用和分配的间接费用),借记"库存物品"科目,贷记"加工物品"科目(自制物品)。

2. 委托加工物品

发给外单位加工的材料等,在财务会计中,按照其实际成本,借记"加工物品"科目(委托加工物品),贷记"库存物品"科目。支付加工费、运输费等费用,按照实际支付的金额,在财务会计中,借记"加工物品"科目(委托加工物品),贷记"零余额账户用款额度""银行存款"等科目;同时,在预算会计中,借记"事业支出""经营支出"科目,贷记"资金结存"科目。涉及增值税业务的,相关账务处理参见"应交增值税"科目的账务处理。委托加工完成的材料等验收入库,按照加工前发出材料的成本和加工、运输成本等,借记"库存物品"等科目,贷记"加工物品"科目(委托加工物品)。

委托加工的存货,其成本包括委托加工前存货成本、委托加工的成本(如委托加工费以及按规定应计入委托加工存货成本的相关税费等)以及使存货达到目前场所和状态所发生的归属于存货成本的其他支出。

【例10-39】 某事业单位委托外单位加工一批物品,发出一批专用材料,实际成本为20 000元。通过单位零余额账户支付加工费8 000元及材料往返运输费2 000元。委托加工物品加工完毕验收入库。不考虑增值税。该事业单位应编制的会计分录为:

(1) 发出加工的材料时。

在财务会计中:

借:加工物品——委托加工物品　　　　　　　　　　　　　　　　　　　　20 000
　　贷:库存物品　　　　　　　　　　　　　　　　　　　　　　　　　　　　20 000

在预算会计中不做账务处理。

(2) 支付委托加工费、运输费时。

在财务会计中:

借:加工物品——委托加工物品　　　　　　　　　　　　　　　　　　　　10 000
　　贷:零余额账户用款额度　　　　　　　　　　　　　　　　　　　　　　10 000

同时,在预算会计中:

借:事业支出　　　　　　　　　　　　　　　　　　　　　　　　　　　　10 000
　　贷:资金结存——零余额账户用款额度　　　　　　　　　　　　　　　10 000

(3) 委托加工材料验收入库时。

在财务会计中：

借：库存物品　　　　　　　　　　　　　　　　　　　　　　　　　　30 000
　　贷：加工物品——委托加工物品　　　　　　　　　　　　　　　　　　　30 000

在预算会计中不做账务处理。

六、待摊费用

待摊费用是指单位已经支付，但应当由本期和以后各期分别负担的分摊期在1年以内（含1年）的各项费用，如预付航空保险费、预付租金等。

为了核算待摊费用业务，单位财务会计应设置"待摊费用"总账科目。摊销期限在1年以上的租入固定资产改良支出和其他费用，应当通过"长期待摊费用"科目核算，不通过本科目核算。本科目应当按照待摊费用种类进行明细核算。本科目期末借方余额，反映单位各种已支付但尚未摊销的分摊期在1年以内（含1年）的费用。

单位发生待摊费用时，按照实际预付的金额，在财务会计中，借记"待摊费用"科目，贷记"财政拨款收入""零余额账户用款额度""银行存款"等科目；同时，在预算会计中，借记"行政支出""事业支出"等科目，贷记"财政拨款预算收入""资金结存"等科目。按照受益期限分期平均摊销时，按照摊销金额，借记"业务活动费用""单位管理费用""经营费用"等科目，贷记"待摊费用"科目。如果某项待摊费用已经不能使单位受益，应当将其摊余金额一次全部转入当期费用时，按照摊销金额，借记"业务活动费用""单位管理费用""经营费用"等科目，贷记"待摊费用"科目。

【例10-40】　某事业单位通过银行存款账户支付一笔款项18 000元，具体内容为预付不独立核算经营单位的房屋6个月的租赁费，每月平均分摊3 000元（18 000÷6）。该事业单位应编制的会计分录为：

（1）支付房屋租赁费时。

在财务会计中：

借：待摊费用——租赁费　　　　　　　　　　　　　　　　　　　　　18 000
　　贷：银行存款　　　　　　　　　　　　　　　　　　　　　　　　　　18 000

同时，在预算会计中：

借：经营支出　　　　　　　　　　　　　　　　　　　　　　　　　　18 000
　　贷：资金结存——货币资金　　　　　　　　　　　　　　　　　　　　18 000

（2）每月摊销房屋租赁费时。

在财务会计中：

借：经营费用　　　　　　　　　　　　　　　　　　　　　　　　　　3 000
　　贷：待摊费用——租赁费　　　　　　　　　　　　　　　　　　　　　3 000

在预算会计中不做账务处理。

第二节　长期投资

长期投资是指事业单位取得的短期投资以外的债权和股权性质的投资。按长期投资性质不同，长期投资分为长期股权投资和长期债券投资。

一、长期股权投资

长期股权投资是指事业单位按照规定取得的,持有时间超过1年(不含1年)的股权性质的投资。

为了核算长期股权投资业务,事业单位应设置"长期股权投资"总账科目。本科目应当按照被投资单位和长期股权投资取得方式等进行明细核算。长期股权投资采用权益法核算的,还应当按照"成本""损益调整""其他权益变动"设置明细科目,进行明细核算。本科目期末借方余额,反映事业单位持有的长期股权投资的价值。

(一) 长期股权投资的取得

长期股权投资在取得时,应当按照其实际成本作为初始投资成本。

(1) 以现金取得的长期股权投资,在财务会计中,按照确定的投资成本,借记"长期股权投资"科目或"长期股权投资"科目(成本),按照支付的价款中包含的已宣告但尚未发放的现金股利,借记"应收股利"科目,按照实际支付的全部价款,贷记"银行存款"等科目;同时,在预算会计中,按实际支付的价款,借记"投资支出"科目,贷记"资金结存"科目。实际收到取得投资时所支付价款中包含的已宣告但尚未发放的现金股利时,在财务会计中,借记"银行存款"科目,贷记"应收股利"科目;同时,在预算会计中,借记"资金结存"科目,贷记"投资支出"科目。

(2) 以现金以外的其他资产置换取得的长期股权投资,参照"库存物品"科目中置换取得库存物品的相关规定进行账务处理。

(3) 以未入账的无形资产取得的长期股权投资,在财务会计中,按照评估价值加相关税费作为投资成本,借记"长期股权投资"科目,按照发生的相关税费,贷记"银行存款""其他应交税费"等科目,按照其差额,贷记"其他收入"科目;同时,在预算会计中,按实际支付的相关税费,借记"其他支出"科目,贷记"资金结存"科目。

(4) 接受捐赠的长期股权投资,在财务会计中,按照确定的投资成本,借记"长期股权投资"科目(成本);按照发生的相关税费,贷记"银行存款"等科目,按照其差额,贷记"捐赠收入"科目;同时,在预算会计中,按实际支付的相关税费,借记"其他支出"科目,贷记"资金结存"科目。

(5) 无偿调入的长期股权投资,在财务会计中,按照确定的投资成本,借记"长期股权投资"科目或"长期股权投资——成本"科目,按照发生的相关税费,贷记"银行存款"等科目,按照其差额,贷记"无偿调拨净资产"科目;同时,在预算会计中,按实际支付的相关税费,借记"其他支出"科目,贷记"资金结存"科目。

【例10-41】 20×2年1月1日,某事业单位通过银行存款账户支付一笔款项2 000 000元,具体内容为对甲公司进行长期股权投资,取得甲公司20%的股份,有权参与甲公司的财务和经营政策,即具有控制权。该事业单位应编制的会计分录为:

在财务会计中:

借:长期股权投资——甲公司(成本)　　　　　　　　　　　　2 000 000
　　贷:银行存款　　　　　　　　　　　　　　　　　　　　　　2 000 000

同时,在预算会计中:

借:投资支出　　　　　　　　　　　　　　　　　　　　　　　2 000 000
　　贷:资金结存——货币资金　　　　　　　　　　　　　　　　2 000 000

【例 10-42】 某事业单位以一项固定资产对外投资。该项固定资产的账面原值为 155 000 元,已计提累计折旧为 45 000 元,账面净值为 110 000 元(155 000－45 000)。经评估,该项固定资产的评估价值为 150 000 元。以银行存款支付置换过程中发生的相关费用 5 000 元。该项长期股权投资在取得时确定的成本为 155 000 元(150 000＋5 000)。该事业单位在该项固定资产置换业务中实现其他收入 40 000 元(150 000－110 000)。该事业单位应编制的会计分录为:

在财务会计中:

借:长期股权投资——成本	155 000
固定资产累计折旧	45 000
贷:固定资产	155 000
银行存款	5 000
其他收入	40 000

同时,在预算会计中:

借:其他支出	5 000
贷:资金结存——货币资金	5 000

以现金以外的其他资产置换取得的长期股权投资,其成本按照换出资产的评估价值加上支付的补价或减去收到的补价,加上换入长期股权投资发生的相关税费确定。

根据《政府会计准则制度解释第 1 号》的规定,事业单位以其持有的科技成果取得的长期股权投资,应当按照评估价值加相关税费作为投资成本。事业单位按规定通过协议定价、在技术交易市场挂牌交易、拍卖等方式确定价格的,应当按照以上方式确定的价格加相关税费作为投资成本。

(二) 长期股权投资期间的计量

事业单位在持有长期股权投资期间,通常应当采用权益法进行核算。但是,如果事业单位无权决定被投资单位的财务和经营政策或无权参与被投资单位的财务和经营政策决策的,应当采用成本法进行核算。

1. 成本法

在成本法下,被投资单位宣告发放现金股利或利润时,在财务会计中,按照应收的金额,借记"应收股利"科目,贷记"投资收益"科目。收到现金股利或利润时,按照实际收到的金额,在财务会计中,借记"银行存款"等科目,贷记"应收股利"科目;同时,在预算会计中,借记"资金结存"科目,贷记"投资预算收益"科目。

2. 权益法

在权益法下,被投资单位实现净利润的,按照应享有的份额,在财务会计中,借记"长期股权投资"科目(损益调整),贷记"投资收益"科目。被投资单位发生净亏损的,按照应分担的份额,在财务会计中,借记"投资收益"科目,贷记"长期股权投资"科目(损益调整),但以"长期股权投资"科目的账面余额减记至零为限。发生亏损的被投资单位以后年度又实现净利润的,按照收益分享额弥补未确认的亏损分担额等后的金额,在财务会计中,借记"长期股权投资"科目(损益调整),贷记"投资收益"科目。

被投资单位宣告分派现金股利或利润的,按照应享有的份额,在财务会计中,借记"应收股利"科目,贷记"长期股权投资"科目(损益调整)。收到被投资单位发放的现金股利,在财务会计中,借记"银行存款"科目,贷记"应收股利"科目;同时,在预算会计中,借记"资金结存"科目,贷记"投资预算收益"科目。

被投资单位发生净损益和利润分配以外的所有者权益变动的,按照应享有或应分担的份额,借记或贷记"权益法调整"科目,贷记或借记"长期股权投资"科目(其他权益变动)。

【例10-43】 承[例10-41],20×2年,甲公司全年实现净利润500 000元;20×3年2月,甲公司宣告分派现金股利300 000元,同年5月收到现金股利;20×3年1月,甲公司发生净利润和利润分配以外的所有者权益变动增加数为1 000 000元。根据上述资料,该事业单位应编制的会计分录为:

(1) 20×2年12月31日,确认投资收益时。

在财务会计中:

借:长期股权投资——甲公司(损益调整)(500 000×20%)　　　　　100 000
　　贷:投资收益　　　　　　　　　　　　　　　　　　　　　　　　100 000

在预算会计中不做账务处理。

(2) 20×3年2月,宣告分派股利时。

在财务会计中:

借:应收股利——甲公司　　　　　　　　　　　　　　　　　　　　60 000
　　贷:长期股权投资——甲公司(损益调整)(300 000×20%)　　　　60 000

在预算会计中不做账务处理。

(3) 20×3年5月,收到甲公司分派现金股利时。

在财务会计中:

借:银行存款　　　　　　　　　　　　　　　　　　　　　　　　　60 000
　　贷:应收股利——甲公司　　　　　　　　　　　　　　　　　　　60 000

同时,在预算会计中:

借:资金结存——货币资金　　　　　　　　　　　　　　　　　　　60 000
　　贷:投资预算收益　　　　　　　　　　　　　　　　　　　　　　60 000

(4) 20×3年1月,因被投资单位发生净损益和利润分配以外的所有者权益变动,该事业单位按照应享有的份额调整"长期股权投资——甲公司"科目账面价值200 000元(1 000 000×20%)。

在财务会计中:

借:长期股权投资——甲公司(其他权益变动)　　　　　　　　　　200 000
　　贷:权益法调整　　　　　　　　　　　　　　　　　　　　　　　200 000

至此,该事业单位"长期股权投资——甲公司"账面余额为2 240 000元。其中,成本2 000 000元,损益调整40 000元,其他权益变动200 000元。

在预算会计中不做账务处理。

根据《政府会计准则制度解释第1号》的规定,事业单位采用权益法核算长期股权投资且被投资单位编制合并财务报表的,在持有投资期间,应当以被投资单位合并财务报表中归属于母公司的净利润和其他所有者权益变动为基础,计算确定应当调整长期股权投资账面余额的金额,并进行相关会计处理。

根据《政府会计准则制度解释第2号》的规定,事业单位按规定将长期股权投资持有期间取得的投资收益上缴本级财政的,应当按照以下规定进行账务处理:

(1) 长期股权投资采用成本法核算的,在财务会计中,被投资单位宣告发放现金股利或利润时,事业单位按照应收的金额,借记"应收股利"科目,贷记"应缴财政款"科目;收到现金股利或利润时,借记"银行存款"等科目,贷记"应收股利"科目;将取得的现金股利或利润上缴财政时,借记"应缴财政款"科目,贷记"银行存款"等科目。

(2) 长期股权投资采用权益法核算的,在财务会计中,被投资单位实现净利润的,按照应享有的份额,借记"长期股权投资——损益调整"科目,贷记"投资收益"科目;被投资单位宣告发放现金股利或利润时,单位按照应享有的份额,借记"应收股利"科目,贷记"长期股权投资——损益调整"科目;收到现金股利或利润时,借记"银行存款"等科目,贷记"应缴财政款"科目,同时按照此前确定的应收股利金额,借记"投资收益"科目,贷记"应收股利"科目;将取得的现金股利或利润上缴财政时,借记"应缴财政款"科目,贷记"银行存款"等科目。

【例 10-44】 20×2年1月,某事业单位取得一项长期股权投资,持有被投资单位60%的股权,采用权益法核算。年末,被投资单位实现净利润500万元。20×3年3月,被投资单位宣告发放现金股利200万元,4月收到现金股利。根据有关规定,该项长期股权投资取得的投资收益需上缴财政,5月单位将该笔现金股利上缴财政。该事业单位应编制的会计分录为:

在财务会计中:

(1) 20×2年年末,被投资单位实现净利润时。

借:长期股权投资——损益调整　　　　　　　　　　　　　　　　3 000 000
　　贷:投资收益　　　　　　　　　　　　　　　　　　　　　　　　3 000 000

(2) 20×3年3月,宣告发放现金股利时。

借:应收股利　　　　　　　　　　　　　　　　　　　　　　　　1 200 000
　　贷:长期股权投资——损益调整　　　　　　　　　　　　　　　　1 200 000

(3) 20×3年4月,收到现金股利时。

借:银行存款　　　　　　　　　　　　　　　　　　　　　　　　1 200 000
　　贷:应缴财政款　　　　　　　　　　　　　　　　　　　　　　　1 200 000

同时,

借:累计盈余　　　　　　　　　　　　　　　　　　　　　　　　1 200 000
　　贷:应收股利　　　　　　　　　　　　　　　　　　　　　　　　1 200 000

(4) 20×3年5月上缴财政时。

借:应缴财政款　　　　　　　　　　　　　　　　　　　　　　　1 200 000
　　贷:银行存款　　　　　　　　　　　　　　　　　　　　　　　　1 200 000

由于投资收益上缴财政,在预算会计中不做账务处理。

3. 成本法与权益法的转换

单位因处置部分长期股权投资等原因而对处置后的剩余股权投资由权益法改按成本法核算的,应当按照权益法下"长期股权投资"科目账面余额作为成本法下"长期股权投资"科目账面余额(成本)。其后,被投资单位宣告分派现金股利或利润时,属于单位已计入投资账面余额的部分,按照应分得的现金股利或利润份额,在财务会计中,借记"应收股利"科目,贷记"长期股权投资"科目。

单位因追加投资等原因对长期股权投资的核算从成本法改为权益法的,在财务会计中,应当按照成本法下"长期股权投资"科目账面余额与追加投资成本的合计金额,借记"长期股权投资"科目(成本),按照成本法下"长期股权投资"科目账面余额,贷记"长期股权投资"科目,按照追加投资的成本,贷记"银行存款"等科目;同时,在预算会计中,按追加投资实际支付的金额,借记"投资支出"科目,贷记"资金结存"科目。

(三) 长期股权投资的处置

1. 出售长期股权投资

事业单位按经规定报经批准出售(转让)长期股权投资时,应当区分长期股权投资取得方式分别进行处理。

权益法改成本法核算案例

事业单位处置以现金取得的长期股权投资,在财务会计中,按照实际取得的价款,借记"银行存款"等科目,按照被处置长期股权投资的账面余额,贷记"长期股权投资"科目,按照尚未领取的现金股利或利润,贷记"应收股利"科目,按照发生的相关税费等支出,贷记"银行存款"等科目,按照借贷方差额,借记或贷记"投资收益"科目;同时,在预算会计中,按照取得价款扣减支付的相关税费后的金额,借记"资金结存"科目,按照投资金额贷记"投资支出"科目或"其他结余"科目,按照两者差额,贷记"投资预算收益"科目。

事业单位处置以科技成果转化形成的长期股权投资,按规定所取得的收入全部留归本单位的,在财务会计中,应当按照实际取得的价款,借记"银行存款"等科目,按照被处置长期股权投资的账面余额,贷记"长期股权投资"科目,按照尚未领取的现金股利或利润,贷记"应收股利"科目,按照发生的相关税费等支出,贷记"银行存款"等科目,按照借贷方差额,借记或贷记"投资收益"科目;同时,在预算会计中,按照实际取得的价款,借记"资金结存——货币资金"科目,按照处置时确认的投资收益金额,贷记"投资预算收益"科目,按照贷方差额,贷记"其他预算收入"科目。

权益法下,事业单位处置以现金以外的其他资产取得的(不含科技成果转化形成的)长期股权投资时,按规定将取得的投资收益(此处的投资收益,是指长期股权投资处置价款扣除长期股权投资成本和相关税费后的差额)纳入本单位预算管理的,分以下两种情况处理:

(1) 长期股权投资的账面余额大于其投资成本的,在财务会计中,应当按照被处置长期股权投资的成本,借记"资产处置费用"科目,贷记"长期股权投资——成本"科目;按照实际取得的价款,借记"银行存款"等科目,按照尚未领取的现金股利或利润,贷记"应收股利"科目,按照发生的相关税费等支出,贷记"银行存款"等科目,按照长期股权投资的账面余额减去其投资成本的差额,贷记"长期股权投资——损益调整、其他权益变动"科目(以上明细科目为贷方余额的,借记相关明细科目),按照实际取得的价款与被处置长期股权投资账面余额、应收股利账面余额和相关税费支出合计数的差额,贷记或借记"投资收益"科目,按照贷方差额,贷记"应缴财政款"科目。同时,在预算会计中,按照取得价款扣减投资账面余额和相关税费后的差额,借记"资金结存"科目,贷记"投资预算收益"科目。

(2) 长期股权投资的账面余额小于或等于其投资成本的,在财务会计中,应当按照被处置长期股权投资的账面余额,借记"资产处置费用"科目,按照长期股权投资各明细科目的余额,贷记"长期股权投资——成本"科目,贷记或借记"长期股权投资——损益调整、其他权益变动"

科目;按照实际取得的价款,借记"银行存款"等科目,按照尚未领取的现金股利或利润,贷记"应收股利"科目,按照发生的相关税费等支出,贷记"银行存款"等科目,按照实际取得的价款大于被处置长期股权投资成本、应收股利账面余额和相关税费支出合计数的差额,贷记"投资收益"科目,按照贷方差额,贷记"应缴财政款"科目。同时,在预算会计中,按照取得价款扣减投资账面余额和相关税费后的差额,借记"资金结存"科目,贷记"投资预算收益"科目。

事业单位按规定应将长期股权投资持有期间取得的投资净收益,以及以现金取得的长期股权投资处置时取得的净收入(处置价款扣除投资本金和相关税费后的净额)上缴本级财政并纳入一般公共预算管理的,在应收或收到上述有关款项时不确认投资收益,应通过"应缴财政款"科目核算。

2. 核销长期股权投资

因被投资单位破产清算等原因,有确凿证据表明长期股权投资发生损失,按照规定报经批准后予以核销时,按照予以核销的长期股权投资的账面余额,借记"资产处置费用"科目,贷记"长期股权投资"科目。

3. 置换转出长期股权投资

报经批准置换转出长期股权投资时,参照"库存物品"科目中置换换入库存物品的规定进行账务处理。

采用权益法核算的长期股权投资的处置,除了进行上述账务处理,还应结转原直接计入净资产的相关金额,借记或贷记"权益法调整"科目,贷记或借记"投资收益"科目。

【例10-45】 承[例10-41]与[例10-43],该事业单位于20×3年4月1日将对甲公司的长期股权投资转让给 A 单位,该长期股权投资账面余额为 2 240 000 元,转让价款为 2 300 000 元,款项存入开户银行,并办理完法律手续将该长期股权投资转让给 A 单位(不考虑相关税费)。该事业单位应编制的会计分录为:

在财务会计中:

借:银行存款	2 300 000
贷:长期股权投资——甲公司(投资成本)	2 000 000
——甲公司(损益调整)	40 000
——甲公司(其他权益变动)	2 00 000
投资收益	60 000

同时,

借:权益法调整	2 00 000
贷:投资收益	2 00 000

同时,在预算会计中:

借:资金结存——货币资金	2 300 000
贷:其他结余	2 000 000
投资预算收益	300 000

二、长期债券投资

长期债券投资是指事业单位按照规定取得的,持有时间超过1年(不含1年)的债券投资。

为了核算长期债券投资业务,事业单位应设置"长期债券投资"总账科目。本科目应当设置"成本""应计利息"明细科目,并按照债券投资的种类进行明细核算。本科目期末借方余额,反映事业单位持有的长期债券投资的价值。

处置长期
股权投资案例

(一) 长期债券投资的取得

长期债券投资在取得时,应当按照其实际成本作为投资成本。事业单位取得的长期债券投资,在财务会计中,按照确定的投资成本,借记"长期债券投资"科目(成本),按照支付的价款中包含的已到付息期但尚未领取的利息,借记"应收利息"科目,按照实际支付的金额,贷记"银行存款"等科目;同时,在预算会计中,按照实际支付的价款,借记"投资支出"科目,贷记"资金结存"科目。实际收到取得债券时所支付价款中包含的已到付息期但尚未领取的利息时,在财务会计中,借记"银行存款"科目,贷记"应收利息"科目;同时,在预算会计中,借记"资金结存"科目,贷记"投资支出"科目。

【例10-46】 20×3年1月1日,某事业单位以货币资金300 000元取得一批3年期债券投资。该批债券的面值为300 000元,票面年利率为3.6%,每年支付一次利息,到期还本。不考虑其他税费。该事业单位应编制的会计分录为:

在财务会计中:

借:长期债券投资——成本　　　　　　　　　　　　　　　　300 000
　　贷:银行存款　　　　　　　　　　　　　　　　　　　　　　300 000

同时,在预算会计中:

借:投资支出　　　　　　　　　　　　　　　　　　　　　　　300 000
　　贷:资金结存——货币资金　　　　　　　　　　　　　　　　300 000

(二) 长期债券投资持有期间的利息收入

事业单位在长期债券投资持有期间,按期以债券票面金额与票面利率计算确认利息收入时,如为到期一次还本付息的债券投资,借记"长期债券投资"科目(应计利息),贷记"投资收益"科目;如为分期付息、到期一次还本的债券投资,借记"应收利息"科目,贷记"投资收益"科目。收到分期支付的利息时,按照实收的金额,在财务会计中,借记"银行存款"等科目,贷记"应收利息"科目;同时,在预算会计中,借记"资金结存——货币资金"科目,贷记"投资预算收益"科目。

【例10-47】 承[例10-46],20×3年12月31日,该事业单位计算本年应收利息为10 800元(300 000×3.6%×1)。数日后,收到应收利息10 800元存入开户银行。该事业单位应编制的会计分录为:

(1) 计算确认应收利息时。

在财务会计中:

借:应收利息　　　　　　　　　　　　　　　　　　　　　　　10 800
　　贷:投资收益　　　　　　　　　　　　　　　　　　　　　　　10 800

在预算会计中不做账务处理。

(2) 实际收到利息时。

在财务会计中:

借:银行存款　　　　　　　　　　　　　　　　　　　　　　　10 800
　　贷:应收利息　　　　　　　　　　　　　　　　　　　　　　　10 800

同时，在预算会计中：

借：资金结存——货币资金   10 800
 贷：投资预算收益   10 800

（三）长期债券投资的到期收回

事业单位到期收回长期债券投资时，在财务会计中，按照实际收到的金额，借记"银行存款"科目，按照长期债券投资的账面余额，贷记"长期债券投资"科目，按照相关应收利息金额，贷记"应收利息"科目，按照其差额，贷记"投资收益"科目；同时，在预算会计中，按照实际收到的价款，借记"资金结存"科目，按照投资成本，贷记"投资支出"科目或"其他结余"科目，按照差额，贷记"投资预算收益"科目。

【例10-48】 承[例10-46]，20×6年12月31日，收回本金300 000元和最后一年利息10 800元。该事业单位应编制的会计分录为：

在财务会计中：

借：银行存款   310 800
 贷：长期债券投资——成本   300 000
   投资收益   10 800

同时，在预算会计中：

借：资金结存——货币资金   310 800
 贷：其他结余   300 000
   投资预算收益   10 800

（四）长期债券投资的出售

事业单位对外出售长期债券投资，在财务会计中，按照实际收到的金额，借记"银行存款"科目，按照长期债券投资的账面余额，贷记"长期债券投资"科目，按照已记入"应收利息"科目但尚未收取的金额，贷记"应收利息"科目，按照其差额，贷记或借记"投资收益"科目；同时，在预算会计中，按照实际收到的价款，借记"资金结存"科目，按照投资成本，贷记"投资支出""其他结余"科目，按照差额，贷记"投资预算收益"科目。涉及增值税业务的，相关账务处理参见"应交增值税"科目的账务处理。

第三节 固 定 资 产

一、固定资产的定义与分类

固定资产是指单位为满足自身开展业务活动或其他活动需要而控制的，使用年限超过1年（不含1年）、单位价值在规定标准以上，并在使用过程中基本保持原有物质形态的资产，一般包括房屋和构筑物、设备等。单位价值虽未达到规定标准，但是使用年限超过1年（不含1年）的大批同类物资，如图书、家具、用具、装具等，应当确认为固定资产。固定资产一般分为房屋和构筑物、设备、陈列品、图书和档案、家具和用具、特种动植物六类。

二、固定资产的确认

固定资产同时满足下列条件的，应当予以确认：与该固定资产相关的服务潜力很可能实现或者经济利益很可能流入政府会计主体；该固定资产的成本或者价值能够可靠地计量。

通常情况下，购入、换入、接受捐赠、无偿调入不需安装的固定资产，在固定资产验收合格时确认；购入、换入、接受捐赠、无偿调入需要安装的固定资产，在固定资产安装完成交付使用时确认；自行建造、改建、扩建的固定资产，在建造完成交付使用时确认。

确认固定资产时，应当考虑以下情况：①固定资产的各组成部分具有不同使用年限或者以不同方式为政府会计主体实现服务潜力或提供经济利益，适用不同折旧率或折旧方法且可以分别确定各自原价的，应当分别将各组成部分确认为单项固定资产。②应用软件构成相关硬件不可缺少的组成部分的，应当将该软件的价值包括在所属的硬件价值中，一并确认为固定资产；不构成相关硬件不可缺少的组成部分的，应当将该软件确认为无形资产。③购建房屋及构筑物时，不能分清购建成本中的房屋及构筑物部分与土地使用权部分的，应当全部确认为固定资产；能够分清购建成本中的房屋及构筑物部分与土地使用权部分的，应当将其中的房屋及构筑物部分确认为固定资产，将其中的土地使用权部分确认为无形资产。

三、固定资产核算使用的会计科目

为了核算固定资产业务，单位应设置"固定资产"总账科目。本科目反映各类固定资产的原价。本科目期末借方余额，反映单位固定资产的原价。本科目应当按照固定资产类别和项目进行明细核算。

固定资产核算时，应当注意以下情况：①购入需要安装的固定资产，应当先通过"在建工程"科目核算，安装完毕交付使用时再转入本科目核算。②以借入、经营租赁租入方式取得的固定资产，不通过本科目核算，应当设置备查簿进行登记。③采用融资租入方式取得的固定资产，通过本科目核算，并在本科目下设置"融资租入固定资产"明细科目。④经批准在境外购买具有所有权的土地，作为固定资产，通过本科目核算，且在本科目下设置"境外土地"明细科目，进行相应明细核算。

四、固定资产的取得

（一）购入固定资产

购入不需安装的固定资产验收合格时，在财务会计中，按照确定的固定资产成本，借记"固定资产"科目，贷记"财政拨款收入""零余额账户用款额度""应付账款""银行存款"等科目；同时，在预算会计中，按实际支付的金额，借记"行政支出""事业支出""经营支出"科目，贷记"财政拨款预算收入""资金结存"科目。购入需要安装的固定资产时，在安装完毕交付使用前通过"在建工程"科目核算，安装完毕交付使用时再转入"固定资产"科目。固定资产取得时涉及增值税业务的，相关账务处理参见"应交增值税"科目的账务处理，下同。

购入固定资产扣留质量保证金的，应当在取得固定资产时，在财务会计中，按照确定的固定资产成本，借记"固定资产"科目（不需安装）或"在建工程"科目（需要安装），按照实际支付或应付的金额，贷记"财政拨款收入""零余额账户用款额度""应付账款"（不含质量保证金）"银行存款"等科目，按照扣留的质量保证金数额，贷记"其他应付款"[扣留期在1年以内（含1年）]科目或"长期应付款"（扣留期超过1年）科目；同时，在预算会计中，按实际支付的金额，借记"行政支出""事业支出""经营支出"科目，贷记"财政拨款预算收入""资金结存"科目。质保期满支付质量保证金时，在财务会计中，借记"其他应付款""长期应付款"科目，贷记"财政拨款收入""零余额账户用款额度""银行存款"等科目；同时，在预算会计中，按实际支付的金额，借记

"行政支出""事业支出""经营支出"科目,贷记"财政拨款预算收入""资金结存"科目。

外购的固定资产,其成本包括购买价款、相关税费以及固定资产交付使用前所发生的可归属于该项资产的运输费、装卸费、安装费和专业人员服务费等。以一笔款项购入多项没有单独标价的固定资产,应当按照各项固定资产同类或类似资产市场价格的比例对总成本进行分配,分别确定各项固定资产的成本。

(二) 自行建造的固定资产

自行建造的固定资产交付使用时,按照在建工程成本,借记"固定资产"科目,贷记"在建工程"科目。

购置固定资产核算案例

自行建造的固定资产,其成本包括该项资产至交付使用前所发生的全部必要支出。在原有固定资产基础上进行改建、扩建、修缮后的固定资产,其成本按照原固定资产账面价值先加上改建、扩建、修缮发生的支出,再扣除固定资产被替换部分的账面价值后的金额确定。为建造固定资产借入的专门借款的利息,属于建设期间发生的,计入在建工程成本;不属于建设期间发生的,计入当期费用。已交付使用但尚未办理竣工决算手续的固定资产,应当按照估计价值入账,待办理竣工决算后再按实际成本调整原来的暂估价值。

相关业务核算举例请参阅本章"在建工程"。

(三) 融资租入的固定资产

融资租入的固定资产,在财务会计中,按照确定的成本,借记"固定资产"科目(不需安装)或"在建工程"科目(需要安装),按照租赁协议或者合同确定的租赁付款额,贷记"长期应付款"科目,按照支付的运输费、途中保险费、安装调试费等金额,贷记"财政拨款收入""零余额账户用款额度""银行存款"等科目;同时,在预算会计中,按上述支付的运输费、途中保险费、安装调试费等金额,借记"行政支出""事业支出""经营支出"科目,贷记"财政拨款预算收入""资金结存"科目。

定期支付租金时,在财务会计中,按照实际支付金额,借记"长期应付款"科目,贷记"财政拨款收入""零余额账户用款额度""银行存款"等科目;同时,在预算会计中,按上述支付的运输费、途中保险费、安装调试费等金额,借记"行政支出""事业支出""经营支出"科目,贷记"财政拨款预算收入""资金结存"科目。

融资租赁取得的固定资产,其成本按照租赁协议或者合同确定的租赁价款、相关税费以及固定资产交付使用前所发生的可归属于该项资产的运输费、途中保险费、安装调试费等确定。

【例10-49】 某事业单位以融资租赁方式租入一台机器设备,租赁合同中的付款额为250 000元,融资租赁期为10年,约定每年年初支付租金25 000元,合同签订过程中未发生其他支出,款项通过财政直接支付方式支付。单位以银行存款支付运输保险费5 000元。该设备已经验收,并投入事业活动的使用。该事业单位应编制的会计分录为:

(1) 融资租入固定资产时。

在财务会计中:

借:固定资产——融资租入固定资产　　　　　　　　　　　　255 000
　　贷:长期应付款——应付融资租入固定资产款　　　　　　　　　250 000
　　　　银行存款　　　　　　　　　　　　　　　　　　　　　　　　5 000

同时,在预算会计中:

借:事业支出 5 000
　　贷:资金结存——货币资金 5 000

(2) 每年年初通过财政直接支付方式支付租金时。

在财务会计中:

借:长期应付款——应付融资租入固定资产款 25 000
　　贷:财政拨款收入 25 000

同时,在预算会计中:

借:事业支出 25 000
　　贷:财政拨款预算收入 25 000

按照规定跨年度分期付款购入固定资产的账务处理,参照融资租入的固定资产的账务处理。

(四) 接受捐赠的固定资产

接受捐赠的固定资产,在财务会计中,按照确定的固定资产成本,借记"固定资产"科目(不需安装)或"在建工程"科目(需要安装),按照发生的相关税费、运输费等,贷记"零余额账户用款额度""银行存款"等科目,按照其差额,贷记"捐赠收入"科目;同时,在预算会计中,按照上述发生的相关税费、运输费等,借记"其他支出"科目,贷记"资金结存"科目。

接受捐赠的固定资产按照名义金额入账的,在财务会计中,按照名义金额,借记"固定资产"科目,贷记"捐赠收入"科目,按照发生的相关税费、运输费等,借记"其他费用"科目,贷记"零余额账户用款额度""银行存款"等科目;同时,在预算会计中,按照上述发生的相关税费、运输费等,借记"其他支出"科目,贷记"资金结存"科目。

受捐赠的固定资产,其成本按照有关凭据注明的金额加上相关税费、运输费等确定;没有相关凭据可供取得,但按规定经过资产评估的,其成本按照评估价值加上相关税费、运输费等确定;没有相关凭据可供取得、也未经资产评估的,其成本比照同类或类似资产的市场价格加上相关税费、运输费等确定;没有相关凭据且未经资产评估、同类或类似资产的市场价格也无法可靠取得的,按照名义金额入账,相关税费、运输费等计入当期费用。例如,受赠的系旧的固定资产,在确定其初始入账成本时应当考虑该项资产的新旧程度。

【例 10-50】 某事业单位接到国内某出版单位赠送的图书,有关凭据注明的金额为 60 000 元,该单位通过单位零余额账户支付运费 2 000 元。该事业单位应编制的会计分录为:

在财务会计中:

借:固定资产——图书 60 000
　　贷:零余额账户用款额度 2 000
　　　　捐赠收入 58 000

同时,在预算会计中:

借:其他支出 2 000
　　贷:资金结存——零余额账户用款额度 2 000

(五) 无偿调入的固定资产

无偿调入的固定资产,在财务会计中,按照确定的固定资产成本,借记"固定资产"科目(不需安装)或"在建工程"科目(需要安装),按照发生的相关税费、运输费等,贷记"零余额账户用款额度""银行存款"等科目,按照其差额,贷记"无偿调拨净资产"科目;同时,在预算会计中,按照上述发生的相关税费、运输费等,借记"其他支出"科目,贷记"资金结存"科目。

无偿调入固定资产在调出方的账面价值为0的,在财务会计中,应当按照该项资产在调出方的账面余额,借记"固定资产"科目,按照该项资产在调出方已经计提的折旧(与资产账面余额相等),贷记"固定资产累计折旧"科目;按照支付的相关税费,借记"其他费用"科目,贷记"零余额账户用款额度""银行存款"等科目。同时,在预算会计中,按照支付的相关税费,借记"其他支出"科目,贷记"资金结存"科目。

无偿调入固定资产在调出方的账面余额为名义金额的,在财务会计中,应当按照名义金额,借记"固定资产"等科目,贷记"无偿调拨净资产"科目;按照支付的相关税费,借记"其他费用"科目,贷记"零余额账户用款额度""银行存款"等科目。同时,在预算会计中,按照支付的相关税费,借记"其他支出"科目,贷记"资金结存"科目。

无偿调入的固定资产,其成本按照调出方账面价值加上相关税费、运输费等确定。

(六)置换取得固定资产

置换取得的固定资产,参照"库存物品"科目中置换取得库存物品的相关规定进行账务处理。

通过置换取得的固定资产,其成本按照换出资产的评估价值加上支付的补价或减去收到的补价,加上换入固定资产发生的其他相关支出确定。

【例10-51】 承[例10-37],甲事业单位以某项专用设备与乙事业单位交换一批库存物品。乙单位换出库存商品账面原值为700 000元,评估确认的价值为750 000元,以银行存款支付甲事业单位的补价50 000元。为换入固定资产以银行存款支付的相关费用为20 000元。则换入固定资产的成本为820 000元(750 000+50 000+20 000)。乙事业单位换出该批库存物品取得其他收入50 000元(750 000-700 000)。乙事业单位应编制的会计分录为:

在财务会计中:

借:固定资产	820 000
贷:库存物品	700 000
银行存款	70 000
其他收入	50 000

同时,在预算会计中:

借:其他支出	70 000
贷:资金结存——货币资金	70 000

五、与固定资产有关的后续支出

固定资产的后续支出按照支出是否符合固定资产的确认条件区分为符合固定资产确认条件的后续支出(如增加固定资产的使用效能或延长其使用年限而发生的改建、扩建等后续支出)和不符合固定资产确认条件的后续支出(如为保证固定资产正常使用而发生的日常维修等支出)两类。符合固定资产确认条件的,应当计入固定资产成本;不符合确认条件的,应当在发生时计入当期费用。

对于符合固定资产确认条件的后续支出,通常情况下,将固定资产转入改建、扩建时,按照固定资产的账面价值,借记"在建工程"科目,按照固定资产已计提折旧,借记"固定资产累计折旧"科目,按照固定资产的账面余额,贷记"固定资产"科目。为增加固定资产使用效能或延长其使用年限而发生的改建、扩建等后续支出,在财务会计中,借记"在建工程"科目,贷记"财政拨款收入""零余额账户用款额度""银行存款"等科目;同时,在预算会计中,借记"行政支出""事业支出""经营支出"科目,贷记"财政拨款预算收入""资金结存"科目。固定资产改建、扩建等完成交付使用时,按照在建工程成本,借记"固定资产"科目,贷记"在建工程"科目。

对于不符合固定资产确认条件的后续支出,为保证固定资产正常使用发生的日常维修等支出,在财务会计中,借记"业务活动费用""单位管理费用"等科目,贷记"财政拨款收入""零余额账户用款额度""银行存款"等科目;同时,在预算会计中,借记"行政支出""事业支出""经营支出"科目,贷记"财政拨款预算收入""资金结存"科目。

【例 10-52】 某事业单位为开展专业业务活动使用的专用车辆进行修理,共支付修理费 3 000 元,款项通过财政授权支付方式支付。该事业单位应编制的会计分录为:

在财务会计中:

借:单位管理费用 3 000
　　贷:零余额账户用款额度 3 000

同时,在预算会计中:

借:事业支出 3 000
　　贷:资金结存——零余额账户用款额度 3 000

六、固定资产折旧

(一) 折旧的含义与范围

固定资产折旧是指在固定资产预计使用寿命内,按照确定的方法对应折旧金额进行系统分摊。我国《政府会计准则第 3 号——固定资产》规定,固定资产应计的折旧额为其成本,计提固定资产折旧时不考虑预计净残值。单位应按规定对固定资产计提折旧。但单位对下列固定资产不计提折旧:①文物及陈列品。②动植物。③图书、档案。④单独计价入账的土地。⑤以名义金额入账的固定资产。单位应当对暂估入账的固定资产计提折旧,实际成本确定后不需调整原已计提的折旧额。

(二) 折旧年限

单位根据固定资产的性质和实际使用情况,合理确定其折旧年限。单位在确定固定资产使用年限时,应当考虑下列因素:预计实现服务潜力或提供经济利益的期限;预计有形损耗和无形损耗;法律或者类似规定对资产使用的限制。固定资产的使用年限一经确定,不得随意变更。省级以上财政部门、主管部门对单位固定资产折旧年限作出规定的,从其规定。

(三) 折旧方法

单位一般应当采用年限平均法或工作量法计提固定资产折旧。在确定固定资产的折旧方法时,应当考虑与固定资产相关的服务潜力或经济利益的预期实现方式。固定资产折旧方法一经确定,不得随意变更。

单位一般应当按月计提固定资产折旧。当月增加的固定资产,当月开始提折旧;当月减少的固定资产,当月不再计提折旧。固定资产提足折旧后,无论能否继续使用,

行政事业单位固定资产折旧年限表

均不再计提折旧;提前报废的固定资产,也不再补提折旧;已提足折旧的固定资产,可以继续使用的,应当继续使用,规范管理。固定资产因改建、扩建或修缮等原因而提高使用效能或延长使用年限的,应当按照重新确定的固定资产成本以及重新确定的折旧年限,重新计算折旧额。

(四)折旧的账务处理

为了核算固定资产折旧业务,单位应设置"固定资产累计折旧"总账科目。本科目应当按照所对应固定资产的明细分类进行明细核算。本科目期末贷方余额,反映单位计提的固定资产折旧累计数。公共基础设施和保障性住房计提的累计折旧,应当分别通过"公共基础设施累计折旧(摊销)"科目和"保障性住房累计折旧"科目核算,不通过本科目核算。

单位计提融资租入固定资产折旧时,应当采用与自有固定资产相一致的折旧政策。能够合理确定租赁期届满时将会取得租入固定资产所有权的,应当在租入固定资产尚可使用年限内计提折旧;无法合理确定租赁期届满时能够取得租入固定资产所有权的,应当在租赁期与租入固定资产尚可使用年限两者中较短的期间内计提折旧。

单位按月计提固定资产折旧时,按照应计提折旧金额,借记"业务活动费用""单位管理费用""经营费用""加工物品""在建工程"等科目,贷记"固定资产累计折旧"科目。

【例10-53】 某事业单位为开展专业业务活动购入一辆运货汽车,成本为600 000元,预计总行驶里程为500 000千米,单位里程折旧额是1.2元/千米(600 000÷500 000)。每月按行驶里程计提折旧,若某月行驶4 000千米,则本月应计提折旧额为4 800元(4 000×1.2)。该事业单位应编制的会计分录为:

在财务会计中:

借:业务活动费用 4 800
　　贷:固定资产累计折旧 4 800

在预算会计中不做账务处理。

七、固定资产的处置

根据《政府会计准则第3号——固定资产》的规定,行政事业单位按规定报经批准出售、转让固定资产或报废、毁损的,应当将固定资产账面价值转销计入当期费用,并将处置收入扣除税费后的差额按规定作为应缴款项(差额为净收益时)或计入当期费用(差额为净损失)。按照规定报经批准的固定资产,应当分以下三种情况处理。

(一)出售或转让固定资产

报经批准出售、转让固定资产,按照被出售、转让固定资产的账面价值,借记"资产处置费用"科目,按照固定资产已计提的折旧,借记"固定资产累计折旧"科目,按照固定资产账面余额,贷记"固定资产"科目;按照收到的价款,借记"银行存款"等科目,按照处置过程中发生的相关费用,贷记"银行存款"等科目,按照其差额,贷记"应缴财政款"科目。固定资产处置时涉及增值税业务的,相关账务处理参见"应交增值税"科目的账务处理,下同。相关业务具体举例请参阅本章第八节"待处理财产损溢"。

(二)对外捐赠固定资产

报经批准对外捐赠固定资产,在财务会计中,按照固定资产已计提的折旧,借记"固定资产累计折旧"科目,按照被处置固定资产账面余额,贷记"固定资产"科目,按照捐赠过程中发生的归属于捐出方的相关费用,贷记"银行存款"等科目,按照其差额,借记"资产处置费用"科目;同时,在预算会计中,按照上述发生的归属于捐出方的相关费用,借记"其他支出"科目,贷记"资金结存"科目。

【例 10-54】 某事业单位经批准向希望小学捐赠 50 台电脑,账面原值为 200 000 元,已计提折旧 100 000 元,账面余额为 100 000 元(200 000－100 000),捐赠过程中用银行存款支付归属于该单位的运输费用 3 000 元。该事业单位会计应编制的会计分录为:

在财务会计中:

借:资产处置费用　　　　　　　　　　　　　　　　　　　103 000
　　固定资产累计折旧　　　　　　　　　　　　　　　　　100 000
　　贷:固定资产　　　　　　　　　　　　　　　　　　　　200 000
　　　　银行存款　　　　　　　　　　　　　　　　　　　　　3 000

同时,在预算会计中:

借:其他支出　　　　　　　　　　　　　　　　　　　　　　3 000
　　贷:资金结存——货币资金　　　　　　　　　　　　　　3 000

(三) 无偿调出固定资产

报经批准无偿调出固定资产,在财务会计中,按照固定资产已计提的折旧,借记"固定资产累计折旧"科目,按照被处置固定资产账面余额,贷记"固定资产"科目,按照其差额,借记"无偿调拨净资产"科目;按照无偿调出过程中发生的归属于调出方的相关费用,在财务会计中,借记"资产处置费用"科目,贷记"银行存款"等科目,在预算会计中,借记"其他支出"科目,贷记"资金结存"科目。

【例 10-55】 某事业单位按照规定报经批准后,无偿调出一部中巴车辆,账面价值为 120 000 元,已提折旧 20 000 元,账面净值为 100 000 元(120 000－20 000),以银行存款支付属于本单位调出费用 800 元。该事业单位会计应编制的会计分录为:

在财务会计中:

借:无偿调拨净资产　　　　　　　　　　　　　　　　　　100 000
　　固定资产累计折旧　　　　　　　　　　　　　　　　　 20 000
　　资产处置费用　　　　　　　　　　　　　　　　　　　　　800
　　贷:固定资产　　　　　　　　　　　　　　　　　　　　120 000
　　　　银行存款　　　　　　　　　　　　　　　　　　　　　　800

同时,在预算会计中:

借:其他支出　　　　　　　　　　　　　　　　　　　　　　　800
　　贷:资金结存——货币资金　　　　　　　　　　　　　　　800

此外,报经批准置换换出固定资产,参照"库存物品"中置换换入库存物品的规定进行账务处理。

八、固定资产盘盈和盘亏

行政事业单位应当定期对固定资产进行清查盘点,每年至少盘点一次。对于发生的固定资产盘盈、盘亏或毁损、报废,应当先记入"待处理财产损溢"科目,按照规定报经批准后及时进行后续账务处理。具体来讲:①盘盈的固定资产,按照确定的入账成本,借记"固定资产"科目,贷记"待处理财产损溢"科目。②盘亏、毁损或报废的固定资产,按照待处理固定资产的账面价值,借记"待处理财产损溢"科目,按照已计提折旧,借记"固定资产累计折旧"科目,按照固定资产的账面余额,贷记"固定资产"科目。相关业务具体举例请参阅本章"待处理财产损溢"。

盘盈的固定资产,其成本按照有关凭据注明的金额确定;没有相关凭据、但按照规定经过资产评估的,其成本按照评估价值确定;没有相关凭据、也未经过评估的,其成本按照重置成本确定。如无法采用上述方法确定盘盈固定资产成本的,按照名义金额(人民币1元)入账。

九、在建工程

在建工程是指单位已经发生必要支出,但尚未完工交付使用的各种建筑(包括新建、改建、扩建、修缮等)工程、设备安装工程和信息系统建设工程。不能够增加固定资产、公共基础设施使用效能或延长其使用寿命的修缮、维护等,不属于在建工程。

(一) 在建工程核算使用的会计科目

为了核算自行建造的固定资产业务,行政事业单位应设置"在建工程"总账科目。本科目核算单位在建的建设项目工程的实际成本。本科目应当设置"建筑安装工程投资""设备投资""待摊投资""其他投资""待核销基建支出""基建转出投资"等明细科目,并按照具体项目进行明细核算。本科目期末借方余额,反映单位尚未完工的建设项目工程发生的实际成本。

(1) "建筑安装工程投资"明细科目。本明细科目核算单位发生的构成建设项目实际支出的建筑工程和安装工程的实际成本,不包括被安装设备本身的价值以及按照合同规定支付给施工单位的预付备料款和预付工程款。本明细科目应当设置"建筑工程"和"安装工程"两个明细科目进行明细核算。

(2) "设备投资"明细科目。本明细科目核算单位发生的构成建设项目实际支出的各种设备的实际成本。

(3) "待摊投资"明细科目。本明细科目核算单位发生的构成建设项目实际支出的、按照规定应当分摊计入有关工程成本和设备成本的各项间接费用和税费支出。本明细科目的具体核算内容包括以下方面:①勘察费、设计费、研究试验费、可行性研究费及项目其他前期费用。②土地征用及迁移补偿费、土地复垦及补偿费、森林植被恢复费及其他为取得土地使用权、租用权而发生的费用。③城镇土地使用税、耕地占用税、契税、车船税、印花税及按照规定缴纳的其他税费。④项目建设管理费、代建管理费、临时设施费、监理费、招投标费、社会中介审计(审查)费及其他管理性质的费用。项目建设管理费是指项目建设单位从项目筹建之日起至办理竣工财务决算之日止发生的管理性质的支出,包括不在原单位发工资的工作人员工资及相关费用、办公费、办公场地租用费、差旅交通费、劳动保护费、工具用具使用费、固定资产使用费、招募生产工人费、技术图书资料费(含软件)、业务招待费、施工现场津贴、竣工验收费等。⑤项目建设期间发生的各类专门借款利息支出或融资费用。⑥工程检测费、设备检验费、负荷联合试车费及其他检验检测类费用。⑦固定资产损失、器材处理亏损、设备盘亏及毁损、单项工程或单位工程报废、毁损净损失及其他损失。⑧系统集成等信息工程的费用支出。⑨其他待摊性质支出。本明细科目应当按照上述费用项目进行明细核算,其中有些费用(如项目建设管理费等),还应当按照更为具体的费用项目进行明细核算。

(4) "其他投资"明细科目。本明细科目核算单位发生的构成建设项目实际支出的房屋购置支出,基本畜禽、林木等购置、饲养、培育支出,办公生活用家具、器具购置支出,软件研发和不能计入设备投资的软件购置等支出。单位为进行可行性研究而购置的固定资产,以及取得土地使用权支付的土地出让金,也通过本明细科目核算。本明细科目应当设置"房屋购置""基本畜禽支出""林木支出""办公生活用家具、器具购置""可行性研究固定资产购置""无形资产"等明细科目。

(5)"待核销基建支出"明细科目。本明细科目核算建设项目发生的江河清障、航道清淤、飞播造林、补助群众造林、水土保持、城市绿化、取消项目的可行性研究费以及项目整体报废等不能形成资产部分的基投资支出。本明细科目应按照待核销基建支出的类别进行明细核算。

(6)"基建转出投资"明细科目。本明细科目核算为建设项目配套而建成的、产权不归属本单位的专用设施的实际成本。本明细科目应按照转出投资的类别进行明细核算。

行政事业单位在建的信息系统项目工程、公共基础设施项目工程、保障性住房项目工程的实际成本,也通过本科目核算。

(二)在建工程的主要账务处理

1. 建筑安装工程投资

(1)将固定资产等资产转入改建、扩建等时,在财务会计中,按照固定资产等资产的账面价值,借记"在建工程"科目(建筑安装工程投资),按照已计提的折旧或摊销,借记"固定资产累计折旧"等科目,按照固定资产等资产的原值,贷记"固定资产"等科目。固定资产等资产改建、扩建过程中涉及替换(或拆除)原资产的某些组成部分的,按照被替换(或拆除)部分的账面价值,借记"待处理财产损溢"科目,贷记"在建工程"科目(建筑安装工程投资)。

(2)单位对于发包建筑安装工程,根据建筑安装工程价款结算账单与施工企业结算工程价款时,在财务会计中,按照应承付的工程价款,借记"在建工程"科目(建筑安装工程投资),按照预付工程款余额,贷记"预付账款"科目,按照其差额,贷记"财政拨款收入""零余额账户用款额度""银行存款""应付账款"等科目;同时,在预算会计中,按照补付的差额,借记"行政支出""事业支出"等科目,贷记"财政拨款预算收入""资金结存"科目。

(3)单位自行施工的小型建筑安装工程,在财务会计中,按照发生的各项支出金额,借记"在建工程"科目(建筑安装工程投资),贷记"工程物资""零余额账户用款额度""银行存款""应付职工薪酬"等科目;同时,在预算会计中,按照实际支付的金额,借记"行政支出""事业支出"等科目,贷记"资金结存"科目。

(4)工程竣工,办妥竣工验收交接手续交付使用时,在财务会计中,按照建筑安装工程成本(含应分摊的待摊投资),借记"固定资产"等科目,贷记"在建工程"科目(建筑安装工程投资)。

2. 设备投资

(1)购入设备时,在财务会计中,按照购入成本,借记"在建工程"科目(设备投资),贷记"财政拨款收入""零余额账户用款额度""银行存款"等科目;同时,在预算会计中,按照实际支付的金额,借记"行政支出""事业支出"等科目,贷记"财政拨款预算收入""资金结存"科目。采用预付款方式购入设备的,有关预付款的账务处理参照"在建工程"科目中有关"建筑安装工程投资"明细科目的规定。

(2)设备安装完毕,办妥竣工验收交接手续交付使用时,在财务会计中,按照设备投资成本(含设备安装工程成本和分摊的待摊投资),借记"固定资产"等科目,贷记"在建工程"科目(设备投资、建筑安装工程投资——安装工程)。将不需要安装的设备和达不到固定资产标准的工具、器具交付使用时,按照相关设备、工具、器具的实际成本,借记"固定资产""库存物品"科目,贷记"在建工程"科目(设备投资)。

3. 待摊投资

建设工程发生的构成建设项目实际支出的、按照规定应当分摊计入有关工程成本和设备成本的各项间接费用和税费支出,先在本明细科目中归集;建设工程办妥竣工验收手续交付使用时,按照合理的分配方法,摊入相关工程成本、在安装设备成本等。

(1) 单位发生的构成待摊投资的各类费用,在财务会计中,按照实际发生金额,借记"在建工程"科目(待摊投资),贷记"财政拨款收入""零余额账户用款额度""银行存款""应付利息""长期借款""其他应交税费""固定资产累计折旧""无形资产累计摊销"等科目;同时,在预算会计中,按照实际支付的金额,借记"行政支出""事业支出"等科目,贷记"财政拨款预算收入""资金结存"科目。

(2) 对于建设过程中试生产、设备调试等产生的收入,在财务会计中,按照取得的收入金额,借记"银行存款"等科目,按照依据有关规定应当冲减建设工程成本的部分,贷记"在建工程"科目(待摊投资),按照其差额贷记"应缴财政款"科目或"其他收入"科目。

(3) 自然灾害、管理不善等造成的单项工程或单位工程报废或毁损,扣除残料价值和过失人或保险公司等赔款后的净损失,报经批准后计入继续施工的工程成本的,按照工程成本扣除残料价值和过失人或保险公司等赔款后的净损失,借记"在建工程"科目(待摊投资),按照残料变价收入、过失人或保险公司赔款等,借记"银行存款""其他应收款"等科目,按照报废或毁损的工程成本,贷记"在建工程"科目(建筑安装工程投资)。

(4) 工程交付使用时,按照合理的分配方法分配待摊投资,借记"在建工程"科目(建筑安装工程投资、设备投资),贷记"在建工程"科目(待摊投资)。

待摊投资的分配方法,可按照下列公式计算:

(1) 按照实际分配率分配。其适用于建设工期较短、整个项目的所有单项工程一次竣工的建设项目。

$$\text{实际分配率} = \text{待摊投资明细科目余额} \div \left(\text{建筑工程明细科目余额} + \text{安装工程明细科目余额} + \text{设备投资明细科目余额} \right) \times 100\%$$

(2) 按照概算分配率分配。其适用于建设工期长、单项工程分期分批建成投入使用的建设项目。

$$\text{概算分配率} = \left(\text{概算中各待摊投资项目的合计数} - \text{其中可直接分配的部分} \right) \div \left(\text{概算中建筑工程、安装工程和设备投资合计} \right) \times 100\%$$

(3) 按照某项固定资产应分配的待摊投资分配。

$$\text{某项固定资产应分配的待摊投资} = \text{该项固定资产的建筑工程成本或该项固定资产(设备)的采购成本和安装成本合计} \times \text{分配率}$$

4. 其他投资

单位为建设工程发生的房屋购置支出,基本畜禽、林木等的购置、饲养、培育支出,办公生活用家具、器具购置支出,软件研发和不能计入设备投资的软件购置等支出,在财务会计中,按照实际发生金额,借记"在建工程"科目(其他投资),贷记"财政拨款收入""零余额账户用款额度""银行存款"等科目;同时,在预算会计中,借记"行政支出""事业支出"等科目,贷记"财政拨款预算收入""资金结存"科目。工程完成将形成的房屋、基本畜禽、林木等各种财产以及无形资产交付使用时,按照其实际成本,借记"固定资产""无形资产"等科目,贷记"在建工程"科目(其他投资)。

5. 待核销基建支出

(1) 建设项目发生的江河清障、航道清淤、飞播造林、补助群众造林、水土保持、城市绿化等不能形成资产的各类待核销基建支出，按照实际发生金额，在财务会计中，借记"在建工程"科目(待核销基建支出)，贷记"财政拨款收入""零余额账户用款额度""银行存款"等科目；同时，在预算会计中，借记"行政支出""事业支出"等科目，贷记"财政拨款预算收入""资金结存"科目。

(2) 取消的建设项目发生的可行性研究费，按照实际发生金额，借记"在建工程"科目(待核销基建支出)，贷记"在建工程"科目(待摊投资)。

(3) 由于自然灾害等原因发生的建设项目整体报废所形成的净损失，报经批准后转入待核销基建支出，按照项目整体报废所形成的净损失，借记"在建工程"科目(待核销基建支出)，按照报废工程回收的残料变价收入、保险公司赔款等，借记"银行存款""其他应收款"等科目，按照报废的工程成本，贷记"在建工程"科目(建筑安装工程投资等)。

(4) 建设项目竣工验收交付使用时，对发生的待核销基建支出进行冲销，借记"资产处置费用"科目，贷记"在建工程"科目(待核销基建支出)。

6. 基建转出投资

为建设项目配套而建成的、产权不归属本单位的专用设施，在项目竣工验收交付使用时，按照转出的专用设施的成本，借记"在建工程"科目(基建转出投资)，贷记"在建工程"科目(建筑安装工程投资)；同时，借记"无偿调拨净资产"科目，贷记"在建工程"科目(基建转出投资)。

【例 10-56】 某事业单位采用发包方式建造一项固定资产工程。相关业务及应编制的会计分录为：

(1) 通过财政直接支付方式向某施工企业预付部分工程建造款项 200 000 元。

在财务会计中：

借：预付账款	200 000	
贷：财政拨款收入		200 000

同时，在预算会计中：

借：事业支出	200 000	
贷：财政拨款预算收入		200 000

(2) 通过单位零余额账户支付项目建设管理费等间接费用 10 000 元。

在财务会计中：

借：在建工程——待摊投资	10 000	
贷：零余额账户用款额度		10 000

同时，在预算会计中：

借：事业支出	10 000	
贷：资金结存——零余额账户用款额度		10 000

(3) 建筑工程完工，根据建筑安装工程价款结算账单与施工企业结算工程价款，确认应承付工程价款 700 000 元，扣除预付款项 200 000 元后，剩余款项为 500 000 元(700 000－200 000)通过财政直接支付方式支付。

在财务会计中：

借：在建工程——建筑安装工程投资　　　　　　　　　　　　700 000
　　贷：财政拨款收入　　　　　　　　　　　　　　　　　　　　500 000
　　　　预付账款　　　　　　　　　　　　　　　　　　　　　　200 000

同时，在预算会计中：

借：事业支出　　　　　　　　　　　　　　　　　　　　　　　500 000
　　贷：财政拨款预算收入　　　　　　　　　　　　　　　　　　500 000

（4）分摊待摊投资时。

在财务会计中：

借：在建工程——建筑安装工程投资　　　　　　　　　　　　 10 000
　　贷：在建工程——待摊投资　　　　　　　　　　　　　　　 10 000

在预算会计中不做账务处理。

（5）建筑工程验收合格并交付使用，确定的实际成本为 710 000 元（700 000＋10 000）。

在财务会计中：

借：固定资产　　　　　　　　　　　　　　　　　　　　　　　710 000
　　贷：在建工程——建筑安装工程投资　　　　　　　　　　　710 000

在预算会计中不做账务处理。

第四节　无 形 资 产

一、无形资产的概念与确认

无形资产是指行政事业单位控制的没有实物形态的可辨认非货币性资产，如专利权、商标权、著作权、土地使用权、非专利技术等。

资产满足下列条件之一的，符合无形资产定义中的可辨认性标准：一是能够从政府会计主体中分离或者划分出来，并能单独或者与相关合同、资产或负债一起，用于出售、转移、授予许可、租赁或者交换；二是源自合同性权利或其他法定权利，无论这些权利是否可以从政府会计主体或其他权利和义务中转移或者分离。

无形资产同时满足下列条件的，应当予以确认：与该无形资产相关的服务潜力很可能实现或者经济利益很可能流入政府会计主体；该无形资产的成本或者价值能够可靠地计量。在判断无形资产的服务潜力或经济利益是否很可能实现或流入时，应当对无形资产在预计使用年限内可能存在的各种社会、经济、科技因素进行合理估计，并且应当有确凿的证据支持。

单位购入的不构成相关硬件不可缺少组成部分的软件，应当确认为无形资产。自创商誉及内部产生的品牌、报刊名等，不应确认为无形资产。

为了核算各项无形资产业务，单位应设置"无形资产"总账科目。本科目应当按照无形资产的类别、项目等进行明细核算。本科目期末借方余额，反映单位无形资产的成本。

二、无形资产的取得

(一) 外购无形资产

外购的无形资产,在财务会计中,按照确定的成本,借记"无形资产"科目,贷记"财政拨款收入""零余额账户用款额度""应付账款""银行存款"等科目;同时,在预算会计中,按实际支付的款项,借记"行政支出""事业支出"等科目,贷记"财政拨款预算收入""资金结存"科目。无形资产取得时涉及增值税业务的,相关账务处理参见"应交增值税"科目的账务处理。

外购的无形资产,其成本包括购买价款、相关税费以及可归属于该项资产达到预定用途前所发生的其他支出。

【例10-57】 某事业单位外购一项无形资产(专利权),实际成本为120 000元,款项以财政授权支付方式支付,购入的无形资产已达到预定用途,该专利权为单位履职活动使用的无形资产。该事业单位应编制的会计分录为:

在财务会计中:

借:无形资产——专利权 120 000
　　贷:零余额账户用款额度 120 000

同时,在预算会计中:

借:事业支出 120 000
　　贷:资金结存——零余额账户用款额度 120 000

(二) 委托软件公司开发的软件

委托软件公司开发软件,视同外购无形资产进行处理。合同中约定预付开发费用的,在财务会计中,按照预付金额,借记"预付账款"科目,贷记"财政拨款收入""零余额账户用款额度""银行存款"等科目;同时,在预算会计中,按实际支付的款项,借记"行政支出""事业支出"等科目,贷记"财政拨款预算收入""资金结存"科目。软件开发完成交付使用并支付剩余或全部软件开发费用时,在财务会计中,按照软件开发费用总额,借记"无形资产"科目,按照相关预付账款金额,贷记"预付账款"科目,按照支付的剩余金额,贷记"财政拨款收入""零余额账户用款额度""银行存款"等科目;同时,在预算会计中,按照支付的剩余金额,借记"行政支出""事业支出"等科目,贷记"财政拨款预算收入""资金结存"科目。

【例10-58】 某行政单位委托甲软件公司开发一套办公软件。该行政单位按合同要求向甲软件公司预付开发费用50 000元,款项通过财政直接支付方式支付。数日后,办公软件开发完成交付使用。该行政单位向甲软件公司通过财政直接支付方式向其支付剩余合同款项50 000元。该行政单位应编制的会计分录为:

(1) 向甲软件公司预付开发费用时。

在财务会计中:

借:预付款项 50 000
　　贷:财政拨款收入 50 000

同时,在预算会计中:

借:行政支出 50 000
　　贷:财政拨款预算收入 50 000

（2）办公软件完成交付使用并支付剩余款项时。

在财务会计中：

借：无形资产　　　　　　　　　　　　　　　　　　　　　　　　　　100 000
　　贷：预付款项　　　　　　　　　　　　　　　　　　　　　　　　　　50 000
　　　　财政拨款收入　　　　　　　　　　　　　　　　　　　　　　　　50 000

同时，在预算会计中：

借：行政支出　　　　　　　　　　　　　　　　　　　　　　　　　　　50 000
　　贷：财政拨款预算收入　　　　　　　　　　　　　　　　　　　　　　50 000

（三）自行开发的无形资产

自行研究开发形成的无形资产，按照研究开发项目进入开发阶段后至达到预定用途前发生的支出总额，借记"无形资产"科目，贷记"研发支出"科目（开发支出）。

自行研究开发项目尚未进入开发阶段，或者确实无法区分研究阶段支出和开发阶段支出，但按照法律程序已申请取得无形资产的，按照依法取得时发生的注册费、聘请律师费等费用，在财务会计中，借记"研发支出"科目，贷记"财政拨款收入""零余额账户用款额度""银行存款"等科目；同时，在预算会计中，借记"行政支出""事业支出"等科目，贷记"财政拨款预算收入""资金结存"科目。按照依法取得前所发生的研究开发支出，在财务会计中，借记"业务活动费用"等科目，贷记"研发支出"科目；在预算会计中不做账务处理。

【例10-59】 某事业单位自行研究开发某项专门技术，研发期间计提研制人员薪酬120 000元，消耗材料费60 000元，共计180 000元。该研发确实无法区分研究阶段支出和开发阶段支出，但该专门技术按照法律程序已申请取得国家专利，通过财政直接支付方式支付申请专利时发生的注册费、聘请律师费计15 000元。该事业单位应编制的会计分录为：

（1）计提研发期间的相关费用时。

在财务会计中：

借：研发支出　　　　　　　　　　　　　　　　　　　　　　　　　　180 000
　　贷：应付职工薪酬　　　　　　　　　　　　　　　　　　　　　　　120 000
　　　　库存物品　　　　　　　　　　　　　　　　　　　　　　　　　 60 000

在预算会计中不做账务处理。

（2）通过财政直接支付方式支付申请专利时发生的注册费、聘请律师费时。

在财务会计中：

借：无形资产——专利权　　　　　　　　　　　　　　　　　　　　　　15 000
　　贷：财政拨款收入　　　　　　　　　　　　　　　　　　　　　　　　15 000

同时，在预算会计中：

借：事业支出　　　　　　　　　　　　　　　　　　　　　　　　　　　15 000
　　贷：财政拨款预算收入　　　　　　　　　　　　　　　　　　　　　　15 000

（3）将依法取得专利前所发生的研究开发支出结转业务活动费用时。

在财务会计中：

借：业务活动费用　　　　　　　　　　　　　　　　　　　　　　　　180 000
　　贷：研发支出　　　　　　　　　　　　　　　　　　　　　　　　　180 000

在预算会计中不做账务处理。

(四) 接受捐赠的无形资产

接受捐赠的无形资产,在财务会计中,按照确定的无形资产成本,借记"无形资产"科目,按照发生的相关税费等,贷记"零余额账户用款额度""银行存款"等科目,按照其差额,贷记"捐赠收入"科目;同时,在预算会计中,按实际发生的相关税费等,借记"其他支出"等科目,贷记"资金结存"科目。接受捐赠的无形资产按照名义金额入账的,按照名义金额,借记"无形资产"科目,贷记"捐赠收入"科目,按照支付的相关税费等,在财务会计中,借记"其他费用"科目,贷记"零余额账户用款额度""银行存款"等科目;同时,在预算会计中,借记"其他支出"科目,贷记"资金结存"科目。

接受捐赠的无形资产,其成本按照有关凭据注明的金额加上相关税费确定;没有相关凭据可供取得,但按规定经过资产评估的,其成本按照评估价值加上相关税费确定;没有相关凭据可供取得、也未经资产评估的,其成本比照同类或类似资产的市场价格加上相关税费确定;没有相关凭据且未经资产评估、同类或类似资产的市场价格也无法可靠取得的,按照名义金额入账,相关税费计入当期费用。确定接受捐赠无形资产的初始入账成本时,应当考虑该项资产尚可为单位带来服务潜力或经济利益的能力。

(五) 无偿调入的无形资产

无偿调入的无形资产,在财务会计中,按照确定的无形资产成本,借记"无形资产"科目,按照发生的相关税费等,贷记"零余额账户用款额度""银行存款"等科目,按照其差额,贷记"无偿调拨净资产"科目;同时,在预算会计中,按支付的相关税费等,借记"其他支出"科目,贷记"资金结存"科目。

无偿调入的无形资产在调出方的账面价值为0的,在财务会计中,按照该项资产在调出方的账面余额,借记"无形资产"等科目,按照该项资产在调出方已经摊销金额(与无形资产账面余额相等),贷记"无形资产累计摊销"等科目,按照支付的相关税费,借记"其他费用"科目,贷记"零余额账户用款额度""银行存款"等科目;同时,在预算会计中,按照支付的相关税费,借记"其他支出"科目,贷记"资金结存"科目。

无偿调入的无形资产在调出方的账面余额为名义金额的,在财务会计中,按照名义金额,借记"无形资产"等科目,贷记"无偿调拨净资产"科目,按照支付的相关税费,借记"其他费用"科目,贷记"零余额账户用款额度""银行存款"等科目;同时,在预算会计中,按照支付的相关税费,借记"其他支出"科目,贷记"资金结存"科目。

无偿调入的无形资产,其成本按照调出方账面价值加上相关税费确定。若无偿调入的资产在调出方的账面价值为0(即已经按制度规定提足折旧)或者账面余额为名义金额的,单位应当将调入过程中其承担的相关税费计入当期费用,不计入调入资产的初始入账成本。

(六) 置换取得的无形资产

置换取得的无形资产,参照"库存物品"科目中置换取得库存物品的相关规定进行账务处理。

为了核算研发支出,单位财务会计应设置"研发支出"总账科目。本科目核算单位自行研究开发项目研究阶段和开发阶段发生的各项支出。本科目应当按照自行研究开发项目,分别设置"研究支出""开发支出"进行明细核算。本科目期末借方余额,反映单位预计能达到预定用途的研究开发项目在开发阶段发生的累计支出数。

自行研究开发项目研究阶段的支出,在财务会计中,按照从事研究及其辅助活动人员计提的薪酬,研究活动领用的库存物品,发生的与研究活动相关的管理费、间接费和其他各项费用,借记"研发支出"科目(研究支出),贷记"应付职工薪酬""库存物品""财政拨款收入""零余额账户用款额度""固定资产累计折旧""银行存款"等科目;同时,在预算会计中,按实际支付的金额,借记"行政支出""事业支出"等科目,贷记"财政拨款预算收入""资金结存"科目。期(月)末,应当将"研发支出"科目归集的研究阶段的支出金额转入当期费用,在财务会计中,借记"业务活动费用"等科目,贷记"研发支出"科目(研究支出)。

自行研究开发项目开发阶段的支出,在财务会计中,按照从事开发及其辅助活动人员计提的薪酬,开发活动领用的库存物品,发生的与开发活动相关的管理费、间接费和其他各项费用,借记"研发支出"科目(开发支出),贷记"应付职工薪酬""库存物品""财政拨款收入""零余额账户用款额度""固定资产累计折旧""银行存款"等科目;同时,在预算会计中,按实际支付的金额,借记"行政支出""事业支出"等科目,贷记"财政拨款预算收入""资金结存"科目。自行研究开发项目完成,达到预定用途形成无形资产的,按照"研发支出"科目归集的开发阶段的支出金额,在财务会计中,借记"无形资产"科目,贷记"研发支出"科目(开发支出)。

单位应于每年年度终了评估研究开发项目是否能达到预定用途,如预计不能达到预定用途(如无法最终完成开发项目并形成无形资产的),应当将已发生的开发支出金额全部转入当期费用,在财务会计中,借记"业务活动费用"等科目,贷记"研发支出"科目(开发支出)。

自行研究开发项目时涉及增值税业务的,相关账务处理参见"应交增值税"科目的账务处理。

【例10-60】 某事业单位自行开展研究开发某项技术。在研究阶段,计提从事研究活动人员的薪酬60 000元,耗用材料5 000元,通过财政授权方式支付其他费用15 000元。在开发阶段,计提从事开发活动人员的薪酬85 000元,耗用材料10 000元。通过财政直接支付方式支付研发人员的薪酬145 000元。开发项目完成,形成一项无形资产,开发成本计95 000元。该事业单位应编制的会计分录为:

(1)归集研究阶段发生的各项支出时。

在财务会计中:

借:研发支出——研究支出　　　　　　　　　　　　　　　　　　　　80 000
　　贷:应付职工薪酬　　　　　　　　　　　　　　　　　　　　　　　　60 000
　　　　零余额账户用款额度　　　　　　　　　　　　　　　　　　　　20 000

同时,在预算会计中:

借:事业支出　　　　　　　　　　　　　　　　　　　　　　　　　　20 000
　　贷:资金结存——零余额账户用款额度　　　　　　　　　　　　　　20 000

(2)结转研究阶段发生的支出时。

在财务会计中:

借:业务活动费用　　　　　　　　　　　　　　　　　　　　　　　　80 000
　　贷:研发支出——研究支出　　　　　　　　　　　　　　　　　　　80 000

在预算会计中不做账务处理。

(3)归集开发阶段各项支出时。

在财务会计中:

借：研发支出——开发支出　　　　　　　　　　　　　　　　　　　　95 000
　　贷：应付职工薪酬　　　　　　　　　　　　　　　　　　　　　　　85 000
　　　　库存物品　　　　　　　　　　　　　　　　　　　　　　　　　10 000

在预算会计中不做账务处理。

（4）通过财政直接支付方式支付研发人员的薪酬时。

在财务会计中：

借：应付职工薪酬　　　　　　　　　　　　　　　　　　　　　　　　145 000
　　贷：财政拨款收入　　　　　　　　　　　　　　　　　　　　　　　145 000

同时，在预算会计中：

借：事业支出　　　　　　　　　　　　　　　　　　　　　　　　　　145 000
　　贷：财政拨款预算收入　　　　　　　　　　　　　　　　　　　　　145 000

（5）开发项目完成并形成一项无形资产时。

在财务会计中：

借：无形资产——专利权　　　　　　　　　　　　　　　　　　　　　95 000
　　贷：研发支出——开发支出　　　　　　　　　　　　　　　　　　　95 000

在预算会计中不做账务处理。

按照《政府会计准则4号——无形资产》的规定，单位自行研究开发项目的支出，应当区分研究阶段支出与开发阶段支出。其中，研究是指为获取并理解新的科学或技术知识而进行的独创性的有计划调查；开发是指在进行生产或使用前，将研究成果或其他知识应用于某项计划或设计，以生产出新的或具有实质性改进的材料、装置、产品等。单位自行研究开发项目研究阶段的支出，应当于发生时计入当期费用；开发阶段的支出，先按合理方法进行归集，如果最终形成无形资产的，应当确认为无形资产；如果最终未形成无形资产的，应当计入当期费用。

三、无形资产摊销

无形资产摊销是指在无形资产使用年限内，按照确定的方法对应摊销金额进行系统分摊。单位应当对使用年限有限的无形资产进行摊销，但已摊销完毕仍继续使用的无形资产和以名义金额计量的无形资产除外。

（一）无形资产摊销年限的确定

单位应当于取得或形成无形资产时合理确定其使用年限。无形资产的使用年限有限，应当估计该使用年限。无法预见无形资产为单位提供服务潜力或者带来经济利益期限的，应当视为使用年限不确定的无形资产。使用年限不确定的无形资产不应摊销。对于使用年限有限的无形资产，单位应当按照以下原则确定无形资产的摊销年限：①法律规定了有效年限的，按照法律规定的有效年限作为摊销年限。②法律没有规定有效年限的，按照相关合同或单位申请书中的受益年限作为摊销年限。③法律没有规定有效年限、相关合同或单位申请书也没有规定受益年限的，应当根据无形资产为政府会计主体带来服务潜力或经济利益的实际情况，预计其使用年限。④非大批量购入、单价小于1 000元的无形资产，可以于购买的当期将其成本一次性全部转销。

（二）无形资产摊销方法和应摊销金额的确定

单位应当采用年限平均法或者工作量法对无形资产进行摊销，应摊销金额为其成本，不考虑预计残值。单位应当自无形资产取得当月起，按月计提摊销；无形资产减少的当月，不再计提摊销。因发生后续支出而增加无形资产成本的，对于使用年限有限的无形资产，应当按照重新确定的无形资产成本以及重新确定的摊销年限计算摊销额。

（三）无形资产摊销的账务处理

单位应设置"无形资产累计摊销"科目，用来核算无形资产计提的累计摊销。本科目应当按照无形资产的类别、项目等进行明细核算。本科目期末贷方余额，反映单位计提的无形资产摊销累计数。

单位按月对无形资产进行摊销时，按照应摊销金额，借记"业务活动费用""单位管理费用""加工物品""在建工程"等科目，贷记"无形资产累计摊销"科目。

【例10-61】 承[例10-57]，假定按照合同约定该专利权的使用年限为5年，每月摊销额2 000元(120 000÷60)计入单位业务活动费用。每月摊销时，该事业单位应编制的会计分录为：

在财务会计：

借：业务活动费用　　　　　　　　　　　　　　　　　　　　　　　　2 000
　　贷：无形资产累计摊销　　　　　　　　　　　　　　　　　　　　　　2 000

在预算会计中不做账务处理。

四、与无形资产有关的后续支出

与无形资产有关的后续支出，符合无形资产确认条件的，应当计入无形资产成本；不符合确认条件的，应当在发生时计入当期费用或者相关资产成本。

对于符合无形资产确认条件的后续支出，为增加无形资产的使用效能对其进行升级改造或扩展其功能时，如需暂停对无形资产进行摊销的，按照无形资产的账面价值，借记"在建工程"科目，按照无形资产已摊销金额，借记"无形资产累计摊销"科目，按照无形资产的账面余额，贷记"无形资产"科目。无形资产后续支出符合无形资产确认条件的，按照支出的金额，在财务会计中，借记"无形资产"科目(无需暂停摊销的)或"在建工程"科目(需暂停摊销的)，贷记"财政拨款收入""零余额账户用款额度""银行存款"等科目；同时，在预算会计中，借记"行政支出""事业支出"等科目，贷记"财政拨款预算收入""资金结存"科目。暂停摊销的无形资产升级改造或扩展功能等完成交付使用时，按照在建工程成本，在财务会计中，借记"无形资产"科目，贷记"在建工程"科目。

对于不符合无形资产确认条件的后续支出，为保证无形资产正常使用发生的日常维护等支出，在财务会计中，借记"业务活动费用""单位管理费用"等科目，贷记"财政拨款收入""零余额账户用款额度""银行存款"等科目；同时，在预算会计中，借记"行政支出""事业支出"等科目，贷记"财政拨款预算收入""资金结存"科目。

根据《政府会计准则制度解释第2号》的规定，单位应当按照《政府会计准则第4号——无形资产》的规定，将依法取得的专利权确认为无形资产，并进行后续摊销。在以后年度，单位按照相关规定发生的专利权维护费，应当在发生时计入当期费用，原确定的无形资产摊销年限不据此调整。

五、无形资产处置

按照规定报经批准处置无形资产，应当分以下五种情况处理。

（一）出售或转让无形资产

单位报经批准出售、转让无形资产,在财务会计中,按照被出售、转让无形资产的账面价值,借记"资产处置费用"科目,按照无形资产已计提的摊销,借记"无形资产累计摊销"科目,按照无形资产账面余额,贷记"无形资产"科目;按照收到的价款,借记"银行存款"等科目,按照处置过程中发生的相关费用,贷记"银行存款"等科目,按照其差额,贷记"应缴财政款"科目(按照规定应上缴无形资产转让净收入的)或"其他收入"科目(按照规定将无形资产转让收入纳入本单位预算管理的)。若按照规定将无形资产转让收入纳入本单位预算管理的,在预算会计中,借记"资金结存"等科目,贷记"其他预算收入"科目。

（二）对外捐赠无形资产

报经批准对外捐赠无形资产,在财务会计中,按照无形资产已计提的摊销,借记"无形资产累计摊销"科目,按照被处置无形资产账面余额,贷记"无形资产"科目,按照捐赠过程中发生的归属于捐出方的相关费用,贷记"银行存款"等科目,按照其差额,借记"资产处置费用"科目;同时,在预算会计中,按上述发生的归属于捐出方的相关费用,借记"其他支出"等科目,贷记"资金结存"科目。

（三）无偿调出无形资产

报经批准无偿调出无形资产,在财务会计中,按照无形资产已计提的摊销,借记"无形资产累计摊销"科目,按照被处置无形资产账面余额,贷记"无形资产"科目,按照其差额,借记"无偿调拨净资产"科目;同时,按照无偿调出过程中发生的归属于调出方的相关费用,借记"资产处置费用"科目,贷记"银行存款"等科目。在预算会计中,按无偿调出过程中发生的归属于调出方的相关费用,借记"其他支出"等科目,贷记"资金结存"科目。

（四）置换换出无形资产

报经批准置换换出无形资产,参照"库存物品"科目中置换换入库存物品的规定进行账务处理。

（五）核销无形资产

无形资产预期不能为单位带来服务潜力或经济利益,按照规定报经批准核销时,在财务会计中,按照待核销无形资产的账面价值,借记"资产处置费用"科目,按照已计提摊销,借记"无形资产累计摊销"科目,按照无形资产的账面余额,贷记"无形资产"科目。

无形资产处置时涉及增值税业务的,相关账务处理参见"应交增值税"科目的账务处理。

【例10-62】 某事业单位的一项无形资产预期已经不能再为单位带来服务潜力,按照规定报批核销。该项无形资产的账面余额为120 000元,已计提累计摊销为60 000元。该事业单位应编制的会计分录为:

在财务会计中:

借:资产处置费用　　　　　　　　　　　　　　　　　　　　　　60 000
　　无形资产累计摊销　　　　　　　　　　　　　　　　　　　　60 000
　　贷:无形资产　　　　　　　　　　　　　　　　　　　　　　　　120 000

在预算会计中不做账务处理。

六、无形资产的清查盘点

单位应当定期对无形资产进行清查盘点,每年至少盘点一次。单位资产清查盘点过程中发现的无形资产盘盈、盘亏等,参照"固定资产"科目的相关规定进行账务处理,具体请参阅本章第八节"待处理财产损溢"。

第五节 公共基础设施

一、公共基础设施的概念、确认与核算科目的设置

按照《政府会计准则第5号——公共基础设施》的规定,公共基础设施是指政府会计主体为满足社会公共需求而控制的,同时具有以下特征的有形资产:①是一个有形资产系统或网络的组成部分。②具有特定用途。③一般不可移动。公共基础设施主要包括市政基础设施(如城市道路、桥梁、隧道、公交场站、路灯、广场、公园绿地、室外公共健身器材,以及环卫、排水、供水、供电、供气、供热、污水处理、垃圾处理系统等)、交通基础设施(如公路、航道、港口等)、水利基础设施(如大坝、堤防、水闸、泵站、渠道等)和其他公共基础设施。独立于公共基础设施、不构成公共基础设施使用不可缺少组成部分的管理维护用房屋建筑物、设备、车辆等,应作为单位的固定资产核算,不作为公共基础设施。

公共基础设施同时满足下列条件的,应当予以确认:①与该公共基础设施相关的服务潜力很可能实现或者经济利益很可能流入政府会计主体。②该公共基础设施的成本或者价值能够可靠地计量。

通常情况下,符合上述确认条件的公共基础设施,应当由按规定对其负有管理维护职责的政府会计主体予以确认。多个政府会计主体共同管理维护的公共基础设施,应当由对该资产负有主要管理维护职责或者承担后续主要支出责任的政府会计主体予以确认。分为多个组成部分由不同政府会计主体分别管理维护的公共基础设施,应当由各个政府会计主体分别对其负责管理维护的公共基础设施的相应部分予以确认。负有管理维护公共基础设施职责的政府会计主体通过政府购买服务方式委托企业或其他会计主体代为管理维护公共基础设施的,该公共基础设施应当由委托方予以确认。

单位在购建公共基础设施时,能够分清购建成本中的构筑物部分与土地使用权部分的,应当将其中的构筑物部分和土地使用权部分分别确认为公共基础设施;不能分清购建成本中的构筑物部分与土地使用权部分的,应当整体确认为公共基础设施。对于确认为公共基础设施的单独计价入账的土地使用权,应作为无形资产核算,不作为公共基础设施。

为了核算公共基础设施业务,单位应当设置"公共基础设施"科目,并按照公共基础设施的类别和项目进行明细核算。公共基础设施应当在对其取得占有权利时确认。本科目期末借方余额,反映单位管理的公共基础设施的实际成本。单位应当结合本单位的具体情况,制定适合于本单位管理的公共基础设施目录、分类方法,作为进行公共基础设施核算的依据。

二、公共基础设施的取得

公共基础设施在取得时,应当按照其成本入账。其主要区分以下几类情形处理。

(一)外购的公共基础设施

外购的公共基础设施,按照确定的成本,在财务会计中,借记"公共基础设施"科目,贷记"财政拨款收入""零余额账户用款额度""银行存款"等科目;同时,在预算会计中,借记"行政支出""事业支出"科目,贷记"财政拨款预算收入""资金结存"科目。

外购的公共基础设施,其成本包括购买价款、相关税费以及公共基础设施交付使用前所发

生的可归属于该项资产的运输费、装卸费、安装费和专业人员服务费等。

(二) 自行建造的公共基础设施

自行建造的公共基础设施完工交付使用时,在财务会计中,按照在建工程的成本,借记"公共基础设施"科目,贷记"在建工程"科目。

自行建造的公共基础设施,其成本包括完成批准的建设内容所发生的全部必要支出,包括建筑安装工程投资支出、设备投资支出、待摊投资支出和其他投资支出。为建造公共基础设施借入的专门借款的利息,属于建设期间发生的,计入该公共基础设施在建工程成本;不属于建设期间发生的,计入当期费用。

【例10-63】 某行政单位根据市政规划自行建造一项公共基础设施。该公共基础设施自建设至交付使用前所发生的全部必要支出是 800 000 元。该行政单位应编制的会计分录为:

在财务会计中:

借:公共基础设施　　　　　　　　　　　　　　　　　　　　　800 000
　　贷:在建工程　　　　　　　　　　　　　　　　　　　　　　　　800 000

在预算会计中不做账务处理。

(三) 无偿调入的公共基础设施

接受其他单位无偿调入的公共基础设施,在财务会计中,按照确定的成本,借记"公共基础设施"科目,按照发生的归属于调入方的相关费用,贷记"财政拨款收入""零余额账户用款额度""银行存款"等科目,按照其差额,贷记"无偿调拨净资产"科目;无偿调入的公共基础设施成本无法可靠取得的,按照发生的归属于调入方的相关费用,借记"其他费用"科目,贷记"财政拨款收入""零余额账户用款额度""银行存款"等科目。在预算会计中,按照发生的归属于调入方的相关费用,借记"其他支出"科目,贷记"资金结存"科目。

接受其他会计主体无偿调入的公共基础设施,其成本按照该项公共基础设施在调出方的账面价值加上归属于调入方的相关费用确定。

【例10-64】 某行政单位根据市政府的统一规划,经批准无偿调入一项公共基础设施。该项公共基础设施在调出方的账面价值是 5 000 000 元。调入过程中,该行政单位发生相关费用 5 000 元,款项通过财政直接支付方式支付。该行政单位应编制的会计分录为:

在财务会计中:

借:公共基础设施　　　　　　　　　　　　　　　　　　　　　5 005 000
　　贷:无偿调拨净资产——公共基础设施　　　　　　　　　　　　5 000 000
　　　　财政拨款收入　　　　　　　　　　　　　　　　　　　　　5 000

同时,在预算会计中:

借:行政支出　　　　　　　　　　　　　　　　　　　　　　　5 000
　　贷:财政拨款预算收入　　　　　　　　　　　　　　　　　　　5 000

(四) 接受捐赠的公共基础设施

接受捐赠的公共基础设施,在财务会计中,按照确定的成本,借记"公共基础设施"科目,按照发生的相关费用,贷记"财政拨款收入""零余额账户用款额度""银行存款"等科目,按照其差额,贷记"捐赠收入"科目;接受捐赠的公共基础设施成本无法可靠取得的,按照发生的相关税费等金额,借记"其他费用"科目,贷记"财政拨款收入""零余额账户用款额度""银行存款"等科目。在预算会计中,按照发生的相关费用,借记"行政支出""事业支出"科目,贷记"财政拨款预算收入""资金结存"科目。

接受捐赠的公共基础设施,其成本按照有关凭据注明的金额加上相关费用确定;没有相关凭据可供取得,但按规定经过资产评估的,其成本按照评估价值加上相关费用确定;没有相关凭据可供取得、也未经资产评估的,其成本比照同类或类似资产的市场价格加上相关费用确定。例如,受赠的系旧的公共基础设施,在确定其初始入账成本时应当考虑该项资产的新旧程度。

此外,对于成本无法可靠取得的公共基础设施,单位应当设置备查簿进行登记,待成本能够可靠确定后按照规定及时入账。

其他方式取得的公共基础设施的核算可参照固定资产相关核算的内容。

三、公共基础设施的折旧或摊销

单位应当对公共基础设施计提折旧,但持续进行良好的维护使得其性能得到永久维持的公共基础设施和确认为公共基础设施的单独计价入账的土地使用权除外。公共基础设施应计提的折旧总额为其成本,计提公共基础设施折旧时不考虑预计净残值。单位应当对暂估入账的公共基础设施计提折旧,实际成本确定后不需调整原已计提的折旧额。

单位应当根据公共基础设施的性质和使用情况,合理确定公共基础设施的折旧年限。确定公共基础设施折旧年限,应当考虑下列因素:①设计使用年限或设计基准期。②预计实现服务潜力或提供经济利益的期限。③预计有形损耗和无形损耗。④法律或者类似规定对资产使用的限制。公共基础设施的折旧年限一经确定,不得随意变更。

单位一般应当采用年限平均法或者工作量法计提公共基础设施折旧。在确定公共基础设施的折旧方法时,应当考虑与公共基础设施相关的服务潜力或经济利益的预期实现方式。公共基础设施折旧方法一经确定,不得随意变更。

公共基础设施应当按月计提折旧,并计入当期费用。当月增加的公共基础设施,当月开始计提折旧;当月减少的公共基础设施,当月不再计提折旧。处于改建、扩建等建造活动期间的公共基础设施,应当暂停计提折旧。因改建、扩建等原因而延长公共基础设施使用年限的,应当按照重新确定的公共基础设施的成本和重新确定的折旧年限计算折旧额,不需调整原已计提的折旧额。公共基础设施提足折旧后,无论能否继续使用,均不再计提折旧;已提足折旧的公共基础设施,可以继续使用的,应当继续使用,并规范实物管理。提前报废的公共基础设施,不再补提折旧。

行政事业单位应设置"基础设施累计折旧(摊销)"总账科目,用来核算单位计提的公共基础设施累计折旧和累计摊销。本科目应当按照所对应公共基础设施的明细分类进行明细核算。本科目期末贷方余额,反映单位提取的公共基础设施折旧和摊销的累计数。

单位按月计提公共基础设施折旧时,按照应计提的折旧额,借记"业务活动费用"科目,贷记"基础设施累计折旧(摊销)"科目;单位按月对确认为公共基础设施的单独计价入账的土地使用权进行摊销时,按照应计提的摊销额,借记"业务活动费用"科目,贷记"基础设施累计折旧(摊销)"科目。

【例10-65】 某行政单位对一项公共基础设施计提折旧350 000元。该行政单位应编制的会计分录为:

在财务会计中:

借：业务活动费用	350 000	
贷：公共基础设施累计折旧（摊销）		350 000

在预算会计中不做账务处理。

四、公共基础设施的后续支出

按照规定，公共基础设施在使用过程中发生的后续支出，符合规定的确认条件的，应当计入公共基础设施成本；不符合规定的确认条件的，应当在发生时计入当期费用。通常情况下，为增加公共基础设施使用效能或延长其使用年限而发生的改建、扩建等后续支出，应当计入公共基础设施成本；为维护公共基础设施的正常使用而发生的日常维修、养护等后续支出，应当计入当期费用。

将公共基础设施转入改建、扩建时，在财务会计中，按照公共基础设施的账面价值，借记"在建工程"科目，按照公共基础设施已计提折旧，借记"公共基础设施累计折旧（摊销）"科目，按照公共基础设施的账面余额，贷记"公共基础设施"科目。为增加公共基础设施使用效能或延长其使用年限而发生的改建、扩建等后续支出，在财务会计中，借记"在建工程"科目，贷记"财政拨款收入""零余额账户用款额度""银行存款"等科目；同时，在预算会计中，借记"行政支出""事业支出"科目，贷记"财政拨款预算收入""资金结存"科目。公共基础设施改建、扩建完成，竣工验收交付使用时，在财务会计中，按照在建工程成本，借记"公共基础设施"科目，贷记"在建工程"科目。

为保证公共基础设施正常使用发生的日常维修等支出，在财务会计中，借记"业务活动费用""单位管理费用"等科目，贷记"财政拨款收入""零余额账户用款额度""银行存款"等科目；同时，在预算会计中，按照支付的相关费用，借记"行政支出""事业支出"科目，贷记"财政拨款预算收入""资金结存"科目。

在原有公共基础设施基础上进行改建、扩建等建造活动后的公共基础设施，其成本按照原公共基础设施账面价值加上改建、扩建等建造活动发生的支出，再扣除公共基础设施被替换部分的账面价值后的金额确定。

【例10-66】 某行政单位对由其占有并直接负责维护管理的一项公共基础设施进行日常修理，以维护其正常使用，共发生日常修理支出25 000元，款项通过财政直接支付方式支付。该行政单位应编制会计分录为：

在财务会计中：

借：业务活动费用	25 000	
贷：财政拨款收入		25 000

同时，在预算会计中：

借：行政支出	25 000	
贷：财政拨款预算收入		25 000

五、公共基础设施的处置

按照规定报经批准处置公共基础设施的，分以下两种情况处理。

（一）对外捐赠公共基础设施

报经批准对外捐赠公共基础设施，在财务会计中，按照公共基础设施已计提的折旧或摊销,借记"公共基础设施累计折旧(摊销)"科目,按照被处置公共基础设施账面余额,贷记"公共基础设施"科目,按照捐赠过程中发生的归属于捐出方的相关费用,贷记"银行存款"等科目,按照其差额,借记"资产处置费用"科目;同时,在预算会计中,按照捐赠过程中发生的归属于捐出方的相关费用,借记"其他支出"科目,贷记"资金结存"科目。

(二)无偿调出公共基础设施

报经批准无偿调出公共基础设施,在财务会计中,按照公共基础设施已计提的折旧或摊销,借记"公共基础设施累计折旧(摊销)"科目,按照被处置公共基础设施账面余额,贷记"公共基础设施"科目,按照其差额,借记"无偿调拨净资产"科目;同时,按照无偿调出过程中发生的归属于调出方的相关费用,借记"资产处置费用"科目,贷记"银行存款"等科目。在预算会计中,按照无偿调出过程中发生的归属于调出方的相关费用,借记"其他支出"科目,贷记"资金结存"科目。

【例10-67】 某事业单位根据市政府的统一规划,经批准将公共基础设施移交市体育局。该公共基础设施的原值是5 000 000元,已提折旧500 000元。该事业单位应编制的会计分录为:

在财务会计中:

借:无偿调拨净资产——公共基础设施　　　　　　　　　　　4 500 000
　　公共基础设施累计折旧　　　　　　　　　　　　　　　　500 000
　　贷:公共基础设施——休闲广场　　　　　　　　　　　　　　5 000 000

在预算会计中不做账务处理。

六、公共基础设施的清查盘点

单位应当定期对公共基础设施进行清查盘点。对于发生的公共基础设施盘盈、盘亏、毁损或报废,应当先记入"待处理财产损溢"科目,按照规定报经批准后及时进行后续账务处理。

盘盈的公共基础设施,其成本按照有关凭据注明的金额确定;没有相关凭据但按照规定经过资产评估的,其成本按照评估价值确定;没有相关凭据也未经过评估的,其成本按照重置成本确定。盘盈的公共基础设施成本无法可靠取得的,单位应当设置备查簿进行登记,待成本确定后按照规定及时入账。盘盈的公共基础设施,按照确定的入账成本,借记"公共基础设施"科目,贷记"待处理财产损溢"科目。

盘盈、盘亏、毁损或报废的公共基础设施,按照待处置公共基础设置的账面价值,借记"待处理财产损溢"科目,按已计提的折旧或摊销,借记"公共基础设施处累计折旧(摊销)"科目,按照公共基础设施的账面价值,贷记"公共基础设施"科目。

第六节　政府储备物资

一、政府储备物资的概念、确认与核算科目的设置

政府储备物资是指行政事业单位为满足实施国家安全与发展战略、进行抗灾救灾、应对公共突发事件等特定公共需求而控制的,同时具有下列特征的有形资产:①在应对可能发生的特定事件或情形时动用。②其购入、存储保管、更新(轮换)、动用等由政府及相关部门发布的专门管理制度规范。政府储备物资包括战略及能源物资、抢险抗灾救灾物资、农产品、医药物

资和其他重要商品物资,通常情况下由单位委托承储单位存储。

按照《政府会计准则第6号——政府储备物资》的规定,政府储备物资同时满足下列条件的,应当予以确认:①与该政府储备物资相关的服务潜力很可能实现或者经济利益很可能流入政府会计主体。②该政府储备物资的成本或者价值能够可靠地计量。

通常情况下,符合上述规定的政府储备物资,应当由按规定对其负有管理职责的政府会计主体予以确认。其中,管理职责主要指提出或拟定收储计划、更新(轮换)计划、动用方案等。相关管理职责由不同政府会计主体行使的政府储备物资,由负责提出收储计划的政府会计主体予以确认。对政府储备物资不负有管理职责但接受委托具体负责执行其存储保管等工作的政府会计主体,应当将受托代储的政府储备物资作为受托代理资产核算。

为了核算政府储备物资业务,单位应设置"政府储备物资"总账科目。本科目应当按照政府储备物资的种类、品种、存放地点等进行明细核算。本科目期末借方余额,反映单位管理的政府储备物资的实际成本。

二、政府储备物资的取得

(一) 购入的政府储备物资

购入的政府储备物资验收入库,按照确定的成本,在财务会计中,借记"政府储备物资"科目,贷记"财政拨款收入""零余额账户用款额度""银行存款"等科目;同时,在预算会计中,借记"行政支出""事业支出"等科目,贷记"财政拨款预算收入""资金结存"科目。

单位购入的政府储备物资,其成本包括购买价款和政府会计主体承担的相关税费、运输费、装卸费、保险费、检测费以及使政府储备物资达到目前场所和状态所发生的归属于政府储备物资成本的其他支出。

【例10-68】 某行政单位通过财政直接支付方式购入一批抗震救灾政府储备物资,有关凭证注明,购买价款为500 000元,相关税费为85 000元,装卸费及保险费为15 000元,购入的政府储备物资验收入库。该行政单位应编制的会计分录为:

在财务会计中:

借:政府储备物资 600 000
　　贷:财政拨款收入 600 000

同时,在预算会计中:

借:行政支出 600 000
　　贷:财政拨款预算收入 600 000

(二) 委托加工的政府储备物资

涉及委托加工政府储备物资业务的,相关账务处理参照"加工物品"科目的账务处理。

单位委托加工的政府储备物资,其成本包括委托加工前物料成本、委托加工的成本(如委托加工费以及按规定应计入委托加工政府储备物资成本的相关税费等)以及政府会计主体承担的使政府储备物资达到目前场所和状态所发生的归属于政府储备物资成本的其他支出。

(三) 接受捐赠的政府储备物资

接受捐赠的政府储备物资验收入库,在财务会计中,按照确定的成本,借记"政府储备物资"科目,按照单位承担的相关税费、运输费等,贷记"零余额账户用款额度""银行存款"等科目,按照其差额,贷记"捐赠收入"科目;同时,在预算会计中,按照单位承担的相关税费、运输费等,借记"其他支出"科目,贷记"资金结存"科目。

单位接受捐赠的政府储备物资,其成本按照有关凭据注明的金额加上政府会计主体承担的相关税费、运输费等确定;没有相关凭据可供取得,但按规定经过资产评估的,其成本按照评估价值加上政府会计主体承担的相关税费、运输费等确定;没有相关凭据可供取得、也未经资产评估的,其成本比照同类或类似资产的市场价格加上政府会计主体承担的相关税费、运输费等确定。

(四)接受无偿调入的政府储备物资

接受无偿调入的政府储备物资验收入库,在财务会计中,按照确定的成本,借记"政府储备物资"科目,按照单位承担的相关税费、运输费等,贷记"零余额账户用款额度""银行存款"等科目,按照其差额,贷记"无偿调拨净资产"科目;同时,在预算会计中,按照单位承担的相关税费、运输费等,借记"其他支出"科目,贷记"资金结存"科目。

单位接受无偿调入的政府储备物资,其成本按照调出方账面价值加上归属于政府会计主体的相关税费、运输费等确定。

三、政府储备物资的发出

行政事业单位应当根据实际情况采用先进先出法、加权平均法或者个别计价法确定政府储备物资发出的成本。计价方法一经确定,不得随意变更。性质和用途相似的政府储备物资,单位应当采用相同的成本计价方法确定发出物资的成本。对于不能替代使用的政府储备物资、为特定项目专门购入或加工的政府储备物资,单位通常应采用个别计价法确定发出物资的成本。

政府储备物资发出时,分以下四种情况处理。

(一)发出无需收回的政府储备物资

因动用而发出无需收回的政府储备物资的,按照发出物资的账面余额,在财务会计中,借记"业务活动费用"科目,贷记"政府储备物资"科目。在预算会计中不做账务处理。

(二)发出需要收回或者预期可能收回的政府储备物资

因动用而发出需要收回或者预期可能收回的政府储备物资的,在发出物资时,按照发出物资的账面余额,借记"政府储备物资"科目(发出),贷记"政府储备物资"科目(在库);按照规定的质量验收标准收回物资时,按照收回物资原账面余额,借记"政府储备物资"科目(在库),按照未收回物资的原账面余额,借记"业务活动费用"科目,按照物资发出时登记在"政府储备物资"科目所属"发出"明细科目中的余额,贷记"政府储备物资"科目(发出)。

(三)无偿调出的政府储备物资

因管理主体变动等原因而将政府储备物资调拨给其他主体的,按照无偿调出政府储备物资的账面余额,借记"无偿调拨净资产"科目,贷记"政府储备物资"科目。

(四)对外销售的政府储备物资

对外销售政府储备物资并将销售收入纳入单位预算统一管理的,发出物资时,在财务会计中,按照发出物资的账面余额,借记"业务活动费用"科目,贷记"政府储备物资"科目。实现销售收入时,在财务会计中,按照确认的收入金额,借记"银行存款""应收账款"等科目,贷记"事业收入"等科目;同时,在预算会计中,按照实际收到的金额,借记"资金结存"科目,贷记"事业预算收入"科目。发生相关税费时,按照发生的相关税费,在财务会计中,借记"业务活动费用"

科目,贷记"银行存款"等科目;同时,在预算会计中,借记"事业支出""行政支出"科目,贷记"资金结存"科目。

对外销售政府储备物资并按照规定将销售净收入上缴财政的,发出物资时,在财务会计中,按照发出物资的账面余额,借记"资产处置费用"科目,贷记"政府储备物资"科目。取得销售价款时,在财务会计中,按照实际收到的款项金额,借记"银行存款"等科目,按照发生的相关税费,贷记"银行存款"等科目;按照销售价款大于所承担的相关税费后的差额,贷记"应缴财政款"科目。此时,在预算会计中不进行账务处理。

行政事业单位采用销售采购方式对政府物资进行更新(轮换)的,应当将物资轮出视为物资销售,将物资轮入视为物资采购,并按相应的规定进行账务处理。

四、政府储备物资的清查盘点

单位应当定期对政府储备物资进行清查盘点,每年至少盘点一次。对于发生的政府储备物资盘盈、盘亏或者报废、毁损,应当先记入"待处理财产损溢"科目,按照规定报经批准后及时进行后续账务处理。

盘盈的政府储备物资,按照确定的入账成本,借记"政府储备物资"科目,贷记"待处理财产损溢"科目。盘亏或者报废、毁损的政府储备物资,按照待处理政府储备物资的账面余额,借记"待处理财产损溢"科目,贷记"政府储备物资"科目。具体核算举例请参阅本章"待处理财产损溢"。

单位盘盈的政府储备物资,其成本按照有关凭据注明的金额确定;没有相关凭据,但按规定经过资产评估的,其成本按照评估价值确定;没有相关凭据、也未经资产评估的,其成本按照重置成本确定。

政府储备物资报废、毁损的,单位应当按规定报经批准后将报废、毁损的政府储备物资的账面余额予以转销,确认应收款项(确定追究相关赔偿责任的)或计入当期费用(因储存年限到期报废或非人为因素致使报废、毁损的);同时,将报废、毁损过程中取得的残值变价收入扣除政府会计主体承担的相关费用后的差额按规定作应缴款项处理(差额为净收益时)或计入当期费用(差额为净损失时)。政府储备物资盘亏的,单位应当按规定报经批准后按规定报经批准后将盘亏的政府储备物资的账面余额予以转销,确定追究相关赔偿责任的,确认应收款项;属于正常耗费或不可抗力因素造成的,计入当期费用。

第七节 文 物 资 源

一、文物资源的概念、确认与核算科目的设置

文物资源是指按照《中华人民共和国文物保护法》等有关法律、行政法规规定,被认定为文物的有形资产,以及考古发掘品、尚未被认定为文物的古籍和按照文物征集尚未入藏的征集物。

文物资源应当由其承担管理收藏职责的单位予以确认。具体讲:①通常情况下,对于购买、调拨、接受捐赠、依法接收、指定保管等方式取得的文物资源,应当在取得时对其予以确认。②对于考古发掘取得的发掘品,应当在其数量、形态稳定时予以确认,通常不晚于提交考古发掘报告之日;对于考古发现的古遗址、古墓葬等,应当将文物行政部门发布文物认定公告之日

作为确认时点。③因文物认定等原因将现有其他相关资产重分类为文物资源的,应当在相关文物认定手续办理完毕时将其确认为文物资源。④应当至少在每年年末对借入但尚未归还的文物资源进行核查,根据核查结果将其作为受托代理资产予以确认。

为了核算文物资源业务,行政事业单位应设置"文物资源"总账科目。本科目核算由行政事业单位承担管理收藏职责的文物资源,包括符合《政府会计准则第11号——文物资源》第二条规定的文物资源和第二十一条规定的其他藏品。"文物资源"科目应当按照文物资源的类型、计量属性等进行明细核算。行政事业单位应当根据文物资源的类型设置"可移动文物""不可移动文物""其他藏品"一级明细科目。根据文物资源的计量属性设置"成本""名义金额"二级明细科目。对于可移动文物和其他藏品,根据文物资源的入藏状态,设置"待入藏""馆藏""借出"三级明细科目。对于认定为不可移动文物的公共基础设施,其三级及以下明细科目设置可参照公共基础设施有关规定执行。行政事业单位可以根据实际情况在本科目下自行增设明细科目。本科目"成本"明细科目的期末借方余额,反映以成本计量的文物资源成本,"名义金额"明细科目的期末借方余额,反映以名义金额计量的文物资源数量。

二、文物资源业务的主要账务处理

(一) 文物资源的取得

行政事业单位应当按照成本对文物资源进行初始计量;对于成本无法可靠取得的文物资源,应当按照名义金额计量。

1. 征集购买的文物资源

行政事业单位通过征集购买方式取得的文物资源,应当按照购买价款,在财务会计中,借记"文物资源"科目,贷记"财政拨款收入""银行存款"等科目;同时,在预算会计中,借记"行政支出""事业支出"等科目,贷记"财政拨款预算收入""资金结存"等科目。

文物资源在取得后直接入藏的,应当在财务会计中将其记入"文物资源"科目下的"馆藏"明细科目;取得后暂未入藏的,应当将其记入"文物资源"科目下的"待入藏"明细科目,待办理完成入藏手续后由"文物资源"科目下的"待入藏"明细科目转入"馆藏"明细科目。

行政事业单位通过其他方式取得文物资源且尚未入藏的,参照上述规定进行账务处理。

对于依法征集购买取得的文物资源,行政事业单位应当按照购买价款确定其成本。以一笔款项征集购买多项没有单独标价的文物资源,行政事业单位应当按照系统、合理的方法对购买价款进行分配,分别确定各项文物资源的成本。

2. 调入、依法接收、指定保管的文物资源

通过调入、依法接收、指定保管等方式取得的文物资源,应当按照确定的成本或名义金额,在财务会计中,借记"文物资源"科目,贷记"无偿调拨净资产"科目。

行政事业单位通过调拨、依法接收、指定保管等方式取得的文物资源,其成本应当按照该文物资源在调出方的账面价值予以确定。调出方未将该文物资源入账或账面价值为0的(即已按制度规定提足折旧的,下同),政府会计主体应当按照成本无法可靠取得的文物资源进行会计处理。

3. 考古发掘、接受捐赠的文物资源

对于考古发掘、接受捐赠等方式取得的文物资源,应当按照名义金额入账,在财务会计中,借记本科目,贷记"累计盈余""捐赠收入"等科目。

通过考古发掘、接受捐赠等方式取得文物资源的,应当按照成本无法可靠取得的文物资源进行会计处理。在接受捐赠过程中按照规定向捐赠人支付物质奖励的,在发生时计入当期费用。

4. 其他资产重分类为文物资源

其他资产重分类为文物资源的,应当在财务会计中按照该资产的账面价值,借记"文物资源"科目,按照相关资产科目余额,借记"固定资产累计折旧"等科目(如有),贷记"固定资产"等科目。资产原账面价值为0的,在转销原资产相关科目余额的同时,按照名义金额,在财务会计中,借记"文物资源"科目,贷记"累计盈余"科目。

行政事业单位控制的其他相关资产重分类为文物资源的,其成本应当按照该资产原账面价值予以确定。资产原账面价值为0的,应当按照成本无法可靠取得的文物资源进行会计处理。

5. 盘盈的文物资源

文物资源发生盘盈的,应当按照确定的成本或名义金额,在财务会计中,借记"文物资源"科目,贷记"待处理财产损溢"科目。按照规定报经批准处理后,对属于本年度取得的文物资源,应当按照当年新取得文物资源的情形进行账务处理,在财务会计中,借记"待处理财产损溢"科目,贷记"捐赠收入""无偿调拨净资产""累计盈余"等科目;对属于以前年度取得的文物资源,应当按照前期差错进行账务处理,在财务会计中,借记"待处理财产损溢"科目,贷记"以前年度盈余调整"科目。

因盘点、普查等方式盘盈的文物资源,有相关凭据的,其成本按照凭据注明的金额予以确定;没有相关凭据的,应当按照成本无法可靠取得的文物资源进行会计处理。

6. 为取得文物资源发生的相关支出

为取得文物资源发生的相关支出,包括文物资源入藏前发生的保险费、运输费、装卸费、专业人员服务费,以及按规定向捐赠人支付的物质奖励等,应当按照实际发生的费用,在财务会计中,借记"业务活动费用"等科目,贷记"财政拨款收入""银行存款"等科目;同时,在预算会计中,按照实际支付的金额,借记"行政支出""事业支出"等科目,贷记"财政拨款预算收入""资金结存"等科目。

为取得文物资源发生的相关支出,包括文物资源入藏前发生的保险费、运输费、装卸费以及专业人员服务费等,应当在发生时计入当期费用。

【例10-69】 20×3年10月,某事业单位接受捐赠一批成本无法可靠取得的文物资源,在取得过程中支付相关奖励费用共计10 000元,相关奖励费用已通过银行存款支付。该事业单位应编制的会计分录为:

(1)取得文物资源时。

在财务会计中:

借:文物资源——可移动文物——名义金额——馆藏　　　　　　　　　1
　　贷:捐赠收入　　　　　　　　　　　　　　　　　　　　　　　　1

在预算会计中不做账务处理。

(2)支付奖励费用时。

在财务会计中:

借:其他费用　　　　　　　　　　　　　　　　　　　　　　　　10 000
　　贷:银行存款　　　　　　　　　　　　　　　　　　　　　　　10 000

同时,在预算会计中:

借:其他支出　　　　　　　　　　　　　　　　　　　　　　　　　　　　10 000
　　贷:资金结存——货币资金　　　　　　　　　　　　　　　　　　　　　　　10 000

(二)文物资源的保护、利用

1. 文物资源本体修复修缮支出

行政事业单位对于文物资源本体的修复修缮等相关保护支出,应当在发生时计入当期费用。即对于文物资源本体的修复修缮等相关保护支出,在财务会计中,应当按照实际发生的费用,借记"业务活动费用"科目,贷记"财政拨款收入""银行存款""库存物品"等科目;同时,在预算会计中,按照实际支付的金额,借记"行政支出""事业支出"等科目,贷记"财政拨款预算收入""资金结存"等科目。

对于文物资源安防、消防及防雷等保护性设施建设支出,以及对于文物资源本体以外的预防性保护、数字化保护等支出,符合相关资产确认条件的,应当计入固定资产等其他相关资产成本。

2. 文物资源的借出和借入

(1)行政事业单位将已入藏的文物资源借给外单位的,应当至少在每年年末核查尚未收回的文物资源,按照账面价值,在财务会计中,借记"文物资源"科目下的"借出"明细科目,贷记"文物资源"科目下的"馆藏"明细科目;在借出的文物资源收回时做相反的会计分录。

(2)从外单位借入文物资源的,应当至少在每年年末核查尚未归还的文物资源,按照该文物资源在借出方的账面价值,在财务会计中,借记"受托代理资产"科目,贷记"受托代理负债"科目;在归还借入的文物资源时做相反的会计分录。

(三)文物资源调出、撤销退出

行政事业单位发生文物资源调出、撤销退出等情形的,应当分以下情况进行账务处理。

1. 文物资源的调出

按照规定报经批准调出文物资源的,应当将该文物资源的账面价值予以转销,将调出中发生的归属于调出方的相关支出计入当期费用。即报经批准无偿调出文物资源的,在财务会计中,应当按照调出的文物资源的账面价值,借记"无偿调拨净资产"科目,贷记"文物资源"科目;按照无偿调出过程中发生的归属于调出方的相关支出,借记"资产处置费用"科目,贷记"财政拨款收入""银行存款"等科目。同时,在预算会计中,应当按照实际支付的金额,借记"其他支出"科目,贷记"财政拨款预算收入""资金结存"等科目。

2. 文物资源被依法拆除或发生毁损、丢失

文物资源报经文物行政部门批准被依法拆除或者因不可抗力等因素发生毁损、丢失的,行政事业单位应当在按照规定程序核查处理后确认文物资源灭失时,将该文物资源账面价值予以转销。即文物资源报经文物行政部门批准被依法拆除或者因不可抗力等因素毁损、丢失的,应当在按照规定程序核查处理后确认文物资源灭失时,按照该文物资源的账面价值,在财务会计中,借记"待处理财产损溢"科目,贷记"文物资源"科目。文物资源报经批准予以核销时,在财务会计中,借记"资产处置费用"科目,贷记"待处理财产损溢"科目。在按照规定程序核查处理过程中依法取得净收入的,应当按照收到的金额,在财务会计中,借记"银行存款"等科目,贷记"其他收入"科目;同时,在预算会计中,借记"资金结存"等科目,贷记"其他预算收入"科目。行政事业单位发生净支出的,按照实际支出净额,在财务会计中,借记"资产处置费用"科目,贷记"银行存款"等科目;同时,在预算会计中,借记"其他支出"科目,贷记"资金结存"等科目。

3. 文物资源重分类为其他资产

文物资源撤销退出后仍作为其他资产进行管理的,应当按照该文物资源的账面价值将其重分类为其他资产。即文物资源撤销退出后仍作为其他资产进行管理的,应当按照该文物资源的账面价值,在财务会计中,借记"固定资产"等科目,贷记"文物资源"科目。

最后,对于文物资源后续计量值得说明的一点是文物资源不计提折旧。

第八节 保障性住房

一、保障性住房的概念与核算科目的设置

保障性住房是指行政事业单位为满足社会公共需求而控制的用于居住保障目的的住房,如用廉租住房、公共租赁住房、人才公寓等。根据《政府会计准则制度解释第1号》的规定,此处的保障性住房,主要指地方政府住房保障主管部门持有全部或部分产权份额、纳入城镇住房保障规划和年度计划、向符合条件的保障对象提供的住房。

为了核算保障性住房业务,单位应设置"保障性住房"总账科目。本科目用来核算单位为满足社会公共需求而控制的保障性住房的原值。本科目应当按照保障性住房的类别、项目等进行明细核算。本科目期末借方余额,反映保障性住房的原值。

二、保障性住房的取得

保障性住房取得时,应当按照其成本入账,分以下几种情况处理。

(一) 外购的保障性住房

外购的保障性住房,按照确定的成本,在财务会计中,借记"保障性住房"科目,贷记"财政拨款收入""零余额账户用款额度""银行存款"等科目;同时,在预算会计中,借记"行政支出""事业支出"科目,贷记"财政拨款预算收入""资金结存"科目。

外购的保障性住房,其成本包括购买价款、相关税费以及可归属于该项资产达到预定用途前所发生的其他支出。

(二) 自行建造的保障性住房

自行建造的保障性住房交付使用时,在财务会计中,按照在建工程成本,借记"保障性住房"科目,贷记"在建工程"科目。已交付使用但尚未办理竣工决算手续的保障性住房,按照估计价值入账,待办理竣工决算后再按照实际成本调整原来的暂估价值。

(三) 无偿调入的保障性住房

无偿调入的保障性住房,在财务会计中,按照确定的成本,借记"保障性住房"科目,按照发生的归属于调入方的相关费用,贷记"零余额账户用款额度""银行存款"等科目,按照其差额,贷记"无偿调拨净资产"科目;同时,在预算会计中,按照上述发生的归属于调入方的相关费用,借记"其他支出"科目,贷记"资金结存"科目。

接受其他单位无偿调入的保障性住房,其成本按照该项资产在调出方的账面价值加上归属于调入方的相关费用确定。

(四) 接受捐赠和融资租赁的保障性住房

接受捐赠、融资租赁取得的保障性住房,参照"固定资产"科目的相关规定进行处理。

三、与保障性住房有关的后续支出

与保障性住房有关的后续支出,参照"固定资产"科目的相关规定进行处理。

四、保障性住房的出租

按照规定出租保障性住房并将出租收入上缴同级财政,在财务会计中,按照收取的租金金额,借记"银行存款"等科目,贷记"应缴财政款"科目。此时,在预算会计中不做账务处理。

【例 10-70】 某行政单位经批准出租一幢保障性住房,收到租金 250 000 元,款项已存入开户银行。根据规定,收到的租金应当上缴财政。数日后,通过开户银行上缴财政款项。该行政单位应编制的会计分录为:

在财务会计中:

(1) 收到租金时。

借:银行存款　　　　　　　　　　　　　　　　　　　　　　　　　　　　　　250 000
　　贷:应缴财政款　　　　　　　　　　　　　　　　　　　　　　　　　　　　　　250 000

(2) 上缴财政款项。

借:应缴财政款　　　　　　　　　　　　　　　　　　　　　　　　　　　　　　250 000
　　贷:银行存款　　　　　　　　　　　　　　　　　　　　　　　　　　　　　　　250 000

在预算会计中不做账务处理。

五、保障性住房的折旧

为了核算保障性住房累计折旧业务,单位应设置"保障性住房累计折旧"总账科目。本科目用以核算单位计提的保障性住房的累计折旧。本科目应当按照所对应保障性住房的类别进行明细核算。本科目期末贷方余额,反映单位计提的保障性住房折旧累计数。

单位应当参照《政府会计准则第 3 号——固定资产》及其应用指南的相关规定,按月对其控制的保障性住房计提折旧。按月计提保障性住房折旧时,按照应计提的折旧额,借记"业务活动费用"科目,贷记"保障性住房累计折旧"科目。

六、保障性住房的处置

按照规定报经批准处置保障性住房,应当分以下两种情况处理。

(一)无偿调出保障性住房

报经批准无偿调出保障性住房,在财务会计中,按照保障性住房已计提的折旧,借记"保障性住房累计折旧"科目,按照被处置保障性住房账面余额,贷记"保障性住房"科目,按照其差额,借记"无偿调拨净资产"科目;同时,按照无偿调出过程中发生的归属于调出方的相关费用,借记"资产处置费用"科目,贷记"银行存款"等科目。在预算会计中,按照上述调出过程中发生的归属于调出方的相关费用,借记"其他支出"科目,贷记"资金结存"科目。

(二)报经批准出售保障性住房

报经批准出售保障性住房,在财务会计中,按照被出售保障性住房的账面价值,借记"资产处置费用"科目,按照保障性住房已计提的折旧,借记"保障性住房累计折旧"科目,按照保障性住房账面余额,贷记"保障性住房"科目;同时,按照收到的价款,借记"银行存款"

等科目,按照出售过程中发生的相关费用,贷记"银行存款"等科目,按照其差额,贷记"应缴财政款"科目。

七、保障性住房的清查盘点

单位应当定期对保障性住房进行清查盘点。对于发生的保障性住房盘盈、盘亏、毁损或报废等,参照"固定资产"科目的相关规定进行账务处理,具体见本章"待处理财产损溢"。

第九节 受托代理资产

一、受托代理资产的概念与核算科目的设置

受托代理资产是指单位接受委托方委托管理的各项资产,包括受托指定转赠的物资、受托储存管理的物资、罚没物资等。单位收到的受托代理资产为现金和银行存款的,不属于受托代理资产。

受托代理资产应当在单位收到受托代理的资产时确认。接受委托人委托需要转赠给受赠人的物资,其成本按照有关凭据注明的金额确定;没有相关凭据可供取得的,其成本比照同类或类似物资的市场价格确定。接受委托人委托储存管理的物资,其成本按照有关凭据注明的金额确定。

为了核算受托代理资产业务,单位应当设置"受托代理资产"科目,本科目应当按照资产的种类和委托人进行明细核算;属于转赠资产的,还应当按照受赠人进行明细核算。本科目期末借方余额,反映单位受托代理资产中实物资产的价值。单位收到受托代理资产为现金和银行存款的,不通过本科目核算,应当通过"库存现金""银行存款"科目进行核算。

二、受托转赠物资

接受委托人委托需要转赠给受赠人的物资,其成本按照有关凭据注明的金额确定。接受委托转赠的物资验收入库,按照确定的成本,借记"受托代理资产"科目,贷记"受托代理负债"科目。受托协议约定由受托方承担相关税费、运输费等的,还应当按照实际支付的相关税费、运输费等金额,借记"其他费用"科目,贷记"银行存款"等科目。

将受托转赠物资交付受赠人时,按照转赠物资的成本,借记"受托代理负债"科目,贷记"受托代理资产"科目。

转赠物资的委托人取消了对捐赠物资的转赠要求,且不再收回捐赠物资的,应当将转赠物资转为单位的存货、固定资产等。按照转赠物资的成本,借记"受托代理负债"科目,贷记"受托代理资产"科目;同时,借记"库存物品""固定资产"等科目,贷记"其他收入"科目。

【例10-71】 某行政单位接受甲公司委托转赠物资一批,按照有关凭据注明的金额,实际成本为500 000元。接受委托的转赠物资已验收入库。根据受托协议承担通过银行存款账户支付相关运输费25 000元。数日后,按照委托人的要求,将该批物资转赠给了受赠人。该行政单位应编制的会计分录为:

(1)收到受托转增的物资时。

在财务会计中:

借:受托代理资产　　　　　　　　　　　　　　　　　　　　　　　　500 000
　　贷:受托代理负债　　　　　　　　　　　　　　　　　　　　　　　　500 000

在预算会计中不做账务处理。

(2) 根据受托协议承担相关运输费时。

在财务会计中：

借：其他费用　　　　　　　　　　　　　　　　　　　　　　　　　25 000
　　贷：银行存款　　　　　　　　　　　　　　　　　　　　　　　　　　　25 000

同时，在预算会计中：

借：其他支出　　　　　　　　　　　　　　　　　　　　　　　　　25 000
　　贷：资金结存——货币资金　　　　　　　　　　　　　　　　　　　　25 000

(3) 将受托转赠物资交付受赠人。

在财务会计中：

借：受托代理负债　　　　　　　　　　　　　　　　　　　　　　　500 000
　　贷：受托代理资产　　　　　　　　　　　　　　　　　　　　　　　　500 000

在预算会计中不做账务处理。

三、受托储存管理物资

单位接受委托人委托存储保管的物资，其成本按照有关凭据注明的金额确定。接受委托储存的物资验收入库，按照确定的成本，借记"受托代理资产"科目，贷记"受托代理负债"科目。

单位发生由受托单位承担的与受托存储保管的物资相关的运输费、保管费等费用时，按照实际发生的费用金额，借记"其他费用"等科目，贷记"银行存款"等科目。

单位根据委托人要求交付或发出受托存储保管的物资时，按照发出物资的成本，借记"受托代理负债"科目，贷记"受托代理资产"科目。

四、罚没物资

单位取得罚没物资时，其成本按照有关凭据注明的金额确定。罚没物资验收（入库），按照确定的成本，借记"受托代理资产"科目，贷记"受托代理负债"科目。罚没物资成本无法可靠确定的，单位应当设置备查簿进行登记。

单位按照规定处置或移交罚没物资时，按照罚没物资的成本，借记"受托代理负债"科目，贷记"受托代理资产"科目。处置时取得款项的，按照实际取得的款项金额，借记"银行存款"等科目，贷记"应缴财政款"等科目。

单位受托代理的其他实物资产，参照本科目有关受托转赠物资、受托存储保管物资的规定进行账务处理。

第十节　长期待摊费用

一、长期待摊费用的概念与核算科目的设置

长期待摊费用是指单位已经支出，但应由本期和以后各期负担的分摊期限在1年以上（不含1年）的各项费用，如以经营租赁方式租入的固定资产发生的改良支出等。

为了核算长期待摊费用业务，单位应设置"长期待摊费用"总账科目。本科目应当按照费

用项目进行明细核算。本科目期末借方余额,反映单位尚未摊销完毕的长期待摊费用。

二、长期待摊费用的主要账务处理

发生长期待摊费用时,按照实际预付的金额,在财务会计中,借记"长期待摊费用"科目,贷记"财政拨款收入""零余额账户用款额度""银行存款"等科目;同时,在预算会计中,借记"行政支出""事业支出"等科目,贷记"财政拨款预算收入""资金结存"等科目。按照受益期限分期平均摊销时,按照摊销金额,借记"业务活动费用""单位管理费用""经营费用"等科目,贷记"长期待摊费用"科目。如果某项长期待摊费用已经不能使单位受益,应当将其摊余金额一次全部转入当期费用。按照摊销金额,借记"业务活动费用""单位管理费用""经营费用"等科目,贷记"长期待摊费用"科目。

【例10-72】 某事业单位以经营租赁方式租入一项固定资产,在租赁期内以财政直接支付方式支付该项固定资产改良支出60 000元,该设备改良完工后的剩余受益年限为5年,则每月应摊销的改良费用为1 000元(60 000÷5÷12)。该事业单位应编制的会计分录为:

(1)发生改良支出时。

在财务会计中:

借:长期待摊费用——经营租入固定资产改良支出　　　　　　　　60 000
　　贷:财政拨款收入　　　　　　　　　　　　　　　　　　　　　　60 000

同时,在预算会计中:

借:事业支出　　　　　　　　　　　　　　　　　　　　　　　　　60 000
　　贷:财政拨款预算收入　　　　　　　　　　　　　　　　　　　　60 000

(2)改良完工后按剩余受益年限在相应会计年度进行摊销时。

在财务会计中:

借:业务活动费用　　　　　　　　　　　　　　　　　　　　　　　1 000
　　贷:长期待摊费用——经营租入固定资产改良支出　　　　　　　　1 000

在摊销改良支出时没有发生现金流出,因此在预算会计中不需要进行核算。

第十一节 待处理财产损溢

一、待处理财产损溢的概念与核算科目的设置

待处理财产是指单位在资产清查过程中查明的各种资产盘盈、盘亏和报废、毁损的资产(这里应注意的是其范围明显不同于以往行政事业单位会计制度的规定)。单位资产清查中查明的资产盘盈、盘亏、报废和毁损,应按照规定报经批准后及时进行账务处理。年末结账前一般应处理完毕。

为了核算待处理财产损溢业务,单位财务会计应当设置"待处理财产损溢"总账科目,本科目用来核算单位在资产清查过程中查明的各种资产盘盈、盘亏和报废、毁损的价值。本科目应当按照待处理的资产项目进行明细核算;对于在资产处理过程中取得收入或发生相关费用的项目,还应当设置"待处理财产价值""处理净收入"明细科目,进行明细核算。本科目期末如为借方余额,反映尚未处理完毕的各种资产的净损失;期末如为贷方余额,反映尚未处理完毕的各种资产净溢余。年末,经批准处理后,本科目一般应无余额。

二、账款核对时发现的库存现金短缺或溢余

(一) 发现库存现金短缺或溢余

每日账款核对发现有待查明原因的现金短缺或溢余时,属于现金短缺的,应当按照实际短缺的金额,在财务会计中,借记"待处理财产损溢"科目,贷记"库存现金"科目;同时,在预算会计中,借记"其他支出"科目,贷记"资金结存"科目。属于现金溢余的,应当按照实际溢余的金额,在财务会计中,借记"库存现金"科目,贷记"待处理财产损溢"科目;同时,在预算会计中,借记"资金结存"科目,贷记"其他预算收入"科目。

【例10-73】 某事业单位盘点库存现金发现库存数比账面数短少18元,暂时无法查明原因。该事业单位应编制的会计分录为:

在财务会计中:

借:待处理财产损溢——现金短款　　　　　　　　　　　　　　　18
　　贷:库存现金　　　　　　　　　　　　　　　　　　　　　　　　　　18

同时,在预算会计中:

借:其他支出　　　　　　　　　　　　　　　　　　　　　　　　　18
　　贷:资金结存——货币资金　　　　　　　　　　　　　　　　　　　18

(二) 查明原因报批后的处理

(1) 如为现金短缺,属于应由责任人赔偿或向有关人员追回的,在财务会计中,借记"其他应收款",贷记"待处理财产损溢"科目;在预算会计中不做账务处理。实际收到责任人赔偿时,在财务会计中,借记"库存现金"科目,贷记"其他应收款"科目;同时,在预算会计中,借记"资金结存"科目,贷记"其他支出"科目。属于无法查明原因的,报经批准核销时,借记"资产处置费用"科目,贷记"待处理财产损溢"科目。

(2) 如为现金溢余,属于应支付给有关人员或单位的,在财务会计中,借记"待处理财产损溢"科目,贷记"其他应付款"科目;在预算会计中不做账务处理。实际支付给有关人员或单位时,在财务会计中,借记"其他应付款"科目,贷记"库存现金"科目;同时,在预算会计中,借记"其他预算收入"科目,贷记"资金结存"科目。属于无法查明原因的,报经批准后,借记"待处理财产损溢"科目,贷记"其他收入"科目。

【例10-74】 承[例10-73] 经查明分析,短缺的现金是由于工作人员失误所致,经单位领导批准,同意责任人赔偿15元,其余计入相关费用。该事业单位应编制的会计分录为:

(1) 经单位领导批准处理现金短缺时。

在财务会计中:

借:其他应收款——××人　　　　　　　　　　　　　　　　　　15
　　资产处置费用——现金短款　　　　　　　　　　　　　　　　　3
　　贷:待处理财产损溢——现金短款　　　　　　　　　　　　　　　　18

在预算会计中不做账务处理。

(2) 实际收到责任人赔偿时。

在财务会计中:

借:库存现金　　　　　　　　　　　　　　　　　　　　　　　　15
　　贷:其他应收款——××人　　　　　　　　　　　　　　　　　　　15

同时,在预算会计中:

借:资金结存——货币资金 15
  贷:其他支出 15

三、存货、固定资产、无形资产、公共基础设施、政府储备物资、文物资源、保障性住房等各种资产盘盈、盘亏或报废、毁损

(一)盘盈的各类非现金资产

(1)转入待处理资产时,按照确定的成本,在财务会计中,借记"库存物品""固定资产""无形资产""公共基础设施""政府储备物资""文物资源""保障性住房"等科目,贷记"待处理财产损溢"科目。在预算会计中不做账务处理。

(2)按照规定报经批准后处理时,对于盘盈的流动资产,在财务会计中,借记"待处理财产损溢"科目,贷记"单位管理费用"科目(事业单位)或"业务活动费用"科目(行政单位)。对于盘盈的非流动资产,属于本年度取得的,按照当年新取得相关资产进行账务处理;属于以前年度取得的,按照前期差错处理,在财务会计中,借记"待处理财产损溢"科目,贷记"以前年度盈余调整"科目。此类业务在预算会计中不做账务处理。

【例10-75】 甲事业单位经批准于20×3年12月底开展了全面资产盘点工作,其中盘盈激光打印机1台、笔记本电脑1台、字画1幅。经查证,盘盈资产均用于甲单位开展专业业务活动,其中,笔记本电脑为20×2年5月购买,发票含税金额为6 200元(不考虑增值税影响因素),当时财务部门已支付价款并借记了事业支出,但未登记为固定资产;激光打印机、字画盘盈原因不详,该字画为文物。甲事业单位盘盈资产应编制的会计分录为:

(1)20×3年12月,盘盈资产转入"待处理财产损溢"时。

① 对于笔记本电脑、激光打印机。

在财务会计中:

借:固定资产——便携式计算机 6 200
    ——打印设备 5 000
  贷:待处理财产损溢 11 200

在预算会计中不做账务处理。

② 对于字画(名义金额)。

在财务会计中:

借:文物资源——字画 1
  贷:待处理财产损溢 1

盘盈的字画因无法取得评估价和同类市场价,按名义金额(人民币1元)入账。

在预算会计中不做账务处理。

(2)20×3年12月,计提折旧时。

考虑盘盈资产的新旧程度,经技术人员鉴定有形损耗情况后,确定两项固定资产尚可使用年限分别为笔记本电脑3年、激光打印机4年,按照平均年限法计算于20×3年12月开始每月计提折旧额分别为172.22元[6 200÷(3×12)]和104.17元[5 000÷(4×12)]。字画不计提折旧。

在财务会计中:

借：业务活动费用——固定资产折旧　　　　　　　　　　　　　　276.39
　　贷：固定资产累计折旧——便携式计算机　　　　　　　　　　　　　172.22
　　　　　　　　　　　　——打印设备　　　　　　　　　　　　　　　104.17

在预算会计中不做账务处理。

(3) 20×4年4月收到批复意见时。

① 对于笔记本电脑、激光打印机。

在财务会计中：

借：待处理财产损溢　　　　　　　　　　　　　　　　　　　　　　11 200
　　贷：以前年度盈余调整　　　　　　　　　　　　　　　　　　　　　11 200

借：以前年度盈余调整　　　　　　　　　　　　　　　　　　　　　11 200
　　贷：累计盈余　　　　　　　　　　　　　　　　　　　　　　　　11 200

在预算会计不做账务处理。

甲事业单位盘盈资产是本期(20×3年12月)发现的与前期(20×2年5月)相关的非重大会计差错，应当将其影响数调整相关项目的本期数，财务会计相应做调整分录，不涉及预算会计调整分录。

② 对于字画。

在财务会计中：

借：待处理财产损溢　　　　　　　　　　　　　　　　　　　　　　　　1
　　贷：以前年度盈余调整　　　　　　　　　　　　　　　　　　　　　　　1

借：以前年度盈余调整　　　　　　　　　　　　　　　　　　　　　　　　1
　　贷：累计盈余　　　　　　　　　　　　　　　　　　　　　　　　　　　1

在预算会计中不做账务处理。

(二) 盘亏或者毁损、报废的各类资产

(1) 转入待处理资产时，在财务会计中，借记"待处理财产损溢"科目(待处理财产价值)[盘亏、毁损、报废固定资产、无形资产、公共基础设施、保障性住房的，还应借记"固定资产累计折旧""无形资产累计摊销""公共基础设施累计折旧(摊销)""保障性住房累计折旧"科目]，贷记"库存物品""固定资产""无形资产""公共基础设施""政府储备物资""文物资源""保障性住房""在建工程"等科目。涉及增值税业务的，相关账务处理参见"应交增值税"科目的账务处理。在预算会计中不做账务处理。

(2) 报经批准处理时，借记"资产处置费用"科目，贷记"待处理财产损溢"科目(待处理财产价值)。

(3) 处理毁损、报废实物资产过程中取得的残值或残值变价收入、保险理赔和过失人赔偿等，在财务会计中，借记"库存现金""银行存款""库存物品""其他应收款"等科目，贷记"待处理财产损溢"科目(处理净收入)；处理毁损、报废实物资产过程中发生的相关费用，在财务会计中，借记"待处理财产损溢"科目(处理净收入)，贷记"库存现金""银行存款"等科目。在预算会计中不做账务处理。

(4) 处理收支结清，如果处理收入大于相关费用的，按照处理收入减去相关费用后的净收入，借记"待处理财产损溢"科目(处理净收入)，贷记"应缴财政款"等科目；在预算会计中不做账务处理。如果处理收入小于相关费用的,按照相关费用减去处理收入后的净支出,借记"资产处置费用"科目,贷记"待处理财产损溢"科目(处理净收入);同时,在预算会计中,借记"其他支出"科目,贷记"资金结存"科目。

【例 10-76】 某事业单位年终财产清查盘点盘亏扫描仪一台,原价为 1 500 元,已提折旧 1 000 元。此类业务在预算会计中不进行会计处理。该事业单位应编制的会计分录为:

在财务会计中:

(1) 将盘亏扫描仪转入待处理资产时。

借:待处理财产损溢——待处理财产价值　　　　　　　　　　　　　　　　　500
　　固定资产累计折旧　　　　　　　　　　　　　　　　　　　　　　　　1 000
　　贷:固定资产——办公设备　　　　　　　　　　　　　　　　　　　　　　　1 500

(2) 报经批准予以处理时。

借:资产处置费用　　　　　　　　　　　　　　　　　　　　　　　　　　　500
　　贷:待处理财产损溢——待处理财产价值　　　　　　　　　　　　　　　　　500

在预算会计中不做账务处理。

【例 10-77】 甲事业单位经批准于 20×3 年 12 月底开展了全面资产盘点工作,其中盘亏自用笔记本电脑 1 台。经查证,原因系职工张某于 20×3 年 11 月出差做项目时所携带的笔记本电脑因故丢失,沟通获得项目委托方的赔偿 3 000 元。该笔记本电脑为 20×1 年 3 月购买,发票含税金额为 6 000 元(不考虑增值税影响因素),已计提折旧 33 个月,累计折旧金额为 3 300 元。甲事业单位盘亏资产应编制的会计分录如下:

(1) 20×3 年 12 月,盘亏资产转入待处理财产时。

在财务会计中:

借:待处理财产损溢——待处理财产价值　　　　　　　　　　　　　　　　2 700
　　固定资产累计折旧——便携式计算机　　　　　　　　　　　　　　　　3 300
　　贷:固定资产——便携式计算机　　　　　　　　　　　　　　　　　　　　6 000

在预算会计中不做账务处理。

(2) 20×3 年 12 月,收到同意批复处置盘亏电脑的意见时。

在财务会计中:

借:资产处置费用　　　　　　　　　　　　　　　　　　　　　　　　　2 700
　　贷:待处理财产损溢——待处理财产价值　　　　　　　　　　　　　　　　2 700

在预算会计中不做账务处理。

(3) 20×3 年 12 月,收到取得赔偿和变价收入时。

在财务会计中:

借:库存现金/银行存款　　　　　　　　　　　　　　　　　　　　　　　3 000
　　贷:待处理财产损溢——处理净收入——赔偿收入　　　　　　　　　　　　3 000

在预算会计中不做账务处理。

(4) 20×3 年 12 月,确认待上缴国库的盘亏资产处置净收益时。

在财务会计中:

借：待处理财产损溢——处理净收入 3 000
　　贷：应缴财政款 3 000

在预算会计中不做账务处理。

复习思考题

1. 什么是行政事业单位资产？它具体包括哪些种类？
2. 什么是行政事业单位的零余额账户用款额度？行政事业单位零余额账户用款额度和银行存款都可以用来为单位支付款项，这两个科目有什么不同？
3. 什么是行政事业单位财政应返还额度？它如何核算？
4. 什么是行政事业单位的应收及预付款项？它如何核算？
5. 什么是行政事业单位的存货？它如何核算？
6. 什么是事业单位的长期股权投资？它如何核算？
7. 什么是行政事业单位的固定资产？它如何核算？
8. 什么是行政事业单位的无形资产？它如何核算？
9. 什么是行政事业单位的政府储备物资？它如何核算？
10. 什么是行政事业单位的公共基础设施？它如何核算？
11. 什么是行政事业单位的待处理资产损益？它如何核算？
12. 什么是行政事业单位的受托代理资产？它如何核算？

第十章课后练习题

第十一章 行政事业单位的负债

第一节 流动负债

流动负债是指预计在1年以内(含1年)偿还的负债。行政事业单位的负债主要包括短期借款、应交增值税、其他应交税费、应缴财政款、应付职工薪酬、应付及预收款项、预提费用等。

一、短期借款

短期借款是事业单位借入的期限在1年内(含1年)的各种借款。行政单位没有短期借款。

为了核算短期借款业务,事业单位应设置"短期借款"总账科目。本科目应按照贷款单位和贷款种类设置明细账。本科目期末贷方余额,反映尚未偿还的短期借款本金。

事业单位借入各种短期借款时,按照实际借入的金额,在财务会计中,借记"银行存款"科目,贷记"短期借款"科目;同时,在预算会计中,借记"资金结存"科目,贷记"债务预算收入"科目。银行承兑汇票到期,本单位无力支付票款的,按照应付票据的账面余额,在财务会计中,借记"应付票据"科目,贷记"短期借款"科目;同时,在预算会计中,借记"经营支出"科目,贷记"债务预算收入"科目。归还短期借款时,在财务会计中,借记"短期借款"科目,贷记"银行存款"科目;同时,在预算会计中,借记"债务还本支出"科目,贷记"资金结存"科目。

【例11-1】 某事业单位经批准从北京工商银行亚运村支行取得借款200 000元,期限为6个月,年利率为6%,每季度付息一次。到期偿还借款本金。该事业单位应编制的会计分录为:

(1)取得借款时。

在财务会计中:

借:银行存款   200 000
  贷:短期借款   200 000

同时,在预算会计中:

借:资金结存——货币资金   200 000
  贷:债务预算收入   200 000

(2)归还短期借款本金时。

在财务会计中:

借:短期借款   200 000
  贷:银行存款   200 000

同时,在预算会计中:

借：债务还本支出 200 000
　　贷：资金结存——货币资金 200 000

关于短期借款应付利息的核算请参阅本节"应付利息"的核算。

二、应交增值税

（一）应交增值税的概念

行政事业单位核算的应交税费包括应交增值税和其他应交税费两大类。其中，应交增值税是指行政事业单位按照税法规定计算应缴纳的增值税。增值税是以商品、应税劳务和应税服务在流转过程中产生的增值额作为计税依据而征收的一种流转税。根据我国增值税法规的相关规定，在我国境内销售货物或者加工、修理修配劳务，销售服务、无形资产、不动产以及进口货物的单位和个人，为增值税的纳税人。增值税的纳税人按其经营规模及会计核算水平划分为一般纳税人和小规模纳税人。一般纳税人增值税的核算实行一般计税方法，即实行税款抵扣制度；小规模纳税人的增值税核算实行简易计税方法。

根据规定，纳税人销售货物、劳务、服务、无形资产、不动产（可统称为应税销售行为），除了规定的进项税额不得从销项税额中抵扣的情形，增值税一般纳税人应纳税额为当期销项税额抵扣当期进项税额后的余额。其用公式表示如下：

$$应纳税额＝当期销项税额－当期进项税额$$

其中，销项税额是指增值税一般纳税人发生应税销售行为时，按照销售额乘以规定的税率并向购买方收取的增值税额；进项税额是指增值税一般纳税人购进货物、劳务、服务、无形资产、不动产时，所支付或负担的、准许从销项税额中抵扣的增值税额。根据我国税法的规定，准许从销项税额中抵扣的进项税额通常包括：从销售方取得的增值税专用发票上注明的增值税额；从海关取得的海关进口增值税专用缴款书上注明的增值税额。增值税税率根据情况分别有13％、9％、6％的税率。纳税人出口货物，其增值税税率为0。

（二）应交增值税核算科目的设置

为了核算增值税业务，增值税纳税人应设置"应交增值税"总账科目。本科目核算单位按照税法规定计算应交纳的增值税。本科目期末贷方余额，反映单位应交未交的增值税；期末如为借方余额，反映单位尚未抵扣或多交的增值税。

属于增值税一般纳税人的单位，为了核算应交增值税的发生、抵扣、交纳、退税及转出等情况，本科目应设置"应交税金""未交税金""预交税金""待抵扣进项税额""待认证进项税额""待转销项税额""简易计税""转让金融商品应交增值税""代扣代交增值税"等明细科目。由于行政事业单位与企业核算应交增值税业务时设置的明细科目及其专栏基本相同，故这里不再详述。

（三）增值税一般纳税人单位应交增值税核算的主要账务处理

1. 取得资产或接受劳务等业务

（1）采购等业务进项税额允许抵扣。单位购买用于增值税应税项目的资产或服务等时，在财务会计中，按照应计入相关成本费用或资产的金额，借记"业务活动费用""在途物品""库存物品""工程物资""在建工程""固定资产""无形资产"等科目，按照当月已认证的可抵扣增值税额，借记"应交增值税"科目（应交税金——进项税额），按照当月未认证的可抵扣增值税额，借记"应交增值税"科目（待认证进项税额），按照应付或实际支付的金额，贷记"应付账款""应付票据""银行存款""零余额账户用款额度"等科目;同时,在预算会计中,按照实际支付的金额,借记"事业支出""经营支出"科目,贷记"资金结存"科目。发生退货的,如原增值税专用发票已做认证,应根据税务机关开具的红字增值税专用发票作相反的会计分录;如原增值税专用发票未做认证,应将发票退回并作相反的会计分录。

【例 11-2】 某事业单位属于增值税一般纳税人。该单位在开展非独立核算经营活动中购入一批物品,增值税专用发票上注明货款 5 000 元,当月已认证的可抵扣增值税税额为 650 元,价税合计 5 650 元,以银行存款支付,物品已验收入库。该事业单位应编制的会计分录为:

在财务会计中:

借:库存物品   5 000
　　应交增值税——应交税金(进项税额)   650
　　贷:银行存款   5 650

同时,在预算会计中:

借:经营支出   5 650
　　贷:资金结存——货币资金   5 650

(2) 采购等业务进项税额不得抵扣。单位购进资产或服务等,用于简易计税方法计税项目、免征增值税项目、集体福利或个人消费等,其进项税额按照现行增值税制度规定不得从销项税额中抵扣的,取得增值税专用发票时,在财务会计中,应按照增值税发票注明的金额,借记相关成本费用或资产科目,按照待认证的增值税进项税额,借记"应交增值税"科目(待认证进项税额),按照实际支付或应付的金额,贷记"银行存款""零余额账户用款额度""应付账款"等科目;同时,在预算会计中,按实际支付的金额,借记"事业支出""经营支出"科目,贷记"资金结存"科目。经税务机关认证为不可抵扣进项税时,借记"应交增值税"科目(应交税金——进项税额)科目,贷记"应交增值税"科目(待认证进项税额);同时,将进项税额转出,借记相关成本费用科目,贷记"应交增值税"科目(应交税金——进项税额转出)。

(3) 进项税额抵扣情况发生改变。单位因发生非正常损失或改变用途等,原已计入进项税额、待抵扣进项税额或待认证进项税额,但按照现行增值税制度规定不得从销项税额中抵扣的,在财务会计中,借记"待处理财产损益""固定资产""无形资产"等科目,贷记"应交增值税"科目(应交税金——进项税额转出)、"应交增值税"科目(待抵扣进项税额)或"应交增值税"科目(待认证进项税额);原不得抵扣且未抵扣进项税额的固定资产、无形资产等,因改变用途等用于允许抵扣进项税额的应税项目的,应按照允许抵扣的进项税额,在财务会计中,借记"应交增值税"科目(应交税金——进项税额),贷记"固定资产""无形资产"等科目。固定资产、无形资产等经上述调整后,应按照调整后的账面价值在剩余尚可使用年限内计提折旧或摊销。

单位购进时已全额计入进项税额的货物或服务等转用于不动产在建工程的,对于结转以后期间的进项税额,在财务会计中,借记"应交增值税"科目(待抵扣进项税额),贷记"应交增值税"科目(应交税金——进项税额转出)。

(4) 购买方作为扣缴义务人。按照现行增值税制度规定,境外单位或个人在境内发生应税行为,在境内未设有经营机构的,以购买方为增值税扣缴义务人。境内一般纳税人购进服务或资产时,在财务会计中,按照应计入相关成本费用或资产的金额,借记"业务活动费用""在途物品""库存物品""工程物资""在建工程""固定资产""无形资产"等科目,按照可抵扣的增值税额,借记"应交增值税"科目(应交税金——进项税额),按照应付或实际支付的金额,贷记"银行存款""应付账款"等科目,按照应代扣代缴的增值税额,贷记"应交增值税"科目(代扣代交增值税);同时,在预算会计中,按实际支付的金额,借记"事业支出""经营支出"等科目,贷记"资金结存"科目。实际缴纳代扣代缴增值税时,按照代扣代缴的增值税额,在财务会计中,借记"应交增值税"科目(代扣代交增值税),贷记"银行存款""零余额账户用款额度"等科目;同时,在预算会计中,借记"事业支出""经营支出"科目,贷记"资金结存"科目。

2. 单位销售资产或提供服务等业务

(1) 销售资产或提供服务业务。单位销售货物或提供服务,在财务会计中,应当按照应收或已收的金额,借记"应收账款""应收票据""银行存款"等科目,按照确认的收入金额,贷记"经营收入""事业收入"等科目,按照现行增值税制度规定计算的销项税额(或采用简易计税方法计算的应纳增值税额),贷记"应交增值税"科目(应交税金——销项税额)或"应交增值税"科目(简易计税);同时,在预算会计中,按已收的金额,借记"资金结存"科目,贷记"经营预算收入""事业预算收入"等科目。发生销售退回的,应根据按照规定开具的红字增值税专用发票做相反的会计分录。

按照《政府会计制度》及相关政府会计准则确认收入的时点早于按照增值税制度确认增值税纳税义务发生时点的,应将相关销项税额记入"应交增值税"科目(待转销项税额),待实际发生纳税义务时再转入"应交增值税"科目(应交税金——销项税额)或"应交增值税"科目(简易计税)。

按照增值税制度确认增值税纳税义务发生时点早于按照本制度及相关政府会计准则确认收入的时点的,应按照应纳增值税额,借记"应收账款"科目,贷记"应交增值税"科目(应交税金——销项税额)或"应交增值税"科目(简易计税)。

【例 11-3】 承[例 11-2],该事业单位在开展非独立核算经营活动中销售应税货物一批,增值税发票上列示的价款为 10 000 元,增值税销项税额为 1 300 元,价税合计 11 300 元,款已收到并存入开户银行。该事业单位应编制的会计分录为:

在财务会计中:

借:银行存款	11 300
贷:经营收入	10 000
应交增值税——应交税金(销项税额)	1 300

同时,在预算会计中:

借:资金结存——货币资金	11 300
贷:经营预算收入	11 300

(2) 金融商品转让业务。金融商品转让按照规定以盈亏相抵后的余额作为销售额。金融商品在实际转让的月末,如产生转让收益,则按照应纳税额,借记"投资收益"科目,贷记"应交增值税"科目(转让金融商品应交增值税);如产生转让损失,则按照可结转下月抵扣税额,借记"应交增值税"科目(转让金融商品应交增值税),贷记"投资收益"科目。交纳增值税时,在财务会计中,借记"应交增值税"科目(转让金融商品应交增值税),贷记"银行存款"等科目;同时,在预算会计中,借记"投资预算收益"科目,贷记"资金结存"科目。年末,"应交增值税"科目(转让金融商品应交增值税)如有借方余额,则借记"投资收益"科目,贷记"应交增值税"科目(转让金融商品应交增值税)。

应交增值税核算案例

3. 月末转出多交增值税和未交增值税

月度终了,单位应当将当月应交未交或多交的增值税自"应交税金"明细科目转入"未交税金"明细科目。对于当月应交未交的增值税,借记"应交增值税"科目(应交税金——转出未交增值税),贷记"应交增值税"科目(未交税金);对于当月多交的增值税,借记"应交增值税"科目(未交税金),贷记"应交增值税"科目(应交税金——转出多交增值税)。

4. 交纳增值税

(1) 交纳当月应交增值税。单位交纳当月应交的增值税,在财务会计中,借记"应交增值税"科目(应交税金——已交税金),贷记"银行存款"等科目;同时,在预算会计中,借记"经营支出""事业支出"科目,贷记"资金结存"科目。

(2) 交纳以前期间未交增值税。单位交纳以前期间未交的增值税,在财务会计中,借记"应交增值税"科目(未交税金),贷记"银行存款"等科目;同时,在预算会计中,借记"经营支出""事业支出"科目,贷记"资金结存"科目。

【例11-4】 承[例11-2]和[例11-3],该事业单位20×3年1月应交纳的增值税税额为650元(1 300-650)。该事业单位应编制的会计分录为:

(1) 月末,将当月应交未交的增值税自"应交税金"明细科目转入"未交税金"明细科目时。

在财务会计中:

借:应交增值税——应交税金(转出未交增值税)   650
    贷:应交增值税——未交税金   650

在预算会计中不做账务处理。

(2) 次月,以银行存款交纳上月未交的增值税时。

在财务会计中:

借:应交增值税——未交税金   650
    贷:银行存款   650

同时,在预算会计中:

借:经营支出   650
    贷:资金结存——货币资金   650

(3) 预交增值税。单位预交增值税时,在财务会计中,借记"应交增值税"科目(预交税金),贷记"银行存款"等科目;同时,在预算会计中,借记"经营支出""事业支出"科目,贷记"资金结存"科目。月末,单位应将"预交税金"明细科目余额转入"未交税金"明细科目,借记"应交增值税"科目(未交税金),贷记"应交增值税"科目(预交税金)。

(4) 减免增值税。对于当期直接减免的增值税,借记"应交增值税"科目(应交税金——减免税款),贷记"业务活动费用""经营费用"等科目。

按照现行增值税制度规定,单位初次购买增值税税控系统专用设备支付的费用以及交纳的技术维护费允许在增值税应纳税额中全额抵减的,按照规定抵减的增值税应纳税额,借记"应交增值税"科目(应交税金——减免税款),贷记"业务活动费用""经营费用"等科目。

(四) 增值税小规模纳税人单位增值税的核算

根据规定,小规模纳税人发生应税销售行为,实行按照销售额和征收率计算应纳税额的简易办法,并不得抵扣进项税额。小规模纳税人应纳税额的计算公式如下:

应纳税额＝销售额×征收率(3％)

小规模纳税人的标准由国务院财政、税务主管部门规定。属于小规模纳税人的事业单位,购进货物时,将支付的增值税计入材料的采购成本;销售货物时,一般情况下,按不含税价格的3％计算应交增值税。采用销售额和应纳税金合并定价的,按照"销售额＝含税金额÷(1＋3％)"公式还原为不含税销售额,再计算应纳增值税额。

为了核算增值税业务,属于增值税小规模纳税人的单位,也应设置"应交增值税"总账科目。在本科目下设置"转让金融商品应交增值税""代扣代交增值税"两个明细科目。

属于增值税小规模纳税人的单位应交增值税的主要账务处理如下:

(1) 小规模纳税人购买资产或服务等时不能抵扣增值税,发生的增值税计入资产成本或相关成本费用。单位购买资产或服务等时,在财务会计中,按照应付或实际支付的金额,借记"业务活动费用""在途物品""库存物品""工程物资""在建工程""固定资产""无形资产"等科目,贷记"应付账款""应付票据""银行存款""零余额账户用款额度"等科目;同时,在预算会计中,按照实际支付的金额,借记"经营支出""事业支出"科目,贷记"资金结存"科目。

(2) 按照现行增值税制度规定,境外单位或个人在境内发生应税行为,在境内未设有经营机构的,以购买方为增值税扣缴义务人。境内小规模纳税人购进服务或资产时,在财务会计中,按照应计入相关成本费用或资产的金额,借记"业务活动费用""在途物品""库存物品""工程物资""在建工程""固定资产""无形资产"等科目,按照应付或实际支付的金额,贷记"银行存款""应付账款"等科目,按照应代扣代缴的增值税额,贷记"应交增值税"科目(代扣代交增值税);同时,在预算会计中,按照实际支付的金额,借记"经营支出""事业支出"科目,贷记"资金结存"科目。实际交纳代扣代缴增值税与一般纳税人单位相同。

(3) 单位销售货物或提供服务,在财务会计中,应当按照应收或已收的金额,借记"应收账款""应收票据""银行存款"等科目,按照确认的收入金额,贷记"经营收入""事业收入"等科目,按照现行增值税制度规定采用简易计税方法计算的应纳增值税额,贷记"应交增值税"科目;同时,在预算会计中,按照已收的金额,借记"资金结存"科目,贷记"经营预算收入""事业预算收入"科目。

(4) 单位转让金融商品,按照规定以盈亏相抵后的余额作为销售额,其账务处理与上述属于增值税一般纳税人的单位相同。

(5) 单位交纳应交的增值税,在财务会计中,借记"应交增值税"科目,贷记"银行存款"等科目;同时,在预算会计中,借记"经营支出""事业支出"科目,贷记"资金结存"科目。

(6) 按照现行增值税制度规定,单位初次购买增值税税控系统专用设备支付的费用以及交纳的技术维护费允许在增值税应纳税额中全额抵减的,按照规定抵减的增值税应纳税额,借记"应交增值税"科目,贷记"业务活动费用""经营费用"等科目。

【例11-5】 某事业单位是增值税小规模纳税人,为开展非独立核算经营活动购入一批物品,取得增值税专用发票中注明的价款为3 000元,增值税税额为390元,款项以银行存款支付,物品已验收入库。该事业单位本月在开展非独立核算经营活动中销售一批物品,价税合计4 120元。其中,价款为4 000元[4 120÷(1＋3％)],应交增值税为120元,款项已存入银行。该事业单位应编制的会计分录为:

(1) 购进物品时。

在财务会计中:

借：库存物品　　　　　　　　　　　　　　　　　　　　　　　　　　3 390
　　贷：银行存款　　　　　　　　　　　　　　　　　　　　　　　　　　　3 390

同时，在预算会计中：

借：经营支出　　　　　　　　　　　　　　　　　　　　　　　　　　3 390
　　贷：资金结存——货币资金　　　　　　　　　　　　　　　　　　　　3 390

（2）销售应税产品时。

在财务会计中：

借：银行存款　　　　　　　　　　　　　　　　　　　　　　　　　　4 120
　　贷：经营收入　　　　　　　　　　　　　　　　　　　　　　　　　　4 000
　　　　应交增值税　　　　　　　　　　　　　　　　　　　　　　　　　　120

同时，在预算会计中：

借：资金结存——货币资金　　　　　　　　　　　　　　　　　　　　4 120
　　贷：经营预算收入　　　　　　　　　　　　　　　　　　　　　　　　4 120

（3）实际交纳增值税时。

在财务会计中：

借：应交增值税　　　　　　　　　　　　　　　　　　　　　　　　　　120
　　贷：银行存款　　　　　　　　　　　　　　　　　　　　　　　　　　　120

同时，在预算会计中：

借：经营支出　　　　　　　　　　　　　　　　　　　　　　　　　　　120
　　贷：资金结存——货币资金　　　　　　　　　　　　　　　　　　　　120

事业单位的增值税业务主要涉及经营业务，而经营活动在事业单位中是很少的。行政单位和公益一类事业单位中没有经营活动。由于事业单位属于公益组织，根据国家税法规定可以享受税收优惠，如对公立医院、公立学校、图书馆、博物馆、文化馆、美术馆、科技馆、体育馆等免征增值税。

三、其他应交税费

其他应交税费是指单位按照税法等规定计算应交纳的除增值税以外的各种税费，包括城市维护建设税、教育费附加、地方教育附加、车船税、房产税、城镇土地使用税和企业所得税等。

为了核算其他应交税费业务，单位应设置"其他应交税费"总账科目。本科目应当按照应交纳的税费种类进行明细核算。单位代扣代缴的个人所得税，也通过本科目核算。单位应交纳的印花税不需要预提应交税费，直接通过"业务活动费用""单位管理费用""经营费用"等科目核算，不通过本科目核算。本科目期末贷方余额，反映单位应交未交的除增值税以外的税费金额；期末如为借方余额，反映单位多交纳的除增值税以外的税费金额。

（1）单位发生城市维护建设税、教育费附加、地方教育附加、车船税、房产税、城镇土地使用税等纳税义务的，按照税法规定计算的应缴税费金额，在财务会计中，借记"业务活动费用""单位管理费用""经营费用"等科目，贷记"其他应交税费"科目（应交城市维护建设税、应交教育费附加、应交地方教育费附加、应交车船税、应交房产税、应交城镇土地使用税等）。

（2）单位按照税法规定计算应代扣代缴职工（含长期聘用人员）的个人所得税，在财务会计中,借记"应付职工薪酬"科目,贷记"其他应交税费"科目(应交个人所得税)。

按照税法规定计算应代扣代缴支付给职工(含长期聘用人员)以外人员劳务费的个人所得税,在财务会计中,借记"业务活动费用""单位管理费用"等科目,贷记"其他应交税费"科目(应交个人所得税)。

(3) 单位发生企业所得税纳税义务的,按照税法规定计算的应交所得税额,在财务会计中,借记"所得税费用"科目,贷记"其他应交税费"科目(单位应交所得税)。

(4) 单位实际交纳上述各种税费时,在财务会计中,借记"其他应交税费"科目(应交城市维护建设税、应交教育费附加、应交地方教育附加、应交车船税、应交房产税、应交城镇土地使用税、应交个人所得税、单位应交所得税等),贷记"财政拨款收入""零余额账户用款额度""银行存款"等科目。同时,在预算会计中,借记"行政支出""事业支出""经营支出"科目,贷记"财政拨款预算收入""资金结存"科目。

【例11-6】 某事业单位在开展专业业务活动中,按税法规定应交城市维护建设税和教育费附加分别为2 000元和1 200元,按规定计入业务活动费用。该事业单位通过财政授权支付方式支付税款。根据上述经济业务,该事业单位应编制的会计分录为:

(1) 月末计算应负担的税金时。

在财务会计中:

借:业务活动费用　　　　　　　　　　　　　　　　　　　　　3 200
　　贷:其他应交税费——城市维护建设税　　　　　　　　　　　2 000
　　　　　　　　　　——教育费附加　　　　　　　　　　　　　1 200

在预算会计中不做账务处理。

(2) 通过财政授权方式支付税金及附加费时。

在财务会计中:

借:其他应交税费——城市维护建设税　　　　　　　　　　　　2 000
　　　　　　　　——教育费附加　　　　　　　　　　　　　　1 200
　　贷:零余额账户用款额度　　　　　　　　　　　　　　　　　3 200

同时,在预算会计中:

借:事业支出　　　　　　　　　　　　　　　　　　　　　　　3 200
　　贷:资金结存——零余额账户用款额度　　　　　　　　　　　3 200

根据相关规定,公立医院、公立学校、图书馆、博物馆、文化馆、美术馆、科技馆、体育馆以及国家机关自用的房产免征房产税;但相关行政事业单位的出租房产以及非自身业务使用的生产、营业用房不属于房产税的免税范围。车船税、城镇土地使用税的情况类似。行政事业单位没有企业所得税业务。事业单位的企业所得税业务也主要涉及经营活动。

四、应缴财政款

应缴财政款是指单位取得或应收的按照规定应当上缴财政的款项,包括应缴国库的款项和应缴财政专户的款项。

为了核算应缴财政款业务,单位应设置"应缴财政款"科目。本科目应按应缴国库的各款项类别进行明细核算。本科目期末贷方余额,反映单位应当上缴财政但尚未上缴的款项。年终清缴后,本科目一般应无余额。单位按照国家税法等有关规定应当上缴的各种税费,通过

"应交增值税""其他应交税费"科目核算,不通过本科目核算。

单位取得或应收按照规定应缴财政的款项时,在财务会计中,借记"银行存款""应收账款"等科目,贷记"应缴财政款"科目。单位上缴应缴财政的款项时,按照实际上缴的金额,在财务会计中,借记"应缴财政款"科目,贷记"银行存款"科目。在预算会计中不做账务处理。

五、应付职工薪酬

职工薪酬是指单位按照有关规定应付给职工(含长期聘用人员)及为职工支付的各种薪酬,包括基本工资、国家统一规定的津贴补贴、规范津贴补贴(绩效工资)、改革性补贴、社会保险费(如职工基本养老保险费、职业年金、基本医疗保险费等)、住房公积金等。

为了核算按有关规定应付给职工及为职工支付的各种薪酬,单位应设置"应付职工薪酬"总账科目。本科目应当根据国家有关规定按照"基本工资"(含离退休费)"国家统一规定的津贴补贴""规范津贴补贴(绩效工资)""改革性补贴""社会保险费""住房公积金""其他个人收入"等进行明细核算。其中,"社会保险费""住房公积金"明细科目核算内容包括单位从职工工资中代扣代缴的社会保险费、住房公积金,以及单位为职工计算交纳的社会保险费、住房公积金。本科目期末贷方余额,反映单位应付未付的职工薪酬。

(1) 计提从事专业及其辅助活动人员的职工薪酬(含单位为职工计算交纳的社会保险费、住房公积金),借记"业务活动费用""单位管理费用"科目,贷记"应付职工薪酬"科目;计提应由在建工程、加工物品、自行研发无形资产负担的职工薪酬,借记"在建工程""加工物品""研发支出"等科目,贷记"应付职工薪酬"科目;计提从事专业及其辅助活动之外的经营活动人员的职工薪酬,借记"经营费用"科目,贷记"应付职工薪酬"科目;因解除与职工的劳动关系而给予的补偿,借记"单位管理费用"等科目,贷记"应付职工薪酬"科目。

(2) 单位向职工支付工资、津贴补贴等薪酬时,按照实际支付的金额,在财务会计中,借记"应付职工薪酬"科目,贷记"财政拨款收入""零余额账户用款额度""银行存款"等科目;同时,在预算会计中,借记"行政支出""事业支出""经营支出"等科目,贷记"财政拨款预算收入""资金结存"科目。

(3) 单位按照税法规定代扣职工个人所得税时,借记"应付职工薪酬"科目(基本工资),贷记"其他应交税费——应交个人所得税"科目;从应付职工薪酬中代扣为职工垫付的水电费、房租等费用时,按照实际扣除的金额,借记"应付职工薪酬"科目(基本工资),贷记"其他应收款"等科目;从应付职工薪酬中代扣社会保险费和住房公积金,按照代扣的金额,借记"应付职工薪酬"科目(基本工资),贷记"应付职工薪酬"科目(社会保险费、住房公积金)。

(4) 单位按照国家有关规定交纳职工社会保险费和住房公积金时,按照实际支付的金额,在财务会计中,借记"应付职工薪酬"科目(社会保险费、住房公积金),贷记"财政拨款收入""零余额账户用款额度""银行存款"等科目;同时,在预算会计中,借记"行政支出""事业支出""经营支出"等科目,贷记"财政拨款预算收入""资金结存"科目。

(5) 单位从应付职工薪酬中支付的其他款项,在财务会计中,借记"应付职工薪酬"科目,贷记"零余额账户用款额度""银行存款"等科目;同时,在预算会计中,借记"行政支出""事业支出""经营支出"等科目,贷记"财政拨款预算收入""资金结存"科目。

【例11-7】 某行政单位于20×3年1月计提从事专业及其辅助活动人员的应付职工薪酬共计265 000元。其中,职工基本工资200 000元,国家统一规定的津贴补贴25 000元,单位应为职工交纳的社会保险费20 000元和住房公积金10 000元;应从职工基本工资中代扣代缴的社会保险费20 000元和住房公积金10 000元;按税法规定应从职工基本工资中代扣代缴的职工个人所得税5 000元。该行政单位通过财政直接支付方式向职工支付基本工资、津贴补贴以及向相关机构交纳职工社会保险费和住房公积金。根据以上经济业务,该行政单位应编制的会计分录为:

(1) 计提应付职工薪酬时。

在财务会计中:

借:业务活动费用	265 000
贷:应付职工薪酬——基本工资	200 000
——国家统一规定的津贴补贴	25 000
——社会保险费	30 000
——住房公积金	10 000

在预算会计中不做账务处理。

(2) 从应付职工薪酬中代扣代缴职工社会保险费与住房公积金时。

在财务会计中:

借:应付职工薪酬——基本工资	30 000
贷:应付职工薪酬——社会保险费	20 000
——住房公积金	10 000

在预算会计中不做账务处理。

(3) 从应付职工薪酬中代扣代缴个人所得税时。

在财务会计中:

借:应付职工薪酬——基本工资	5 000
贷:其他应交税费——应交个人所得税	5 000

在预算会计中不做账务处理。

(4) 向职工支付基本工资、津贴补贴时。

在财务会计中:

借:应付职工薪酬——基本工资	165 000
——国家统一规定的津贴补贴	25 000
贷:财政拨款收入	190 000

同时,在预算会计中:

借:行政支出	190 000
贷:财政拨款预算收入	190 000

(5) 向相关机关交纳社会保险费和住房公积金以及代扣代缴的个人所得税时。

在财务会计中:

借:应付职工薪酬——社会保险费	50 000
——住房公积金	20 000
其他应交税费——应交个人所得税	5 000
贷:财政拨款收入	75 000

同时,在预算会计中:

借：行政支出 75 000
　　贷：财政拨款预算收入 75 000

根据《政府会计准则制度解释第1号》的规定,中央级行政事业单位应当自2019年1月1日起,将归属于本单位的售房款及其利息收入纳入部门预算管理,并按照《政府会计制度》统一进行会计核算。按规定使用售房款发放购房补贴的,计提购房补贴费用时,在财务会计中,借记"业务活动费用""单位管理费用"等科目,贷记"应付职工薪酬"科目的相关明细科目;发放购房补贴时,在财务会计中,借记"应付职工薪酬"科目的相关明细科目,贷记"银行存款"等科目;同时,在预算会计中,借记"行政支出""事业支出"等科目,贷记"资金结存"科目。

六、应付及预收款项

应付及预收款项是指行政事业单位在开展业务活动中发生的各项债务,主要包括应付票据、应付账款、应付政府补贴款、应付利息、应收账款、其他应收款等。

(一) 应付票据

应付票据是指事业单位因购买材料、物资等而开出、承兑的商业汇票,包括银行承兑汇票和商业承兑汇票。

为了核算应付票据业务,事业单位应设置"应付票据"总账科目。本科目应当按照债权人进行明细核算。本科目的期末贷方余额,反映事业单位开出、承兑的尚未到期的商业汇票票面金额。

事业单位开出、承兑商业汇票时,在财务会计中,借记"库存物品""固定资产"等科目,贷记"应付票据"科目。涉及增值税业务的,相关账务处理参见"应交增值税"科目的账务处理。以商业汇票抵付应付账款时,在财务会计中,借记"应付账款"科目,贷记"应付票据"科目。支付银行承兑汇票的手续费时,在财务会计中,借记"业务活动费用""经营费用"等科目,贷记"银行存款""零余额账户用款额度"等科目;同时,在预算会计中,借记"事业支出""经营支出"科目,贷记"资金结存"科目。

商业汇票到期,应当分别以下三种情况处理:①收到银行支付到期票据的付款通知时,在财务会计中,借记"应付票据"科目,贷记"银行存款"科目;同时,在预算会计中,借记"事业支出""经营支出"科目,贷记"资金结存"科目。②若银行承兑汇票到期,单位无力支付票款的,按照应付票据账面余额,在财务会计中,借记"应付票据"科目,贷记"短期借款"科目;同时,在预算会计中,借记"事业支出""经营支出"科目,贷记"资金结存"科目。③若商业承兑汇票到期,单位无力支付票款的,按照应付票据账面余额,在财务会计中,借记"应付票据"科目,贷记"应付账款"科目。在预算会计中不做账务处理。

单位应当设置"应付票据备查簿",详细登记每一应付票据的种类、号数、出票日期、到期日、票面金额、交易合同号、收款人姓名或单位名称,以及付款日期和金额等。应付票据到期结清票款后,应当在备查簿内逐笔注销。

【例11-8】某事业单位为小规模纳税人,为开展专业业务活动采用银行承兑汇票结算方式购入一批物品,根据发票账单,购入物品的价税合计11 300元,物品已验收入库。该事业单位开出2个月到期的银行承兑汇票,并通过银行账户支付银行承兑手续费5.65元。票据到期前单位如期还款。该事业单位应编制的会计分录为:

(1) 开出承兑的银行承兑汇票时。

在财务会计中:

借：库存物品 11 300
　　贷：应付票据——银行承兑汇票 11 300

在预算会计中不做账务处理。

（2）通过银行存款账户支付银行承兑手续费时。

在财务会计中：

借：业务活动费用 5.65
　　贷：银行存款 5.65

同时，在预算会计中：

借：事业支出 5.65
　　贷：资金结存——货币资金 5.65

（3）若票据到期，单位通过银行存款账户如期还款时。

在财务会计中：

借：应付票据——银行承兑汇票 11 300
　　贷：银行存款 11 300

同时，在预算会计中：

借：事业支出 11 300
　　贷：资金结存——货币资金 11 300

（二）应付账款

应付账款是指单位因购买物资、接受服务、开展工程建设等而应付的偿还期限在1年以内（含1年）的款项。

为了核算应付账款业务，单位应设置"应付账款"总账科目。本科目应当按照债权人进行明细核算。对于建设项目，还应设置"应付器材款""应付工程款"等明细科目，并按照具体项目进行明细核算。本科目平时为贷方余额，表示尚未偿付的应付账款数额。

单位收到所购材料、物资、设备或服务以及确认完成工程进度但尚未付款时，根据发票及账单等有关凭证，在财务会计中，按照应付未付款项的金额，借记"库存物品""固定资产""在建工程"等科目，贷记"应付账款"科目。涉及增值税业务的，相关账务处理参见"应交增值税"科目的账务处理。偿付应付账款时，按照实际支付的金额，在财务会计中，借记"应付账款"科目，贷记"财政拨款收入""零余额账户用款额度""银行存款"等科目；同时，在预算会计中，借记"行政支出""事业支出""经营支出"科目，贷记"财政拨款预算收入""资金结存"科目。

事业单位开出、承兑商业汇票抵付应付账款时，借记"应付账款"科目，贷记"应付票据"科目。

无法偿付或债权人豁免偿还的应付账款，应当按照规定报经批准后进行账务处理。经批准核销时，借记"应付账款"科目，贷记"其他收入"科目。核销的应付账款应在备查簿中保留登记。

【例11-9】 某事业单位为一般纳税人，为开展非独立核算的经营活动购入货物一批，增值税专用发票上注明价款3 000元，增值税税额为390元。货物已验收入库，货款未付。之后通过银行存款账户支付该笔款项。根据以上经济业务，该事业单位应编制的会计分录为：

（1）收到赊购货物时。

在财务会计中：

借：库存物品 3 000
　　应交增值税——应交税金（进项税额） 390
　　贷：应付账款 3 390

在预算会计中不做账务处理。

(2) 通过银行存款支付应付款时。

在财务会计中：

借：应付账款 3 390
　　贷：银行存款 3 390

同时，在预算会计中：

借：经营支出 3 390
　　贷：资金结存——货币资金 3 390

(三) 应付政府补贴款

应付政府补贴款是指负责发放政府补贴的行政单位，按照规定应当支付给政府补贴接受者的各种政府补贴款。例如，民政部门应当向优抚对象发放的抚恤和生活补助、住建部门应当向低收入或新就业人群发放的住房租赁补贴，以及有关行政单位根据职能划分向农民发放农机购置补贴、向使用清洁能源的单位和个人发放使用清洁能源补贴、向购买节能电器的单位和个人发放节能补贴、向职业培训和职业介绍机构发放职业培训和职业介绍补贴等。事业单位没有应付补贴款业务。

为了核算应付政府补贴款业务，行政单位应设置"应付政府补贴款"总账科目。本科目应当按照应支付的政府补贴种类进行明细核算。单位还应当根据需要按照补贴接受者进行明细核算，或者建立备查簿对补贴接受者予以登记。本科目期末贷方余额，反映行政单位应付未付的政府补贴金额。

行政单位发生应付政府补贴时，按照依规定计算确定的应付政府补贴金额，在财务会计中，借记"业务活动费用"科目，贷记"应付政府补贴款"科目。支付应付政府补贴款时，按照支付金额，在财务会计中，借记"应付政府补贴款"科目，贷记"零余额账户用款额度""银行存款"等科目；同时，在预算会计中，借记"行政支出"科目，贷记"资金结存"科目。

【例11-10】 某行政单位发生一项应付政府补贴业务，按照规定计算出的应付政府补贴金额45 100元，其内容为应向农民支付农机具购置补贴。之后，该行政单位通过财政授权方式支付以上应付政府补贴款项。该行政单位应编制的会计分录为：

(1) 发生应付政府补贴时。

在财务会计中：

借：业务活动费用 45 100
　　贷：应付政府补贴款 45 100

在预算会计中不做账务处理。

(2) 实际支付应付政府补贴款时。

在财务会计中：

借：应付政府补贴款 45 100
　　贷：零余额账户用款额度 45 100

同时，在预算会计中：

借：行政支出	45 100	
贷：资金结存——零余额账户用款额度		45 100

应付政府补贴款项的受益人为政府补贴的接受者。其相应款项尽管也记入业务活动费用，但与行政单位自身耗用的办公经费存在差异。

(四) 应付利息

应付利息是指事业单位按照合同约定应支付的借款利息，包括短期借款、分期付息到期还本的长期借款等应支付的利息。

为了核算应付利息业务，事业单位是设置"应付利息"总账科目。本科目应当按照债权人等进行明细核算。本科目期末贷方余额，反映事业单位应付未付的利息金额。

为建造固定资产、公共基础设施等借入的专门借款的利息，属于建设期间发生的，按期计提利息费用时，按照计算确定的金额，在财务会计中，借记"在建工程"科目，贷记"应付利息"科目；不属于建设期间发生的，按期计提利息费用时，按照计算确定的金额，在财务会计中，借记"其他费用"科目，贷记"应付利息"科目。对于其他借款，按期计提利息费用时，按照计算确定的金额，在财务会计中，借记"其他费用"科目，贷记"应付利息"科目。实际支付应付利息时，按照支付的金额，在财务会计中，借记"应付利息"科目，贷记"银行存款"等科目；同时，在预算会计中，借记"其他支出"科目，贷记"资金结存"科目。

【例11-11】 承[例11-1]，该事业单位应编制的会计分录为：

(1) 每月预提借款利息时。

在财务会计中：

借：其他费用——利息支出	1 000	
贷：应付利息(200 000×6％÷12)		1 000

在预算会计中不做账务处理。

(2) 季末支付利息时。

在财务会计中：

借：其他费用——利息费用	2 000	
应付利息	1 000	
贷：银行存款		3 000

同时，在预算会计中：

借：其他支出——利息支出	3 000	
贷：资金结存——货币资金		3 000

关于借款利息的更多举例，请参阅本章第二节"非流动负债"中"长期借款"的相关核算举例。

(五) 预收账款

预收账款是指事业单位预先收取但尚未结算的款项。例如，公立医院的预收医疗款、高等学校和科研院所的预收科研费，以及事业单位在开展经营活动中预收的款项等。行政单位没有预收账款业务。

为了核算预收账款业务，事业单位应设置"预收账款"总账科目。本科目应按预收账款的债权人进行明细核算。本科目期末贷方余额，反映事业单位预收但尚未结算的款项金额。

事业单位从付款方预收款项时，按照实际预收的金额，在财务会计中，借记"银行存款"等科目,贷记"预收账款"科目;同时,在预算会计中,借记"资金结存"科目,贷记"事业预算收入""经营预算收入"科目。确认有关收入时,在财务会计中,按照预收账款账面余额,借记"预收账款"科目,按照应确认的收入金额,贷记"事业收入""经营收入"等科目,按照付款方补付或退回付款方的金额,借记或贷记"银行存款"等科目;同时,在预算会计中,按照付款方补付的金额,借记"资金结存"科目,贷记"事业预算收入""经营预算收入"科目。若退回多余的预付款,按照退回付款方的金额作相反的会计分录。涉及增值税业务的,相关账务处理参见"应交增值税"科目的账务处理。

无法偿付或债权人豁免偿还的预收账款,应当按照规定报经批准后进行账务处理。经批准核销时,借记"预收账款"科目,科目,贷记"其他收入"科目。核销的预收账款应在备查簿中保留登记。

【例 11-12】 某事业单位按合同规定从付款单位预收一笔款项 7 500 元,款项已存入银行。按合同规定该事业单位应确认的事业收入为 20 000 元,付款方通过银行转账方式补付的款项 12 500 元(20 000－7 500)。该事业单位应编制的会计分录为:

(1) 收到预收款项时。

在财务会计中:

借:银行存款　　　　　　　　　　　　　　　　　　　　　　　7 500
　　贷:预收账款　　　　　　　　　　　　　　　　　　　　　　　　7 500

同时,在预算会计中:

借:资金结存——货币资金　　　　　　　　　　　　　　　　　7 500
　　贷:事业预算收入　　　　　　　　　　　　　　　　　　　　　　7 500

(2) 完成相关专业活动确认事业收入时。

在财务会计中:

借:预收账款　　　　　　　　　　　　　　　　　　　　　　　7 500
　　银行存款　　　　　　　　　　　　　　　　　　　　　　　12 500
　　贷:事业收入　　　　　　　　　　　　　　　　　　　　　　　20 000

同时,在预算会计中:

借:资金结存——货币资金　　　　　　　　　　　　　　　　　12 500
　　贷:事业预算收入　　　　　　　　　　　　　　　　　　　　　12 500

(六) 其他应付款

其他应付款是指单位在应交增值税、其他应交税费、应缴财政款、应付职工薪酬、应付票据、应付账款、应付政府补贴款、应付利息、预收账款以外,其他各项偿还期限在 1 年内(含 1 年)的应付及暂收款项,如收取的押金、存入保证金、已经报销但尚未偿还银行的本单位公务卡欠款等。

为了核算其他应付款业务,单位应设置"其他应付款"科目。同级政府财政部门预拨的下期预算款和没有纳入预算的暂付款项,以及采用实拨资金方式通过本单位转拨给下属单位的财政拨款,也通过本科目核算。本科目应当按照其他应付款的类别以及债权人等进行明细核算。本科目期末贷方余额,反映单位尚未支付的其他应付款金额。

(1) 单位发生其他应付及暂收款项时,在财务会计中,借记"银行存款"等科目,贷记"其他应付款"科目;在预算会计中不做账务处理。支付(或退回)其他应付及暂收款项时,在财务会计中,借记"其他应付款"科目,贷记"银行存款"等科目;在预算会计中不做账务处理。将暂收款项转为收入时,在财务会计中,借记"其他应付款"科目,贷记"事业收入"等科目;同时,在预算会计中,借记"资金结存"科目,贷记"事业预算收入"科目。

【例 11-13】 某事业单位对外出租房屋,收取押金 50 000 元,款项已存入银行。该事业单位应编制的会计分录为:

在财务会计中:

借:银行存款　　　　　　　　　　　　　　　　　　　　　　　　　　50 000
　　贷:其他应付款——存入保证金　　　　　　　　　　　　　　　　　　　　50 000

在预算会计中不做账务处理。

(2) 单位收到同级政府财政部门预拨的下期预算款和没有纳入预算的暂付款项时,按照实际收到的金额,在财务会计中,借记"银行存款"等科目,贷记"其他应付款"科目,在预算会计中不做账务处理;待到下一预算期或批准纳入预算时,在财务会计中,借记"其他应付款"科目,贷记"财政拨款收入"科目;同时,在预算会计中,借记"资金结存"科目,贷记"财政拨款预算收入"科目。

【例 11-14】 20×3 年 12 月,某行政单位收到县财政根据预算草案预拨的下一季度的日常公用经费 60 000 元。数日后,经批准将预拨日常公用经费 60 000 元转入预算。该行政单位应编制的会计分录为:

(1) 收到县财政根据预算草案预拨的下一季度的日常公用经费时。

在财务会计中:

借:银行存款　　　　　　　　　　　　　　　　　　　　　　　　　　60 000
　　贷:其他应付款——预拨经费　　　　　　　　　　　　　　　　　　　　60 000

在预算会计中不做账务处理。

(2) 经批准将预拨日常公用经费转入预算时。

在财务会计中:

借:其他应付款——预拨经费　　　　　　　　　　　　　　　　　　　　60 000
　　贷:财政拨款收入　　　　　　　　　　　　　　　　　　　　　　　　60 000

同时,在预算会计中:

借:结存资金——货币资金　　　　　　　　　　　　　　　　　　　　　60 000
　　贷:财政拨款预算收入　　　　　　　　　　　　　　　　　　　　　　60 000

采用实拨资金方式通过本单位转拨给下属单位的财政拨款,在财务会计中,按照实际收到的金额,借记"银行存款"科目,贷记"其他应付款"科目;向下属单位转拨财政拨款时,按照转拨的金额,借记"其他应付款"科目,贷记"银行存款"科目。在预算会计中不做账务处理。

【例 11-15】 20×3 年 1 月 5 日,某省财政厅采用实拨资金方式拨付某省属甲行政单位财政拨款 500 000 元,其中 100 000 元为拨付甲行政单位预算拨款,400 000 元为甲单位下属乙事业单位的预算拨款。甲行政单位应编制的会计分录为:

(1) 1 月 5 日,收到省财政厅拨款时。

在财务会计中:

```
借：银行存款                                              500 000
    贷：财政拨款收入                                           100 000
        其他应付款——转拨款——乙事业单位                        400 000
```

同时，在预算会计中：

```
借：资金结存——货币资金                                    100 000
    贷：财政拨款预算收入                                       100 000
```

（2）1月10日，拨付下属乙事业单位时。

在财务会计中：

```
借：其他应付款——转拨款——乙事业单位                      400 000
    贷：银行存款                                               400 000
```

在预算会计中不做账务处理。

本例中对于甲行政单位和乙事业单位来说资金来源都是同级政府财政部门，但对于甲行政单位来说收到的 500 000 元资金中有 400 000 元具有转拨款性质，应按往来处理，通过往来科目核算，不应确认财政拨款收入，同时预算会计不做处理；100 000 元符合财政拨款收入确认条件，应记入"财政拨款收入"科目并进行预算会计处理。

（3）本单位公务卡持卡人报销时，按照审核报销的金额，在财务会计中，借记"业务活动费用""单位管理费用"等科目，贷记"其他应付款"科目；在预算会计中不做账务处理。偿还公务卡欠款时，在财务会计中，借记"其他应付款"科目，贷记"财政拨款收入""零余额账户用款额度"等科目；同时，在预算会计中，借记"行政支出""事业支出"科目，贷记"财政拨款预算收入""资金结存"科目。

【例11-16】 某行政单位职工出差调研，持公务卡报销差旅费等相关费用计 4 500 元。数日后，该行政单位通过财政授权支付方式向银行偿还了该项公务卡欠款 4 500 元。该行政单位应编制的会计分录为：

（1）公务卡持卡人报销时。

在财务会计中：

```
借：业务活动费用                                          4 500
    贷：其他应付款                                             4 500
```

在预算会计中不做处理。

（2）通过财政授权支付方式支付公务卡欠款时。

在财务会计中：

```
借：其他应付款——某职工                                    4 500
    贷：零余额账户用款额度                                      4 500
```

同时，在预算会计中：

```
借：行政支出                                              4 500
    贷：结存资金——零余额账户用款额度                            4 500
```

公务卡相关业务主要包括两种情况：一是向银行偿还公务卡欠款时公务卡持卡人还未报销；二是公务卡持卡人报销时还未向银行偿还公务卡欠款。本例属于第二种情况。

（4）无法偿付或债权人豁免偿还的其他应付款项，应当按照规定报经批准后进行账务处理。经批准核销时,在财务会计中,借记"其他应付款"科目,贷记"其他收入"科目。核销的其他应付款应在备查簿中保留登记。在预算会计中不做账务处理。

对于应当纳入下一年度部门预算管理的暂收款项,单位在收到款项时,在财务会计中,借记"银行存款"等科目,贷记"其他应付款"科目;本年度不做预算会计处理。待下一年初,单位应当按照上年暂收的款项金额,在财务会计中,借记"其他应付款"科目,贷记有关收入科目;同时,在预算会计中,按照暂收款项的金额,借记"资金结存"科目,贷记有关预算收入科目。

七、预提费用

预提费用是指单位预先提取的已经发生但尚未支付的费用,如预提租金费用等。

为了核算预提费用业务,单位应设置"预提费用"总账科目。本科目应当按照预提费用的种类进行明细核算。事业单位按规定从科研项目收入中提取的项目间接费用或管理费,也通过本科目核算。事业单位计提的借款利息费用,通过"应付利息""长期借款"科目核算,不通过本科目核算。本科目应当设置"项目间接费用或管理费"明细科目,并按项目进行明细核算。本科目期末贷方余额,反映单位已预提但尚未支付的各项费用。

(1)项目间接费用或管理费。事业单位按规定从非科研项目收入中提取项目间接费用或管理费时,按照提取的金额,在财务会计中,借记"单位管理费用"科目,贷记"预提费用"科目(项目间接费用或管理费);同时,在预算会计中,借记"非财政拨款结转"科目,贷记"非财政拨款结余"科目。实际使用计提的项目间接费用或管理费时,按照实际支付的金额,在财务会计中,借记"预提费用"科目(项目间接费用或管理费),贷记"银行存款""库存现金"等科目;同时,在预算会计中,借记"事业支出"科目,贷记"资金结存"科目。

(2)其他预提费用。按期预提租金等其他费用时,按照预提的金额,在财务会计中,借记"业务活动费用""单位管理费用""经营费用"等科目,贷记"预提费用"科目。实际支付款项时,按照支付金额,在财务会计中,借记"预提费用"科目,贷记"零余额账户用款额度""银行存款"等科目;同时,在预算会计中,借记"行政支出""事业支出""经营支出"科目,贷记"资金结存"科目。

【例11-17】 某医疗卫生事业单位按照规定从非财政科研项目的预算收入中提取管理费1 500元。该医疗卫生事业单位应编制的会计分录为:

在财务会计中:

借:单位管理费用　　　　　　　　　　　　　　　　　　　　　　　　　1 500
　　贷:预提费用——项目间接费用或管理费　　　　　　　　　　　　　　　1 500

同时,在预算会计中:

借:非财政拨款结转——管理费　　　　　　　　　　　　　　　　　　　　1 500
　　贷:非财政拨款结余——管理费　　　　　　　　　　　　　　　　　　　1 500

根据《政府会计准则制度解释第2号》的规定,单位按规定从财政科研项目中提取项目间接费用或管理费的,应当按照以下规定进行账务处理:

(1)从财政科研项目中提取项目间接费用或管理费时,按照计提的金额,在财务会计中,借记"业务活动费用""单位管理费用"等科目,贷记"预提费用——项目间接费用或管理费"科目;此时,在预算会计中不做账务处理。

(2)将提取的项目间接费用或管理费从本单位零余额账户划转到实有资金账户时,按照划转的资金金额,在财务会计中,借记"银行存款——财政拨款资金"科目,贷记"零余额账户用款额度"科目;同时,在预算会计中,借记"资金结存——货币资金"科目,贷记"资金结存——零余额账户用款额度"科目。

(3) 使用提取的项目间接费用或管理费时,按照实际支付的金额,在财务会计中,借记"预提费用——项目间接费用或管理费"科目,贷记"银行存款——财政拨款资金"科目;同时,在预算会计中,借记"事业支出"等支出科目下的"财政拨款支出"明细科目,贷记"资金结存——货币资金"科目。

财政项目间接费用或管理费核算案例

第二节 非流动负债

非流动负债是指流动负债以外的负债。事业单位的非流动负债包括长期借款、长期应付款、预计负债、受托代理负债等。行政单位没有非流动负债业务。

一、长期借款

长期借款是指事业单位从银行或其他金融机构借入的偿还期限在1年以上(不含1年)的各项借款。

为了核算长期借款业务,事业单位应设置"长期借款"总账科目。本科目应当设置"本金"和"应计利息"明细科目,并按照贷款单位和贷款种类进行明细核算。对于建设项目借款,还应按照具体项目进行明细核算。本科目期末贷方余额,反映事业单位尚未偿还的长期借款本息金额。

事业单位借入各项长期借款时,按照实际借入的金额,在财务会计中,借记"银行存款"科目,贷记"长期借款"科目(本金);同时,在预算会计中,借记"资金结存"科目,贷记"债务预算收入"科目。

为建造固定资产、公共基础设施等应支付的专门借款利息,按期计提利息时,分以下两种情况处理:①属于工程项目建设期间发生的利息费用,计入工程成本,按照计算确定的应支付的利息金额,在财务会计中,借记"在建工程"科目,贷记"应付利息"科目或"长期借款——应计利息"科目;属于工程项目建设期间尚未动用的借款资金产生的归属于单位的利息收入,应当冲减工程成本,在财务会计中,借记"银行存款"科目,贷记"在建工程"科目。②不属于工程项目建设期间发生的利息费用,计入当期费用,按照计算确定的应支付的利息金额,在财务会计中,借记"其他费用"科目,贷记"应付利息"科目或"长期借款——应计利息"科目;不属于工程项目建设期间尚未动用的借款资金产生的归属于单位的利息收入,应当计入当期收入,在财务会计中,借记"银行存款"科目,贷记"利息收入"科目。在预算会计中不做账务处理。

按期计提其他长期借款的利息时,按照计算确定的应支付的利息金额,在财务会计中,借记"其他费用"科目,贷记"应付利息"科目或"长期借款——应计利息"科目。在预算会计中不做账务处理。

到期归还长期借款本金、利息时,在财务会计中,借记"长期借款"科目(本金、应计利息),贷记"银行存款"科目;同时,在预算会计中,借记"债务预算支出"科目(本金)、"其他支出"(利息支出),贷记"资金结存"科目。

【例 11-18】 20×0 年 1 月 1 日,某事业单位为构建一项固定资产从银行借入一笔借款 500 000 元,期限为 3 年,年利率为 6%,到期一次还本付息。工程的建造期限为 2 年,2 年后工程如期完工并交付使用。每年应计利息 30 000 元($500\,000 \times 6\% \times 1$),前 2 年利息 60 000 元计入在建工程,第三年的利息 30 000 元计入其他费用。3 年到期本金和利息共计 590 000 元(500 000+90 000)。以上借款本息均通过银行存款账户收付。该事业单位应编制的会计分录为:

(1) 借入款项时。

在财务会计中:

借:银行存款 500 000
　　贷:长期借款——本金 500 000

同时,在预算会计中:

借:资金结存——货币资金 500 000
　　贷:债务预算收入 500 000

(2) 20×0 年、20×1 年年末计提专门借款应计利息时。

在财务会计:

借:在建工程 30 000
　　贷:长期借款——应计利息 30 000

在预算会计中不做账务处理。

(3) 20×2 年年末以银行存款归还长期借款的本金和利息。

在财务会计中:

借:长期借款——本金 500 000
　　　　　　——应计利息 60 000
　　其他费用——利息费用 30 000
　　贷:银行存款 590 000

同时,在预算会计中:

借:债务还本支出 500 000
　　其他支出——利息支出 90 000
　　贷:资金结存——货币资金 590 000

二、长期应付款

长期应付款是指事业单位发生的偿还期限超过 1 年(不含 1 年)的应付款项。例如,以融资租赁租入固定资产的租赁费、跨年度分期付款购入固定资产的价款。

为了核算长期应付款业务,事业单位应设置"长期应付款"总账科目。本科目期末贷方余额,反映事业单位尚未支付的长期应付款。本科目应当按照长期应付款的类别以及债权人进行明细核算。本科目期末贷方余额,反映单位尚未支付的长期应付款金额。

事业单位发生长期应付款时,在财务会计中,借记"固定资产""在建工程"等科目,贷记"长期应付款"科目。支付长期应付款时,按照实际支付的金额,在财务会计中,借记"长期应付款"科目,贷记"财政拨款收入""零余额账户用款额度""银行存款"等科目;同时,在预算会计中,借记"行政支出""事业支出""经营支出"科目,贷记"财政拨款预算收入""资金结存"科目。涉及增值税业务的,相关账务处理参见"应交增值税"科目的账务处理。无法偿付或债权人豁免偿还的长期应付款,应当按照规定报经批准后进行账务处理。经批准核销时,在财务会计中,借记"长期应付款"科目,贷记"其他收入"科目。在预算会计中不做账务处理。核销的长期应付款应在备查簿中保留登记。涉及质保金形成长期应付款的,相关账务处理参见"固定资产"科目。

【例 11-19】 某事业单位采用跨年度分期付款方式向甲公司购入一台机器设备 300 000 元,合同规定,每年年末以银行存款支付 100 000 元,连续支付 3 年。该单位以银行存款支付购入设备的运输费 8 000 元。该项固定资产已经验收,并投入事业活动的使用。该事业单位每年年末以银行存款向甲公司支付 100 000 元的货款。根据以上经济业务,该事业单位应编制的会计分录为:

(1) 购入设备并投入使用时。

在财务会计中:

借:固定资产 308 000
　　贷:长期应付款——分期付款方式购入固定资产款 300 000
　　　　银行存款 8 000

同时,在预算会计中:

借:事业支出 8 000
　　贷:资金结存——货币资金 8 000

(2) 之后连续 3 年按规定支付款项时。

在财务会计:

借:长期应付款——分期付款方式购入固定资产款 100 000
　　贷:银行存款 100 000

同时,在预算会计中:

借:事业支出 100 000
　　贷:资金结存——货币资金 100 000

三、预计负债

预计负债是指单位对因或有事项所产生的现时义务而确认的负债,如对未决诉讼等确认的负债。

为了核算预计负债业务,单位应设置"预计负债"总账科目。本科目应当按照预计负债的项目进行明细核算。本科目期末贷方余额,反映单位已确认但尚未支付的预计负债金额。

单位确认预计负债时,按照预计的金额,在财务会计中,借记"业务活动费用""经营费用""其他费用"等科目,贷记"预计负债"科目。实际偿付预计负债时,按照偿付的金额,在财务会计中,借记"预计负债"科目,贷记"银行存款""零余额账户用款额度"等科目;同时,在预算会计中,借记"行政支出""事业支出""经营支出"科目,贷记"资金结存"科目。根据确凿证据需要对已确认的预计负债账面余额进行调整的,按照调整增加的金额,在财务会计中,借记有关科目,贷记"预计负债"科目;按照调整减少的金额,在财务会计中,借记"预计负债"科目,贷记有关科目。在预算会计中不做账务处理。

【例 11-20】 某事业单位在开展非独立核算的经营活动中因合同违约被丁公司在法院起诉。年末,该单位尚未接到法院的判决。在咨询了单位的法律顾问后,认为最终的法律判决很可能对本单位不利,预计将要支付的赔偿金额、诉讼费等费用为 16 000 元。次年,经法院判决,该事业单位需要向丁公司支付赔款 18 000 元,该事业单位以银行存款支付了该笔赔款。

该项赔款按规定应计入经营活动费用。该事业单位应编制的会计分录为：

(1) 年末,确认预计负债。

在财务会计中：

借：经营费用　　　　　　　　　　　　　　　　　　　　　　　　16 000
　　贷：预计负债——未决诉讼　　　　　　　　　　　　　　　　　　16 000

在预算会计中不做账务处理。

(2) 次年,判决后,偿付赔款。

在财务会计中：

借：预计负债——未决诉讼　　　　　　　　　　　　　　　　　　16 000
　　经营费用　　　　　　　　　　　　　　　　　　　　　　　　 2 000
　　贷：银行存款　　　　　　　　　　　　　　　　　　　　　　　18 000

同时,在预算会计中：

借：经营支出　　　　　　　　　　　　　　　　　　　　　　　　18 000
　　贷：资金结存——货币资金　　　　　　　　　　　　　　　　　18 000

四、受托代理负债

受托代理负债是指单位接受委托取得受托代理资产时形成的负债。

为了核算受托代理负债业务,单位应设置"受托代理负债"总账科目。本科目的账务处理参见"受托代理资产""库存现金""银行存款"等科目的账务处理。本科目期末贷方余额,反映单位尚未交付或发出受托代理资产形成的受托代理负债金额。其具体核算举例请参阅[例10-3]和[例10-76]。

复习思考题

1. 单位的负债包括哪些内容？
2. 什么是短期借款？它应当如何核算？
3. 什么是单位的应交增值税和应交其他税费？它具体包括哪些内容？它应当如何核算？
4. 什么是单位的应缴国财政款？它应当如何核算？
5. 什么是单位的应付政府补贴款？它应当如何核算？
6. 单位的"应付职工薪酬"如何核算？它应设置哪些明细科目？它具体分别核算什么内容？
7. 单位的应付及预收款项包括哪些内容？它们各自应当如何核算？
8. 什么是单位的非流动负债,如何核算？

第十一章课后练习题

第十二章 行政事业单位的收入与预算收入

第一节 财政拨款(预算)收入

收入是指行政事业单位在履行职责或开展专业业务活动及辅助活动中依法取得的非偿还性资金,主要包括财政拨款收入、事业收入、上级补助收入、附属单位上缴收入、经营收入、非同级财政拨款收入、投资收益、捐赠收入、租金收入、利息收入和其他收入等;预算收入是指行政事业单位在履行职责或开展专业业务活动及辅助活动中依法取得的纳入部门预算管理的资金,主要包括政拨款预算收入、事业预算收入、上级补助预算收入、附属单位上缴预算收入、经营预算收入、非同级财政拨款预算收入、投资预算收益、债务预算收入和其他预算收入等。在行政事业单位会计中,收入属于财务会计要素,确认遵循权责发生制;预算收入属于预算会计要素,确认依据收付实现制。本节先介绍财政拨款收入与财政拨款预算收入,简称财政拨款(预算)收入。

一、财政拨款(预算)收入的概念与核算科目的设置

(一) 财政拨款收入的概念与核算科目的设置

财政拨款收入是指行政事业单位按照核定的部门预算,从同级财政部门取得的各类财政拨款。其中,同级财政部门是指行政事业单位的预算管理部门。行政事业单位预算需要经过同级财政部门批准后才能开始执行。在实务中,大多数行政单位属于主管预算单位或一级预算单位,直接向同级政府财政部门申请取得财政拨款。大多数事业单位为二级或者二级以下预算单位,其预算首先需要上报其主管预算单位或者一级预算单位,并经其主管或者一级预算单位审核汇总后,再向同级政府财政部门申报取得财政拨款。无论是一级预算单位还是二级或者二级以下的预算单位,只要存在部门预算隶属关系,相应的行政事业单位都属于向同级政府财政部门申请取得财政拨款收入的单位。行政事业单位从非同级政府财政部门取得的经费拨款,不作为财政拨款(预算)收入核算,而作为非同级财政拨(预算)收入核算。各类财政拨款是指所有财政拨款,包括一般公共预算财政拨款和政府性基金预算拨款等。

财政拨款收入是行政事业单位开展业务活动的基本财力保证。行政单位履行行政职能或开展业务活动的资金主要甚至是全部来源于财政拨款收入,公益一类事业单位的情况与行政单位相似。公益二类事业单位可以取得的财政拨款收入数额,取决于其专业业务活动的特点以及通过开展专业业务活动可以从市场上取得的事业收入的数额。目前,事业单位在开展专业业务活动中的业务收费需经政府部门批准,由政府部门实行统一管理。

为了核算财政拨款收入业务,行政事业单位财务会计应设置"财政拨款收入"总账科目。本科目可按照一般公共预算财政拨款、政府性基金预算财政拨款等拨款种类进行明细核算。期末,将本科目本期发生额转入本期盈余。结转后,本科目应无余额。

(二) 财政拨款预算收入的概念与核算科目的设置

财政拨款预算收入是指行政事业单位按照核定的部门预算,从同级财政部门取得的各类财政拨款。

为了核算财政拨款预算收入业务,行政事业单位预算会计应设"财政拨款预算收入"总账科目。本科目应当设置"基本支出"和"项目支出"两个明细科目,并按照《政府收支分类科目》中支出功能分类科目的项级科目进行明细核算;同时,在"基本支出"明细科目下按照"人员经费"和"日常公用经费"进行明细核算,在"项目支出"明细科目下按照具体项目进行明细核算。年末,将本科目本年发生额转入财政拨款结转。结转后,本科目应无余额。有一般公共预算财政拨款、政府性基金预算财政拨款等两种或两种以上财政拨款的单位,还应当按照财政拨款的种类进行明细核算。

"财政拨款预算收入"总账科目应当按照行政事业单位预算管理的要求设置明细科目,进行明细核算。按照行政事业单位预算管理的要求,行政事业单位预算应当区分基本支出预算和项目支出预算,其中,基本支出预算还应当区分人员经费预算和日常公用经费预算。此外,"财政拨款预算收入"总账科目还需要按照履行职能的种类进行预算管理和反映,即"财政拨款预算收入"总账科目还应当按照《政府收支分类科目》中的支出功能分类科目设置明细科目,进行明细核算,并与财政总预算会计"一般公共预算本级支出""政府性基金预算本级支出"总账科目下设置的支出功能分类科目明细科目应当是一致的。

实际上,各项预算收入科目都需要严格按照预算管理的要求设置相关的明细科目,并按照与预算管理要求相一致的原则进行明细核算。预算支出科目的情况也是如此。只有这样,预算执行情况才能得到如实的反映。

二、财政拨款(预算)收入的核算

财政拨款(预算)收入的拨款方式有三种:一是财政直接支付方式;二是财政授权支付方式;三是实拨资金方式。三种财政资金支付方式的业务流程不尽相同,因此,单位财政拨款(预算)收入的确认也有一些区别,下面对其分别介绍。

(一) 财政直接支付方式下取得的财政拨款(预算)收入

在财政直接支付方式下,行政事业单位根据收到的"财政直接支付入账通知书"及相关原始凭证,按照通知书中的直接支付入账金额,在财务会计中,借记"库存物品""固定资产""业务活动费用""单位管理费用""应付职工薪酬"等科目,贷记"财政拨款收入"科目;同时,在预算会计中,借记"行政支出""事业支出"科目,贷记"财政拨款预算收入"科目。涉及增值税业务的,相关账务处理参见"应交增值税"科目的账务处理。

年末,根据本年度财政直接支付预算指标数与当年财政直接支付实际支出数的差额,在财务会计中,借记"财政应返还额度——财政直接支付"科目,贷记"财政拨款收入"科目;同时,在预算会计中,借记"资金结算——财政应返还额度"科目,贷记"财政拨款预算收入"科目。

因差错更正或购货退回等发生国库直接支付款项退回的,属于本年度支付的款项,按照退回金额,在财务会计中,借记"财政拨款收入"科目,贷记"业务活动费用""库存物品"等科目;同时,在预算会计中,借记"财政拨款预算收入"科目,贷记"行政支出""事业支出"等科目。

【例 12-1】 某行政单位通过财政直接支付方式向甲公司支付一笔款项 34 800 元,具体内容为购买一项专用技术设备。该设备不需安装,验收合格,作为固定资产管理。根据"财政直接支付入账通知书"及相关原始凭证,该行政单位应编制的会计分录为:

在财务会计中：

借：固定资产　　　　　　　　　　　　　　　　　　　　　　　　　　　34 800
　　贷：财政拨款收入　　　　　　　　　　　　　　　　　　　　　　　　　　34 800

同时，在预算会计中：

借：行政支出　　　　　　　　　　　　　　　　　　　　　　　　　　　34 800
　　贷：财政拨款预算收入　　　　　　　　　　　　　　　　　　　　　　　　34 800

上述业务既需要在财务会计中核算，也需要在预算会计中核算。在财务会计中，根据不同的业务内容，与"财政拨款收入"科目相对应的科目可以是"业务活动费用""库存商品""固定资产""应付职工薪酬""应付账款""应付账款"等科目；同时，在预算会计中，与"财政拨款预算收入"科目相对应的科目是"行政支出"科目（行政单位）和"事业支出"科目（事业单位）。

在财政直接支付方式下，财务会计中的财政拨款收入和预算会计中的财政拨款预算收入，都是在收到"财政直接支付入账通知书"及相关原始凭证，以及年末确认尚未使用的预算指标时确认。在这种方式下，确认财政拨款（预算）收入时，行政事业单位实际上已经使用了财政资金。

（二）财政授权支付方式下取得的财政拨款（预算）收入

财政授权支付方式下，根据收到的"财政授权支付额度到账通知书"，按照通知书中的授权支付额度，在财务会计中，借记"零余额账户用款额度"科目，贷记"财政拨款收入"科目；同时，在预算会计中，借记"资金结存——零余额账户用款额度"科目，贷记"财政拨款预算收入"科目。

【例 12-2】 某事业单位收到财政部门委托代理银行转来的"财政直接支付入账通知书"，收到日常公用经费的财政授权支付额度共计 16 000 元。根据"财政直接支付入账通知书"，该事业单位应编制的会计分录为：

在财务会计中：

借：零余额账户用款额度　　　　　　　　　　　　　　　　　　　　　　　16 000
　　贷：财政拨款收入　　　　　　　　　　　　　　　　　　　　　　　　　　16 000

同时，在预算会计中：

借：资金结存——零余额账户用款额度　　　　　　　　　　　　　　　　　　16 000
　　贷：财政拨款预算收入　　　　　　　　　　　　　　　　　　　　　　　　16 000

在财政授权支付方式下，财务会计中的财政拨款收入和预算会计中的财政拨款预算收入，都是在收到代理银行转来的"财政授权支付额度到账通知书"，以及年末确认尚未收到或下达的预算指标确认。在这种方式下，确认财政拨款（预算）收入时，行政事业还没有实际使用财政资金，收到的仅仅是一个用款额度，而不是实际的货币资金。

（三）财政实拨资金方式下取得的财政拨款（预算）收入

行政事业单位在实拨资金方式下收到财政拨款收入时，按照实际收到的金额，在财务会计中，借记"银行存款"等科目，贷记"财政拨款收入"科目；同时，在预算会计中，借记"资金结存——货币资金"科目，贷记"财政拨款预算收入"科目。

【例 12-3】 某事业单位尚未纳入财政国库单一账户制度改革。该事业单位收到开户银行转来的收款通知，收到财政部门拨入的一笔本期专项事业活动预算经费 30 000 元。该事业单位应编制的会计分录为：

在财务会计中：

借：银行存款 30 000
　　贷：财政拨款收入 30 000

同时，在预算会计中：

借：资金结存——货币资金 30 000
　　贷：财政拨款预算收入 30 000

在实拨资金方式下，行政事业单位在收到开户银行转来的收款通知时，确认财政拨款（预算）收入，即实际收到货币资金。

目前，绝大多数单位已经进行了财政国库单一账户制度改革，因此，实践中财政实拨资金支付方式已经很少使用。

（四）财政拨款收入期末结转

期末，在财务会计中，行政事业单位应将"财政拨款收入"科目本期发生额转入本期盈余，借记"财政拨款收入"科目，贷记"本期盈余"科目。结转后，"财政拨款收入"科目无余额。

【例 12-4】 月末，某事业单位"财政拨款收入"科目的本期发生额为 78 000 元。该事业单位将其转入"本期盈余"科目。该事业单位应编制的会计分录为：

在财务会计中：

借：财政拨款收入 78 000
　　贷：本期盈余 78 000

在预算会计中不做账务处理。

（五）财政拨款预算收入年末结转

年末，在预算会计中，行政事业单位将"财政拨款预算收入"科目本期发生额转入财政拨款结转，借记"财政拨款预算收入"科目，贷记"财政拨款结转——本年收支结转"科目。结转后，"财政拨款预算收入"科目无余额。

【例 12-5】 年末，某事业单位"财政拨款预算收入"科目的本年贷方发生额为 75 000 元。该事业单位将其转入"财政拨款结转——本年收支结转"科目。该事业单位应编制的会计分录为：

在预算会计中：

借：财政拨款预算收入 75 000
　　贷：财政拨款结转——本年收支结转 75 000

在预算会计中不做账务处理。

（六）同时有一般公共预算财政拨款和政府性基金预算财政拨款情况下取得的财政拨款预算收入

上述举例是假定单位仅有一般公共预算财政拨款情况下的财政拨款预算收入的核算。如果单位有一般公共预算财政拨款和政府性基金预算财政拨款两种财政预算拨款的，"财政拨款（预算）收入"科目应按财政拨款收入的不同资金性质设置"一般公共预算财政拨款""政府性基金预算财政拨款"等明细科目进行明细核算。

【例 12-6】 某事业单位同时有一般公共预算财政拨款和政府性基金预算财政拨款。该事业单位收到单位零余额账户代理银行转来的"财政授权支付额度到账通知书"，收到由一般公共财政预算资金安排的财政授权支付额度 25 000 元,具体为日常公用经费使用额度。同时,通过财政直接支付方式支付一笔政府性基金预算款项 36 800 元,具体内容为支付购买专用设备的款项。购买的专用设备已验收并投入使用,作为固定资产管理。该事业单位应编制的会计分录为:

(1) 收到单位零余额账户代理银行转来的"财政授权支付额度到账通知书"时。

在财务会计中:

借:零余额账户用款额度　　　　　　　　　　　　　　　　　　　　25 000
　　贷:财政拨款收入——一般公共预算财政拨款　　　　　　　　　　25 000

同时,在预算会计中:

借:资金结存——零余额账户用款额度　　　　　　　　　　　　　　25 000
　　贷:财政拨款预算收入——一般公共预算财政拨款　　　　　　　　25 000

(2) 通过财政直接支付方式支付一笔政府性基金预算款项时。

在财务会计中:

借:固定资产　　　　　　　　　　　　　　　　　　　　　　　　　36 800
　　贷:财政拨款收入——政府性基金预算财政拨款　　　　　　　　　36 800

同时,在预算会计中:

借:事业支出　　　　　　　　　　　　　　　　　　　　　　　　　36 800
　　贷:财政拨款预算收入——政府性基金预算财政拨款　　　　　　　36 800

(3) 期末,将"财政拨款收入"本期发生额 61 800 元转入本期盈余时。

在财务会计中:

借:财政拨款收入　　　　　　　　　　　　　　　　　　　　　　　61 800
　　贷:本期盈余　　　　　　　　　　　　　　　　　　　　　　　　61 800

在预算会计中不做账务处理。

(4) 年末,将上述"财政拨款预算收入"科目下"一般公共预算财政拨款"明细科目和"政府性基金预算财政拨款"明细科目的余额分别转入"财政拨款结转——本年收支结转"科目时。

在预算会计中:

借:财政拨款预算收入——一般公共预算财政拨款　　　　　　　　　25 000
　　贷:财政拨款结转——本年收支结转(一般公共预算财政拨款)　　25 000

借:财政拨款预算收入——政府性基金预算财政拨款　　　　　　　　36 800
　　贷:财政拨款结转——本年收支结转(政府性基金预算财政拨款)　36 800

在预算会计中不做账务处理。

同时有一般公共预算财政拨款和政府性基金预算财政拨款的单位,年终,财政拨款预算收入也应当按照一般公共预算财政拨款和政府性基金预算财政拨款分别结账,即"财政拨款结转"科目也需要区分财政拨款的种类或财政资金的性质进行明细核算。

与财政拨款结转相比,"本期盈余"科目不需要按照财政拨款种类或财政资金的性质进行明细核算。

第二节 事业(预算)收入

一、事业(预算)收入的概念与核算科目的设置

(一)事业收入的概念与核算科目的设置

事业收入是指事业单位开展专业业务活动及辅助活动所取得的收入。所谓专业业务活动,是指事业单位根据本单位专业特点所从事或开展的主要业务活动。辅助活动是指与专业业务活动相关、直接为专业业务活动服务的单位行政管理活动、后勤服务活动及其他有关活动。

不同行业的事业单位开展的专业业务活动及其辅助活动的具体内容不尽相同,因此,不同行业事业单位事业收入的种类也存在差异。根据相关事业单位行业财务制度的规定,事业单位的事业收入主要有以下九种:

(1) 高等学校的事业收入。
(2) 中小学校的事业收入。
(3) 科学事业单位的事业收入。
(4) 文化事业单位的事业收入。
(5) 文物事业单位的事业收入。
(6) 广播电视事业单位的事业收入。
(7) 医院的事业收入。
(8) 基层医疗卫生机构的事业收入。
(9) 体育事业单位的事业收入。

为了核算事业收入业务,事业单位财务会计应设置"事业收入"总账科目。本科目应当按照事业收入的类别、来源等进行明细核算。对于事业单位因开展科研及其辅助活动从非同级政府财政部门取得的经费拨款,应当在本科目下单设"非同级财政拨款"明细科目进行核算。本科目平时贷方余额反映事业收入的累计数额。期末,将本科目本期发生额转入本期盈余,期末结转后,本科目应无余额。

(二)事业预算收入的概念与核算科目的设置

事业预算收入是指事业单位开展专业业务活动及辅助活动所取得的现金流入。

为了核算事业预算收入业务,事业单位预算会计应设置"事业预算收入"总账科目。事业单位因开展科研及其辅助活动从非同级政府财政部门取得的经费拨款,也通过本科目核算。本科目应当按照事业预算收入类别、项目、来源以及《政府收支分类科目》中的支出功能分类科目项级科目等进行明细核算。对于因开展科研及其辅助活动从非同级政府财政部门取得的经费拨款,应当在本科目下单设"非同级财政拨款"明细科目进行明细核算;事业预算收入中如有专项资金收入,还应按照具体项目进行明细核算。年末,将本科目本年发生额中的专项资金收入转入非财政拨款结转,将本科目本年发生额中的非专项资金收入转入其他结余。年末结转后,本科目应无余额。

二、事业(预算)收入的核算

(一)采用财政专户返还方式管理的事业(预算)收入

事业单位实现应上缴财政专户的事业收入时,在财务会计中,按照实际收到或应收的金

额,借记"银行存款""应收账款"等科目,贷记"应缴财政款"科目。向财政专户上缴款项时,财务会计中,按照实际上缴的款项金额,借记"应缴财政款"科目,贷记"银行存款"等科目。收到从财政专户返还的事业(预算)收入时,按照实际收到的返还金额,在财务会计中,借记"银行存款"等科目,贷记"事业收入"科目;同时,在预算会计中,借记"资金结存——货币资金"科目,贷记"事业预算收入"科目。

【例12-7】 某事业单位收到一项应上缴财政专户的教育事业收入款项180 000元,当日送存开户银行,之后并按规定上缴财政专户。数日后,该事业单位收到一项从财政专户返还的事业(预算)收入80 000元,款项已存入银行。该事业单位应编制的会计分录为:

(1) 收到应上缴财政专户的教育事业收入款项时。

在财务会计中:

借:银行存款　　　　　　　　　　　　　　　　　　　　　　　　180 000
　　贷:应缴财政款　　　　　　　　　　　　　　　　　　　　　　　　180 000

在预算会计中不做账务处理。

(2) 按规定通过开户银行将上述款项上缴财政专户时。

在财务会计中:

借:应缴财政款　　　　　　　　　　　　　　　　　　　　　　　　180 000
　　贷:银行存款　　　　　　　　　　　　　　　　　　　　　　　　　180 000

在预算会计中不做账务处理。

(3) 收到从财政专户返还的事业(预算)收入时。

在财务会计中:

借:银行存款　　　　　　　　　　　　　　　　　　　　　　　　　80 000
　　贷:事业收入——教育事业收入　　　　　　　　　　　　　　　　　80 000

同时,在预算会计中:

借:资金结存——货币资金　　　　　　　　　　　　　　　　　　　80 000
　　贷:事业预算收入——教育事业预算收入　　　　　　　　　　　　　80 000

(二) 采用预收款方式确认的事业(预算)收入

事业单位实际收到预收款项时,按照收到的款项金额,在财务会计中,借记"银行存款"等科目,贷记"预收账款"科目;同时,在预算会计中,借记"资金结存"科目,贷记"事业预算收入"科目。以合同完成进度确认事业收入时,按照基于合同完成进度计算的金额,在财务会计中,借记"预收账款"科目,贷记"事业收入"科目。涉及增值税业务的,相关账务处理参见"应交增值税"科目的账务处理。

【例12-8】 某事业单位按照规定从付款方预收到一笔事业活动款项100 000元,款项已存入开户银行。期末,按合同完成进度计算确认本期实现的事业收入50 000元。该事业单位应编制的会计分录为:

(1) 从付款方收到预收款项时。

在财务会计中:

借:银行存款　　　　　　　　　　　　　　　　　　　　　　　　100 000
　　贷:预收账款　　　　　　　　　　　　　　　　　　　　　　　　100 000

同时,在预算会计中:

借:资金结存——货币资金 100 000
 贷:事业预算收入 100 000

(2)期末,确认归属于本期的事业收入时。

在财务会计中:

借:预收账款 50 000
 贷:事业收入 50 000

在预算会计中不做账务处理。

(三)采用应收款方式确认的事业(预算)收入

事业单位根据合同完成进度计算本期应收的款项,在财务会计中,借记"应收账款"科目,贷记"事业收入"科目。实际收到款项时,在财务会计中,借记"银行存款"等科目,贷记"应收账款"科目;同时,在预算会计中,借记"资金结存"科目,贷记"事业预算收入"科目。涉及增值税业务的,相关账务处理参见"应交增值税"科目的账务处理。

【例12-9】 某事业单位按照合同约定开展一项专业业务活动。月末,该事业单位按合同完成进度计算确认当月实现的事业收入为58 000元,款项尚未收到。次月,收到上月实现的事业收入58 000元,款项存入开户银行。该事业单位应编制的会计分录为:

(1)月末,确认当月实现的事业收入时。

在财务会计中:

借:应收账款 58 000
 贷:事业收入 58 000

在预算会计中不做账务处理。

(2)次月,收到上月实现的事业收入时。

在财务会计中:

借:银行存款 58 000
 贷:应收账款 58 000

同时,在预算会计中:

借:资金结存——货币资金 58 000
 贷:事业预算收入 58 000

(四)其他方式下确认的事业(预算)收入

一般来讲,其他方式下事业单位应按照实际收到的金额确认事业(预算)收入,按照实际收到的金额,在财务会计中,借记"银行存款""库存现金"等科目,贷记"事业收入"科目;同时,在预算会计中,借记"资金结存——货币资金"科目,贷记"事业预算收入"科目。涉及增值税业务的,相关账务处理参见"应交增值税"科目的账务处理。

【例12-10】 某事业单位在开展专业业务活动中收到门票现金收入1 500元。该事业单位会计应编制的会计分录为:

在财务会计中:

借:库存现金 1 500
 贷:事业收入 1 500

同时，在预算会计中：

借：资金结存——货币资金　　　　　　　　　　　　　　　　　　　　1 500
　　贷：事业预算收入　　　　　　　　　　　　　　　　　　　　　　　　　1 500

【例12-11】　某事业单位的部门预算隶属关系为某卫生部门。某日，该事业单位收到科技部门拨入一项科研项目经费55 000元；同时收到教育部门拨入一项教育项目经费25 000元。收到的科教项目经费收入合计80 000元，款项已存入开户银行。该事业单位应编制的会计分录为：

在财务会计中：

借：银行存款　　　　　　　　　　　　　　　　　　　　　　　　　　　80 000
　　贷：事业收入——非同级财政拨款（科技部门）　　　　　　　　　　　　55 000
　　　　　　　　——非同级财政拨款（教育部门）　　　　　　　　　　　　25 000

同时，在预算会计中：

借：资金结存——货币资金　　　　　　　　　　　　　　　　　　　　80 000
　　贷：事业预算收入——非同级财政拨款　　　　　　　　　　　　　　　55 000
　　　　　　　　　　——非同级财政拨款　　　　　　　　　　　　　　　25 000

（五）事业收入的期末结转

期末，在财务会计中，事业单位将"事业收入"科目本期发生额转入本期盈余，借记"事业收入"科目，贷记"本期盈余"科目。结转后，"事业收入"科目无余额。

【例12-12】　月末，某事业单位"事业收入"科目本期发生额为35 000元，将其转入本期盈余。该事业单位应编制的会计分录为：

在财务会计中：

借：事业收入　　　　　　　　　　　　　　　　　　　　　　　　　　　35 000
　　贷：本期盈余　　　　　　　　　　　　　　　　　　　　　　　　　　　35 000

（六）事业预算收入年末结转

年末，在预算会计中，将"事业预算收入"科目本年发生额中的专项资金收入转入非财政拨款结转，借记"事业预算收入"科目下各专项资金收入明细科目，贷记"非财政拨款结转——本年收支结转"科目；将"事业预算收入"科目本年发生额中的非专项资金收入转入其他结余，借记"事业预算收入"科目下各非专项资金收入明细科目，贷记"其他结余"科目。结转后，"事业预算收入"科目应无余额。

【例12-13】　年末，某事业单位"事业预算收入"科目本年发生额为75 000元，其中，专项资金收入20 000元，非专项资金收入55 000元，将其分别转入"非财政拨款结转——本年收支结转""其他结余"科目。该事业单位应编制的会计分录为：

在预算会计中：

借：事业预算收入　　　　　　　　　　　　　　　　　　　　　　　　　75 000
　　贷：非财政拨款结转——本年收支结转　　　　　　　　　　　　　　　20 000
　　　　其他结余　　　　　　　　　　　　　　　　　　　　　　　　　　55 000

事业预算收入的期末结转方法与财政拨款预算收入的期末结转方法不完全相同。"财政拨款预算收入"科目的本期发生额年末全数转入"财政补助结转"科目；"事业预算收入"科目的本期发生额年末需区分情况分别转入"非财政补助结转"科目或"其他结余"科目。

第三节 上级补助(预算)收入

一、上级补助(预算)收入的概念与核算科目的设置

(一) 上级补助收入的概念与核算科目的设置

上级补助收入是事业单位从上级单位取得的非财政性资金补助收入。它是由事业单位的上级单位用自身组织的收入或集中下级单位的收入拨给事业单位的资金,是上级单位用于调剂附属单位资金收支余缺的机动财力。也就是说,事业单位按经费领拨关系取得的财政拨款收入不足弥补正常业务活动的开支时,还可以向上级单位申请取得非财政性补助款。行政单位没有上级补助收入业务。

上级补助收入与财政拨款收入的主要差别是:①财政拨款收入来源于同级财政部门,资金性质为财政资金;上级补助收入来源于主管部门或上级单位,资金性质为非财政资金,如主管部门或上级单位自身组织的收入或集中下级单位的收入等。②财政拨款收入属于事业单位的常规性收入,是事业单位开展业务活动的基本保证;上级补助收入属于事业单位的非常规性收入,主管部门或上级单位一般根据自身资金情况和事业单位的需要,向事业单位拨付上级补助资金。

为了核算上级补助收入业务,事业单位财务会计应设置"上级补助收入"科目。本科目核算事业单位从主管部门和上级单位取得的非财政拨款收入。本科目应当按照发放补助单位、补助项目等进行明细核算。期末,将本科目本期发生额转入"本期盈余"科目。结转后,本科目应无余额。

(二) 上级补助预算收入的概念与核算科目的设置

上级补助预算收入是事业单位从上级单位取得的非财政性资金补助的现金流入。

为了核算上级补助预算收入业务,事业单位预算会计应设置"上级补助预算收入"总账科目。本科目应当按照发放补助单位、补助项目、《政府收支分类科目》中支出功能分类科目的项级科目等进行明细核算。上级补助预算收入中如有专项资金收入,还应按照具体项目进行明细核算。年末,将本科目本年发生额中的专项资金收入转入非财政拨款结转;将本科目本年发生额中的非专项资金收入转入其他结余。年末结转后,本科目应无余额。

二、上级补助(预算)收入的核算

(一) 上级补助(预算)收入的日常核算

事业单位确认上级补助收入时,按照应收或实际收到的金额,在财务会计中,借记"其他应收款""银行存款"等科目,贷记"上级补助收入"科目。实际收到应收的上级补助款时,按照实际收到的金额,在财务会计中,借记"银行存款"等科目,贷记"其他应收款"科目;同时,在预算会计中,借记"资金结存"科目,贷记"上级补助预算收入"科目。

【例12-14】 某中学为某高校的附属单位。该中学按规定应确认上级单位一笔非财政性的补助款项30 000元,用于补充日常公用经费。数日后,该中学接到银行通知,收到上级单位拨来一笔非财政性的补助款项30 000元。同时,该中学接到银行通知,收到上级单位拨来一笔非财政性的补助款项28 000元,专项用于教学设备购置。该中学应编制的会计分录为:

(1) 按规定确认上级单位的应补助款项时。

在财务会计中：

借：其他应收款 30 000
　　贷：上级补助收入 30 000

在预算会计中不做账务处理。

(2) 收到上级单位的日常公用经费补助款项时。

在财务会计中：

借：银行存款 30 000
　　贷：其他应收款 30 000

同时，在预算会计中：

借：资金结存——货币资金 30 000
　　贷：上级补助预算收入——非专项资金 30 000

(3) 收到上级单位的专项用于教学设备购置的补助款项时。

在财务会计中：

借：银行存款 28 000
　　贷：上级补助收入 28 000

同时，在预算会计中：

借：资金结存——货币资金 28 000
　　贷：上级补助预算收入——专项资金 28 000

（二）上级补助收入的期末结转

期末，在财务会计中，将"上级补助收入"科目本期发生额转入"本期盈余"科目，借记"上级补助收入"科目，贷记"本期盈余"科目。结转后，"上级补助收入"科目应无余额。

【例12-15】 期末，某事业单位"上级补助收入"科目本期发生额为58 000元。该事业单位将其转入"本期盈余"科目。该事业单位应编制的会计分录为：

在财务会计中：

借：上级补助收入 58 000
　　贷：本期盈余 58 000

（三）上级补助预算收入的年末结转

年末，在预算会计中，将"上级补助预算收入"科目本年发生额中的专项资金收入转入非财政拨款结转，借记"上级补助预算收入"科目下各专项资金收入明细科目，贷记"非财政拨款结转——本年收支结转"科目；将"上级补助预算收入"科目本年发生额中的非专项资金收入转入其他结余，借记"上级补助预算收入"科目下各非专项资金收入明细科目，贷记"其他结余"科目。结转后，"上级补助预算收入"科目应无余额。

【例12-16】 年末，某事业单位"上级补助预算收入"科目本年发生额为58 000元，其中：专项资金本年发生额为28 000元，非专项资金本年发生额为30 000元。该事业单位将其分别转入"非财政拨款结转——本年收支结转"科目和"其他结余"科目。该事业单位应编制会计分录为：

在预算会计中：

借：上级补助预算收入 28 000
　　贷：非财政拨款结转——本年收支结转 28 000

同时，

借：上级补助预算收入　　　　　　　　　　　　　　　　　　　　　　30 000

　　贷：其他结余　　　　　　　　　　　　　　　　　　　　　　　　　　30 000

第四节　附属单位上缴(预算)收入

一、附属单位上缴(预算)收入的概念与核算科目的设置

(一) 附属单位上缴收入的概念与核算科目的设置

附属单位上缴收入是指事业单位附属独立核算单位按规定标准或比例上缴的收入。附属单位上缴收入是财务会计要素，按照权责发生制确认。事业单位的附属单位上缴收入主要包括附属的事业单位上缴的收入和附属的企业上缴的利润等。行政单位没有附属单位上缴收入业务。

事业单位的附属独立核算的单位可以是事业单位，也可以是企业(或公司)。事业单位与其附属独立核算的事业单位通常存在行政隶属关系和预算管理关系；与其附属独立核算的企业通常不仅存在投资上的资金联系，而且还存在有权任免其管理人员职务、支持或否决其决策等权力联系。事业单位的附属独立核算企业大多曾经是事业单位的一个组成部分，从事相应的业务活动，后因种种原因从事业单位中独立出来，成为独立核算的法人实体。如果事业单位与一个企业只存在投资上的联系，一般认为该企业只是事业单位的投资单位，而不是事业单位的附属独立核算单位。

事业单位取得的附属单位上缴收入，是凭借特定的经济关系获得的，一旦取得，即为事业单位拥有，即可确认为收入。事业单位开展非独立核算经营活动取得的收入，应确认为经营收入，不作为附属单位上缴收入。事业单位对附属独立核算单位经营项目的投资所获得的收入，应确认为投资收益，不作为附属单位上缴收入。事业单位与其附属独立核算单位之间的业务往来款项，如事业单位向其附属独立核算单位提供专业服务而收到的款项，应确认为事业收入，不作为附属单位上缴收入。

为了核算附属单位上缴收入业务，事业单位财务会计应设置"附属单位上缴收入"总账科目。本科目核算事业单位取得的附属独立核算单位按照有关规定上缴的收入。本科目应当按照附属单位、缴款项目等进行明细核算。期末，将本科目本期发生额结转入"本期盈余"科目。结转后，本科目无余额。

(二) 附属单位上缴预算收入的概念与核算科目的设置

附属单位上缴预算收入是指事业单位附属独立核算单位按规定标准或比例上缴的现金流入。附属单位上缴预算收入是预算会计要素，按照收付实现制确认。

为了核算附属单位上缴预算收入业务，事业单位预算会计应设置"附属单位上缴预算收入"总账科目。本科目应当按照附属单位、缴款项目、《政府收支分类科目》中支出功能分类科目的项级科目等进行明细核算。附属单位上缴预算收入中如有专项资金收入，还应按照具体项目进行明细核算。年末，将本科目本年发生额中的专项资金收入转入非财政拨款结余；将本科目本年发生额中的非专项资金收入转入其他结余。年末结转后，本科目应无余额。

二、附属单位上缴(预算)收入的核算

(一)附属单位上缴(预算)收入的日常核算

事业单位确认附属单位上缴收入时,在财务会计中,按照应收或收到的金额,借记"其他应收款""银行存款"等科目,贷记"附属单位上缴收入"科目。实际收到应收附属单位上缴款时,在财务会计中,按照实际收到的金额,借记"银行存款"等科目,贷记"其他应收款"科目;同时,在预算会计中,按照实际收到的金额,借记"资金结存——货币资金"科目,贷记"附属单位上缴预算收入"科目。

【例12-17】 某事业单位按规定确认一笔附属单位应上缴的收入 37 800 元,款项尚未收到。次月,实际收到该笔附属单位上缴收入 37 800 元,款项已存入开户银行。该事业单位应编制的会计分录为:

(1)按规定确认附属单位上缴收入时。

在财务会计中:

借:其他应收款——附属单位　　　　　　　　　　　　　　　　　　　　37 800
　　贷:附属单位上缴收入　　　　　　　　　　　　　　　　　　　　　　　　37 800

在预算会计中不做账务处理。

(2)实际收到附属单位上缴收入时。

在财务会计中:

借:银行存款　　　　　　　　　　　　　　　　　　　　　　　　　　　　37 800
　　贷:其他应收款——附属单位　　　　　　　　　　　　　　　　　　　　　37 800

同时,在预算会计中:

借:资金结存——货币资金　　　　　　　　　　　　　　　　　　　　　　37 800
　　贷:附属单位上缴预算收入　　　　　　　　　　　　　　　　　　　　　　37 800

(二)附属单位上缴收入的期末结转

期末,在财务会计中,将"附属单位上缴收入"科目本期发生额结转入"本期盈余"科目,借记"附属单位上缴收入"科目,贷记"本期盈余"科目。结转后,"附属单位上缴收入"科目无余额。

【例12-18】 期末,某事业单位"附属单位上缴收入"科目本期发生额为 37 800 元。该事业单位将其结转"本期盈余"科目。该事业单位应编制的会计分录为:

在财务会计中:

借:附属单位上缴收入　　　　　　　　　　　　　　　　　　　　　　　　37 800
　　贷:本期盈余　　　　　　　　　　　　　　　　　　　　　　　　　　　　37 800

(三)附属单位上缴预算收入的年末结账

年末,在预算会计中,将"附属单位上缴预算收入"科目本年发生额中的专项资金收入转入非财政拨款结转,借记"附属单位上缴预算收入"科目下各专项资金收入明细科目,贷记"非财政拨款结转——本年收支结转"科目;将"附属单位上缴预算收入"科目本年发生额中的非专项资金收入转入其他结余,借记"上级补助预算收入"科目下各非专项资金收入明细科目,贷记"其他结余"科目。结转后,"附属单位上缴预算收入"科目应无余额。

【例12-19】 年末,某事业单位"附属单位上缴预算收入"科目本年发生额为 60 000 元,其

中,专项资金收入 20 000 元,非专项资金收入 40 000 元。该事业单位将其分别转入"非财政拨款结转——本年收支结转"科目和"其他结余"科目。该事业单位应编制的会计分录为:

在预算会计中:

借:附属单位上缴预算收入　　　　　　　　　　　　　　　　　　　　　20 000
　　贷:非财政拨款结转——本年收支结转　　　　　　　　　　　　　　　　　20 000

同时,

借:附属单位上缴预算收入　　　　　　　　　　　　　　　　　　　　　40 000
　　贷:其他结余　　　　　　　　　　　　　　　　　　　　　　　　　　　40 000

事业单位的事业预算收入、上级补助预算收入和附属单位上缴预算收入的年末结账方法相同。

第五节　经营(预算)收入

一、经营(预算)收入的概念与核算科目的设置

(一) 经营收入的概念与核算科目的设置

经营收入是指事业单位在专业业务活动及辅助活动之外开展非独立核算经营活动取得的现金流入。经营收入应当在提供服务或发出存货,同时收讫价款或者取得索取价款的凭据时,按照实际收到或应收的金额予以确认。而经营预算收入应按实际收到的金额予以确认。行政单位没有经营收入业务。

经营收入具备以下两个特征:

(1) 经营收入是来自专业业务活动及辅助活动以外取得的收入。例如,作为事业单位的剧院,演出活动为专业业务活动,其取得的演出收入是事业收入;而剧院附设的商品部销售商品为专业业务活动及辅助活动以外的活动,其取得的销售收入则作为经营收入。

(2) 经营收入是非独立核算的经营活动取得的收入,而不是独立核算的经营业务取得的收入。例如,作为事业单位学校的校办企业,要单独设置财会机构或配备财会人员,单独设置账簿,单独计算盈亏,属于独立核算的经营活动。校办企业将纯收入的一部分上缴学校,学校收到后应当作为附属单位上缴收入处理,不能作为经营收入处理。但学校的车队、食堂等后勤单位,财务上不实行独立核算,其对社会服务取得的收入由学校集中进行会计核算,这部分收入应当作为经营收入处理。

事业收入和经营收入的共同特征是,它们都是事业单位在开展业务活动过程中,从服务或货品的接受者处取得的收入,它们都体现事业单位与服务或货品的接受者之间的交换关系。只是经营收入体现经营活动的保本和获得原则,事业收入体现事业活动的公益和福利原则。

事业单位经营收入与附属单位上缴收入的主要区别是:经营收入是事业单位开展非独立核算经营活动取得的收入,附属单位上缴收入是事业单位附属独立核算单位上缴的收入。事业单位开展的非独立核算经营活动应当是小规模的,不便或无法形成独立核算单位。如果相应的经营活动规模较大,应尽可能组建附属独立核算单位。之后,附属独立核算单位按规定向事业单位上缴款项,便形成事业单位的附属单位上缴收入。

事业单位经营收入的内容或种类通常包括:①销售商品收入,即事业单位非独立核算部

门销售商品取得的收入。②经营服务收入,即事业单位非独立核算部门对外提供经营服务取得的收入。③其他经营收入,即事业单位在专业业务活动及辅助活动之外,开展非独立核算经营活动取得的上述各项收入以外的收入。

为了核算经营收入业务,事业单位财务会计应设置"经营收入"总账科目。本科目应当按照经营活动类别、项目和收入来源等进行明细核算。期末结转时,将本科目贷方发生额转入"本期盈余"科目。结转后,本科目无余额。

(二)经营预算收入的概念与核算科目的设置

经营预算收入是指事业单位在专业业务活动及辅助活动之外开展非独立核算经营活动取得的现金流入。

为了核算经营预算收入业务,事业单位预算会计应设置"经营预算收入"总账科目。本科目应当按照经营活动类别、项目、《政府收支分类科目》中支出功能分类科目的项级科目等进行明细核算。年末,将本科目本年发生额转入经营结余。结转后,本科目应无余额。

二、经营(预算)收入的核算

(一)日常核算

事业单位实现经营收入时,在财务会计中,按照确定的收入金额,借记"库存现金""银行存款""应收账款""应收票据"等科目,贷记"经营收入"科目;同时,在预算会计中,按实际收到的金额,借记"资金结存——货币资金"科目,贷记"经营预算收入"科目。涉及增值税业务的,相关账务处理参见"应交增值税"科目的账务处理。

【例12-20】 某事业单位在专业活动及其辅助活动之外开展一项非独立核算的经营活动,取得经营收入5 150元,内容为对外销售某体育商品。收到购买单位一张银行承兑汇票。根据上述经济业务,该事业单位应编制的会计分录为:

(1)对外销售某体育商品,实现经营收入时。

在财务会计中:

$$经营收入 = 含税收入 \div (1+3\%) = 5\,150 \div (1+3\%) = 5\,000(元)$$

借:应收票据 5 150
  贷:经营收入——销售收入 5 000
    应交增值税 150

在预算会计中不做账务处理。

(2)票据到期收回票款时。

在财务会计中:

借:银行存款 5 150
  贷:应收票据 5 150

同时,在预算会计中:

借:资金结存——货币资金 5 150
  贷:经营预算收入 5 150

(二)经营收入的期末结转

期末,在财务会计中,将"经营收入"科目的本期发生额转入"本期盈余"科目,借记"经营收入"科目,贷记"本期盈余"科目。结转后,"经营收入"科目应无余额。

【例 12-21】 期末,某事业单位"经营收入"科目的本期发生额为 8 000 元。该事业单位将其转入"本期盈余"科目。该事业单位应编制的会计分录为:

在财务会计中:

借:经营收入　　　　　　　　　　　　　　　　　　　　　　　　　　　　　8 000
　　贷:本期盈余　　　　　　　　　　　　　　　　　　　　　　　　　　　　8 000

(三) 经营预算收入的年末结转

年末,在预算会计中,将"经营预算收入"科目本期发生额转入"经营结余"科目,借记"经营预算收入"科目,贷记"经营结余"科目。结转后,"经营预算收入"科目应无余额。

【例 12-22】 年末,某事业单位"经营预算收入"科目本年发生额为 45 000 元。该事业单位将其转入"经营结余"科目。该事业单位应编制的会计分录为:

在预算会计中:

借:经营预算收入　　　　　　　　　　　　　　　　　　　　　　　　　　　45 000
　　贷:经营结余　　　　　　　　　　　　　　　　　　　　　　　　　　　　45 000

第六节　非同级财政拨款(预算)收入

一、非同级财政(预算)收入的概念与核算科目的设置

(一) 非同级财政收入的概念与核算科目的设置

非同级财政拨款收入是指单位从非同级政府财政部门取得的经费拨款,包括从同级政府其他部门取得的横向转拨财政款、从上级或下级政府财政部门取得的非本级财政拨款等。

单位取得的非同级财政拨款收入,通常为接受业务委托,完成相应的专门项目或专项任务。

单位从非同级财政部门等取得的指定转给下级单位,且未纳入本单位预算管理的资金,不属于非同级财政拨款收入,属于单位的其他应付款。

为了核算非同级财政拨款收入业务,单位应设置"非同级财政拨款收入"总账科目。本科目应当按照本级横向转拨财政款和非本级财政拨款进行明细核算,并按照收入来源进行明细核算。期末,将本科目贷方发生额全数转入"本期盈余"科目。期末结转后,本科目应无余额。

对于因开展科研及其辅助活动从非同级政府财政部门取得的经费拨款,应当通过"事业收入——非同级财政拨款"科目进行核算,不通过本科目核算。其相关业务的核算举例可参阅[例 9-11]。

(二) 非同级财政预算收入的概念与核算科目的设置

非同级财政拨款预算收入是指单位从非同级政府财政部门取得的经费拨款,包括从同级政府其他部门取得的横向转拨财政款、从上级或下级政府财政部门取得的非本级财政拨款等。

为了核算非同级财政拨款预算收入业务,单位预算会计应设"非同级财政拨款预算收入"总账科目。本科目应当按照非同级财政拨款预算收入的类别、来源、《政府收支分类科目》中支出功能分类科目的项级科目等进行明细核算。非同级财政拨款预算收入中如有专项资金收

入,还应按照具体项目进行明细核算。年末,将本科目本年发生额中的专项资金收入转入非财政拨款结转,将本科目本年发生额中的非专项资金收入转入其他结余。年末结转后,本科目应无余额。

对于因开展科研及其辅助活动从非同级政府财政部门取得的经费拨款,应当通过"事业预算收入——非同级财政拨款"科目进行核算,不通过本科目核算。其相关业务的核算举例可参阅[例12-11]。

二、非同级财政拨款(预算)收入的核算

(一) 日常核算

单位确认非同级财政拨款收入时,在财务会计中,按照应收或实际收到的金额,借记"其他应收款""银行存款"等科目,贷记"非同级财政拨款收入"科目;同时,在预算会计中,按实际收到的金额,借记"资金结存"科目,贷记"非同级财政拨款预算收入"科目。

【例12-23】 某纳入市级财政部门预算范围的行政单位从当地区级财政部门获得一笔财政资金7 500元,具体内容为区政府给予的奖励性资金,没有规定用途,款项已存入银行。该行政单位应编制的会计分录为:

在财务会计中:

借:银行存款　　　　　　　　　　　　　　　　　　　　　　　　7 500
　　贷:非同级财政拨款收入　　　　　　　　　　　　　　　　　　　　7 500

同时,在预算会计中:

借:资金结存——货币资金　　　　　　　　　　　　　　　　　　　7 500
　　贷:非同级财政拨款预算收入——非专项资金收入　　　　　　　　　7 500

(二) 非同级财政拨款收入的期末结转

期末,在财务会计中,将"非同级财政拨款收入"科目本期发生额转入"本期盈余"科目,借记"非同级财政拨款收入"科目,贷记"本期盈余"科目。结转后,"非同级财政拨款收入"科目没有余额。

【例12-24】 期末,某行政单位"非同级财政拨款收入"科目本期发生额为15 500元。该行政单位将其转入"本期盈余"科目。该行政单位应编制的会计分录为:

在财务会计中:

借:非同级财政拨款收入　　　　　　　　　　　　　　　　　　　15 500
　　贷:本期盈余　　　　　　　　　　　　　　　　　　　　　　　　15 500

(三) 非同级财政拨款预算收入的年末结转

年末,在预算会计中,将"非同级财政拨款收入"科目本年发生额中的专项资金收入转入非财政拨款结转,借记"非同级财政拨款收入"科目下各专项资金收入明细科目,贷记"非财政拨款结转——本年收支结转"科目;将"非同级财政拨款收入"科目本年发生额中的非专项资金收入转入其他结余,借记"债务预算收入"科目下各非专项资金收入明细科目,贷记"其他结余"科目。结转后,"非同级财政拨款收入"科目应无余额。

【例12-25】 年末,某事业单位"非同级财政拨款预算收入"科目本年发生额为15 500元,其中专项资金8 000元,非专项资金7 500元,分别转入"非财政拨款结转——本年收支结转"科目和"其他结余"科目。该事业单位应当编制的会计分录为:

在预算会计中:
借:非同级财政拨款预算收入　　　　　　　　　　　　8 000
　　贷:非财政拨款结转——本年收支结转　　　　　　　　　　8 000
同时,
借:非同级财政拨款预算收入　　　　　　　　　　　　7 500
　　贷:其他结余　　　　　　　　　　　　　　　　　　　　7 500

非同级财政拨款预算收入核算案例

第七节　投资(预算)收益

一、投资(预算)收益的概念与核算设置的科目

(一) 投资收益的概念与核算设置的科目

投资收益是指事业单位股权投资和债券投资所实现的收益或发生的损失。其确认依据为权责发生制。

为了核算投资收益业务,事业单位财务会计应设置"投资收益"总账科目。本科目应当按照投资的种类等进行明细核算。期末结转时,将本科目贷方发生额全数转入"本期盈余"科目。结转后,本科目应无余额。

(二) 投资预算收益的概念与核算设置的科目

投资预算收益是指事业单位取得的按照规定纳入部门预算管理的属于投资收益性质的现金流入,包括股权投资收益、出售或收回债券投资所取得的收益和债券投资利息收入。其确认依据收付实现制。

为了核算投资预算收益业务,事业单位预算会计应设置"投资预算收益"总账科目。本科目应当按照《政府收支分类科目》中"支出功能分类科目"的项级科目等进行明细核算。年末,将本科目本年发生额转入其他结余。结转后,本科目应无余额。

二、投资(预算)收益的核算

(一) 日常核算

1. 短期投资收益

事业单位收到短期投资持有期间的利息,按照实际收到的金额,在财务会计中,借记"银行存款"科目,贷记"投资收益"科目,同时,在预算会计中,借记"资金结存——货币资金"科目,贷记"投资预算收益"科目。出售或到期收回短期债券本息,在财务会计中,按照实际收到的金额,借记"银行存款"科目,按照出售或收回短期投资的成本,贷记"短期投资"科目,按照其差额,贷记或借记"投资收益"科目;同时,在预算会计中,按照实际收到的金额,借记"资金结存——货币资金"科目,按照取得债券时"投资支出"科目的发生额,贷记"投资支出"(本年度)"其他结余"(以前年度)科目,按照其差额,贷记或借记"投资预算收益"科目。出售、转让以货币资金取得的长期股权投资的,其账务处理参照出售或到期收回债券投资。

【例12-26】　某事业单位于20×3年3月1日出售当年1月1日取得的一项短期债券投资,实际收到款项52 800元,款项已存入开户银行。取得债券时"投资支出"科目的发生额为50 000元。两者的差额2 800元(52 800-50 000)确认为投资收益。该事业单位应编制的会计分录为:

在财务会计中：

借：银行存款　　　　　　　　　　　　　　　　　　　　　　　　52 800
　　贷：短期投资　　　　　　　　　　　　　　　　　　　　　　　　50 000
　　　　投资收益　　　　　　　　　　　　　　　　　　　　　　　　2 800

同时，在预算会计中：

借：资金结存——货币资金　　　　　　　　　　　　　　　　　　52 800
　　贷：投资支出　　　　　　　　　　　　　　　　　　　　　　　　50 000
　　　　投资预算收益　　　　　　　　　　　　　　　　　　　　　　2 800

【例12-27】 承[例12-26]，假定该事业单位于20×3年3月1日出售20×2年12月20日取得的一项短期投资，其他资料相同。该事业单位应编制会计分录为：

在财务会计中：

借：银行存款　　　　　　　　　　　　　　　　　　　　　　　　52 800
　　贷：短期投资　　　　　　　　　　　　　　　　　　　　　　　　50 000
　　　　投资收益　　　　　　　　　　　　　　　　　　　　　　　　2 800

同时，在预算会计中：

借：资金结存——货币资金　　　　　　　　　　　　　　　　　　52 800
　　贷：其他结余　　　　　　　　　　　　　　　　　　　　　　　　50 000
　　　　投资预算收益——投资收益　　　　　　　　　　　　　　　　2 800

"投资支出"科目的本年发生额年末转入其他结余，因此，出售或到期收回以前年度取得的短期、长期债券，应当借记"资金结存—货币资金"科目，贷记"其他结余"科目，借贷差额确认为投资预算收益，即将以前年度结转至"其他结余"科目中的投资支出与实际收到的货币资金相抵，差额为投资预算收益。

2. 长期债券投资收益

持有的分期付息、一次还本的长期债券投资，按期确认利息收入时，按照计算确定的应收未收利息，在财务会计中，借记"应收利息"科目，贷记"投资收益"科目；此时，预算会计不进行账务处理。持有的到期一次还本付息的债券投资，按期确认利息收入时，按照计算确定的应收未收利息，借记"长期债券投资—应计利息"科目，贷记"投资收益"科目；此时，预算会计也不进行账务处理。出售长期债券投资或到期收回长期债券投资本息，按照实际收到的金额，借记"银行存款"等科目，按照债券初始投资成本和已计未收利息金额，贷记"长期债券投资—成本、应计利息"科目（到期一次还本付息债券）或"长期债券投资""应收利息"科目（分期付息债券），按照其差额，贷记或借记"投资收益"科目。

【例12-28】 某事业单位收到到期兑付的一次还本付息的长期债券投资本息共计315 000元，款项已存入银行。该项长期债券投资的成本300 000元，应计利息为13 500元，属于本期利息（投资收益）的有1 500元。该事业单位应编制的会计分录为：

在财务会计中：

借：银行存款　　　　　　　　　　　　　　　　　　　　　　　315 000
　　贷：长期债券投资——成本　　　　　　　　　　　　　　　　　300 000
　　　　长期债券投资——应计利息　　　　　　　　　　　　　　　　13 500
　　　　投资收益　　　　　　　　　　　　　　　　　　　　　　　　1 500

同时，在预算会计中：

借：资金结存——货币资金 315 000
　　贷：其他结余 300 000
　　　　投资预算收益——投资收益 15 000

3. 长期股权投资收益

采用成本法核算的长期股权投资持有期间，被投资单位宣告分派现金股利或利润时，按照宣告分派的现金股利或利润中属于单位应享有的份额，借记"应收股利"科目，贷记"投资收益"科目。采用权益法核算的长期股权投资持有期间，按照应享有或应分担的被投资单位实现的净损益的份额，借记或贷记"长期股权投资——损益调整"科目，贷记或借记"投资收益"科目；被投资单位发生净亏损，但以后年度又实现净利润的，单位在其收益分享额弥补未确认的亏损分担额等后，恢复确认投资收益，借记"长期股权投资—损益调整"科目，贷记"投资收益"科目。持有长期股权投资取得被投资单位分派的现金股利或利润时，按照实际收到的金额，借记"资金结存——货币资金"科目，贷记"投资预算收益"科目。

按照规定处置长期股权投资时有关投资收益的账务处理，参见长期股权投资核算的相关内容。出售、转让以非货币资金取得的长期股权投资时，按照实际收到的价款扣减支付的相关费用和应缴财政款后的余额（按照规定纳入单位预算管理的），借记"资金结存——货币资金"科目，贷记"投资预算收入"科目。

投资收益核算涉及增值税业务的，相关账务处理参见"应交增值税"科目。

【例 12-29】 某事业单位持有一项长期股权投资，采用成本法核算。按照被投资单位宣告分派的利润中属于单位应享有的份额确认投资收益 8 600 元。数日后，该事业单位收到被投资单位分派的利润 8 600 元，款项已存入开户银行。该事业单位应编制的会计分录为：

（1）被投资单位宣告分派的利润时。

在财务会计中：

借：应收股利 8 600
　　贷：投资收益 8 600

（2）收到被投资单位分派的利润时。

在财务会计中：

借：银行存款 8 600
　　贷：应收股利 8 600

同时，在预算会计中：

借：资金结存——货币资金 8 600
　　贷：投资预算收益 8 600

（二）投资收益的期末结转

期末，在财务会计中，将"投资收益"科目本期发生额结转"本期盈余"科目，借记或贷记"投资收益"科目，贷记或借记"本期盈余"科目。年末结转后，"投资收益"科目应无余额。

【例 12-30】 月末，某事业单位"投资收益"科目本期发生额为 8 600 元。该事业单位将其转入"本期盈余"科目。该事业单位应编制的会计分录为：

在财务会计中：

借：投资收益　　　　　　　　　　　　　　　　　　　　　　　　　　8 600
　　贷：本期盈余　　　　　　　　　　　　　　　　　　　　　　　　　　　8 600

(三) 投资预算收入年末结转

年末，在预算会计中，将"投资预算收入"科目本期发生额结转"其他结余"科目，借记或贷记"投资预算收益"科目，贷记或借记"其他结余"科目。年末结转后，"投资预算收入"科目应无余额。

【例12-31】 年末，假定某事业单位"投资预算收益"本年发生额为10 100元。该事业单位将其转入"其他结余"科目。该事业单位应编制的会计分录为：

在预算会计中：

借：投资预算收益　　　　　　　　　　　　　　　　　　　　　　　　10 100
　　贷：其他结余　　　　　　　　　　　　　　　　　　　　　　　　　　10 100

第八节　债务预算收入

一、债务预算收入的概念和核算设置的会计科目

债务预算收入是指事业单位按照规定从银行和其他金融机构等借入的、纳入部门预算管理的、不以财政资金作为偿还来源的债务本金收入。行政单位没有债务预算收入业务。

事业单位按照规定从银行和其他金融机构等借入的各种款项，之后需要偿还，因此，在财务会计中，作为负债记录，确认为短期借款或长期借款。事业单位借入的款项，可以用来安排支出，因此，在预算会计中，作为债务预算收入进行记录。这样，与其他预算收入科目不同，预算会计中的"债务预算收入"科目，在财务会计中没有对应的"债务收入"科目，而是与财务会计中"短期借款"科目和"长期借款"科目相对应。

为了核算债务预算收入业务，事业单位预算会计应设置"债务预算收入"总账科目。本科目应当按照贷款单位、贷款种类、《政府收支分类科目》中支出功能分类科目的项级科目等进行明细核算。债务预算收入中如有专项资金收入，还应按照具体项目进行明细核算。年末，将本科目本年发生额中的专项资金收入转入非财政拨款结转；将本科目本年发生额中的非专项资金收入转入其他结余。年末结转后，本科目应无余额。

二、债务预算收入的核算

(一) 债务预算收入的日常核算

事业单位借入各项短期或长期借款时，按照实际借入的金额，财务会计确认为短期借款或长期借款，预算会计确认债务预算收入。在财务会计中，借记"银行存款"科目，贷记"短期借款""长期借款"科目；同时，在预算会计中，借记"资金结存——货币资金"科目，贷记"债务预算收入"科目。偿还各项短期或长期借款时，在财务会计中，借记"短期借款""长期借款"科目，贷记"银行存款"科目；同时，在预算会计中，借记"债务还本支出"科目，贷记"资金结存——货币资金"科目。

【例12-32】 某事业单位为开展一项非独立核算的经营活动经批准向某银行借入的一笔短期借款100 000元，款项已转存银行。该事业单位应编制的会计分录为：

在财务会计中：

借：银行存款 100 000
　　贷：短期借款 100 000

同时，在预算会计中：

借：资金结存——货币资金 100 000
　　贷：债务预算收入 100 000

债务预算收入和债务预算支出核算的举例还可进一步参阅短期借款和长期借款核算的举例。

(二) 债务预算收入的年末结转

年末，在预算会计中，将"债务预算收入"科目本年发生额中的专项资金收入转入非财政拨款结转，借记"债务预算收入"科目下各专项资金收入明细科目，贷记"非财政拨款结转——本年收支结转"科目；将"债务预算收入"科目本年发生额中的非专项资金收入转入其他结余，借记"债务预算收入"科目下各非专项资金收入明细科目，贷记"其他结余"科目。结转后，"债务预算收入"科目应无余额。

【例12-33】 年末，假定某事业单位"债务预算收入"科目本年发生额为500 000元，其中，专项资金收入100 000元，非专项资金收入400 000元。年末转账将其分别转入"非财政拨款结转——本年收支结转"科目和"其他结余"科目。该事业单位应编制的会计分录为：

在预算会计中：

借：债务预算收入 100 000
　　贷：非财政拨款结转——本年收支结转 100 000

同时，

借：债务预算收入 400 000
　　贷：其他结余 400 000

在财务会计中不做账务处理。

第九节　捐赠收入、利息收入、租金收入、其他收入与其他预算收入

本书第九章第二节已说明，单位财务会计将捐赠收入、利息收入、租金收入、其他收入分别设为四个一级总账会计科目，而单位预算会计将上述四项内容的预算收入都归集在"其他预算收入"一个总账科目内核算。换言之，"其他预算收入"科目核算的内容包括捐赠收入、利息收入、租金收入和其他收入的预算收入。

一、捐赠收入、利息收入、租金收入与其他收入

(一) 捐赠收入

捐赠收入是指单位接受其他单位或者个人捐赠取得的收入。

为了核算捐赠收入业务，财务会计应设置"捐赠收入"总账科目。本科目应当按照捐赠资产的用途和捐赠单位等进行明细核算。期末，将本科目本期发生额转入"本期盈余"科目。结转后，本科目应无余额。

1. 捐赠收入的日常核算

单位接受捐赠的货币资金,按照实际收到的金额,在财务会计中,借记"库存现金""银行存款"等科目,贷记"捐赠收入"科目。同时,在预算会计中,借记"资金结存"科目,贷记"其他预算收入——捐赠预算收入"科目。

接受捐赠的存货、固定资产等非现金资产,在财务会计中,按照确定的成本,借记"库存物品""固定资产"等科目,按照发生的相关税费、运输费等,贷记"银行存款"等科目,按照其差额,贷记"捐赠收入"科目;同时,在预算会计中,按照发生的相关税费、运输费等借记"其他支出"科目,贷记"资金结存"科目。

接受捐赠的资产按照名义金额入账的,按照名义金额,借记"库存物品""固定资产"等科目,贷记"捐赠收入"科目;按照发生的相关税费、运输费等,在财务会计中,借记"其他费用"科目,贷记"银行存款"等科目;同时,在预算会计中,借记"其他支出"科目,贷记"资金结存"科目。

【例12-34】 某事业单位接受捐赠货币资金15 000元,按照捐赠者的要求,捐赠的现金资产应当专项用于改善文物展区的展示条件,款项已存入开户银行。该事业单位应编制的会计分录为:

在财务会计中:

借:银行存款 15 000
　　贷:捐赠收入 15 000

同时,在预算会计中:

借:资金结存——货币资金 15 000
　　贷:其他预算收入——捐赠预算收入 15 000

对于接受的存货、固定资产等非货币性捐赠收入,在预算会计中不进行账务处理。

单位取得的捐赠收入应以与捐赠者签订的捐赠合同为依据,划分是否属于限定用途的捐赠收入。捐赠者提出限定用途,单位将捐赠收入作为专项资金收入核算和管理。否则,作为非专项资金收入核算和管理。

2. 捐赠收入的期末结转

期末,在财务会计中,单位将"捐赠收入"科目本期发生额结转"本期盈余"科目,借记"捐赠收入"科目,贷记"本期盈余"科目。结转后,"捐赠收入"科目应无余额。

【例12-35】 月末,某事业单位"捐赠收入"科目本期发生额为15 000元。该事业单位将其转入"本期盈余"科目。该事业单位应编制的会计分录为:

在财务会计中:

借:捐赠收入 150 000
　　贷:本期盈余 150 000

在预算会计中不做账务处理。

(二) 利息收入

1. 利息收入的日常核算

单位取得银行存款利息时,按照实际收到的金额,在财务会计中,借记"银行存款"科目,贷记"利息收入"科目;同时,在预算会计中,借记"资金结存"科目,贷记"其他预算收入——利息预算收入"科目。

【例12-36】 某事业单位本期取得银行存款利息收入3 500元。按规定,该笔利息收入纳入单位预算收入管理。该事业单位应编制的会计分录为:

在财务会计中:

借:银行存款　　　　　　　　　　　　　　　　　　　　　　　　3 500
　　贷:利息收入　　　　　　　　　　　　　　　　　　　　　　　　　3 500

同时,在预算会计中:

借:资金结存——货币资金　　　　　　　　　　　　　　　　　　3 500
　　贷:其他预算收入——利息预算收入　　　　　　　　　　　　　　3 500

2. 利息收入的期末结转

期末,在财务会计中,将"利息收入"科目发生额转入"本期盈余"科目,借记"利息收入"科目,贷记"本期盈余"科目。结转后,"利息收入"科目应无余额。

【例12-37】 期末,某事业单位"利息收入"科目本期发生额为3 500元。该事业单位将其转入"本期盈余"科目。该事业单位应编制的会计分录为:

在财务会计中:

借:利息收入　　　　　　　　　　　　　　　　　　　　　　　　3 500
　　贷:本期盈余　　　　　　　　　　　　　　　　　　　　　　　　　3 500

在预算会计中不做账务处理。

(三) 租金收入

租金收入是指单位经批准利用国有资产出租取得并按规定纳入本单位预算管理的租金收入。

为了核算租金收入业务,单位财务会计应设置"租金收入"总账科目。本科目应当按照出租国有资产类别和收入来源等进行明细核算。期末,将本科目本期发生额转入"本期盈余"科目。结转后,"租金收入"科目应无余额。

1. 租金收入的日常核算

国有资产出租收入,应当在租赁期内各个期间按照直线法予以确认。

(1) 采用预收租金方式的,预收租金时,按照收到的金额,在财务会计中,借记"银行存款"等科目,贷记"预收账款"科目;同时,在预算会计中,借记"资金结存"科目,贷记"其他预算收入(租金预算收入)"科目。

(2) 分期确认租金收入时,按照各期租金金额,在财务会计中,借记"预收账款"科目,贷记"租金收入"科目;同时,在预算会计中,借记"资金结存"科目,贷记"其他预算收入(租金预算收入)"科目。

(3) 采用后付租金方式的,每期确认租金收入时,按照各期租金金额,在财务会计中,借记"应收账款"科目,贷记"租金收入"科目;收到租金时,按照实际收到的金额,在财务会计中,借记"银行存款"等科目,贷记"应收账款"科目;同时,在预算会计中,借记"资金结存"科目,贷记"其他预算收入"(租金预算收入)科目。

(4) 采用分期收取租金方式的,每期收取租金时,按照租金金额,在财务会计中,借记"银行存款"等科目,贷记"租金收入"科目;同时,在预算会计中,借记"资金结存"科目,贷记"其他预算收入(租金预算收入)"科目。

涉及增值税业务的,相关账务处理参见"应交增值税"科目的账务处理。

【例12-38】 某事业单位预收一笔款项12 000元,内容为对外出租场地预收1年的租金收入,款项已存入银行存款账户。该事业单位每月应确认租金收入1 000元(12 000÷12)。该事业单位应编制的会计分录为:

(1)预收1年的租金收入时。

在财务会计中:

借:银行存款　　　　　　　　　　　　　　　　　　　　　　　　　　12 000
　　贷:预收账款　　　　　　　　　　　　　　　　　　　　　　　　　　12 000

同时,在预算会计中:

借:资金结存——货币资金　　　　　　　　　　　　　　　　　　　　12 000
　　贷:其他预算收入——租金预算收入　　　　　　　　　　　　　　　　12 000

(2)每月确认租金收入时。

在财务会计中:

借:预收账款　　　　　　　　　　　　　　　　　　　　　　　　　　 1 000
　　贷:租金收入　　　　　　　　　　　　　　　　　　　　　　　　　　 1 000

在预算会计中不做账务处理。

【例12-39】 某事业单位年初出租一项固定资产,租金采用后付租金的方式收取,每季度收取一次10 200元,当月末确认本月租金收入3 400元(10 200÷3),租期1年。该事业单位应编制的会计分录为:

(1)月末确认本月租金收入时。

在财务会计中:

借:应收账款——应收租金　　　　　　　　　　　　　　　　　　　　 3 400
　　贷:租金收入　　　　　　　　　　　　　　　　　　　　　　　　　　 3 400

在预算会计中不做账务处理。

(2)季末,收到本季租金收入时。

在财务会计中:

借:银行存款　　　　　　　　　　　　　　　　　　　　　　　　　　10 200
　　贷:应收账款——应收租金　　　　　　　　　　　　　　　　　　　　10 200

同时,在预算会计中:

借:资金结存——货币资金　　　　　　　　　　　　　　　　　　　　10 200
　　贷:其他预算收入——租金预算收入　　　　　　　　　　　　　　　　10 200

2. 租金收入的期末结转

期末,在财务会计中,单位应将"租金收入"本期发生额结转"本期盈余"科目,借记"租金收入"科目,贷记"本期盈余"科目。结转后,"租金收入"科目无余额。

【例12-40】 月末,某事业单位"租金收入"本期发生额为3 400元。该事业单位将其转入"本期盈余"科目。该事业单位应编制的会计分录为:

在财务会计中:

借:租金收入　　　　　　　　　　　　　　　　　　　　　　　　　　 3 400
　　贷:本期盈余　　　　　　　　　　　　　　　　　　　　　　　　　　 3 400

在预算会计中不做账务处理。

(四) 其他收入

其他收入是指单位取得的在财政拨款收入、事业收入、上级补助收入、附属单位上缴收入、经营收入、非同级财政拨款收入、投资收益、捐赠收入、利息收入、租金收入以外的各项收入,包括现金盘盈收入、按照规定纳入单位预算管理的科技成果转化收入、行政单位收回已核销的其他应收款、无法偿付的应付及预收款项、置换换出资产评估增值等。

为了核算其他收入业务,单位财务会计应设置"其他收入"总账科目。本科目应当按照其他收入的类别、来源等进行明细核算。期末,将本科目本期发生额转入"本期盈余"科目。结转后,本科目应无余额。

1. 其他收入的日常核算

其他收入核算的账务处理如下:

(1) 现金盘盈收入。每日现金账款核对中发现的现金溢余,属于无法查明原因的,报经批准后,借记"待处理财产损溢"科目,贷记"其他收入"科目。具体请见本书第十章"待处理财产损溢"。

(2) 科技成果转化收入。单位科技成果转化所取得的收入,按照规定留归本单位的,按照所取得收入扣除相关费用之后的净收益,在财务会计中,借记"银行存款"等科目,贷记"其他收入"科目;同时,在预算会计中,借记"资金结存"科目,贷记"其他预算收入"科目。

(3) 收回已核销的其他应收款。行政单位已核销的其他应收款在以后期间收回的,按照实际收回的金额,在财务会计中,借记"银行存款"等科目,贷记"其他收入"科目;同时,在预算会计中,借记"资金结存"科目,贷记"其他预算收入"科目。

【例12-41】 某行政单位通过银行存款收到一笔款项500元,内容为收回已作为坏账处理的乙单位的其他应收款又重新收回,没有指定用途。该行政单位应编制的会计分录为:

在财务会计中:

借:银行存款　　　　　　　　　　　　　　　　　　　　500
　　贷:其他收入——收回已核销坏账收入　　　　　　　　　500

同时,在预算会计中:

借:资金结存——货币资金　　　　　　　　　　　　　　500
　　贷:其他预算收入　　　　　　　　　　　　　　　　　　500

(4) 无法偿付的应付及预收款项。无法偿付或债权人豁免偿还的应付账款、预收账款、其他应付款及长期应付款,在财务会计中,借记"应付账款""预收账款""其他应付款""长期应付款"等科目,贷记"其他收入"科目。

【例12-42】 某单位年终资产负债清查中发现无法偿付丙单位的应付账款300元。该单位应编制的会计分录为:

在财务会计中:

借:应付账款——丙单位　　　　　　　　　　　　　　　300
　　贷:其他收入——无法支付偿还款收入　　　　　　　　　300

在预算会计中不做账务处理。

(5) 置换换出资产评估增值。资产置换过程中,换出资产评估增值的,按照评估价值高于资产账面价值或账面余额的金额,在财务会计中,借记有关科目,贷记"其他收入"科目。其其体账务处理参见"库存物品"等科目的账务处理。

以未入账的无形资产取得的长期股权投资,按照评估价值加相关税费作为投资成本,在财务会计中,借记"长期股权投资"科目,按照发生的相关税费,贷记"银行存款""其他应交税费"等科目,按其差额,贷记"其他收入"科目;同时,在预算会计中,按实际支付的相关税费,借记"其他支出"科目,贷记"资金结存"科目。

【例12-43】 某事业单位经批准以一项未入账的无形资产取得一项长期股权投资,该项无形资产的评估价值为450 000元。不考虑相关税费。该单位应编制的会计分录为:

在财务会计中:

借:长期股权投资　　　　　　　　　　　　　　　　　　　　　　　450 000
　　贷:其他收入　　　　　　　　　　　　　　　　　　　　　　　　　450 000

在预算会计中不做账务处理。

(6)其他。确认上述各项以外的其他收入时,按照应收或实际收到的金额,在财务会计中,借记"其他应收款""银行存款""库存现金"等科目,贷记"其他收入"科目;同时,在预算会计中,按实际收到的金额,借记"资金结存"科目,贷记"其他预算收入"科目。涉及增值税业务的,相关账务处理参见"应交增值税"科目。

【例12-44】 某行政单位出售废旧报刊,取得现金收入180元。该笔现金收入纳入本单位预算管理,并没有指定用途。该单位会计应编制的会计分录为:

在财务会计中:

借:库存现金　　　　　　　　　　　　　　　　　　　　　　　　　　180
　　贷:其他收入——出售废旧报刊收入　　　　　　　　　　　　　　　180

同时,在预算会计中:

借:资金结存——货币资金　　　　　　　　　　　　　　　　　　　　180
　　贷:其他预算收入　　　　　　　　　　　　　　　　　　　　　　　180

根据《政府会计准则制度解释第1号》的规定,中央级行政事业单位应当自2019年1月1日起,将归属于本单位的售房款及其利息收入纳入部门预算管理,并按《政府会计制度》统一进行会计核算。收到售房款项(售房收入扣除按标准计提的住宅专项维修资金)及其利息收入时,在财务会计中,借记"银行存款"科目,贷记"其他收入"科目;同时,在预算会计中,借记"资金结存"科目,贷记"其他预算收入"科目。

2. 其他收入的期末结转

期末,在财务会计中,单位应将"其他收入"科目本期发生额结转"本期盈余"科目,借记"其他收入"科目,贷记"本期盈余"科目。结转后,"其他收入"科目无余额。

【例12-45】 月末,某单位"其他收入"科目本期发生额为900元。该单位将其结转"本期盈余"科目。该单位应编制的会计分录为:

在财务会计中:

借:其他收入　　　　　　　　　　　　　　　　　　　　　　　　　　900
　　贷:本期盈余　　　　　　　　　　　　　　　　　　　　　　　　　900

在预算会计中不做账务处理。

二、其他预算收入

其他预算收入是指单位在财政拨款预算收入、事业预算收入、上级补助预算收入、附属单位上缴预算收入、经营预算收入、债务预算收入、非同级财政拨款预算收入、投资预算收益之外的纳入部门预算管理的现金流入,包括捐赠预算收入、利息预算收入、租金预算收入、现金盘盈收入等。

为了核算其他预算收入业务,预算会计应设置"其他预算收入"总账科目。本科目应当按照《政府收支分类科目》中支出功能分类科目的项级科目等进行明细核算。其他预算收入中如有专项资金收入,还应按照具体项目进行明细核算。年末,将本科目本年发生额中的专项资金收入转入非财政拨款结转;将本科目本年发生额中的非专项资金收入转入其他结余。年末结转后,本科目应无余额。

(一) 其他预算收入的日常核算

单位接受捐赠现金资产、收到银行存款利息、收到资产承租人支付的租金时,按照实际收到的金额,借记"资金结存——货币资金"科目,贷记"其他预算收入"科目。每日现金账款核对中如发现现金溢余,按照溢余的现金金额,借记"资金结存——货币资金"科目,贷记"其他预算收入"科目。经核实,属于应支付给有关个人和单位的部分,按照实际支付的金额,借记"其他预算收入"科目,贷记"资金结存——货币资金"科目。收到其他预算收入时,按照收到的金额,借记"资金结存——货币资金"科目,贷记"其他预算收入"科目。

(二) 其他预算收入的期末结转

年末,在预算会计中,将"其他预算收入"科目本年发生额中的专项资金收入转入非财政拨款结转,借记"其他预算收入"科目下各专项资金收入明细科目,贷记"非财政拨款结转——本年收支结转"科目;将本科目本年发生额中的非专项资金收入转入其他结余,借记"其他预算收入"科目下各非专项资金收入明细科目,贷记"其他结余"科目。

【例 12-46】 年末,某事业单位"其他预算收入"科目的本年发生额为 65 000 元。其中,专项资金收入 20 000 元,非专项资金收入 45 000 元。该事业单位分别将其转入"非财政补助结转——本年收支结转"科目和"其他结余"科目。该事业单位应编制的会计分录为:

在预算会计中:

借:其他预算收入   45 000
  贷:其他结余   45 000

同时,

借:其他预算收入   20 000
  贷:非财政拨款结转——本年收支结转   20 000

复习思考题

1. 什么是行政事业单位的收入?它主要包括哪些种类?什么是行政事业单位的预算收入?它主要包括哪些种类?行政事业单位的预算收入的种类与收入的种类有何不同?
2. 什么是财政拨款(预算)收入?财政拨款(预算)收入在财政直接支付、财政授权支付、实拨资金方式下,分别应如何确认?
3. 什么是事业(预算)收入?举例说明两者核算的异同。
4. 什么是事业单位的经营(预算)收入?它具有哪些基本特征?举例说明两者核算的异同。

5. 事业(预算)收入和事业单位的经营(预算)收入有什么共同的特征?
6. 什么是事业单位的上级补助(预算)收入?上级补助(预算)收入与财政拨款(预算)收入有什么不同?
7. 什么是事业单位的附属单位上缴(预算)收入?附属单位上缴(预算)收入与经营(预算)收入有什么不同?
8. 什么是事业单位的债务(预算)收入?两者在财务会计中和预算会计中是如何核算的?
9. 什么是非同级财政拨款(预算)收入?举例说明两者核算的异同。
10. 什么是事业单位的投资(预算)收益?举例说明两者核算的异同。
11. 什么是其他(预算)收入?举例说明两者核算的异同。

第十二章课后练习题

第十三章 行政事业单位费用与支出

第一节 行政单位的业务活动费用与行政支出

在行政事业单位中,费用属于财务会计要素,预算支出属于预算会计要素。费用是指行政事业单位在履行职责或开展业务活动中耗费的经济资源,按照不同的资源耗费目的和内容主要分为业务活动费用、单位管理费用、经营费用、资产处置费用、上缴上级费用、对附属单位补助费用、所得税费用和其他费用等种类。预算支出是指行政事业单位在履行职责或开展业务活动中实际发生的纳入部门预算管理的现金流出,按照不同的资金用途主要分为行政支出、事业支出、经营支出、上缴上级支出、对附属单位补助支出、投资支出、债务还本支出和其他支出等种类。前者应当按照权责发生制基础进行确认和计量,即在费用发生时予以确认,并按照实际发生额进行计量;后者应当按照收付实现制基础进行确认和计量,即在预算支出实际支付时予以确认,并按实际支付金额计量。本节先介绍行政单位的业务活动费用和行政支出。

一、行政单位的业务活动费用、行政支出的概念与核算科目的设置

(一)行政单位业务活动费用的概念与核算科目的设置

行政单位的业务活动费用是指行政单位为实现其职能目标,依法履职或开展专业业务活动及其辅助活动所发生的各项费用,包括为履职或开展业务活动人员计提的薪酬、外部人员劳务费、领用的库存物品、动用发出的政府储备物资、相关长期资产的折旧和摊销、相关税费以及为履职或开展业务活动发生的其他各项费用。行政单位的业务活动费用依据权责发生制确认与计量。

行政单位根据其职能定位依法履行相应的职能。例如,人大机关依法履行立法和监督职能、财政部门依法履行财政管理职能、税务部门依法履行税收征管职能、工商行政管理部门依法履行工商行政管理职能、公安部门依法履行公共安全管理职能、法院依法履行案件审判和执行职能、教育部门依法履行教育管理职能、医疗卫生与计划生育部门依法履行医疗卫生和计划生育管理职能、环保部门依法履行环境保护职能、金融监管部门依法履行金融监管职能等。行政单位依法履行行业和社会管理职能。

为了核算业务活动费用业务,行政单位财务会计应设置"业务活动费用"总账科目。本科目应当按照项目、服务或者业务类别、支付对象等进行明细核算。为了满足成本核算需要,本科目下还可按照"工资福利费用""商品和服务费用""对个人和家庭的补助费用""对企业补助费用""固定资产折旧费""无形资产摊销费""公共基础设施折旧(摊销)费""保障性住房折旧费""计提专用基金"等成本项目设置明细科目,归集能够直接计入业务活动或采用一定方法计算后计入业务活动的费用。期末,将本科目本期借方发生额结转入"本期盈余"科目。结转后,本科目应无余额。

(二) 行政单位行政支出的概念、分类与核算科目的设置

行政支出是指行政单位履行其职责实际发生的各项现金流出。行政支出是行政单位为实现国家管理职能、完成行政任务所必须发生的各项资金支出。

为了全面反映行政单位各项行政资金支出的内容,便于分析和考核各项行政支出的实际发生情况及其效果,行政单位有必要对行政支出按照一定的标准进行适当的分类。

1. 按不同资金性质进行的分类

按照不同资金的性质,行政支出可以分为财政拨款支出、非财政专项资金支出、其他资金支出等种类。同时有一般公共预算财政拨款和政府性基金预算财政拨款等两种或两种以上财政拨款的行政单位,财政拨款支出还可以区分为一般公共预算财政拨款支出和政府性基金预算财政拨款支出等种类。

(1) 财政拨款支出。它是指使用财政拨款收入发生的支出。如果使用的是一般公共预算财政拨款收入而发生的支出,相应的支出为一般公共预算财政拨款支出;如果使用的是政府性基金预算财政拨款收入而发生的支出,相应的支出为政府性基金预算财政拨款支出。财政拨款支出与财政拨款收入存在对应关系。

(2) 非财政专项资金支出。它是指使用非财政专项资金收入发生的支出。例如,使用非同级财政拨款收入、捐赠收入中的专项资金收入发生的支出等。

(3) 其他资金支出。它是指使用除财政拨款收入、非财政专项资金支出以外的资金而发生的支出。例如,使用经批准不上缴财政、没有指定专项用途、纳入单位预算管理的租金收入发生的支出等。其他资金支出需要按照专项支出和非专项支出分别反映,以分别与专项收入和非转收入对应。

在行政单位中,财政拨款收入是最主要甚至是全部的收入来源,因此,财政拨款支出也是最主要的行政支出种类,非财政专项资金支出和其他资金支出都是少量的,有的行政单位甚至没有。

2. 按照部门预算管理要求进行的分类

按照部门预算管理要求,行政单位的行政支出可分为基本支出和项目支出两大类。

(1) 基本支出。它是指行政单位为维持正常运转和完成日常工作任务而发生的各项支出,包括人员经费支出和日常公用经费支出。其中,人员经费支出是指为保障机构正常运转和完成日常工作任务而发生的可归集到个人的各项支出,如工资福利支出、对个人和家庭的补助支出等。日常公用经费支出是指为保障机构正常运转和完成日常工作任务而发生的不能归集到个人的各项支出,如商品和服务支出、资本性支出等。

基本支出是行政单位的基本资金支出,是行政单位维持日常正常运转的基本资金保证。

(2) 项目支出。它是指行政单位在基本支出之外为完成特定的工作任务而发生的各项支出。从项目属性来看,行政单位项目支出中的项目可以包括房屋建筑物购建类项目、房租类项目、大中型修缮类项目、设备购置类项目、信息网络购建类项目、信息系统运行维护类项目、大型会议和培训类项目、专项课题和规划类项目、执法办案类项目、监督检查类项目、调查统计类项目、重大宣传活动类项目等。在单位预算编制以及会计核算时,行政单位项目支出中的项目都需要按照《政府收支分类科目》中的支出功能分类科目统一进行分类。

行政单位发生项目支出时,根据支出用途,涉及的支出经济分类科目可以包括工资福利支出、商品和服务支出、对个人和家庭的补助、资本性支出(基本建设支出)、资本性支出等。

项目支出是在保证行政单位基本支出的基础上,对行政单位的特定工作任务所安排的专

项资金保障。

3. 按照政府支出功能分类科目进行的分类

政府支出功能分类科目是对政府各项支出的职能作用进行的基本分类。行政单位的各项行政支出都需要按照政府支出功能分类科目进行分类反映。行政单位行政支出中的政府支出功能分类与财政总会计"一般公共预算本级支出""政府性基金预算本级支出"总账科目下设置的"支出功能分类科目"明细科目应当是一致的。《政府收支分类科目》中的"支出功能分类科目",是行政单位各项预算收入和预算支出核算中需要进行明细核算的基本种类。

4. 按照部门预算支出经济分类科目进行的分类

在《政府收支分类科目》中,"部门预算支出经济分类科目"是对预算单位预算支出具体经济用途的分类,它既适用于行政单位,也适用于事业单位。行政单位的行政支出以及事业单位的事业支出在基本支出和项目支出下应当进一步按照《政府收支分类科目》中的"部门预算支出经济分类科目"进行分类。按照现行《政府收支分类科目》,部门预算支出经济分类科目分设类、款两级科目,两级科目在内容上逐渐细化,具体科目设置情况如下:

(1) 工资福利支出类。它反映单位开支的在职职工和编制外长期聘用人员的各类劳动报酬,以及为上述人员缴纳的各项社会保险费等。该类级科目下设 13 款:基本工资、津贴补贴、奖金、伙食补助费、绩效工资、机关事业单位基本养老保险缴费、职业年金缴费、职工基本医疗保险缴费、公务员医疗补助缴费、其他社会保障缴费、住房公积金、医疗费、其他工资福利支出。

(2) 商品和服务支出类。它反映单位购买商品和服务的支出,不包括用于购置固定资产、战略性和应急性物资储备等资本性支出。该类级科目下设 27 款:办公费、印刷费、咨询费、手续费、水费、电费、邮电费、取暖费、物业管理费、差旅费、因公出国(境)费用、维修(护)费、租赁费、会议费、培训费、公务接待费、专用材料费、被装购置费、专用燃料费、劳务费、委托业务费、工会经费、福利费、公务用车运行维护费、其他交通费用、税金及附加费用、其他商品和服务支出。

(3) 对个人和家庭的补助类。它反映政府用于对个人和家庭的补助支出。该类级科目下设 11 款:离休费、退休费、退职(役)费、抚恤金、生活补助、救济费、医疗费补助、助学金、奖励金、个人农业生产补贴、其他对个人和家庭的补助。

(4) 债务利息及费用支出类。它反映单位的债务利息及费用支出。该类级科目下设 4 款:国内债务付息、国外债务付息、国内债务发行费用、国外债务发行费用。

(5) 资本性支出(基本建设)类。它反映切块由发展改革部门安排的基本建设支出,对企业补助支出不在此科目反映。该类级科目下设 12 款:房屋建筑物购建、办公设备购置、专用设备购置、基础设施建设、大型修缮、信息网络及软件购置更新、物资储备、公务用车购置、其他交通工具购置、文物和陈列品购置、无形资产购置、其他基本建设支出。

(6) 资本性支出类。它反映各单位安排的资本性支出,切块由发展改革部门安排的基本建设支出不在此科目反映。该类级科目下设 16 款:房屋建筑物购建、办公设备购置、专用设备购置、基础设施建设、大型修缮、信息网络及软件购置更新、物资储备、土地补偿、安置补助、地上附着物和青苗补偿、拆迁补偿、公务用车购置、其他交通工具购置、文物和陈列品购置、无形资产购置、其他资本性支出。

(7) 对企业补助(基本建设)类。它反映切块由发展改革部门安排的基本建设支出中对企业补助支出。该类级科目下设 2 款:资本金注入、其他对企业补助。

(8) 对企业补助类。它反映政府对各类企业的补助支出,切块由发展改革部门安排的基本建设支出中对企业补助支出不在此科目反映。该类级科目下设5款：资本金注入、政府投资基金股权投资、费用补贴、利息补贴、其他对企业补助。

（9）对社会保障基金补助类。它反映政府对社会保险基金的补助以及补充全国社会保障基金的支出。该类级科目下设2款：对社会保险基金补助、补充全国社会保障基金。

（10）其他支出类。它反映不能划分到上述经济科目的其他支出。该类级科目下设4款：赠与、国家赔偿费用支出、对民间非营利组织和群众性自治组织补贴、其他支出。

在以上部门预算支出经济分类科目中，绝大多数科目同时适用于行政单位和事业单位，但也有很少量科目根据科目使用说明仅适用于行政单位或仅适用于事业单位，或者主要适用于行政单位或主要适用于事业单位。例如，在工资福利支出类级科目中，绩效工资款级科目反映事业单位工作人员的绩效工资，仅适用于事业单位；奖金款级科目反映按规定发放的奖金，包括机关工作人员年终一次性奖金等，主要适用于行政单位。在资本性支出类级科目中，基础设施建设款级科目反映用于农田设施、道路、铁路、桥梁、水坝和机场、车站、码头等公共基础设施建设方面的支出，主要适用于行政单位。以上对部门预算支出经济分类科目的介绍，侧重于行政单位对行政支出或事业单位对事业支出的经济分类，不完全细化到现行具体做法。

以信息统计部门为例，行政单位行政支出按照不同资金性质、部门预算管理要求和政府支出功能分类科目进行分类的主要内容可简要如表13-1所示。

表13-1　　　　　　　行政单位行政支出的主要内容和分类
——以信息统计部门为例　　　　　　　　单位：元

支付支出功能分类科目		支出		其中：财政拨款支出	
科目编码	科目名称	基本支出	项目支出	基本支出	项目支出
201	一般公共服务支出	30 200	90 500	30 000	90 000
20105	信息统计事务	30 200	90 500	30 000	90 000
2010501	行政运行	30 200	90 500	30 000	
2010502	一般行政管理事务		2 500		2 300
2010503	机关服务		10 000		10 000
2010504	信息事务		25 000		25 000
2010505	专项统计业务		10 000		10 000
2010506	统计管理		5 000		5 000
2010507	专项普查活动		16 000		16 000
2010508	统计抽样调查		14 000		14 000
2010550	事业运行	500	200	400	100
2010599	其他统计信息事务支出		8 000		7 700
205	教育支出	1 000		1 000	
20508	进修及培训	1 000		1 000	
2050803	培训支出	1 000		1 000	

(续表)

支付支出功能分类科目		支出		其中：财政拨款支出	
科目编码	科目名称	基本支出	项目支出	基本支出	项目支出
208	社会保障和就业支出	2 000		2 000	
20805	行政事业单位离退休	2 000		2 000	
2080505	机关事业单位基本养老保险缴费支出	2 000		2 000	
	小计	33 700	90 700	33 400	90 100
	合计	124 400		123 500	

行政单位行政支出中的财政拨款支出与财政拨款收入在政府支出功能分类科目、基本支出和项目支出的具体种类上都是一样的。相应的支出和收入形成直接的配比关系。

为了核算行政支出业务，行政单位预算会计应设置"行政支出"总账科目。本科目应当分别按照"财政拨款支出""非财政专项资金支出"和"其他资金支出"，"基本支出"和"项目支出"等进行明细核算，并按照《政府收支分类科目》中"支出功能分类科目"的项级科目进行明细核算；"基本支出"明细科目和"项目支出"明细科目下应当按照《政府收支分类科目》中"部门预算支出经济分类科目"的款级科目进行明细核算，同时在"项目支出"明细科目下按照具体项目进行明细核算。年末，将本科目本年发生额中的财政拨款支出转入财政拨款结转，将本科目本年发生额中的非财政专项资金支出转入非财政拨款结转；将本科目本年发生额中的其他资金支出（非财政非专项资金支出）转入其他结余。年末结转后，本科目应无余额。

有一般公共预算财政拨款、政府性基金预算财政拨款等两种或两种以上财政拨款的行政单位，还应当在"财政拨款支出"明细科目下按照财政拨款的种类进行明细核算。

对于预付款项，可通过在本科目下设置"待处理"明细科目进行核算，待确认具体支出项目后再转入本科目下相关明细科目。年末结账前，应将本科目"待处理"明细科目余额全部转入本科目下相关明细科目。

二、行政单位业务活动费用与行政支出的日常账务处理

（一）为履职人员计提并支付薪酬

为履职人员计提的薪酬，按照计算确定的金额，在财务会计中，借记"业务活动费用"科目，贷记"应付职工薪酬"科目。在预算会计中不做会计处理。

向单位职工个人支付薪酬时，按照实际支付的金额，在财务会计中，借记"应付职工薪酬"科目，贷记"财政拨款收入""零余额账户用款额度"科目；同时，在预算会计中，借记"行政支出"科目，贷记"财政拨款预算收入""资金结存"科目。

按照规定代扣代缴个人所得税以及代扣代缴或为职工缴纳职工社会保险费、住房公积金等时，按照实际缴纳的金额，在财务会计中，借记"应付职工薪酬""其他应交税费"等科目，贷记"财政拨款收入""零余额账户用款额度"科目；同时，在预算会计中，借记"行政支出"科目，贷记"财政拨款预算收入""资金结存"科目。

【例13-1】 某行政单位本月为履职人员计提并通过财政直接支付方式支付单位职工薪酬124 000元。该行政单位应编制的会计分录为：

(1) 计提履职人员薪酬时。

在财务会计中：

借：业务活动费用　　　　　　　　　　　　　　　　　　　　　　　　124 000
　　贷：应付职工薪酬　　　　　　　　　　　　　　　　　　　　　　　　124 000

在预算会计中不做账务处理。

(2) 通过财政直接支付方式支付单位职工薪酬。

在财务会计中：

借：应付职工薪酬　　　　　　　　　　　　　　　　　　　　　　　　124 000
　　贷：财政拨款收入　　　　　　　　　　　　　　　　　　　　　　　　124 000

同时，在预算会计中：

借：行政支出　　　　　　　　　　　　　　　　　　　　　　　　　　124 000
　　贷：财政拨款预算收入　　　　　　　　　　　　　　　　　　　　　　124 000

计提并支付为履职人员职工薪酬的核算请进一步参阅"应付职工薪酬"的核算。

【例 13-2】 某行政单位通过财政直接支付的方式为单位开展专业业务活动及其辅助活动的职工代扣代缴个人所得税 12 000 元，同时为这些职工代扣代缴职工社会保险费和住房公积金共计 25 000 元。该行政单位应编制的会计分录为：

在财务会计：

借：应付职工薪酬　　　　　　　　　　　　　　　　　　　　　　　　25 000
　　其他应交税费——应交个人所得税　　　　　　　　　　　　　　　　12 000
　　贷：财政拨款收入　　　　　　　　　　　　　　　　　　　　　　　　37 000

同时，在预算会计中：

借：行政支出　　　　　　　　　　　　　　　　　　　　　　　　　　37 000
　　贷：财政拨款预算收入　　　　　　　　　　　　　　　　　　　　　　37 000

(二) 为履职发生并支付外部人员劳务费

为履职发生的外部人员劳务费，在财务会计中，按照计算确定的金额，借记"业务活动费用"科目，按照代扣代缴个人所得税的金额，贷记"其他应交税费——应交个人所得税"科目，按照扣税后应付或实际支付的金额，贷记"其他应付款""财政拨款收入""零余额账户用款额度""银行存款"等科目。同时，在预算会计中，按实际支付的金额，借记"行政支出"科目，贷记"财政拨款预算收入""资金结存"科目。

支付外部人员劳务费时，按照实际支付给外部人员个人的金额，在财务会计中，借记"其他应付款"科目，贷记"财政拨款收入""财政应返还额度""银行存款"科目；同时，在预算会计中，借记"行政支出"科目，贷记"财政拨款预算收入""资金结存"科目。

按照规定代扣代缴个人所得税时，按照实际缴纳的金额，在财务会计中，借记"其他应交税费——应交个人所得税"科目，贷记"财政拨款收入""零余额账户用款额度""银行存款"科目；同时，在预算会计中，借记"行政支出"科目，贷记"财政拨款预算收入""资金结存"科目。

【例 13-3】 某行政单位为开展业务活动发生外部人员劳务费 15 000 元，其中，代扣代缴个人所得税 2 000 元，扣税后应支付的劳务费为 13 000 元，款项通过财政授权支付方式支付。该行政单位应编制的会计分录为：

(1) 计算确定个人劳务费用和代扣代缴个人所得税时。

在财务会计中：

借：业务活动费用　　　　　　　　　　　　　　　　　　　　　　　15 000
　　贷：其他应付款——应付个人劳务费　　　　　　　　　　　　　　13 000
　　　　其他应交税费——应交个人所得税　　　　　　　　　　　　　 2 000

在预算会计中不做账务处理。

（2）通过财政授权支付方式支付个人劳务费和上缴代扣个人所得税时。

在财务会计中：

借：其他应付款——应付个人劳务费　　　　　　　　　　　　　　　12 000
　　其他应交税费——应交个人所得税　　　　　　　　　　　　　　　3 000
　　贷：零余额账户用款额度　　　　　　　　　　　　　　　　　　　15 000

同时，在预算会计中：

借：行政支出　　　　　　　　　　　　　　　　　　　　　　　　　15 000
　　贷：资金结存——零余额账户用款额度　　　　　　　　　　　　　15 000

外部人员劳务费同样涉及代扣代缴个人所得税的业务，但不涉及代扣代缴和未其缴纳社会保险费和住房公积金的业务。

（三）为履职发生预付款项

为履职发生预付账款时，按照实际支付的金额，在财务会计中，借记"预付账款"科目，贷记"财政拨款收入""零余额账户用款额度"科目；同时，在预算会计中，借记"行政支出"科目，贷记"财政拨款预算收入""资金结存"科目。

【例13-4】 某行政单位通过财政直接支付方式支付一笔款项32 500元，具体内容为向某公司预付购买一批救灾物资的部分款项，购买的救灾物资尚未收到。该行政单位应编制的会计分录为：

在财务会计中：

借：预付账款　　　　　　　　　　　　　　　　　　　　　　　　　32 500
　　贷：财政拨款收入　　　　　　　　　　　　　　　　　　　　　　32 500

同时，在预算会计中：

借：行政支出　　　　　　　　　　　　　　　　　　　　　　　　　32 500
　　贷：财政补助预算收入　　　　　　　　　　　　　　　　　　　　32 500

对于暂付款项，在支付款项时可不做预算会计处理，待结算或报销时，按照结算或报销的金额，在财务会计中，借记"业务活动费用"科目，贷记"银行存款"科目；同时，在预算会计中，借记"行政支出"科目，贷记"资金结存"科目。

暂付款项的业务，如职工预借差旅费、拨付给内部有关部门的备用金等，在财务会计中，支付款项时，作为其他应收款记录，此时，没有费用；待结算或报销，转销其他应收款，同时确认业务活动费用。在预算会计中，支付款项时，可不做会计处理；待结算或报销时，按结算或报销的金额确认支出。

（四）为履职购买资产或支付在建工程款

为履职购买存货、固定资产、无形资产等以及在建工程支付相关款项时，按照实际支付的金额，在财务会计中，借记"库存物品""固定资产""无形资产""在建工程"科目，贷记"财政拨款收入""零余额账户用款额度"科目；同时，在预算会计中，借记"行政支出"科目，贷记"财政拨款预算收入""资金结存"科目。

【例13-5】 某行政单位通过财政直接支付方式支付一笔款项85 000元,具体内容为购买办公设备。购入的办公设备作为固定资产。该行政单位应编制的会计分录为:

在财务会计中:

借:固定资产　　　　　　　　　　　　　　　　　　　　　　　85 000
　　贷:财政拨款收入　　　　　　　　　　　　　　　　　　　　　　85 000

同时,在预算会计中:

借:行政支出　　　　　　　　　　　　　　　　　　　　　　　　85 000
　　贷:财政拨款预算收入　　　　　　　　　　　　　　　　　　　　85 000

(五) 为履职领用库存物品和动用发出政府储备物资

为履职领用库存物品,以及动用发出相关政府储备物资,按照领用库存物品或发出相关政府储备物资的账面余额,在财务会计中,借记"业务活动费用"科目,贷记"库存物品""政府储备物资"科目。在预算会计中不做账务处理。

【例13-6】 某行政单位为履职领用一批库存物品,该批物品的成本为10 000元。该行政单位应编制的会计分录为:

在财务会计中:

借:业务活动费用——商品和服务费用　　　　　　　　　　　　　10 000
　　贷:库存物品　　　　　　　　　　　　　　　　　　　　　　　　10 000

在预算会计中不做账务处理。

(六) 为履职计提有关资产折旧(摊销)

为履职所使用的固定资产、无形资产以及为所控制的公共基础设施、保障性住房计提的折旧、摊销,按照计提金额,在财务会计中,借记"业务活动费用"科目,贷记"固定资产累计折旧""无形资产累计摊销""公共基础设施累计折旧(摊销)""保障性住房累计折旧"科目。在预算会计中不做会计处理。

【例13-7】 某行政单位本期为履职使用的固定资产计提折旧5 000元,为控制的保障性住房计提折旧35 000元。该行政单位应编制的会计分录为:

在财务会计中:

借:业务活动费用——固定资产折旧费　　　　　　　　　　　　　40 000
　　贷:固定资产累计折旧　　　　　　　　　　　　　　　　　　　　5 000
　　　　保障性住房累计折旧　　　　　　　　　　　　　　　　　　 35 000

在预算会计中不做账务处理。

(七) 为履职发生并支付相关税金及附加

为履职发生的城市维护建设税、教育费附加、地方教育费附加、车船税、房产税、城镇土地使用税等,按照计算确定应交纳的金额,在财务会计中,借记"业务活动费用"科目,贷记"其他应交税费"等科目。在预算会计中不做账务处理。

实际支付相关税费时,按照实际支付的金额,在财务会计中,借记"其他应交税费"等科目,贷记"财政拨款收入""零余额账户用款额度"科目;同时,在预算会计中,借记"行政支出"科目,贷记"财政拨款预算收入""资金结存"科目。

【**例 13-8**】 某行政单位为履职开展业务活动发生相关税金及附加费 1 200 元,该笔税费通过单位零余额账户缴纳。该行政单位应编制的会计分录为:

(1) 计算应负担的税金及附加时。

在财务会计中:

借:业务活动费用 1 200
　　贷:其他应交税费 1 200

在预算会计中不做账务处理。

(2) 实际缴纳税金及附加费时。

在财务会计中:

借:其他应交税费 1 200
　　贷:零余额账户用款额度 1 200

同时,在预算会计中:

借:行政支出 1 200
　　贷:资金结存——零余额账户用款额度 1 200

(八) 为履职发生并支付其他各项费用

为履职发生其他各项费用时,按照费用确认金额,在财务会计中,借记"业务活动费用"科目,贷记"财政拨款收入""财政应返还额度""银行存款""应付账款""其他应付款""其他应收款"等科目。按照实际支付的金额,在预算会计中,借记"行政支出"科目,贷记"财政拨款预算收入""资金结存"科目。

【**例 13-9**】 某行政单位通过财政授权支付了一笔款项 3 400 元,具体内容为履职发生的水费、电费,款项通过财政授权支付方式支付。该行政单位应编制的会计分录为:

在财务会计中:

借:业务活动费用——商品和服务费用 3 400
　　贷:零余额账户用款额度 3 400

同时,在预算会计中:

借:行政支出 3 400
　　贷:资金结存——零余额账户用款额度 3 400

(九) 为履职发生当年购货退回等业务

因购货退回等发生款项退回,或者发生差错更正的,属于当年支出收回的,按照收回或更正的金额,在财务会计中,借记"财政拨款收入""财政应返还额度""银行存款""其他应收款"等科目,贷记"业务活动费用"科目;同时,在预算会计中,借记"财政拨款预算收入""资金结存"科目,贷记"行政支出"科目。

【**例 13-10**】 某行政单位收回一笔当年通过财政授权支付方式支付的款项 5 000 元,原因为货品质量问题退回一批当年购入的货品,该批货品在购入时已计入本年的业务活动费用和行政支出。该行政单位应编制的会计分录为:

在财务会计中:

借:零余额账户用款额度 5 000
　　贷:业务活动费用 5 000

同时,在预算会计中:

借:资金结存——零余额账户用款额度　　　　　　　　　　　　　　　　5 000
　　贷:行政支出　　　　　　　　　　　　　　　　　　　　　　　　　　　　5 000

在该项业务中,若退货款项尚未收到,该行政单位在财务会计中应当根据权责发生制的要求,按照应收的金额,借记"其他应收款"科目,贷记"业务活动费用"科目;而在预算会计中则不做会计处理。

在概念上,业务活动费用是指行政单位为实现其职能目标,依法履职或开展专业业务活动及其辅助活动所发生的各项费用,体现了权责发生制的要求。行政支出是指行政单位开展专业业务活动及其辅助活动实际发生的各项现金流出,体现了收付实现制的要求。

三、业务活动费用的期末结转

期末,在财务会计中,将"业务活动费用"科目本期发生额转入本期盈余,借记"本期盈余"科目,贷记"业务活动费用"科目。期末结转后,"业务活动费用"科目应无余额。

【例13-11】 期末,某行政单位"业务活动费用"科目本期发生额103 000元,将其转入本期盈余。该行政单位应编制的会计分录为:

在财务会计中:

借:本期盈余　　　　　　　　　　　　　　　　　　　　　　　　　　　103 000
　　贷:业务活动费用　　　　　　　　　　　　　　　　　　　　　　　　　103 000

在预算会计中不做账务处理。

四、行政支出的年末结转

年末,将"行政支出"科目本年发生额中的财政拨款支出转入财政拨款结转,借记"财政拨款结转—本年收支结转"科目,贷记"行政支出"科目下各财政拨款支出明细科目;将"行政支出"科目本年发生额中的非财政专项资金支出转入非财政拨款结转,借记"非财政拨款结转—本年收支结转"科目,贷记"行政支出"科目下各非财政专项资金支出明细科目;将"行政支出"科目本年发生额中的其他资金支出(非财政非专项资金支出)转入其他结余,借记"其他结余"科目,贷记"行政支出"科目下其他资金支出明细科目。

【例13-12】 某行政单位年终"行政支出"总账科目的本年发生额为529 000元。其中,"财政拨款支出""非财政专项资金支出""其他资金支出"三个明细科目的本年发生额分别为516 000元、5 000元、8 000元。该行政单位将其分别转入"财政拨款结转——本年收支结转""非财政拨款结转——本年收支结转""其他结余"科目。该行政单位应编制的会计分录为:

在预算会计中:

(1)结转财政拨款支出时。

借:财政拨款结转——本年收支结转　　　　　　　　　　　　　　　　　516 000
　　贷:行政支出——财政拨款支出　　　　　　　　　　　　　　　　　　　516 000

(2)结转非财政专项资金支出时。

借:非财政拨款结转——本年收支结转　　　　　　　　　　　　　　　　5 000
　　贷:行政支出——非财政专项资金支出　　　　　　　　　　　　　　　　5 000

(3)结转其他资金支出时。

借：其他结余	8 000	
贷：行政支出——其他资金支出		8 000

由此可以看出，行政单位的财政拨款支出、非财政专项资金支出和其他资金支出应当分别核算。

在财务会计中不做账务处理。

五、同时有一般公共预算财政拨款和政府性基金预算财政拨款的情况

如果行政单位同时有一般公共预算财政拨款和政府性基金预算财政拨款。这些行政单位在取得财政拨款收入时，应当分别核算一般公共预算财政拨款收入和政府性基金预算财政拨款收入。在发生财政拨款支出时，也应当分别核算一般公共财政预算拨款支出和政府性基金预算财政拨款支出。相应的，财政拨款结转也需要区分一般公共预算财政拨款结转和政府性基金预算财政拨款结转。

【例13-13】某行政单位同时有一般公共预算财政拨款、政府性基金预算财政拨款。该行政单位为开展业务活动通过财政授权支付方式支付一笔公共财政预算款项1 500元，具体内容为支付不作为存货管理的日常办公用品的款项。通过财政直接支付方式支付一笔政府性基金预算款项128 000元，具体内容为支付城市防洪设施改建项目款项。该行政单位应编制的会计分录为：

(1) 通过财政授权支付方式支付公共财政预算款项时。

在财务会计中：

借：业务活动费用	1 500	
贷：零余额账户用款额度		1 500

同时，在预算会计中：

借：行政支出——财政拨款支出（一般公共预算财政拨款）	1 500	
贷：资金结存——零余额账户用款额度		1 500

(2) 通过财政直接支付方式支付政府性基金预算款项时。

在财务会计中：

借：在建工程	128 000	
贷：财政拨款收入		128 000

同时，在预算会计中：

借：行政支出——财政拨款支出（政府性基金预算财政拨款）	128 000	
贷：财政拨款预算收入——政府性基金预算财政拨款		128 000

(3) 期末，将"业务活动费用"科目本期发生额1 500元结转本期盈余。

在财务会计中：

借：本期盈余	1 500	
贷：业务活动费用		1 500

在预算会计中不做账务处理。

(4) 年终，将上述"行政支出——财政拨款支出"科目下"一般公共预算财政拨款"明细科目和"政府性基金预算财政拨款"明细科目的余额转入"财政拨款结转——本年收支结转"

科目。

在预算会计中:

借:财政拨款结转——本年收支结转(一般公共预算财政拨款)　　　　1 500
　　贷:行政支出——财政拨款支出(一般公共预算财政拨款)　　　　　　1 500
借:财政拨款结转——本年收支结转(政府性基金预算财政拨款)　　128 000
　　贷:行政支出——财政拨款支出(政府性基金预算财政拨款)　　　　128 000

在财务会计中不做账务处理。

与行政支出相比,业务活动费用不需要按照财政拨款种类或财政资金的性质进行明细核算。

行政单位业务活动费用和行政支出日常核算的主要账务处理如表13-2所示。

表13-2　　行政单位业务活动费用和行政支出日常核算的主要账务处理

业务事项和内容		财务会计	预算会计
		业务活动费用	行政支出(或事业支出)
1. 为履职或开展业务活动人员计提并支付职工薪酬	计提时,按照计算的金额	借:业务活动费用 　贷:应付职工薪酬	—
	实际支付给职工并代扣个人所得税时	借:应付职工薪酬 　贷:财政拨款收入/零余额账户用款额度/银行存款等 　　其他应交税费	借:行政支出[按照支付给个人部分] 　贷:财政拨款预算收入/资金结存
	实际缴纳税款时	借:其他应交税费 　贷:银行存款/零余额账户用款额度等	借:行政支出[按照实际缴纳额] 　贷:资金结存等
2. 为履职或开展业务活动发生的外部人员劳务费	计提时,按照计算的金额	借:业务活动费用 　贷:其他应付款	—
	实际支付并代扣个人所得税时	借:其他应付款 　贷:财政拨款收入/零余额账户用款额度/银行存款等 　　其他应交税费	借:行政支出[实付] 　贷:财政拨款预算收入/资金结存
	实际缴纳税款时	借:其他应交税费 　贷:银行存款/零余额账户用款额度等	借:行政支出[实缴] 　贷:资金结存等
3. 为履职或开展业务活动发生的预付款项	支付款项时	借:预付账款 　贷:财政拨款收入/零余额账户用款额度/银行存款等	借:行政支出 　贷:财政拨款预算收入/资金结存
	结算时	借:业务活动费用 　贷:预付账款 　　财政拨款收入/零余额账户用款额度/银行存款等[补付金额]	借:行政支出 　贷:财政拨款预算收入/资金结存[补付]

(续表)

业务事项和内容			财务会计	预算会计
			业务活动费用	行政支出（或事业支出）
3. 为履职或开展业务活动发生的预付款项	暂付款项	支付款项时	借：其他应收款 　　贷：银行存款等	—
		结算或报销时	借：业务活动费用 　　贷：其他应收款	借：行政支出 　　贷：资金结存等
4. 为履职或开展业务活动购买资产或支付在建工程款等	按照实际支付或应付的价款		借：库存物品/固定资产/无形资产/在建工程等 　　贷：财政拨款收入/零余额账户用款额度/银行存款/应付账款等	
5. 为履职或开展业务活动领用库存物品	按照领用库存物品的成本		借：业务活动费用 　　贷：库存物品等	—
6. 为履职或开展业务活动计提的折旧（摊销）	按照计提的折旧、摊销额		借：业务活动费用 　　贷：固定资产累计折旧/无形资产累计摊销/公共基础设施累计折旧（摊销）/保障性住房累计折旧	
7. 为履职或开展业务活动发生应负担的税金及附加时	确认其他应交税费时		借：业务活动费用 　　贷：其他应交税费	—
	支付其他应交税费时		借：其他应交税费 　　贷：银行存款等	借：行政支出 　　贷：资金结存等
8. 为履职或开展业务活动发生其他各项费用			借：业务活动费用 　　贷：财政拨款收入/零余额账户用款额度/银行存款/应付账款/其他应付款等	借：行政支出[按照实际支付的金额] 　　贷：财政拨款预算收入/资金结存
9. 计提专用基金	从收入中按照一定比例提取基金并计入费用		借：业务活动费用 　　贷：专用基金	—
10. 购货退回等业务	当年发生的		借：财政拨款收入/零余额账户用款额度/银行存款/应收账款等 　　贷：库存物品/业务活动费用	借：财政拨款预算收入/资金结存 　　贷：行政支出

第二节 事业单位的业务活动费用、单位管理费用与事业支出

一、事业单位的业务活动费用、单位管理费与事业支出的概念与核算科目的设置

(一) 事业单位的业务活动费用的概念与核算科目的设置

事业单位的业务活动费用是指事业单位为实现其职能目标,依法履职或开展专业业务活动及其辅助活动所发生的各项费用,包括为履职或开展业务活动人员计提的薪酬、外部人员劳务费、领用的库存物品、动用发出的政府储备物资、相关长期资产的折旧和摊销、相关税费以及为履职或开展业务活动发生的其他各项费用。

事业单位根据其业务目标依法开展相应的专业业务活动及其辅助活动。例如,学校开展教育教学活动及其辅助活动、医院开展医疗服务活动及其辅助活动、高等学校和科研院所开展科学研究活动及其辅助活动、广播电视台开展广播电视节目制作播出活动及其辅助活动、公共图书馆和公共文化馆开展图书借阅和公共文化活动及其辅助活动等。事业单位开展的专业业务活动及其辅助活动属于社会公益活动。

为核算业务活动费用业务,事业单位应设置"业务活动费用"总账科目。该科目应当按照项目、服务或者业务类别、支付对象等进行明细核算。为了满足成本核算需要,该科目下还可按照"工资福利费用""商品和服务费用""对个人和家庭的补助费用""对企业补助费用""固定资产折旧费""无形资产摊销费""公共基础设施折旧(摊销)费""保障性住房折旧费"和"计提专用基金"等成本项目设置明细科目,归集能够直接计入业务活动或采用一定方法计算后计入业务活动的费用。

(二) 事业单位单位管理费的概念与核算科目的设置

单位管理费用是指事业单位本级行政及后勤管理部门开展管理活动发生的各项费用,包括单位行政及后勤管理部门发生的人员经费、公用经费、资产折旧(摊销)等费用,以及由单位统一负担的离退休人员经费、工会经费、诉讼费、中介费等。

为了核算单位管理费用业务,事业单位应当设置"单位管理费用"总账科目。本科目应当按照项目、费用类别、支付对象等进行明细核算。为了满足成本核算需要,本科目下还可按照"工资福利费用""商品和服务费用""对个人和家庭的补助费用""固定资产折旧费""无形资产摊销费"等成本项目设置明细科目,归集能够直接计入单位管理活动或采用一定方法计算后计入单位管理活动的费用。期末,将本科目本期借方发生额结转入"本期盈余"科目。结转后,本科目应无余额。

这里应明确的是,行政单位不使用"单位管理费用"科目,行政单位为实现其职能目标、依法履职发生的各项费用均记入"业务活动费用"科目。

(三) 事业支出的概念、分类与核算科目的设置

事业支出是指事业单位开展专业业务活动及其辅助活动实际发生的各项现金流出。事业支出是事业单位的最主要支出。

事业单位的专业业务活动及其辅助活动是事业单位持续运行的主要业务活动,在不同行业的事业单位中表现为不同的具体内容。例如,教育事业单位主要表现为教学和科研事业活动,科学事业单位主要表现为科研、科普和教学事业活动等,医疗卫生事业单位主要表现为医

疗和科教事业活动,文化文物事业单位主要表现为图书阅览、艺术展览、文物展示等,广播电视事业单位主要表现为广播电视节目的制作、播出等,体育事业单位主要表现为体育训练、群众体育等。

事业支出是事业单位统筹使用各项事业活动收入发生的支出。即事业单位应当根据财政拨款收入、事业收入、上级补助收入、附属单位上缴收入和其他收入等情况统筹安排事业支出。事业支出既需要反映相应种类专业业务活动的支出数额,也需要区分使用的资金性质,如使用的是财政拨款资金还是非财政拨款资金,还需要反映单位预算的执行情况,如使用的是基本支出预算资金还是项目支出预算资金。

事业支出反映的内容如同行政单位的行政支出。为全面反映事业单位各项事业支出的内容,便于分析和考核各项事业支出的实际发生情况及其效果,事业单位有必要对事业支出按照一定的要求进行适当的分类。事业支出分类的具体情况如同行政支出。即按照不同的资金性质,事业支出可分为财政拨款支出、非财政专项资金支出和其他资金支出等种类;按照部门预算管理的要求,事业支出应当区分为基本支出和项目支出两大类;各项事业支出都需要按照政府支出功能分类科目进行分类反映;事业支出在基本支出和项目支出下应当进一步按照《政府收支分类科目》中的"部门预算支出经济分类科目"进行分类。事业支出分类的具体情况参阅行政支出,此处不再重复阐释。

为了核算事业支出业务,行政单位应设置"事业支出"总账科目。本科目应当分别按照"财政拨款支出""非财政专项资金支出"和"其他资金支出","基本支出"和"项目支出"等进行明细核算,并按照《政府收支分类科目》中"支出功能分类科目"的项级科目进行明细核算;"基本支出"明细科目和"项目支出"明细科目下应当按照《政府收支分类科目》中"部门预算支出经济分类科目"的款级科目进行明细核算,同时在"项目支出"明细科目下按照具体项目进行明细核算。年末,将本科目本年发生额中的财政拨款支出转入财政拨款结转;将本科目本年发生额中的非财政专项资金支出转入非财政拨款结转;将本科目本年发生额中的其他资金支出(非财政非专项资金支出)转入其他结余。年末结转后,本科目应无余额。

单位发生教育、科研、医疗、行政管理、后勤保障等活动的,可在本科目下设置相应的明细科目进行核算,或单设"7201 教育支出""7202 科研支出""7203 医疗支出""7204 行政管理支出""7205 后勤保障支出"等一级会计科目进行核算。

有一般公共预算财政拨款、政府性基金预算财政拨款等两种或两种以上财政拨款的事业单位,还应当在"财政拨款支出"明细科目下按照财政拨款的种类进行明细核算。

对于预付款项,可通过在"事业支出"科目下设置"待处理"明细科目进行明细核算,待确认具体支出项目后再转入"事业支出"科目下相关明细科目。年末结账前,应将"事业支出"科目下"待处理"明细科目余额全部转入"事业支出"科目下相关明细科目。

二、事业单位业务活动费用、单位管理费用与事业支出的日常账务处理

事业单位在开展业务活动及其辅助活动过程中发生的业务活动费用、单位管理费用与事业支出的主要账务处理可参阅表13-2所示。

(一) 为开展业务活动或管理活动人员计提并支付职工(经营部门职工除外)薪酬

【例13-14】 某事业单位为从事业务活动及管理活动人员计提职工薪酬共计200 000元,其中,业务活动人员180 000元,管理人员20 000元。数日后,通过财政直接支付方式支付了该笔职工薪酬。该事业单位应编制的会计分录为:

(1) 计提职工个人薪酬时。

在财务会计中：

借：业务活动费用　　　　　　　　　　　　　　　　　　　　　180 000
　　单位管理费用　　　　　　　　　　　　　　　　　　　　　　20 000
　　　贷：应付职工薪酬　　　　　　　　　　　　　　　　　　　200 000

在预算会计中不做账务处理。

(2) 通过财政直接支付方式支付职工个人薪酬时。

在财务会计中：

借：应付职工薪酬　　　　　　　　　　　　　　　　　　　　　200 000
　　　贷：财政拨款收入　　　　　　　　　　　　　　　　　　　200 000

同时，在预算会计中：

借：事业支出　　　　　　　　　　　　　　　　　　　　　　　200 000
　　　贷：财政拨款预算收入　　　　　　　　　　　　　　　　　200 000

事业单位向单位开展专业业务活动及其辅助活动的职工个人支付薪酬业务的会计处理方法，如同行政单位向职工个人支付薪酬。只是行政单位使用"行政支出"科目记录相应的支出，事业单位使用"事业支出"科目记录相应的支出。

【例13-15】　某事业单位通过财政直接支付的方式为单位开展专业业务活动及其辅助活动的职工代扣代缴个人所得税12 000元，同时为这些职工代扣代缴和缴纳职工社会保险费和住房公积金共计25 000元。该事业单位应编制的会计分录为：

在财务会计中：

借：应付职工薪酬　　　　　　　　　　　　　　　　　　　　　25 000
　　其他应交税费——应交个人所得税　　　　　　　　　　　　12 000
　　　贷：财政拨款收入　　　　　　　　　　　　　　　　　　　37 000

同时，在预算会计中：

借：事业支出　　　　　　　　　　　　　　　　　　　　　　　37 000
　　　贷：财政拨款预算收入　　　　　　　　　　　　　　　　　37 000

事业单位按税法规定代扣职工个人所得税时，在财务会计中，借记"应付职工薪酬"科目，贷记"其他应交税费——应交个人所得税"科目；在预算会计中，不做账务处理。

(二) 为开展业务活动或管理活动发生并支付的外部人员劳务费

【例13-16】　某事业单位分别计提并通过国库集中支付为从事业务活动和管理活动的外部人员劳务费50 000元和10 000元，并分别代扣代缴个人所得税8 000元和2 000元。该事业单位应编制的会计分录为：

(1) 计提外部人员劳务费时。

在财务会计中：

借：业务活动费用　　　　　　　　　　　　　　　　　　　　　50 000
　　单位管理费用　　　　　　　　　　　　　　　　　　　　　　10 000
　　　贷：其他应付款　　　　　　　　　　　　　　　　　　　　50 000
　　　　　其他应交税费——应交个人所得税　　　　　　　　　　10 000

在预算会计中不做账务处理。

(2) 支付外部人员劳务费并上交个人所得税时。

在财务会计中：

借：其他应付款　　　　　　　　　　　　　　　　　　　　　　　　　　50 000
　　其他应交税费——应交个人所得税　　　　　　　　　　　　　　　10 000
　　　贷：财政拨款收入　　　　　　　　　　　　　　　　　　　　　　　　　60 000

同时，在预算会计中：

借：事业支出　　　　　　　　　　　　　　　　　　　　　　　　　　　60 000
　　贷：财政拨款预算收入　　　　　　　　　　　　　　　　　　　　　　　　60 000

外部人员劳务费同样涉及代扣代缴个人所得税的业务，但不涉及代扣代缴和为其缴纳社会保险费和住房公积金的业务。

(三) 为开展业务活动或管理活动领用库存物品

【例 13-17】 某事业单位为开展专业业务活动领用一批库存物品，成本为 5 000 元。该事业单位应编制的会计分录为：

在财务会计中：

借：业务活动费用　　　　　　　　　　　　　　　　　　　　　　　　　5 000
　　贷：库存物品　　　　　　　　　　　　　　　　　　　　　　　　　　　　5 000

在预算会计中不做账务处理。

(四) 为开展业务活动或管理活动计提的计提固定资产、无形资产、公共基础设施、保障性住房计提的折旧、摊销

【例 13-18】 某事业单位本期为开展业务活动和管理活动使用的固定资产分别计提折旧 10 000 元和 5 000 元。该事业单位应编制的会计分录为：

在财务会计中：

借：业务活动费用——固定资产折旧费　　　　　　　　　　　　　　　10 000
　　单位管理费用——固定资产折旧费　　　　　　　　　　　　　　　　5 000
　　　贷：固定资产累计折旧　　　　　　　　　　　　　　　　　　　　　　　15 000

在预算会计中不做账务处理。

(五) 为开展业务活动或管理活动购买存货、固定资产、无形资产等以及在建工程支付相关款项

【例 13-19】 某事业单位通过财政直接支付方式支付一笔款项 15 000 元，具体内容为购买一批库存物品。暂不考虑增值税。该事业单位应编制的会计分录为：

在财务会计中：

借：库存物品　　　　　　　　　　　　　　　　　　　　　　　　　　　15 000
　　贷：财政拨款收入　　　　　　　　　　　　　　　　　　　　　　　　　　15 000

同时，在预算会计中：

借：事业支出　　　　　　　　　　　　　　　　　　　　　　　　　　　15 000
　　贷：财政拨款预算收入　　　　　　　　　　　　　　　　　　　　　　　　15 000

(六) 为开展专业业务活动或管理活动过程中发生预付款项

【例 13-20】 某事业单位通过财政直接支付方式支付一笔预付款项 55 000 元，具体内容

为向某社会组织购买一项服务。次月,购买的该项服务完成,成本为55 000元。该事业单位购买该项服务的费用属于业务活动费用。该事业单位应编制的会计分录为:

(1) 预付账款时。

在财务会计中:

借:预付账款 55 000
　　贷:财政拨款收入 55 000

同时,在预算会计中:

借:事业支出 55 000
　　贷:财政补助预算收入 55 000

(2) 服务完成时。

在财务会计中:

借:业务活动费用 55 000
　　贷:预付账款 55 000

在预算会计中不做账务处理。

(七) 开展专业业务活动及或管理活动过程中缴纳相关税费

【例13-21】 某事业单位后勤管理部门在业务管理活动中应缴纳城市维护建设税600元,款项通过银行存款支付。该事业单位应编制的会计分录为:

(1) 计算应缴纳税金时。

在财务会计中:

借:单位管理费用 600
　　贷:其他应收税费——应交城市维护建设税 600

在预算会计中不做账务处理。

(2) 缴纳税金时。

在财务会计中:

借:其他应收税费——应交城市维护建设税 600
　　贷:银行存款 600

同时,在预算会计中:

借:事业支出 600
　　贷:结存资金——货币资金 600

(八) 为开展业务活动或管理活动发生其他各项费用

【例13-22】 某事业单位为开展业务活动和管理活动分别发生水费、电费1 000元和500元,款项通过国库直接支付。该事业单位应编制的会计分录为:

在财务会计中:

借:业务活动费用 1 000
　　单位管理费用 500
　　贷:财政拨款收入 1 500

同时,在预算会计中:

借:事业支出 1 500
　　贷:财政拨款预算收入 1 500

(九) 从收入中提取专用基金

按照规定从收入中提取专用基金并计入费用的,一般按照预算会计下基于预算收入计算提取的金额,借记"业务活动费用"科目,贷记"专用基金"科目。在预算会计中不做账务处理。国家另有规定的,从其规定。

【例 13-23】 某事业单位按照相关规定从事业收入中提取专用基金 1 200 元,并计入业务活动费用。该事业单位应编制的会计分录为:

在财务会计中:

借:业务活动费用 1 200
　　贷:专用基金 1 200

在预算会计中不做账务处理。

(十) 开展专业业务活动或管理活动过程中发生因购货退回而收回当年支出等业务

【例 13-24】 某事业单位因货品质量问题退回一批当年购入的货品 460 元,该批货品在购入时已计入本年业务活动费用和事业支出,退货款项已收到并存入银行存款账户。该事业单位应编制会计分录为:

在财务会计中:

借:银行存款 460
　　贷:业务活动费用 460

同时,在预算会计中:

借:资金结存——货币资金 460
　　贷:事业支出 460

三、事业单位业务活动费用的期末结转

期末,在财务会计中,将"业务活动费用"科目本期发生额转入本期盈余,借记"本期盈余"科目,贷记"业务活动费用"科目。期末结转后,"业务活动费用"科目应无余额。

【例 13-25】 期末,某事业单位"业务活动费用"的科目本期发生额 15 050 元,将其转入"本期盈余"科目。该事业单位应编制的会计分录为:

在财务会计中:

借:本期盈余 15 050
　　贷:业务活动费用 15 050

在预算会计中不做账务处理。

四、单位管理费用的期末转账

期末,在财务会计中,将"单位管理费用"科目本期发生额转入本期盈余,借记"本期盈余"

科目,贷记"单位管理费用"科目。期末结转后,"单位管理费用"科目应无余额。

【例 13-26】 期末,某事业单位"单位管理费用"科目本期发生额 105 050 元,该事业单位将其转入"本期盈余"科目。该事业单位应编制的会计分录为:

在财务会计中:

借:本期盈余 105 050
  贷:单位管理费用 105 050

在预算会计中不做账务处理。

五、事业支出的年末结转

年末,将"事业支出"科目本年发生额中的财政拨款支出转入财政拨款结转,借记"财政拨款结转——本年收支结转"科目,贷记"事业支出"科目下各财政拨款支出明细科目;将"事业支出"科目本年发生额中的非财政专项资金支出转入非财政拨款结转,借记"非财政拨款结转——本年收支结转"科目,贷记"事业支出"科目下各非财政专项资金支出明细科目;将"事业支出"科目本年发生额中的其他资金支出(非财政非专项资金支出)转入其他结余,借记"其他结余"科目,贷记"事业支出"科目下其他资金支出明细科目。

【例 13-27】 年末,某事业单位"事业支出"本年发生额为 225 000 元,其中,财政拨款支出 208 500 元,非财政专项资金支出 15 000 元,其他资金支出 1 500 元。年末结转时,该事业单位分别将其转入"财政拨款结转——本年收支结转""非财政拨款结转——本年收支结转""其他结余"科目。该事业单位应编制的会计分录为:

在预算会计中:

(1)结转财政拨款支出。

借:财政拨款结转——本年收支结转 208 500
  贷:事业支出——财政拨款支出 208 500

(2)结转非财政专项资金支出。

借:非财政拨款结转——本年收支结转 15 000
  贷:事业支出——非财政专项资金支出 15 000

(3)结转其他资金支出。

借:其他结余 1 500
  贷:事业支出——其他资金支出 1 500

在财务会计中不做账务处理。

事业单位应当同时使用"业务活动费用"科目和"单位管理费用"科目,其业务部门开展专业业务活动及其辅助活动发生的各项费用记入"业务活动费用"科目,其本级行政及后勤管理部门发生的各项费用以及由单位统一负担的费用记入"单位管理费用"科目。事业单位应当按照《政府会计制度》的规定,结合本单位实际,确定本单位业务活动费用和单位管理费用划分的具体会计政策。

与事业支出相比,事业单位的业务活动费用、单位管理费用不需要按照财政拨款种类或财政资金性质进行明细核算。

第三节 经营费用(支出)

一、经营费用(支出)概念与核算科目的设置

经营费用(支出)是指事业单位在专业业务活动及其辅助活动之外开展非独立核算经营活动发生的各项费用(现金流出)。

事业单位应当正确区分在开展专业业务活动及其辅助活动中形成的业务活动费用、在开展单位管理活动中形成的单位管理费用以及在开展非独立核算经营活动中形成的经营费用。事业单位开展的专业业务活动及其辅助活动以及单位管理活动也可统称为事业活动,事业活动与经营活动对应。如前所述,事业单位开展的非独立核算经营活动应当是小规模的,在公益一类事业单位中基本也是没有的。行政单位没有经营活动。

为了核算经营费用业务,事业单位财务会计应当设置"经营费用"总账科目。本科目应当按照经营活动类别、项目、支付对象等进行明细核算。为了满足成本核算需要,本科目下还可按照"工资福利费用""商品和服务费用""对个人和家庭的补助费用""固定资产折旧费""无形资产摊销费"等成本项目设置明细科目,归集能够直接计入单位经营活动或采用一定方法计算后计入单位经营活动的费用。期末,将本科目本期借方发生额结转入"本期盈余"科目。结转后,本科目应无余额。

为了核算经营支出业务,事业单位预算会计应设置"经营支出"总账科目。本科目应当按照经营活动类别、项目、《政府收支分类科目》中"支出功能分类科目"的项级科目和"部门预算支出经济分类科目"的款级科目等进行明细核算。年末,将本科目本年发生额转入经营结余。年末结转后,本科目应无余额。

事业单位的经营支出与经营预算收入相对应,属于预算会计中的核算内容;经营费用与经营收入相对应,属于财务会计中的核算内容。事业单位的经营预算收入减去经营支出后的差额为经营结余。

二、经营费用(支出)的日常账务处理

(一)为经营活动人员计提并支付职工薪酬

为经营活动人员计提的薪酬,按照计算确定的金额,在财务会计中,借记"经营费用"科目,贷记"应付职工薪酬"科目;在预算会计中不做账务处理。

代扣职工个人所得税时,按照计算确定的金额,在财务会计中,借记"应付职工薪酬"科目,贷记"其他应交税费——应交个人所得税"科目;在预算会计中不做账务处理。

向职工个人支付薪酬时,按照实际的金额,在财务会计中,借记"应付职工薪酬"科目,贷记"银行存款"科目;同时,在预算会计中,借记"经营支出"科目,贷记"资金结存"科目。

按照规定代扣代缴个人所得税以及代扣代缴或为职工缴纳职工社会保险费、住房公积金时,按照实际缴纳的金额,在财务会计中,借记"应付职工薪酬""其他应交税费——应交个人所得税"科目,贷记"银行存款"科目;同时,在预算会计中,借记"经营支出"科目,贷记"资金结存"科目。

【例13-28】 某事业单位开展一项非独立核算的经营活动,为从事经营活动的人员计提当月职工薪酬5 000元。通过开户银行支付从事经营活动的人员职工薪酬4 800元,并支付代

扣代缴个人所得税200元。该事业单位应编制的会计分录为：

(1) 为经营活动人员计提当月职工薪酬时。

在财务会计中：

借：经营费用　　　　　　　　　　　　　　　　　　　　　　　5 000
　　贷：应付职工薪酬　　　　　　　　　　　　　　　　　　　　　5 000

在预算会计中不做账务处理。

(2) 通过开户银行支付职工薪酬并代扣个人所得税时。

在财务会计中：

借：应付职工薪酬　　　　　　　　　　　　　　　　　　　　　4 800
　　应交其他税费——应交个人所得税　　　　　　　　　　　　　　200
　　贷：银行存款　　　　　　　　　　　　　　　　　　　　　　　5 000

同时，在预算会计中：

借：经营支出　　　　　　　　　　　　　　　　　　　　　　　5 000
　　贷：结存资金——货币资金　　　　　　　　　　　　　　　　　5 000

(二) 为经营活动发生并支付的外部人员劳务费

为经营活动人员计提外部人员的劳务费，在财务会计中，按照计算确定的金额，借记"经营费用"科目，按照代扣代缴个人所得税的金额，贷记"其他应交税费——应交个人所得税"科目，按照扣缴后应付或实际支付的金额，贷记"其他应付款""银行存款"等科目。在预算会计中，按照实际支付给外部人员个人的金额，借记"经营支出"科目，贷记"资金结存"科目。

按照规定代扣代缴个人所得税时，按照实际缴纳的金额，在财务会计中，借记"其他应交税费——应交个人所得税"科目，贷记"银行存款"科目；同时，在预算会计中，借记"经营支出"科目，贷记"资金结存"科目。

[例13-29] 某事业单位为从事一项非独立核算的经营活动的外部人员计提劳务费8 000元，并代扣代缴个人所得税1 600元。上述款项通过开户银行。该事业单位应编制的会计分录为：

(1) 计提外部人员劳务费时。

在财务会计中：

借：经营费用　　　　　　　　　　　　　　　　　　　　　　　8 000
　　贷：其他应付款　　　　　　　　　　　　　　　　　　　　　　6 400
　　　　其他应交税费——应交个人所得税　　　　　　　　　　　　1 600

在预算会计中不做账务处理。

(2) 支付外部人员劳务费时。

在财务会计中：

借：其他应付款　　　　　　　　　　　　　　　　　　　　　　6 400
　　其他应交税费——应交个人所得税　　　　　　　　　　　　　1 600
　　贷：银行存款　　　　　　　　　　　　　　　　　　　　　　　8 000

同时，在预算会计中：

借：经营支出　　　　　　　　　　　　　　　　　　　　　　　8 000
　　贷：资金结存——货币资金　　　　　　　　　　　　　　　　　8 000

外部人员劳务费同样涉及代扣代缴个人所得税的业务,但不涉及代扣代缴和未其缴纳社会保险费和住房公积金的业务。

(三) 为开展经营活动发生的预付账款

开展经营活动过程中发生预付账款时,按照实际支付的金额,在财务会计中,借记"预付账款"科目,贷记"银行存款"科目;同时,在预算会计中,借记"经营支出"科目,贷记"资金结存"科目。

对于暂付款项,在支付款项时可不做预算会计处理,待结算或报销时,按照结算或报销的金额,在预算会计中,借记"经营支出"科目,贷记"资金结存"科目。

【例 13-30】 某事业单位为在开展一项非独立核算的经营活动中,对外采购一批库存物品,通过开户银行向供货单位预付款项 5 000 元。暂不考虑增值税。该事业单位应编制的会计分录为:

在财务会计中:

借:预付账款　　　　　　　　　　　　　　　　　　　　　　　　　　　5 000
　　贷:银行存款　　　　　　　　　　　　　　　　　　　　　　　　　　　5 000

同时,在预算会计中:

借:经营支出　　　　　　　　　　　　　　　　　　　　　　　　　　　5 000
　　贷:资金结存——货币资金　　　　　　　　　　　　　　　　　　　　　5 000

(四) 为开展经营活动购买资产或支付在建工程款等

开展经营活动过程中为购买存货、固定资产、无形资产等以及在建工程支付相关款项时,按照实际支付的金额,在财务会计中,借记"库存物品""固定资产""无形资产""在建工程"等科目,贷记"银行存款"科目;同时,在预算会计中,借记"经营支出"科目,贷记"资金结存"科目。

【例 13-31】 某事业单位为在开展一项非独立核算的经营活动中,对外采购一批库存物品,通过开户银行向供货单位支付款项 5 000 元,增值税 650 元。该事业单位应编制的会计分录为:

在财务会计中:

借:库存物品　　　　　　　　　　　　　　　　　　　　　　　　　　　5 000
　　应交增值税——应交税金(进项税额)　　　　　　　　　　　　　　　　650
　　贷:银行存款　　　　　　　　　　　　　　　　　　　　　　　　　　　5 650

同时,在预算会计中:

借:经营支出　　　　　　　　　　　　　　　　　　　　　　　　　　　5 650
　　贷:资金结存——货币资金　　　　　　　　　　　　　　　　　　　　　5 650

(五) 为开展经营活动领用或发出库存物品

开展经营活动领用或发出库存物品,按照物品实际成本,在财务会计中,借记"经营费用"科目,贷记"库存物品"科目。在预算会计中不做账务处理。

【例 13-32】 某事业单位为开展一项非独立核算的经营活动发出一批库存物品,其实际成本为 2 500 元。该事业单位应编制的会计分录为:

在财务会计中:

借:经营费用　　　　　　　　　　　　　　　　　　　　　　　　　　　2 500
　　贷:库存物品　　　　　　　　　　　　　　　　　　　　　　　　　　　2 500

在预算会计中不做账务处理。

(六) 为经营活动计提的固定资产、无形资产折旧、摊销

为经营活动所使用固定资产、无形资产计提的折旧、摊销,按照应提折旧、摊销额,在财务会计中,借记"经营费用"科目,贷记"固定资产累计折旧""无形资产累计摊销"科目。在预算会计中不做账务处理。

【例13-33】 某事业单位为开展经营活动所使用的固定资产计提折旧50 000元。该事业单位应编制的会计分录为:

在财务会计中:

借:经营费用　　　　　　　　　　　　　　　　　　　　　　　　　50 000
　　贷:固定资产累计折旧　　　　　　　　　　　　　　　　　　　　　50 000

在预算会计中不做账务处理。

(七) 为经营活动负担并缴纳的税金及附加

开展经营活动发生城市维护建设税、教育附加、地方教育费附加、车船税、房产税、城镇土地使用税等,按照计算确定应交纳的金额,在财务会计中,借记"经营费用"科目,贷记"其他应交税费"等科目。在预算会计中不做账务处理。

实际支付缴纳相关税费时,按照实际支付的金额,在财务会计中,借记"其他应急税费"科目,贷记"银行存款"科目;同时,在预算会计中,借记"经营支出"科目,贷记"资金结存"科目。

【例13-34】 某事业单位为开展经营活动发生城市维护建设税1 000元,教育费附加800元,房产税400元。税款通过开户银行支付。该事业单位应编制的会计分录为:

(1) 计算其他应交税费时。

在财务会计中:

借:经营费用　　　　　　　　　　　　　　　　　　　　　　　　　2 200
　　贷:其他应交税费——应交城建税　　　　　　　　　　　　　　　　2 200

在预算会计中不做账务处理。

(2) 实际缴纳其他应交税费时。

在财务会计中:

借:其他应交税费——应交城建税　　　　　　　　　　　　　　　　　2 200
　　贷:银行存款　　　　　　　　　　　　　　　　　　　　　　　　　2 200

同时,在预算会计中:

借:经营支出　　　　　　　　　　　　　　　　　　　　　　　　　2 200
　　贷:资金结存——货币资金　　　　　　　　　　　　　　　　　　　2 200

(八) 为经营活动发生的其他各项费用

发生与经营活动相关的其他各项费用时,在财务会计中,按照费用确认金额,借记"经营费用"科目,贷记"银行存款""其他应付款""其他应收款"等科目;同时,在预算会计中,按照实际支付的金额,借记"经营支出"科目,贷记"资金结存"科目。涉及增值税业务的,相关账务处理参见"应交增值税"科目。

【例13-35】 某事业单位通过单位开户银行为经营活动支付一笔款项,内容为向电信部门缴纳电话费500元。该事业单位应编制的会计分录为:

在财务会计中：

借：经营费用　　　　　　　　　　　　　　　　　　　　　　　　500
　　贷：银行存款　　　　　　　　　　　　　　　　　　　　　　　　500

同时，在预算会计中：

借：经营支出　　　　　　　　　　　　　　　　　　　　　　　　500
　　贷：资金结存——货币资金　　　　　　　　　　　　　　　　　500

（九）经营活动中发生的当年购货退回等退回的款项

开展经营活动中发生当年购货退回等业务，对于已计入本年经营费用的，在财务会计中，按照收回或应收的金额，借记"银行存款""其他应收款"等科目，贷记"经营费用"科目；同时，在预算会计中，属于当年支出收回的，按照收回金额，借记"资金结存"科目，贷记"经营支出"科目。

【例13-36】 某事业单位通过单位银行存款账户收到经营活动的退货款项1 500元，内容为因质量问题退回当年购入的物品。该批物品在购入时已计入本年的经营费用和经营支出。该事业单位应编制的会计分录为：

在财务会计中：

借：银行存款　　　　　　　　　　　　　　　　　　　　　　　1 500
　　贷：经营费用　　　　　　　　　　　　　　　　　　　　　　　1 500

同时，在预算会计中：

借：资金结存——货币资金　　　　　　　　　　　　　　　　　1 500
　　贷：经营支出　　　　　　　　　　　　　　　　　　　　　　　1 500

三、经营费用的期末结转

期末，在财务会计中，将"经营费用"科目本期发生额转入本期盈余，借记"本期盈余"科目，贷记"经营费用"科目。结转后，"经营费用"科目应无余额。

【例13-37】 期末，某事业单位"经营费用"科目的本期发生额为8 700元。该事业单位将其结转"本期盈余"科目。该事业单位应编制的会计分录为：

在财务会计中：

借：本期盈余　　　　　　　　　　　　　　　　　　　　　　　8 700
　　贷：经营费用　　　　　　　　　　　　　　　　　　　　　　　8 700

四、经营支出的年末结转

年末，在预算会计中，将"经营支出"科目本年发生额转入经营结余，借记"经营结余"科目，贷记"经营支出"科目。结转后，"经营支出"科目应无余额。

【例13-38】 年末，某事业单位"经营支出"科目本期发生额为9 600元。该事业单位将其转入"经营结余"科目。该事业单位应编制的会计分录为：

在预算会计中：

借：经营支出　　　　　　　　　　　　　　　　　　　　　　　9 600
　　贷：经营结余　　　　　　　　　　　　　　　　　　　　　　　9 600

第四节 上缴上级费用(支出)

一、上缴上级费用(支出)的概念与核算科目的设置

上缴上级费用(支出)是指事业单位按照财政部门和主管部门的规定上缴上级单位款项发生的费用(现金流出)。行政单位没有上缴上级单位款项的业务。

事业单位此类业务所涉及的款项属于非财政资金。通常是事业单位自身取得的事业收入、经营收入和其他收入取得的资金。事业单位应当按照财政部门和主管部门的规定,对于取得的有关业务活动收入或其他收入,按照规定标准或比例上缴上级单位。事业单位不可以使用其自身取得的财政拨款收入用作上缴上级单位。

上缴上级费用(支出)与附属单位上缴(预算)收入在上下级单位之间的业务内容上形成对应关系,即一方为缴款方,另一方为收款方。但上缴上级费用(支出)与上级补助(预算)收入在上下级单位之间的业务内容上不形成对应关系。即上缴上级费用(支出)业务的发生与上级补助(预算)收入业务的发生是相互独立的。

为了核算上缴上级费用业务,事业单位财务会计应当设置"上缴上级费用"总账科目。本科目应当按照收缴款项单位、缴款项目等进行明细核算。期末,将本科目本期借方发生额结转入"本期盈余"科目。结转后,本科目应无余额。

为了核算上缴上级支出业务,事业单位预算会计应设置"上缴上级支出"总账科目。本科目应当按照收缴款项单位、缴款项目、《政府收支分类科目》中"支出功能分类科目"的项级科目和"部门预算支出经济分类科目"的款级科目等进行明细核算。年末,将本科目本年发生额转入其他结余。结转后,本科目应无余额。

二、上缴上级费用(支出)的日常处理

事业单位发生上缴上级费用(支出)的,在财务会计中,按照实际上缴的金额或者按照规定计算出应当上缴上级单位的金额,借记"上缴上级费用"科目,贷记"银行存款""其他应付款"等科目。同时,在预算会计中,按照实际上缴的金额,借记"上缴上级支出"科目,贷记"资金结存"科目。

【例13-39】 某事业单位按财政部门和主管部门的规定,对于取得的有关事业收入,按照相应的标准和比例上缴上级单位款项 30 000 元,款项通过开户银行支付。该事业单位应编制的会计分录为:

在财务会计中:

借:上缴上级费用 30 000
  贷:银行存款 30 000

同时,在预算会计中:

借:上缴上级支出 30 000
  贷:资金结存——货币资金 30 000

如果事业单位发生应上缴上级款项的业务,那么,在财务会计中,应当按照计算确定的金额,借记"上缴上级费用"科目,贷记"其他应付款"科目;而此时,在预算会计中不做会计处理。

之后事业单位上缴应缴款项时,在财务会计中,借记"其他应付款"科目,贷记"银行存款"科目;在预算会计中,借记"上缴上级支出"科目,贷记"资金结存"科目。上缴上级费用属于财务会计的核算内容,采用权责发生制基础核算;上缴上级支出属于预算会计的核算内容,采用收付实现制基础核算。

三、上缴上级费用的期末结转

期末,在财务会计中,将"上缴上级费用"科目本期发生额转入本期盈余,借记"本期盈余"科目,贷记"上缴上级费用"科目。结转后,"上缴上级费用"科目应无余额。

【例13-40】 期末,某事业单位"上缴上级费用"科目本期发生额为30 000元,将其全数转入"本期盈余"科目。该事业单位应编制的会计分录为:

在财务会计中:

借:本期盈余　　　　　　　　　　　　　　　　　　　　　　　　　30 000
　　贷:上缴上级费用　　　　　　　　　　　　　　　　　　　　　　　　30 000

四、上缴上级支出的年末结转

年末,在预算会计中,将"上缴上级支出"科目本年发生额转入其他结余,借记"其他结余"科目,贷记"上缴上级支出"科目。结转后,"上缴上级支出"应无余额

【例13-41】 年末,某事业单位"上缴上级支出"科目本年发生额为50 000元,将其全数转入"其他结余"科目。该事业单位应编制的会计分录为:

在预算会计中:

借:其他结余　　　　　　　　　　　　　　　　　　　　　　　　　50 000
　　贷:上缴上级支出　　　　　　　　　　　　　　　　　　　　　　　　50 000

第五节　对附属单位补助费用(支出)

一、对附属单位补助费用(支出)的概念与核算科目的设置

对附属单位补助费用(支出)是指事业单位用财政拨款收入之外的收入对附属单位补助发生的费用(现金流出)。

事业单位此类业务涉及的款项是非财政财政资金,通常是事业单位自身取得的事业收入、经营收入和其他收入取得的资金,或者是事业单位从其他附属单位取得的附属单位上缴收入取得的资金等。事业单位不能用其自身取得的财政拨款收入拨付给附属单位,作为对附属单位的补助费用(支出)。

对附属单位补助费用(支出)与上级补助(预算)收入在上下级单位之间的业务内容上存在对应关系。当上级单位对下级单位进行补助时,上级单位确认对附属单位补助费用(支出),下级单位确认上级补助(预算)收入。但对附属单位补助费用(支出)与附属单位上缴(预算)收入在上下级单位间的业务内容上不形成对应关系,即对附属单位补助费用(支出)业务的发生与附属单位上缴(预算)收入业务的发生是相互独立的。

为了核算对附属单位补助费用业务,事业单位财务会计应当设置"对附属单位补助费用"总账科目。本科目应当按照接受补助单位、补助项目等进行明细核算。期末,将本科目本期借方发生额结转入"本期盈余"科目。结转后,本科目应无余额。

为了核算对附属单位补助支出业务,事业单位预算会计应设置"对附属单位补助支出"总账科目。本科目应当按照接受补助单位、补助项目、《政府收支分类科目》中"支出功能分类科目"的项级科目和"部门预算支出经济分类科目"的款级科目等进行明细核算。年末,将本科目本年发生额转入其他结余。结转后,本科目应无余额。

二、对附属单位补助费用(支出)的日常账务处理

事业单位发生对附属单位补助支出的,在财务会计中,按照实际补助的金额或者按照规定计算出应当对附属单位补助的金额,借记"对附属单位补助费用"科目,贷记"银行存款""其他应付款"等科目。同时,在预算会计中,按照实际补助的金额,借记"对附属单位补助支出"科目,贷记"资金结存"科目。

【例 13-42】 某事业单位用一部分事业收入和其他收入对附属单位拨付一次性补助款 40 000 元,以进一步改进和提升附属单位工作水平。款项通过银行存款支付。该事业单位应编制的会计分录为:

在财务会计中:

借:对附属单位补助费用 40 000
　　贷:银行存款 40 000

同时,在预算会计中:

借:对附属单位补助支出 40 000
　　贷:资金结存——货币资金 40 000

若事业单位在上一会计期间按照规定计算出应对附属单位的补助额时,在财务会计中,借记"对附属单位补助支出"科目,贷记"其他应付款"科目。此时,在预算会计中不做账务处理。

三、对附属单位补助费用期末结转

期末,在财务会计中,将"对附属单位补助费用"科目本期发生额转入本期盈余,借记"本期盈余"科目,贷记"对附属单位补助费用"科目。结转后,"对附属单位补助费用"科目应无余额。

【例 13-43】 期末,某事业单位"对附属单位补助费用"科目本期发生额为 40 000 元,将其转入"本期盈余"科目。该事业单位应编制的会计分录为:

在财务会计中:

借:本期盈余 40 000
　　贷:对附属单位补助费用 40 000

四、对附属单位补助支出年末结转

年末,在预算会计中,将"对附属单位补助支出"科目本年发生额转入其他结余,借记"其他结余"科目,贷记"对附属单位补助支出"科目。结转后,"对附属单位补助支出"应无余额

【例 13-44】 年末,某事业单位"对附属单位补助支出"科目本年发生额为 50 000 元,将其全数转入"其他结余"科目。该事业单位应编制的会计分录为:

在预算会计中：

借：其他结余 50 000
　　贷：对附属单位补助支出 50 000

第六节　投　资　支　出

一、投资支出的概念与核算科目的设置

投资支出是指事业单位以货币资金对外投资发生的现金流出。事业单位对外投资的款项属于非财政拨款资金，通常是事业单位自身从事业务活动所取得的事业收入、经营收入和其他收入，或者是事业单位从其他附属单位取得的附属单位上缴收入等。事业单位不能用其自身取得的财政拨款预算收入作为投资支出。行政单位没有投资支出。

为了核算对投资支出业务，事业单位应设置"投资支出"总账科目。本科目应当按照投资类型、投资对象、《政府收支分类科目》中"支出功能分类科目"的项级科目和"部门预算支出经济分类科目"的款级科目等进行明细核算。年末，将本科目本年发生额转入其他结余。结转后，本科目应无余额。

二、投资支出的日常账务处理

（一）以货币资金对外投资

以货币资金对外投资时，按照投资金额和所支付的相关税费金额的合计数，借记"投资支出"科目，贷记"资金结存"科目。

【例13-45】　某事业单位以货币资金取得一项长期股权投资，买价及相关税费计250 000元，款项通过开户银行支付。该项长期股权投资取得时确定的成本即为250 000元。该事业单位应编制的会计分录为：

在财务会计中：

借：长期股权投资 250 000
　　贷：银行存款 250 000

同时，在预算会计中：

借：投资支出 250 000
　　贷：资金结存——货币资金 250 000

事业单位的投资业务在财务会计和预算会计中的核算内容不完全相同。在财务会计中，长期股权投资既反映以现金取得的长期股权投资，也反映以现金之外的其他资产置换取得的长期股权投资。而在预算会计中，投资支出只反映以货币资金对外投资发生的现金流出，不反映以货币资金以外的其他资产对外投资发生的非货币资金流出。

（二）出售、对外转让或到期收回以货币资金取得的对外投资

出售、对外转让或到期收回本年度以货币资金取得的对外投资的，如果按规定将投资收益纳入单位预算，按照实际收到的金额，借记"资金结存"科目，按照取得投资时"投资支出"科目的发生额，贷记"投资支出"科目，按照其差额，贷记或借记"投资预算收益"科目；如果按规定将投资收益上缴财政的，按照取得投资时"投资支出"科目的发生额，借记"资金结存"科目，贷记

"投资支出"科目。

出售、对外转让或到期收回以前年度以货币资金取得的对外投资的，如果按规定将投资收益纳入单位预算，按照实际收到的金额，借记"资金结存"科目，按照取得投资时"投资支出"科目的发生额，贷记"其他结余"科目，按照其差额，贷记或借记"投资预算收益"科目；如果按规定将投资收益上缴财政的，按照取得投资时"投资支出"科目的发生额，借记"资金结存"科目，贷记"其他结余"科目。

【例13-46】某事业单位以银行存款购买一批国债作为短期投资，投资成本为100 000元。第二年，该事业单位出售该项短期投资，实际收到价款105 000元。按照规定，取得的相应投资收益5 000元（105 000－100 000）纳入单位预算。该事业单位应编制会计分录为：

（1）取得短期投资时。

在财务会计中：

借：短期投资　　　　　　　　　　　　　　　　　　　　100 000
　　贷：银行存款　　　　　　　　　　　　　　　　　　100 000

同时，在预算会计中：

借：投资支出　　　　　　　　　　　　　　　　　　　　100 000
　　贷：资金结存——货币资金　　　　　　　　　　　　100 000

（2）出售短期投资时。

在财务会计中：

借：银行存款　　　　　　　　　　　　　　　　　　　　105 000
　　贷：短期投资　　　　　　　　　　　　　　　　　　100 000
　　　　投资收益　　　　　　　　　　　　　　　　　　　5 000

同时，在预算会计中：

借：资金结存——货币资金　　　　　　　　　　　　　　105 000
　　贷：其他结余　　　　　　　　　　　　　　　　　　100 000
　　　　投资预算收入　　　　　　　　　　　　　　　　　5 000

在该项业务中，"投资支出"科目在取得投资当年年末已经结转至"其他结余"科目，因此，第二年出售投资时，应当贷记"其他结余"科目，而不是贷记"投资支出"科目。

投资支出不同于其他有关支出。投资支出在出售、对外转让或到期收回投资时，会产生现金流入。此时，应当冲销投资支出，使投资支出的余额为0；或者冲销已转入至其他结余的投资支出，恢复其他结余的原有余额。

三、投资支出的年末结转

年末，在预算会计中，将"投资支出"科目本年发生额转入其他结余，借记"其他结余"科目，贷记"投资支出"科目。结转后，"投资支出"科目应无余额。

【例13-47】年末，某事业单位"投资支出"科目的本年发生额为215 000元，将其全数转入"其他结余"科目。该事业单位应编制的会计分录为：

在预算会计中：

借：其他结余　　　　　　　　　　　　　　　　　　　　215 000
　　贷：投资支出　　　　　　　　　　　　　　　　　　215 000

第七节 债务还本支出

一、债务还本支出的概念与核算科目的设置

债务还本支出是指事业单位偿还自身承担的纳入预算管理的,从金融机构举借的债务本金的现金流出。行政单位没有还本支出。

为了核算债务还本支出业务,事业单位预算会计应设置"债务还本支出"总账科目。本科目应当按照贷款单位、贷款种类、《政府收支分类科目》中"支出功能分类科目"的项级科目和"部门预算支出经济分类科目"的款级科目等进行明细核算。年末,将本科目本年发生额转入其他结余。结转后,本科目应无余额。

二、债务还本支出的日常账务处理

事业单位偿还各项短期或长期借款时,按照偿还的借款本金,在财务会计中,借记"短期借款""长期借款"科目,贷记"银行存款"科目;同时,在预算会计中,借记"债务还本支出"科目,贷记"资金结存"科目。

【例 13-48】 某事业单位通过开户银行偿还某金融机构一项短期借款本金 100 000 元。该事业单位应编制的会计分录为:

在财务会计中:

借:短期借款 100 000
　　贷:银行存款 100 000

同时,在预算会计中:

借:债务还本支出 100 000
　　贷:资金结存——货币资金 100 000

对于事业单位向金融机构借入款项以及偿还借款本金的业务,财务会计都在"短期借款"科目或"长期借款"科目中核算,分别作为负债的增加和负债的减少处理;而预算会计分别在"债务预算收入"科目和"债务还本支出"科目中核算,分别作为预算收入的增加和预算支出的增加处理。财务会计和预算会计对事业单位向金融机构借入款项以及偿还借款本金业务的核算方法不同。财务会计核算事业单位的财务状况,预算会计核算事业单位的预算执行情况。

在预算会计中,债务还本支出仅核算偿还债务本金的支出,不核算债务利息支出。债务利息支出属于其他支出。具体举例请还可进一步参见"短期借款""应付利息""长期借款""其他支出"的核算。

三、债务还本支出的年末结转

年末,在预算会计中,将"债务还本支出"科目本年发生额转入其他结余,借记"其他结余"科目,贷记"债务还本支出"科目。结转后,"债务还本支出"科目应无余额。

【例 13-49】 年末,某事业单位"债务还本支出"科目的本年发生额为 56 000 元,将其全额转入"其他结余"科目。该事业单位应编制的会计分录为:

在预算会计中:

借:其他结余 56 000
　　贷:债务还本支出 56 000

债务还本支出与债务预算收入相对应。债务还本支出核算还可以进一步参见债务预算收入的核算。

第八节　资产处置费用

一、资产处置费用的概念与核算科目的设置

资产处置费用是指单位经批准处置资产时发生的费用,包括转销的被处置资产价值,以及在处置过程中发生的相关费用或者处置收入小于相关费用形成的净支出。资产处置的形式按照规定包括无偿调拨、出售、出让、转让、置换、对外捐赠、报废、毁损以及货币性资产损失核销等。

为了核算资产处置费用,单位应当设置"资产处置费用"总账科目。单位在资产清查中查明的资产盘亏、毁损以及资产报废等,应当先通过"待处理财产损溢"科目进行核算,再将处理资产价值和处理净支出计入本科目。短期投资、长期股权投资、长期债券投资的处置,按照相关资产科目的规定进行账务处理。本科目应当按照处置资产的类别、资产处置的形式等进行明细核算。期末,将本科目本期借方发生额结转入"本期盈余"科目。结转后,本科目应无余额。

二、不通过"待处理财产损溢"科目核算的资产处置

资产处置在过去的会计制度中都要通过"待处理财产损溢"科目核算。目前,《政府会计制度》规定经批准的下列资产处置情况,如无偿调拨、出售、出让、转让、置换、对外捐赠等被处置资产价值以及在处置过程中发生的相关费用或者处置收入小于相关费用形成的净支出,可不通过"待处理财产损溢"科目,而直接记入"处置资产费用"科目。

不通过"待处理财产损溢"科目核算的资产处置,应当分别以下情况确认资产处置费用:

（1）按照规定报经批准处置资产时,按照处置资产的账面价值,借记"资产处置费用"科目[处置固定资产、无形资产、公共基础设施、保障性住房的,还应借记"固定资产累计折旧""无形资产累计摊销""公共基础设施累计折旧(摊销)""保障性住房累计折旧"科目],按照处置资产的账面余额,贷记"库存物品""固定资产""无形资产""公共基础设施""政府储备物资""文物文化资产""保障性住房""其他应收款""在建工程"等科目。

（2）处置资产过程中仅发生相关费用的,按照实际发生金额,在财务会计中,借记"资产处置费用"科目,贷记"银行存款""库存现金"等科目;同时,在预算会计中,借记"其他支出"科目,贷记"资金结存"科目。

（3）处置资产过程中取得收入的,在财务会计中,按照取得的价款,借记"库存现金""银行存款"等科目,按照处置资产过程中发生的相关费用,贷记"银行存款""库存现金"等科目,按照其差额,借记"资产处置费用"科目(收入小于相关费用)或贷记"应缴财政款"等科目(收入大于相关费用);在预算会计中,按收入小于相关费用的差额,借记"其他支出"科目,贷记"资金结存"科目。涉及增值税业务的,相关账务处理参见"应交增值税"科目。

【例13-50】　某行政单位按照规定报经批准对外捐赠一批闲置设备。该批设备的原始成

本为 20 000 元,已提折旧 18 000 元,账面价值为 2 000 元。对外捐赠过程中归属于该行政单位支付的相关费用 500 元,款项通过开户银行支付。该行政单位应编制的会计分录为:

(1) 转销对外捐赠设备的账面价值时。

在财务会计中:

借:资产处置费用 2 000
　　固定资产累计折旧 18 000
　　贷:固定资产 20 000

在预算会计中不做账务处理。

(2) 支付对外捐赠过程中的相关费用时。

在财务会计中:

借:资产处置费用 500
　　贷:银行存款 500

同时,在预算会计中:

借:其他支出 500
　　贷:资金结存——货币资金 500

三、通过"待处理财产损溢"科目核算的资产处置

单位在资产清查中查明的资产盘亏、毁损以及资产报废等,应当先通过"待处理财产损溢"科目进行核算,再将处理资产价值和处理净支出记入"资产处置费用"科目。

通过"待处理财产损溢"科目核算的资产处置,应当分别以下情况确认资产处置费用:

(1) 单位账款核对中发现的现金短缺,属于无法查明原因的,报经批准核销时,借记"资产处置费用"科目,贷记"待处理财产损溢"科目。相关业务的核算举例可参阅[例 2-74]。

(2) 单位资产清查过程中盘亏或者毁损、报废的存货、固定资产、无形资产、公共基础设施、政府储备物资、文物资源、保障性住房等,报经批准处理时,在财务会计中,按照处理资产价值,借记"资产处置费用"科目,贷记"待处理财产损溢——待处理财产价值"科目。处理收支结清时,处理过程中所取得收入小于所发生相关费用的,按照相关费用减去处理收入后的净支出,在财务会计中,借记"资产处置费用"科目,贷记"待处理财产损溢——处理净收入"科目;同时,在预算会计中,借记"其他支出"科目,贷记"资金结存"科目。

【例 13-51】 假设某事业单位系小规模纳税人。某年资产清查中报废一台不独立核算经营活动使用的设备,其原价为 50 000 元,已计提累计折旧 45 000 元,账面价值为 5 000 元(50 000－45 000),报废取得变价收入为 1 030 元,报废过程时发生相关费用 1 500 元,款项通过开户银行收付。该批设备处置净支出 470 元(1 500－1 030)记入资产处置费用。根据以上经济业务,该事业单位应编制的会计分录为:

在财务会计中:

(1) 财产清查中冲销报废的固定资产价值时。

借:待处理财产损溢——待处理财产价值 5 000
　　固定资产累计折旧 45 000
　　贷:固定资产 50 000

(2) 报经批准后转销报废固定资产价值时。

借：资产处置费用 5 000
　　贷：待处理财产损益——待处理财产价值 5 000

(3) 取得变价收入时。

借：银行存款 1 030
　　贷：待处理财产损益——处理净收入 1 030

(4) 支付清理费用时。

借：待处理财产损益——处理净收入 1 500
　　贷：银行存款 1 500

(5) 结转处理净支出时。

借：资产处置费用 470
　　贷：待处理财产损益——处理净收入 470

借：其他支出 470
　　贷：资金结存——货币资金 470

在预算会计中不做账务处理。

(三) 资产处置费用的期末结转

期末，在财务会计中，将"资产处置费用"科目本期发生额转入本期盈余，借记"本期盈余"科目，贷记"资产处置费用"科目。结转后，"资产处置费用"科目没有余额。

【例13-52】 年末，某行政单位"资产处置费用"科目本期发生额为80 000元，将其全数转入"本期盈余"科目。该行政单位应编制的会计分录为：

在财务会计中：

借：资产处置费用 80 000
　　贷：本期盈余 80 000

资产处置费用核算的具体举例，还可以进一步参阅行政事业单位资产中"待处理财产损溢"相关业务核算举例。

第九节　所得税费用

一、所得税费用的概念与核算科目的设置

所得税费用是指有企业所得税缴纳义务的事业单位按规定缴纳企业所得税所形成的费用。事业单位的所得税业务很少，多数事业单位可能没有。行政单位没有所得税费用的相关业务。

为了核算所得税费用业务，事业单位财务会计应设置"所得税费用"总账科目。年末，将本科目本年发生额转入本期盈余。结转后，本科目应无余额。

二、所得税费用的账务处理

事业单位发生企业所得税纳税义务的，按照税法规定计算的应交税金数额，在财务会计中，借记"所得税费用"科目，贷记"其他应交税费——单位应交所得税"科目；在预算会计中不做账务处理。实际缴纳时，按照缴纳金额，在财务会计中，借记"其他应交税费——单位应交所

得税"科目,贷记"银行存款"科目;同时,在预算会计中,借记"非财政拨款结余——累计结余"科目,贷记"资金结存——货币资金"科目。年末,将"所得税费用"科目本年发生额转入本期盈余,在财务会计中,借记"本期盈余"科目,贷记"所得税费用"科目;在预算会计中不做账务处理。

这里需要注意的是,在发生企业所得税纳税义务的事业单位缴纳所得税时,事业单位预算会计没有采取预算支出要素设置的习惯做法,设置"所得税支出"总账科目,而是,在实际缴纳所得税时,直接冲减"非财政拨款结余——累计结余"科目。

【例 13-53】 某事业单位存在企业所得税纳税义务,本年应缴纳企业所得税 500 元。之后,将所得税费用结转本期盈余,并通过开户银行向税务机关缴纳税款 500 元。该事业单位应编制的会计分录为:

(1) 年末计算应纳所得税时。

在财务会计中:

借:所得税费用　　　　　　　　　　　　　　　　　　　500
　　贷:其他应交税费——单位应交所得税　　　　　　　　　　500

在预算会计中不做账务处理。

(2) 年末将所得税费用结转本期盈余时。

在财务会计中:

借:本期盈余　　　　　　　　　　　　　　　　　　　　500
　　贷:所得税费用　　　　　　　　　　　　　　　　　　　500

在预算会计中不做账务处理。

(3) 向税务机关缴纳所得税时。

在财务会计中:

借:其他应交税费——单位应交所得税　　　　　　　　　　500
　　贷:银行存款　　　　　　　　　　　　　　　　　　　500

同时,在预算会计中:

借:非财政拨款结余——累计结余　　　　　　　　　　　500
　　贷:资金结存——货币资金　　　　　　　　　　　　　500

事业单位缴纳的企业所得税,在预算会计中没有作为事业支出或经营支出的增加处理,而是作为非财政拨款结余(累计结余)的减少处理。

第八节　其他费用(支出)

一、其他费用(支出)的概念与核算科目的设置

(一) 其他费用的概念与核算科目的设置

其他费用是指单位发生的除业务活动费用、单位管理费用、经营费用、资产处置费用、上缴上级费用、附属单位补助费用、所得税费用以外的各项费用,包括利息费用、坏账损失、罚没支出、现金资产捐赠支出以及相关税费、运输费等。

为了核算其他费用业务,单位财务会计应当设置"其他费用"总账科目。本科目应当按照

其他费用的类别等进行明细核算。期末,将本科目本期借方发生额结转入"本期盈余"科目。结转后,本科目应无余额。单位发生的利息费用较多的,可以单独设置"利息费用"科目。

(二)其他支出的概念与核算科目的设置

其他支出是指单位在行政支出、事业支出、经营支出、上缴上级支出、对附属单位补助支出、投资支出、债务还本支出以外的各项现金流出,包括利息支出、对外捐赠现金支出、现金盘亏损失、接受捐赠(调入)和对外捐赠(调出)非现金资产发生的税费支出、资产置换过程中发生的相关税费支出、罚没支出等。

为了核算其他支出业务,单位预算会计应设置"其他支出"总账科目。本科目应当按照其他支出的类别,"财政拨款支出""非财政专项资金支出"和"其他资金支出",《政府收支分类科目》中"支出功能分类科目"的项级科目和"部门预算支出经济分类科目"的款级科目等进行明细核算。其他支出中如有专项资金支出,还应按照具体项目进行明细核算。年末,将本科目本年发生额中的财政拨款支出转入财政拨款结转;将本科目本年发生额中的非财政专项资金支出转入非财政拨款结转;将本科目本年发生额中的其他资金支出(非财政非专项资金支出)转入其他结余。年末结转后,本科目应无余额。

有一般公共预算财政拨款、政府性基金预算财政拨款等两种或两种以上财政拨款的事业单位,还应当在"财政拨款支出"明细科目下按照财政拨款的种类进行明细核算。

单位发生利息支出、捐赠支出等其他支出金额较大或业务较多的,可单独设置"7902 利息支出""7903 捐赠支出"等科目。

二、其他费用(支出)的日常账务处理

(一)利息费用(支出)

事业单位按期计算确认借款利息费用时,在财务会计中,按照计算确定的金额,借记"在建工程"科目或"其他费用"科目,贷记"应付利息""长期借款——应计利息"科目;在预算会计中不做账务处理。支付银行借款利息时,按照实际支付金额,在财务会计中,借记"应付利息""长期借款——应计利息"科目,贷记"银行存款"科目;同时,在预算会计中,借记"其他支出"科目,贷记"资金结存"科目。

【例 13-54】 某事业单位通过开户银行支付一笔银行借款利息 1 500 元。该笔银行借款利息在财务会计中已记入了"应付利息"科目。该事业单位应编制的会计分录为:

在财务会计中:

借:应付利息   1 500
 贷:银行存款   1 500

同时,在预算会计中:

借:其他支出   1 500
 贷:资金结存——货币资金   1 500

相关业务核算举例还可进一步参阅"应付利息""长期借款"。

无论短期借款的利息还是长期借款的利息,财务会计按权责发生制基础确认,即在利息发生时确认利息费用;而预算会计按收付实现制基础确认,即在支付利息时确认利息支出。

(二)坏账损失

年末,事业单位按照规定对收回后不需上缴财政的应收账款和其他应收款计提坏账准备

时,按照计提金额,在财务会计中,借记"其他费用"科目,贷记"坏账准备"科目;冲减多提的坏账准备时,按照冲减金额,在财务会计中,借记"坏账准备"科目,贷记"其他费用"科目。在预算会计中不做会计处理。

(三) 罚没支出

单位发生罚没支出的,在财务会计中,按照实际支付或应当支付的金额,借记"其他费用"科目,贷记"银行存款""库存现金""其他应付款"等科目;同时,在预算会计中,按照实际支付的金额,借记"其他支出"科目,贷记"资金结存"科目。

(四) 现金资产捐赠

行政事业单位对外捐赠现金资产的,按照实际捐赠的金额,在财务会计中,借记"其他费用"科目,贷记"银行存款""库存现金"等科目;同时,在预算会计中,借记"其他支出"科目,贷记"资金结存——货币资金"科目。

【例 13-55】 某事业单位通过开户银行对外捐赠一笔现金资产 5 000 元。该事业单位应编制的会计分录为:

在财务会计中:

借:其他费用	5 000
贷:银行存款	5 000

同时,在预算会计中:

借:其他支出	5 000
贷:资金结存——货币资金	5 000

(五) 现金盘亏损失

每日现金账款核对中如发现现金短缺,按照短缺的现金金额,在财务会计中,借记"待处理财产损溢"科目,贷记"库存现金"科目;同时,在预算会计中,借记"其他支出"科目,贷记"资金结存——货币资金"科目。经核实,属于应当由有关人员赔偿的,按照收到的赔偿金额,在财务会计中,借记"库存现金"科目,贷记"其他应收款"科目,同时,在预算会计中,借记"资金结存——货币资金"科目,贷记"其他支出"科目。具体举例请参阅行政事业单位资产中的"待处理财产损溢"。

(六) 接受捐赠(无偿调入)和对外捐赠(无偿调出)非现金资产发生的税费支出

接受捐赠(无偿调入)非现金资产发生的归属于捐入方(调入方)的相关税费、运输费等,以及对外捐赠(无偿调出)非现金资产发生的归属于捐出方(调出方)的相关税费、运输费等,按照实际支付金额,在预算会计中,借记"其他支出"科目,贷记"资金结存"科目。实际支付的上述费用在财务会计中不是记入"其他费用"科目,其账务处理请参阅本书第十章行政事业单位资产的相关内容。

【例 13-56】 某行政单位收到无偿调入一批救灾物资,相关凭据注明的金额为 232 000 元。通过银行存款账户支付运输费 2 000 元。该批物资已验收入库。该行政单位应编制的会计分录为:

在财务会计中:

借:政府储备物资	232 000
贷:银行存款	2 000
无偿调拨净资产	230 000

同时,在预算会计中:

借:其他支出 2 000
　　贷:资金结存——货币资金 2 000

(七) 资产置换过程中发生的相关税费支出

资产置换过程中发生的相关税费,按照实际支付金额,在预算会计中,借记"其他支出"科目,贷记"资金结存"科目。在财务会计中账务处理请参阅本书第十章行政事业单位资产的相关内容。

【例13-57】 某事业单位以一项固定资产置换取得一项无形资产,该项固定资产的账面余额为500 000元,已计提累计折旧200 000元,账面净值为300 000元(500 000－200 000)。经评估,该项固定资产的评估价值为280 000元。置换过程中发生相关税费支出8 000元,款项以银行存款支付。取得该项无形资产的成本为288 000元(280 000＋8 000)。该事业单位在固定资产置换业务中发生资产处置费用为20 000元(300 000－280 000)。该事业单位应编制的会计分录为:

在财务会计:

借:无形资产 288 000
　　固定资产累计折旧 200 000
　　资产处置费用 20 000
　贷:银行存款 8 000
　　固定资产 500 000

同时,在预算会计中:

借:其他支出 8 000
　贷:资金结存——货币资金 8 000

(八) 其他相关费用

单位接受捐赠(或无偿调入)以名义金额计量的存货、固定资产、无形资产,以及成本无法可靠取得的公共基础设施、文物资源等发生的相关税费、运输费等,按照实际支付的金额,在财务会计中,借记"其他费用"科目,贷记"财政拨款收入""财政应返还额度""银行存款""库存现金"等科目;同时,在预算会计中,借记"其他支出"科目,贷记"财政拨款预算收入""资金结存"科目。

单位发生的与受托代理资产相关的税费、运输费、保管费等,在财务会计中,按照实际支付或应付的金额,借记"其他费用"科目,贷记"财政拨款收入""财政应返还额度""银行存款""库存现金""其他应付款"等科目。同时,在预算会计中,按照实际支出金额,借记"其他支出"科目,贷记"财政拨款预算收入""资金结存"科目。

三、其他费用的期末结转

期末,在财务会计中,将"其他费用"科目本期发生额转入本期盈余,借记"本期盈余"科目,贷记"其他费用"科目。结转后,"其他费用"科目应无余额。

【例13-58】 期末,某事业单位"其他费用"科目本的期发生额为20 000元。该事业单位将其全数转入"本期盈余"科目。该事业单位应编制会计分录为:

在财务会计中:

借：其他费用 20 000
　　贷：本期盈余 20 000

四、其他支出的年末结转

年末，在预算会计中，将其他支出中不同性质的资金支出分别进行结转：

（1）将本科目本年发生额中的财政拨款支出转入财政拨款结转，借记"财政拨款结转——本年收支结转"科目，贷记"其他支出"科目下各财政拨款支出明细科目；

（2）将本科目本年发生额中的非财政专项资金支出转入非财政拨款结转，借记"非财政拨款结转——本年收支结转"科目，贷记"其他支出"科目下各非财政专项资金支出明细科目；

（3）将本科目本年发生额中的其他资金支出（非财政非专项资金支出）转入其他结余，借记"其他结余"科目，贷记"其他支出"科目下各其他资金支出明细科目。

【例13-59】 年末，某事业单位"其他支出"总账科目的本年发生额为250 000元，其中，财政拨款支出150 000元，非财政专项资金支出80 000元，其他资金支出20 000元。该事业单位将其分别转入"财政拨款结转——本年收支结转""非财政拨款结转——本年收支结转""其他结余"科目。该事业单位应编制的会计分录为：

在预算会计中：

（1）结转财政拨款支出。

借：财政拨款结转——本年收支结转 150 000
　　贷：其他支出——财政拨款支出 150 000

（2）结转非财政专项资金支出。

借：非财政拨款结转——本年收支结转 80 000
　　贷：其他支出——非财政专项资金支出 80 000

（3）结转其他资金支出。

借：其他结余 20 000
　　贷：其他支出——其他资金支出 20 000

复习思考题

1. 什么是行政事业单位的费用和预算支出？两者主要包括哪些种类？费用的种类和预算支出的种类有什么不同？
2. 什么是业务活动费用和行政支出？举例说明两者的会计处理异同。
3. 按照政府支出经济分类科目，行政支出可以分为哪几个种类？按照单位预算管理要求，行政支出可以分为哪几个种类？按照不同的经费性质，行政支出可以分为哪几个种类？
4. 什么是单位管理费用和事业支出？举例说明两者的会计处理异同。
5. 事业单位"业务活动费用"科目和"单位管理费用"科目的核算内容有什么不同？
6. 行政支出和事业支出的期末结账方法是怎样的？两者有何不同？
7. 什么是经营费用和经营支出？举例说明两者的会计处理异同。
8. 什么是资产处置费用？行政事业单位应当如何核算资产处置费用？
9. 什么是事业单位的所得税费用？它如何进行核算？
10. 什么是上缴上级费用和上缴上级支出？举例说明两者的会计处理异同。

11. 什么是对附属单位补助费用和对附属单位补助支出？举例说明两者的会计处理异同。
12. 什么是投资支出？投资支出的相应业务在财务会计和预算会计中分别是如何核算的？
13. 什么是债务还本支出？债务还本支出的相应业务在财务会计和预算会计中分别是如何核算的？
14. 什么是行政事业单位的其他费用和其他支出？两者分别主要包括哪些内容？

第十三章课后练习题

第十四章 行政事业单位的净资产

第一节 净资产的核算程序

净资产是指行政事业单位资产扣除负债后的净额,主要包括累计盈余、专用基金、权益法调整、本期盈余、本期盈余分配、无偿调拨净资产、以前年度盈余调整等。

一、本期盈余转账程序

单位财务会计的盈余转账分为期末转账与年度转账。期末转账的目的是计算本期盈余,年度转账的目的是计算本期盈余分配和累计盈余。

(1) 期末转账。期末,将"财政拨款收入"等收入类科目分别转入"本期盈余"科目的贷方;将"业务活动费用"等费用类科目分别转入"本期盈余"科目的借方。转账后形成的"本期盈余"科目的年度累计余额即为各月度资产负债表的"净资产"项下的"本期盈余"项目的数额。

(2) 年末转账。年末,首先将"本期盈余"科目的全年累计余额转入"本期盈余分配"科目,从而结平"本期盈余"科目;其次,按照相关规定提取的专用基金数额,借记"本年盈余分配"科目,贷记"专用基金"科目;最后,将"本年盈余分配"科目扣除本期提取的专用基金后的余额转入"累计盈余"科目。结转后,"本年盈余分配"科目年末应无余额。

二、无偿调拨净资产的核算程序

单位在各会计年度中发生无偿调入或调出净资产的业务,在专设的"无偿调拨净资产"科目予以日常核算。年末,将"无偿调拨净资产"科目的余额转入"累计盈余"科目。结转后,"无偿调拨净资产"科目年末无余额。

三、权益法调整的核算程序

当事业单位持有的长期股权投资采用权益法核算时,年末,按照被投资单位除净损益和利润分配以外的所有者权益变动应享有(或应分担)的份额,增减"长期股权投资——其他权益变动"科目金额的同时,也增减"权益法调整"科目金额;当处置该项投资时,按照原记入"权益法调整"科目的相应部分金额转入"投资收益"科目金额。

四、以前年度盈余调整的核算程序

如果单位发生了以前年度盈余调整事项,应在专设的"以前年度盈余调整"科目具体反映其调整过程。年末,将"以前年度盈余调整"科目的余额转入"累计盈余"科目,结转后,"以前年度盈余调整"科目年末无余额。

第二节 本期盈余与本年盈余分配

一、本期盈余

(一) 本期盈余的概念与核算科目的设置

本期盈余是指单位本期各项收入、费用相抵后的余额。各项收入合计大于各项费用合计为盈余,否则,为亏损。

为了核算本期盈余业务,单位财务会计应当设置"本期盈余"总账科目。本科目贷方登记期末转入的各项收入,借方登记期末转入的各项费用。上述结转完成后,本科目期末如为贷方余额,反映单位自年初至当期期末累计实现的盈余;如为借方余额,反映单位自年初至当期期末累计发生的亏损。年度终了,应将本年的各项收入和各项费用相抵后结出的本年实现的盈余(或发生的亏损),转入"本年盈余分配"科目。年末结账后,本科目应无余额。

(二) 本期盈余的主要账务处理

期末,在财务会计中,将各类收入科目的本期发生额转入本期盈余,借记各收入科目,贷记"本期盈余"科目;将各类费用科目本期发生额转入本期盈余,借记"本期盈余"科目,贷记各费用科目。年末,在财务会计中,完成上述结转后,将"本期盈余"科目余额转入"本年盈余分配"科目,借记或贷记"本期盈余"科目,贷记或借记"本年盈余分配"科目。

【例14-1】 20×3年12月1日,某行政单位"本期盈余"科目为借方余额1 500元。12月各收入和费用的发生额情况如下:"财政拨款收入"科目130 000元,"非同级财政拨款收入"科目8 000元,"捐赠收入"科目5 000元,"利息收入"科目500元,"租金收入"科目4 500元,"其他收入"科目2 000元,各项收入合计150 000元;"业务活动费用"科目125 000元,"资产处置费用"科目21 500元,"其他费用"科目3 000元,各项费用合计149 500元。12月末结转,该行政单位应编制的会计分录为:

在财务会计中:

(1) 将各类收入科目的本期发生额转入本期盈余时。

借:财政拨款收入	130 000
非同级财政拨款收入	8 000
捐赠收入	5 000
利息收入	500
租金收入	4 500
其他收入	2 000
贷:本期盈余	150 000

(2) 将各类费用科目本期发生额转入本期盈余时。

借:本期盈余	149 500
贷:业务活动费用	125 000
资产处置费用	21 500
其他费用	3 000

(3)年末,将"本期盈余"科目的借方余额1 000元(-1 500+150 000-149 500)结转"本年盈余分配"时。

  借:本年盈余分配   1 000
    贷:本期盈余   1 000

在预算会计中不做账务处理。

【例14-2】 20×3年12月1日,某事业单位"本期盈余"科目的贷方余额为2 200元。12月各收入和费用科目的发生额如下:财政拨款收入250 000元,事业收入150 000元,上级补助收入6 000元,附属单位上缴收入4 000元,经营收入2 500元,非同级财政拨款收入7 000元,投资收益2 000元,捐赠收入4 000元,利息收800元,租金收入2 200元,其他收入1 500元,收入合计430 000元;业务活动费用255 000元,单位管理费用152 000元,经营费用2 000元,所得税费用100元,资产处置费用9 000元,上缴上级费用3 000元,对附属单位补助费用2 900元,其他费用2 000元,费用合计426 000元。12月末结转,该事业单位应编制的会计分录为:

在财务会计中:
(1)将各类收入科目的本期发生额转入本期盈余时。

  借:财政拨款收入   250 000
    事业收入   150 000
    上级补助收入   6 000
    附属单位上缴收入   4 000
    经营收入   2 500
    非同级财政拨款收入   7 000
    投资收益   2 000
    捐赠收入   4 000
    利息收入   800
    租金收入   2 200
    其他收入   1 500
    贷:本期盈余   430 000

(2)将各类费用科目本期发生额转入本期盈余时。

  借:本期盈余   426 000
    贷:业务活动费用   255 000
      单位管理费用   152 000
      经营费用   2 000
      所得税费用   100
      资产处置费用   9 000
      上缴上级费用   3 000
      对附属单位补助费用   2 900
      其他费用   2 000

(3)年末,将"本期盈余"科目贷方余额6 200元(2 200+430 000-426 000)结转"本年盈余分配"科目时。

借:本期盈余 6 200
　　贷:本年盈余分配 6 200

在预算会计中不做账务处理。

二、本年盈余分配

(一)本年盈余分配的概念与核算科目的设置

本年盈余分配是指行政事业单位对本年度实现的盈余依据相关规定进行的分配。

为了核算本年度盈余分配的情况和结果,行政事业单位财务会计应设置"本年盈余分配"总账科目。年末,将本科目余额转入累计盈余,结账后,本科目应无余额。

(二)本年盈余分配的主要账务处理

年末,将"本期盈余"科目余额转入"本年盈余分配"科目,借记或贷记"本期盈余"科目,贷记或借记"本年盈余分配"科目。年末,根据有关规定从本年度非财政拨款结余或经营结余中提取专用基金的,按照预算会计下计算的提取金额,借记"本年盈余分配"科目,贷记"专用基金"科目。同时,在预算会计中,借记"非财政拨款结余分配"科目,贷记"专用结余"科目。年末,按照规定完成上述处理后,将"本年盈余分配"科目余额转入累计盈余,借记或贷记"本年盈余分配"科目,贷记或借记"累计盈余"科目。

【例14-3】 承[例14-2],该事业单位根据有关规定从本年度非财政拨款结余或经营结余中提取专业基金(职工福利基金),按照预算会计下计算的提取金额为1 200元。该事业单位应编制的会计分录为:

(1)按照预算会计下计算的提取金额计提职工福利基金时。

在财务会计中:

借:本年盈余分配 1 200
　　贷:专用基金——职工福利基金 1 200

同时,在预算会计中:

借:非财政拨款结余分配 1 200
　　贷:专用结余 1 200

(2)年末,将"本年盈余分配"科目的余额5 000元(6 200—1 200)转入"累计盈余"科目时。

在财务会计中:

借:本年盈余分配 5 000
　　贷:累计盈余 5 000

在预算会计中不做账务处理。

第三节 专用基金

一、专用基金的概念与核算科目的设置

专用基金是指事业单位按照规定提取或设置的具有专门用途的净资产,主要包括职工福

利基金、科技成果转换基金等。行政单位没有专用基金。

为了核算专用基金业务,事业单位财务会计应当设置"专用基金"总账科目。本科目应当按照专用基金的类别进行明细核算。本科目期末贷方余额,反映事业单位累计提取或设置的尚未使用的专用基金。

二、专用基金的主要账务处理

(一) 专用基金的提取或设置

1. 从非财政拨款结余或经营结余中提取专用基金

年末,按照规定从本年度非财政拨款结余或经营结余提取专用基金的,按照预算会计下计算的提取金额,在财务会计中,借记"本年盈余分配"科目,贷记"专用基金"科目(职工福利基金);同时,在预算会计中,借记"非财政拨款结余分配"科目,贷记"专用结余"科目。其核算举例可参阅[例14-3]。

事业单位从本年度非财政拨款结余或经营结余中提取的专用基金通常如职工福利基金等,专门用于单位职工的集体福利设施、集体福利待遇等方面。

2. 从收入中提取专用基金

根据有关规定从收入中提取专用基金并计入费用的,一般按照预算会计下基于预算收入计算来提取,在财务会计中,借记"业务活动费用"科目,贷记"专用基金"科目。在预算会计中不做账务处理。国家另有规定的,从其规定。

【例14-4】 某科学事业单位按事业预算收入的一定百分比提取科技成果转换基金5 000元。该事业单位应编制的会计分录为:

在财务会计中:

借:业务活动费用   5 000
  贷:专用基金——科技成果转换基金   5 000

在预算会计中不做账务处理。

事业单位从收入中提取的专用基金如科技成果转化基金等。目前,科学事业单位财务制度设置了科技成果转化基金,即单位从事业收入中提取,以及在经营收支结余中提取转入,用于科技成果转化的资金。

这里需要注意的是,专用基金提取的金额应当以预算会计中确认的相关结余和预算收入金额为基础。

3. 设置其他专用基金

按规定设置的其他专用基金,按照实际收到的基金金额,借记"银行存款"等科目,贷记"专用基金"科目。

【例14-5】 某事业单位根据有关规定设置某项专用基金,实际收到相关基金的金额为200 000元,款项已存入开户银行。该事业单位应编制的会计分录为:

在财务会计中:

借:银行存款   200 000
  贷:专用基金——××基金   200 000

在预算会计中不做账务处理。

不同行业的事业单位可以根据业务情况提取或设置其他专用基金。例如,高等学校财务制度设置了学生奖励基金,即按照国家有关规定,按照事业收入的一定比例提取,专门用于学费减免、勤工助学、校内无息借款、校内奖助学金和特殊困难补助等的资金。中小学校财务制度设置了奖助学基金，即是指接受社会捐赠和按照规定从事业收入中提取转入，用于奖励、资助学生的资金。医院财务制度设置了医疗风险基金，即是指从医疗支出中计提、专门用于支付医院购买医疗风险保险发生的支出或实际发生的医疗事故赔偿的资金，并规定医院累计提取的医疗风险基金比例不应超过当年医疗收入的 1‰～3‰。

（二）专用基金的使用

按照有关规定使用提取的专用基金时，账务处理需要区分以下两种情况。

1. 按照规定使用提取的专用基金不用于购置固定资产或无形资产

（1）按照规定使用从预算收入中计提的专用基金时，在财务会计中，借记"专用基金"科目，贷记"银行存款"等科目；同时，在预算会计中，借记"事业支出"科目，贷记"资金结存——货币资金"科目。

【例 14-6】 某事业单位按规定使用从预算收入中提取专用基金 5 000 元，用于某项科技成果的转化工作，属于费用性支出，款项通过银行存款支付。该事业单位应编制会计分录为：

在财务会计中：

借：专用基金　　　　　　　　　　　　　　　　　　　　　　　　　　5 000
　　贷：银行存款　　　　　　　　　　　　　　　　　　　　　　　　　　　5 000

同时，在预算会计中：

借：事业支出　　　　　　　　　　　　　　　　　　　　　　　　　　5 000
　　贷：资金结存——货币资金　　　　　　　　　　　　　　　　　　　　　5 000

事业单位根据有关规定从预算收入中提取专用基金及其使用的业务，只涉及专用基金的核算，不涉及专用结余的核算。

（2）按规定使用从非财政拨款结余或经营结余中提取的专用基金时，在财务会计中，借记"业务活动费用"等费用科目，贷记"银行存款"等科目，并在有关费用科目的明细核算或辅助核算中注明"使用专用基金"；同时，在预算会计中，借记"事业支出"等预算支出科目，贷记"资金结存"科目，并在有关预算支出科目的明细核算或辅助核算中注明"使用专用结余"。期末，事业单位应当将有关费用中使用专用基金的本期发生额转入专用基金，在财务会计中，借记"专用基金"科目，贷记"业务活动费用"等科目；年末，将有关预算支出中使用专用结余的本年发生额转入专用结余，在预算会计中，借记"专用结余"科目，贷记"事业支出"等科目。

【例 14-7】 某事业单位根据规定使用从非财政拨款结余中提取的专用基金 5 000 元，款项通过银行存款支付。本次使用提取的专用基金不是用于购置固定资产或无形资产。该事业单位应编制的会计分录为：

（1）使用从非财政拨款结余中提取的专用基金时。

在财务会计中：

借：业务活动费用——使用专用基金　　　　　　　　　　　　　　　　5 000
　　贷：银行存款　　　　　　　　　　　　　　　　　　　　　　　　　　　5 000

同时，在预算会计中：

借：事业支出——使用专用基金　　　　　　　　　　　　　　　　　　5 000
　　贷：资金结存——货币资金　　　　　　　　　　　　　　　　　　　　　5 000

（2）期末，将有关费用中使用专用基金的本期发生额转入专用基金。

在财务会计中：

借：专用基金	5 000	
贷：业务活动费用——使用专用基金		5 000

在预算会计中不做账务处理。

(3) 年末，将有关预算支出中使用专用结余的本年发生额转入专用结余。

在预算会计中：

借：专用结余	5 000	
贷：事业支出——使用专用基金		5 000

在财务会计中不做账务处理。

2. 按规定使用提取的专用基金购置固定资产或无形资产

若使用提取的专用基金购置固定资产、无形资产的，在财务会计中，按照固定资产、无形资产成本金额，借记"固定资产""无形资产"科目，贷记"银行存款"等科目；同时，按照专用基金使用金额，借记"专用基金"科目，贷记"累计盈余"科目。在预算会计中，视情况而定：若使用的是从收入中提取并列入费用的专用基金，借记"事业支出"等科目，贷记"资金结存"科目；若使用的是从非财政拨款结余或经营结余中提取的专用基金，则借记"专用结余"科目，贷记"资金结存"科目。

【例14-8】 某事业单位使用非财政拨款结余计提的职工福利基金购入一项职工集体福利设施，价款为120 000元，款项以银行存款支付，购入的相应设施作为固定资产管理。该事业单位应编制的会计分录为：

在财务会计中：

借：固定资产	120 000	
贷：银行存款		120 000
借：专用基金——职工福利基金	120 000	
贷：累计盈余		120 000

同时，在预算会计中：

借：专用结余	120 000	
贷：资金结存——货币资金		120 000

事业单位使用专用基金购置固定资产、无形资产时，提取的专用基金转至累计盈余。专用基金和累计盈余都属于事业单位的净资产。将专用基金转至累计盈余，只影响净资产的构成，不影响净资产的总数。事实上，事业单位按照规定使用专用基金购置固定资产或无形资产时，只是完成了专用基金的专门用途规定，但净资产的数额没有发生变化。

第四节　权益法调整、无偿调拨净资产与以前年度盈余调整

一、权益法调整

(一) 权益法调整的概念与核算科目的设置

权益法调整是指事业单位持有的长期股权投资采用权益法核算时，按照被投资单位净损益和利润分配以外的所有者权益变动份额调整长期股权投资账面余额而计入净资产的

金额。

为了核算权益法调整业务,事业单位应当设置"权益法调整"总账科目。本科目应当按照被投资单位进行明细核算。本科目期末余额,反映事业单位在被投资单位净损益和利润分配以外的所有者权益变动中累积享有(或分担)的份额。

(二) 权益法调整的主要账务处理

年末,按照被投资单位除净损益和利润分配以外的所有者权益变动应享有(或应分担)的份额,在财务会计中,借记或贷记"长期股权投资——其他权益变动"科目,贷记或借记"权益法调整"科目。采用权益法核算的长期股权投资,因被投资单位除净损益和利润分配以外的所有者权益变动而将应享有(或应分担)的份额计入单位净资产的,处置该项投资时,按照原计入净资产的相应部分金额,在财务会计中,借记或贷记"权益法调整"科目,贷记或借记"投资收益"科目。

【例14-9】 某事业单位以货币资金投资甲公司,占有甲公司60%的股份,并对甲公司的经营决策有决定权。该事业单位对长期股权投资采用权益法核算。年末,甲公司发生的净利润和利润分配以外的所有者权益变动增加数为150 000元。该事业单位应编制的会计分录为:

在财务会计中:

借:长期股权投资——其他权益变动　　　　　　　　　　90 000
　　贷:权益法调整(150 000×60%)　　　　　　　　　　　　90 000

在预算会计中不做账务处理。

在权益法下,若被投资单位实现净利润的,事业单位按照应享有的份额,在财务会计中,借记"长期股权投资"科目(损益调整),贷记"投资收益"科目。"投资收益"科目本期发生额期末转入"本期盈余"科目。"本期盈余"科目余额经分配后最终转入"累计盈余"科目。累计盈余、权益法调整都是净资产的组成部分或具体种类。

【例14-10】 某事业单位以货币资金投资乙公司,占有乙公司25%的股份,有权参与乙公司的经营决策。该事业单位对相应的长期股权投资采用权益法核算。取得投资3年后,某日,长期股权投资的成本数额为200 000元,损益调整借方余额为50 000元,其他权益变动借方余额为10 000元。该事业单位经批准转让持有的乙公司全部25%股份,转让全部股权取得的转让收入268 000元,款项已存入开户银行。该事业单位取得的转让收益为8 000元(268 000－200 000－50 000－10 000)。该事业单位应编制的会计分录为:

在财务会计中:

借:银行存款　　　　　　　　　　　　　　　　　　　268 000
　　贷:长期股权投资——投资成本　　　　　　　　　　　200 000
　　　　　　　　　　——损益调整　　　　　　　　　　　 50 000
　　　　　　　　　　——其他权益变动　　　　　　　　　 10 000
　　　　投资收益　　　　　　　　　　　　　　　　　　　 8 000

借:权益法调整　　　　　　　　　　　　　　　　　　　 10 000
　　贷:投资收益　　　　　　　　　　　　　　　　　　　 10 000

同时,在预算会计中:

借：资金结存——货币资金　　　　　　　　　　　　　　　　　　　　　　268 000
　　贷：投资结余　　　　　　　　　　　　　　　　　　　　　　　　　　200 000
　　　　投资预算收益　　　　　　　　　　　　　　　　　　　　　　　　 68 000

"权益法调整"科目转出至"投资收益"科目后，经"本期盈余""本年盈余分配"科目过渡，最终转入"累计盈余"科目。

二、无偿调拨净资产

(一) 无偿调拨净资产的概念与核算科目的设置

无偿调拨净资产是指单位无偿调入或调出非现金资产所引起的净资产变动金额。

为了核算无偿调拨净资产业务，单位应设置"无偿调拨净资产"总账科目。年末，将本科目余额转入累计盈余，年末结账后，本科目应无余额。

(二) 无偿调拨净资产的主要账务处理

无偿调拨净资产的主要账务处理请参见无偿调入调出存货、长期股权投资、固定资产、无形资产、公共基础设施、政府储备物资、保障性住房的账务处理。年末，将本科目余额转入累计盈余，在财务会计中，借记或贷记"无偿调拨净资产"科目，贷记或借记"累计盈余"科目。

【例 14-11】　某行政单位按规定无偿调入一套保障性住房，其在调出方的账面价值为 550 000 元，调入过程中发生的归属于调入方的相关费用为 5 000 元，款项通过银行存款支付。该行政单位应编制的会计分录为：

在财务会计中：

借：保障性住房　　　　　　　　　　　　　　　　　　　　　　　　　　555 000
　　贷：银行存款　　　　　　　　　　　　　　　　　　　　　　　　　　 5 000
　　　　无偿调拨净资产　　　　　　　　　　　　　　　　　　　　　　　550 000

同时，在预算会计中：

借：其他支出　　　　　　　　　　　　　　　　　　　　　　　　　　　　5 000
　　贷：资金结存——货币资金　　　　　　　　　　　　　　　　　　　　 5 000

【例 14-12】　某事业单位按规定无偿调出一批政府储备物资，其账面价值为 800 000 元。调出过程中发生的由本单位承担的相关费用为 20 000 元，款项通过零余额账户用款额度支付。该事业单位应编制的会计分录为：

(1) 无偿调出政府储备物资时。

在财务会计中：

借：无偿调拨净资产　　　　　　　　　　　　　　　　　　　　　　　　800 000
　　贷：政府储备物资　　　　　　　　　　　　　　　　　　　　　　　　800 000

在预算会计中不做账务处理。

(2) 通过零余额账户用款额度支付相关费用时。

在财务会计中：

借：资产处置费用　　　　　　　　　　　　　　　　　　　　　　　　　 20 000
　　贷：零余额账户用款额度　　　　　　　　　　　　　　　　　　　　　20 000

同时，在预算会计中：

借：其他支出 20 000
　　贷：资金结存——零余额账户用款额度 20 000

【例14-13】 年末，某行政单位"无偿调拨净资产"科目的借方余额为300 000元。该行政单位将其转入"累计盈余"科目。该行政单位应编制的会计分录为：

在财务会计中：

借：累计盈余 300 000
　　贷：无偿调拨净资产 300 000

在预算会计中不做账务处理。

三、以前年度盈余调整

(一) 以前年度盈余调整的概念与核算科目的设置

以前年度盈余调整是指单位本年度由于发生了需要调整以前年度盈余的事项，从而对以前年度的盈余及其他相关项目的数额调整。其中，本年度发生的需要调整以前年度盈余的事项主要包括本年度发生的重要前期差错更正涉及调整以前年度盈余的事项等。

为了核算以前年度盈余调整业务，单位应设置"以前年度盈余调整"总账科目。年末，应将本科目余额转入累计盈余。结转后，本科目应无余额。

(二) 以前年度盈余调整的主要账务处理

(1) 调整增加以前年度收入时，按照调整增加的金额，在财务会计中，借记有关科目，贷记"以前年度盈余调整"科目；同时，在预算会计中，借记"资金结存"科目，贷记"财政拨款结转""财政拨款结余""非财政拨款结转""非财政拨款结余"科目（年初余额调整）。调整减少的，做相反的会计分录。

【例14-14】 某事业单位本年度收到一笔款项5 000元，发现是应在上一会计年度确认的事业收入。本年度对这一重要前期差错进行更正，在财务会计中，应调增以前年度盈余；由于该项资金属于以前年度非财政拨款结转资金，在预算会计中，应调增年初的非财政拨款结转资金。该事业单位应编制的会计分录为：

在财务会计中：

借：银行存款 5 000
　　贷：以前年度盈余调整 5 000

同时，在预算会计中：

借：资金结存——货币资金 5 000
　　贷：非财政拨款结转——年初余额调整 5 000

以前年度的相关收入已经在以前年度转入累计盈余，因此，调整以前年度的相关收入时，应通过"以前年度盈余调整"科目进行核算，不能直接使用"财政拨款收入""事业收入""经营收入"等科目进行核算。

(2) 调整增加以前年度费用时，按照调整增加的金额，在财务会计中，借记"以前年度盈余调整"科目，贷记有关科目；同时，在预算会计中，借记"财政拨款结转""财政拨款结余""非财政拨款结转""非财政拨款结余"科目（年初余额调整），贷记"资金结存"科目。调整减少的，做相反的会计分录。

【例14-15】 某事业单位本年度发现上一会计年度少计提一项后勤部门使用的固定资产折旧,结果造成上一会计年度少计算相应的单位管理费用5 000元,本年度对这一重要前期差错进行更正,在财务会计中,调整增加以前年度的费用数,此时,在预算会计中不做账务处理。该事业单位应编制的会计分录为：

在财务会计中：

借：以前年度盈余调整　　　　　　　　　　　　　　　　　　　　　　　5 000
　　贷：固定资产累计折旧　　　　　　　　　　　　　　　　　　　　　　5 000

在预算会计中不做账务处理。

以前年度的单位管理费用已经在以前年度转入累计盈余,因此,调整以前年度的单位管理费用时,应通过"以前年度盈余调整"科目进行核算,不能直接使用"单位管理费用"科目进行核算。

(3) 盘盈的各种非流动资产,报经批准后处理时,借记"待处理财产损溢"科目,贷记"以前年度盈余调整"科目。

【例14-16】 某事业单位年末财产清查盘点,盘盈一套保障性住房,评估价值为1 000 000元。经核实,该保障性住房在以前年度无偿调入时未入账。按规定程序批准后,作为重要前期差错更正予以处理。该事业单位应编制的会计分录为：

在财务会计中：

(1) 盘盈保障性住房时。

借：保障性住房　　　　　　　　　　　　　　　　　　　　　　　　1 000 000
　　贷：待处理财产损溢——待处理财产价值　　　　　　　　　　　　1 000 000

(2) 报经批准后处理时。

借：待处理财产损溢——待处理财产价值　　　　　　　　　　　　　1 000 000
　　贷：以前年度盈余调整　　　　　　　　　　　　　　　　　　　　1 000 000

在预算会计中不做账务处理。

按照相关会计处理规定,如果盘盈的非流动资产属于本年度取得的,应当按照当年新取得相关资产进行会计处理,不能按照前期差错更正进行会计处理,即相应业务不通过"以前年度盈余调整"科目进行会计核算。

(4) 经上述调整后,应将"以前年度盈余调整"科目的余额转入累计盈余,在财务会计中,借记或贷记"累计盈余"科目,贷记或借记"以前年度盈余调整"科目。

【例14-17】 承[例14-14][例14-15]和[例14-16],该事业单位"以前年度盈余调整"科目的余额为1 010 000元。该事业单位将其转入"累计盈余"科目。该事业单位应编制的会计分录为：

在财务会计中：

借：以前年度盈余调整　　　　　　　　　　　　　　　　　　　　　1 010 000
　　贷：累计盈余　　　　　　　　　　　　　　　　　　　　　　　　1 010 000

在预算会计中不做账务处理。

第五节 累计盈余

一、累计盈余的概念与核算科目的设置

累计盈余是指单位历年实现的盈余扣除盈余分配后滚存的金额,以及因无偿调入调出资产产生的净资产变动额。

为了核算累计盈余业务,单位财务会计应当设置"累计盈余"总账科目。本科目期末余额,反映单位未分配盈余(或未弥补亏损)的累计数以及截至上年末无偿调拨净资产变动的累计数。按照规定上缴、缴回、单位间调剂结转结余资金产生的净资产变动额,以及对以前年度盈余的调整金额,也通过本科目核算。本科目期末余额,反映单位未分配盈余(或未弥补亏损)的累计数以及截至上年末无偿调拨净资产变动的累计数。本科目年末余额,反映单位未分配盈余(或未弥补亏损)以及无偿调拨净资产变动的累计数。

二、累计盈余的主要账务处理

(一) 本年盈余分配余额的转入

前已述及,在财务会计中,期末,各类收入、费用科目的本期发生额转入"本期盈余"科目;年末,"本期盈余"科目余额转入"本年盈余分配"科目。根据相关规定分配后,"本年盈余分配"科目的余额转入"累计盈余"科目,形成行政事业单位累计盈余的一种来源。年末,将"本年盈余分配"科目的余额转入"累计盈余"科目时,在财务会计中,借记或贷记"本年盈余分配"科目,贷记或借记"累计盈余"科目。其相关业务核算举例可参阅[例14-3]。

(二) 无偿调拨净资产转入

单位按规定无偿调入或调出存货、固定资产、公共基础设施等资产时,无偿调拨净资产增加或减少。按照规定,"无偿调拨净资产"科目的余额年末转入累计盈余,形成行政事业单位累计盈余的一个组成部分。年末,将"无偿调拨净资产"科目的余额转入"累计盈余"科目时,在财务会计中,借记或贷记"无偿调拨净资产"科目,贷记或借记"累计盈余"科目。其相关业务核算举例可参阅[例14-11][例14-12]和[例14-13]等。

(三) 上缴、缴回、单位间调剂结转结余

财政部门对于单位的财政拨款结转结余资金可以根据需要采用归集上缴、归集调出、单位内部调剂使用等管理办法。其中,归集上缴、归集调出以及归集调入的业务都会影响行政事业单位的净资产数额;单位内部调剂使用不影响净资产数额。缴回非财政拨款结转资金的情况与上缴财政拨款结转资金的情况类似。

按照规定上缴财政拨款结转结余、缴回非财政拨款结转资金、向其他单位调出财政拨款结转资金时,按照实际上缴、缴回、调出金额,在财务会计中,借记"累计盈余"科目,贷记"财政应返还额度""零余额账户用款额度""银行存款"等科目。同时,在预算会计中,参照"财政拨款结转""财政拨款结余""非财政拨款结转"等科目进行账务处理。其相关业务核算举例可参阅第十五章。

按照规定从其他单位调入财政拨款结转资金时,按照实际调入金额,在财务会计中,借记"零余额账户用款额度""银行存款"等科目,贷记"累计盈余"科目。同时,在预算会计中,借记"资金结存"科目,贷记"财政拨款结转"科目(归集调入)。其相关业务核算举例可参阅第十

五章。

(四) 以前年度盈余调整余额转入

以前年度盈余调整的业务如调整增加或减少以前年度的收入或费用等。以前年度盈余调整的原因主要是本年度发生重要前期差错更正的事项等,其中涉及需要调整以前年度的盈余。将"以前年度盈余调整"科目的余额转入"累计盈余"科目时,在财务会计中,借记或贷记"以前年度盈余调整"科目,贷记或借记"累计盈余"科目。其相关业务核算举例可参阅[例14-14][例14-15]等。

(五) 按规定使用专用基金购置固定资产或无形资产

按照规定使用专用基金购置固定资产、无形资产的,按照固定资产、无形资产成本金额,在财务会计中,借记"固定资产""无形资产"科目,贷记"银行存款"等科目;同时,按照专用基金使用金额,借记"专用基金"科目,贷记"累计盈余"科目。在预算会计中,借记"专用结余"科目,贷记"资金结存"科目。其相关业务核算举例可参阅[例14-8]。

复习思考题

1. 什么是行政事业单位的净资产?它主要包括哪些种类?
2. 行政事业单位的净资产是按照什么会计基础进行核算的结果?
3. 什么是本期盈余?行政事业单位应当如何核算本期盈余?
4. 什么是专用基金?它与专用结余的核算内容有什么不同?
5. 权益法调整核算什么内容?
6. 什么是无偿调拨净资产?行政事业单位应当如何核算无偿调拨资产?
7. 累计盈余的核算包括哪些内容?

第十四章课后练习题

第十五章 行政事业单位的预算结余

第一节 预算结余年末结转程序概述

预算结余是指单位预算年度内预算收入扣除预算支出后的资金余额,以及历年滚存的资金余额。它是行政事业单位按照收付实现制基础核算预算收入和预算支出后的结果。行政事业单位预算结余包括结余资金和结转资金,具体内容包括资金结存、财政拨款结转、财政拨款结余、非财政拨款结转、非财政拨款结余、经营结余、其他结余、专用结余、非财政拨款结余分配等。

行政事业单位预算收入和支出类科目的结转按年进行,并且按照资金性质依次归类对应结转。本节先对预算结余年末结转进行简要归纳,以帮助本章后几节的学习。

一、年末结转之一——不同性质资金收支科目的结转

(一) 财政资金收支科目的结转

财政资金应自成体系管理与核算。年末,将"财政拨款预算收入"科目的本年发生额转入"财政拨款结转——本年收支结转"科目的贷方,结转后"财政拨款预算收入"科目无余额。"行政支出""事业支出"和"其他支出"科目本年发生额中的财政拨款支出转入"财政拨款结转——本年收支结转"科目的借方。而后,将"财政拨款结转"科目的明细科目"年初余额调整""归集调入""归集调出""归集上缴""单位内部调剂""本年收支结转"的余额转入"财政拨款结转"科目的"累计结转"明细科目。结转后,"财政拨款结转"科目除了"累计结转"明细科目,其他明细科目应无余额。

(二) 非财政专项资金收支科目的结转

非财政专项资金(即不包括财政专项资金)应自成体系管理与核算。年末,将"事业预算收入""上级补助预算收入""附属单位上缴预算收入""非同级财政拨款预算收入""其他预算收入"以及"债务预算收入"科目的本年发生额中的专项资金收入转入"非财政拨款结转——本年收支结转"科目的贷方;"行政支出""事业支出""其他支出"科目的本年发生额中的非财政专项资金支出转入"非财政拨款结转——本年收支"科目的借方。将"非财政拨款结转"科目的明细科目"年初余额调整""项目间接费用或管理费""缴回资金""本年收支结转"的余额转入"非财政拨款结转"科目的"累计结转"明细科目。结转后,"非财政拨款结转"科目除了"累计结转"明细科目,其他明细科目应无余额。

(三) 经营资金收支科目的结转

经营资金应自成体系管理与核算。年末,将"经营预算收入"的本年发生额转入"经营结余"科目的贷方,将"经营支出"科目的本年发生额转入"经营结余"科目的借方。

(四) 其他资金收支科目的结转

其他资金(即上述财政资金、非财政专项资金和经营资金以外的资金)应自成体系管理与核算。年末,将"事业预算收入""上级补助预算收入""附属单位上缴预算收入""非同级财政拨

款预算收入""其他预算收入"以及"债务预算收入"科目的本年发生额中的非专项资金收入转入"其他结余"科目的贷方;将"行政支出""事业支出""其他支出"科目的本年发生额中的其他资金支出(非财政非专项资金支出)以及"上缴上级支出""对附属单位补助支出""投资支出"和"债务还本支出"科目的本年发生额转入"其他结余"科目的借方。

二、年末结转之二——"其他结余""经营结余"科目的结转

在经过上述年末结转之一后,行政单位其他资金形成的"其他结余",其年末余额应转入"非财政拨款结余——累计结余"科目;事业单位其他资金和经营资金所形成的"其他结余"和"经营结余"(贷方余额),其年末余额应转入"非财政拨款结余分配"科目。结转后,"其他结余""经营结余"科目年末无余额。若"经营结余"年末为借方余额,反映事业单位累计发生的经营亏损,则不予结转,其目的是不准许用其他业务的盈余来弥补经营业务所发生的亏损。

三、年末结转之三——进行非财政拨款结余的分配

在经过上述年末结转之二后,对于形成的可供分配的非财政拨款结余,可以按相关规定计提职工福利基金,借记"非财政拨款结余分配"科目,贷记"专用结余"科目。非财政拨款结余提取职工福利基金后的余额,应转入"非财政拨款结余——累计结余"科目。结转后,"非财政拨款结余分配"科目年末无余额。

四、年末结转之四——将财政资金和非财政拨款专项资金的结转资金依规结转到相应的结余资金

对上述年末结转之一所形成的"财政拨款结转"科目的余额,应当对其各明细项目的执行情况进行分析,按照有关规定将符合财政拨款结余性质的项目余额转入"财政拨款结余——结转转入"科目。然后,将"财政拨款结转"科目的明细科目"年初余额调整""归集上缴""单位内部调剂""结转转入"的余额转入"财政拨款结转"科目的"累计结转"明细科目。结转后,"财政拨款结转"科目除了"累计结转"明细科目,其他明细科目应无余额。

同样,对于所形成的"非财政拨款结转"科目的余额,应当对非财政拨款专项结转资金各项目情况进行分析,将留归本单位使用的非财政拨款专项剩余资金(项目已完成)转入"非财政拨款结余——结转转入"科目的贷方。然后,将"非财政拨款结转"科目的明细科目"年初余额调整""项目间接费用或管理费""结转转入"的余额结转转入"非财政拨款结转"科目的"累计结转"明细科目。结转后,"非财政拨款结转"科目除"累计结转"明细科目外,其他明细科目应无余额。

通过上述分析,可以得出如下结论:

(1) 同级财政拨款资金,年末有可能分别形成"财政拨款结转"或"财政拨款结余"。其中,财政拨款结转资金要继续确保按原定预算用途使用;财政拨款结余资金暂时留在了单位,但仍要纳入单位预算,按同级财政部门的预算安排使用。

(2) 非同级财政专项资金,年末有可能分别形成"非财政拨款结转"或"非财政拨款结余"。其中,非财政拨款结转资金要继续确保按原定预算用途专款专用;而非财政拨款结余资金是在已经完成了各自专项任务后剩余的留归单位使用的资金,单位拥有对该部分资金的自主使用权。

(3) 非财政非专项的其他资金,经过结余分配环节,对于所提取的"专用结余"要确保用于规定用途,年度可供分配的结余扣除所应计提的专用基金后的余额应转入"非财政拨款结余",由单位自主支配使用。

第二节 资金结存

一、资金结存的概念与核算会计科目的设置

资金结存是指单位纳入部门预算管理的资金结存数额,包括结存的零余额账户用款额度、货币资金和财政应返还额度等。

为了核算资金结存业务,单位预算会计应设置"资金结存"总账科目。本科目核算单位纳入部门预算管理的资金的流入、流出、调整和滚存情况。本科目应当设置"零余额账户用款额度""货币资金""财政应返还额度"3个明细科目。本科目年末借方余额,反映单位预算资金的累计滚存情况。

二、资金结存的主要账务处理

资金结存业务的账务处理几乎涉及本书的所有章节,归纳起来主要包括:收到财政授权支付额度,收到国库集中支付以外的其他方式取得的预算收入,发生预算支出,单位从零余额账户提取现金,上缴、注销、调入和缴回结转结余资金,按规定使用专用基金,因购货退回、发生差错更正等资金的退回,缴纳企业所得税,年末确认财政直接支付应返还额度,年末注销财政授权支付额度和确认财政授权支付应返还额度等。相关业务的账务处理举例可参阅本书相关章节,此处不再重复赘述。

这里需要明确的是"资金结存"科目与其他预算结转结余科目一起构成了预算会计的预算结余科目。"资金结存"科目用以反映预算结转结余资金的形态,年末结账后,"资金结存"科目余额为借方余额,其他预算结转结余类科目整体余额为贷方,两者金额相等。此外,由于财务会计与预算会计核算业务口径的差异,"资金结存"科目的余额可能会与财务会计下货币资金相关科目的余额合计数存在差异。

第三节 财政拨款结转

一、财政拨款结转的概念与核算科目设置

财政拨款结转是指单位当年预算已执行但尚未完成,或因故未执行,下一年度需要按照原用途继续使用的财政拨款滚存资金。财政拨款结转包括基本支出结转、项目支出结转。

为了核算财政拨款结转业务,单位预算会计应设置"财政拨款结转"总账科目。本科目可以根据管理需要按照财政拨款结转变动原因设置下列明细科目。

1. 与会计差错更正、以前年度支出收回相关的明细科目

年初余额调整。本明细科目核算因发生会计差错更正、以前年度支出收回等原因,需要调整财政拨款结转的金额。年末结账后,本明细科目应无余额。

2. 与财政拨款调拨业务相关的明细科目

(1)归集调入。本明细科目核算按照规定从其他单位调入财政拨款结转资金时,实际调增的额度数额或调入的资金数额。年末结账后,本明细科目应无余额。

(2)归集调出。本明细科目核算按照规定向其他单位调出财政拨款结转资金时,实际调

减的额度数额或调出的资金数额。年末结账后,本明细科目应无余额。

(3) 归集上缴。本明细科目核算按照规定上缴财政拨款结转资金时,实际核销的额度数额或上缴的资金数额。年末结账后,本明细科目应无余额。

(4) 单位内部调剂。本明细科目核算经财政部门批准对财政拨款结余资金改变用途,调整用于本单位其他未完成项目等的调整金额。年末结账后,本明细科目应无余额。

3. 与年末财政拨款结转业务相关的明细科目

(1) 本年收支结转。本明细科目核算单位本年度财政拨款收支相抵后的余额。年末结账后,本明细科目应无余额。

(2) 累计结转。本明细科目核算单位滚存的财政拨款结转资金。本明细科目年末贷方余额,反映单位财政拨款滚存的结转资金数额。

本科目还应当设置"基本支出结转""项目支出结转"两个明细科目,并在"基本支出结转"明细科目下按照"人员经费""日常公用经费"进行明细核算,在"项目支出结转"明细科目下按照具体项目进行明细核算。同时,本科目还应按照《政府收支分类科目》中支出功能分类科目的相关科目进行明细核算。

有一般公共预算财政拨款、政府性基金预算财政拨款等两种或两种以上财政拨款的,还应当在本科目下按照财政拨款的种类进行明细核算。

本科目年末贷方余额,反映单位滚存的财政拨款结转资金数额。

二、财政拨款结转的核算

(一) 会计差错更正和以前年度支出收回

1. 会计差错更正

因发生会计差错更正退回以前年度国库直接支付、授权支付款项或财政性货币资金,或者因发生会计差错更正增加以前年度国库直接支付、授权支付支出或财政性货币资金支出,属于以前年度财政拨款结转资金的,在财务会计中,借记或贷记"零余额账户用款额度""财政应返还额度""银行存款"科目,贷记或借记"以前年度盈余调整"科目;同时,在预算会计中,借记或贷记"资金结存——财政应返还额度/零余额账户用款额度/货币资金"科目,贷记或借记"财政拨款结转"科目(年初余额调整)。

【例15-1】 某行政单位上一会计年度全年财政授权支付预算指标数为15 000元,财政授权支付额度下达数为14 500元,预算指标数与支付额度下达数的实际差额为500元(15 000-14 500),但记账时金额误记为50元,发生记账差错450元(500-50)。具体为少记录了上一会计年度的财政拨款收入和财政拨款预算收入。本会计年度对这一会计差错予以更正。该项资金属于以前年度财政拨款结转资金。该行政单位应编制的会计分录为:

在财务会计中:

借:财政应返还额度 450
　　贷:以前年度盈余调整 450

同时,在预算会计中:

借:资金结存——财政应返还额度 450
　　贷:财政拨款结转——年初余额调整 450

"财政拨款收入"科目年末都转入"本期盈余"科目,因此,在财务会计中,调增上一会计年度实现的财政拨款收入时,应增加"以前年度盈余调整"科目的数额。同样,"财政拨款预算收入"科目年末都转入"财政拨款结转"科目,因此,在预算会计中,确认上一会计年度属于财政拨款结转性质的财政拨款预算收入时,应增加"财政拨款结转"科目的余额。

2. 以前年度支出收回

因购货退回、预付款项收回等发生以前年度支出又收回国库直接支付、授权支付款项或收回财政性货币资金,属于以前年度财政拨款结转资金的,在财务会计中,借记"零余额账户用款额度""财政应返还额度""银行存款"科目,贷记"以前年度盈余调整"科目;同时,在预算会计中,借记"资金结存——财政应返还额度/零余额账户用款额度/货币资金"科目,贷记"财政拨款结转"科目(年初余额调整)。

【例15-2】 某事业单位发生上一会计年度通过财政授权支付方式支付的预付货款退回10 000元,原因是以前年度为开展业务活动而订购的某项货品至今尚未收到,退回款项已转入单位零余额账户。该项资金属于以前年度财政拨款结转资金。该事业单位应编制的会计分录为:

在财务会计中:

借:零余额账户用款额度　　　　　　　　　　　　　　　　　　　　　　　10 000
　　贷:预付账款　　　　　　　　　　　　　　　　　　　　　　　　　　　10 000

同时,在预算会计中:

借:资金结存——零余额账户用款额度　　　　　　　　　　　　　　　　　10 000
　　贷:财政拨款结转——年初余额调整　　　　　　　　　　　　　　　　　10 000

(二)财政拨款结转资金调整

1. 归集调入结转资金

按照规定从其他单位调入财政拨款结转资金的,按照实际调增的额度数额或调入的资金数额,在财务会计中,借记"银行存款"等科目,贷记"累计盈余"科目;同时,在预算会计中,借记"资金结存——财政应返还额度/零余额账户用款额度/货币资金"科目,贷记"财政拨款结转"科目(归集调入)。

【例15-3】 某行政单位按照规定从其他单位调入财政拨款结转资金2 000元,专项用于信息化建设。相应款项已转入单位的零余额账户。该行政单位应编制的会计分录为:

在财务会计中:

借:零余额账户用款额度　　　　　　　　　　　　　　　　　　　　　　　2 000
　　贷:累计盈余　　　　　　　　　　　　　　　　　　　　　　　　　　　2 000

同时,在预算会计中:

借:资金结存——零余额账户用款额度　　　　　　　　　　　　　　　　　2 000
　　贷:财政拨款结转——归集调入　　　　　　　　　　　　　　　　　　　2 000

2. 归集调出结转资金

按照规定向其他单位调出财政拨款结转资金的,按照实际调减的额度数额或调出的资金数额,在财务会计中,借记"累计盈余"科目,贷记"零余额账户用款额度""财政应返还额度""银行存款"科目;同时,在预算会计中,借记"财政拨款结转"科目(归集调出),贷记"资金结存——财政应返还额度/零余额账户用款额度/货币资金"科目。

【例15-4】 某行政单位按照规定向其他单位调出财政拨款结转资金1 000元,相应数额的零余额账户用款额度已经核销。该行政单位应编制的会计分录为:

在财务会计中:

借:累计盈余 1 000
　　贷:零余额账户用款额度 1 000

同时,在预算会计中:

借:财政拨款结转——归集调出 1 000
　　贷:资金结存——零余额账户用款额度 1 000

3. 归集上缴结转资金

按照规定上缴财政拨款结转资金或注销财政拨款结转资金额度的,按照实际上缴资金数额或注销的资金额度数额,在财务会计中,借记"累计盈余"科目,贷记"零余额账户用款额度""财政应返还额度""银行存款"科目;同时,在预算会计中,借记"财政拨款结转"科目(归集上缴),贷记"资金结存——财政应返还额度/零余额账户用款额度/货币资金"科目。

【例15-5】 某行政单位按照规定上缴财政拨款结转资金1 600元,相应数额的零余额账户用款额度已经核销。该行政单位应编制的会计分录为:

在财务会计中:

借:累计盈余 1 600
　　贷:零余额账户用款额度 1 600

同时,在预算会计中:

借:财政拨款结转——归集上缴 1 600
　　贷:资金结存——零余额账户用款额度 1 600

行政事业单位按照规定上缴财政拨款结转资金的原因,可以是缩小项目资金原定数额,或者是上缴历年多余日常公用经费等。

4. 单位内部调剂结转资金

经财政部门批准对财政拨款结余资金改变用途,调整用于本单位基本支出或其他未完成项目支出的,按照批准调剂的金额,在预算会计中,借记"财政拨款结余——单位内部调剂"科目,贷记"财政拨款结转"科目(单位内部调剂)。在财务会计中不做账务处理。

【例15-6】 某行政单位经财政部门批准,将甲项目(已完成项目)的财政拨款结余资金1 000元改变用途,调整用于本单位的乙项目(未完成项目)。该行政单位应编制的会计分录为:

在预算会计中:

借:财政拨款结余——单位内部调剂 1 000
　　贷:财政拨款结转——单位内部调剂 1 000

在财务会计中不做账务处理。

财政拨款结余资金是指财政拨款项目完成后多余的财政资金。经财政部门批准,财政拨款结余资金可以改变用途,调整用于本单位基本支出或其他未完成项目支出。

(三) 年末确定财政拨款累计结转

1. 本年财政拨款收入与支出结转

年末,将财政拨款预算收入本年发生额转入"财政拨款结转——本年收支转账"科目的贷方;将各项支出中财政拨款支出本年发生额转入"财政拨款结转——本年收支转账"科目的借方。

【例 15-7】 年末,某行政单位"财政拨款预算收入"科目的贷方发生额为 133 000 元;"行政支出——财政拨款支出"科目的借方发生额为 130 000 元;"其他支出——财政拨款支出"科目的借方发生额为 2 800 元。年末结转,该行政单位应编制的会计分录为:

在预算会计中:

借:财政拨款预算收入	133 000
贷:财政拨款结转——本年收支转账	133 000
借:财政拨款结转——本年收支转账	132 800
贷:行政支出——财政拨款支出	130 000
其他支出——财政拨款支出	2 800

在财务会计中不做账务处理。

年末,在完成财政拨款预算收入和财政拨款支出的本年发生额结转后,该行政单位"财政拨款结转——本年收支转账"科目的贷方余额为 200 元(133 000－132 800)。上述贷方余额,说明当年收入大于支出;如果为借方余额,说明当年收入小于支出,或者说明使用了年初财政拨款结转的数额、归集调入的数额、单位内部调剂的数额等。

2. 年末冲销有关明细科目余额

年末,在本年收支转账后,将"财政拨款结转"科目的"年初余额调整""归集调入""归集调出""归集上缴""单位内部调剂""本年收支结转"明细科目余额转入"财政拨款结转"科目的"累计结转"明细科目。结转后,"财政拨款结转"科目除了"累计结转"明细科目,其他明细科目应无余额。

【例 15-8】 20×3 年年末,某行政单位的财政拨款结转所属有关明细科目余额情况如下:"年初余额调整"科目的贷方余额为 450 元,"归集调入"科目的贷方余额为 2 000 元,"归集调出"科目的借方余额为 1 000 元,"单位内部调剂"科目的贷方余额为 1 000 元,"本年收支转账"科目的贷方余额为 200 元。该行政单位应编制的会计分录为:

在预算会计中:

借:财政拨款结转——年初余额调整	450
——本年收支转账	200
——单位内部调剂	1 000
——归集调入	2 000
贷:财政拨款结转——归集调出	1 000
——累计结转	2 650

在财务会计中不做账务处理。

年末,在冲销财政拨款结转有关明细科目余额后,"财政拨款结转——累计结转"科目为贷方余额 2 650 元,表明该事业单位本年财政拨款结转中的累计结转增加 2 650 元。本年增加的累计结转加上年初的累计结转,即为年末按规定转财政拨款结余前的财政拨款累计结转资金数额。

3. 财政拨款结转资金转入财政拨款结余

年末,完成上述结转后,应当对财政拨款结转各明细项目执行情况进行分析,按照有关规定将符合财政拨款结余性质的完成项目余额转入财政拨款结余,在预算会计中,借记"财政拨款结转"科目(累计结转),贷记"财政拨款结余"科目(结转转入)。在财务会计中不做账务处理。

【例 15-9】 年末,某事业单位完成财政拨款收支转账后,"财政拨款结转——累计结转"科目的贷方余额为 2 000 元。在对各项目执行情况进行分析后,将符合财政拨款结余性质的完成项目(甲项目)余额 1 500 元转入"财政拨款结余"科目。该事业单位应编制的会计分录为:

在预算会计中:

借:财政拨款结转——累计结转　　　　　　　　　　　　　　　　　1 500
　　贷:财政拨款结余——结转转入　　　　　　　　　　　　　　　　　1 500

在财务会计中不做账务处理。

年末,在将符合财政拨款结余性质的项目余额转入财政拨款结余后,该事业单位本年财政拨款结转中的累计结转余额为 500 元(2 000－1 500),即为年末该单位滚存的财政拨款结转资金数额。

财政拨款结转的余额应当由行政事业单位按原用途规定继续使用,而财政拨款结余的余额则可以由财政部门统筹安排使用。行政事业单位的基本支出结转应当由单位按原用途规定继续使用,因此,基本支出结转的余额不能转入财政拨款结余。财政拨款结余仅包括项目支出结余。

第四节　财政拨款结余

一、财政拨款结余的概念与核算科目设置

财政拨款结余是指单位当年预算工作目标已完成,或因故终止,剩余的财政拨款滚存资金。财政拨款结余是财政拨款项目支出结余资金,而基本支出应当结转下期使用,故没有结余资金。

为了核算财政拨款结余业务,单位应设置"财政拨款结余"总账科目。本科目核算单位取得的同级财政拨款项目支出结余资金的调整、结转和滚存情况。本科目应当设置下列明细科目。

1. 与会计差错更正、以前年度支出收回相关的明细科目

年初余额调整。本明细科目核算因发生会计差错更正、以前年度支出收回等原因,需要调整财政拨款结余的金额。年末结账后,本明细科目应无余额。

2. 与财政拨款结余资金调整业务相关的明细科目

(1)归集上缴。本明细科目核算按照规定上缴财政拨款结余资金时,实际核销的额度数额或上缴的资金数额。年末结账后,本明细科目应无余额。

(2)单位内部调剂。本明细科目核算经财政部门批准对财政拨款结余资金改变用途,调整用于本单位其他未完成项目等的调整金额。年末结账后,本明细科目应无余额。

3. 与年末财政拨款结余业务相关的明细科目

(1) 结转转入。本明细科目核算单位按照规定转入财政拨款结余的财政拨款结转资金。年末结账后,本明细科目应无余额。

(2) 累计结余。本明细科目核算单位滚存的财政拨款结余资金。本明细科目年末贷方余额,反映单位财政拨款滚存的结余资金数额。

本科目还应当按照具体项目及《政府收支分类科目》中支出功能分类科目的相关科目等进行明细核算。

有一般公共预算财政拨款、政府性基金预算财政拨款等两种或两种以上财政拨款的,还应当在本科目下按照财政拨款的种类进行明细核算。

本科目年末贷方余额,反映单位滚存的财政拨款结余资金数额。

二、财政拨款结余的核算

(一) 会计差错更正和以前年度支出收回

(1) 因发生会计差错更正退回以前年度国库直接支付、授权支付款项或财政性货币资金,或者因发生会计差错更正增加以前年度国库直接支付、授权支付支出或财政性货币资金支出,属于以前年度财政拨款结余资金的,在财务会计中,借记或贷记"零余额账户用款额度""财政应返还额度""银行存款"科目,贷记或借记"以前年度盈余调整"科目;同时,在预算会计中,借记或贷记"资金结存——财政应返还额度/零余额账户用款额度/货币资金"科目,贷记或借记"财政拨款结余"科目(年初余额调整)。

【例15-10】 某行政单位本年发现,上一会计年度在使用以前年度财政直接支付额度支付某已完成项目的支出2 000元时,进行了借记"行政支出"科目,贷记"财政拨款预算收入"科目的会计处理。由此,该行政单位上一会计年度多记录了财政拨款预算收入、财政应返还额度和资金结存各2 000元,少记了业务活动费用2 000元。该行政单位现对上一会计年度发生的这一差错进行更正。该项资金属于以前年度财政拨款结余资金。该行政单位应编制的会计分录为:

在财务会计中:

借:以前年度盈余调整　　　　　　　　　　　　　　　　　　　　　　2 000
　　贷:财政应返还额度　　　　　　　　　　　　　　　　　　　　　　　　2 000

同时,在预算会计中:

借:财政拨款结余——年初余额调整　　　　　　　　　　　　　　　　2 000
　　贷:资金结存——财政应返还额度　　　　　　　　　　　　　　　　　2 000

(2) 因购货退回、预付款项收回等发生以前年度支出又收回国库直接支付、授权支付款项或收回财政性货币资金,属于以前年度财政拨款结余资金的,在财务会计中,借记"零余额账户用款额度""财政应返还额度""银行存款"科目,贷记"以前年度盈余调整""库存物品"科目;同时,在预算会计中,借记"资金结存——财政应返还额度/零余额账户用款额度/货币资金"科目,贷记"财政拨款结余"科目(年初余额调整)。

以前年度收回业务的会计核算举例可参阅财政拨款结转的相关内容,此处不再举例说明。

(二) 财政拨款结余资金调整

财政拨款结余是行政事业单位相应的项目任务已经完成而形成的财政拨款资金结余。财政拨款结余可以归集上缴财政,也可以单位内部调剂使用。

1. 归集上缴财政拨款结余资金

按照规定上缴财政拨款结余资金或注销财政拨款结余资金额度的,按照实际上缴资金数额或注销的资金额度数额,在财务会计中,借记"累计盈余"科目,贷记"零余额账户用款额度""财政应返还额度""银行存款"科目;同时,在预算会计中,借记"财政拨款结余"科目(归集上缴),贷记"资金结存——财政应返还额度/零余额账户用款额度/货币资金"科目。

【例 15-11】 某行政单位按照规定上缴某项目的财政拨款结余资金 500 元,相应数额的财政直接支付用款额度已经核销。该行政单位应编制的会计分录为:

在财务会计中:

借:累计盈余　　　　　　　　　　　　　　　　　　　　　500
　　贷:财政应返还额度　　　　　　　　　　　　　　　　　　　500

同时,在预算会计中:

借:财政拨款结余——归集上缴　　　　　　　　　　　　　500
　　贷:资金结存——财政应返还额度　　　　　　　　　　　　500

行政事业单位按照规定上缴财政拨款结余资金的原因,主要是项目任务已经完成,多余资金由财政统筹安排使用。

2. 单位内部调剂结余财政拨款结余资金

经财政部门批准对财政拨款结余资金改变用途,调整用于本单位基本支出或其他未完成项目支出的,按照批准调剂的金额,在预算会计中,借记"财政拨款结余"科目(单位内部调剂),贷记"财政拨款结转——单位内部调剂"科目。在财务会计中不做账务处理。

【例 15-12】 某行政单位经财政部门批准,将已完成 M 项目财政拨款结余资金 1 350 元调整用于本单位的日常公用经费。该行政单位应编制的会计分录为:

在预算会计中:

借:财政拨款结余——单位内部调剂　　　　　　　　　　1 350
　　贷:财政拨款结转——单位内部调剂　　　　　　　　　　　1 350

在财务会计中不做账务处理。

经财政部门批准对财政拨款结余资金改变用途,可调整用于本单位基本支出或其他未完成项目支出。

(三)年末确定财政拨款累计结余

1. 财政拨款结转资金按规定转入财政拨款结余

年末,对财政拨款结转各明细项目执行情况进行分析,按照有关规定将符合财政拨款结余性质的项目余额转入财政拨款结余,在预算会计中,借记"财政拨款结转"科目(累计结转),贷记"财政拨款结余"科目(结转转入)。在财务会计中不做账务处理。

【例 15-13】 年末,某事业单位完成财政拨款收支转账,在对各项目执行情况进行分析后,将符合财政拨款结余性质的 X 项目余额 2 000 元转入财政拨款结余。该事业单位应编制的会计分录为:

在预算会计中:

借:财政拨款结转——累计结转(X 项目)　　　　　　　　2 000
　　贷:财政拨款结余——结转转入(X 项目)　　　　　　　　　2 000

在财务会计中不做账务处理。

这里明确一点：上述"财政拨款结转"科目设置"本年收支结转"明细科目，而"财政拨款结余"科目不设置"本年收支结转"明细科目，即本年财政拨款预算收支首先转入结转，经分析后，对于符合条件的部分再转入结余。因此，"财政拨款结余"科目设置"结转转入"明细科目。下文所述"非财政拨款结转"科目与"非财政拨款结余"科目的情况与此相同。

2. 冲销有关明细科目余额

年末，在预算会计中，将"财政拨款结余"科目的明细科目"年初余额调整""归集上缴""单位内部调剂""结转转入"的余额转入"财政拨款结余"科目的"累计结余"明细科目。结转后，"财政拨款结余"科目除"累计结余"明细科目外，其他明细科目应无余额。在财务会计中不做账务处理。

【例15-14】 年末，某行政单位财政拨款结余所属有关明细科目余额情况如下："年初余额调整"科目的贷方余额为200元，"归集上缴"科目的借方余额为120元，"单位内部调剂"科目的借方余额为150元，"结转转入"科目的贷方余额为200元。年末结转时，该行政单位应编制的会计分录为：

在预算会计中：

借：财政拨款结余——年初余额调整　　　　　　　　　　　　200
　　　　　　——结转转入　　　　　　　　　　　　　　　　200
　　贷：财政拨款结余——单位内部调剂　　　　　　　　　　150
　　　　　　——累计结余　　　　　　　　　　　　　　　　250

在财务会计中不做账务处理。

年末，在冲销财政拨款结余有关明细科目后，该行政单位本年财政拨款结余的累计结余数额增加250元。本年增加的累计结余加上年初累计结余余额，即为本年年末单位滚存的财政拨款结余资金数额。

单位的财政拨款结余应当按照财政部门的要求安排使用，未经财政部门批准，不能随意安排使用。

第五节　非财政拨款结转

一、非财政拨款结转的概念与核算科目设置

非财政拨款结转是指单位由财政拨款收支、经营收支以外各非同级财政拨款专项资金收支形成的结转资金。同级财政拨款的资金不形成非财政拨款结转资金，而形成财政拨款结转资金。非同级财政拨款的非专项资金也不形成非财政拨款结转资金，而形成非财政拨款结余资金。单位应当严格区分财政资金和非财政资金，对于非财政资金，应当进一步区分专项资金和非专项资金，对其分别进行会计核算。

为了核算非财政拨款结转业务，单位预算会计应设置"非财政拨款结转"总账科目。本科目核算单位除财政拨款收支、经营收支以外各非同级财政拨款专项资金的调整、结转和滚存情况。本科目应当设置下列明细科目：

(1) 年初余额调整。本明细科目核算因发生会计差错更正、以前年度支出收回等原因，需要调整非财政拨款结转的资金。年末结账后，本明细科目应无余额。

(2) 缴回资金。本明细科目核算按照规定缴回非财政拨款结转资金时，实际缴回的资金数额。年末结账后，本明细科目应无余额。

(3) 项目间接费用或管理费。本明细科目核算单位取得的科研项目预算收入中，按照规定计提项目间接费用或管理费的数额。年末结账后，本明细科目应无余额。

(4) 本年收支结转。本明细科目核算单位本年度非同级财政拨款专项收支相抵后的余额。年末结账后，本明细科目应无余额。

(5) 累计结转。本明细科目核算单位滚存的非同级财政拨款专项结转资金。本明细科目年末为贷方余额，反映单位非同级财政拨款滚存的专项结转资金数额。

本科目还应当按照具体项目以及《政府收支分类科目》中支出功能分类科目的相关科目等进行明细核算。

本科目年末贷方余额，反映单位滚存的非同级财政拨款专项结转资金数额。

二、非财政拨款结转的核算

(一) 从科研项目预算收入中提取项目管理费或间接费

按照规定从非财政科研项目预算收入中提取项目管理费或间接费时，按照提取金额，在财务会计中，借记"单位管理费用"科目，贷记"预提费用——项目间接费用或管理费"科目；同时，在预算会计中，借记"非财政拨款结转——项目间接费用或管理费"科目，贷记"非财政拨款结余——项目间接费用或管理费"科目。

【例 15-15】 某事业单位按照规定从非财政科研项目的预算收入中提取管理费1 500元。该事业单位应编制的会计分录为：

在财务会计中：

借：单位管理费用　　　　　　　　　　　　　　　　　　　　　　　　1 500
　　贷：预提费用——项目间接费用或管理费　　　　　　　　　　　　　　　　1 500

同时，在预算会计中：

借：非财政拨款结转——项目间接费用或管理费　　　　　　　　　　　　　1 500
　　贷：非财政拨款结余——项目间接费用或管理费　　　　　　　　　　　　　1 500

(二) 会计差错更正和以前年度支出收回

因会计差错更正收到或支出非同级财政拨款货币资金，属于非财政拨款结转资金的，按照收到或支出的金额，在财务会计中，借记或贷记"银行存款"科目，贷记或借记"以前年度盈余调整"科目；同时，在预算会计中，借记或贷记"资金结存——货币资金"科目，贷记或借记"非财政拨款结转"科目（年初余额调整）。

因收回以前年度支出等收到非同级财政拨款货币资金，属于非财政拨款结转资金的，按照收到的金额，在财务会计中，借记"银行存款"科目，贷记"以前年度盈余调整"科目；同时，在预算会计中，借记"资金结存——货币资金"科目，贷记"非财政拨款结转"科目（年初余额调整）。

【例 15-16】 某事业单位上一年发生一笔业务活动费用300元，款项已通过开户银行支付。但上一年记账时将金额错误的记录为3 000元，即多记录了2 700元(3 000－300)。这一错误导致上一会计年度的费用和支出多记录了2 700元。该事业单位本年度对这一错误予以更正。该项资金属于以前年度非财政拨款专项资金。该事业单位应编制的会计分录为：

在财务会计中：

借：银行存款 2 700
  贷：以前年度盈余调整 2 700

同时，在预算会计中：

借：资金结存——货币资金 2 700
  贷：非财政拨款结转——年初余额调整 2 700

"业务活动费用""单位管理费用"等费用在年末都转入本期盈余，因此，在退回以前年度发生的费用时，在增加银行存款数额的同时，应增加以前年度盈余调整的数额，而不是冲减当年的相关费用数额。同理，"行政支出""事业支出"等支出科目年末都转入相关结转结余科目，因此，在退回以前年度支出时，在增加资金结存数额的同时，增加相关结转结余科目的余额，而不是冲减当年的支出数额。

（三）本年非财政拨款专项资金预算收支的结转

年末，在预算会计中，将事业预算收入、上级补助预算收入、附属单位上缴预算收入、非同级财政拨款预算收入、债务预算收入、其他预算收入本年发生额中的专项资金收入转入"非财政拨款结转"科目的贷方；将行政支出、事业支出、其他支出本年发生额中的非财政拨款专项资金支出转入"非财政拨款结转"科目的借方。

【例15-17】 年末，某事业单位有关非财政拨款专项资金收入与非财政拨款专项资金支出本年发生额的情况："事业预算收入——专项资金收入"科目30 000元，"上级补助预算收入——专项资金收入"科目27 800元，"其他预算收入——专项资金收入"科目5 600元；"事业支出——非财政拨款专项资金支出"科目56 500元，"其他支出——非财政拨款专项资金支出"5 500元。年末，将非财政拨款专项资金预算收支科目的本年发生额转入"非财政拨款结转——本年收支结转"科目。该事业单位应编制的会计分录为：

在预算会计中：

借：事业预算收入——专项资金收入 30 000
  上级补助预算收入——专项资金收入 27 800
  其他预算收入——专项资金收入 5 600
  贷：非财政拨款结转——本年收支结转 63 400

同时，

借：非财政拨款结转——本年收支结转 62 000
  贷：事业支出——非财政拨款专项资金支出 56 500
    其他支出——非财政拨款专项资金支出 5 500

在财务会计中不做账务处理。

年末，在完成非财政拨款专项资金预算收支的本年发生额结转后，该事业单位"非财政拨款结转（本年收支结转）"科目的贷方余额为1 400元（63 400－62 000）。

（四）按照规定缴回非财政拨款结转资金

按照规定缴回非财政拨款结转资金的，按照实际缴回资金数额，在财务会计中，借记"累计盈余"科目，贷记"银行存款"科目；同时，在预算会计中，借记"非财政拨款结转"科目（缴回资金），贷记"资金结存——货币资金"科目。

【例15-18】 某事业单位按规定应缴回非财政拨款结转资金1 000元,款项已通过银行存款缴回。该事业单位应编制的会计分录为:

在财务会计中:

借:累计盈余 1 000
　　贷:银行存款 1 000

同时,在预算会计中:

借:非财政拨款结转——缴回资金 1 000
　　贷:资金结存——货币资金 1 000

(五) 年末冲销本科目相关明细科目金额

年末,在预算会计中,将"非财政拨款结转"科目的明细科目"年初余额调整""项目间接费用或管理费""缴回资金""本年收支结转"的余额转入"非财政拨款结转"科目的"累计结转"明细科目。结转后,"非财政拨款结转"科目除"累计结转"明细科目外,其他明细科目应无余额。在财务会计中不做账务处理。

【例15-19】 年末,某事业单位"非财政拨款结转"科目相关明细科目的余额如下:"项目间接费用或管理费"借方余额1 500元,"年初余额调整"贷方余额2 700元,"本年收支结转"贷方余额1 400元,"缴回资金"借方余额1 000元。该事业单位应编制的会计分录为:

在预算会计中:

借:非财政拨款结转——年初余额调整 2 700
　　　　　　　　　——本年收支结转 1 400
　　贷:非财政拨款结转——项目间接费用或管理费 1 500
　　　　　　　　　　——缴回资金 1 000
　　　　　　　　　　——累计结转 1 600

在财务会计中不做账务处理。

年末,在冲销非财政拨款结转有关明细科目余额后,"非财政拨款结转——累计结转"科目为贷方余额1 600元(4 100-2 500),表明该事业单位本年非财政拨款结转中的累计结转增加1 600元。本年增加的累计结转加上年初的累计结转,即为年末按规定转非财政拨款结余前的非财政拨款累计结转资金数额。

(六) 非财政拨款专项剩余资金按规定转入非财政拨款结余

年末完成上述结转后,应当对非财政拨款专项结转资金各项目情况进行分析,将留归本单位使用的非财政拨款专项(项目已完成)剩余资金转入非财政拨款结余,在预算会计中,借记"非财政拨款结转"科目(累计结转),贷记"非财政拨款结余"科目(结转转入)。在财务会计中不做账务处理。

【例15-20】 承[例15-19],年末,该事业单位"财政拨款结转——累计结转"科目的贷方余额为1 600元。经分析查明,甲项目已完成,项目剩余资金300元,按规定留归单位使用,将其转入非财政拨款结余。该事业单位应编制会计分录为:

在预算会计中:

借:非财政拨款结转——累计结转 300
　　贷:非财政拨款结余——结转转入 300

在财务会计中不做账务处理。

年末,在将留归本单位使用的非财政拨款专项剩余资金转入非财政拨款结余后,该事业单位本年非财政拨款结转中的累计结转余额为1 300元(1 600-300),即为年末该单位滚存的非财政拨款结转资金数额,应当在第二年按照专项资金的原规定用途继续使用。

第六节 非财政拨款结余

一、非财政拨款结余的概念和核算会计科目设置

非财政拨款结余是单位历年滚存的非限定用途的非同级财政拨款结余资金,主要为非财政拨款结余扣除结余分配后滚存的金额。

为了核算单位的非财政拨款结余业务,单位应设置"非财政拨款结余"总账科目。本科目应当设置下列明细科目:

(1)年初余额调整。本明细科目核算因发生会计差错更正、以前年度支出收回等原因,需要调整非财政拨款结余的资金。年末结账后,本明细科目应无余额。

(2)项目间接费用或管理费。本明细科目核算单位取得的科研项目预算收入中,按照规定计提的项目间接费用或管理费数额。年末结账后,本明细科目应无余额。

(3)结转转入。本明细科目核算按照规定留归单位使用,由单位统筹调配,纳入单位非财政拨款结余的非同级财政拨款专项剩余资金。年末结账后,本明细科目应无余额。

(4)累计结余。本明细科目核算单位历年滚存的非同级财政拨款、非专项结余资金。本明细科目年末贷方余额,反映单位非同级财政拨款滚存的非专项结余资金数额。

本科目还应当按照《政府收支分类科目》中支出功能分类科目的相关科目进行明细核算。

"非财政拨款结余"科目年末贷方余额,反映单位非同级财政拨款结余资金的累计滚存数额。

二、非财政拨款结余的核算

(一)从科研项目预算收入中提取项目管理费或间接费

按照规定从科研项目预算收入中提取项目管理费或间接费时,在财务会计中,借记"单位管理费用"科目,贷记"预提费用——项目间接费用或管理费"科目;同时,在预算会计中,借记"非财政拨款结转——项目间接费用或管理费"科目,贷记"非财政拨款结余"科目(项目间接费用或管理费)。其核算举例可参阅[例15-15]。

(二)事业单位实际交纳企业所得税

有企业所得税纳税义务的事业单位实际交纳企业所得税时,按照交纳金额,在财务会计中,借记"其他应交税费——单位应交所得税"科目,贷记"银行存款"科目;同时,在预算会计中,借记"非财政拨款结余"科目(累计结余),贷记"资金结存——货币资金"科目。

(三)会计差错更正和以前年度支出收回

因会计差错更正收到或支出非同级财政拨款货币资金,属于非财政拨款结余资金的,按照收到或支出的金额,在财务会计中,借记或贷记"银行存款"科目,贷记或借记"以前年度盈余调整"科目;同时,在预算会计中,借记或贷记"资金结存——货币资金"科目,贷记或借记"非财政拨款结余"科目(年初余额调整)。

因收回以前年度支出等收到非同级财政拨款货币资金,属于非财政拨款结余资金的,按照收到的金额,在财务会计中,借记"银行存款"科目,贷记"以前年度盈余调整"科目;同时,在预算会计中,借记"资金结存——货币资金"科目,贷记"非财政拨款结余"科目(年初余额调整)。

在非财政拨款结余业务中,会计差错更正和以前年度支出收回业务的核算举例可参阅财政拨款结转或非财政拨款结转相关业务核算举例,可参阅[例 15-1][例 15-2][例 15-10]和[例 15-16]。

(四) 非财政拨款专项剩余资金转入非财政拨款结余

年末,在预算会计中,对非财政拨款结转各明细项目执行情况进行分析,将留归本单位使用的非财政拨款专项(项目已完成)剩余资金转入"非财政拨款结余"科目。在财务会计中不做账务处理。

【**例 15-21**】 年末,某事业单位"非财政拨款结转——累计结转"科目的贷方余额为 1 850 元。对各项目执行情况进行分析后,当年非财政拨款预算目标已经完成的项目(M 项目)的余额为 1 250 元。按规定该项目专项剩余资金可留本单位使用,将其转入非财政拨款结余。该事业单位应编制的会计分录为:

在预算会计中:

借:非财政拨款结转——累计结转(M 项目)   1 250
  贷:非财政拨款结余——结转转入(M 项目)   1 250

在财务会计中不做账务处理。

(五) 冲销本科目相关明细科目余额

年末,在预算会计中,将"非财政拨款结余"科目(年初余额调整、项目间接费用或管理费、结转转入)余额结转入"非财政拨款结余"科目(累计结余)。结转后,"非财政拨款结余"科目除了"累计结余"明细科目,其他明细科目应无余额。在财务会计中不做账务处理。

【**例 15-22**】 年末,某事业单位"非财政拨款结余"科目相关明细科目的余额如下:"年初余额调整"明细科目的贷方余额为 2 500 元,"结转转入"明细科目的贷方余额为 1 250 元,"项目间接费用或管理费"明细科目的借方余额为 1 000 元。年末冲销"非财政拨款结余"科目相关明细科目余额。该事业单位应编制的会计分录为:

在预算会计中:

借:非财政拨款结余——年初余额调整   2 500
            ——结转转入   1 250
  贷:非财政拨款结余——项目间接费用或管理费   1 000
              ——累计结余   2 750

在财务会计中不做账务处理。

年末,在冲销非财政拨款结余有关明细科目余额后,该事业单位本年非财政拨款结余中的累计结余增加 2 750 元(2 500+1 250-1 000)。本年增加的累计结余加上年初累计结余,即为年末单位滚存的非财政拨款结余资金数额。

年末,"财政拨款结转""财政拨款结余""非财政拨款结转""非财政拨款结余"科目在冲销有关明细科目余额后,都是"累计结转"明细科目或"累计结余"明细科目有余额,其他明细科目无余额。

(六) 其他结余和非财政拨款结余分配余额结转非财政拨款结余

年末,行政单位将"其他结余"科目余额转入非财政拨款结余。在预算会计中,"其他结余"科目为借方余额的,借记"非财政拨款结余"科目(累计结余),贷记"其他结余"科目;"其他结余"科目为贷方余额的,借记"其他结余"科目,贷记"非财政拨款结余"科目(累计结余)。在财务会计中不做账务处理。

年末,事业单位将"非财政拨款结余分配"科目余额转入非财政拨款结余。在预算会计中,"非财政拨款结余分配"科目为借方余额的,借记"非财政拨款结余"科目(累计结余),贷记"非财政拨款结余分配"科目;"非财政拨款结余分配"科目为贷方余额的,借记"非财政拨款结余分配"科目,贷记"非财政拨款结余"科目(累计结余)。在财务会计中不做账务处理。

其他结余和非财政拨款结余分配余额结转非财政拨款结余的举例可参阅[例 15-24]和[例 15-26]。

年末,行政事业单位将预算收入中的非同级财政、非专项资金收入以及预算支出中的非同级财政、非专项资金支出转入"其他结余"科目。不同的是,行政单位将"其他结余"科目余额转入"非财政拨款——累计结余"科目;事业单位将"其他结余"科目余额转入"非财政拨款结余分配"科目。事业单位在按规定对非财政拨款结余资金进行分配后,将"非财政拨款结余分配"科目余额转入"非财政拨款结余——累计结余"科目,形成事业单位非财政拨款累计结余的一种来源。非财政拨款累计结余的另一种来源是留归本单位使用的非财政拨款专项(项目已完成)剩余资金。

行政事业单位的年末财政拨款结转、财政拨款结余、非财政拨款结转、非财政拨款结余,即各项结转和结余资金是下一年单位预算资金的一种资金来源,安排用于开展专业业务活动及其辅助活动。

第七节 专用结余、经营结余、其他结余与非财政拨款结余分配

一、专用结余

(一) 专用结余的概念与核算科目的设置

专用结余是指事业单位按照规定从非财政拨款结余中提取的具有专门用途的资金。

为了核算专用结余业务,事业单位预算会计应设置"专用结余"总账科目。本科目应当按照专用结余的类别进行明细核算。本科目年末贷方余额,反映事业单位从非同级财政拨款结余中提取的专用基金的累计滚存数额。

(二) 专用结余的主要账务处理

根据有关规定从本年度非财政拨款结余或经营结余中提取专用基金的,按照提取金额,在财务会计中,借记"本年盈余分配"科目,贷记"专用基金"科目;同时,在预算会计中,借记"非财政拨款结余分配"科目,贷记"专用结余"科目。

按规定使用从非财政拨款结余或经营结余中提取的专用基金时,在财务会计中,借记"业务活动费用"等费用科目,贷记"银行存款"等科目,并在有关费用科目的明细核算或辅助核算中注明"使用专用基金";同时,在预算会计中,借记"事业支出"等预算支出科目,贷记"资金结存"科目,并在有关预算支出科目的明细核算或辅助核算中注明"使用专用结余"。期末,事业单位应当将有关费用中使用专用基金的本期发生额转入专用基金,在财务会计中,借记"专用

基金"科目,贷记"业务活动费用"等科目;年末,将有关预算支出中使用专用结余的本年发生额转入专用结余,在预算会计中,借记"专用结余"科目,贷记"事业支出"等科目。

若使用从非财政拨款结余或经营结余中提取的专用基金购置固定资产、无形资产的,在财务会计中,按照固定资产、无形资产成本金额,借记"固定资产""无形资产"科目,贷记"银行存款"等科目;并按照专用基金使用金额,借记"专用基金"科目,贷记"累计盈余"科目。同时,在预算会计中,借记"专用结余"科目,贷记"资金结存"科目。

专用结余相关业务核算举例可参阅"专用基金"的账务处理和[例15-26]。

二、经营结余

(一) 经营结余的概念与核算科目的设置

经营结余是指事业单位本年度经营活动收支相抵后余额弥补以前年度经营亏损后的余额。

为了核算经营结余业务,事业单位预算会计应设置"经营结余"总账科目。本科目可以按照经营活动类别进行明细核算。年末结账后,本科目一般无余额;如本科目为借方余额,反映事业单位累计发生的经营亏损。

(二) 经营结余的主要账务处理

年末,在预算会计中,将经营预算收入本年发生额转入本科目,借记"经营预算收入"科目,贷记"经营结余"科目;将经营支出本年发生额转入本科目,借记"经营结余"科目,贷记"经营支出"科目。年末,完成上述结转后,如本科目为贷方余额,将本科目贷方余额转入"非财政拨款结余分配"科目,借记"经营结余"科目,贷记"非财政拨款结余分配"科目;如本科目为借方余额,反映事业单位累计发生的经营亏损,不予结转。在财务会计中不做账务处理。

【例15-23】 年末,某事业单位"经营预算收入"科目本年贷方发生额为10 400元,"经营支出"科目本年借方发生额为8 400元。将以上经营预算收支科目的发生额结转至"经营结余"科目。在完成上述结转后,"经营结余"科目的贷方余额为2 000元(10 400-8 400),将其结转"非财政拨款结余分配"科目的贷方。该事业单位应编制的会计分录为:

在预算会计中:

(1) 结转经营预算收入本年贷方发生额时。

借:经营预算收入 10 400
  贷:经营结余 10 400

(2) 结转经营支出本年借方发生额时。

借:经营结余 8 400
  贷:经营支出 8 400

(3) 将"经营结余"科目贷方发生额转入"非财政拨款结余分配"科目时。

借:经营结余 2 000
  贷:非财政拨款结余分配 2 000

在财务会计中不做账务处理。

如果该事业单位年初"经营结余"科目有借方余额500元,为以前年度累计发生的经营亏损。当年实现经营结余2 000元,弥补以前年度经营亏损后累计实现经营结余1 500元(2 000-500),表现为"经营结余"科目年末贷方余额为1 500元。此时,事业单位应当将"经营结余"科目的年末贷方余额1 500元转入"非财政补助结余分配"科目。

这里应当注意的是,事业单位的"经营预算收入"科目和"经营支出"科目都是按收付实现制核算的,因此,"经营结余"科目反映的结余或亏损数额也是按收付实现制核算的结果。

三、其他结余

(一) 其他结余的概念和核算科目设置

其他结余是指单位本年度财政拨款收支、非财政专项资金收支和经营收支以外各项收支相抵后的余额。

为了核算单位的其他结余业务,单位应设置"其他结余"总账科目。年末,将非财政非专项资金预算收支结转至其他结余。而后将"其他结余"科目余额转入"非财政拨款结余"科目(行政单位)或"非财政拨款结余分配"科目(事业单位)。

行政事业单位本年度财政拨款收支相抵后的余额通过"财政拨款结转"科目核算,本年度非同级财政专项资金收支相抵后的余额通过"非财政拨款结转"科目核算,本年度经营收支相抵后的余额通过"经营结余"科目核算。

(二) 其他结余的主要账务处理

1. 本年非财政拨款非专项资金预算收支结转

年末,在预算会计中,将事业预算收入、上级补助预算收入、附属单位上缴预算收入、非同级财政拨款预算收入、债务预算收入、其他预算收入本年发生额中的非专项资金收入以及投资预算收益本年发生额转入本科目,借记"事业预算收入""上级补助预算收入""附属单位上缴预算收入""非同级财政拨款预算收入""债务预算收入""其他预算收入"科目下各非专项资金收入明细科目和"投资预算收益"科目,贷记"其他结余"科目("投资预算收益"科目本年发生额为借方净额时,借记"其他结余"科目,贷记"投资预算收益"科目);将行政支出、事业支出、其他支出本年发生额中的非同级财政、非专项资金支出,以及上缴上级支出、对附属单位补助支出、投资支出、债务还本支出本年发生额转入本科目,借记"其他结余"科目,贷记"行政支出""事业支出""其他支出"科目下各非同级财政、非专项资金支出明细科目和"上缴上级支出""对附属单位补助支出""投资支出""债务还本支出"科目。在财务会计中不做账务处理。

2. 年末结转非财政拨款结余或非财政拨款结余分配

年末,在预算会计中,完成相关收支结转后,行政单位将"其他结余"科目余额转入"非财政拨款结余——累计结余"科目;事业单位将"其他结余"科目余额转入"非财政拨款结余分配"科目。当"其他结余"科目为贷方余额时,借记"其他结余"科目,贷记"非财政拨款结余——累计结余"科目(行政单位)或"非财政拨款结余分配"科目(事业单位);当"其他结余"科目为借方余额时,借记"非财政拨款结余——累计结余"科目(行政单位)或"非财政拨款结余分配"科目(事业单位),贷记"其他结余"科目。在财务会计中不做账务处理。

【例15-24】 年末,某行政单位结账前有关非财政拨款非专项资金的收支情况为:"其他预算收入——非专项资金收入"科目5 000元;"行政支出——其他资金支出"科目3 800元,"其他支出——其他资金支出"科目1 150元。年末结账时,该行政单位应编制的会计分录为:

在预算会计中:

(1)将非财政拨款非专项资金的收支结转"其他结余"科目时。

借:其他预算收入——非专项资金收入　　　　　　　　　　　　　　5 000
　　贷:其他结余　　　　　　　　　　　　　　　　　　　　　　　　5 000

同时，

借：其他结余		4 950
贷：行政支出——其他资金支出		3 800
其他支出——其他资金支出		1 150

（2）将"其他结余"科目余额50元（5 000－4 950）结转"非财政拨款结余——累计结余"科目时。

借：其他结余		50
贷：非财政拨款结余——累计结余		50

在财务会计中不做账务处理。

在行政单位中，由非财政非专项资金预算收支形成的其他结余不进行分配，"其他结余"科目余额直接转入"非财政拨款结余"科目，而不转入"非财政拨款结余分配"科目。

单位的非财政专项资金结余也不进行分配，因此，由"非财政拨款结转"科目余额直接转入"非财政拨款结余"科目，而不转入"非财政拨款结余分配"科目。

【例15-25】 年末，某事业单位于20×3年结账前，有关预算收支科目本期发生额中的非财政拨款非专项资金收支科目的本年发生额如表15-1所示。

表15-1　　　　非财政拨款非专项资金事业活动预算收支科目本年发生额

单位：元

非财政非专项资金事业活动相关预算收支项目	本年贷方发生额	本年借方金发生额
事业预算收入——非专项资金收入	125 000	
上级补助预算收入——非专项资金收入	16 000	
附属单位上缴预算收入——非专项资金收入	12 000	
其他预算收入——非专项资金收入	12 000	
事业支出——其他资金支出		123 000
上缴上级支出		10 000
对附属单位补助支出		12 000
其他支出——其他资金支出		10 000
合计	165 000	155 000

（1）将非财政拨款非专项资金事业活动预算收入科目和预算支出科目的本年发生额转入"其他结余"科目。该事业单位应编制的会计分录为：

在预算会计中：

借：事业预算收入——非专项资金收入		125 000
上级补助预算收入——非专项资金收入		16 000
附属单位上缴预算收入——非专项资金收入		12 000
其他预算收入——非专项资金收入		12 000
贷：其他结余		165 000

同时，

借：其他结余　　　　　　　　　　　　　　　　　　　　　　　155 000
　　贷：事业支出——其他资金支出　　　　　　　　　　　　　123 000
　　　　其他支出——其他资金支出　　　　　　　　　　　　　 10 000
　　　　上缴上级支出　　　　　　　　　　　　　　　　　　　 10 000
　　　　对附属单位补助支出　　　　　　　　　　　　　　　　 12 000

在财务会计中不做账务处理。

（2）在完成非财政非专项资金事业活动预算收入和预算支出的本年发生额结转后，该事业单位"其他结余"科目的贷方余额为10 000元(165 000－155 000)，将其全数转入"非财政拨款结余分配"科目的贷方。该事业单位应编制的会计分录为：

在预算会计中：

借：其他结余　　　　　　　　　　　　　　　　　　　　　　　 10 000
　　贷：非财政拨款结余分配　　　　　　　　　　　　　　　　 10 000

在财务会计中不做账务处理。

在事业单位中，由非财政非专项资金预算收支形成的其他结余需要进行分配，"其他结余"科目余额应直接转入"非财政拨款结余分配"科目。

单位应当分别核算财政拨款资金、非同级财政专项资金、经营活动资金和其他资金。单位本年度财政拨款收支、非同级财政专项资金收支、经营收支以及上述收支以外的其他各项收支相抵后的余额分别通过"财政拨款结转""非财政拨款结转""经营结余""其他结余"科目的核算。

四、非财政拨款结余分配

（一）非财政拨款结余分配的概念和核算科目设置

非财政拨款结余分配是指事业单位对本年非财政拨款结余进行的分配。

为了核算非财政拨款结余分配业务，事业单位预算会计应设置"非财政拨款结余分配"总账科目。本科目核算事业单位本年度非财政拨款结余分配的情况和结果。年末结账后，本科目应无余额。

（二）非财政拨款结余分配的主要账务处理

年末，事业单位将"其他结余"科目余额转入"非财政拨款结余分配"科目。在预算会计中，当"其他结余"科目为贷方余额时，借记"其他结余"科目，贷记"非财政拨款结余分配"科目；当"其他结余"科目为借方余额时，做相反的会计分录。在财务会计中不做账务处理。

年末，事业单位将"经营结余"科目贷方余额转入"非财政拨款结余分配"科目，在预算会计中，借记"经营结余"科目，贷记"非财政拨款结余分配"科目；如本科目为借方余额，为经营亏损，不予结转。在财务会计中不做账务处理。

根据有关规定提取专用基金按照提取的金额，在财务会计中，借记"本年盈余分配"科目，贷记"专用基金"科目；同时，在预算会计中，借记"非财政拨款结余分配"科目，贷记"专用结余"科目。

年末，按照规定完成上述相关处理后，将"非财政补助结余分配"科目的余额转入非财政拨款结余。当"非财政拨款结余分配"科目为贷方余额时，借记"非财政拨款结余分配"科目，贷记"非财政拨款结余"科目；当"非财政拨款结余分配"科目为借方余额时，做相反的会计分录。在财务会计中不做账务处理。

【例 15-26】 承[例 15-23]与[例 15-25],年末,该事业单位按规定将"经营结余"科目和"其他结余"科目贷方余额结转后,"非财政补助结余分配"科目的贷方余额为 12 000 元(2 000＋10 000)。该事业单位根据有关规定从本年非财政拨款结余和经营结余中提取专用基金(职工福利基金)1 200 元。提取专用基金后,"非财政拨款结余分配"科目的贷方余额 10 800 元(12 000－1 200)转入非财政拨款结余。该事业单位应编制的会计分录为:

(1) 按有关规定提取专用基金(职工福利基金)时。

在财务会计中:

借:本期盈余分配　　　　　　　　　　　　　　　　　　　　　　　　1 200
　　贷:专用基金——职工福利基金　　　　　　　　　　　　　　　　　　　1 200

同时,在预算会计中:

借:非财政拨款结余分配　　　　　　　　　　　　　　　　　　　　　　1 200
　　贷:专用结余　　　　　　　　　　　　　　　　　　　　　　　　　　　1 200

(2) 年末,将"非财政拨款结余分配"科目余额转入非财政拨款结余。

在预算会计中:

借:非财政拨款结余分配　　　　　　　　　　　　　　　　　　　　　　10 800
　　贷:非财政拨款结余——累计结余　　　　　　　　　　　　　　　　　　10 800

经过年末结转,事业单位"其他结余""经营结余"和"非财政拨款结余分配"科目均无余额,相应余额分别转入"非财政拨款结余——累计结余"科目和"专用结余"科目。其中,非财政拨款结余应当安排用于开展专业业务活动及其辅助活动,专用结余安排用于职工福利等专门用途。

复习思考题

1. 什么是行政事业单位的预算结余?它主要包括哪些种类?
2. 行政事业单位的预算结余是按照什么会计基础进行核算的结果?
3. 什么是资金结存?它具体包括哪些内容?
4. 什么是财政拨款结转?什么是财政拨款结余?两者有什么区别和联系?
5. 什么是非财政拨款结转?什么是非财政拨款结余?两者有什么区别和联系?
6. 什么是专用结余?专用结余与专用基金核算的内容有何不同?
7. 什么是其他结余?什么是经营结余?其他结余和经营结余在年末结账后是否还有余额?
8. 本年盈余分配和非财政拨款结余分配分别核算什么内容?

第十五章课后练习题

第十六章　行政事业单位会计报表

第一节　行政事业单位财务报表

行政事业单位会计报表是反映行政事业财务状况、运行情况以及预算执行情况等信息的书面文件，由单位财务报表和预算会计报表构成。行政事业单位应当按照《政府会计制度——行政事业单位会计科目和报表》的规定编制并提供真实、完整的会计报表。下面先介绍财务报表。

财务报表是反映行政事业单位某一特定日期的财务状况和某一会计期间的业务活动成果、净资产变动以及现金流量等会计信息的文件，由会计报表及其附注构成。行政事业单位的会计报表至少应当包括资产负债表、收入费用表、净资产变动表、现金流量表以及报表附注。

一、资产负债表

（一）资产负债表的性质和作用

资产负债表是指反映单位在某一特定日期的财务状况的报表。其中，财务状况是指单位在某一特定日期占有或者使用的资产、承担的负债以及剩余的净资产的数额及其结构和相互关系。

单位资产负债表的作用主要表现在以下几个方面：

（1）提供某一特定日期资产总额及其构成情况的信息。例如，提供某一特定日期资产总额、流动资产总额、非流动资产总额等信息。

（2）提供某一特定日期负债总额及其构成情况的信息。例如，提供某一特定日期负债总额、流动负债总额、非流动负债总额等信息。

（3）提供某一特定日期净资产总额及其构成情况的信息。例如，提供某一特定日期净资产总额、累计盈余、专用基金数额、权益法调整的数额、无偿调拨净资产的数额、本期盈余的数额等信息。

（二）资产负债表的格式

资产负债表以"资产＝负债＋净资产"的会计平衡等式为编制依据，采用账户格式，左边为资产，右边为负债和净资产，项目排列按流动性列示。行政事业单位资产负债表的格式如表16-1所示。

按照规定，行政事业单位的资产负债表应当按照月度和年度编制。月度资产负债表的"无偿调拨净资产"和"本期盈余"两个项目有余额。年终转账时，将两者余额转入"累计盈余"科目，转账后两科目没有了余额，故年度资产负债表中"无偿调拨净资产"和"本期盈余"两个项目没有余额。

表 16-1　　　　　　　　　　　　　　　　资产负债表

编制单位：某事业单位　　　　　　　　　20×3年12月31日　　　　　　　　　　　　　单位：元

资产	期末余额	年初余额	负债和净资产	期末余额	年初余额
流动资产：			流动负债：		
货币资金	44 000		短期借款	110 000	
短期投资	11 000		应交增值税	4 400	
财政应返还额度	0		其他应交税费		
应收票据	3 300		应缴财政款		
应收账款净额	13 200		应付职工薪酬		
预付账款	4 400		应付票据		
应收股利			应付账款	2 200	
应收利息			应付政府补贴款		
其他应收款净额	1 100		应付利息		
存货	50 600		预收账款	22 000	
待摊费用			其他应付款	4 400	
一年内到期的非流动资产			预提费用		
其他流动资产			一年内到期的非流动负债	44 000	
流动资产合计	127 600		其他流动负债		
非流动资产：			流动负债合计	187 000	
长期股权投资	44 000		非流动负债：		
长期债券投资			长期借款	176 000	
固定资产原值	770 000		长期应付款		
减：固定资产累计折旧	110 000		预计负债		
固定资产净值	660 000		其他非流动负债		
工程物资			非流动负债合计	176 000	
在建工程	220 000		受托代理负债		
无形资产原值	66 000		负债合计	363 000	
减：无形资产累计摊销	22 000				
无形资产净值	4 000				
研发支出					
公共基础设施原值					
减：公共基础设施累计折旧（摊销）					
公共基础设施净值					
政府储备物资					

(续表)

资产	期末余额	年初余额	负债和净资产	期末余额	年初余额
文物资源					
保障性住房原值					
减：保障性住房累计折旧			净资产：		
保障性住房净值			累计盈余	506 000	
长期待摊费用			专用基金	171 600	
待处理财产损溢			权益法调整	66 000	
其他非流动资产	11 000		无偿调拨净资产		
非流动资产合计			本期盈余		
受托代理资产			净资产合计	743 600	
资产总计	1 106 600		负债和净资产总计	1 106 600	

（三）资产负债表的编制方法

资产负债表"年初余额"栏内各项数字，应当根据上年年末资产负债表"期末余额"栏内数字填列。资产负债表"期末余额"栏各项目的填列方法如下所述。

1. 资产类项目的填列

（1）根据总账科目期末借方余额直接填列的资产项目。例如，短期投资、财政应返还额度、应收票据、预付账款、应收股利、应收利息、待摊费用、长期股权投资、固定资产原值、固定资产累计折旧、工程物资、在建工程、无形资产原值、无形资产累计摊销、公共基础设施原值、公共基础设施累计折旧（摊销）、政府储备物资、保障性住房原值、保障性住房累计折旧、文物资源、长期待摊费用、研发支出、待处理财产损溢（期末为贷方余额，以"－"号填列）等项目。

（2）根据总账科目期末借方余额计算合计填列的资产项目。例如，"货币资金"项目，应当根据"库存现金""银行存款""零余额账户用款额度""其他货币资金"科目的期末余额的合计数填列（若单位存在通过"库存现金""银行存款"科目核算的受托代理资产还应当按照前述合计数扣减"库存现金""银行存款"科目下"受托代理资产"明细科目的期末余额后的金额填列）；"存货"项目，应当根据"在途物品""库存物品""加工物品"科目的期末余额的合计数填列；"受托代理资产"项目，应当根据"受托代理资产"科目的期末余额与"库存现金""银行存款"科目下"受托代理资产"明细科目的期末余额的合计数填列；"其他流动资产"项目，反映单位期末其他流动资产的合计金额，应当根据有关科目期末余额的合计数填列。

（3）根据总账科目和明细科目的余额分析计算填列的资产项目。例如，"一年内到期的非流动资产"项目，反映单位期末非流动资产项目中将在1年内（含1年）到期的金额，如事业单位将在1年内（含1年）到期的长期债券投资金额。本项目应当根据"长期债券投资"等科目的明细科目的期末余额分析填列；"长期债券投资"项目，应当根据"长期债券投资"科目的期末余额减去其中将于1年内（含1年）到期的长期债券投资余额后的金额填列。

（4）根据有关资产总账科目与其备抵科目抵销后的净额填列的资产项目。例如，"应收账款净额"项目，应当根据"应收账款"科目的期末余额，减去"坏账准备"科目中对应收账款计提的坏账准备的期末余额后的金额填列。这些项目还有"其他应收款净额""固定资产净值""无形资产净值""公共基础设施净值""保障性住房净值"等。

2. 负债类项目的填列

（1）直接根据总账科目期末贷方余额填列的负债项目。例如，短期借款、应缴财政款、应付职工薪酬、应付票据、应付账款、应付政府补贴款、应付利息、预收账款、其他应付款、预提费用、预计负债、受托代理负债、应交增值税（期末为借方余额，以"－"号填列）、其他应交税费（期末为借方余额，以"－"号填列）等项目。

（2）根据总账科目期末贷方余额和明细科目的余额分析计算填列的负债项目。例如，"一年内到期的非流动负债"项目，应当根据"长期应付款""长期借款"等科目的明细科目的期末余额分析填列；"长期借款"项目和"长期应付款"项目，应当分别根据"长期借款"科目和"长期应付款"科目的期末余额减去其中将于1年内（含1年）到期的长期借款、长期应付款余额后的金额填列。

（3）根据总账科目期末贷方余额计算合计填列的负债项目。例如，"其他流动负债"项目，反映单位期末其他流动负债的合计数，本项目应当根据有关科目的期末余额的合计数填列；"其他非流动负债"项目，反映期末单位其他非流动负债的合计数，本项目应当根据有关科目的期末余额合计数填列。

3. 净资产类项目的填列

（1）"累计盈余""专用基金"项目，分别根据"累计盈余"科目和"专用基金"科目的期末余额填列。

（2）"权益法调整"项目，根据"权益法调整"科目的期末余额填列。如果期末为借方余额，以"－"号填列。

（3）"无偿调拨净资产"项目，仅在月度报表中列示，年度报表中不列示。月度报表中本项目应当根据"无偿调拨净资产"科目的期末余额填列；若期末为借方余额时，以"－"号填列。

（4）"本期盈余"项目，仅在月度报表中列示，年度报表中不列示。月度报表中本项目应当根据"本期盈余"科目的期末余额填列；如期末为借方余额时，以"－"号填列。

（5）"净资产合计"项目，根据本表中"累计盈余""专用基金""权益法调整""无偿调拨净资产"（月度报表）、"本期盈余"（月度报表）项目金额的合计数填列。

【例16-1】 某事业单位于20×3年12月31日结账后，资产、负债和净资产各科目的期末余额如表16-2所示。

表16-2　　　某事业单位资产、负债和净资产科目的期末余额表　　　单位：元

科目名称	借方余额	科目名称	贷方余额
库存现金	2 200	短期借款	110 000
银行存款	41 800	应交增值税	4 400
短期投资	11 000	应付账款	2 200
应收票据	3 300	预收账款	22 000
应收账款	13 600	其他应付款	4 400
预付账款	4 400	长期借款	220 000（其中1年内到期44 000）
其他应收款	1 100	累计盈余	506 000
在途物品	600	专用基金	171 600
库存物品	50 000	权益法调整	66 000

(续表)

科目名称	借方余额	科目名称	贷方余额
长期股权投资	44 000	坏账准备	400
固定资产	770 000	固定资产累计折旧	110 000
在建工程	220 000	无形资产累计摊销	22 000
无形资产	660 000		
其他非流动资产	11 000		
合计	1 239 000	合计	1 239 000

12月31日编制年末资产负债表时，由于各项目口径没有变化，"年初余额"栏内各项数字，应当根据上年年末资产负债表"期末余额"栏内数字填列。"期末余额"栏各项目数字根据各科目的期末余额直接填列、合并填列或计算分析填列。几个重点项目的填列说明如下：

（1）货币资金＝库存现金＋银行存款＋其他货币资金＋零余额账户用款额度＝2 200＋41 800＝44 000（元）。

（2）应收账款净额＝应收账款－坏账准备＝13 600－400＝13 200（元）。

（3）存货＝在途物资＋库存物品＝600＋50 000＝50 600（元）。

（4）一年内到期的非流动负债＝44 000（元）。

（5）长期借款＝220 000－44 000＝176 000（元）。

其他项目可根据科目余额表直接填列。流动资产合计、非流动资产合计、资产总计、流动负债合计、非流动负债合计、负债合计、净资产合计、负债和净资产总计等项目的数额按其内容汇总后填列即可。据此编制完成的20×3年度资产负债表如表16-1所示。

二、收入费用表

（一）收入费用表的性质和格式

收入费用表是反映行政事业单位在某一会计期间内发生的收入、费用及当期盈余情况的报表。收入费用表可以提供某一会计期间收入总额及其构成情况、费用总额及其构成情况，以及本期盈余的信息。

按照规定，单位收入费用表应当按照月度和年度编制。

行政事业单位收入费用表采用单步式格式，即采用基本的计算公式：本期收入－本期费用＝本期盈余。该表就各个项目再分为"本月数"和"本年累计数"两栏分别列示。单位收入费用表的格式如表16-3所示。

表16-3　　　　　　　　　　　收 入 费 用 表
编制单位：某事业单位　　　　20×3年12月　　　　　　　　　　　　　　　单位：元

项　目	本月数	本年累计数
一、本期收入	430 000	
（一）财政拨款收入	250 000	
其中：政府性基金收入	0	
（二）事业收入	150 000	
（三）上级补助收入	6 000	

(续表)

项　　目	本月数	本年累计数
（四）附属单位上缴收入	4 000	
（五）经营收入	2 500	
（六）非同级财政拨款收入	7 000	
（七）投资收益	2 000	
（八）捐赠收入	4 000	
（九）利息收入	800	
（十）租金收入	2 200	
（十一）其他收入	1 500	
二、本期费用	426 000	
（一）业务活动费用	255 000	
（二）单位管理费用	152 000	
（三）经营费用	2 000	
（四）资产处置费用	9 000	
（五）上缴上级费用	3 000	
（六）对附属单位补助费用	2 900	
（七）所得税费用	100	
（八）其他费用	2 000	
三、本期盈余	4 000	

（二）收入费用表的编制方法

1. "本月数"栏与"本年累计数"栏的名称与反映内容

收入费用表"本月数"栏反映各项目的本月实际发生数。编制年度收入费用表时，应当将本栏改为"本年数"，反映本年度各项目的实际发生数。

收入费用表"本年累计数"栏反映各项目自年初至报告期期末的累计实际发生数。编制年度收入费用表时，应当将本栏改为"上年数"，反映上年度各项目的实际发生数。"上年数"栏应当根据上年年度收入费用表中"本年数"栏内所列数字填列。

如果本年度单位发生了因前期差错更正、会计政策变更等调整以前年度盈余的事项，还应当对年度收入费用表中"上年数"栏中的有关项目金额进行相应调整。

2. 收入费用表"本月数"栏各项目的内容和填列方法

（1）"本期收入"项目，反映单位本期收入总额。本项目应当根据本表中"财政拨款收入""事业收入""上级补助收入""附属单位上缴收入""经营收入""非同级财政拨款收入""投资收益""捐赠收入""利息收入""租金收入"和"其他收入"项目金额的合计数填列。上述各收入项目应当根据各收入科目的本期发生额填列。

（2）"本期费用"项目，反映单位本期费用总额。本项目应当根据本表中"业务活动费用""单位管理费用""经营费用""资产处置费用""上缴上级费用""对附属单位补助费用""所得税费用"和"其他费用"项目金额的合计数填列。上述各费用项目应当根据各费用科目的本期发生额填列。

(3)"本期盈余"项目,反映单位本期收入扣除本期费用后的净额。本项目应当根据本表中"本期收入"项目金额减去"本期费用"项目金额后的金额填列;如为负数,以"一"号填列。

【例16-2】 承[例16-1],编制该事业单位20×3年12月的收入费用表时,省略本年累计数,"本月数"主要项目的填列说明如下:本期收入为本月各项收入合计430 000元,本期费用为本月各项费用合计426 000元,本期盈余4 000元(430 000-426 000)。编制完成的该事业单位20×3年12月的收入费用表如表16-3所示。

三、净资产变动表

(一) 净资产变动表的性质和格式

净资产变动表是反映单位在某一会计年度内净资产各项目增减变动情况的报表。净资产变动表不仅包括净资产总量的增减变动,还包括净资产增减变动的重要结构性信息,让报表使用者准确理解净资产增减变动的根源。按照规定,净资产变动表应当按照年度编制。

为了清楚地表明构成净资产的各组成部分当期的增减变动情况,净资产变动表以矩阵的形式列示:一方面,列示导致净资产变动的业务活动;另一方面,按照净资产各组成部分(包括累计盈余、专用基金、权益法调整等)及其总额列示业务活动对净资产的影响。此外,还需要提供比较净资产变动表,各项目再分为"本年数"和"上年数"两栏分别填列。净资产变动表的具体格式如表16-4所示。

表16-4　　　　　　　　　　　净资产变动表

编制单位:某事业单位　　　　20×3年度　　　　　　　　　　　　　　单位:元

项目	本年数				上年数
	累计盈余	专用基金	权益法调整	净资产合计	略
一、上年年末余额	20 000	16 000	12 000	48 000	
二、以前年度盈余调整(减少以"一"号填列)	0	—	—	0	
三、本年年初余额	20 000	16 000	12 000	48 000	
四、本年变动金额(减少以"一"号填列)					
(一)本年盈余	40 000	—	—	40 000	
(二)无偿调拨净资产					
(三)归集调整预算结转结余			—		
(四)提取或设置专用基金					
其中:从预算收入中提取	—				
从预算结余中提取			—		
设置的专用基金	—	70 000	—	70 000	
(五)使用专用基金			—		
(六)权益法调整	—	—	-2 000	-2 000	
(七)会计政策变更					
(八)其他					
五、本年年末余额	60 000	86 000	10 000	156 000	

注:"一"表示单元格不需填列。

(二)净资产变动表编制方法

1. 净资产变动表"本年数"栏的名称与反映内容

净资产变动表"本年数"栏反映本年度各项目的实际变动数。本表"上年数"栏反映上年度各项目的实际变动数,应当根据上年度净资产变动表中"本年数"栏内所列数字填列。

2. 净资产变动表"本年数"栏各项目的内容和填列方法

(1)"上年年末余额"行,反映单位净资产各项目上年年末的余额。本行各项目应当根据"累计盈余""专用基金""权益法调整"科目上年年末余额填列。

(2)"以前年度盈余调整"行,反映单位本年度调整以前年度盈余的事项对累计盈余进行调整的金额。本行"累计盈余"项目应当根据本年度"以前年度盈余调整"科目转入"累计盈余"科目的金额填列;如调整减少累计盈余,以"一"号填列。

(3)"本年年初余额"行,反映经过以前年度盈余调整后,单位净资产各项目的本年年初余额。本行"累计盈余""专用基金""权益法调整"项目应当根据其各自在"上年年末余额"和"以前年度盈余调整"行对应项目金额的合计数填列。

(4)"本年变动金额"行,反映单位净资产各项目本年变动总金额。本行"累计盈余""专用基金""权益法调整"项目应当根据其各自在"本年盈余""无偿调拨净资产""归集调整预算结转结余""提取或设置专用基金""使用专用基金""权益法调整"行对应项目金额的合计数填列。

(5)"本年盈余"行,反映单位本年发生的收入、费用对净资产的影响。本行"累计盈余"项目应当根据年末由"本期盈余"科目转入"本年盈余分配"科目的金额填列;如转入时借记"本年盈余分配"科目,则以"一"号填列。

(6)"无偿调拨净资产"行,反映单位本年无偿调入、调出非现金资产事项对净资产的影响。本行"累计盈余"项目应当根据年末由"无偿调拨净资产"科目转入"累计盈余"科目的金额填列;如转入时借记"累计盈余"科目,则以"一"号填列。

(7)"归集调整预算结转结余"行,反映单位本年财政拨款结转结余资金归集调入、归集上缴或调出,以及非财政拨款结转资金缴回对净资产的影响。本行"累计盈余"项目应当根据"累计盈余"科目明细账记录分析填列;如归集调整减少预算结转结余,则以"一"号填列。

(8)"提取或设置专用基金"行,反映单位本年提取或设置专用基金对净资产的影响。本行"累计盈余"项目应当根据"从预算结余中提取"行的"累计盈余"项目的金额填列。本行"专用基金"项目应当根据"从预算收入中提取""从预算结余中提取""设置的专用基金"行的"专用基金"项目金额的合计数填列。

其中,"从预算收入中提取"行,反映单位本年从预算收入中提取专用基金对净资产的影响。本行"专用基金"项目应当通过对"专用基金"科目明细账记录的分析,根据本年按有关规定从预算收入中提取基金的金额填列。

"从预算结余中提取"行,反映单位本年根据有关规定从本年度非财政拨款结余或经营结余中提取专用基金对净资产的影响。本行"累计盈余""专用基金"项目应当通过对"专用基金"科目明细账记录的分析,根据本年按有关规定从本年度非财政拨款结余或经营结余中提取专用基金的金额填列;本行"累计盈余"项目以"一"号填列。

"设置的专用基金"行,反映单位本年根据有关规定设置的其他专用基金对净资产的影响。本行"专用基金"项目应当通过对"专用基金"科目明细账记录的分析,根据本年按有关规定设置的其他专用基金的金额填列。

(9)"使用专用基金"行,反映单位本年按规定使用专用基金对净资产的影响。本行"累计盈余""专用基金"项目应当通过对"专用基金"科目明细账记录的分析,根据本年按规定使用专用基金的金额填列;本行"专用基金"项目以"一"号填列。

(10)"权益法调整"行,反映单位本年按照被投资单位净损益和利润分配以外的所有者权益变动份额而调整长期股权投资账面余额对净资产的影响。本行"权益法调整"项目应当根据"权益法调整"科目本年发生额填列;若本年净发生额为借方时,以"一"号填列。

(11)"会计政策变更"行,反映单位本年因会计政策变更对净资产的影响。

(12)"其他"行,反映单位其他净资产项目对净资产的影响。

(13)"本年年末余额"行,反映单位本年各净资产项目的年末余额。本行"累计盈余""专用基金""权益法调整"项目应当根据其各自在"本年年初余额""本年变动金额"行对应项目金额的合计数填列。

(14)本表各行"净资产合计"项目,应当根据所在行"累计盈余""专用基金""权益法调整"项目金额的合计数填列。

【例16-3】 20×3年12月31日,某事业单位的累计盈余的余额为20 000元,专用基金的余额为16 000元,权益法调整的余额为12 000元。20×3年度,该事业单位增加的累计盈余的金额为40 000元,设置的专用基金的金额为70 000元,权益法调整的金额为-2 000元,本年度没有发生以前年度调整事项。据此编制的该事业单位20×3年度的净资产变动表如表16-4所示。

四、现金流量表

(一)现金流量表的性质和格式

现金流量表是反映单位在某一会计年度内现金流入和流出的信息的报表。从编制原则上看,现金流量表按照收付实现制原则编制,将权责发生制下的盈余信息调整为收付实现制下的现金流量信息,便于信息使用者了解单位盈余的质量;从内容上看,现金流量表被划分为日常活动、投资活动和筹资活动三个部分,每类活动又分为各具体项目,这些项目从不同角度反映单位业务活动的现金流入与流出,弥补了资产负债表和收入费用表提供信息的不足。通过现金流量表,报表使用者能够了解现金流量的各个影响因素。

在现金流量表中,现金是指单位的库存现金以及其他可以随时用于支付的款项,包括库存现金、可以随时用于支付的银行存款、其他货币资金、零余额账户用款额度、财政应返还额度,以及通过财政直接支付方式支付的款项。现金流量表所指的现金流量,是指现金的流入和流出。现金流量表的具体格式如表16-5所示。

表16-5　　　　　　　　　　现　金　流　量　表
编制单位:某事业单位　　　　　　20×3年　　　　　　　　　　单位:元

项　　目	本年金额	上年金额
一、日常活动产生的现金流量:		
财政基本支出拨款收到的现金	100 000	
财政非资本性项目拨款收到的现金	40 000	
事业活动收到的除财政拨款以外的现金	800	

(续表)

项　　目	本年金额	上年金额
收到的其他与日常活动有关的现金	200	
日常活动的现金流入小计	141 000	
购买商品、接受劳务支付的现金	1 080	
支付给职工以及为职工支付的现金	40 000	
支付的各项税费	160	
支付的其他与日常活动有关的现金	0	
日常活动的现金流出小计	41 240	
日常活动产生的现金流量净额	99 760	
二、投资活动产生的现金流量：		
收回投资收到的现金	20 000	
取得投资收益收到的现金	400	
处置固定资产、无形资产、公共基础设施等收回的现金净额	10 000	
收到的其他与投资活动有关的现金	0	
投资活动的现金流入小计	30 400	
购建固定资产、无形资产、公共基础设施等支付的现金	1 600	
对外投资支付的现金	20 000	
上缴处置固定资产、无形资产、公共基础设施等净收入支付的现金	1 000	
支付的其他与投资活动有关的现金	0	
投资活动的现金流出小计	22 600	
投资活动产生的现金流量净额	7 800	
三、筹资活动产生的现金流量：		
财政资本性项目拨款收到的现金	100 000	
取得借款收到的现金	20 000	
收到的其他与筹资活动有关的现金	0	
筹资活动的现金流入小计	120 000	
偿还借款支付的现金	16 000	
偿还利息支付的现金	200	
支付的其他与筹资活动有关的现金	0	
筹资活动的现金流出小计	16 200	
筹资活动产生的现金流量净额	103 800	
四、汇率变动对现金的影响额		
五、现金净增加额	211 360	

(二) 现金流量表编制方法与编制说明

编制现金流量表时,列报日常活动现金流量的方法有两种:一是直接法;二是间接法。在直接法下,一般是以收入费用表中的收入为起算点,调节与日常活动有关的项目的增减变动,然后计算出日常活动产生的现金流量;在间接法下,将本期盈余调节为日常活动现金流量,实际上就是将按权责发生制原则确定的本期盈余调整为现金净流入,并剔除投资活动和筹资活动对现金流量的影响。

采用直接法编报的现金流量表,便于分析单位日常活动产生的现金流量的来源和用途;采用间接法编报现金流量表,便于将本期盈余与日常活动产生的现金流量净额进行比较,了解本期盈余与日常活动产生的现金流量差异的原因。所以,我国政府会计准则规定单位应当采用直接法编报现金流量表,同时要求在附注中提供以本期盈余为基础调节到日常活动现金流量的信息。按照规定,行政事业单位的现金流量表应当按年编制。

现金流量表"上年金额"栏反映各项目的上年实际发生数,应当根据上年现金流量表中"本年金额"栏内所列数字填列。"本年金额"栏反映各项目的本年实际发生数。"本年金额"栏各项目的填列方法如下所述。

1. 日常活动产生的现金流量

(1)"财政基本支出拨款收到的现金"项目,反映单位本年接受财政基本支出拨款取得的现金。本项目应当根据"零余额账户用款额度""财政拨款收入""银行存款"等科目及其所属明细科目的记录分析填列。

(2)"财政非资本性项目拨款收到的现金"项目,反映单位本年接受除用于购建固定资产、无形资产、公共基础设施等资本性项目以外的财政项目拨款取得的现金。本项目应当根据"银行存款""零余额账户用款额度""财政拨款收入"等科目及其所属明细科目的记录分析填列。

(3)"事业活动收到的除财政拨款以外的现金"项目,反映事业单位本年开展专业业务活动及其辅助活动取得的除财政拨款以外的现金。本项目应当根据"库存现金""银行存款""其他货币资金""应收账款""应收票据""预收账款""事业收入"等科目及其所属明细科目的记录分析填列。

(4)"收到的其他与日常活动有关的现金"项目,反映单位本年收到的除以上项目之外的与日常活动有关的现金。本项目应当根据"库存现金""银行存款""其他货币资金""上级补助收入""附属单位上缴收入""经营收入""非同级财政拨款收入""捐赠收入""利息收入""租金收入""其他收入"等科目及其所属明细科目的记录分析填列。

(5)"日常活动的现金流入小计"项目,反映单位本年日常活动产生的现金流入的合计数。本项目应当根据本表中"财政基本支出拨款收到的现金""财政非资本性项目拨款收到的现金""事业活动收到的除财政拨款以外的现金""收到的其他与日常活动有关的现金"项目金额的合计数填列。

(6)"购买商品、接受劳务支付的现金"项目,反映单位本年在日常活动中用于购买商品、接受劳务支付的现金。本项目应当根据"库存现金""银行存款""财政拨款收入""零余额账户用款额度""预付账款""在途物品""库存物品""应付账款""应付票据""业务活动费用""单位管理费用""经营费用"等科目及其所属明细科目的记录分析填列。

(7)"支付给职工以及为职工支付的现金"项目,反映单位本年支付给职工以及为职工支付的现金。本项目应当根据"库存现金""银行存款""零余额账户用款额度""财政拨款收入""应付职工薪酬""业务活动费用""单位管理费用""经营费用"等科目及其所属明细科目的记分析填列。

（8）"支付的各项税费"项目，反映单位本年用于缴纳日常活动相关税费而支付的现金。本项目应当根据"库存现金""银行存款""零余额账户用款额度""应交增值税""其他应交税费""业务活动费用""单位管理费用""经营费用""所得税费用"等科目及其所属明细科目的记录分析填列。

（9）"支付的其他与日常活动有关的现金"项目，反映单位本年支付的除上述项目之外与日常活动有关的现金。本项目应当根据"库存现金""银行存款""零余额账户用款额度""财政拨款收入""其他应付款""业务活动费用""单位管理费用""经营费用""其他费用"等科目及其所属明细科目的记录分析填列。

（10）"日常活动的现金流出小计"项目，反映单位本年日常活动产生的现金流出的合计数。本项目应当根据本表中"购买商品、接受劳务支付的现金""支付给职工以及为职工支付的现金""支付的各项税费""支付其他与日常活动有关的现金"项目金额的合计数填列。

（11）"日常活动产生的现金流量净额"项目。本项目应当根据本表中"日常活动的现金流入小计"项目金额减去"日常活动的现金流出小计"项目金额后的金额填列；如为负数，以"—"号填列。

2. 投资活动产生的现金流量

（1）"收回投资收到的现金"项目，反映单位本年出售、转让或者收回投资收到的现金。本项目应该根据"库存现金""银行存款""短期投资""长期股权投资""长期债券投资"等科目的记录分析填列。

（2）"取得投资收益收到的现金"项目，反映单位本年因对外投资而收到被投资单位分配的股利或利润，以及收到投资利息而取得的现金。本项目应当根据"库存现金""银行存款""应收股利""应收利息""投资收益"等科目的记录分析填列。

（3）"处置固定资产、无形资产、公共基础设施等收回的现金净额"项目，反映单位本年处置固定资产、无形资产、公共基础设施等非流动资产所取得的现金，减去为处置这些资产而支付的有关费用之后的净额。由自然灾害所造成的固定资产等长期资产损失而收到的保险赔款收入，也在本项目反映。本项目应当根据"库存现金""银行存款""待处理财产损溢"等科目的记录分析填列。

（4）"收到的其他与投资活动有关的现金"项目，反映单位本年收到的除上述项目之外与投资活动有关的现金。对于金额较大的现金流入，应当单列项目反映。本项目应当根据"库存现金""银行存款"等有关科目的记录分析填列。

（5）"投资活动的现金流入小计"项目，反映单位本年投资活动产生的现金流入的合计数。本项目应当根据本表中"收回投资收到的现金""取得投资收益收到的现金""处置固定资产、无形资产、公共基础设施等收回的现金净额""收到的其他与投资活动有关的现金"项目金额的合计数填列。

（6）"购建固定资产、无形资产、公共基础设施等支付的现金"项目，反映单位本年购买和建造固定资产、无形资产、公共基础设施等非流动资产所支付的现金；融资租入固定资产支付的租赁费不在本项目反映，在筹资活动的现金流量中反映。本项目应当根据"库存现金""银行存款""固定资产""工程物资""在建工程""无形资产""研发支出""公共基础设施""保障性住房"等科目的记录分析填列。

（7）"对外投资支付的现金"项目，反映单位本年为取得短期投资、长期股权投资、长期债券投资而支付的现金。本项目应当根据"库存现金""银行存款""短期投资""长期股权投资""长期债券投资"等科目的记录分析填列。

（8）"上缴处置固定资产、无形资产、公共基础设施等净收入支付的现金"项目，反映本年单位将处置固定资产、无形资产、公共基础设施等非流动资产所收回的现金净额予以上缴财政所支付的现金。本项目应当根据"库存现金""银行存款""应缴财政款"等科目的记录分析填列。

（9）"支付的其他与投资活动有关的现金"项目，反映单位本年支付的除上述项目之外与投资活动有关的现金。对于金额较大的现金流出，应当单列项目反映。本项目应当根据"库存现金""银行存款"等有关科目的记录分析填列。

（10）"投资活动的现金流出小计"项目，反映单位本年投资活动产生的现金流出的合计数。本项目应当根据本表中"购建固定资产、无形资产、公共基础设施等支付的现金""对外投资支付的现金""上缴处置固定资产、无形资产、公共基础设施等净收入支付的现金""支付的其他与投资活动有关的现金"项目金额的合计数填列。

（11）"投资活动产生的现金流量净额"项目。本项目应当根据本表中"投资活动的现金流入小计"项目金额减去"投资活动的现金流出小计"项目金额后的金额填列；如为负数，以"—"号填列。

3. 筹资活动产生的现金流量

（1）"财政资本性项目拨款收到的现金"项目，反映单位本年接受用于购建固定资产、无形资产、公共基础设施等资本性项目的财政项目拨款取得的现金。本项目应当根据"银行存款""零余额账户用款额度""财政拨款收入"等科目及其所属明细科目的记录分析填列。

（2）"取得借款收到的现金"项目，反映事业单位本年举借短期、长期借款所收到的现金。本项目应当根据"库存现金""银行存款""短期借款""长期借款"等科目记录分析填列。

（3）"收到的其他与筹资活动有关的现金"项目，反映单位本年收到的除上述项目之外与筹资活动有关的现金。对于金额较大的现金流入，应当单列项目反映。本项目应当根据"库存现金""银行存款"等有关科目的记录分析填列。

（4）"筹资活动的现金流入小计"项目，反映单位本年筹资活动产生的现金流入的合计数。本项目应当根据本表中"财政资本性项目拨款收到的现金""取得借款收到的现金""收到的其他与筹资活动有关的现金"项目金额的合计数填列。

（5）"偿还借款支付的现金"项目，反映事业单位本年偿还借款本金所支付的现金。本项目应当根据"库存现金""银行存款""短期借款""长期借款"等科目的记录分析填列。

（6）"偿付利息支付的现金"项目，反映事业单位本年支付的借款利息等。本项目应当根据"库存现金""银行存款""应付利息""长期借款"等科目的记录分析填列。

（7）"支付的其他与筹资活动有关的现金"项目，反映单位本年支付的除上述项目之外与筹资活动有关的现金，如融资租入固定资产所支付的租赁费。本项目应当根据"库存现金""银行存款""长期应付款"等科目的记录分析填列。

（8）"筹资活动的现金流出小计"项目，反映单位本年筹资活动产生的现金流出的合计数。本项目应当根据本表中"偿还借款支付的现金""偿付利息支付的现金""支付的其他与筹资活动有关的现金"项目金额的合计数填列。

（9）"筹资活动产生的现金流量净额"项目。本项目应当根据本表中"筹资活动的现金流入小计"项目金额减去"筹资活动的现金流出小计"金额后的金额填列；如为负数，以"—"号填列。

4. 汇率变动对现金的影响额

"汇率变动对现金的影响额"项目反映单位本年外币现金流量折算为人民币时，所采用的现金流量发生日的汇率折算的人民币金额与外币现金流量净额按期末汇率折算的人民币金额之间的差额。

5. 现金净增加额

"现金净增加额"项目反映单位本年现金变动的净额。本项目应当根据现金流量表中"日常活动产生的现金流量净额""投资活动产生的现金流量净额""筹资活动产生的现金流量净额"和"汇率变动对现金的影响额"项目金额的合计数填列；如为负数，以"一"号填列。

【例 16-4】 某事业单位于 20×3 年发生的日常活动、投资活动、筹资活动中涉及现金流量变动的相关业务事项如表 16-6 所示。该事业单位无汇率变动影响。

表 16-6　　某事业单位 20×3 年相关业务事项涉及现金流入与现金流出的情况　　单位:元

序号	业务事项	金额	现金流入或流出
(1)	收到财政基本拨款	100 000	财政基本拨款收到的现金(流入)
(2)	支付职工薪酬	40 000	支付职工以及为职工支付的现金(流出)
(3)	从银行提现	2 000	不影响现金流量
(4)	收到财政非资本性项目拨款	40 000	财政非资本性项目拨款收到的现金(流入)
(5)	购入固定资产	1 600	购建固定资产支付的现金(流出)
(6)	事业活动收到现金	800	事业活动收到的除财政拨款以外的现金(流入)
(7)	收回应收账款	200	收到的其他与日常活动有关的现金(流入)
(8)	购买库存物品	1 080	购买商品、接受劳务支付的现金(流出)
(9)	支付相关税金	160	支付的各项税费(流出)
(10)	收到财政资本性项目拨款	100 000	财政资本性项目拨款收到的现金(流入)
(11)	购买政府债券	20 000	对外投资支付的现金(流出)
(12)	处置无形资产	10 000	处置无形资产收回的现金净额(流入)
(13)	取得投资收益	400	取得投资收益收到的现金(流入)
(14)	收回债券投资	20 000	收回投资收到的现金(流入)
(15)	上缴处置无形资产净额	1 000	上缴处置无形资产净收入支付的现金(流出)
(16)	取得银行短期借款	20 000	取得借款收到的现金(流入)
(17)	偿还借款利息	200	偿还利息支付的现金(流出)
(18)	偿还短期借款	16 000	偿还借款支付的现金(流出)

根据表 16-6 中的资料：日常活动的现金流入小计 141 000 元(100 000＋40 000＋800＋200)，日常活动的现金流出小计 41 240 元(1 080＋40 000＋160)，日常活动产生的现金流量净

额99 760元(141 000－41 240);投资活动的现金流入小计30 400元(20 000＋400＋10 000),投资活动的现金流出小计22 600元(1 600＋20 000＋1 000),投资活动产生的现金流量净额7 800元(30 400－22 600);筹资活动的现金流入小计120 000元(100 000＋20 000),筹资活动的现金流出小计16 200元(16 000＋200),筹资活动产生的现金流量净额103 800元(120 000－16 200)。该事业单位20×3年的现金流量表如表16-5所示。

五、附注

(一)会计报表附注的概念与作用

附注是对在会计报表中列示的项目的进一步说明,以及对未能在会计报表中列示项目的说明。附注是财务报表的重要组成部分。

会计报表附注的作用主要表现在以下几个方面:①可以对会计报表中数字的形成基础进行解释和说明;②可以对会计报表中的重要项目作较为具体详细的信息披露;③可以对未能在会计报表中列示的项目进行说明。

(二)会计报表附注的主要内容

1. 单位的基本情况

单位应当简要披露其基本情况,包括单位主要职能、主要业务活动、所在地、预算管理关系等。

2. 会计报表编制基础

单位应当在该部分介绍有关会计报表编制基础的内容。

3. 遵循政府会计准则、制度的声明

单位应当在该部分阐述关于遵循政府会计准则、制度的有关声明。

4. 重要会计政策和会计估计

单位应当采用与其业务特点相适应的具体会计政策,并充分披露报告期内采用的重要会计政策和会计估计。其主要包括以下内容:

(1) 会计期间。

(2) 记账本位币,外币折算汇率。

(3) 坏账准备的计提方法。

(4) 存货类别、发出存货的计价方法、存货的盘存制度以及低值易耗品和包装物的摊销方法。

(5) 长期股权投资的核算方法。

(6) 固定资产分类、折旧方法、折旧年限和年折旧率;融资租入固定资产的计价和折旧方法。

(7) 无形资产的计价方法;使用寿命有限的无形资产,其使用寿命估计情况;使用寿命不确定的无形资产,其使用寿命不确定的判断依据;单位内部研究开发项目划分研究阶段和开发阶段的具体标准。

(8) 公共基础设施的分类、折旧(摊销)方法、折旧(摊销)年限,以及其确定依据。

(9) 政府储备物资分类,以及确定其发出成本所采用的方法。

(10) 保障性住房的分类、折旧方法、折旧年限。

(11) 其他重要的会计政策和会计估计。

(12) 本期发生重要会计政策和会计估计变更的,变更的内容和原因、受其重要影响的报表项目名称和金额、相关审批程序,以及会计估计变更开始适用的时点。

5. 会计报表重要项目说明

单位应当按照资产负债表和收入费用表项目列示顺序,采用文字和数据描述相结合的方式披露重要项目的明细信息。报表重要项目的明细金额合计,应当与报表项目金额相衔接。报表重要项目说明应包括但不限于下列内容:

(1) 货币资金的披露。

(2) 应收账款的披露。

(3) 存货的披露。

(4) 其他流动资产的披露。

(5) 长期投资(长期债券投资、长期股权投资)的披露。

(6) 固定资产披露。

(7) 在建工程的披露。

(8) 无形资产的披露。

(9) 公共基础设施的披露。

(10) 政府储备物资的披露。

(11) 受托代理资产的披露。

(12) 应付账款的披露。

(13) 其他流动负债的披露。

(14) 长期借款的披露。

(15) 事业收入的披露。

(16) 非同级财政拨款收入的披露。

(17) 其他收入的披露。

(18) 业务活动费用的披露。

(19) 其他费用的披露。

(20) 本期费用的披露。

以固定资产的信息披露为例,披露的格式如表 16-7 所示。

表 16-7 固定资产的披露 单位:元

项　　目	年初余额	本期增加额	本期减少额	期末余额
一、原值合计				
其中:房屋及构筑物				
通用设备				
专用设备				
文物和陈列品				
图书、档案				
家具、用具、装具及动植物				
二、累计折旧合计				

(续表)

项　目	年初余额	本期增加额	本期减少额	期末余额
其中：房屋及构筑物				
通用设备				
专用设备				
家具、用具、装具				
三、账面价值合计				
其中：房屋及构筑物				
通用设备				
专用设备				
文物和陈列品				
图书、档案				
家具、用具、装具及动植物				

再以费用的信息披露为例，披露的格式如表16-8所示。

表16-8　　　　　　　　　　本期费用的披露　　　　　　　　　　单位：元

项　目	本年数	上年数
工资福利费用		
商品和服务费用		
对个人和家庭的补助费用		
对企业补助费用		
固定资产折旧费		
无形资产摊销费		
公共基础设施折旧（摊销）费		
保障性住房折旧费		
计提专用基金		
所得税费用		
资产处置费用		
上缴上级费用		
对附属单位补助费用		
其他费用		
本期费用合计		

注：单位在按照制度规定编制收入费用表的基础上，可以根据需要按照本表披露的内容编制收入费用表。

6. 本年盈余与预算结余的差异情况说明

为了反映单位财务会计和预算会计因核算基础和核算范围不同所产生的本年盈余数与本年预算结余数之间的差异,单位应当按照重要性原则,对本年度发生的各类影响收入(预算收入)和费用(预算支出)的业务进行适度归并和分析,披露将年度预算收入支出表中"本年预算收支差额"调节为年度收入费用表中"本期盈余"的信息。本年盈余与本年预算结余的差异情况如表16-9所示。

表 16-9　　　　　　　　　本年盈余与本年预算结余的差异情况　　　　　　　　单位:元

项　目	金额
一、本年预算结余(本年预算收支差额)	
二、差异调节	
（一）重要事项的差异	
加:1. 当期确认为收入但没有确认为预算收入	
（1）应收款项、预收账款确认的收入	
（2）接受非货币性资产捐赠确认的收入	
2. 当期确认为预算支出但没有确认为费用	
（1）支付应付款项、预付账款的支出	
（2）为取得存货、政府储备物资等计入物资成本的支出	
（3）为购建固定资产等的资本性支出	
（4）偿还借款本息支出	
减:1. 当期确认为预算收入但没有确认为收入	
（1）收到应收款项、预收账款确认的预算收入	
（2）取得借款确认的预算收入	
2. 当期确认为费用但没有确认为预算支出	
（1）发出存货、政府储备物资等确认的费用	
（2）计提的折旧费用和摊销费用	
（3）确认的资产处置费用(处置资产价值)	
（4）应付款项、预付账款确认的费用	
（二）其他事项差异	
三、本年盈余(本年收入与费用的差额)	

7. 其他重要事项说明

(1) 资产负债表日存在的重要或有事项说明。没有重要或有事项的,也应说明。

(2) 以名义金额计量的资产名称、数量等情况,以及以名义金额计量理由的说明。

(3) 通过债务资金形成的固定资产、公共基础设施、保障性住房等资产的账面价值、使用情况、收益情况及与此相关的债务偿还情况等的说明。

(4) 重要资产置换、无偿调入(出)、捐入(出)、报废、重大毁损等情况的说明。

(5) 事业单位将单位内部独立核算单位的会计信息纳入本单位财务报表情况的说明。

(6) 政府会计具体准则中要求附注披露的其他内容。

(7) 有助于理解和分析单位财务报表需要说明的其他事项。

根据《政府会计准则制度解释第 1 号》的规定，单位在按照债务人（债权人）对应收款项（应付款项）进行明细核算的基础上，应当在财务报表附注中按照债务人（债权人）分类对应收款项（应付款项）进行披露。债务人（债权人）类别主要分为本部门内部单位（指纳入单位所属部门财务报告合并范围的单位，下同）、本部门以外同级政府单位、本部门以外非同级政府单位和其他单位。

单位在按照收入来源（支付对象）对有关收入科目（费用科目）进行明细核算的基础上，应当在财务报表附注中按照收入来源（支付对象）分类对有关收入（费用）进行披露。收入来源（支付对象）主要分为本部门内部单位、本部门以外同级政府单位、本部门以外非同级政府单位和其他单位。

单位按《政府会计制度》中财务报表附注所列格式分类对应收款项、应付款项、有关收入和费用进行具体披露时，应当遵循重要性原则。单位对重要性的判断，应当依据《政府会计准则第 9 号——财务报表编制和列报》，并考虑满足编制合并财务报表的信息需要，即相关合并主体能够基于单位所披露的信息，抵销合并主体与被合并主体之间、被合并主体相互之间发生的债权债务、收入费用等内部业务或事项对财务报表的影响。

第二节 行政事业单位预算会计报表

行政事业单位预算会计报表是反映单位预算执行结果等的书面文件，主要包括预算收入支出表、预算结转结余变动表和财政拨款预算收入支出表。

一、预算收入支出表

（一）预算收入支出表的性质与格式

预算收入支出表是反映单位在某一会计年度内各项预算收入、预算支出和预算收支差额的情况的报表。该表可以提供某一会计年度内预算收入总额及其构成情况、预算支出总额及其构成情况，以及预算收支差额的信息。

按照规定，单位预算收入支出表应当按照年度编制。

预算收入支出表采用单步式格式，即采用基本的计算公式：本年预算收入－本年预算支出＝本年预算收支差额。预算收入支出表还就各项目再分为"本年数"和"上年数"两栏分别列示。预算收入支出表的格式如表 16-10 所示。

表 16-10　　　　　　　　　　预算收入支出表

编制单位：　　　　　　　　　　年　月　　　　　　　　　　单位：

项　　目	本年数	上年数
一、本年预算收入		
（一）财政拨款预算收入		
其中：政府性基金收入		
（二）事业预算收入		
（三）上级补助预算收入		

(续表)

项　　目	本年数	上年数
（四）附属单位上缴预算收入		
（五）经营预算收入		
（六）债务预算收入		
（七）非同级财政拨款预算收入		
（八）投资预算收益		
（九）其他预算收入		
其中：利息预算收入		
捐赠预算收入		
租金预算收入		
二、本年预算支出		
（一）行政支出		
（二）事业支出		
（三）经营支出		
（四）上缴上级支出		
（五）对附属单位补助支出		
（六）投资支出		
（七）债务还本支出		
（八）其他支出		
其中：利息支出		
捐赠支出		
三、本年预算收支差额		

（二）预算收入支出表的编制方法

1. 预算收入支出表"上年数"栏反映的内容和填列方法

预算收入支出表"本年数"栏反映各项目的本年实际发生数。本表"上年数"栏反映各项目上年度的实际发生数，应当根据上年度预算收入支出表中"本年数"栏内所列数字填列。

2. 预算收入支出表"本年数"栏各项目的内容和填列方法

（1）"本年预算收入"项目，反映单位本年预算收入总额。本项目应当根据本表中"财政拨款预算收入""事业预算收入""上级补助预算收入""附属单位上缴预算收入""经营预算收入""非同级财政拨款预算收入""投资预算收益"和"其他预算收入"项目金额的合计数填列。本表中各预算收入项目金额应当根据各预算收入科目的本年发生额填列。

（2）"本年预算支出"项目，反映单位本年预算支出总额。本项目应当根据本表中"行政支出""事业支出""经营支出""上缴上级支出""对附属单位补助支出""投资支出""债务还本支出"和"其他支出"项目金额的合计数填列。本表中各支出项目金额应当根据各支出科目的本年发生额填列。

（3）"本年预算收支差额"项目，反映单位本年各项预算收支相抵后的差额。本项目应当根据本表中"本期预算收入"项目金额减去"本期预算支出"项目金额后的金额填列;如相减后金额为负数,以"－"号填列。

二、预算结转结余变动表

(一) 预算结转结余变动表的性质与格式

预算结转结余变动表是反映单位在某一会计年度内预算结转结余的变动情况的报表。例如,通过本表可以提供某一会计年度年初预算结转结余、年初余额调整、本年变动金额和年末预算结转结余等信息。

预算结转结余变动表采用的基本计算公式为:年初预算结转结余＋年初余额调整＋本年变动金额＝年末预算结转结余。预算结转结余变动表还就各项目再分为"本年数"和"上年数"两栏分别列示。由此,预算结转结余变动表的格式如表 16-11 所示。

表 16-11　　　　　　　　　预算结转结余变动表
编制单位:某事业单位　　　20×3 年 12 月 31 日　　　　　　　　　　单位:元

项　　目	本年数	上年数
一、年初预算结转结余	50 400	
(一) 财政拨款结转结余	41 400	
(二) 其他资金结转结余	9 000	
二、年初余额调整(减少以"－"号填列)	9 900	
(一) 财政拨款结转结余	4 950	
(二) 其他资金结转结余	4 950	
三、本年变动金额(减少以"－"号填列)	35 100	
(一) 财政拨款结转结余	31 500	
1. 本年收支差额	0	
2. 归集调入	35 100	
3. 归集上缴或调出	－3 600	
(二) 其他资金结转结余	3 600	
1. 本年收支差额	4 050	
2. 缴回资金	－450	
3. 使用专用结余	0	
4. 支付所得税	0	
四、年末预算结转结余	95 400	
(一) 财政拨款结转结余	77 850	
1. 财政拨款结转	67 500	
2. 财政拨款结余	10 350	

(续表)

项　　目	本年数	上年数
（二）其他资金结转结余	17 550	
1. 非财政拨款结转	11 700	
2. 非财政拨款结余	5 850	
3. 专用结余	0	
4. 经营结余（如有余额，以"－"号填列）	0	

（二）预算结转结余变动表编制说明

预算结转结余变动表中"本年数"栏反映各项目的本年实际发生数。预算结转结余变动表中"上年数"栏反映各项目的上年实际发生数，应当根据上年度预算结转结余变动表中"本年数"栏内所列数字填列。

预算结转结余变动表中"本年数"栏各项目的内容和填列方法如下所述。

1. "年初预算结转结余"项目

"年初预算结转结余"项目，反映单位本年预算结转结余的年初余额。本项目应当根据本项目下的"财政拨款结转结余""其他资金结转结余"项目金额的合计数填列。

（1）"财政拨款结转结余"项目，反映单位本年财政拨款结转结余资金的年初余额。本项目应当根据"财政拨款结转""财政拨款结余"科目本年年初余额合计数填列。

（2）"其他资金结转结余"项目，反映单位本年其他资金结转结余的年初余额。本项目应当根据"非财政拨款结转""非财政拨款结余""专用结余""经营结余"科目本年年初余额的合计数填列。

2. "年初余额调整"项目

"年初余额调整"项目，反映单位本年预算结转结余年初余额调整的金额。本项目应当根据本项目下的"财政拨款结转结余""其他资金结转结余"项目金额的合计数填列。

（1）"财政拨款结转结余"项目，反映单位本年财政拨款结转结余资金的年初余额调整金额。本项目应当根据"财政拨款结转""财政拨款结余"科目下"年初余额调整"明细科目的本年发生额的合计数填列；如调整减少年初财政拨款结转结余，以"－"号填列。

（2）"其他资金结转结余"项目，反映单位本年其他资金结转结余的年初余额调整金额。本项目应当根据"非财政拨款结转""非财政拨款结余"科目下的"年初余额调整"明细科目的本年发生额的合计数填列；如调整减少年初其他资金结转结余，以"－"号填列。

3. "本年变动金额"项目

"本年变动金额"项目，反映单位本年预算结转结余变动的金额。本项目应当根据本项目下的"财政拨款结转结余""其他资金结转结余"项目金额的合计数填列。

1）"财政拨款结转结余"项目

本项目反映单位本年财政拨款结转结余资金的变动。本项目应当根据本项目下的"本年收支差额""归集调入""归集上缴或调出"项目金额的合计数填列。

（1）"本年收支差额"项目，反映单位本年财政拨款资金收支相抵后的差额。本项目应当根据"财政拨款结转"科目下"本年收支结转"明细科目本年转入的预算收入与预算支出的差额填列;差额为负数的,以"－"号填列。

(2)"归集调入"项目,反映单位本年按照规定从其他单位归集调入的财政拨款结转资金。本项目应当根据"财政拨款结转"科目下"归集调入"明细科目的本年发生额填列。

(3)"归集上缴或调出"项目,反映单位本年按照规定上缴的财政拨款结转结余资金及按照规定向其他单位调出的财政拨款结转资金。本项目应当根据"财政拨款结转""财政拨款结余"科目下的"归集上缴"明细科目,以及"财政拨款结转"科目下的"归集调出"明细科目本年发生额的合计数填列,以"－"号填列。

2)"其他资金结转结余"项目

本项目反映单位本年其他资金结转结余的变动。本项目应当根据本项目下的"本年收支差额""缴回资金""使用专用结余""支付所得税"项目金额的合计数填列。

(1)"本年收支差额"项目,反映单位本年除财政拨款外的其他资金收支相抵后的差额。本项目应当根据"非财政拨款结转"科目下的"本年收支结转"明细科目、"其他结余"科目、"经营结余"科目本年转入的预算收入与预算支出的差额的合计数填列;如为负数,以"－"号填列。

(2)"缴回资金"项目,反映单位本年按照规定缴回的非财政拨款结转资金。本项目应当根据"非财政拨款结转"科目下的"缴回资金"明细科目本年发生额的合计数填列,以"－"号填列。

(3)"使用专用结余"项目,反映本年事业单位根据规定使用从非财政拨款结余或经营结余中提取的专用基金的金额。本项目应当根据"专用结余"科目明细账中本年使用专用结余业务的发生额填列,以"－"号填列。

(4)"支付所得税"项目,反映有企业所得税缴纳义务的事业单位本年实际交纳的企业所得税金额。本项目应当根据"非财政拨款结余"明细账中本年实际交纳企业所得税业务的发生额填列,以"－"号填列。

4. "年末预算结转结余"项目

"年末预算结转结余"项目,反映单位本年预算结转结余的年末余额。本项目应当根据本项目下的"财政拨款结转结余""其他资金结转结余"项目金额的合计数填列。

(1)"财政拨款结转结余"项目,反映单位本年财政拨款结转结余的年末余额。本项目应当根据本项目下的"财政拨款结转""财政拨款结余"项目金额的合计数填列。上述两项结余项目,应当分别根据两项结余科目的本年年末余额填列。

(2)"其他资金结转结余"项目,反映单位本年其他资金结转结余的年末余额。本项目应当根据本项目下的"非财政拨款结转""非财政拨款结余""专用结余""经营结余"项目金额的合计数填列。上述四项结余项目,应当分别根据四项结余科目的本年年末余额填列。

【例 16-5】 某事业单位于 20×3 年 12 月 31 日结转后,有关单位预算结转结余的年初数、年末数和本年变动数如表 16-12 所示。

表 16-12　　　　　　　单位预算结转结余科目余额与发生额

20×3 年 12 月 31 日　　　　　　　　　　　　　单位:元

项目	年初数	年末数	本年变动数(明细科目发生额)
财政拨款结转	36 000	67 500	31 500
——年初余额调整			

(续表)

项目	年初数	年末数	本年变动数(明细科目发生额)
——归集调入			35 100
——归集调出			−1 350
——归集上缴			−2 250
——单位内部调剂			
——本年收支结转			
——累计结转	36 000	67 500	31 500
财政拨款结余	5 400	10 350	4 950
——年初余额调整			4 950
——归集上缴			
——单位内部调剂			
——结转转入			
——累计结转	5 400	10 350	4 950
非财政拨款结转	6 750	11 700	4 950
——年初余额调整			1 350
——缴回资金			−450
——项目间接费用或管理费			
——本年收支结转			4 050
——累计结转	6 750	11 700	4 950
非财政拨款结余	2 250	5 850	3 600
——年初余额调整			3 600
——项目间接费用或管理费			
——结转转入			
——累计结余	2 250	5 850	3 600
专用结余	0	0	0
经营结余	0	0	0
合计	50 400	95 400	45 000

根据表16-12的资料,年初预算结转结余50 400元[(36 000+5 400)+(6 750+2 250)],年初余额调整9 900元(4 950+1 350+3 600),本年变动数31 500元[(35 100−3 600)+(4 050−450)],年末预算结转结余95 400元[(67 500+10350)+(11 700+5 850)]。编制完成的该单位的预算结转结余变动表如表16-11所示。

三、财政拨款预算收入支出表

(一)财政拨款预算收入支出表的概念

财政拨款预算收入支出表是指反映单位在某一会计期间财政拨款预算收入、支出及结转结余情况的报表。该表中的数据与预算结转结余变动表中的数据存在内在联系,是对预算结转结余变动表中的相关数据的详细展开。将该表中的数据与经批准的财政拨款预算收入支出预算数据进行比较,可以全面了解和评价单位财政拨款收支预算执行情况。按照规定,事业单位的财政拨款预算收入支出表应当按照年度编制。

(二)财政拨款预算收入支出表的格式

单位财政拨款预算收入支出表需要详细反映各项财政补助资金由年初数额变化为年末数额的有关内容,其中包括年初数额的调整、本年归集调入、本年上缴、本年财政拨款预算收入、本年财政补助支出等内容。单位财政拨款预算收入支出表的格式如表16-13所示。

表16-13   财政拨款预算收入支出表

编制单位:　　　　　　　　　　　　　　年　　　　　　　　　　　　　单位:

项目	年初财政拨款结转结余		调整年初财政拨款结转结余	本年归集调入	本年归集上缴或调出	单位内部调剂		本年财政拨款收入	本年财政拨款支出	年末财政拨款结转结余	
	结转	结余				结转	结余			结转	结余
一、一般公共预算财政拨款											
(一)基本支出											
1. 人员经费											
2. 日常公用经费											
(二)项目支出											
1. XX项目											
2. XX项目											
……											
二、政府性基金预算财政拨款											
(一)基本支出											
1. 人员经费											
2. 日常公用经费											
(二)项目支出											
1. XX项目											
2. XX项目											
……											
总计											

(三)财政拨款预算收入支出表编制方法

财政拨款预算收入支出表各栏及其对应项目的内容和填列方法如下:

(1)"年初财政拨款结转结余"栏中各项目,反映单位年初各项财政拨款结转结余的金额。本栏中各项目应当根据"财政拨款结转""财政拨款结余"及其明细科目的年初余额填列。本栏中各项目的数额应当与上年度财政拨款预算收入支出表中"年末财政拨款结转结余"栏中各项目的数额相等。

（2）"调整年初财政拨款结转结余"栏中各项目，反映单位对年初财政拨款结转结余的调整金额。本栏中各项目应当根据"财政拨款结转""财政拨款结余"科目下的"年初余额调整"明细科目及其所属明细科目的本年发生额填列；如调整减少年初财政拨款结转结余，以"－"号填列。

（3）"本年归集调入"栏中各项目，反映单位本年按规定从其他单位调入的财政拨款结转资金金额。本栏中各项目应当根据"财政拨款结转"科目下的"归集调入"明细科目及其所属明细科目的本年发生额填列。

（4）"本年归集上缴或调出"栏中各项目，反映单位本年按规定实际上缴的财政拨款结转结余资金，及按照规定向其他单位调出的财政拨款结转资金金额。本栏中各项目应当根据"财政拨款结转""财政拨款结余"科目下的"归集上缴"科目和"财政拨款结转"科目下的"归集调出"明细科目及其所属明细科目的本年发生额填列，以"－"号填列。

（5）"单位内部调剂"栏中各项目，反映单位本年财政拨款结转结余资金在单位内部不同项目等之间的调剂金额。本栏中各项目应当根据"财政拨款结转"科目和"财政拨款结余"科目下的"单位内部调剂"明细科目及其所属明细科目的本年发生额填列；对单位内部调剂减少的财政拨款结余金额，以"－"号填列。

（6）"本年财政拨款收入"栏中各项目，反映单位本年从同级财政部门取得的各类财政预算拨款金额。本栏中各项目应当根据"财政拨款预算收入"科目及其所属明细科目的本年发生额填列。

（7）"本年财政拨款支出"栏中各项目，反映单位本年发生的财政拨款支出金额。本栏中各项目应当根据"行政支出""事业支出"等科目及其所属明细科目本年发生额中的财政拨款支出数的合计数填列。

（8）"年末财政拨款结转结余"栏中各项目，反映单位年末财政拨款结转结余的金额。本栏中各项目应当根据"财政拨款结转""财政拨款结余"科目及其所属明细科目的年末余额填列。

第三节 行政事业单位合并财务报表

一、合并财务报表的概念和构成

合并财务报表，是指反映合并主体和其全部被合并主体形成的报告主体整体财务状况与运行情况的财务报表。合并主体，是指有一个或一个以上被合并主体的政府会计主体。合并主体通常也是合并财务报表的编制主体。被合并主体，是指符合《政府会计准则第9号——财务报表编制和列报》规定的纳入合并主体合并范围的会计主体。

合并财务报表至少包括合并资产负债表、合并收入费用表和附注。

二、合并财务报表的分类和编制主体

合并财务报表按照合并级次分为部门（单位）合并财务报表、本级政府合并财务报表和行政区政府合并财务报表。

部门（单位）合并财务报表，是指以政府部门（单位）本级作为合并主体，将部门（单位）本级及其合并范围内全部被合并主体的财务报表进行合并后形成的、反映部门（单位）整体财务状况与运行情况的财务报表。部门（单位）合并财务报表是政府部门财务报告的主要组成部分。

本级政府合并财务报表,是指以本级政府财政作为合并主体,将本级政府财政及其合并范围内全部被合并主体的财务报表进行合并后形成的,反映本级政府整体财务状况与运行情况的财务报表。本级政府合并财务报表是本级政府综合财务报告的主要组成部分。

行政区政府合并财务报表,是指以行政区本级政府作为合并主体,将本行政区内各级政府的财务报表进行合并后形成的,反映本行政区政府整体财务状况与运行情况的财务报表。行政区政府合并财务报表是行政区政府财务报告的主要组成部分。

部门(单位)合并财务报表由部门(单位)负责编制;本级政府合并财务报表由本级政府财政部门负责编制。各级政府财政部门既负责编制本级政府合并财务报表,也负责编制本级政府所辖行政区政府合并财务报表。

三、合并程序

(一) 一般合并程序

合并财务报表应当以合并主体和其被合并主体的财务报表为基础,根据其他有关资料加以编制。合并财务报表应当以权责发生制为基础编制。合并主体和其合并范围内被合并主体个别财务报表应当采用权责发生制基础编制,按规定未采用权责发生制基础编制的,应当先调整为权责发生制基础的财务报表,再由合并主体进行合并。编制合并财务报表时,应当将合并主体和其全部被合并主体视为一个会计主体,遵循政府会计准则制度规定的统一的会计政策。合并范围内合并主体、被合并主体个别财务报表未遵循政府会计准则制度规定的统一会计政策的,应当先调整为遵循政府会计准则制度规定的统一会计政策的财务报表,再由合并主体进行合并。

编制合并财务报表的程序主要包括以下环节:①根据上述有关编制基础和统一会计政策的要求,对需要进行调整的个别财务报表进行调整,以调整后的个别财务报表作为编制合并财务报表的基础。②将合并主体和被合并主体个别财务报表中的资产、负债、净资产、收入和费用项目进行逐项合并。③抵销合并主体和被合并主体之间、被合并主体相互之间发生的债权债务、收入费用等内部业务或事项对财务报表的影响。

在编制合并财务报表时,被合并主体除了应当向合并主体提供财务报表,还应当提供以下有关资料:①采用的与政府会计准则制度规定的统一的会计政策不一致的会计政策及其影响金额。②其与合并主体、其他被合并主体之间发生的所有内部业务或事项的相关资料。③编制合并财务报表所需要的其他资料。

(二) 报告期内被合并主体变动的处理

对于在报告期内因划转而纳入合并范围的被合并主体,合并主体应当将其报告期内的收入、费用项目金额包括在本期合并收入费用表的本期数中,合并资产负债表的期初数不做调整。对于在报告期内因划转而不再纳入合并范围的被合并主体,其报告期内的收入、费用项目金额不包括在本期合并收入费用表的本期数中,合并资产负债表的期初数不做调整。合并主体应当确保划转双方的会计处理协调一致,确保不重复、不遗漏,并在合并财务报表附注中对划转情况及其影响进行充分披露。

在报告期内,被合并主体撤销的,其期初资产、负债和净资产项目金额应当包括在合并资产负债表的期初数中,其期初至撤销日的收入、费用项目金额应当包括在本期合并收入费用表的本期数中,其期初至撤销日的收入、费用项目金额所引起的净资产变动金额应当包括在合并资产负债表的期末数中。

四、部门(单位)合并财务报表

(一) 合并范围

部门(单位)合并财务报表的合并范围一般应当以财政预算拨款关系为基础予以确定。有下级预算单位的部门(单位)为合并主体,其下级预算单位为被合并主体。合并主体应当将其全部被合并主体纳入合并财务报表的合并范围。部门(单位)所属的企业不纳入部门(单位)合并财务报表的合并范围。

(二) 合并程序

部门(单位)合并资产负债表应当以部门(单位)本级和其被合并主体符合上述有关编制基础和统一会计政策要求的个别资产负债表或合并资产负债表为基础,在抵销内部业务或事项对合并资产负债表的影响后,由部门(单位)本级合并编制。编制部门(单位)合并资产负债表时,需要抵销的内部业务或事项包括部门(单位)本级和其被合并主体之间、被合并主体相互之间的债权(含应收款项坏账准备,下同)、债务项目,以及其他业务或事项对部门(单位)合并资产负债表的影响。

部门(单位)合并收入费用表应当以部门(单位)本级和其被合并主体符合上述有关编制基础和统一会计政策要求的个别收入费用表或合并收入费用表为基础,在抵销内部业务或事项对合并收入费用表的影响后,由部门(单位)本级合并编制。编制部门(单位)合并收入费用表时,需要抵销的内部业务或事项包括部门(单位)本级和其被合并主体之间、被合并主体相互之间的收入、费用项目。

(三) 合并财务报表格式

部门(单位)合并资产负债表的格式参见《政府会计制度》规定的资产负债表格式。部门(单位)合并收入费用表中"本期收入"类项目的列示参见《政府会计制度》规定的收入费用表格式,但"本期费用"类项目应当按照费用的性质进行分类列示,具体可参见《政府会计制度》规定的财务报表附注中的"本期费用按经济分类的披露格式"。

部门合并财务报表编制案例

复习思考题

1. 什么是行政事业单位会计报表?它具体分成哪两大类?
2. 什么是行政事业单位资产负债表?其作用表现在哪几个方面?月报和年报的项目有何不同?
3. 什么是行政事业单位收入费用表?表中各项收入和各项费用与本期盈余之间的关系如何?
4. 什么是行政事业单位净资产变动表?其格式如何?
5. 什么是行政事业单位现金流量表?现金流量具体区分为哪三大种类?经营活动的现金流量有几种列示方法?
6. 什么是行政事业单位财务会计报表附注?其主要包括哪些内容?
7. 什么是行政事业单位预算收入支出表?表中本年预算收入、本年预算支出与本年预算收支差额之间的关系如何?
8. 什么是行政事业单位预算结转结余变动表?表中各大类项目之间的数量关系如何?
9. 什么是行政事业单位财政拨款预算收入支出表?表中主要包括哪些主要项目?
10. 行政事业单位年度预算收入支出表中的本年预算收支差额与年度收入费用表中的本年盈余有何不同?存在哪些差异?
11. 什么是行政事业单位的合并财务报表?它具体分为几类?编制主体有哪几种?

12. 行政事业单位合并财务报表以什么为编制基础？编制程序主要包括哪几个环节？
13. 部门（单位）合并财务报表的合并范围和合并程序是如何规定的？

第十六章课后练习题

第四篇

民间非营利组织会计

第四篇依据《民间非营利组织会计制度》和《民间非营利组织会计制度若干问题的解释》,对民间非营利组织的资产、负债、收入、费用、净资产中相较于企业会计有自身特点的业务进行了介绍。与企业会计核算相比,民间非营利组织资产、负债、费用的会计核算比较简单,没有显明的特点,而民间非营利组织会计核算的特点主要体现在收入和净资产的核算方面,为此,本章对前者仅简要介绍,对后者进行了较为详细的阐述。

第十七章 民间非营利组织会计

第一节 民间非营利组织会计概述

一、民间非营利组织及其会计的概念与特点

(一) 民间非营利组织的概念与特点

民间非营利组织是指通过筹资社会民间资金举办的、不以营利为目的的,从事教育、科技、文化、卫生、宗教等社会公益事业,提供公共产品的社会服务组织。民间非营利组织作为与政府和企业并列的"第三部门",是市场经济体系的有机组成部分。目前,我国的民间非营利组织主要包括依照国家法律、行政法规设立或登记的社会团体、基金会、社会服务机构、宗教活动场所、宗教院校和境外非政府组织代表机构等。

与企业以及国有事业单位相比较而言,民间非营利组织具有如下基本特征:①该组织为公益目的或者非营利目的成立,即不以营利为宗旨和目的,即民间非营利组织开展业务活动的目的和宗旨不是赚得利润。②该组织不向出资人、设立人或者会员分配所取得的利润,即资源提供者不取得经济回报,即资源提供者向民间非营利组织投入资源而不从该组织取得与投入资源相应的经济回报。③出资人对投入该组织的财产不保留或享有任何财产权利,即资源提供者不享有所有权,也即资源提供者不因为其向民间非营利组织投入了资源从而以所有者的身份在该组织中发挥作用。

(二) 民间非营利组织会计的概念与特点

民间非营利组织会计是指核算、反映和监督民间非营利组织经济活动过程及其结果的专业会计。民间非营利组织适用财政部于2004年8月18日发布,自2005年1月1日起施行的《民间非营利组织会计制度》和2020年6月15日施行的《〈民间非营利组织会计制度〉若干问题的解释》。

民间非营利组织会计的主要特点包括:①以权责发生制为会计核算基础。这是由于权责发生制较收付实现制更有助于民间非营利组织加强资产、负债的管理,提高民间非营利组织会计信息的质量。②在采用历史成本计价的基础上,引入公允价值计量基础。借鉴国际经验,引入公允价值,丰富了民间非营利组织会计的计量基础,实现了对特殊业务活动取得资产的恰当计量,如通过接受捐赠等业务取得的资产,可能很难或者根本无法确定其实际成本,此时以历史成本原则就无法满足对资产计量的要求,而采用公允价值则可以解决资产计量问题。③会计要素不包括所有者权益和利润,而是设置了净资产这一要素。

二、民间非营利组织会计的核算原则

《民间非营利组织会计制度》要求民间非营利组织在进行会计核算时,应当遵循如下一般

原则：客观性原则、相关性原则、一致性原则、可比性原则、及时性原则、明晰性原则、配比原则、实际成本原则、权责发生制原则、谨慎性原则、合理划分费用支出和资本化支出原则、重要性原则。上述原则的表述和解释与事业单位会计、企业财务会计相关问题的表述与解释基本相同，在此不再赘述。

三、民间非营利组织的会计要素与会计科目

民间非营利组织的会计要素划分为反映财务状况的会计要素和反映业务活动情况的会计要素。前者包括资产、负债和净资产，其会计等式为：资产－负债＝净资产；后者包括收入和费用，其会计等式为：收入－费用＝净资产的变动额。

民间非营利组织的各会计要素类下设置相应的会计科目。各类民间非营利组织统一适用的会计科目表如表17-1所示。

表17-1 民间非营利组织会计科目表

编号	科目名称	编号	科目名称	编号	科目名称
	一、资产类	1502	累计折旧	2601	受托代理负债
1001	现金	1505	在建工程		三、净资产类
1002	银行存款	1506	文物文化资产①	3101	非限定性净资产
1009	其他货币资金	1509	固定资产清理	3102	限定性净资产
1101	短期投资	1601	无形资产		四、收入费用类
1102	短期投资跌价准备	1701	受托代理资产	4101	捐赠收入
1111	应收票据		二、负债类	4201	会费收入
1121	应收账款	2101	短期借款	4301	提供服务收入
1122	其他应收款	2201	应付票据	4401	政府补助收入
1131	坏账准备	2202	应付账款	4501	商品销售收入
1141	预付账款	2203	预收账款	4601	投资收益
1201	存货	2204	应付工资	4901	其他收入
1202	存货跌价准备	2206	应交税金	5101	业务活动成本
1301	待摊费用	2209	其他应付款	5201	管理费用
1401	长期股权投资	2301	预提费用	5301	筹资费用
1402	长期债权投资	2401	预计负债	5401	其他费用
1421	长期投资减值准备	2501	长期借款		
1501	固定资产	2502	长期应付款		

---

① 截至出版时间，依据有关政策要求，"文物资源"科目仅适用于行政事业单位，民间非营利组织未明确是否适用。因此本章有关文物文化资产的核算仍采用"文物文化资产"科目。

各类民间非营利组织应当按照统一适用的会计科目设置和使用会计科目。对于统一规定的会计科目的编号,民间非营利组织不能随意打乱重编。民间非营利组织在不违反统一会计核算要求的前提下,可以根据需要自行设置有关会计科目的明细科目。

第二节 民间非营利组织的资产

一、民间非营利组织资产的概念和种类

资产是指由过去的交易或事项形成的由民间非营利组织拥有或者控制的资源,该资源预期会给民间非营利组织带来经济利益或者服务潜力。其有如下特征:①资产预期能够给民间非营利组织带来经济利益或者服务潜力。②资产是民间非营利组织拥有的或者控制的。③资产是指由过去的交易或事项形成的。

民间非营利组织的资产按照流动性可以区分为流动资产、长期投资、固定资产、无形资产和受托代理资产等。其中,流动资产是指预期可以在1年内变现或者耗用的资产,主要包括现金、银行存款、短期投资、应收款项、预付账款、存货、待摊费用等。除流动资产以外的其他资产,都属于非流动资产,如长期投资、固定资产、无形资产等。民间非营利组织的资产种类与营利性企业资产的种类基本相似,在此不再赘述。

二、民间非营利组织资产的确认和计量

民间非营利组织在取得一项资源时,若符合资产的定义和上述三个特征,而且其成本或者价值能够可靠计量,那么该项资源可确认为民间非营利组织的一项资产。

民间非营利组织的资产在取得时应当按照实际成本进行初始计量。定期或者至少于每年年度终了,对短期投资、应收款项、存货、长期投资等资产是否发生了减值进行检查。如果这些资产发生了减值,应当计提减值准备,确认减值损失,并计入当期费用。对于固定资产、无形资产等资产,如果发生了重大减值,也应当计提减值准备,确认减值损失,并计入当期费用。如果已计提减值准备的资产价值在以后会计期间得以恢复,则应当在该资产已计提减值准备的范围内部分或全部转回已确认的减值损失,冲减当期费用。

三、民间非营利组织资产的核算

为核算资产业务,民间非营利组织应设置有关的资产类总账科目,具体请参见表17-1。在以上有关的资产类总账科目中,有不少科目将在后面介绍民间非营利组织的收入和费用的核算时有所涉及,且与行政事业单位会计和企业会计的核算基本相同,故这里仅对民间非营利组织中比较特殊的两个资产类科目"文物文化资产"科目和"受托代理资产"科目的核算内容和核算方法作一简介,其他资产类项目的核算不再赘述。

(一)文物文化资产的核算

文物文化资产是指民间非营利组织用于展览、教育或研究等目的的历史文物、艺术品以及其他具有文化或者历史价值并作长期或者永久保存的典藏等。

为核算文物文化资产业务,民间非营利组织应设置"文物文化资产"总账科目。并应按照文物文化资产的类别等设置明细账,进行明细分类核算。本科目期末借方余额反映民间非营利组织期末文物文化资产的价值。

取得文物文化资产时,按照取得时的实际成本(包括买价、包装费、运输费、交纳的有关税金等相关费用,以及为使文物文化资产达到预定可使用状态前所必要的支出),借记"文物文化资产"科目,贷记"银行存款""应付账款""捐赠收入"等科目;盘盈文物文化资产时,按照其公允价值借记"文物文化资产"科目,贷记"其他收入"科目;盘亏文物文化资产时,按照文物文化资产账面余额扣除保险赔款和个人赔款后的余额,可回收保险赔款和个人赔款分别借记"管理费用""其他应收款"等科目,按照文物文化资产的账面余额贷记"文物文化资产"科目。处置文物文化资产时,按照处置文物文化资产的账面余额借记"固定资产清理"科目,贷记"文物文化资产"科目。

【例17-1】 某基金会因开展业务活动的需要,以银行存款购买一项文物文化资产。该项文物文化资产的购买价为 8 500 元,发生运输费和装卸费共计 420 元,取得时发生的实际成本为 8 920 元(8 500+420)。该基金会应编制的会计分录为:

借:文物文化资产　　　　　　　　　　　　　　　　　　　　　　8 920
　　贷:银行存款　　　　　　　　　　　　　　　　　　　　　　　　8 920

考虑到文物文化资产在持有期间一般不会像其他固定资产那样会发生损耗,因此文物文化资产不需要计提折旧。

【例17-2】 某民间非营利组织接受捐赠人捐赠一项文物文化资产。捐赠人没有提供有关的计价凭据,也没有对该项捐赠提出明确的使用限制条件,经评估该文物文化资产的公允价值为 15 000 元,并且接受捐赠时发生的归属于该民间非营利组织自身的文物文化资产运输费用 500 元,款项以银行存款支付。该民间非营利组织应编制的会计分录为:

借:文物文化资产　　　　　　　　　　　　　　　　　　　　　　15 000
　　贷:捐赠收入　　　　　　　　　　　　　　　　　　　　　　　15 000

同时,

借:筹资费用　　　　　　　　　　　　　　　　　　　　　　　　　500
　　贷:银行存款　　　　　　　　　　　　　　　　　　　　　　　　500

(二) 受托代理资产的核算

受托代理资产,是指民间非营利组织接受委托方委托从事受托代理业务而收到的资产。

受托代理业务是指有明确的转赠或者转交协议,或者虽无协议但同时满足以下条件的业务:①民间非营利组织在取得资产的同时即产生了向具体受益人转赠或转交资产的现时义务,不会导致自身净资产的增加。②民间非营利组织仅起到中介而非主导发起作用,帮助委托人将资产转赠或转交给指定的受益人,并且没有权利改变受益人,也没有权利改变资产的用途。③委托人已明确指出了具体受益人个人的姓名或受益单位的名称,包括从民间非营利组织提供的名单中指定一个或若干个受益人。

为了核算受托代理资产业务,民间非营利组织应设置"受托代理资产"总账科目。该科目期末借方余额反映民间非营利组织期末尚未转出的受托代理资产价值,民间非营利组织应当根据具体情况设置受托代理资产明细账,对受托代理资产进行明细核算。若收到的代理资产为货币资金,可以通过"现金""银行存款""其他货币资金"科目下设置"受托代理资产"明细科目进行核算。

民间非营利组织收到受托代理资产时,按照应确认的入账金额借记"受托代理资产"科目,贷记"受托代理负债"科目。转增或者转出受托代理资产时,按照转出受托代理资产账面余额,借记"受托代理负债"科目,贷记"受托代理资产"科目。民间非营利组织收到的受托代理资产,如果为现金,银行存款,其他货币资金等货币资金时,借记"现金——受托代理资产""银行存款——受托代理资产""其他货币资金——受托代理"等科目,贷记"受托代理负债"科目。转增或者转出受托代理货币资金时,做相反的会计分录。

【例17-3】 20×3年12月10日,甲民间非营利组织与丙企业共同签订了一份捐赠协议,协议规定:丙企业将通过甲民间非营利组织向10家儿童福利院(附有具体的受赠福利院名单)捐赠全新的空调60台,每家福利院6台。每台空调的账面价值为2 000元。丙企业应当在协议签订后的10日内将空调运至甲民间非营利组织。甲民间非营利组织应当在空调运抵后的20日内派志愿者将空调送至各福利院,并负责安装。20×3年12月18日,丙企业按照协议规定将空调运至甲民间非营利组织。假设截至20×3年12月31日,甲民间非营利组织尚未将空调送至各福利院。不考虑其他因素和税费。20×3年12月18日,甲民间非营利组织收到空调时应编制的会计分录为:

借:受托代理资产——空调　　　　　　　　　　　　　　　　　　120 000
　　贷:受托代理负债　　　　　　　　　　　　　　　　　　　　　　　120 000

20×3年12月31日,甲民间非营利组织应当在资产负债表中单设"受托代理资产"和"受托代理负债"项目,金额均为120 000元。同时,应当在会计报表附注中,披露该受托代理业务的情况。

【例17-4】 20×3年12月1日,甲基金会与乙企业签订了一份捐赠合作协议,协议规定:乙企业将通过甲基金会向丙希望小学捐款100 000元,乙企业应当在协议签订后的10日内将款项汇往甲基金会银行账户,甲基金会应当在收到款项后的10日内将款项汇往丙希望小学的银行账户。20×3年12月8日,乙企业按照协议规定将款项汇至甲基金会账户。20×3年12月15日,甲基金会按照协议规定将款项汇至丙希望小学账户。假设不考虑其他因素和税费。甲基金会应编制的会计分录为:

(1) 20×3年12月8日,收到银行存款时。

借:银行存款——受托代理资产　　　　　　　　　　　　　　　　100 000
　　贷:受托代理负债　　　　　　　　　　　　　　　　　　　　　　　100 000

(2) 20×3年12月15日,转出银行存款时。

借:受托代理负债　　　　　　　　　　　　　　　　　　　　　　　100 000
　　贷:银行存款——受托代理资产　　　　　　　　　　　　　　　　　100 000

民间非营利组织从事受托代理业务时发生的应归属于其自身的相关税费、运输费等,应当计入当期费用,借记"其他费用"科目,贷记"银行存款"等科目。

第三节　民间非营利组织的负债

一、民间非营利组织负债的概念和种类

负债是指由过去的交易或事项形成的现时义务,履行该义务预期会导致含有经济利益或者服务潜力的资源流出民间非营利组织。

负债应当按照其流动性分为流动负债、长期负债和受托代理负债等种类。流动负债是指民间非营利组织在1年内需要偿还的负债,包括短期借款、应付票据、应付账款、预收账款、应

付工资、应交税金、预提费用和预计负债等。长期负债是指民间非营利组织偿还期限在1年以上的负债,包括长期借款、长期应付款和其他长期负债。受托代理负债是指民间非营利组织因从事受托代理业务、接受受托代理资产而产生的负债。

各项流动负债和长期负债应当按照实际发生额确认和计量。受托代理负债应当按照相对应的受托代理资产的金额确认和计量。

二、民间非营利组织负债的核算

为核算负债业务,民间非营利组织应设置有关的负债总账科目,具体可参见表17-1。在以上有关负债的总账科目中,有些科目在后面介绍收入和费用的核算时有所涉及,有的科目在前面介绍资产时已经涉及,如受托代理负债等。其中多数与企业会计和单位财务会计相同,这里对常用负债类科目"短期借款""应付票据""应付税金"的核算内容和核算方法逐一简介。

(一) 短期借款的核算

短期借款是指民间非营利组织向银行或其他金融机构等借入的期限在1年以下的各种借款。

为核算短期借款业务,民间非营利组织应设置"短期借款"总账科目。本科目应按照债权人设置明细账,并按照借款种类及期限等进行明细分类核算。本科目期末贷方余额反映民间非营利组织尚未偿还的短期借款本金。

借入各种短期借款时,按实际借得的金额借记"银行存款"科目,贷记"短期借款"科目;发生短期借款利息时,借记"筹资费用"科目,贷记"预提费用""银行存款"等科目;归还借款时,借记"短期借款"科目,贷记"银行存款"科目。

【例17-5】 20×3年1月1日,某民间非营利组织因开展业务活动的需要从银行取得短期借款100 000元,利率6%,期限6个月,款项已存入银行。20×3年7月1日,以银行存款归还到期短期借款本金100 000元,短期借款利息3 000元。该民间非营利组织应编制的会计分录如下:

(1) 20×3年1月1日,取得短期借款时。

借:银行存款　　　　　　　　　　　　　　　　　　　　　　　100 000
　　贷:短期借款　　　　　　　　　　　　　　　　　　　　　　　100 000

(2) 20×3年7月1日,偿还短期借款时。

借:短期借款　　　　　　　　　　　　　　　　　　　　　　　100 000
　　筹资费用　　　　　　　　　　　　　　　　　　　　　　　　　3 000
　　贷:银行存款　　　　　　　　　　　　　　　　　　　　　　　103 000

民间非营利组织将短期借款的利息费用计入筹资费用,而企业会计一般计入财务费用,行政事业单位财务会计计入其他费用或利息费用。

(二) 应付票据的核算

应付票据是指民间非营利组织因购买材料、商品和接受服务等而开出或承兑的商业汇票,包括银行承兑汇票和商业承兑汇票。

为核算应付票据业务,民间非营利组织应设置"应付票据"总账科目。本科目期末贷方余额反映民间非营利组织持有的尚未到期的应付票据本息。

因购买材料、商品和接受劳务等开出或承兑商业汇票时,借记"存货"等科目,贷记"应付票据"科目;以承兑商业汇票抵付应付账款时,借记"应付账款"科目,贷记"应付票据"科目;支付银行承兑汇票的手续费时,借记"筹资费用"科目,贷记"银行存款"科目;计算应付票据的应付利息时,借记"筹资费用"科目,贷记"应付票据"科目;收到银行支付到期票据的付款通知时,借记"应付票据"科目,贷记"银行存款"科目。

【例 17-6】 20×3 年 10 月 1 日,某民间非营利组织因购买材料开出面值为 10 000 元、期限 6 个月、利率为 6% 的商业汇票一张。20×3 年 12 月 31 日,计算应付票据的应付利息 150 元(10 000×6%÷12×3)。该民间非营利组织应编制的会计分录为:

(1) 20×3 年 10 月 1 日,开出商业汇票时。

借:存货 10 000
　　贷:应付票据 10 000

(2) 20×3 年 12 月 31 日,计提应付票据利息时。

借:筹资费用 150
　　贷:应付票据 150

(三) 应交税金的核算

应交税金是指民间非营利组织按照有关国家税法规定应当缴纳的各种税费,如增值税、消费税、城市维护建设税、资源税、教育费附加、房产税、城镇土地使用税、车船税、印花税、所得税、个人所得税等。

为核算应交税金业务,民间非营利组织应设置"应交税金"总账科目。本科目期末贷方余额反映民间非营利组织尚未缴纳的税费;期末借方余额反映民间非营利组织多缴纳的税费。

民间非营利组织在业务活动中发生消费税、城市维护建设税、资源税、教育费附加、房产税、城镇土地使用税、车船税、印花税等相关税费的纳税义务时,借记"其他费用"科目,贷记"应交税金"等科目;发生所得税纳税义务时,借记"其他费用"科目,贷记"应交税金"科目;发生个人所得税纳税义务时,借记"应付工资"等科目,贷记"应交税金"科目;缴纳有关税款时,借记"应交税金"科目,贷记"银行存款"科目。

民间非营利组织涉及的增值税业务,应当参照《增值税会计处理规定》(财会〔2016〕22 号),在"应交税金"科目下设置相关明细科目,并进行账务处理。

【例 17-7】 某民间非营利组织 20×3 年度发生车船税纳税义务,应纳车船税数额为 3 200 元。该民间非营利组织应编制的会计分录为:

(1) 发生纳税义务时。

借:其他费用 3 200
　　贷:应交税金——应交车船税 3 200

(2) 实际缴纳车船税时。

借:应交税金——应交车船税 3 200
　　贷:银行存款 3 200

第四节　民间非营利组织的收入

收入是指民间非营利组织在开展业务活动过程中取得的、导致本期净资产增加的经济利益或者服务潜力的流入。按照不同的分类标准,收入可以有不同的分类。按照收入的来源,分为捐赠收入、政府补助收入、会费收入、提供服务收入、商品销售收入、投资收益和其他收入等种类;按照收入的使用是否存在限制,分为限定性收入和非限定性收入;按收入的性质,分为非交换交易收入和交换交易收入。收入的分类与收入的核算密切相关。

一、非交换交易收入

非交换交易收入是指非交换交易(交换交易之外的交易)所形成的收入。在非交换交易中,民间非营利组织在取得资产、获得服务或者解除相关负债时,不需要向交易对方支付价值相当的现金,或者提供价值相当的物品或服务;或者交易对方在向民间非营利组织提供资产或者免除有关负债时,不能从民间非营利组织这里收到价值相当的现金,或者收到价值相关的物品或服务等。

民间非营利组织的非交换性交易所形成的收入,应当在同时满足下列条件时予以确认:①与交易相关的含有经济利益或者服务潜力的资源能够流入民间非营利组织并为其所控制,或者相关的债务能够得到解除。②交易能够引起净资产的增加。③收入的金额能够可靠地计量。

(一) 捐赠收入

1. 捐赠收入的概念

捐赠收入是指民间非营利组织接受其他单位或者个人捐赠所取得的收入。捐赠收入可以表示为资产的直接流入,也可以表现为负债的解除,还可以表现为劳务的取得。

按照捐赠人是否对捐赠资产附带时间或者用途限制条件,捐赠收入可以区分成限定性捐赠收入和非限定性捐赠收入。其中,前者是指捐赠人对捐赠资产的使用设置了时间限制或者用途限制条件的捐赠收入;后者是指除了限定性捐赠收入的其他捐赠收入。限定性捐赠收入的限制条件一旦得到满足,即转换成为非限定性捐赠收入。

2. 捐赠收入的确认

在民间非营利组织中,捐赠收入属于非交换性交易收入,即民间非营利组织在取得捐赠资产或者解除相关负债的同时,不需要向捐赠人支付价值相当的现金,或者向捐赠人提供价值相当的物品或劳务;

民间非营利组织取得的捐赠收入,属于非交换性交易形成的收入,应当满足非交换性交易所形成收入的确认条件。

一般情况下,民间非营利组织对于取得的无条件捐赠,应当在受到捐赠资产或者收到解除相关负债时确认捐赠收入。对于附带限制条件的捐赠,民间非营利组织应当在取得捐赠资产的控制权时确认捐赠收入。也即民间非营的组织对取得的负债限制条件的捐赠,尽管有关的限制条件尚未满足,或者有关的限制条件如果不能满足有可能需要向捐赠人退还所取得的捐赠,仍在取得捐赠资产的控制权时确认捐赠收入。当民间非营利组织需要偿还全部或者部分捐赠资产或者相应金额的现实义务时,同时确认费用和一项负债。

为了对捐赠进行正确的核算,民间非营利组织应当区分捐赠与捐赠承诺。捐赠承诺是指捐赠现金或其他资产的书面协议或口头约定等。捐赠承诺不满足非交换交易收入的确认条件。民间非营利组织对于捐赠承诺,不应予以确认,但可以在会计报表附注中进行相关披露。

需要注意的是,劳务捐赠是捐赠的一种,即捐赠人自愿地向受赠人无偿提供劳务。民间非营利组织对于其接受的劳务捐赠,不予确认,但应当在会计报表附注中进行相关披露。

3. 捐赠收入的核算

民间非营利组织为了核算捐赠收入,应当设置"捐赠收入"总账科目,并在本科目下设置"限定性收入"明细科目和"非限定性收入"明细科目。在会计期末,应当将本科目中"非限定性收入"和"限定性收入"明细科目当期净发生额分别转入"非限定性净资产"科目和"限定性净资产"科目。结转后本科目应无余额。

(1)接受捐赠时,按照应确认的金额,借记"现金""银行存款""短期投资""存货""长期股权投资""长期债权投资""固定资产""无形资产"等科目,贷记"捐赠收入——限定性收入"或"捐赠收入——非限定性收入"科目。

对于接受的附条件捐赠,如果存在需要偿还全部或部分捐赠资产或者相应金额的现时义务时(比如因无法满足捐赠所附条件而必须将部分捐赠款退还给捐赠人时),按照需要偿还的金额,借记"管理费用"科目,贷记"其他应付款"等科目。

(2)如果限定性捐赠收入的限制在确认收入的当期得以解除,应当将其转为非限定性捐赠收入,借记"捐赠收入——限定性收入"科目,贷记"捐赠收入——非限定性收入"科目。

(3)期末,将"捐赠收入"科目各明细科目的余额分别转入限定性净资产和非限定性净资产,借记"捐赠收入——限定性收入"科目,贷记"限定性净资产"科目,或借记"捐赠收入——非限定性收入"科目,贷记"非限定性净资产"科目。

【例17-8】 20×3年6月16日,甲基金会与乙企业签订了一份捐赠协议。协议规定,自20×3年7月1日至20×3年12月31日,乙企业在此6个月的期间内每售出一件产品,即向甲基金会捐赠1元钱,以资助贫困人员医疗救治,款项将在每月底按照销售量计算后汇至甲基金会银行账户。同时,乙企业承诺,此次捐赠的款项不会少于600 000元,并争取达到1 000 000元。根据此协议,甲基金会在20×3年7月底收到了乙企业捐赠的款项90 000元。甲基金会的账务处理如下:

(1)20×3年6月16日,不满足捐赠收入的确认条件,不需要进行账务处理。

(2)20×3年7月31日,按照收到的捐款金额90 000元,确认捐赠收入。甲基金会应编制的会计分录为:

借:银行存款 90 000
　　贷:捐赠收入——限定性收入 90 000

(3)20×3年8月至12月的每个月底,分别按照收到的捐款金额,确认捐赠收入。甲基金会应编制的会计分录同7月31日。

【例17-9】 20×3年9月12日,某民间非营利组织与乙企业签订了一份捐赠协议。协议规定,乙企业将向该民间非营利组织捐赠420 000元,用于成立一项奖学金基金,款项将在协议签订后的20日内汇至该民间非营利组织银行账户,自第2年开始每年以基金利息奖励乙企业所在城市的前10名优秀学生,未经乙企业允许不得动用基金本金,具体奖励金额将由双方根据累积基金利息另行商定。根据此协议,20×3年9月30日,该民间非营利组织收到了乙企业捐赠的款项420 000元。该民间非营利组织的账务处理如下:

(1)20×3年9月12日,不满足捐赠收入的确认条件,不需要进行账务处理。

(2)20×3年9月30日,按照收到的捐款金额,确认捐赠收入。该民间非营利组织应编制的会计分录为:

借：银行存款 420 000
　　贷：捐赠收入——限定性收入 420 000

对于民间非营利组织接受非现金资产捐赠时发生的应归属于其自身的相关税费、运输费等，应当计入当期费用，借记"筹资费用"科目，贷记"银行存款"等科目。

年末结账时，将"捐赠收入"总账科目中的"限定性收入"明细科目和"非限定性收入"明细科目的贷方余额，分别转入"限定性净资产"科目和"非限定性净资产"科目。

(二) 政府补助收入

1. 政府补助收入的概念

政府补助收入是指民间非营利组织接受政府拨款或者政府机构给予的补助而取得的收入。按照政府是否对其提供的补助在使用上提出限制条件，将政府补助收入区分成非限定性政府补助收入和限定性政府补助收入。若政府对其提供的补助在使用上提出时间或者用途等限制条件，则这种政府补助收入为限定性政府补助收入；否则，这种政府补助收入为非限定性政府补助收入。

2. 政府补助收入的确认

在民间非营利组织中，政府补助收入如同捐赠收入。他们都属于非交换性交易收入，只不过政府补助收入来源于政府拨款或者政府机构给予的步骤，而捐赠收入来源于其他单位或者个人给予的资助，政府补助收入的确认方法，如同捐赠收入的确认方法。

3. 政府补助收入的核算

民间非营利组织为核算政府补助收入业务，应设置"政府补助收入"总账科目。并在本科目下设置"限定性收入"明细科目和"非限定性收入"明细科目。在会计期末，应当将本科目中"非限定性收入"明细科目和"限定性收入"明细科目当期净发生额分别转入"非限定性净资产"科目和"限定性净资产"科目。期末结转后本科目应无余额。

民间非营利组织接受的政府补助，按照应确认的金额，借记"现金""银行存款"等科目，贷记"政府补助收入——限定性收入或非限定性收入"科目。对于接受的附条件政府补助，如果民间非营利组织存在需要偿还全部或部分政府补助资产或者相应金额的现时义务时（比如因无法满足政府补助所附条件而必须退还部分政府补助时），按照需要偿还的金额，借记"管理费用"科目，贷记"其他应付款"等科目。如果限定性政府补助收入的限制在确认收入的当期得以解除，应当将其转为非限定性捐赠收入，借记"政府补助收入——限定性收入"科目，贷记"政府补助收入——非限定性收入"科目。期末，将本科目各明细科目的余额分别转入限定性净资产和非限定性净资产，借记"政府补助收入——限定性收入"科目，贷记"限定性净资产"科目，或者借记"政府补助收入——非限定性收入"科目，贷记"非限定性净资产"科目。

【例17-10】 20×3年2月10日，某民间学术性组织（为民间非营利组织）收到政府补助收入100 000元，款项已存入银行。根据协议该款项用于某项研究，且研究成果归该民间非营利组织所有。20×3年8月10日，按照政府提出的使用时间限制条件，已经到达限制可以使用政府补助收入100 000元的时间。该民间组织应编制的会计分录为：

（1）20×3年2月10日，收到政府补助收入时。

借：银行存款 100 000
　　贷：政府补助收入——限制性收入 100 000

（2）20×3年8月10日，可以使用政府补助收入时。

借：政府补助收入——限定性收入　　　　　　　　　　　　　　　100 000
　　贷：政府补助收入——非限定性收入　　　　　　　　　　　　　　100 000

根据《〈民间非营利组织会计制度〉若干问题的解释》的规定，民间非营利组织对于从政府取得的收入，应当区分交换交易所形成的收入和非交换交易所形成的收入。承接政府购买服务属于交换交易，取得的相关收入应记入"提供服务收入"等科目，不记入"政府补助收入"科目。

(三) 会费收入

1. 会费收入的概念

会费收入是指民间非营利组织根据章程等的规定向会员收取的会费。一般情况下，民间非营利组织的会费收入为非限定性收入，除非相关资产提供者对资产的使用设置了限制条件。会费收入通常属于非交换交易收入。

2. 会费收入的确认

在民间非营利组织中，会费收入可能属于交换性交易收入，也可能属于非交换性交易收入，如果会员与民间非营利组织在缴纳会费的业务上存在等价交换关系，如民间非营利组织需要向会员提供相应的服务或物品，那么这种会费收入属于交换性交易收入。如果会员与民间非营利组织在缴纳会费的业务上不存在等价交换关系，如会员纯粹是为了帮助民间非营利组织实现组织目标，那么这种会费收入属于非交换性交易收入。属于交换性交易收入的会费收入，可以参照提供劳务收入和商品销售收入的收入确认方法进行确认。属于非交换性交易的会费收入，可以参照捐赠收入的收入确认方法进行确认。

3. 会费收入的核算

民间非营利组织为核算会费收入业务，应设置"会费收入"总账科目。并在本科目下设置"非限定性收入"明细科目。如果存在限定性会费收入，还应当设置"限定性收入"明细科目；同时，按照会费种类（如团体会费、个人会费等），在"非限定性收入"科目或"限定性收入"科目下设置明细科目，进行明细核算。期末结账后，本科目应无余额。

民间非营利组织向会员收取会费，确认会费收入时，借记"现金""银行存款""应收账款"等科目，贷记"会费收入——非限定性收入/限定性收入"科目；期末将本科目余额转入净资产科目时，借记"会费收入——非限定性收入/限定性收入"科目，贷记"非限定性净资产/限定性净资产"科目。

【**例 17-11**】 某社团组织按照会员代表大会通过的会费收缴办法的规定，该社团组织的单位会员应当按照上年度主营业务收入的 2‰ 交纳当年度会费，个人会员应当每年交纳 300 元会费，每年度会费应当在当年度 1 月 1 日至 12 月 31 日交纳；当年度不能按时交纳会费的会员，将在下一年度的 1 月 1 日自动取消会员资格。假设 20×2 年 1 月至 12 月，该社团组织每月分别收到单位会员会费 210 000 元（均以银行转账支付），个人会员会费 6 000 元（均以邮局汇款支付）。该社团组织应编制的会计分录为：

借：银行存款　　　　　　　　　　　　　　　　　　　　　　　210 000
　　现金　　　　　　　　　　　　　　　　　　　　　　　　　　6 000
　　贷：会费收入——非限定性收入——单位会费　　　　　　　　　210 000
　　　　　　　　　　　　　　　　——个人会费　　　　　　　　　6 000

【**例 17-12**】 某社团组织按照会员代表大会通过的会费收缴办法的规定，该社团组织的个人会员应当每年交纳 450 元会费，每年度会费应当在当年度 1 月 1 日至 12 月 31 日交纳。

假设20×0年1月1日,该社会团体收到某个人通过邮局汇款支付的会费1 800元,该个人说明此款项是支付20×0年、20×1年、20×2年和20×3年四个年度的会费。该社团组织应编制的会计分录为:

(1) 20×0年1月1日,收到款项并确认当年的会费收入时。

借:现金　　　　　　　　　　　　　　　　　　　　　　　　1 800
　　贷:预收账款——××会员　　　　　　　　　　　　　　　　　1 350
　　　　会费收入——非限定性收入——个人会费　　　　　　　　　　450

(2) 20×1年、20×2年和20×3年每年年初确认会费收入时。

借:预收账款——××会员　　　　　　　　　　　　　　　　　　450
　　贷:会费收入——非限定性收入——个人会费　　　　　　　　　　450

年终结账时,将"会费收入——非限定性收入/限定性收入"科目的贷方余额,转入"非限定性净资产/限定性净资产"科目。

二、交换交易收入

(一) 商品销售收入

1. 商品销售收入的概念

商品销售收入是指民间非营利组织销售商品如出版物、药品等所形成的收入。一般情况下,民间非营利组织的商品销售收入为非限定性收入,除非相关资产提供者对资产的使用设置了限制条件。

2. 商品销售收入的确认

在民间非营利组织中,商品销售收入属于交换性交易收入,即民间非营利组织在取得相应收入的同时,需要向其服务对象提供相应的商品,或者民间飞行的组织在向其服务对象提供商品的同时,需要向其服务对象收取相应的费用。

对于因交换交易所形成的商品销售收入,应当在下列条件下同时满足时予以确认:①已将商品所有权上的主要风险和报酬转移给购货方。②既没有保留通常与所有权相联系的继续管理权,也没有对已售出的商品实施控制。③与交易相关的经济利益能够流入民间非营利组织。④相关的收入和成本能够可靠地计量。

3. 商品销售收入的核算

为核算商品销售收入业务,民间非营利组织应设置"商品销售收入"总账科目。本科目应按照商品的种类设置明细账,进行明细核算。期末结转后,本科目应无余额。

销售商品取得收入时,借记"现金""银行存款""应收票据""应收账款"等科目,贷记"商品销售收入——非限定性收入"科目。因商品质量等原因发生的销售退回作为冲减商品销售收入处理时,借记"商品销售收入——非限定性收入"科目,贷记"银行存款""应收账款""应收票据"等科目;同时,借记"存货"科目,贷记"业务活动成本"科目。在资产负债表日后、财务报告批准报出日前发生的销售退回作为资产负债表日后事项的调整事项处理时,借记"非限定性净资产"科目,贷记"银行存款""应收账款""应收票据"等科目;同时,借记"存货"科目,贷记"非限定性净资产"科目。因尽快回笼资金的原因而发生的现金折扣作为筹资费用处理时,借记"银行存款""筹资费用"等科目,贷记"应收账款""应收票据"等科目。因商品质量等原因发生的销售折让作为冲减商品销售收入处理时,借记"商品销售收入——非限定性收入""银行存款"等科目,贷记"应收账款""应收票据"等科目。期末结转本科目余额时,借记"商品销售收入——非限定性收入"科目,贷记"非限定性净资产"科目。如果存在限定性商品销售收入业务时,期末应将"商品销售收入——限定性收入"科目的余额转入"限定性净资产"科目。

【**例 17-13**】 20×3 年 2 月 1 日,某民间非营利组织销售商品一批产品 300 件,成本为 3 000 元,售价为 6 000 元,款项存入银行。该民间非营利组织应编制的会计分录为:

借:应收账款　　　　　　　　　　　　　　　　　　　　　　　　　　6 000
　　贷:商品销售收入——非限定性收入　　　　　　　　　　　　　　　　　6 000
借:业务活动成本——商品销售成本　　　　　　　　　　　　　　　　　3 000
　　贷:存货——××产品　　　　　　　　　　　　　　　　　　　　　　　3 000

年末结账时,将"商品销售收入"总账科目中的"限定性收入"明细科目和"非限定性收入"明细科目的贷方余额,分别转入"限定性净资产"科目和"非限定性净资产"科目。

(二) 提供服务收入

1. 提供服务收入的概念

提供服务收入是指民间非营利组织根据章程等规定向其服务对象提供服务取得的收入,包括学费收入、医疗费收入、培训收入等。一般情况下,民间非营利组织的提供服务收入为非限定性收入,除非相关资产提供者对资产的使用设置了限制条件。

2. 提供服务收入的确认

在民间非营利组织,提供劳务收入如同商品销售收入它们都属于交换性交易收入,即民间非营利组织在取得相应收入的同时,需要向其服务对象提供相应的商品,或者民间非营利组织在向其服务对象提供商品的同时,需要向其服务对象收取相应的费用。

对于因交换交易所形成的提供劳务收入,应当按以下规定予以确认:①在同一会计年度内开始并完成的劳务,应当在完成劳务时确认收入。②如果劳务的开始和完成分属不同的会计年度,可以按完工进度或完成的工作量确认收入。

3. 提供服务收入的核算

为核算提供服务收入业务,民间非营利组织应设置"提供服务收入"总账科目。本科目应当按照提供服务的种类设置明细账,进行明细分类核算。提供服务取得收入时,借记"现金""银行存款""应收账款""预收账款"等科目,贷记"提供服务收入——非限定性收入/限定性收入"科目;期末将本科目余额转入净资产科目时,借记"提供服务收入——非限定性收入/限定性收入"科目,贷记"非限定性净资产/限定性净资产"科目。期末结账后,本科目应无余额。

【**例 17-14**】 某法律事务所(为民间非营利组织)发生如下业务:

(1) 已经完成向服务对象提供法律咨询服务计 8 000 元。该事务所在向服务对象提供服务前曾向服务对象预收咨询服务费用 5 000 元。服务完成时,其余 3 000 元尚未收到。咨询服务的开始和完成在同一会计年度。该法律事务所应编制的会计分录为:

借:应收账款　　　　　　　　　　　　　　　　　　　　　　　　　　3 000
　　预收账款　　　　　　　　　　　　　　　　　　　　　　　　　　　5 000
　　贷:提供服务收入——非限定性收入　　　　　　　　　　　　　　　　8 000

(2) 年末,尚未完成某项向服务对象提供的服务。该事务所曾向服务对象预收了该项目的全部服务费用共计 10 000 元。根据已完成的工作量,可确认完工进度为 60%。该法律事务所应编制的会计分录为:

```
借：预收账款                                    6 000
    贷：提供服务收入——非限定性收入                    6 000
```

年末结账时,将"提供服务收入"总账科目中的"限定性收入"明细科目和"非限定性收入"明细科目的贷方余额,分别转入"限定性净资产"科目和"非限定性净资产"科目,借记"提供服务收入——非限定性收入/限定性收入"科目,贷记"限定性净资产/非限定性净资产"科目。

(三) 投资收益

1. 投资收益的概念

投资收益是指民间非营利组织因对外投资取得的投资净损益。一般情况下,民间非营利组织的投资收益为非限定性收入,除非相关资产提供者对资产的使用设置了限制条件。

投资收益属于交换性交易收入,应当在同时满足下列条件时予以确认:与交易相关的经济利益能够流入民间非营利组织;收入的金额能够可靠地计量。

2. 投资收益的核算

为核算投资收益业务,民间非营利组织应设置"投资收益"总账科目。民间非营利组织投资收益的账务处理程序与前述第二篇事业单位的投资收益基本相同,这里不再详述。不同之处在于:应收未收的被投资单位宣告发放的现金股利或利润在"其他应收款"科目核算;年末将"投资收益"科目余额转入净资产时,借记"投资收益——非限定性收入/限定性收入"科目,贷记"非限定性净资产/限定性净资产"科目。期末结账后,本科目应无余额。

【例17-15】 某民间非营利组织出售短期投资,实际收到的款项为5 400元,该短期投资账面余额为4 800元,已计提减值准备900元,没有尚未领取的利息,出售该项短期投资取得的短期收益为1 500元[5 400－(4 800－900)]。该民间非营利组织应编制的会计分录为:

```
借：银行存款                                    5 400
    短期投资跌价准备                              900
    贷：短期投资                                  4 800
        投资收益                                  1 500
```

本例中,如果短期投资的账面余额减去短期投资跌价准备后的余额大于实际收到的款项,其差额应借记"投资收益"科目。

【例17-16】 某民间非营利组织采用成本法核算长期股权投资,被投资单位宣告发放现金股利15 000元,该民间非营利组织按股权比例可获得其中的3 000元。该民间非营利组织应编制的会计分录为:

```
借：其他应收款                                  3 000
    贷：投资收益                                  3 000
```

本例中,民间非营利组织拥有被投资单位的股份较少,因此不能对被投资单位实施控制或者产生重大影响。因此,民间非营利组织对相应的长期股权投资采用成本法进行核算。如果民间非营利组织拥有被投资单位的股份较多,并且已经达到能够对被投资单位实施控制或产生重大影响的程度,则民间非营利组织对相应的长期股权投资应采用权益法进行核算。

三、其他收入

1. 其他收入的概念

其他收入是指民间非营利组织除捐赠收入、会费收入、提供服务收入、商品销售收入、政府补助收入、投资收益等主要业务活动收入以外的其他杂项收入,如确实无法支付的应付款项、存货盘盈、固定资产盘盈、固定资产处置净收入、无形资产处置净收入等。一般情况下,民间非营利组织的其他收入为非限定性收入,除非相关资产提供者对资产的使用设置了限制条件。

2. 其他收入的核算

为核算其他收入业务,民间非营利组织应设置"其他收入"总账科目。本科目应按其他收入的种类设置明细账,进行明细分类核算。期末结账后,本科目应无余额。

现金、存货、固定资产等盘盈的,根据管理权限报经批准后,借记"现金""存货""固定资产""文物文化资产"等科目,贷记"其他收入——非限定性收入/限定性收入"科目。对于固定资产处置净收入,借记"固定资产清理"科目,贷记"其他收入"科目。对于无形资产处置净收入,按照实际取得的价款,借记"银行存款"等科目,按照该项无形资产的账面余额,贷记"无形资产"科目,按照其差额,贷记"其他收入"科目。确认无法支付的应付款项,借记"应付账款"等科目,贷记"其他收入"科目。在非货币性交易中收到补价情况下应确认的损益,借记有关科目,贷记"其他收入"科目。期末,将本科目的余额转入净资产科目,借记"其他收入"科目,贷记"非限定性净资产"科目或"限定性净资产"科目。

【例17-17】 某民间非营利组织对存货进行盘点,结果盘盈存货150元。经批准,该存货盘盈作为其他收入处理。该民间非营利组织应编制的会计分录为:

借:存货　　　　　　　　　　　　　　　　　　　　　　　　　　150
　　贷:其他收入　　　　　　　　　　　　　　　　　　　　　　　　150

【例17-18】 某民间非营利组织处置一项不需用的固定资产。该项固定资产的原值为6 500元,累计折旧为5 000元,以现金支付清理过程中发生清理费用200元,残料出售获得银行存款收入1 800元。此次固定资产处置获得净收入100元[1 800－(6 500－5 000＋200)]。该民间非营利组织应编制的会计分录为:

(1)固定资产转入清理时。

借:固定资产清理　　　　　　　　　　　　　　　　　　　　　1 500
　　累计折旧　　　　　　　　　　　　　　　　　　　　　　　　5 000
　　贷:固定资产　　　　　　　　　　　　　　　　　　　　　　　6 500

(2)支付清理费用时。

借:固定资产清理　　　　　　　　　　　　　　　　　　　　　　200
　　贷:现金　　　　　　　　　　　　　　　　　　　　　　　　　　200

(3)取得变价收入时。

借:银行存款　　　　　　　　　　　　　　　　　　　　　　　1 800
　　贷:固定资产清理　　　　　　　　　　　　　　　　　　　　　1 800

(4)结转清理损益时。

借:固定资产清理　　　　　　　　　　　　　　　　　　　　　　100
　　贷:其他收入　　　　　　　　　　　　　　　　　　　　　　　　100

年终,将"其他收入"科目的贷方余额结转非限定性净资产,借记"其他收入"科目,贷记"非限定性净资产"科目。

根据《〈民间非营利组织会计制度〉若干问题的解释》的规定，民间非营利组织取得的存款利息，属于在借款费用应予资本化的期间内发生的与购建固定资产专门借款有关的存款利息，应当冲减在建工程成本；除此以外的存款利息应当计入其他收入，不再冲减筹资费用。

对于境外非政府组织代表机构的总部拨款收入，执行《民间非营利组织会计制度》的境外非政府组织代表机构应当增设"总部拨款收入"科目，核算从其总部取得的拨款收入。境外非政府组织代表机构取得总部拨款收入时，按照取得的金额，借记"现金""银行存款"等科目，贷记"总部拨款收入"科目。期末，将本科目本期发生额转入非限定性净资产，借记"总部拨款收入"科目，贷记"非限定性净资产"科目。如果存在限定性总部拨款收入，则应当在本科目设置"限定性收入""非限定收入"明细科目，在期末将"限定性收入"明细科目本期发生额转入限定性净资产。

第五节　民间非营利组织的费用

一、民间非营利组织费用的概念、确认与计量

费用是指民间非营利组织为开展业务活动所发生的、导致本期净资产减少的经济利益或者服务潜力的流出。

费用应当在同时满足以下条件时予以确认：①含有经济利益或者服务潜力的资源流出民间非营利组织，或者承担了相关的负债。②能够引起当期净资产的减少。③费用的金额能够可靠地计量。

民间非营利组织在业务活动中发生的各项费用，应当在实际发生时按照其实际发生额计入当期费用。若某些费用属于多项业务活动，或者属于业务活动、管理活动和筹资活动等共同发生的，而且不能直接归属于某一类活动，则应当将这些费用按照合理的方法在各项活动中进行分配。

二、民间非营利组织费用的核算

民间非营利组织在对费用的会计核算中，按照费用功能的不同，将费用分为业务活动成本、管理费用、筹资费用和其他费用等种类。

（一）业务活动成本

业务活动成本是指民间非营利组织为了实现其业务活动目标、开展其项目活动或者提供服务所发生的费用。民间非营利组织的业务活动成本应当在实际发生时按其发生额计入当期费用。

为核算业务活动成本业务，民间非营利组织应设置"业务活动成本"总账科目。如果民间非营利组织从事的业务活动项目或开展的业务活动种类较多，应当在"业务活动成本"科目下分别项目、服务或者业务大类进行明细核算和列报。例如，社会团体可以设置"提供服务成本""商品销售成本""研究项目成本"等明细项目；基金会可以设置"捐赠项目成本""商品销售成本""提供服务成本"等明细项目；民办学校可以设置"学生教育成本""科研项目成本""后勤服务成本"等明细项目；民办医院可以设置"医疗服务成本""医药销售成本"等明细项目。期末结账后，本科目应无余额。

民间非营利组织发生业务活动成本时，借记"业务活动成本"科目，贷记"现金""银行存款"

"存货""应付账款"等科目。期末将本科目借方余额转入净资产科目时,借记"非限定性净资产"科目,贷记"业务活动成本"科目。

【例17-19】 20×3年8月5日,某社会团体对外售出杂志2万份,每份售价为5元,款项已于当日收到(假定均为银行存款),每份杂志的成本为4元。假定销售符合收入确认条件,不考虑相关税费。该社会团体应编制的会计分录为:

(1) 按照配比原则,在确认销售收入时,应当结转相应的成本。

借:银行存款　　　　　　　　　　　　　　　　　　　　　　　100 000
　　贷:商品销售收入　　　　　　　　　　　　　　　　　　　　　　100 000
借:业务活动成本——商品销售成本　　　　　　　　　　　　　　80 000
　　贷:存货　　　　　　　　　　　　　　　　　　　　　　　　　　80 000

(2) 期末,将"业务活动成本"科目的借方余额80 000元结转到非限定性净资产。

借:非限定性净资产　　　　　　　　　　　　　　　　　　　　　80 000
　　贷:业务活动成本　　　　　　　　　　　　　　　　　　　　　　80 000

民间非营利组织出资设立其他民间非营利组织,所设立民间非营利组织与实现本组织的业务活动目标相关的,相关出资记入"业务活动成本"科目;所设立民间非营利组织与实现本组织的业务活动目标不相关的,相关出资记入"其他费用"科目。

(二) 管理费用

管理费用是指民间非营利组织为组织和管理其业务活动所发生的费用,包括民间非营利组织董事会或理事会或类似权力机构经费和行政管理人员的工资、奖金、福利费、住房公积金、住房补贴、社会保障费、离退休人员工资与补助,以及办公费、水电费、邮电费、物业管理费、差旅费、折旧费、修理费、租赁费、无形资产摊销费、资产盘亏损失、资产减值损失、因预计负债所产生的损失、聘请中介机构费和应偿还的受赠资产等。

民间非营利组织的管理费用应当在实际发生时按其发生额计入当期费用。

为核算管理费用业务,民间非营利组织应设置"管理费用"总账科目。本科目应当按照管理费用的种类设置明细账,进行明细分类核算。期末结账后,本科目应无余额。

以现金、银行存款支付管理费用时,借记"管理费用"科目,贷记"现金""银行存款"科目;发生应归属于管理费用的应付工资等时,借记"管理费用"科目,贷记"应付工资"科目;提取行政管理用固定资产折旧时,借记"管理费用"科目,贷记"累计折旧"科目;无形资产摊销时,借记"管理费用"科目,贷记"无形资产"科目;存货盘亏并经批准时,借记"管理费用"科目,贷记"存货"科目;计提资产减值准备时,借记"管理费用"科目,贷记"短期投资减值准备""存货减值准备""长期股权投资减值准备"等科目;期末将本科目借方余额转入非限定性净资产科目时,借记"非限定性净资产"科目,贷记"管理费用"科目。

【例17-20】 20×3年2月10日,某民间非营利组织以银行存款支付管理费用1 850元,计算应支付给管理部门工作人员的工资计2 630元。该民间非营利组织应编制的会计分录为:

(1) 以银行存款支付管理费用时。

借:管理费用——水电费　　　　　　　　　　　　　　　　　　1 850
　　贷:银行存款　　　　　　　　　　　　　　　　　　　　　　　　1 850

(2) 以银行存款支付工资时。

借：管理费用　　　　　　　　　　　　　　　　　　　　　　　　　　2 630
　　贷：应付工资　　　　　　　　　　　　　　　　　　　　　　　　　　　　2 630

【例17-21】20×3年8月24日,某基金会与乙企业签订了一份捐赠协议。协议规定,乙企业将向该基金会捐赠180 000元,其中160 000元用于资助贫困地区的儿童;20 000元用于此次捐赠活动的管理,款项将在协议签订后的20日内汇至该基金会银行账户。根据此协议,20×3年9月12日,该基金会收到了乙企业捐赠的款项180 000元。20×3年10月9日,该基金会将160 000元转赠给数家贫困地区的小学,并发生了18 000元的管理费用。20×3年10月14日,该基金会与乙企业签订了一份补充协议,协议规定,此次捐赠活动节余的2 000元由该基金会自由支配。该基金会的账务处理如下:

(1) 20×3年8月24日,不满足捐赠收入的确认条件,不需要进行账务处理。

(2) 20×3年9月12日,按照收到的捐款金额,确认捐赠收入。该基金会应编制的会计分录为:

借：银行存款　　　　　　　　　　　　　　　　　　　　　　　　　180 000
　　贷：捐赠收入——限定性收入　　　　　　　　　　　　　　　　　　　180 000

(3) 20×3年10月9日,按照实际发生的金额,确认业务活动成本。该基金会应编制的会计分录为:

借：业务活动成本　　　　　　　　　　　　　　　　　　　　　　　160 000
　　管理费用　　　　　　　　　　　　　　　　　　　　　　　　　　18 000
　　贷：银行存款　　　　　　　　　　　　　　　　　　　　　　　　　178 000

(4) 20×3年10月14日,部分限定性捐赠收入的限制在确认收入的当期得以解除,将其转为非限定性捐赠收入。该基金会应编制的会计分录为:

借：捐赠收入——限定性收入　　　　　　　　　　　　　　　　　　　2 000
　　贷：捐赠收入——非限定性收入　　　　　　　　　　　　　　　　　　2 000

年终结账时,将"管理费用"科目的借方余额转入非限定性净资产,借记"非限定性净资产"科目,贷记"管理费用"科目。

(三) 筹资费用

筹资费用是指民间非营利组织为筹集业务活动所需资金而发生的费用,包括民间非营利组织为了获得捐赠资产而发生的费用以及应当计入当期费用的借款费用、汇兑损失(减汇兑收益)等。民间非营利组织为了获得捐赠资产而发生的费用包括举办募款活动费、准备、印刷和发放募款宣传资料费以及其他与募款或者争取捐赠资产有关的费用。

民间非营利组织的筹资费用应当在实际发生时按其发生额计入当期费用。

为核算筹资费用业务,民间非营利组织应设置"筹资费用"总账科目。本科目应当按照筹资费用的种类设置明细账,进行明细分类核算。发生筹资费用时,借记"筹资费用"科目,贷记"银行存款""预提费用""长期借款"等科目。期末将本科目借方余额转入非限定性净资产科目时,借记"非限定性净资产"科目,贷记"筹资费用"科目。期末结账后,本科目应无余额。

【例17-22】某基金会以银行存款支付募款活动费520元。该基金会应编制的会计分录为:

借：筹资费用　　　　　　　　　　　　　　　　　　　　　　　　　　　520
　　贷：银行存款　　　　　　　　　　　　　　　　　　　　　　　　　　　520

根据《〈民间非营利组织会计制度〉若干问题的解释》，如果民间非营利组织专门为购建固定资产而进行长期借款，那么，该类长期借款的借款费用在规定的允许资本化的期间内，应当计入在建工程成本，而不能计入筹资费用。

对于民间非营利组织接受非现金资产捐赠时发生的应归属于其自身的相关税费、运输费等，应当计入当期费用，借记"筹资费用"科目，贷记"银行存款"等科目。

年终，将"筹资费用"科目的借方余额结转非限定性净资产，借记"非限定性净资产"科目，贷记"筹资费用"科目。

（四）其他费用

其他费用是指民间非营利组织发生的、无法归属到业务活动成本、管理费用、筹资费用中的费用，包括固定资产处置净损失、无形资产处置净损失等。

民间非营利组织的其他费用应当在实际发生时按其发生额计入当期费用。

为核算其他费用业务，民间非营利组织应设置"其他费用"总账科目。本科目应当按照其他费用的种类设置明细账，进行明细分类核算。期末结账后，本科目应无余额。

发生处置固定资产净损失时，借记"其他费用"科目，贷记"固定资产清理"科目；发生处置无形资产净损失时，借记"其他费用""银行存款"等科目，贷记"无形资产"科目；期末将本科目借方余额转入非限定性净资产科目时，借记"非限定性净资产"科目，贷记"其他费用"科目。

【例17-23】 某民间非营利组织处置一项无形资产，其账面余额为4 580元，出售取得实际价款4 220元，处置损失为360元（4 580－4 220）。该民间非营利组织应编制的会计分录为：

借：银行存款　　　　　　　　　　　　　　　　　　　　　　　　4 220
　　其他费用　　　　　　　　　　　　　　　　　　　　　　　　　360
　　贷：无形资产　　　　　　　　　　　　　　　　　　　　　　　　　　4 580

年终，将"其他费用"科目的借方余额结转到非限定性净资产，借记"非限定性净资产"科目，贷记"其他费用"科目。

第六节　民间非营利组织的净资产

净资产是指民间非营利组织资产减去负债后的余额。按照是否受到条件限制，净资产区分为限定性净资产和非限定性净资产两类。

一、限定性净资产

（一）限定性净资产的概念

在民间非营利组织中，如果资产或者资产所产生的经济利益（如资产的投资收益和利息等）的使用受到资产提供者或者国家有关法律、行政法规所设置的时间限制或（和）用途限制，则由此形成的净资产即为限定性净资产。国家有关法律、行政法规对净资产的使用直接设置限制的，该受限制的净资产也为限定性净资产。所谓时间限制，是指资产提供者或者国家有关法律、行政法规要求民间非营利组织在收到资产后的特定时期之内或特定日期之后使用该项资产，或者对资产的使用设置了永久限制。所谓用途限制，是指资产提供者或者国家有关法律、行政法规要求民间非营利组织将收到的资产用于某一特定的用途。

如果限定性净资产的限制条件已经解除，应当对净资产进行重新分类，将限定性净资产转为非限定性净资产。民间非营利组织存在下列情况之一时，可以认为限定性净资产的限制条件已经解除：①限定净资产的限制时间已经到期。②限定净资产规定的用途已经实现，或者规定的目的已经达到。③资产提供者或者国家有关法律、行政法规撤销了所设置的限制条件。

如果限定性净资产受到两项或两项以上条件的限制，那么，民间非营利组织应当在最后一项限制条件解除时，才能认为该项限定性净资产的限制条件已经解除。否则，该项净资产仍然属于限定性净资产。

（二）限定性净资产的核算

为核算限定性净资产业务，民间非营利组织应设置"限定性净资产"总账科目，并可根据本单位的具体情况和实际需要，在本科目下设置相应的二级科目和明细科目。

1. 期末结转限定性收入

民间非营利组织限定性净资产的主要来源是获得了限定性收入（主要是限定性捐赠收入和政府补助收入）。期末，将各收入科目中属于"限定性收入"明细科目的贷方余额转为限定性净资产时，借记"捐赠收入——限定性收入""政府补助收入——限定性收入"等科目，贷记"限定性净资产"科目。

【例17-24】 某捐资举办的民办学校是民间非营利组织，20×2年11月获得两笔款项，其中一笔为捐款100 000元，捐赠人要求该款项用于奖励20×3年度作文比赛的前十名学生；另一笔为政府补助款100 000元，该政府补助要求用于资助贫困学生。该民办学校应编制的会计分录为：

（1）20×2年11月，收到捐款和政府补助款时。

借：银行存款　　　　　　　　　　　　　　　　　　　　　200 000
　　贷：捐赠收入——限定性收入　　　　　　　　　　　　　　100 000
　　　　政府补助收入——限定性收入　　　　　　　　　　　　100 000

（2）20×3年12月31日，将捐赠收入和政府补助收入结转限定性净资产时。

借：捐赠收入——限定性收入　　　　　　　　　　　　　　　100 000
　　政府补助收入——限定性收入　　　　　　　　　　　　　　100 000
　　贷：限定性净资产　　　　　　　　　　　　　　　　　　　200 000

2. 限定性净资产的重分类

如果限定性净资产的限制条件解除，应当对净资产进行重新分类，将限定性净资产转为非限定性净资产，借记"限定性净资产"科目，贷记"非限定性净资产"科目。资产提供者或者国家有关法律、行政法规对以前期间未设置限制的资产增加限制时，应当将相关非限定性净资产转为限定性净资产，借记"非限定性净资产"科目，贷记"限定性净资产"科目。

【例17-25】 承[例17-24]，假定该民办学校在20×3年5月将20×2年11月收到的100 000元捐款以现金的形式奖励给了作文比赛的前十名学生。该民办学校应编制的会计分录为：

借：业务活动成本　　　　　　　　　　　　　　　　　　　　100 000
　　贷：现金　　　　　　　　　　　　　　　　　　　　　　　100 000

同时，

借：限定性净资产　　　　　　　　　　　　　　　　　　　　100 000
　　贷：非限定性净资产　　　　　　　　　　　　　　　　　　100 000

根据《〈民间非营利组织会计制度〉若干问题的解释》的规定,民间非营利组织应当区分以下限制解除的不同情况,确定将限定性净资产转为非限定性净资产的金额:

(1) 对于因资产提供者或者国家有关法律、行政法规要求在收到资产后的特定时期之内使用该项资产而形成的限定性净资产,应当在相应期间之内按照实际使用的相关资产金额转为非限定性净资产。

(2) 对于因资产提供者或者国家有关法律、行政法规要求在收到资产后的特定日期之后使用该项资产而形成的限定性净资产,应当在该特定日期全额转为非限定性净资产。

(3) 对于因资产提供者或者国家有关法律、行政法规设置用途限制而形成的限定性净资产,应当在使用时按照实际用于规定用途的相关资产金额转为非限定性净资产。其中,对固定资产、无形资产仅设置用途限制的,应当自取得该资产开始,按照计提折旧或计提摊销的金额,分期将相关限定性净资产转为非限定性净资产。在处置固定资产、无形资产时,应当将尚未重分类的相关限定性净资产全额转为非限定性净资产。

(4) 如果资产提供者或者国家有关法律、行政法规要求民间非营利组织在特定时期之内或特定日期之后将限定性净资产用于特定用途,应当在相应期间之内或相应日期之后按照实际用于规定用途的相关资产金额转为非限定性净资产。其中,要求在收到固定资产、无形资产后的某个特定时期之内将该项资产用于特定用途的,应当在该规定时期内,对相关限定性净资产金额按期平均分摊,转为非限定性净资产。要求在收到固定资产、无形资产后的某个特定日期之后将该项资产用于特定用途的,应当在特定日期之后,自资产用于规定用途开始,在资产预计剩余使用年限内,对相关限定性净资产金额按期平均分摊,转为非限定性净资产。与限定性净资产相关的固定资产、无形资产,应当按照制度规定计提折旧或计提摊销。

(5) 对于资产提供者或者国家有关法律、行政法规撤销对限定性净资产所设置限制的,应当在撤销时全额转为非限定性净资产。

3. 调整以前期间限定性收入项目

如果因调整以前期间限定性收入而涉及调整限定性净资产的,应当按需要调整的金额,借记或贷记有关科目,贷记或借记"限定性净资产"科目。

【例17-26】 20×2年4月,某人将一文物捐献给某民办博物馆,没有相关凭据,但协议规定只能做展览用。当年该文物的公允价值无法可靠计量。20×3年4月,该博物馆对该文物确定的公允价值为50 000元。根据上述资料,有关账务处理如下:

(1) 20×2年4月,在辅助账内进行相关登记,并在会计报表附注中进行相关披露。

(2) 20×3年4月,文物的公允价值可以可靠计量时。其应编制的会计分录为:

借:文物文化资产　　　　　　　　　　　　　　　　　　　　50 000
　　贷:限定性净资产　　　　　　　　　　　　　　　　　　　　50 000

会计期末,"限定性净资产"科目的贷方余额,反映民间非营利组织历年积存的限定性净资产。

二、非限定性净资产

(一) 非限定性净资产的概念

非限定性净资产是指民间非营利组织中除限定性净资产之外的其他净资产。也就是说,如果净资产的使用不受资产提供者或者国家有关法律、行政法规的限制,那么该净资产即为非限定性净资产。尽管非限定性净资产没有明确而直接的使用限制条件,但非限定性净资产的使用仍然需要与民间非营利组织的使命或运行目的或总体目标相符合,而不能随意使用在不符合民间非营利组织运行目的的活动上。

概括地说,非限定性净资产变动的情况有以下三种:一是获得非限定性收入、发生业务活动成本和其他当期费用;二是限定性净资产与非限定性净资产的重分类;三是对以前期间非限定性收入和费用项目的调整。

(二)非限定性净资产的核算

为核算非限定性净资产业务,民间非营利组织应设置"非限定性净资产"总账科目,并可以根据本单位的具体情况和实际需要,在本科目下设置相应的二级科目和明细科目。

1. 期末结转非限定性收入和成本费用项目

期末结转各收入科目中属于"非限定性收入"明细科目的余额时,借记各收入科目的"非限定性收入"明细科目,贷记"非限定性净资产"科目;期末结转各费用类科目的余额时,借记"非限定性净资产"科目,贷记"业务活动成本""管理费用""筹资费用""其他费用"等科目。

【例17-27】 期末,某民间非营利组织各收入科目中属于"非限定性收入"明细科目的贷方发生额为138 000元,其中,"捐赠收入——非限定性收入"科目50 000元,"会费收入——非限定性收入"科目12 000元,"提供服务收入——非限定性收入"科目2 000元,"政府补助收入——非限定性收入"科目60 000元,"商品销售收入——非限定性收入"科目8 000元,"投资收益——非限定性收入"科目5 000元,"其他收入——非限定性收入"科目1 000元;各成本费用的借方发生额为120 600元,其中,"业务活动成本"科目90 000元,"管理费用"科目21 000元,"筹资费用"科目9 000元,"其他费用"科目600元。该民间非营利组织应编制的会计分录为:

(1)期末结转各项非限定性收入时。

```
借:捐赠收入——非限定性收入                      50 000
    会费收入——非限定性收入                      12 000
    提供服务收入——非限定性收入                   2 000
    政府补助收入——非限定性收入                  60 000
    商品销售收入——非限定性收入                   8 000
    投资收益——非限定性收入                       5 000
    其他收入——非限定性收入                       1 000
  贷:非限定性净资产                                    138 000
```

(2)期末结转成本费用时。

```
借:非限定性净资产                              120 600
  贷:业务活动成本                                      90 000
      管理费用                                          21 000
      筹资费用                                           9 000
      其他费用                                             600
```

2. 限定性净资产的重分类

若限定性净资产的限制已经解除,应当对净资产进行重分类。即限定性净资产的限制条件解除时,借记"限定性净资产"科目,贷记"非限定性净资产"科目。

【例 17-28】 某基金会取得一项捐款 12 000 元,捐赠人限定将该款项用于购置医疗设备。在确认捐赠收入的次年,按照捐赠人提出的限制条件将捐赠款项购买医疗设备一台计 12 000 元,款项已以银行存款支付。该基金会应编制的会计分录为:

```
借:固定资产                                    12 000
    贷:银行存款                                      12 000
```

同时,

```
借:限定性净资产                                12 000
    贷:非限定性净资产                                12 000
```

3. 调整以前期间非限定性收入、费用项目

如果因调整以前期间收入或费用项目而需要调整非限定性净资产的,应当就需要调整的金额,借记或贷记有关科目,贷记或借记"非限定性净资产"科目。

【例 17-29】 某基金会发现上一年度的一项管理用的固定资产累计折旧 8 000 元未记录。经调查后发现,这应追溯调整上一年度业务活动表中的管理费用(调增 8 000 元),但上一年度的管理费用年终已结转至非限定性净资产,故本年应减少非限定性净资产期初数 8 000 元。该基金会应编制的会计分录为:

```
借:非限定性净资产(期初数)                     8 000
    贷:累计折旧                                      8 000
```

会计期末,"非限定性净资产"科目贷方余额,表示民间非营利组织历年积存的非限定性净资产。

根据《〈民间非营利组织会计制度〉若干问题的解释》的规定,本解释施行前出资设立其他民间非营利组织并将出资金额记入"长期股权投资"科目的,应当自本解释首次施行日,将原"长期股权投资"科目余额中对其他民间非营利组织的出资金额转入"非限定性净资产"科目,借记"非限定性净资产"科目,贷记"长期股权投资"科目。

第七节 民间非营利组织的会计报告

一、民间非营利组织财务会计报告的构成及其编制意义

《中华人民共和国会计法》规定,任何单位,包括民间非营利组织,都必须定期编制财务会计报告,并要求财务会计报告必须真实、完整。财务会计报告由会计报表、会计报表附注和财务情况说明书构成。为了向民间非营利组织财务会计报告使用者提供对其决策有用的信息,真实、完整地反映民间非营利组织的财务状况、运营成果和现金流量,《民间非营利组织会计制度》规定,民间非营利组织的会计报表至少应当包括资产负债表、业务活动表和现金流量表三张基本报表,同时民间非营利组织还应当编制会计报表附注和财务情况说明书。

民间非营利组织的资金来源主要来自捐赠人的捐赠、会员交纳的会费、向服务对象收取的服务费等,对象较广,涉及公众较多。而且这些资金提供者在提供资金以后不再享有所有权(如资产处置权、受益权、分配权等)。所以,民间非营利组织的捐赠人、会员,以及管理部门等

都迫切需要了解民间非营利组织控制的资源状况、负债水平、资金的使用情况及其效果、现金流量等信息,而这些要求在很大程度上必须通过编制能够反映这些信息的财务会计报告来实现。财务会计报告成为沟通民间非营利组织与资金提供者和社会公众的重要桥梁,有助于民间非营利组织的健康、规范发展。

具体而言,民间非营利组织编制财务会计报告具有如下几个方面的重要意义:①如实反映民间非营利组织的经济资源、债务情况、收入、成本费用和现金流量情况。②解脱民间非营利组织管理层的受托责任。③为捐赠人、会员、债权人、政府监管部门和民间非营利组织自身等信息使用者提供决策有用的信息。④提高民间非营利组织的透明度,增强其社会公信力。

二、民间非营利组织财务会计报告的编制

(一)资产负债表

资产负债表是反映民间非营利组织某一会计期末全部资产、负债和净资产的情况,或者说它反映的是民间非营利组织在某一特定日期的财务状况。资产负债表的基本格式如表17-2所示。

表17-2　　　　　　　　　　　　资 产 负 债 表

编制单位:　　　　　　　　　　　年　月　日　　　　　　　　　　　单位:元

资产	年初数	年末数	负债和净资产	年初数	年末数
流动资产:			流动负债:		
货币资金			短期借款		
短期投资			应付账款		
应收款项			应付工资		
预付款项			应交税金		
存货			预收款项		
待摊费用			预提费用		
一年内到期的长期债权投资			预计负债		
其他流动资产			一年内到期的长期负债		
流动资产合计			其他流动负债		
			流动负债合计		
长期投资:					
长期股权投资			长期负债:		
长期债权投资			长期借款		
长期投资合计			长期应付款		
			其他长期负债		
固定资产:			长期负债合计		
固定资产原价					
减:累计折旧					
固定资产净值			受托代理负债:		

(续表)

资产	年初数	年末数	负债和净资产	年初数	年末数
在建工程			受托代理负债		
文物文化资产			负债合计		
固定资产清理					
固定资产合计					
			净资产:		
无形资产:			非限定性净资产		
无形资产			限定性净资产		
			净资产合计		
受托代理资产:					
受托代理资产					
资产总计			负债和净资产总计		

资产负债表"年初数"栏内各项数字,应当根据上年年末资产负债表"年末数"栏内数字填列。如果本年度资产负债表规定的各个项目的名称和内容同上年度不相一致,应对上年年末资产负债表各项目的名称和数字按照本年度的规定进行调整,填入本表"年初数"栏内。

资产负债表各项目"年末数"的数据来源,一般可以通过以下几种方式取得:

(1) 直接根据总账科目的余额填列。例如,资产负债表中的固定资产原价、累计折旧、固定资产清理、短期借款、应付工资、应交税金、非限定性净资产和限定性净资产等项目。

(2) 根据几个总账科目的余额计算填列。例如,资产负债表中的"货币资金"项目,应当根据"现金""银行存款""其他货币资金"科目的期末余额合计分析填列(但应当扣除受托代理形成的货币资金部分)。又如,"应收款项"项目应当根据"应收账款""应收票据""其他应收款"等科目的余额计算填列;"应付款项"项目应当根据"应付账款""应付票据""其他应付款"等科目的余额计算填列等。

(3) 根据有关明细科目的余额计算填列。例如,"应交税金"项目,应当根据本科目所属明细科目期末贷方余额的合计填列。

(4) 根据总账科目和明细科目的余额分析计算填列。例如,"长期借款"项目,应当根据"长期借款"总账科目余额扣除"长期借款"科目所属的明细科目中反映的将于1年内到期的长期借款部分分析计算填列。这些项目有长期债权投资、长期借款、长期应付款等。

(5) 根据有关资产科目与其备抵科目抵销后的净额填列。例如,"短期投资"项目,应当根据"短期投资"科目的期末余额减去"短期投资跌价准备"科目的期末余额后的金额填列。这些项目有应收款项、存货、长期股权投资、长期债权投资、固定资产、无形资产等。

(二) 业务活动表

业务活动表是反映民间非营利组织在一定会计期间运营绩效的报表,它反映的是民间非营利组织在某一会计期间内开展业务活动的实际情况,又被称为绩效报表。该表是按照各项收入、费用及其构成分项编制而成的。业务活动表主要包括四个部分,基本格式如表17-3所示。

表 17-3　　　　　　　　　　　　　　业 务 活 动 表
编制单位：　　　　　　　　　　　　　年度　　　　　　　　　　　　　　　单位：元

项目	本月数			本年累计数		
	非限定性	限定性	合计	非限定性	限定性	合计
一、收入						
其中：						
捐赠收入						
会费收入						
提供劳务收入						
商品销售收入						
政府补助收入						
投资收益						
其他收入						
收入合计						
二、费用						
（一）业务活动成本						
其中：A 项目						
B 项目						
C 项目						
（二）管理费用						
（三）筹资费用						
（四）其他费用						
费用合计						
三、限定性净资产转为非限定性净资产						
四、净资产变动						
五、期初净资产						
六、期末净资产						

按照我国民间非营利组织业务活动表的格式要求，业务活动表采用矩阵式，栏目较多，内容较为丰富。各有关栏目与项目的填列方法如下所述。

1."本月数""本年累计数""非限定性""限定性"栏目所反映的内容及其填列方法

"本月数"栏反映各项目的本月实际发生数。在提供上年度比较报表时，应当增设可比期间栏目，反映可比期间各项目的实际发生数。"本年累计数"栏反映各项目自年初起至报告期末止的累计实际发生数。"非限定性"栏反映本期非限定性收入的实际发生数、本期费用的实际发生数和本期由限定性净资产转为非限定性净资产的金额。"限定性"栏反映本期限定性收入的实际发生数和本期由限定性净资产转为非限定性净资产的金额(以"-"号填列)。在提供上年度比较报表项目金额时,限定性和非限定性栏目的金额可以合并填列。

2. 业务活动表具体项目的填列方法

业务活动表的编制方法,总体来说是以收入、费用和净资产科目的本期发生额为基础,按照报表格式的要求进行分析后填列。其中:①各收入项目可以直接根据各收入科目的本期发生额填列。②各费用项目可以直接根据各费用科目的本期发生额填列。"业务活动成本"项目下可按专业业务活动项目分别列示。③"限定性净资产转为非限定性净资产"项目根据"限定性净资产""非限定性净资产"科目的发生额分析填列。④"净资产变动"项目应根据"收入合计"项目的金额减去"费用合计"项目的金额,再加上或减去"限定性净资产转为非限定性净资产"项目的金额填列。

在业务活动表中,"限定性"栏目没有费用,所有的费用项目都属于"非限定性"栏目;"期末净资产"栏目的数额与资产负债表中"净资产"栏目的数额存在勾稽关系。

《〈民间非营利组织会计制度〉若干问题的解释》规定,境外非政府组织代表机构应当在业务活动表收入部分"投资收益"项目与"其他收入"项目之间增加"总部拨款收入"项目。本项目应当根据"总部拨款收入"科目的本期发生额填列。

(三) 现金流量表

现金流量表是反映民间非营利组织在某一会计期间内现金和现金等价物流入和流出的信息的报表。其中,现金是指民间非营利组织的库存现金以及可以随时用于支付的存款,包括现金、可以随时用于支付的银行存款和其他货币资金;现金等价物是指民间非营利组织持有的期限短、流动性强、易于转换为已知金额现金、价值变动风险很小的投资。

我国民间非营利组织会计的现金流量表格式和编制方法与企业会计基本相同,在此不再赘述。

(四) 会计报表附注与财务情况说明书

会计报表附注是为了方便会计报表使用者理解会计报表的内容而对会计报表的编制基础、编制依据、编制原则和方法及主要项目等所进行的解释。具体内容与前述单位财务报表的附注相同,在此不再详述。

财务情况说明书是对民间非营利组织一定会计期间内业务活动以及财务、收入、成本费用和净资产变动情况等的综合性说明,是财务会计报告的组成部分。至少应当对下列情况进行说明:民间非营利组织的宗旨、组织结构以及人员配备等情况;业务活动基本情况,年度计划和预算完成情况,产生差异的原因分析,下一会计期间业务活动计划和预算等;对业务活动有重大影响的其他事项。

复习思考题

1. 什么是民间非营利组织会计?民间非营利组织会计适用于哪些种类的组织?这些种类的组织具有哪些共同的基本特征?
2. 民间非营利组织在进行会计核算时应当遵循哪些一般原则?
3. 民间非营利组织有哪五个会计要素?
4. 什么是民间非营利组织的资产?它分为哪几个种类?如何确认和计量资产?

5. 民间非营利组织应当如何核算文物文化资产和受托代理资产？
6. 什么是民间非营利组织的负债？它分成哪几个种类？如何确认和计量负债？
7. 什么是民间非营利组织的收入？它主要有哪些种类？
8. 什么是民间非营利组织的捐赠收入？捐赠收入可以分为哪两个种类？如何确认捐赠收入？
9. 什么是民间非营利组织的会费收入？会费收入一般属于非限定性收入还是限定性收入？
10. 什么是民间非营利组织的提供服务收入？提供服务收入应当如何确认？
11. 什么是民间非营利组织的商品销售收入？商品销售收入应当如何确认？
12. 什么是民间非营利组织的政府补助收入？政府补助收入应当如何确认？民间非营利组织的政府补助收入与捐赠收入有什么共同特征？
13. 什么是民间非营利组织的投资收益？投资收益应当如何确认？
14. 什么是民间非营利组织的费用？它一般可以分为哪几个种类？
15. 什么是民间非营利组织的业务活动成本？如何核算业务活动成本？
16. 什么是民间非营利组织的管理费用、筹资费用？为什么需要将业务活动成本与管理费用、进行区分？为什么需要又将筹资费用与管理费用进行区分？
17. 什么是民间非营利组织的其他费用？如何核算其他费用？
18. 什么是民间非营利组织的净资产？它可以分为哪几个种类？
19. 民间非营利组织的限定性净资产在什么情况下可以认为限制条件已经解除？
20. 民间非营利组织期末结账时，费用类科目的余额应当转入什么种类的净资产科目？
21. 民间非营利组织在使用限定性净资产时，应当如何进行会计核算？
22. 什么是民间非营利组织的会计报表？它主要包括哪几种会计报表？
23. 民间非营利组织如何编制资产负债表、业务活动表和现金流量表？
24. 民间非营利组织的会计报表附注至少应当披露哪些内容？
25. 民间非营利组织的财务情况说明书应对哪些情况做出说明？

第十七章课后练习题